中国社会科学院
社会学研究所
40周年庆
Institute of Sociology
CASS 40th Anniversary

迈向人民的社会学
TOWARDS PEOPLE'S SOCIOLOGY

9

中国社会科学院社会学研究所四十年学术集萃

Collected Works of the Institute of Sociology CASS

中国社会科学院社会学研究所 / 编

社会科学文献出版社
SOCIAL SCIENCES ACADEMIC PRESS (CHINA)

前　言

1979 年 3 月，邓小平同志在中央理论工作务虚会议上郑重指出，"实现四个现代化是一项复杂繁重的任务，思想理论工作者当然不能限于讨论它的一些基本原则。……政治学、法学、社会学以及世界政治的研究，我们过云多年忽视了，现在也需要赶快补课。"1952 年社会学因为种种原因在中国被取消，到此时已经过去 27 个年头，终于，社会学重新获得在中国生存发展的机遇，这是改革开放后中国社会学的第一个春天。世界知名社会学家、中国社会学界德高望重的费孝通先生，扛起恢复重建中国社会学的重担，南北奔走，国内外穿梭，联系相关学者，思考恢复重建社会学的当务之急，提出了"五脏六腑"方略，其中之一就是组建改革开放后第一个社会学研究所。1980 年 1 月 18 日，中国社会科学院社会学研究所正式挂牌成立。从此，中国社会科学院社会学研究所的整体发展与中国改革开放发展同步，社会学研究所的科研工作见证了改革开放以来中国社会发生的快速转型和巨大变迁，社会学研究所的科研成果努力反映着中国改革开放发展稳定的伟大实践、伟大经验和精彩故事。

在这 40 年里，社会学研究所从建所之初仅有的两个研究组，发展到今日有了 11 个研究室，2 个期刊编辑部，2 个职能部门，成为中国社会学界学科门类比较齐全、人员规模最大的社会学科研教学机构，发挥着新型智库的重要作用，在国内外社会学界具有重要的影响力。在这 40 年里，在党和国家以及中国社会科学院的关心、指导和支持下，费孝通等老一辈社会学家披肝沥胆，社会学研究所全体职工共同努力，牢记初心，不忘使命，以富民强国为职志，以构建人民的社会学为方向，致力于深入研究中国社会改革开放发展稳定的重大理论和现实问题，形成了一系列重大学术议题，产出了大量具有学术和社会价值的科研成果，积累了丰富的社会调研资料。

四十载砥砺奋进，四十载春华秋实。建所以来，社会学研究所秉承第一任所长费孝通先生制定的"从实求知，美美与共"的所训，弘扬"高尚的学术信誉，深厚的学术修养，端正的学术作风，高雅的学术品质"的学术理念，开风气，育人才。几代学人在理论和实践的结合上孜孜探索，在学科建设、人才培养、组织建设、思想建设等方面均取得了长足的发展和进步，特别是在社会学理论、历史与方法研究，社会分层与流动研究，社会组织与群体研究，文化、家庭与性别研究，青少年问题研究，社会心理学研究，社会保障、社会福利和社会政策研究，城乡社会变迁研究，社会发展与社会问题研究，廉政建设与社会评价等领域取得了丰硕的成果。

值此40年所庆之际，我们从众多成果中选取了1980年至2018年期间，社会学研究所几十位学者发表在《中国社会科学》《社会学研究》《社会》《民族研究》等四大期刊上的400余篇学术文章，按成果发表年份编排，集成此套《迈向人民的社会学——中国社会科学院社会学研究所四十年学术集萃》（十卷本）。此套文集是对社会学研究所40岁生日的献礼，是对40年发展历程的回顾与总结，我们希冀以此促进学科发展和学术进步，为中国的社会现代化建设提供更多的学术思想和智慧。

当前，进入"不惑之年"的中国社会科学院社会学研究所，同整个中国社会学一样，站在了新的历史起点，开始新的征程，迈向人民的社会学是新时代中国社会学的使命与方向。展望未来，中国社会科学院社会学研究所将坚持"推动社会学研究中国化，实现社会学所建设国际化"的办所理念，继续秉承历史责任和学者使命，为实现把我国建设成为富强民主文明和谐的社会主义现代化国家，为努力构建中国特色社会学的学科体系、学术体系和话语体系，不懈努力，继续开拓创新，再创新的辉煌！

编者

2020 年 1 月

凡　例

一　文集以时间为序编排，同一时间发表的文章顺序不分先后。

二　文集以学术性论文为主，保留著名学者的专题性学术讲话稿，学者的考察报告、出访报告、书的序言、参访记录不再编入文集。

三　参考文献原则上遵照《社会学研究》的体例，早年论文中文献标注项目有缺失的，遵原文。经典著作无法确认版本的，引文遵原文。

四　原则上正文中的数据应与图表中的数据对应，图表中的数据疑似有误但不能确认者，遵原文。

五　专业术语、人名、地名等不统一之处，遵原文。

目 录

2013 年

2013 年

公司治理与企业绩效[*]

——基于中国经验的社会学分析

杨　典

摘　要：本文基于 676 家上市公司 1997～2007 年间的面板数据及对上市公司高管、独立董事、基金经理和证券分析师等的深度访谈资料，分析了公司治理和企业绩效之间的关系，揭示了中国制度背景下与代理理论的预测颇为不同的公司治理与企业绩效的关系模式。而所谓"最佳"公司治理做法是在特定社会、政治、文化等制度环境下各种复杂社会力量和利益群体进行"建构"的结果，其作用的发挥很大程度上取决于是否契合所在的制度环境，并不存在普适的"最佳"公司治理模式。基于中国经验的社会学实证研究，为解构这一世界性公司治理迷思提供了新视角和证据。

关键词：公司治理　企业绩效　新制度主义　代理理论　产权理论

公司治理与企业绩效之间的关系一直是学者、企业管理者和政府监管者颇为关注的问题，尤其在 1997 年亚洲金融危机、2001 年美国一系列公司丑闻及 2008 年全球金融危机之后，更成为多方关注的焦点。虽然各方对"好的公司治理对企业绩效的提升乃至整个社会的发展都有促进作用"这样的观点基本达成共识（白重恩等，2005），但究竟何谓"好"的公司治理依然存在争议。在经济学家，特别是秉持代理理论观点的经济学家看来，所谓"好"的公司治理做法，是那些能够最大限度地减少代理成本并有助于实现股东价值最大化的做法，即美式股东导向型公司治理模式（the

---

* 原文发表于《中国社会科学》2013 年第 1 期。本研究得到哈佛大学费正清中国研究中心 Shum 奖学金及中国社会科学院青年科研启动基金的支持。英文初稿曾于麻省理工学院斯隆商学院—哈佛经济社会学论坛上宣读，与会者提供了中肯建议。李培林研究员、张翼研究员、《中国社会科学》编辑部及匿名评审人为本文的修改提供了宝贵建议。谨致谢忱。

American shareholder-oriented corporate governance)。他们还具体列出包括委任更多外部独立董事、分设 CEO（Chief Executive Oficer，首席执行官）和董事长职位、增加机构投资者持股份额等一系列所谓"最佳"公司治理做法，认为这些做法在强化董事会权力与独立性、增强 CEO 责任感、降低代理成本继而实现企业绩效提升等方面，是放之四海而皆准的普适准则。与此相反，社会学新制度主义理论则认为没有普适的公司治理做法，所谓"最佳"公司治理做法是一种社会建构，其能否真的发挥作用在很大程度上取决于是否契合所在的制度环境。特别是那些跨文化、移植自西方的所谓"最佳"治理做法（比如独立董事制度）往往脱离所在国实际情况，在采用后不但对企业绩效的提高可能起不到什么积极作用，或许还会导致一些意外负面后果，在某些情况下甚至对公司绩效造成伤害。同时，许多被代理理论判定为"坏"的公司治理做法，例如国家持股，反而可能有助于企业绩效的提升，因为在争夺稀缺资源和市场地位的激烈竞争中，国家能为企业提供强大支持，这对生存于瞬息万变的市场环境、处于赶超阶段的后发国家中的企业来说尤其重要。

我国的企业改制和公司治理改革（尤其是上市公司的公司治理改革）在很大程度上受到代理理论和美式股东导向型公司治理模式的影响。然而，上市公司在采用了这些"最佳"公司治理做法之后是否真的实现了企业绩效的提升，至今仍存有争议。具体而言，机构投资者在提高上市公司绩效方面究竟发挥了怎样的作用？股东导向型的董事会结构（例如委任独立董事、分设 CEO 与董事长职位等）是否真的对企业绩效尤其是企业的股市表现起到了促进作用？此外，目前我国上市公司中 70% 左右都是国有控股企业，那么，国有控股上市公司的绩效是否比非国有控股上市公司的绩效差？随着过去十几年来国有企业产权多元化及董事会改革的大力推进，国有控股上市公司在上市后与传统国有企业相比是否有了实质性转变？我国的国有企业改革在多大程度上获得了成功？

基于中国 676 家上市公司 1997～2007 年间的面板数据及对上市公司高管、独立董事、公司律师、基金经理和证券分析师等进行深度访谈得来的定性数据资料，本文从社会学角度分析公司治理和企业绩效之间的关系，试图对以上问题做出回答。

一 公司治理和企业绩效：理论与假设

本文将集中研究公司治理的几个重要维度，如产权、董事会结构等对上市公司绩效产生的影响。

（一）国家的作用："掠夺之手"、"扶持之手"及代理成本

1. 国家控股与企业绩效

国外学者对转型经济体中作为"委托人"的国家对企业的治理和绩效所能起到的作用进行了研究。产权理论认为，国有企业的致命缺陷在于委托—代理问题（J. D. Sachs，1992：43－48）。由于存在信息不对称和激励不相容问题，当企业所有者无法亲自经营企业而只能选择将企业委托给管理者时，代理问题便随之出现：国有企业管理者在没有足够激励的情况下根本不会主动去最大限度地提升企业盈利能力。国有企业的另一严重问题则源自国家的"掠夺之手"（grabbing hand）及政治干预（A. Shleifer & R. Vishny，1998）。这一问题在国家部分持股的现代大型企业也同样存在。凭借持股而享有的表决权和控制权，国家得以对企业管理施加干预。通过国家持股而获得企业控制权的政治家和官僚们会刻意将企业资源转移给政治支持者。而这些偏向性行为通常以牺牲企业的盈利能力为代价。因此代理理论经济学家认为，国有制是市场经济顺利运转的绊脚石，因为它不可避免地导致寻租、贪污及其他形式的腐败等破坏市场约束的行为，而市场约束是市场经济得以高效运行的最可靠保证。

相比之下，新制度主义理论和发展型国家理论则认为，转型市场经济下的企业大多是工业化的后进者，在毫无帮助的情况下，它们将无法赶上世界先进企业的发展脚步。发展型国家理论进而认为，国家能够为企业提供"扶持之手"（helping hand），通过遏制恶性竞争、提供专业引导、资源调配及协助引入国外先进技术等方式来帮助本国企业赶超全球领先企业（P. Evans，1995）。

理论上，几乎所有规模较大且公众持股的公司，不论政府是否为其股东之一，都具有所有权与管理权分离的特点。斯蒂格利茨认为，委托—代理问题的性质并不会因所有制（比如国有或私有）不同而不同（J. Stiglitz，

1994：1－44）。在某些情况下，比如在国有股份集中而私有股份分散的情况下，国有控股上市公司的代理成本可能比私人控股上市公司的代理成本低，因为占主导地位的国有股东会比个人股东和少数股东在对公司高管进行监督和约束上更有能力、也更有动力。因此，存在委托—代理问题并不意味着在上市公司中国家持股就一定是低效或无益的。

我国国有控股上市公司为上述理论推理提供了有力证据。与传统国企不同，国有控股上市公司不再完全归国家所有，而是一种混合所有制结构，大多数情况下为国家、国内私人股东和外资股东三方共同所有。在作为本文研究样本的 676 家上市公司中（1997～2007），国有股占公司总股份的 41%，而可流通股（大部分为国内私人股东，如个人和机构投资者所持有）和外资股分别占公司总股份的 43% 和 16%，可以说是一种国有和非国有持股比例相当均衡的所有制结构。

几乎所有认为国家持股不利于企业发展的论证都是基于对单一所有制企业（例如国有独资企业和全资民营企业）的考察。百分之百的国有制很可能确实不利于企业发展，但如果国家只是作为包括了国内私人股东和外资股东的众多股东中的一员时，又该有着怎样的答案呢？继李培林（李培林，2004）和顾道格等（D. Guthrie, Z. X. Xiao & J. M. Wang, 2007）学者的研究之后，笔者认为应该把产权视为一种呈连续变化的连续统，而不是对立的两个类别。把产权看作呈连续变化的连续统有诸多优势：首先，可将差异程度更加细微的"产权"问题纳入考察范围，而这在完全对立的"国有—私有"传统视角中，是难以观测到的。更重要的是，大部分上市公司都由国家、国内私人股东和外资股东三方共同持有，因此，简单地把企业划分为国有或私有是武断的。其次，视产权为一个连续统的观点也有助于我们对企业各方投资者的相对力量进行评估和对比。

在当今产权多元化的新制度背景下，不同类型的股东共同影响着企业行为。尽管在不少上市公司中国家是占主导地位的最大股东，但其他私人和外资股东同样对该企业有着相当的影响力，甚至力量最为微弱的个人股东也可能对国有股东或国有控股企业的公司高管施加一定程度的监督和制约。在笔者进行田野调查期间，SH 股份有限公司——中国能源领域一家央企控股上市公司——的一位投资者关系经理告诉笔者，该公司在北京召开 2008 年度全体股东大会时，没敢在大会会场提供热咖啡或开水等热饮，因为他们非常担心会议过程中那些愤怒不满的个人投资者会因该公司当年糟糕的股市表现而将手中的热咖啡或开水泼向公司总经理和董事长（公司高管访谈 E03）。客观上，SH 公司股价的大幅下跌，主要受 2008 年中国股市整体暴跌的影响，而非该公司高管人员的管理不力造成的。但蒙受了巨大经济损失的个人投资者依然会迁怒于企业本身及公司高管。该投资者关系经理进一步告诉笔者，整个 2008 年，众多个人投资者不仅抱怨与投诉电话不断，更有人对投资者关系经理和公司高管发出死亡威胁，要求 SH 公司赔偿其经济损失。SH 公司的例子很好地说明了产权多元化和公开上市在塑造国有控股企业公司治理和企业绩效方面可能起到的作用——即使对那些规模最大、最有权势也最僵化保守的央企巨头来说，非国有股东（即使是力量最为薄弱的个人股东）也能对其高管人员起到一定程度的约束和监督作用。因此，产权多元化和公开上市带来的不同股东之间的监督与制衡机制使得国有控股上市公司的代理成本大大降低。

那么，在原国有企业实现产权多元化和公开上市后，国家攫取资源的程度是否有所减弱？国家"扶持之手"的力量是否得以增强？通过田野调查，笔者感到这两种作用在企业上市后依然在各个企业中普遍存在，但总的作用模式随着过去十几年来我国经济的快速增长及各级政府日益强大的财政实力发生了很大转变：政府在国企发展中开始愈来愈多地发挥了其"扶持之手"的作用。尤其自 1998 年以来，房地产业的蓬勃发展和土地经营开发热潮，给各级政府（尤其是地方政府）提供了强大收入来源（周飞舟，2007），从而大大降低了国家从国企"攫取"资源的意愿和动机。与此同时，随着 20 世纪 90 年代末"抓大放小"政策的出台，中央及各级地方政府需要监管和扶持的国企数量开始大幅减少。因此，在可利用的经济资源越来越多而需要扶持的国企越来越少的情况下，各级政府都有意愿也有能力去为国有控股上市公司提供帮助和指导，并且通常都以打造全国性或地方龙头企业（也称"国家队"或"地方队"）为目标，进而推动全国或地方整体经济实力的提高。

与国有控股股东过去十几年来越来越多使用"扶持之手"形成鲜明对照的是，私人控股股东的"掠夺之手"却因民营企业信贷市场的紧张及我国上市公司特有的"母子公司"结构而愈演愈烈——大多数上市公司（子公司）都是由母公司（企业集团或单个大型企业）剥离、分拆而来并直接受控于母公司。在这种特殊制度环境下，私人控股股东会比国有控股股东更可能对上市公司实施各种"攫取"行为：第一，私人控股股东通常更难从银行获得贷款，因此通过侵占下属上市子公司来谋取企业发展资金便成为一条重要途径；第二，由于私人控股上市公司的创办者/管理者在该上市公司的控股股东中（大多数为非上市公司）通常持有较高比例的股份，因此他们通过侵占下属上市公司资金获得的个人利益，要比国有控股企业的管理者通过侵占得到的更多。因此，尽管国家和私人控股股东都会对上市子公司进行资源"攫取"，但国有控股股东的攫取程度要比私人控股股东更低，同时给予上市公司的扶持和帮助比私人控股股东更多，这就使得国有控股公司拥有比私人控股公司更好的业绩成为可能。

近年来对国有控股公司内部管理流程的实证研究也为国家持股的正面作用提供了有力支持。如今的国有企业已经逐渐成为以市场为导向的"强力发动机"，谭劲松等详细描绘了国有控股上市公司中日益增强的经营智慧和信心满载的企业精神（J. Tan & D. Tan，2005：141 – 157）。笔者对样本公司所做的初步数据分析表明，国有控股公司在1997~2007年间无论在企业盈利能力还是股票市场收益方面，都比私人控股企业有更好表现。

国有控股上市公司代理成本的降低，及政府攫取行为的减少和扶持的增加，表明在产权多元化、董事会改革及资本市场对上市公司约束作用日益增强的新的时代背景下，国家控股从整体上看能够对公司绩效的提高起到积极促进作用。因此，笔者提出假设1：国有控股上市公司的绩效整体上优于非国有控股上市公司。

2. 国有股比例与企业绩效之间的非线性关系

尽管国家控股对企业绩效来说是一个有利因素，但一些研究表明国有股比例与企业绩效之间的关系却并非简单线性正相关关系（孙永祥、黄祖辉，1999）。前文已提到，国家持股对企业绩效的净影响取决于三方面因素，即政治干预的成本，政府优待（"扶持之手"）带来的好处以及委托代理成本。当政治干预成本和代理成本的总和超过政府扶持带来的好处时，国家持股的净影响为负值；反之，国家持股的净影响为正值。政治干预、代理成本和政府扶持的相对利弊大小会随国有股比例的不同而有所不同。当国有股比例适中且不超过一定临界点时，国家会不断为企业提供支持以提高企业价值，来自国家的各种攫取行为也会在到达该持股临界点之后停止继续增加。与此同时，代理成本因产权多元化带来的监督机制与权力制衡而得到降低。国家"扶持之手"的增强，"掠夺之手"的减弱再加上代理成本的降低，表明企业绩效会在持股临界点之下随国有股比例的增加而增加；但当国有股比例达到非常高的水平之后，国家扶持的力度会停止继续增强，同时政治干预的强度也就此停止增加，而代理成本却会由于对企业管理人员缺乏有效监督和制约而大幅增长，这意味着，当国有股比例大到超过一定临界点时，企业绩效会有所降低。最极端的例子便是国有独资企业，它们往往面临最大程度的政府干预，也享受最大限度的政府支持，但国家持股对企业绩效的净影响却因极端高昂的代理成本而降到负值水平。

总之，国有股比例会在一定临界点之内对企业绩效起积极作用，而且这种积极作用会随国有股比例的增加而增强；但当国有股比例超过该临界点之后，国家持股对企业绩效的积极影响便会逐渐减弱直至成为负值。即国有股比例与企业绩效之间呈现的应是一种倒 U 型关系。基于此，笔者提出假设 2：国有股比例与上市公司绩效之间呈倒 U 型关系。

3. 公司行政级别与企业绩效

很多学者论述了计划经济下的产业行政级别在塑造中国经济改革道路中起到的关键作用。顾道格发现，受某一政府部门控制的企业数量与企业绩效之间呈负相关关系，因为企业面临的不确定性会随政府管辖范围的增加而增加，企业绩效也会随之降低。他认为这一现象与政府的监管能力密切相关：由于较高层级政府所承担的行政压力更大、所要监管的企业更多，这些部门的政府官员缺乏足够的时间、精力和资源对其管辖下的、在快速经济转型中步履维艰的国企进行指导和帮助。因此在他看来，行政级别较高的国有企业比行政级别较低的企业绩效差得多，是源于较高层级政府有限的行政指导能力而并非所有制的类型（D. Guthrie，1997：1258 – 1304）。

相对于上述解释，我们可以用三个因素更清楚地解释为什么行政级别较低的企业比行政级别较高的企业拥有更好业绩：行政级别较低的企业受到了较低级别政府更有力的监督与帮助；行政级别较低的企业面临更为紧张的预算约束，有助于调动企业管理者和员工的积极性，同时也使得生产与销售体系更加灵活；行政级别较低的企业各种社会负担较低，特别是对于那些员工福利及冗员都很少的乡镇企业来说更是如此。

顾道格的结论对 20 世纪 80 年代和 90 年代初的国有企业和地方政府来说也许是适用的，但中国的政府部门、国有企业、乡镇企业及总的市场状况从 20 世纪 90 年代末至今已发生巨大变化（周雪光，2005；渠敬东、周飞舟、应星，2009）。较低级别政府控制下的企业曾享有的三个有利因素也逐渐消失：随着"抓大放小"政策的实施，较高层级政府需要监管的企业数量已大幅减少，加之 2003 年以后国务院及各级地方国资委的相继成立，政府对国企的监管能力已较以往有了很大提升。同时，随着产权多元化、公开上市及《公司法》（1994）和一系列有关企业破产的法律法规的颁布实施，以往在行政级别较高企业中普遍存在的软预算约束问题也在很大程度上得到缓解，这些企业在生产与销售过程中也随之具有了与行政级别较低企业大致相当的积极性和灵活性。此外，行政级别较高企业曾承受的过重社会负担也随着十几年来一系列社会保障和劳动力市场的改革和完善而大幅减轻（李培林、张翼，2007）。

自 20 世纪 90 年代末尤其是 2001 年中国加入 WTO 以来，我国企业面临的市场竞争日益激烈。在市场竞争激烈和产业整合加剧的新时代，企业成功的秘密已不再仅仅是企业的积极性和灵活性，更重要的是企业的规模、技术、品牌、管理及资本实力等要素，因此，行政级别较高的企业往往更具有优势。此外，由于较高层级政府拥有的政治和经济资源更为丰富，这些政府控制下的企业自然就更容易获取关键资源并赢得更多、更优惠的政策待遇，这对于在目前极具竞争性的市场环境中谋求生存和发展的企业来说至关重要。

笔者对样本公司财务数据的初步分析显示，行政级别较高公司的绩效水平比非国有控股公司及行政级别较低公司明显要高出很多。[①] 这些行政级别较高的国有大企业已逐渐成为中国经济的强力推进器和发动机，而非人们曾认为的那样，是长期亏损、奄奄一息的。基于理论分析及初步经验证据，笔者提出假设 3：企业行政级别越高，其业绩表现越好。

---

① 按照有关政策规定，上市公司是没有行政级别的，但由于国有控股上市公司均隶属于各级政府，为表述方便及与顾道格等学者进行对话，本文仍采用"公司行政级别"指代不同层级政府控制下的国有控股上市公司。

（二） 机构投资者持股对企业绩效的影响

有关机构投资者能否在公司治理和提高企业绩效上发挥积极作用，还存有争议。一些学者认为，由于监督成本高昂，只有类似机构投资者这样的大股东才能从监督企业中得到足够的利益回报，因此，机构投资者在公司治理上能够起到积极作用（M. Smith，1996：227 - 252）。然而，也有一些学者认为机构投资者不但缺乏必要的专业技能，而且容易受"搭便车"问题困扰，根本没有动力、也没有能力对企业管理者进行有效监督。还有学者指出，机构投资者的积极监管对企业绩效提高所起的作用几乎可以忽略不计，因为机构投资者考虑到自身担负的快速盈利责任，只会选择那些财务状况本来就很好的公司进行投资，因此其在公司治理和企业绩效提高方面根本起不到较好的积极作用。

1998 年以来，我国机构投资者所持股份开始不断增多，逐渐成为资本市场上一支重要力量。① 然而，机构投资者是否积极参与、改善了上市公司的公司治理依然是个未解决的问题。与美国机构投资者在每家上市公司中的平均持股比例超过 80% 相比，我国机构投资者至 2007 年在每家上市公司中的平均持股比例仍然只有 10% 左右，说明作为一个群体，机构投资者的力量依然较弱，特别是与那些平均持股比例超过总股份 42% 的控股股东相比更是如此。一些媒体报道称我国机构投资者更重视短期、快速利润，只对财务状况良好的公司进行投资，一般不参与、也不重视所投资企业的公司治理状况。也有一些报道指出机构投资者在改善上市公司治理方面发挥了一定积极作用。

笔者在田野调查中听到机构投资者在提高企业绩效方面所起作用是相互冲突的观点。一方面，由于机构投资者相对于控股股东的小股东地位，加之 2005 年前上市公司的多数股份都为非流通股，通常由控股股东任命且没有股权或期权的上市公司高管，一般不会对公司的股价涨跌或机构投资

---

① 直至 1998 年我国资本市场才出现真正意义上的 "机构投资者"（institutional investor），在此之前我国还没有自己的投资基金行业。需要注意的是，大多数中国上市公司研究者都把机构投资者持股等同于法人股（legal person share），在研究机构投资者持股与企业绩效关系时，这种分类方法有一定的误导性。与机构投资者持股不同，法人股指的是由企业、企业集团及其他非营利性组织所持有的公司股份，而机构投资者持股指的是由养老基金、保险基金、共同基金等各种专业证券投资机构所持有的股份。

者的行为特别关注。另外，就证券分析师与上市公司高管的关系看，中国证券分析师不像美国同行那样拥有较高的影响力，相反，为争取公司高管对自己的支持、在异常激烈的证券分析师排名竞争中获胜，他们会不遗余力地获取公司高管所掌握的公司内部信息，这些内部信息可以帮助其在每周、每月或每年的证券分析师排名中凭借更加准确的财务预测击败对手（公司高管访谈 E04；证券分析师访谈 S03）。但从另一方面看，各种上市公司，即便是那些规模最大的央企巨头，也无法逃脱全球通行的投资者关系准则，必须承受来自机构投资者和资本市场的压力。例如，上述央企上市公司的投资者关系经理告诉笔者，为加强资本市场对其公司的了解、提升公司股价，他们会定期邀请证券分析师和基金经理到公司一起讨论与企业绩效和公司战略密切相关的问题。除面对面的定期会议，基金经理或证券分析师有任何疑问或问题，也可以随时与投资者关系经理及其他公司高管电话联系。同时，为让资本市场更好地理解公司的业务运作和绩效情况，他们甚至邀请证券分析师和基金经理到距离公司总部数千公里之外的生产基地进行实地考察，并按照国际通行的命名方式，将这样的做法称作"反向路演"（公司高管访谈 E04）。此外，为促进同行间交流，探讨如何更好地与机构投资者打交道及如何应对资本市场的各种风云变化，一些央企控股公司的投资者关系经理们还会定期举行正式会谈及各种形式的非正式聚会，以分享彼此在处理投资者关系方面的经验和智慧（公司高管访谈 E03）。

与实力强大的央企相比，中小上市公司承受的来自机构投资者和资本市场的监督和约束力量更大。几位证券分析师和基金经理都谈到，他们去中小企业参观访问时能够直接与公司 CEO 或董事长面谈并受到隆重款待，但如果访问的是实力强大的央企，则很难见到 CEO 或董事长，接待他们的往往仅限于投资者关系经理或财务总监（证券分析师访谈 S04，S05；基金经理访谈 M01，M02）。由于资本市场中大部分都为中小型公司，笔者认为机构投资者总的来说对公司绩效是能够起到积极作用的。由此，笔者提出假设 4：机构投资者持股比例越高，上市公司的绩效越好。

（三）CEO 兼任董事长对企业绩效的影响

董事会领导结构（CEO 是否兼任董事长）与企业绩效情况密切相关。然而，不同理论对 CEO 兼任董事长对企业绩效到底产生何种影响有不同看法。代理理论认为，CEO 兼任董事长不仅会降低董事会在监督公司高管方面的执行能力，还会将董事会置于相对弱势（较之于 CEO）的地位（J. W. Lorsch & E. Maciver，1989），因此这一理论的支持者认为分设 CEO 和董事长职位有助于提高企业绩效。然而，大量经验证据并未对这一观点提供足够的支持（M. Peng，S. J. Zhang & X. C. Li，2007）。CEO 兼任董事长的支持者则认为，指挥的统一性才是实现高效管理的关键，CEO 兼任董事长对企业绩效的提高能起到积极促进而非消极阻碍作用。类似观点可归入管家理论（stewardship theory）框架中。在公司战略文献中，研究者们普遍认为，公司需要强有力的领导者来制定战略目标并对下级部门发出明确无误的指示以保证各部门能高效准确地展开工作，这种统一指挥对提高企业绩效非常重要（于东智，2003；L. Donaldson & J. Davis，1991：49 - 64）。因此，一旦将"CEO 兼董事长"分离为两个独立职位，会造成公司高管层的内部矛盾和冲突，进而削弱公司对业务环境和市场变化的应变能力。

在我国国情下，兼任董事长的 CEO 确实可能更好地提高企业绩效，因为其更具备实现这一目标的能力（更有权力、更少掣肘），且更加明白其兼任职位是一种需要通过实际工作绩效才能加以捍卫的荣誉（比如维护自己作为企业领导的面子和威信）。特别是，由于快速经济增长和转型，目前我国企业面临的环境不确定性正日益加剧，公司最高领导人处理这些环境变化的主动性与实际能力对企业的成功和发展至关重要。此外，迫于《公司法》的有关规定和中国证监会的上市要求，很多上市公司不得不分设 CEO 和董事长，由此常常导致 CEO 和董事长之间的权力之争。随着 CEO 和董事长两职分离政策的实施，原本身兼 CEO 和董事长二职的管理者必须在两个职位中择其一。在中国语境下，由于董事长职位比总经理职位更具分量和影响力，多数人往往选择保留董事长职位而放弃做 CEO，企业因此需委任新的 CEO。但在这样的强制性职位分离之后，现任董事长（即原 CEO 兼董事长）出于惯性和维护自身权力的需要，往往还会希望与以前一样掌管公司日常运营，而新 CEO 也期望能尽快接手公司管理并树立个人权威。由此，CEO 和董事长职位的强制性分离不可避免地导致了分离后的权力斗争，严重阻碍了企业绩效的提高。一位上市公司高管在访谈中说道：

董事长与 CEO 之间的"权力斗争"在中国上市公司中相当普遍，

如果两人年龄、经验和资历相仿，斗争就更加激烈。但若是其中一人较另一人年长很多，或者两者之间曾经是上级—下属关系……那么两者之间的斗争就会缓和很多……否则权力斗争会愈演愈烈直至某一方最终胜出……企业绩效往往会在二者权力斗争过程中受到严重影响。（公司高管访谈 E02）

综上，管家理论和权力斗争说可能比代理理论更加契合我国企业的实际情况，因此笔者提出假设 5：CEO 和董事长两职分离与上市公司绩效之间呈负相关关系。

（四）外部独立董事与企业绩效

代理理论认为，要实现对企业管理层的有效监督，董事会必须保持自身的独立性与客观性，而董事会的独立程度与外部董事在董事会中所占比例密切相关。外部董事为尽快在决策控制上树立威望，通常会对企业管理层展开积极主动的监督。此外，委任更多外部董事的其他好处还包括：提高董事会对公司高管绩效评估的客观性，实现多角度、更全面的公司战略制定以及增强对股东利益的保护等（J. A. Pearce II & S. A. Zahra，1991：135 – 153）。鉴于此，代理理论强调提高外部董事比例能对企业绩效产生积极作用。然而，经验研究表明外部董事比例与企业绩效之间的关系并不明确：一些研究发现设立了外部董事的企业普遍有更高的市场回报，但另一些研究则发现外部董事比例与企业绩效的很多指标并无关联（J. J. Tian & C. M. Lau，2002，231 – 274）。

代理理论近年来受到的批评，主要集中在该理论过度简化了的"经济人"假设及其在面对"委托人—代理人"相互作用的复杂社会和心理机制问题时表现出的有限解释力（J. H. Davis，F. D. Schoorman & L. Donaldson，1997：20 – 47）。就代表少数股东的外部董事而言，由于其"外人"身份，加之不拥有企业股权，他们自然也就没有足够权力和动机对公司高管层的行为进行主动监督和约束。此外，文化因素也会在一定程度上影响外部董事对公司高管的监督。例如，由于中国文化中对"和谐""面子"的看重，使得外部董事即使有足够权力和动机，也很难对公司高管的不当行为提出直接批评。再者，外部董事通常对公司业务情况并不十分了解，也难以对公司管理提出中肯的指导意见，特别是在我国快速经济发展和转型中，市场环境瞬息万变。如果他们还有其他全职工作，就更难以及时准确地应对企业的最新动向及市场环境的最新变化。这些都将对公司业绩造成不利影响。正如一位在多家上市公司中担任独立董事的公司律师所说：

> 大多外部独立董事对企业绩效的提升并无益处，因为独立董事往往不太了解公司的具体业务和运作情况……而且多数独立董事通常还有另外的全职工作，自己的事情都忙不过来。每年我们也只会参加 8 到 10 次左右的董事会会议（中国证监会规定的上市公司董事会会议最低次数为每年 4 次）。因此，如果某个上市公司的独立董事比例过高，那么董事会中真正认真做事、认真监督企业高管的人便会所剩无几……企业绩效自然就会因为缺乏深刻、敏锐的商业判断以及外部董事对公司高管层的监督不力而受到影响。（公司律师访谈 L01）

但是，目前上市公司中独立董事平均仅占董事会成员的三分之一左右，笔者认为外部董事可能还未能在提高企业绩效方面发挥实质性影响。因此，笔者提出假设 6：外部独立董事在董事会中所占比例与上市公司绩效之间没有显著关系。

二　数据和研究方法

（一）样本公司

本研究样本公司包括在上海和深圳证券交易所上市的 676 家公司，所用数据涵盖了 1997～2007 年间的公司治理和财务运营情况。会计与财务信息来自中国股票市场和会计研究数据库（CSMAR），而有关公司治理的信息则来自色诺芬（Sinofin）和万德（Wind）数据库。其他公司信息，比如上市公司行政级别和政府隶属情况等，则由笔者从上市公司年报、招股书及公司网站等渠道收集、整理并编码而来。此外，笔者还对基金经理、证券分析师、独立董事、公司高管、投资者关系经理、公司律师等进行了深度访谈，以作为对定量数据的补充。本文试图融合定量和定性分析方法，采用大规模定量数据并运用统计分析方法建立因果联系，通过深度访谈等定性方法厘清因果机制。

（二）测量指标

1. 因变量

本文使用资产回报率（ROA）和托宾 Q 值（Tobin's Q）衡量企业的盈利能力及其在股票市场中的表现。资产回报率是衡量企业资产利用效率的重要指标，其计算方法为净收入与总资产的比值。托宾 Q 值为公司的市场价值与公司资产重置成本之比，是股票市场通常用来衡量企业价值的重要指标。

2. 自变量

国家控股虚拟变量：当上市公司的控股股东是国家（包括类似国资委的政府机构及国有企业或国有控股企业集团）时，其值为 1，否则为 0。

国有股比例：国有股占企业总股份的比值。国有股包括由政府直接持有（即国家股）以及由国有企业和其他国家下属法人实体持有的股份（即国有法人股）。

上市公司行政级别：虚拟变量；1 = 非国有控股企业；2 = 县和乡镇政府控股企业；3 = 市政府控股企业；4 = 省政府控股企业；5 = 中央政府控股企业。

机构投资者持股比例：机构投资者持股数量占公司总股份的比例。

CEO 与董事长两职是否分设：若 CEO 与董事长并非同一人，其值为 1，反之为 0。

外部董事比例：外部独立董事成员数量占董事会成员总数的比值。

3. 控制变量

沿袭企业财务研究的惯例并考虑我国的制度环境，控制变量包括股权集中度、外资股比例、是否为沿海企业、企业规模、净资产负债率、行业[①]和年度虚拟变量。

表 1 列出了主要变量的平均值、标准差及相关系数。数据显示，样本

[①] 无论公司治理还是企业绩效，都会随行业的不同而呈现出不同特点。公司治理与企业绩效的真正关系也可能会在特定行业影响下被掩盖。因此控制好行业变量，对厘清公司治理和企业绩效的真实关系是必要的。

表 1　主要变量的描述性统计和相关系数矩阵

变量	观察值	均值	标准差	1	2	3	4	5	6	7	8	9	10
1 资产回报率	6786	0.02	0.2	1									
2 托宾Q值	6745	1.83	27.4	-0.12^{***}	1								
3 是否国有控股	6799	0.79	0.41	0.069^{***}	-0.004	1							
4 国有股比例	6864	0.396	0.257	0.08^{***}	-0.03^{**}	0.582^{***}	1						
5 机构投资者持股比例	2977	0.05	0.08	0.138^{***}	0.023	0.021	-0.08^{***}	1					
6 CEO、董事长是否分设	6393	0.84	0.37	-0.0002	-0.03^{**}	0.038^{***}	0.03^{**}	0.023	1				
7 外部董事比例	5742	0.2	0.16	-0.12^{***}	0.011	-0.17^{***}	-0.17^{***}	0.022	0.073^{***}	1			
8 前十大股东赫芬达尔指数[a]	6748	0.23	0.15	0.094^{***}	-0.03^{**}	0.29^{***}	0.614^{***}	-0.07^{***}	0.094^{***}	-0.14^{***}	1		
9 外资股比例	6794	0.15	0.22	-0.03^{**}	-0.008	-0.38^{***}	-0.59^{***}	-0.013	-0.015	0.076^{***}	-0.2^{***}	1	
10 净资产负债率[b]	6773	1.51	5.48	-0.013^{**}	-0.01^{**}	-0.029^{*}	-0.06^{***}	0.03	-0.024	0.049^{***}	-0.07^{***}	0.027	1

注：（1）$^{*} p < 0.1$；$^{**} p < 0.05$；$^{***} p < 0.01$。

（2）[a] 为 Herfindahl 10 index，是测量股权集中度的一项主要指标，计算方法为前十大股东各自持有股份比值的平方和。[b] 为测量财务杠杆的一项重要指标，计算方法为企业总负债总额与净资产的比值。

（3）由于"是否国有控股"与"国有股比例"高度相关，当"国有股比例"充当自变量时，需将"是否国有控股"排除。同样地，由于"国有股比例"与"前十大股东赫芬达尔指数"的相关性也非常高（>0.6），为防止多重共线性问题，在做国有股比例回归分析时也需剔除"前十大股东赫芬达尔指数"。

公司中超过 80% 的企业是制造业、商业（批发和零售）和综合多元化企业，而在金融、房地产和公用事业（如电力）等所谓垄断、暴利行业的公司仅占 17%，表明尽管样本公司中有近 80% 的公司属于国有控股公司，但其大部分分布在制造业、商业等具有一定竞争性的行业，而并非都分布在金融、房地产等垄断、暴利行业。进一步分析表明（见图1），国有股在制造业、公用事业中所占比例较高（40% 左右），而在房地产、金融等行业占比较低，分别为 35% 和 25% 左右。[①] 此外，数据显示，即使在中央控股企业中，制造业企业也占到 60% 以上，制造业、商业和综合多元化央企共占近 80%，而在公用事业、房地产、金融业中的中央控股企业仅占 20% 以上。

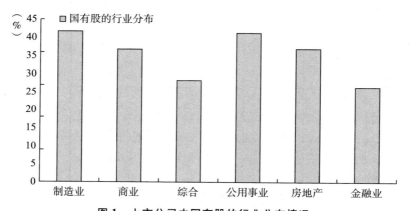

图1　上市公司中国有股的行业分布情况

（三）估算模型针

　　针对公司治理和企业绩效关系的分析，本研究采用企业绩效决定因素的随机效应（random effects）模型：[②]

----

① 金融企业并非都是像四大国有商业银行这样的金融机构，有很多类似深圳发展银行的中小银行及证券公司、基金公司、保险公司、金融租赁公司等中小金融机构。在这些机构中，国有股比例并不是太高，深圳发展银行的控股权甚至一度被美国 TPG 投资公司获得。

② 本文之所以使用随机效应模型而不是固定效应模型主要有两个原因：一方面，固定效应模型更适合因变量是虚拟变量的情况，而本研究因变量是如资产回报率、托宾 Q 值这样的连续变量；另一方面，本研究中不少自变量如"是否国有控股"、公司行政级别、董事长与 CEO 是否分设、独立董事比例等，都是相对稳定的、随时间推移没有变化或变化非常有限的变量。如果使用固定效应模型，就很可能使得许多解释性变量都出现值等于"零"的情况，因此，在这种情况下，更适合使用随机效应模型。

$$Y_{it} = \alpha + \gamma Z_{it} + \delta_i + \lambda_t + \varepsilon_{it}$$

在公式中，Y_{it} 表示 i 公司在 t 时的业绩情况，α 表示截距，Z_{it} 是 i 公司在 t 时由一组公司层面的可测量变量组成的向量，γ 是与向量 Z 相应的回归系数向量，δ_i 表示当年公司层面的异质性，λ_t 表示未被观测到的基于时间的异质性（年度效应），ε_{it} 表示随时间变化的误差项。

三 模型分析结果

表 2 呈现了分别以五种模型对公司治理和企业绩效进行分析的结果。这些回归结果在很大程度上支持了本文假设。就资产回报率和托宾 Q 值来说，国有控股企业的总体表现要比非国有控股企业好得多，而行政级别较高的企业又要比行政级别较低的企业表现出更高的利润率、并在股票市场上有更高的市场价值。正如所预期的那样，国有股比例与企业绩效之间呈现的是一种非线性关系（倒 U 型）。而就机构投资者的作用来看，企业绩效与机构投资者持股比例呈正相关关系。另外，两种所谓股东导向型的"最佳"董事会做法都未能对企业绩效提升发挥积极作用：分设 CEO 和董事长对资产回报率和托宾 Q 值都具有一定负面作用，尽管在统计学意义上并不显著；外部董事对提升企业盈利能力及在股票市场上的表现也未能发挥积极作用。

表 2　公司治理与企业绩效，2003～2007①（随机效应多元回归分析）

	模型 1	模型 2	模型 3	模型 4	模型 5
	资产回报率	资产回报率	资产回报率	托宾 Q 值	托宾 Q 值
是否国有控股（是=1）	0.0502 *** (0.02)			0.3266 ** (0.15)	
上市公司行政级别（非国有控股企业为参照组）					
县和乡镇政府控股企业		0.0608 (0.04)			0.3341 (0.44)
市政府控股企业		0.0539 *** (0.02)			0.412 *** (0.18)

① 本研究的完整数据包括 1997～2007 年的数据，但由于机构投资者持股比例数据从 2003 年开始才有，此处回归分析只采用了 2003～2007 年的数据。

续表

	模型 1	模型 2	模型 3	模型 4	模型 5
	资产回报率	资产回报率	资产回报率	托宾 Q 值	托宾 Q 值
省政府控股企业		0.0542 ***			0.5811 ***
		(0.02)			(0.17)
中央政府控股企业		0.041			0.8857 ***
		(0.03)			(0.26)
国有股比例			0.1773 **		
			(0.081)		
国有股比例（平方）			− 0.1934 *		
			(0.11)		
机构投资者持股比例	0.1155 *	0.1157 *	0.118 *	2.916 ***	2.906 ***
	(0.07)	(0.07)	(0.07)	(0.64)	(0.64)
是否分设 CEO、董事长（分设 = 1）	− 0.0131	− 0.0126	− 0.0133	− 0.0797	− 0.0939
	(0.01)	(0.01)	(0.01)	(0.14)	(0.14)
外部董事比例	− 0.0729	− 0.0732	− 0.0814	0.3845	0.4642
	(0.08)	(0.08)	(0.08)	(0.76)	(0.76)
前十大股东赫芬达尔指数	1.70E—04	0.0019		1.229 ***	1.055 **
	(0.05)	(0.05)		(0.46)	(0.46)
外资股比例	0.0276	0.026	0.0333	0.0854	0.1422
	(0.03)	(0.03)	(0.03)	(0.25)	(0.25)
是否沿海企业（是 = 1）	− 0.0144	− 0.0158	− 0.128	0.3181 **	0.324 **
	(0.02)	(0.02)	(0.02)	(0.16)	(0.16)
公司规模	0.0638 ***	0.0637 ***	0.657 ***	− 1.027 ***	1.061 ***
	(0.01)	(0.01)	(0.01)	(0.07)	(0.07)
净资产负债率	6.50E—04	7.00E—04	6.00E—04	0.0021	0.0028
	(0.00)	(0.00)	(0.00)	(0.01)	(0.01)
行业（制造业为参照组）					
商业	8.20E—04	0.002	0.0012	− 0.3382	− 0.3792
	(0.03)	(0.03)	(0.03)	(0.29)	(0.29)
综合	9.30E—05	− 3.10E—04	− 1.40E—04	− 0.2261	− 0.2015
	(0.03)	(0.03)	(0.03)	(0.26)	(0.26)
公用事业	− 0.0249	− 0.025	− 0.02	− 0.0173	− 0.0586
	(0.03)	(0.03)	(0.03)	(0.25)	(0.25)
房地产	0.0063	0.008	0.0045	0.1253	0.1288
	(0.03)	(0.03)	(0.03)	(0.31)	(0.32)
金融业	− 0.224 ***	− 0.2211 **	− 0.227 ***	− 0.2111	− 0.3216
	(0.09)	(0.09)	(0.09)	(2.16)	(2.17)

	模型 1	模型 2	模型 3	模型 4	模型 5
	资产回报率	资产回报率	资产回报率	托宾 Q 值	托宾 Q 值
年份ᵃ（2003 年为参照组）					
常数项	- 1.394 *** (0.142)	- 1.35 *** (0.142)	- 1.422 *** (0.142)	22.11 *** (1.42)	23.16 *** (1.45)
N	2343	2339	2346	2326	2322
R^2	0.077	0.0776	0.0717	0.0726	0.0727

注：（1）$^*p<0.1$；$^{**}p<0.05$；$^{***}p<0.01$。括号内为标准误差。

（2）ᵃ因篇幅所限，此处略去年度虚拟变量的回归结果。

关于控制变量，股权集中度（前十大股东赫芬达尔指数）对提升企业股票市场价值发挥积极作用，但对企业盈利能力没有影响；外资股东对企业绩效的提升发挥一定作用，但并不显著；位于沿海地区的企业普遍具有更高的股市价值，但盈利能力较内陆企业没有差别；规模较大企业通常利润率也较高，但在股市上的表现却较差，可能因为我国上市公司股价受市场投机和人为操控因素影响较大，那些规模较大的企业尽管利润率更高，但由于其规模太大而难以被操控和炒作（"庄家"和中小投资者资金量有限，更倾向于炒作、操控中小企业），因而在股市上的估值反而较低；净资产负债率与公司绩效之间不存在显著关系。分析报告如下：①

（一）国家的作用

1. 国家控股与企业绩效

如表 2 模型 1 和 4 所示，国有控股企业在盈利能力和股票市值两方面都明显超过了非国有控股企业。因此，假设 1 得到验证。这也表明，在中国国情下，国家持股对企业绩效的影响与现有文献对国有股绩效影响的研究结论截然不同。即国家控股对企业价值的实际影响比代理理论预测的"国家控股会导致绩效低下"这一情况复杂得多，国家持股对企业绩效的

---

① 为解决公司治理与企业绩效之间的内生性问题，笔者还使用工具变量及二阶最小平方回归分析模型（2-stage least square models，2SLS）进行了内生性检验及稳健性检验（robustness test），结果进一步印证了表 2 的回归分析结果，因篇幅所限，略去具体检验结果，对结果感兴趣的读者请与作者联系：yangdian@ cass. org. cn。

影响在不同制度背景下会表现出不同的结果。

2. 国有股比例与企业绩效之间的倒 U 型关系

既然国有控股企业比非国有控股企业拥有更好的绩效，那么，是否意味着"国有股比例越高企业绩效就越好"？企业绩效与国有股比例之间关系的回归分析结果显示，两者之间并无显著关系。即企业绩效与国有股比例之间并非简单线性递增关系。

为将两者之间可能的曲线关系纳入考虑范围，笔者又将国有股比例先做平方运算然后加入模型中。表 2 模型 3 显示了回归分析的结果。我们看到，加入平方运算的国有股比例之后，国有股比例的系数呈现出显著正值，而国有股比例平方的系数则呈现显著负值。这表明，在国有股比例从低到高逐渐提高的过程中，企业业绩也不断攀升，但当国有股比例超过一定临界点（大概是 46%）时，企业业绩则会随国有股比例的继续增加而下降，呈现出左端高于右端的倒 U 型曲线关系。由此，假设 2 得到了验证。临界点之前国有股比例与企业绩效之间的正相关关系表明，随着国有股份额从较低逐渐向中等程度递增，企业绩效也会随之提高；而另一临界点（大概是 91.7%）之后，国有股比例与企业绩效之间的负相关关系则表明，过高的国有股比例对企业绩效是不利的，而且这样的不利影响还会随国有股比例的继续增加而增强（见图 2）。

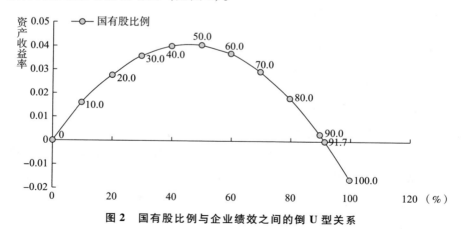

图 2　国有股比例与企业绩效之间的倒 U 型关系

3. 公司行政级别与企业绩效

如表 2 模型 2 和 5 所示，行政级别较高企业的业绩表现明显优于非国有控股企业及行政级别较低的企业，表明假设 3 也得到了经验数据的支持。

需要注意的是，上市公司的实际盈利能力与股票市场价值之间存在比较明显的差距：虽然行政级别较高的企业在实际盈利能力方面仅略高于非国有控股企业和行政级别较低的企业，然而其在股市上的表现却远远高于后两者。这是因为行政级别较高企业拥有更高的可信度、知名度、政治地位和市场地位，增加了投资者的信心，其在股票市场上的价值因而也更高，即便其实际盈利能力并不比其他企业好。

（二） 机构投资者的作用

如表 2 模型 1~5 所示，"机构投资者持股"在企业盈利能力和股票市场两方面都表现出显著的积极影响，但对股票市场表现方面的影响要更大、更强一些，这表明"机构投资者持股"在资本市场备受青睐。由此，假设 4 得到验证。

（三） 股东导向型董事会结构的影响

表 2 模型 1~5 显示了股东导向型的两种董事会做法对企业绩效的影响。五个模型均表明，分设 CEO 和董事长对企业绩效存在一定负面影响（但在统计学意义上并不显著），而外部董事比例对企业绩效不存在显著影响，因此假设 5 和假设 6 也分别得到验证。这些分析结果很好地支持了新制度主义理论，而驳斥了代理理论。

四　结论与讨论

本文探讨了股东导向型的所谓"最佳"公司治理做法在中国转型经济和制度环境中是否有助于提高企业绩效和最大化股东价值问题。

研究发现，国有控股上市公司的绩效明显高于非国有控股企业。国家持股对企业绩效的影响并非简单的线性促进关系，而是一种倒 U 型关系。这意味着，在我国制度环境下，适度的国家持股是有利于提升企业绩效的，但过高的国有股则对企业绩效不利，而且这样的不利影响还会随国有股比例的升高而增强。在极端情况下，如果国有股比例达到 100%，形成国有独资企业，资产收益率则会呈现明显负值（见图 2）。需要指出的是，国家控股对企业绩效的正面作用绝非简单取决于国有控股企业的"垄断"

地位和"政府扶持"。本文样本公司的行业分布数据表明,无论中央控股企业还是地方政府控股企业,垄断、暴利行业的企业(如中石油、国家电网等)只占少数,在大规模的统计分析中并不会对统计结果造成显著影响和扭曲。然而,由于这些少数垄断国企受关注度非常高,导致人们一提到央企或国企,就认为它们都分布在垄断、暴利行业,即便业绩再好,也是基于垄断地位获得的。这一看法忽略了国有企业近年来在公司制改造(股权多元化、上市等)、内部管理改革和公司治理改善方面取得的成绩及其对企业绩效的正向影响。作为社会学视野下的分析,笔者无意仅仅以"垄断""暴利""政府扶持"等媒体用语简单概括国有企业近年来的业绩,更无意对少数垄断国企的暴利和腐败行为辩护,而试图理性、客观地通过系统定量和定性分析厘清国有控股企业业绩提升及企业转型背后的结构力量,并用组织社会学理论予以理论提炼和解释。在笔者看来,国家控股对企业绩效的正面作用及国有股比例和企业绩效的独特倒 U 型模式,更大程度上是过去 30 年我国行政体制改革、国有企业改革、财税体制改革、资本市场改革、劳动和社会保障制度改革、国有企业布局战略性重组和调整等多重制度变迁以及多方力量互动的产物,离开这些系统的制度变革和结构调整,国有企业难以有目前的业绩,即便其拥有政府支持、占据垄断地位。

此外,研究还发现企业绩效与机构投资者持股比例之间存在显著正相关关系,这表明机构投资者在公司治理中正在发挥越来越重要的作用。从更广泛意义上,资本市场在改善我国公司治理,实现中国公司现代化进程中已经并将继续发挥重要作用。没有资本市场对企业的激励和约束,很难有真正意义上的现代公司(资本市场也是现代社会资本社会化的重要载体和实现形式);同时,资本市场是高度国际化的生产要素市场,其在传播国际公司治理理念、规范及相关法律制度方面是一个重要通道。

而分设 CEO 与董事长对企业绩效的影响则为负值(虽然统计意义上并不显著),表明此项所谓"最佳"治理举措实际上并无助于公司业绩的提高。对渴望改善我国公司治理的学者、管理者和决策者来说,这一发现令人意外,因为它从某种意义上否定了目前在我国及西方国家盛行的分设 CEO 与董事长的公司治理改革潮流。CEO 与董事长两职分离对我国企业来说可能并不真正适用,至少从提升企业绩效这一点来看,并未起到人们所期待的积极作用。

另外，本研究发现外部董事比例与企业绩效之间并没有显著相关关系，说明外部董事尚未对企业绩效的提升发挥其应有的积极作用。虽然"外部董事有助于提升企业绩效"这一逻辑看起来颇有说服力，但支撑这一观点的有力证据却很难找到。即使是在美国和其他发达国家，也没有充分证据证明外部董事比例高的公司绩效更好。然而，对于渴望尽快"同国际最佳惯例接轨"、加速实现"企业现代化"的发展中国家——中国，如此公司治理做法却日益盛行。这种不问实际效果的组织实践，为新制度主义关于"正式组织结构更多是一种迷思和仪式"（formal structure as myth and ceremony）（J. Meyer & B. Rowan，1977：340－363）的论断提供了生动而有力的注脚。

经济社会学家和一些经济学家均认为，产权并非企业绩效的决定因素，市场竞争和制度安排（比如各种有效运转的市场，包括产品市场、职业经理人市场、企业并购市场），同样是构建良好公司治理、提升企业绩效的重要因素；而且，相关研究表明，产权与市场竞争在影响企业绩效方面，存在着某种程度的替代性（Y. S. Peng，2001：1338－1370；周其仁，2002；刘世定，2003；胡一帆、宋敏、张俊喜，2005）。产权的一项重要功能是解决激励问题，而激励问题的解决方案不局限于产权，除上述提到的市场竞争能够提供激励外，折晓叶、陈婴婴在对乡镇企业改制进行研究的过程中发现，社会资本和文化也有类似的激励功能（折晓叶、陈婴婴，2004）。乡镇企业之外，产权和所有制形式即使对那些一度积重难返的大中型国有企业的业绩提升也没有形成不可逾越的障碍，在不改变国有产权的情况下，通过转换内部经营机制、强化外部政府监督和市场约束，一批"新国企"应运而生，取得了令人瞩目的辉煌成绩。关于此，笔者最近在对沈阳市铁西区国企改革问题的调研中感受很深。铁西区是我国东北老工业基地的缩影，曾被称为"共和国装备部"。然而，20世纪90年代末，铁西老工业区旧的体制弊端日益显现，成为"东北现象"的代表。90%的企业处于停产、半停产状态，13万产业工人下岗。2003年，铁西老工业基地开始实施改造振兴的新战略。通过将厂区搬迁、企业转型与产业升级有机融合，铁西企业，尤其大型国有企业的核心竞争力不断增强：沈阳机床集团经济总量跃居世界同行业第一位，行业引领作用不断显现；北方重工集团产值和销售收入位居全国重机行业第一。这些"新国企"的快速转型和辉煌成就，极大地改变了世人对国有企业落后、迟缓、低效的刻板印象。更重要的是，这些"新国企"并非靠垄断、半垄断地位而获利，而是在竞争异常激烈的行业中凭借先进技术和优秀管理脱颖而出的"市场强者"。

我国国有企业改革证明，产权和所有制形式并非企业绩效的决定性因素，国有企业是可以做好的。而国际经验更是有力表明，国有企业不但可以在"有中国特色的社会主义国家"做得好，在发达资本主义国家也能取得较好的业绩。比如，新加坡政府所有的淡马锡公司是国有企业，但其管理和业绩成为全世界很多企业（包括私人企业）学习和效仿的对象。国有企业作为国家公共组织的延伸和组成部分，其治理水平和绩效与国家治理水平和政府管理能力密切相关。如果政府官员腐败，行政管理能力迟缓、低效，则政府控制下的国有企业难有良好的治理和业绩。可以说，一些国有企业做不好并非国有企业本身的问题，更非国有股天然无法产生好业绩，而是作为股权持有人和监管者的政府的治理和管理出了问题。

本研究试图对公司治理这一经典问题进行社会学分析，提供一种除经济学和管理学之外的审视公司治理和企业业绩之间关系的第三种视角。研究表明，尽管代理理论具有较强的理论和政策影响力，但其倡导的一些"最佳"公司治理做法（如私有化、分设 CEO 与董事长等）能否真的带来更好的公司业绩，尚需实践检验。即使在西方，这些"最佳"公司治理做法有助于提升企业绩效的证据也很不充分。本研究发现，这些"最佳"做法对企业绩效的影响或者是负面的，或者是不显著的，因此，代理理论在公司治理方面解释力是有局限的。从多元的分析角度及理论视野，特别是运用社会学新制度主义的理论框架，更深入、细致地分析公司治理和企业绩效的复杂关系实有必要。

新制度主义理论强调制度（正式制度如法律法规，非正式制度如习俗、惯例、规范等）、权力、网络和认知对人类经济行为和组织行为的影响和形塑，认为看似客观的经济理性和组织实践本质上是社会建构的结果，由于组织实践与其制度环境的相互嵌入性，并不存在跨越制度时空、普遍适用的组织模式。公司治理看似是一个中、微观的经济或法律问题，实则为宏大的政治、历史、社会和文化问题。通过系统比较美国、英国、日本、德国等不同的公司治理模式及资本主义几百年的发展史，可以看到公司治理模式不是由教条的经济公式和法律条文决定的，而是多种政治、经济及社会力量长期复杂博弈的结果。具体而言，一个国家的公司治理模式基本上由组合的四种力量决定：国家（the state）、资本所有者（shareholders）、职业经理人（managers）及工会（labor union）。以美国为例，因其国家力量较弱（尤其是宪法规定政府不能随意干涉经济活动），工会力量也很弱（目前工会会员只占总雇员的 10% 左右），股东力量也不强（因为美国大公司的股权很分散，最大股东持股比例一般不超过总股份的 5%），而职业经理人力量很强，虽然他们不是公司所有者，但其是公司的实际管理者和决策者，真正的所有者（股东）反而因为力量太分散而无权参与公司的重大决策。美国这种特殊的政治经济社会力量组合形态就形成了美式公司治理模式——管理人资本主义（managerial capitalism）（A. Chandler，1977）。20 世纪 80 年代以来，随着机构投资者的发展壮大（把中小股东集合起来），投资者的力量在加强，比较有效地制约了公司高管的权力滥用问题，因此很多学者认为美国正在转向投资人资本主义（investor capitalism）（M. Vseem，1996）德国情况则不同，其职业经理人力量不太强（有很多大公司是家族企业），而工会力量很强大，政府力量也比较强，资本所有者的权力受到工会和政府的有力牵制，这几种力量博弈的结果是形成了公司治理的德国模式——劳资共治的双元模式，或“组织化的资本主义”（organized capitalism，即由政府、资方、雇员共同协调组织的资本主义模式）（M. F. Parnell，1994）。可见，公司治理模式是由一个国家多种政治、社会力量博弈的结果，与一国的历史和文化传统也密切相关，一旦形成某种模式便很难改变。仅改变《公司法》或《证券法》条文很难真正改变一国的公司治理方式。

尽管因各国上述四种力量的组合不同而形成了各具特色的公司治理模式，但世界主要公司治理模式大致可以分为以英美为代表的“英美股东导向型模式”和以德国、日本为代表的“德日利益相关者导向型模式”。早期公司治理学者认为美式公司的分散所有制结构及所有权和管理权的分离使其比家族公司、国有公司、银行主导的企业集团及工人合作社都更有“效率”、更为“现代”，因此美式公司治理模式将不可避免地在世界上广为扩散（A. Berle & G. C. Means，1932）。由于美国经济在二战后至 20 世纪 70 年代一直在世界占主导地位，美式公司治理模式在这段时期被誉为国际最佳惯例而被其他国家大力仿效。然而，从 20 世纪 60 年代到 20 世纪 80

年代，德国和日本经济崛起，对美国经济造成极大挑战，特别是在制造业领域，很多德国和日本公司的管理模式和组织实践被认为是优于美国公司的（比如著名的"丰田模式"），德日公司模式因而被世界很多国家效仿，甚至很多美国公司也纷纷引进德日"先进"管理和组织模式。20 世纪 80 年代到 90 年代美国经济的强劲复苏及金融市场全球化和资产管理行业的兴起，特别是日本经济在 20 世纪 90 年代的衰落，引发了另一轮对美式公司治理模式的推崇，商界和学术界再次预测其他国家将效仿美国，他们认为美式公司治理是优于其他公司治理模式的全球最佳模式（A. Shleifer & R. Vishny, 1997, 737 – 783）。但好景不长，2008 年发端于美国的国际金融危机再次引发世人对美式公司治理模式的怀疑，美式公司治理模式又一次深陷危机，并有可能引发"去美国化"风潮。可见，某种公司治理模式被其他公司、其他国家广为效仿，更多的并非其超越时空和制度环境的"绝对效率"，而是其在特定时空范围的"相对表现"。因此，即使在"最理性"的公司行为领域，并不存在一个经济学家和管理学家所声称的"客观"的"最佳模式"；这种"最佳"模式更多是一种"事后解释"，是社会建构的结果：某种模式在某段时期表现最优，人们便对其进行理论化和事后解释，声称该模式之所以表现最好是因为其在理论上是"最佳模式"或"理想模式"（实际上是一种循环论证），而当该模式表现不佳时，人们便对其进行"负向论证"，用各种理论和事实论证其为什么不是最佳模式，同时又对新出现的"最佳模式"进行理论论证，以赋予后者正当性和科学性。组织理性的这种社会建构性和事后解释性决定了某种公司治理模式被广为效仿和扩散更多的是因为其被社会和制度环境定义为"正当的""高效的"和"先进的"，而并非其真的具有超越时空的恒久"先进性"和"高效性"。

那些"最佳"公司治理做法是在特定社会、文化、政治等制度环境下各种复杂社会力量和利益群体建构的结果，其作用的发挥在很大程度上取决于是否契合所在的制度环境，因此，并不存在普适的"最佳"公司治理模式。本研究基于中国经验的社会学探讨，为解构这一世界性"最佳"公司治理迷思提供了新视角和证据。

值得指出的是，本研究数据主要限于中国上市公司，在代表性方面有不足之处：首先，与非上市公司相比，上市公司大部分是大中型企业，不能代表中小公司；其次，上市的国有控股公司毕竟是少数，不能代表未上市的广大国有企业。这限制了本文经验发现的可推广性和普适性，其他类型公司治理与企业绩效之间的关系尚待更多经验数据探索。

参考文献

白重恩等，2005，《中国上市公司治理结构的实证研究》，《经济研究》第 2 期。

李培林，2004，《村落的终结——羊城村的故事》，北京：商务印书馆。

李培林、张翼，2007，《国有企业社会成本分析》，北京：社会科学文献出版社。

刘世定，2003，《占有、认知与人际关系》，北京：华夏出版社。

渠敬东、周飞舟、应星，2009，《从总体支配到技术治理——基于中国 30 年改革经验的社会学分析》，《中国社会科学》第 6 期。

宋敏、张俊喜，2005，《竞争、产权、公司治理三大理论的相对重要性及交互关系》，《经济研究》第 9 期。

孙永祥、黄祖辉，1999，《上市公司的股权结构与绩效》，《经济研究》第 12 期。

于东智，2003，《董事会、公司治理与绩效——对中国上市公司的经验分析》，《中国社会科学》第 3 期。

折晓叶、陈婴婴，2004，《资本怎样运作——对"改制"中资本能动性的社会学分析》，《中国社会科学》第 4 期。

周飞舟，2007，《生财有道：土地开发和转让中的政府和农民》，《社会学研究》第 1 期。

周其仁，2002，《产权与制度变迁：中国改革的经验研究》，北京：社会科学文献出版社。

周雪光，2005，《"逆向软预算约束"：一个政府行为的组织分析》，《中国社会科学》第 2 期。

Berle, A. & G. C. Means, *The Modern Corporation and Private Property*. New York：Macmillan.

Bhagat, S. & B. Black 2002, "The Non-Correlation between Board Independence and Long-Term Firm Performance." *Journal of Corporation Law* 27.

Chandler, A. 1977, *The Visible Hand：The Managerial Revolution in American Business*. Cambridge, MA：Belknap Press.

Davis, J. H., F. D. Schoorman & L. Donaldson 1997, "Toward a Stewardship Theory of Management." *The Academy of Management Review* 22.

Donaldson, L. & J. Davis 1991, "Stewardship Theory or Agency Theory：CEO Governance and Shareholder Returns." *Australian Journal of Management* 16.

Evans, P. 1995, *Embedded Autonomy：States and Industrial Transformation*. Princeton：Princeton University Press.

Guthrie, D. , Z. X. Xiao & J. M. Wang 2007, "Aligning the Interests of Multiple Principals: Ownership Concentration and Profitability in China's Publicly-Traded Firms. " Working Paper, New York University Stern School.

Guthrie, D. 1997, "Between Markets and Politics: Organizational Responses to Reform in China. " *American Journal of Sociology* 102.

Lorsch, J. W. & E. MacIver 1989, *Pawns or Potentates: The Reality of America's Corporate Boards*, Boston. MA: Harvard Business School Press.

Meyer, J. & B. Rowan 1977, "Institutionalized Organizations: Formal Structure as Myth and Ceremony. " *American Journal of Sociology* 83.

Parell, M. F. 1994, *The German Tradition of Organized Capitalism.* Oxford, England: Oxford University Press.

Pearce Ⅱ , J. A. & S. A. Zahra 1991, "The Relative Power of CEOs and Boards of Directors: Associations with Corporate Performance. " *Strategic Management Journal* 12.

Peng, M. , S. J. Zhang & X. C. Li 2007, "CEO Duality and Firm Performance during China's Institutional Transitions. " *Management and Organization Review* 3.

Peng, Y. S. 2001, "Chinese Villages and Townships as Industrial Corporations: Ownership, Governance, and Market Discipline. " *American Journal of Sociology* 106.

Sachs, J. D. 1992, "Privatization in Russia: Some Lessons from Eastern Europe. " *The American Economic Review* 82.

Shleifer, A. & R. Vishny 1997, "A Survey of Corporate Governance. " *The Journal of Finance* 52.

Shleifer, A. & R. Vishny 1998, *The Grabbing Hand: Government Pathologies and Their Cures.* Cambridge, MA: Harvard University Press.

Smith, M. "Shareholder Activism by Institutional Investors: Evidence from CalPERS. " *The Journal of Finance* 51.

Stiglitz, J. 1994, "The Theory of Socialism and the Power of Economic Ideas. " In J. Stiglitz (ed.), *Whither Socialism?* Cambridge, MA: The MIT Press.

Tan, J. & D. Tan 2005, "Environment-Strategy Co-Evolution and Co-Alignment: A Staged Model of Chinese SOEs under Transition. " *Strategic Management Journal* 26.

Tian, J. J. & C. M. Lau 2001, "Board Composition, Leadership Structüre and Performance in Chinese Shareholding Companies. " *Asia Pacific Journal of Management* 18.

Useem, M. 1996, *Investor Capitalism: How Money Managers Are Changing the Face of Corporate America.* New York: Basic Books.

乡村社会转型时期的医患信任[*]

——以我国中部地区两村为例

房莉杰　梁小云　金承刚

摘　要：本文通过对我国中部地区两个村的村民与村医、乡镇卫生院医生之间医患信任状况的调查发现，村民对村医和乡镇卫生院医生采取的分别是"人际信任"和"制度信任"的信任逻辑；而在农村社会从传统向现代转型、农民对医疗专业化预期提高、医疗服务更加专业化和制度化的背景下，未来村民对于村医的信任逻辑将是"人际信任"与"制度信任"的叠加。医疗体制与社会环境共同形塑了医生的行为，使村医和乡镇卫生院医生的行为既有共性又有区别。在当前中国社会的大背景下，对照西方的发展趋势，笔者认为，未来需要思考的是如何将传统性因素融合进未来的社会制度中，使其发挥积极作用。

关键词：医患信任　人际信任　制度信任　乡村社会转型

一　问题的提出：嵌入乡村社会的农村医患

"在现代工业社会里，疾病即意味着接触医学，去咨询医生，按医生的处方治病，这已经成了人们感到身体不舒服和不正常后会立即做出的反应，甚至成了道德上的要求。应该做'听话的病人'"（亚当、赫尔兹里奇，2005）。医患关系因此产生，病人"听话"是医患有效互动的基础。然而近年来在中国，医患关系的日趋紧张和恶化，使"医患"主题成为各

*　原文发表于《社会学研究》2013 年第 2 期。感谢中国社会科学院社会学研究所王春光研究员、中国人民大学社会学系洪大用教授以及匿名审稿人对本文的帮助，文责自负。

界关注的焦点，而这折射出的是整个社会信任缺失的现实。纵观过去的 10 年，关于医患关系的研究数量大幅上升，文章和媒体报道呈现给我们的是医患信任恶化的具体图景。在医患信任的逻辑分析上，现有的研究大都是从医生行为，尤其是医德的角度讨论医患信任恶化的原因，并进一步归结到现有的卫生体制和社会风气对医生行为的形塑（李伟民，2005；杨阳，2009；郑大喜，2010；刘俊香等，2011）。值得注意的是，这些讨论基本上是将其置于现代医学和现代社会的背景下展开的。然而在中国农村，村卫生室是农民看病的首选，农民的绝大部分就医行为都是与村医的互动，无论村医还是农村社会都与现代医学和现代社会存在较大差距。

传统中国农村的乡土社会是一个"熟人社会"，它包含了更多小农经济社会的传统特点，而从根本上区别于现代工业社会（费孝通，1998）。不仅如此，从古至今，中国农村社会主要由"非专业"或"半专业"的乡村医生为农民提供基本医疗服务。即使在新中国成立后的计划经济时期，在当时农村经济发展水平低下、缺医少药、卫生人才极度匮乏的情况下，无法在短期内培养大批正规、专业的医务人员，而是采取短期培训的方式就地培养初级卫生人员和接生人员。尤其在 1965 年，按照毛泽东"关于把医疗工作的重点放到农村去"的指示，在农民中培养了大批不完全脱离农业生产劳动的"赤脚医生"，这样逐步完善了农村最基层医疗网点的设置（陈锡文，2001）。

在"赤脚医生"与农民的关系方面，已有的研究部分证实了在中国传统农村的社会背景下形成的完全不同于西方现代社会的医患关系模式。从"赤脚医生"们的回忆中可以看出，他们都是从本地的农民中选出，都只受过短期的、非正规的培训，当地村民对他们的信任并不完全基于他们的专业优势，而更多的是从熟悉中得到的信任。在互动过程中，"赤脚医生"会用很好的服务态度、浅显易懂的语言对待患者，并尽量照顾到患者的个人情况；而农民正是凭借这些来评价一个医生的好坏（张开宁，2002）。正如杨念群所言，"在中国农村，邻里乡土关系是医患关系的主轴，这与城里'西医'主宰下的现代医患关系有相当大的区别"（杨念群，2006：391），尽管当时西医知识和技术已引入农村，但是医患关系并不是现代西方医学背景下的抽象角色关系，而是传统意义上的"熟人关系"。

改革开放后，从社会结构上看，在快速的工业化和城市化背景下，乡村的外部环境正在具备越来越多的现代性，外部的卫生服务也早已是现代意义的医疗体系，但城乡二元社会结构并没有根本变化，农村社会仍不能被称为"现代社会"，变迁至今，也只是从"熟人社会"过渡到了"半熟人"社会而已（贺雪峰，2003）。

综上，任何的角色关系与行为都是嵌入在特定的环境中的。由于农村卫生室所处的制度和社会环境与医院相比有根本区别，村医的特征也完全不同于现代意义的医生，因此面对农村医患研究的欠缺，我们有理由提出疑问，农村的医患关系究竟是何种图景？其背后的影响逻辑是什么？本文还希望能对正在进行的新医改和社会管理创新提供一些政策启示。

二　文献综述与分析思路

（一）西方医患关系的变迁

帕森斯是最早研究医患关系的社会学家，他认为医患双方是制度化的角色丛。在这对角色关系中，医生起主导作用，病人充分遵从，他强调医生对待病人的客观性和绝对理性（Parsons，1951）。帕森斯是著名的结构功能论的代表，通过他对医生角色的描述，不难看出其中强烈的功能和理性主义色彩。但是正如经济学中的"理性经济人"假设一样，这只是一种绝对化的理想模式，现实往往表现出不同于理想模式的多种面貌。

二战前，由于医学欠发达，医生的专业权威性是非常有限的，家庭医生是医疗服务的核心，而非医院。"全科医生作为家庭朋友的成分不比医学专业人员成分少，病人珍视这种亲密和信任"（波特，2000：190）。如果说帕森斯描述的医生是冷冰冰的、中立的、抽象的制度角色，那么我们从20世纪以前关于医患的描述中更多看到了温情脉脉的熟人互动。病人及其家庭并未对医生的专业水平抱很高的预期，但是他们希望从医生处得到更好的照顾与安慰。由此可见，西方传统医生与我国计划经济时期及之前的农村医生非常相似——都是具体的"熟人"，医术都不高，都是凭借长久以来的良好服务获得了"朋友般"的信任。

然而二战后，也就是帕森斯的医患范式形成时期，社会环境和医学领域发生了很大变化，医疗技术的发展突飞猛进，政府和民众越来越信赖医学。那个时代正是临床医生权力泛滥的时期，医生的职业权威也获得了空前提高；在医生的眼里，已经不再有"病人"，而只有"疾病"（张大庆，2007）。他们采取更加理性、科学的态度对待疾病，无论医学教育还是诊疗程序都日益规范化。医生更加威严，"这并不是医生在某种程度上变得不近人情，而是因为以前那些明显的仁慈表现对今天的治疗毫无必要"（波特，2000：249）。

在这一时期，医生群体发生分化，医疗实践的核心从全科医生（general practitioner）转变为专科医生（specialist）（Wolfe & Robin，1973）。不过，在英国等地，全科医生还是以"守门人"的角色保留了下来，并将其纳入全民医疗的制度中（Harrison & Nabila，1996）。全科医生与专科医生相比要具备更加"综合"的能力，因为他们要面对更加复杂的环境，以及更加多样化的病人；同时，他们必须用理性的态度和科学的知识处理这些复杂的问题，因此尽管全科医生仍是提供初级保健服务，但是其理性化、专业化的特点已使其完全区别于传统医生（Crombie，1963）。

除了医疗领域全面的理性化、科学化之外，随着福利权意识的上升和福利国家建设，健康成为一种权利，医疗成为一种制度。全科医生和专科医生的行为区别是，前者赖以生存的是病人，因此他们对病人的要求很敏感；而后者主要接待其他医生推荐来的病人，所以在他们身上体现的是纯粹的职业文化（亚当、赫尔兹里奇，2005）。

医疗技术和医生行为规范的变化使得病人对医生的预期发生改变。一方面，公众更加期望医生能够治愈自己的疾病，而非提供更多心理安慰；另一方面，正是因为意识到了医生行为的变化，也体验到了医生私利的负面影响，人们对医生的不满在增加，如果说以前的医生更像是值得信赖的朋友的话，那么现在人们更多地将医生当作商人或技工看待，医患关系成为一种单纯的商业关系（Wolfe et al.，1972）。对这种态度起到加强作用的还有疾病谱的变化和人们权利意识的提高（Gray，2006）。尤其是在患慢性病的情况下，病人日积月累掌握的知识已很多，患者与医生之间的专业差距缩小，因此医生与病人之间不是绝对的控制关系，而更是一种参与式的合作关系（Szas & Hollender，1956）。正如科克汉姆（Cockerham）所言，"随着医学进入21世纪，最普遍的医患关系模式有可能就是萨斯和霍伦德提出的相互参与模式。这种发展变化是患者不断要求平等和作为现代社会最常见的卫生问题即慢性病的流行两方面导致的结果"（科克汉姆，2000：166）。

（二）人际信任与制度信任

综上所述，西方的医患关系经历了从前现代向后现代的转型，现代工业社会的理性化和科学化逐渐占领了医疗领域（或者说医疗领域的理性化和科学化本身就是现代化的一个重要组成部分）。如果从信任的角度理解，上述西方医患关系的变迁过程正是从"人际信任"到"制度信任"的转变。

信任的最初形式是"人际信任"，在一个社会分工不发达的"熟人社会"，信任发生于直接交往的人与人之间；然而，随着社会的发展，专门化和差异性日益渗透，社会交往的范围也越来越大，信任已经不再是直接的人与人之间的关系，而更多是非人际信任（Shapiro，1987）。如卢曼（Luhmann）所言，信任由具体的人际信任上升为抽象的社会系统，这时信任的基础是一套稳定的社会机制，与"人际信任"相对，可以被称为"制度信任"（卢曼，2005）。涂尔干（2000）和卢曼（2005）都曾阐明，从传统的、封闭的、同质性强的熟人社会，到现代的、开放的、建立在社会分工基础上的陌生人社会，有机团结将代替机械团结，职业规范将代替共享道德，信任将从人际领域扩大到系统层面。吉登斯（1998）也认为，对于诸如医生等专家系统的信任是"现代性"的一个重要特征，也是现代社会的要求。

人际信任的逻辑不同于制度信任。前者处于相对有限和封闭的时空状态中，其产生是基于反复交往积累的经验；而后者则来源于制度形成的稳定预期。因此在患者眼里，传统的家庭医生是某个具体的人，其某种品格符合患者的预期，因此获得了信任；而现代医生都是抽象化的角色，患者对他们的信任并非对某个具体的人，而是对这个专家系统的稳定预期。即使病人会选择某位具体的家庭医生或专科医生，他首先看重的也是其教育背景与执业资历。

（三）基于信任分析的研究框架

如上所述，医疗技术的进步和医疗服务的制度化重新形塑了医生，包括全科医生的行为、疾病谱的变化，加之合并医学进步和医生行为的改变，以及现代社会思潮的转向，共同改变了病人对医生的预期。这一系列的转型反映在医生、患者、疾病这三个医患关系核心要素的互动中，而这三个因素恰好可以带入信任分析的一般性定义——信任就是"A 相信 B 会做 X"的一种三方关系，其中 A 是"信任者"，B 是"信任对象"，X 是"具体事件"（哈丁，2004）。除此之外，完整的信任过程还包括在这种心理指导下表现的一定行为（罗家德、叶勇助，2007；什托姆普卡，2005）。综上，本文将"医患信任"定义为"患者（A）相信医生（B）会将自己的病治好（X），并在信任与否的态度下采取顺从或抵制的行为"。

本文将调查资料的分析具体化为："患者对医生的预期与评价——医生的相关特征和行为——患者对医生的信任态度及其指导下的行为"，在此基础上进一步分析信任背后的逻辑过程与影响因素。

三　研究方法

本研究旨在描述和解释目前中国农村社会的医患关系及其影响环境，因此应首先明确农村医患关系的概念。我国的农村卫生服务体系通常分为县医院、乡镇卫生院以及村卫生室三级。在这三级医疗机构中，县医院建在县城，乡镇卫生院一般设在镇中心，这两级医疗机构都是专业化和科层化的正式组织，在农民的眼里他们都是外部的医院和医生；只有村卫生室是嵌入在农村社区的，村医的角色和提供的服务类似西方的全科医生，因此本文的农村医患特指村医和村民的关系。我们也同时调查了乡镇卫生院，以与乡村医患关系进行对比。

通过以往的研究经验和预调查，我们发现，即使同为乡村医生，医患关系的具体情境亦有很大不同，"赤脚医生"和年轻村医之间的区别尤其大。因此我们主要在同一个镇相邻的两个村进行调查，其中一个村的村医是位"赤脚医生"，另一个村的村医是位年轻村医。

调查地点位于湖北省中部地区的 D 镇，我们最初是因为某国际项目接触该县，该项目的调查发现，D 镇的经济社会环境在我国中部地区具有典型性。该镇处于产棉区，青壮年有一半在外打工，留下来的劳动力主要从事棉花种植和打零工，当地的经济条件在整个湖北省处于中等水平。该镇的地理位置位于三县交界处，离县城较远，受城市化的影响较小，两个村村民的主要居住分布从建国至今都没有较大变化，几乎没有外县市人口，因此村民之间的社会关系比较传统。两个村的户数都在 500～600 户之间，人数分别为 1521 人和 2221 人。总之，这两个村庄的共性是都以农业为主，规模适中，相对比较传统。

2008 年 8 月、2009 年 12 月，我们两次赴调查地进行田野调查，累计 24 天。调查方法包括：一是对村医进行个案访谈，在村卫生室进行参与式观察，并抽查村医的处方和财务账目；二是对乡镇卫生院医生进行个案访谈，在乡镇卫生院的不同科室进行参与式观察，并抽查医生处方；三是在村口的小卖店进行随机访谈，由于小卖店人流较大，因此这种随机访谈往往变为多人参加的讨论会；四是入户访谈，调查者分为三组，在每个村分三路进行随机入户，两次调查共计 68 次。这样我们访谈到的户数基本占到了总户数的 1/10 左右，从访谈对象看，涵盖了不同经济水平、不同健康状况，以及不同规模和结构的家庭。从访谈结果看，年龄、文化程度、性别、家庭成员的健康状况等都会对其态度产生影响，但是从中还是能抽离出更多共性。

需要说明的是，本文只是聚焦于两个村的调查，调查结果仅对这两个村有解释意义。

四　医患关系的具体情境

（一）D 镇两村的医患情境

1. 两村卫生室的具体情况

在 D 镇所在的县，村卫生室的用房、水电等费用一般由村里承担，政府会有少量的改建投入，在我们第一次调查时，由于卫计委要求对村卫生室进行标准化建设，县级财政给每个卫生室投入改建资金 5000 元。但是这笔投入只占改建总成本的很小一部分，其余资金由村卫生室和村委会共同承担。由于各村的经济情况不同，改建投入也各不相同。此外，新型农村合作医疗实施以来，参合农民的门诊费用可以在门诊账户的范围内报销，2009 年，当地参合农民的门诊账户是 15 元/人。而在日常的经营上，村卫生室实质上是自负盈亏的"个体经营者"。

在服务内容上，与全国绝大部分村卫生室类似，D镇两个卫生室都是以诊治常见病为主，如感冒、发烧、腹泻，以及糖尿病、高血压等慢性病的一般管理。两个卫生室具备听诊器、血压计、血糖仪、消毒锅等简单的医疗器械，医生都有处方权，可以输液和处理简单的外伤，但是不能进行血、便等常规化验。

D1村的居民有1521人，卫生室负责的村医是G医生，年近60岁，本村人，最初是该村的"赤脚医生"，在D1村行医超过40年。该卫生室由他和另外一位老医生（也是"赤脚医生"）以及一个护士和一个药剂师组成，这个村卫生室是本村村民治疗一般性常见病的首选，由于G医生的声誉较高，所以除了本村村民外还有邻近村的很多患者来这里就诊，在所有患者中，本村人和外村人各占一半左右。该卫生室平均每天接诊的患者都在50人次以上。我们在D1村调查的几天中，每天都可看到在D1村就诊和输液的病人络绎不绝。

D2村与D1村临近，全村有2221人。卫生室负责的村医Z是年轻医生，本村人，Z医生1996年毕业于当地卫校的社区医学专业，中专学历。刚毕业时村里的一些"赤脚医生"还在卫生室工作，Z于是外出打工，直到2003年老医生们或去世或因年龄大而退出时，Z才接替他们做村医的工作。目前D2村卫生室还有一个药剂师，偶尔也会接诊。与D1村卫生室亮堂的新房子相比，D2村卫生室破旧、寒酸了许多，每天的接诊量也远小于D1村卫生室，不足20人次。而且由于两村相邻，很多D2村的患者到D1村的G医生处看病。另外，在D2村还有一个退休老村医开设的私人诊所，这个私人诊所尽管不是每天都营业，但还是分流了D2村的很多病人。

2. 村民对村医的角色预期与评价

D1村的卫生室是D1、D2村的村民"看小病"的首选，遇到一般的感冒、发烧、腹泻等疾病、村民都会先到D1村卫生室，而再患有严重一点的疾病时，村民则到乡镇卫生院和"大医院"解决，因为他们很清楚，这些"稍微严重点的病"已经超出村卫生室的设备和村医的专业范围了。而村民之所以首先选择去村卫生室看小病，价格便宜和交通便利是两个重要因素。在村卫生室，从处方情况看，如果只是口服药，单张处方的费用一般都在十几元；即使是含静脉注射的处方，一般也不会超过30元；在距离上，从 D1 和 D2 两村的任何一个村民家里到 D1 村卫生室，步行都不会超过半小时。

在交通和价格上，D1 和 D2 村的两个卫生室没有区别，D2 村卫生室对于 D2 村村民来说，交通上更加便利。那么为什么 D2 村的村民也会选择 D1 村卫生室呢？这就涉及对村医的具体评价问题。在问到"什么样的医生是好医生"时，村民普遍认为，"能看好病的医生就是好医生"，这是最重要的评价标准；但是除此之外，在具体评价某个医生的时候，村民往往也会将医生的态度包括在内，对待村医尤其如此。

在村民眼中，行医 40 余年的老医生是值得尊敬的。遇到村民没钱看病的时候，G 医生都会让病人先赊着。赊账的农户一般到年底就会把账结清，但也有遇到年成不好，或者家里实在困难的，就会一直赊账。在 G 医生这里，只会存在由于技术和条件的限制治不了的病，不会出现因为经济原因将患者拒之门外的情形。而除了赊账外，老医生耐心和尽职尽责的服务态度也得到村民的认可。

> 村民 a2①：为人民服务就是好医生。啥时候来啥时候给你看病。黑天，冷吧，热吧，能动弹的到这来，不能动弹的什么时候叫什么时候到。庄户人家就喜欢这个。不像大地方的医生，我嫌冷，我嫌热，我得睡一觉。
>
> 村民 a6：他也不吃你的也不喝你的，挂完针说你在这吃吧，他不吃，很少（有这样的）。

在医术方面，村民们也给予 G 医生较高的评价。尽管 G 医生是在计划经济时期接受的非正规教育，但是与受过正规教育的乡镇卫生院医生、年轻村医相比，村民还是对"赤脚医生"的医术更为信赖。

> 村民 a2：乡镇卫生院的医生就是技术不行，还不如我们村医生看的好，说实在的，G 医生就是没有仪器，买不起那个仪器，要不然比他那儿看得要好。

---

① 本文中访谈对象的代码，a 代表 D1 村村民，b 代表 D2 村村民。

村民 a5：你像我们周围 5 个村，还有农场的、当兵的，都来这里看。还有个别蛮远的，都来问你们的胡子医生（G 医生）在不在？他长很多胡子的嘛，所以喊他胡子医生。

村民 b11：我们平时都到 D1 村去看病的，我的小孙子，平时就是个感冒发烧，他看小孩子看得好，大家都知道。

从上述表述中我们可以感受到农民和村医 G 之间的融洽关系，以及他们对 G 医生的高度信任，这与已有的文献和报道中经常反映出的紧张的医患关系截然不同。从对村医们的日常诊疗行为和服务态度上看，村医 Z 与村医 G 没有太大不同，同样是随叫随到的服务、同样允许赊账、同样收费便宜……除此之外，村医 Z 甚至具备了老村医们不具备的专业背景——中专文凭。尽管如此，村民们对 Z 仍不太信任。与 D1 村卫生室门前大树上挂满输液瓶的情景相比，D2 村的卫生室门可罗雀，每天只有十几个患者。村民们对村医 Z 不信任的原因主要集中在医术方面。

村民 b4：村里很少有人到村卫生室看病，村里面过去几个老医生都过世了。个人诊所服务态度更好一点，是个 50 多岁的老医生。村卫生室查不出来病，都搞怕了。

村民 b7：大队卫生室的不会看，医生不好，现在稍微好一些，有个卫校毕业的，这个医生稍微好一些。还是私人开的好一些，他（更）会看病些。个体诊所是个老医生，是以前的"赤脚医生"。D1村的 G 医生也是个老医生，都蛮会看病，态度也蛮好。

村民 b10：一般都是伤风感冒买点药到这里来，一旦大一点的病就不到这里来了，一是没有检测设备，二是医生经验不太足。

上述表述充分反映出村民对年轻村医的不信任。在这些评价中还包含了另外两个人物——D2 村私人诊所的医生和 D1 村的村医 G，这两位医生是 D2 村村民看病的首选，两位的共同特征就是"老"。在这里我们看到了"老医生"的标签，村民们一再强调他们的"老医生"身份，在村民眼中，信任他们的首要原因正是与"老"相关的丰富经验；与此相对的，他们不信任年轻村医的主要原因是"经验不足"。

3. 村民与村医的互动

村民对村医的信任态度会直接反映在诊疗过程中，如果态度倾向于信任，则会对村医表现为更多的依赖与顺从，相反，则会参与到诊疗过程，要求医生按照自己的要求进行治疗。事实上这种参与诊疗的情况在 G 医生和 Z 医生处都会出现，但是程度差别很大。

G 医生是 D1 村人，一直生活在 D1 村，与所有村民认识，这些村民中有很多甚至是他的邻居、亲戚、朋友等，这种熟识带来的是 D1 村患者对 G 医生的更多信任，D1 村的村民大多用"我们相信他""不信他就不会到这儿来看病了"这些明确的信任表达，在此基础上，他们对 G 表现出更多的依赖和顺从，表示"问大夫啊，我们能知道拿什么药""开什么药就吃什么药，一般不问，从来不问"；与此相对，D2 村的村民都表示跟 G 医生不太熟悉，"知道他姓什么叫什么就行了"，而在 G 医生看来，D2 村的大多数村民最多也只是"面熟"而已，D2 村的村民更注意收集医疗知识，更倾向于对 G 医生提出诊疗要求，也更会发生自己去药店买药自我治疗的行为。

与 G 医生形成鲜明对比的是，由于村民对 Z 医生的医术信不过，所以参与诊疗的情况经常发生，面对这种情况，在对病人没有特别大的损害的情况下，Z 医生一般都会顺从病人。

村民 b2：一般是小感冒的话，去（D2 村卫生室）看一回，看不好我马上转，到信誉度比较好、医生比较资深的地方去。

村民 b19：那如果下面医生不采取这个方法，就没有病人来看病。他会说我明明要那个药，他不给我，我不在这里看了。

村医 Z：他们经常点药，10 个人里面有 3、4 个自己要求我要用什么药。但是我根据他们病情下药。我不能听你说要什么药就给什么药，不然你来做医生好了。但是也看什么药，像有些药的话，是吧，一般感冒药，感冒清、感冒胶囊关系不大（也就顺着病人的要求）……其实我们这边吊针比较少，我们昨天十几个病人，打了一个点滴。一般都是开药，有些人嫌贵了，一般能打小针打好就不会吊针。输液是好得快一点。但是也看是什么病情。我建议输液，但是坚持不输液，要求吃药的病人很多，还不是花钱多了么。我们开药的话 5 块我左右，输液就要高点。

　　除了这些共同点之外，村民的个人特点也会影响到与村医的互动。其中最明显的是 D2 村的家中有未成年子女的中青年男性的态度，因为其未成年子女的身体抵抗力较弱，所以他们都比较关注医疗知识，而他们的文化程度也使他们有能力理解这些医疗知识。这些人普遍掌握的医疗知识更多，更倾向于在诊疗过程中发表自己的意见。以下是两个典型事例。

　　村民 b3（男，40 岁）：我家里有个 7 岁的儿子，小病就在卫生室里看了，看大病一般是到县级医院。头孢、青霉素、氨苄西林那一类的都是抗生素。因为我们小家伙经常感冒，我们在卫生室挂针，会带点药回来，那药我们都是看过的。每次在医院，医生打吊水的时候，护士来换水的时候，会告诉我们这一瓶是消炎的，这一瓶是抗病毒的。到卫生室看，打一针要 20、30 块钱。如果到县医院看，打一针就要 60、70 块钱。（问：听说过抗生素的耐药性吗？）知道。耐药性就是人体病菌长期用抗生素，它就慢慢对抗生素产生一种抵抗力。（问：在哪里知道的呢？）医生给我们介绍啊、电视啊、广播啊、报纸啊，都对抗生素有介绍。听收音机，每天有一个节目是关于健康的，一般我们到医院，大夫、护士也给我们介绍一点。你像正规一点的医院，医院的每个科室都有宣传栏……到大医院看，都符合要求，小的地方，像村卫生室就不是太标准。××医院（某县医院）的医生就说能够不用抗生素看好的，他就不给你用抗生素。我很同意他的观点。抗生素对肝、肾、胃都有一定的副作用，产生毒性。但是村卫生室水平低得很，有些知识还不如我。他们用抗生素，7 岁的小孩，也不称体重，也不看你的抵抗力。用抗生素有蛮大的弹性，用 1 次也可以，2 次、3 次也可以，县一级大夫开药，称体重，再一个看你小孩抵抗力强不强、身体的状况好不好，好就给你少用一点，就是看你的病情给你用抗生素……抗生素要少用，现在我们是这么认为的，要从本身的体质，要提高人体的体质，饮食要规律化、清淡化，蔬菜要多样化。

　　村民 b5：用抗生素时间长了就有抗药性。小病不需要那么大的剂量或者不需要那么好的药品，假如我感冒，我吃点 ABC 或者伤风胶囊了，都可以吃好，但来了医生把病情一问，然后就说给你输液，其实根本有些时候就不需要。因为我有两个小孩，小时候经常得病，原来有老中医或者有经验的老医生，就说给你配点什么药，几块钱，挺便宜，小孩吃了就好了。

面对不同的患者，除了被动地应对患者的要求外，村医都会主动迎合患者预期，即使得到更多信任的 G 医生也不例外。对于村民来说，大部分人的知识水平不足以对医生的专业性做出判断，除了希望价格便宜和服务好之外，他们笼统地认为"能看得好病的医生就是好医生"，或者更具体的"越快把病看好的医生就是好医生"，以及"越贵的药疗效越好""输液比吃药好得快"等。由于村卫生室是自负盈亏的，病人的多少决定了村医收入的多少，因此村医往往会顺从病人的意思，甚至"看人开处方"。比如，他们一般给小孩和经济条件较好的病人开贵一点的药或者输液，而给老人、经济条件较差的病人开便宜的口服药；他们的处方一般只开 3 天的量，一方面是降低单次诊疗费用，另一方面，3 天后如果病情不见好转就会换药；从处方上看，抗生素明显使用过多，两种以上抗生素联合使用的情况也非常普遍；为了使发烧病人（尤其是小孩）的体温尽快降下来，在输液处方上我们看到了激素的大量使用……事实上这些处理有很多是不恰当的，甚至是有损健康的，但是却符合不具备基本医疗知识的村民的预期，因此村医在明知不合适的情况下还会这样处理。①

（二）D 镇卫生院医生与村民的医患情境

1. D 镇卫生院的具体情况

D 镇卫生院位于镇中心，2009 年我们在该卫生院调查时，该卫生院有病床 40 张，在职员工 52 人，其中在职医生 12 人。卫生院有内科、外科、妇科、中医科、皮肤科等科室；有基本的检查和治疗仪器，血常规、尿常规、心电图、B 超等基本检查都可以做，可以处理骨折等外科创伤，并且可以进行一些诸如阑尾切除、顺产、剖宫产等下腹部手术。2008 年卫生院年收入 200 万元左右。就 D 镇卫生院的规模、技术水平、收入来说，其在全县处于平均水平。

---

① 抗生素和激素的使用方法都是最基本的医学知识，我们在访谈过程中也特意与村医交流了这方面知识，发现他们确实是"明知故犯"。

D 镇处于三县交界，距两个县的县医院都要半小时车程。尽管离县医院有一定距离，但是 D 镇的居民还是倾向于在村卫生室和县医院看病，再加上自 20 世纪 90 年代中期以后，政府对卫生院的财政投入逐年减少，到新农合实施之前已经不足卫生院全部收入的 1/10。因此 D 镇卫生院一度效益很差，几乎难以为继。该县 2007 年实行新型农村合作医疗，因为部分医疗费用得以报销，农民的医疗需求得到释放；在乡镇卫生院的住院报销比例较高，卫生院的服务量上升，经济收入随之提高；再加上最近几年政府对卫生院的投入有所增加，因此卫生院"稍微有些起色"（卫生院副院长语）。具体表现在 D 镇卫生院的床位使用率保持在 80% 以上，有时甚至是 100%；在业务收入上，90 年代中期时是 100 多万，后来最差的时候降至几十万，而新农合实施几年后（2009 年），收入达到 200 万以上。

2. 村民对 D 镇卫生院医生的角色预期与评价

能够在村里看好的病农民一般不会选择去乡镇卫生院，所以农民到乡镇卫生院的情况是，要么希望做一些村卫生室做不了的检查或化验，要么是病情稍微重一点，希望得到更高级的治疗。在访谈对象中，选择到乡镇卫生院就诊的情况包括生孩子、鼻炎、腰椎间盘突出、胃病、骨折等。这些病不是"小病"，但是没有"大"或者紧急到非要去县医院的程度，乡镇卫生院相较县医院毕竟在距离和价格上有优势，在这种情况下，农民会选择乡镇卫生院。下面这例腰椎间盘突出患者的求医过程就是典型例子。

> 她（老伴）那个腰椎发疼，去了（D1 村卫生室）5 天，一天一瓶（输液），一共吊了 5 次。吊了 5 次以后呢，他（G 医生）就给我建议，说我这又不是专科，我们镇卫生院有个骨科，你去看看。我就试了，去了医生就跟我说，哎呀，你这个没得仪器检测的，没有根据的，我怎么给你用药啊？你不如到县里去看一看，用仪器检测了。后来 5 分钟不到，他又走过来，说我先给你搞点药试一下看，如果有好转你就来啊，没好转你就不回来了。然后就检查问说这里疼不疼、这里疼不疼，本身就疼你说是不是啊。然后说好，我先给你用一下药，查了一个血（用）去了 15 块。后来在腰那里打了几瓶小药，就这么小的几瓶，一个是拿大针打的，一个拿小针打的。不算药他注射费就开了 100 块！说给你优惠一点啊，80。药是我另外买的。搞了一天

（才）回来，回来一晚上都睡不了了，第二天早上我就打电话，叫车来拖到县里去检查。

从我们调查的情况看，两个村的村民对乡镇卫生院的评价非常一致，他们普遍认为乡镇卫生院医生的医术显然没有达到他们的预期，甚至不如老村医。

　　村民 b3：乡医院还不如这里呢（指 D1 村卫生室），技术不行。看不好，还白花钱。都知道，像我们这老病号都知道。
　　村民 a9：你在乡镇看（合作医疗）报 60%，但是一个专家都没有，缺医少药的，他这个不行呀！
　　村民 a10（有过在乡镇卫生院治疗鼻炎的经历）：说句实话，当时我们都不满意，给点药算了。他们开的药效果也不好。

与对村医的态度和情感预期不同，村民并不要求乡镇卫生院医生随叫随到、可以赊账等，他们更希望这些医生能够认真、耐心地对待自己的病情，以及合理地收费。在这方面，村民对乡镇卫生院也颇为不满，而且对新型农村合作医疗实施后的收费存有疑问，这种疑问反而使新农合实施后的医患关系进一步恶化。

　　村民 a12：生小孩子的时候在 D 卫生院，服务太差，以后再也不去那地方了。
　　村民 a5：他们（指乡镇卫生院医生）这都是跟工资挂钩、跟奖金挂钩，你说那个医生给做了检查花 300，到我这也要做个检查，这都是跟工资挂钩的，跟开处方一样的，他要挣够这个工资，他没办法。你说医院捣鼓这个，他也是要挣钱的，你说他花个好几百万买了个仪器来，他不做检查怎么挣回来这个钱。他们也要讲这个提成的啊，不开药不做检查他们怎么拿提成？
　　村民 b9：我看现在制度（指新型农村合作医疗）是国家拿出来的钱多，但是老百姓完全得不到实惠。那时候（指旧合作医疗）老百姓拿的钱少，老百姓全部能得到实惠。以前的口号就是一根银针一把草……

45

现在（新农合实施后）看病更贵了，老百姓干活太累了，一般有病后不愿动，到卫生院报销 60% 他都不愿去，太贵了。

3. 村民与 D 镇卫生院医生的互动

尽管村医与村民的专业差距更大、村民在乡镇卫生院看的都不是"小病"，但是由于村民对乡镇卫生院医生的信任程度很低，所以患者参与诊疗过程的情况就相当普遍。与村医类似，由于就诊患者数量直接决定了医生的收入，同时乡镇卫生院的医生也很清楚农民对他们的不信任，他们不愿意得罪病人以至引起冲突，因此在大多数情况下，医生会顺从病人的诊疗要求，尽管这些要求常常是不必要的或是不恰当的。

中年骨干医生：（病人干预治疗）这种情况蛮多的，这种情况下就是给病人做一点解释工作，同意就算了，不同意就按他的意思做。比如乙肝，他听别人（说）吃什么药好了，几百块钱一副，他来了也要这个药，说别人都吃好了，我现在就要吃这个药。但这个药未必适合他的……药都是他想好才来（开）的。这种想法都是患者和患者之间交流知道的。就是他找医生，医生解释他不相信，他就是找患者，患者说我吃这个药好了，他就一定要吃这个药。

卫生院医生的直观感觉是医患关系不断恶化、医疗纠纷逐年增多，这与我们在村卫生室看到的情况形成鲜明对比。以下是卫生院副院长陈述的一个比较典型的医疗纠纷案例。

前两年吧，一个骑摩托的，蚊子进眼睛里后，看到在角膜上，我们医生取下了之后，当时问他有没有痛感，他说没有，后来角膜感染，最后病人花了 4000 多，他来找你，他不是要你 4000 块钱的医药费，他是找你说我承包了 30 多亩田，我一亩田损失好多呀，反正你就要赔我的损失，我也不给你搞鉴定，不给你打官司，反正一上班我就来骚扰你。最后迫于无奈，还是赔了几千。

面对医患纠纷，医生越发小心谨慎地处理医患关系，尽量避免风险，保护自己。

某年轻医生：你在网上可能会看到现在很多医生在跟病人家属谈话的时候都带录音笔。你看我的手机里面就有，如果这个病人比较重，我就会把跟家属的谈话录下来，免得以后有医疗纠纷，这也是自我保护的一种手段。我买的第一个 MP3 不是用来听歌、学英语的，就是（用来）录音。我这么做是因为现在社会上普遍医患关系不好……病人对医生和政府都不信任，他始终认为你医院还是一个赚钱的单位，原来出得多是这样，现在出得少也是这样……原来因为花钱多，所以患者没好就要求出院，这种情况也蛮多的；现在的情况是很多患者自己要求住院。你也知道现在医患关系不好，所以病人要求住院也好，要求出院也好，我们都尊重病人。如果有需要出院的病人，我会委婉地告诉他病（治的）差不多了，但是我不会直接让他出院，这个责任谁也承担不起。

五 总结与分析

（一）村民的信任：人际信任与制度信任之间

通过上述描述我们可以发现，在所有医生中，获得最多信任的是村医 G，村民对其认可度很高，并相应地表现出对其顺从的行为；村民对年轻的 Z 医生和乡镇卫生院医生都表示不信任，表现在行为上，要么不选择在这两处看病，要么参与诊疗，直接告诉医生自己需要什么样的治疗。这与媒体的报道和以往的研究结果显然不同，且似乎也不符合帕森斯所认为的，对医生的信任来自远高于患者的专业水平的论断。进一步分析可知，在"A 相信 B 会做 X"这一信任评价中，村民对村医和乡镇卫生院医生采取的是完全不同的评价体系。

在对医生的预期中，疾病类型是主要影响因素，在"A 相信 B 会做 X"这一信任评价中，针对村医和乡镇卫生院医生的"X"，即疾病类型是不同的。村民选择"小病在卫生室看"，也就是说他们对村医的专业技术预期只是能诊治诸如感冒、发烧、腹泻等简单的常见病。村民相信 G 医生是源于其在本村 40 多年的行医经历而形成的稳定声望；Z 医生过于年轻，一方面，没有足够的时间让他建立职业声誉；另一方面，"中专生"的资质和经历都不足以建立专业权威。然而对于乡镇卫生院医生来说，"X"是更严重些的疾病，是村医看不了的病，从这一点上看，村民对乡镇卫生院医生有更高的专业技术预期，而对乡镇卫生院医生不信任的一个很重要的方面，恰恰是"一个专家都没有"。

除了对医术的预期外，村民对不同医生的行为预期也不同。村民对村医和乡镇卫生院医生的行为规范的预期与评价也完全不同。鉴于村医和村民之间的日常交往更为密切，渊源也更为深厚（村医都是本村村民），村民对村医的服务态度要求很高，也要求村医服务更为人性化，比如价钱便宜、可以赊账、随叫随到、服务周到等，通过这些要求可以看出，村民对村医更多的是"人品"的要求，而非"职业道德"的要求；但是村民对乡镇卫生院医生的要求则少了感情因素，多了工具理性，他们首先要求的不是服务态度的人性化，而是医生认真对待自己的病情，并且合理收费，这与二战后西方社会理性化与专业化的医生角色规范相类似。

结合本文对于西方医患变迁和信任的研究综述可知，村民对村医和乡镇卫生院医生采取的是两套完全不同的信任逻辑。

村民对于 G 医生的信任态度与西方国家二战之前的情况类似，遵循的是人际信任的逻辑，是基于对"熟人"的"放心"，而且其信任度的明确程度与熟悉程度有关——D1 村村民与本村的 G 医生是两两熟悉的本村熟人，所以 D1 村村民对 G 医生的信任更明确，而 D2 村村民与 G 医生是单向的"半熟人"，因此信任的明确度弱一些。这也符合熟人关系的特点，对于人际信任而言，"信任程度与人际关系的密切度呈正比"（彭泗清，2003：9）。村医 G 的"专业合法性"的建立，依赖于长期、频繁的互动，而非单纯的"文凭"。

而面对现代性的外部社会，村民采取的是另外一套专业化、制度化的评价标准。乡镇卫生院的医生不是具体的 G 医生或 Z 医生，而是笼统、抽象的，它指代的是这一科层组织下，不同分工（医生、护士、药剂师等）的陌生人群体，他们对乡镇卫生院医生的预期是"抽象专家"。进一步，人们之所以会信任陌生人，尤其是远远超出自己理解和控制能力的"专家"，是因为有制度来规范专家的行为，以形成稳定的心理预期。正如卢曼（2005）所言，人们信任的是这套规范系统的功能，而非信任人。因此在村民对乡镇卫生院医生的评价中，一方面抱怨乡镇卫生院医生在能力和行为方面都不符合"医务专家"的角色规范；另一方面也将不满延伸到相关的卫生体制，认为是医生的服务"跟工资挂钩"才导致其逐利行为等。

村民对于村医 Z 的预期比较复杂，而且体现出更多转型期的特点。一方面，村医 Z 在本村土生土长，是村民的"熟人"，他用带有更多情感的态度对待患者，与患者很少有正式的冲突；另一方面，这种基于"熟人"的情感和信任并未延伸到医疗互动中，村民认为他只是"中专生""看不好病"，所以不足以作为医生获得信任。以此可以看出，村民对其预期已经开始采取外部的专业化、制度化的标准，也就是说开始具备更多制度信任的色彩。

除此之外，部分农民（如文中提到的家中有未成年子女的中青年男性）正在具备越来越多的医疗知识，随之而来的是他们对村医专业性要求的提高。

上述村民对不同医生的预期和评价如表 1 所示。

表 1　医患信任类型

医患类型		"赤脚医生"—农民	年轻村医—农民	乡镇卫生院医生—农民
预期	医术	经时间检验的娴熟技术	经时间检验的娴熟技术，或者足够的文凭资历	较强的专业技术
	医德	人性化、体贴的服务	人性化、体贴的服务	认真、费用合理的服务
评价	医术	经时间检验的娴熟技术	既未经时间检验，也没有正式专业认可	专业水准不够
	医德	人性化、体贴的服务	人性化、体贴的服务	费用高、牺牲患者利益
信任类型		人际信任	介于人际信任与制度信任之间	制度信任

从发展趋势看，凭借多年经验建立信任的成本很高，而且医疗的专业化程度日益提高、社会的现代性日益渗透，以及人们健康意识和对健康服务要求的提高，这些都意味着已经不能单凭"熟人经验"建立对医生的信任。相反，文凭、职称、资历这些制度化因素将起到更重要的作用。尽管如此，就农村社会来说，制度信任并不可能，也没有必要完全代替人际信任，因为家庭、社区等熟人共同体仍然存在，而且这种建立在熟人共同体

内的信任是重要的社会资本，即使在现代社会，也是社会整合和社会团结不可或缺的（帕特南，2001）。因此，如果未来有更高学历和资历的医生能加入乡村医生队伍，医患关系在乡村社会的发展趋势更有可能是人际信任和制度信任并存，而且两者的叠加效应会增进医患信任，使其信任度高于村庄外部的抽象医患关系。村医的培养不能再只是把一个"中专生"放到村卫生室任其自生自灭，而是应该培养学历和资历都符合农民预期的村医，通过教育、培训、管理制度，使村医们具备专业上的"制度合法性"。

除此之外，正如上文所言，医患关系还取决于医生的行为，而医生的行为还会受到医疗体制等环境因素的影响，并不一定遵循患者的预期。

（二）医生的行为：医疗体制与社会环境的共同形塑

以往的研究大都是将卫生制度当作最终解释因素。目前的三级卫生医疗体系是计划经济时期形成的。形成之初，村医的工资和药品等开支都由村集体支付，村医的服务对象是本村村民，其服务是以"集体福利"的形式存在；而县乡两级医疗机构都是国有性质的公立机构，资金来源于财政拨款，其服务是一种"国家福利"。但是改革开放以来，集体的消解使得村卫生室失去了原来的筹资基础，村医仍在本村行医，但是变为自负盈亏的个体经营者；同时，国家财政逐渐减少对公立机构的支持，到20世纪90年代初期，乡镇卫生院的绝大部分收入来源于自身的经营。因此以往的研究认为，正是这种体制转型的原因导致所有的医疗机构都过分追逐经济利益而罔顾患者的利益，从而导致患者对医生的不信任。在我们进行调查的2008年和2009年正是新医改启动之际，全面的改革措施并未实施，尤其是筹资和支付制度改革并未开展，因此医患关系仍是"患者—医生"的双向关系，国家角色的影响也不大。①

但是通过本文的调查，我们发现，尽管村医和乡镇卫生院医生面临的是相同的卫生制度，其行为却存在区别。乡镇卫生院医生的行为与上述逻辑相符，医患之间关系紧张；但是村医的行为却更贴近村民的预期，因此医患关系更为缓和。结合上文分析，这与他们所处的环境以及服务方式

---

① 2003年开始实施的新型农村合作医疗制度，因为资金主要用于大病报销，只有少量的家庭账户资金用于村卫生室的报销，所以对乡村医患关系的影响不大。

有关。

村医服务的空间是一个传统的"熟人社会",他们作为一个个独立和具体的行医者直接面对有限的服务对象,对于他们来说,个人声誉就意味着服务量,并进一步决定了收入的多少。因此村医会主动迎合病人的预期,甚至会牺牲部分经济利益,以换取更长期和更多的经济互动,比如"薄利多销"、上门服务,以及一定程度的药物的不合理使用等。村民对村医的角色预期对于村医有较强的规范作用。

乡镇卫生院所处的却是一个相对开放和现代的空间,他们的服务范围一般几倍于村卫生室,因此通过口耳相传建立个人声誉的成本较高;而且"乡镇卫生院医生"并不是具体的张三或李四,而是一个"匿名群体",因此具体到某个医生的个人声誉的建立对于其服务量和收入的影响并不大。事实上,在任何一个以社会分工和专业化为特征的现代社会中,专业声誉的建立都不是依靠传统的口耳相传,而更依赖权威机构的专业资格认定;而对某个专业职业的监督,一般都是行业内部监督和外部监督相结合,几乎不可能依赖传统的道德规范。在这种情况下,一边是经济激励,另一边是有效监督的缺乏,乡镇卫生院医生的行为朝向为了自己的经济利益不断损害患者的健康权益方面发展,长此以往,自然失去了村民的信任;不信任进而带来了医患关系紧张,乡镇卫生院医生为了防止医患矛盾激化,转而被动迎合病人的要求。因此我们在两者的互动中看到了更多直接的利益争夺与博弈。

(三) 进一步的思考:社会转型的作用

经过上述描述与分析后,我们再回到西方医患关系的变迁上,从"朋友"式的西方传统医患,到帕森斯时期的"父子关系",再到20世纪末开始的"消费者—服务提供者关系",其背后事实上展现的是医疗领域从传统向现代再向后现代的转型过程,而其中起决定性作用的两个客观因素是医疗技术与疾病谱——前者决定了医疗服务的供给,后者决定了医疗服务的需求,两者的变化主导着医患权力天平的变化。在传统医患时期,医疗技术有限,疾病以传染病为主,因此医生以良好的服务态度弥补医术的不足,同时服务的主要形式是家庭医生上门服务,而非科层制的医院,医生的职业地位远称不上"专业权威";医生专业权威的迅速建立甚至膨胀是从 20 世纪初开始，维持了不到 100 年的时间。这一时期疾病谱是以急病、外伤为主，医学高速发展，专业化大大提高，随之而来的是医疗机构的组织化和科层化，服务的主要场所变为医院；而从 20 世纪末开始，医学的进步变得缓慢，疾病谱变为以慢性病为主，医学对此的贡献有限，医生的权威性下降，由于慢性病强调人的整体性以及人与环境的关系，所以人们重新反思应该以"人"为核心，而非"技术"和"疾病"。

伴随这一过程的还有一个重要因素，即国家角色的介入。在传统医患中，只有"患者—医生"的双向关系，但是从 20 世纪初开始，医疗技术的发展使得医疗支出变成一种风险性支出，医疗保障因此产生，并且在二战后，覆盖全民的医疗保障制度逐渐在绝大多数工业化国家建立，医患双向关系变为"患者—国家—医生"的三向关系，医生不只对患者的健康负责，更被卫生制度所形塑。这也是"消费者—服务提供者"关系形成的一个重要因素。

对照上述西方医患关系的变迁可以发现，在传统的中医时期和"赤脚医生"时期，从科学性的角度看，医生整体的医疗技术水平都不高，因此那时的医患关系与西方传统医患关系有很大的相似之处；但是改革开放以来，无论疾病谱、医疗技术、卫生制度，还是外部社会环境，都在经历着迅速的变化，而不是类似西方社会那样缓慢的渐次变化。这主要表现为，从疾病谱上看，农村的疾病谱经历了从以急性病和外伤为主向以慢性病为主的迅速变化；医疗技术迅速发展，外部科层化的医疗机构日益专业化；农村卫生制度经历了集体福利的瓦解到国家保障重建的转变；外部社会环境在日益现代化，但是很多乡村社会内部仍保留着诸多传统性因素。

总而言之，今天看来，中国农村医患关系的影响因素兼具了传统性、现代性、甚至后现代性的多重影响，因此村民对村医的预期是复杂的——既有传统人际关系的逻辑，也有现代制度关系的逻辑。而就村医而言，其医疗技术水平和角色也是介于传统中医和现代医生之间。对照西方社会的发展趋势，未来随着后现代性的增强，需要对传统和现代进行反思和解构。一些传统性因素，比如村医服务中的以"人"为核心，在后现代亦是适用的。现代医疗制度的建立，亦即国家对医疗的介入是毋庸置疑的，那么未来需要思考的问题是，如何将传统因素融入制度中，使其发挥积极作用。

新医改开始于 2009 年，正是本文调查结束之时。这一轮卫生领域的改革将会是根本性的变革，近 3 年来医疗领域已经发生了很大变化。一方面，本文希望能对前一阶段的农村医患情形做一客观记载和初步分析，以作为今后历史比较研究和进一步分析的资料；另一方面，医改的很多问题目前仍未确定，本研究希望能对下一步的改革有所启发。

参考文献

波特，罗伊，2000，《剑桥医学史》，张大庆等译，长春：吉林人民出版社。

陈锡文，2001，《中国农村经济体制变革和农村卫生事业的发展》，《中国卫生经济》第 1 期。

费孝通，1998，《乡土中国》，北京：北京大学出版社。

格雷，2006，《聪明的病人》，秦颖、唐金陵译，北京：北京大学医学出版社。

哈丁，罗素，2004，《我们要信任政府吗?》，沃伦·马克·E. 主编《民主与信任》，吴辉译，北京：华夏出版社。

贺雪峰，2003，《新乡土中国》，南宁：广西师范大学出版社。

吉登斯，安东尼，1998，《现代性与自我认同》，赵旭东、方文译，北京：三联书店。

科尔曼，詹姆斯，1992，《社会理论的基础（上）》，邓方译，北京：社会科学文献出版社。

科克汉姆，威廉，2000，《医学社会学（第 7 版）》，杨辉、张拓红等译，北京：华夏出版社。

李伟民，2005，《红包、信任与制度》，《中山大学学报》第 5 期。

刘俊香、莎仁高娃、李晶、王官会，2011，《新医改背景下医患信任的主导：道德信任与制度信任》，《医学与哲学（人文社会医学版）》第 11 期。

卢曼，尼可拉斯，2005，《信任》，李强译，上海：上海世纪出版集团。

罗家德、叶勇助，2007，《中国人的信任游戏》，北京：社会科学文献出版社。

帕特南，罗伯特·D.，2001，《使民主运转起来》，王列、赖海格译，南昌：江西人民出版社。

彭泗清，2003，《关系与信任：中国人人际信任的一项本土研究》，郑也夫、彭泗清等《中国社会中的信任》，北京：中国城市出版社。

什托姆普卡，彼得，2005，《信任：一种社会学理论》，程胜利译，北京：中华书局。

涂尔干，埃米尔，2000，《社会分工论》，渠东译，北京：三联书店。

沃林斯基，F. D.，1999，《健康社会学》，孙牧虹等译，北京：社会科学文献出版社。

亚当，菲利普、克洛迪娜·赫尔兹里奇，2005，《疾病与医学社会学》，王吉会译，天津：天津人民出版社。

杨念群，2006，《再造"病人"》，北京：中国人民大学出版社。

杨阳，2009，《不同医疗体制下医患信任关系之比较：中国与新西兰》，《医学与哲学（人文社会医学版）》第6期。

张大庆，2007，《医学史十五讲》，北京：北京大学出版社。

张开宁，2002，《从赤脚医生到乡村医生》，云南：云南人民出版社。

郑大喜，2010，《社会学语境下医患信任关系的异化及其重建》，《医学与社会》第10期。

Crombie, D. L. 1963, "The Beliefs and Attitudes of General Practitioners. " *Medical Care* 11 (2).

Deutsch, Morton 1958, "Trust and Suspicion. " *The Journal of Conflict Resolution* 4.

Harrison, Stephen & Nabila Choudhry 1996, "General Practice Fundholding in the UK National Service：Evidence to Date. " *Journal of Public Health Policy* 17 (3).

Parsons, Talcott 1951, *The Social System.* New York：The Free Press.

Shapiro, Susan P. 1987, "The Social Control of Impersonal Trust. " *The American Journal of Sociology* 3.

Szasz, Thomas & Marc Hollender 1956, "A Contribution to the Philosophy of Medicine：The Basic Models of the Doctor-patient Relationship. " *Journal of the American Medical Association* 97.

Wolfe, Samuel & Robin F. Badgley 1973, "The Family Doctor 1960 to 2000 A. D. " *Medical Care* 11 (5).

Wolfe, Samuel, Robin F. Badgley, Richard V. Kasius, John D. Bury, John Z. Carson, Reyold J. M. Cold, Robert A. Spasoff & Genevieve Teed 1972, "The Family Doctor. " *The Milbank Memorial Fund Quarterly* 50 (22).

"家庭福利"文化与中国福利制度建设[*]

罗红光

摘　要:任何福利制度的设计都必须考虑自身的文化传统。在中国的文化传统中,家庭内部的劳动分工、权利、义务与角色均被家庭伦理所界定。然而,在改革开放以及中国人口和家庭结构都发生巨大变迁的背景下,"家庭经济"和"家庭福利"的关系也发生了很大变动。本文通过分析家庭结构和家庭福利文化与福利制度的关系,提出了建立将个体的"福利权利"和"福利义务"相结合的普遍福利制度的设想,也为思考中国福利制度建设的道路提供了家庭福利的视角。

关键词:家庭福利　福利文化　福利义务　福利权利　普遍福利

现代福利思想以公平正义为基本理念,现代西方福利制度的建设与维系也是基于普遍"博爱"的伦理基础。在当下围绕福利改革的论争中,福利经济一方主张积极福利,反对养懒汉,倡导与生产和创造财富紧密挂钩的福利政策;而福利国家一方则认为,将福利视为生产的延伸事实上并没有消除不平等和不公正,依靠国家政策才有可能使生产与福利真正隔开,实现普遍意义的公平与公正。

我国福利制度的建设面对着两难问题:一方面家庭福利的功能由于家庭结构的变化而不断弱化,另一方面迅速扩大的国家福利又面临入不敷出、不堪重负的前景。事实上,家庭福利在养老、教育、医疗、生活消费等方面,承担着许多国家难以替代的角色。福利制度改革和完善所追求的

---

[*] 原文发表于《社会学研究》2013年第3期。该论文为中国社会科学院创新工程"当代中国社会变迁与文化认同"中"个体与次级群体的文化认同研究"课题设计而作。其中的主要思想来自中国社会科学院重大课题(A类,2005~2009年)的研究报告,并在该报告基础上进行了较大修改而成。

文化基础在哪里？这是我们需要认真思考的问题。

一 福利制度的文化基础

任何福利制度的设计都必须考虑自身的文化传统和文化基础，福利制度以个体为基本单位，还是以家庭，或是以社区、教区为基本单位实施福利政策是由不同的文化所决定的。中国古人就有"治家安邦""家和万事兴"的观念，家庭及家族被视为社会的基本单位。围绕这一问题的讨论有利于我们进一步理解社会福利的文化基础。从中国的家庭经济与家庭福利的文化传统的研究中我们发现，最基本的公正来自家庭成员在责任和权利上的可互惠互换，这种互惠不是建立在等价交换的基础上，而是不等价却等义基础之上得以实现的互惠。这里的"等义"意味着在家庭伦理的前提下，各成员的角色与责任不等，因而权利也不等，相等的是与角色相适应的劳动意义，而且这一劳动意义被文化批评所维系。[①] 因此，由家庭成员造成的家庭内部的纠纷往往是围绕家庭成员的责任与权利的不公正而展开的。在文化层面，它往往以"不孝""不慈"来表达其家庭伦理。

"福利制度"是现代性的产物，而福利思想则由来已久。在东方，中国古人对经济的定义是"经世济民"[②]，在此财富与救世相辅相成，讲究君子爱财，取之有道的"至德社会"（《礼记》）。他们共同充实了"经济"的内涵。在这里，财富积累与道德情操相提并论，构成了做事、为人的公共标准。在西方，"公正"作为一种伦理，从苏格拉底算起，其历史久远，但那时候还没有成为一种权利和制度的讨论，如柏拉图不是用一种制度理论来讨论问题，而是从伦理的角度讨论问题。这与后来的卢梭、尼采不尽相同。

东西方在治国方策的传统上，一个是德治，一个是智治，各有不同，但都集中在财富的积累与道德情操的关系上。可是即便是当今，如何在利益上讲公平、权利上讲公正、机会上讲平等，这样的概念仍然是在道德意

[①] 生活者世界中的评价，如"口碑"，即可被言说的德行。

[②] "经世济民"，源于《抱朴子·审举》："故披洪范而知箕子有经世之器，览九术而见范生怀治国方略。"经世：经纶，整理丝缕，引申为处理国家事务。济民：救民，引申为救世。

义上定位的。

从财富的生产与消费的过程来看，家庭经济属于生产，其生产的基本单位不仅取决于家庭结构，而且随家庭福利规模的动态变化而发生变化；而家庭福利属于消费。它是在维护家庭伦理的前提下，围绕家庭成员的义务和权利关系的实践。财富的生产与财富的消耗具体到一个家庭则表现在协调家庭经济与家庭福利的可持续和谐的关系，也是"扶老携幼"的能力、权利和义务关系。它需要通过家庭伦理来支撑，这种伦理具体地表达为家庭成员的角色与权利、义务的关系。因此，家庭福利与家庭经济相辅相成、出入平衡。它的祖先崇拜、亲属的结构关系以及家庭伦理的文化等均具备了英国式的结构主义那种"上层建筑"特征。它对外如同一个放大了的个人，对内同时又像是一个缩小了的国家，它既有权力、宗法、权威、信仰、等级，又有被血亲、姻亲关系和禁忌决定的边界，但其内部不以阶级来划分劳动关系，因此很难用"经济基础决定上层建筑"的二元结构讨论它。

一般而言，社会福利、社会保障体系是建立在某种人道主义理念下的制度化表现，同时人道主义的精神又被具体的文化所界定，因此本文使用"福利文化"①这一概念表述福利制度的伦理，因为它直接涉及人们的生活方式和道德观念，在这个意义上，宏观的社会福利、社会保障系统和微观的生活层面有着基本理念的共识，福利制度也因适合其福利文化而表达为具有人文精神的制度伦理。

（一）传统的家庭结构

1. 基本结构

中国有流传数千年的儒家思想并有与之相适应的家族、宗族的传统制度。由于家庭不能脱离宗族或社会、国家而孤立存在，因此它又呈现出以下几个基本特征：首先，它是一个历史的产物，随着时代变化，家庭伦理观念也随之改变；其次，在阶级社会中（如果可以这样说的话），家庭伦理有一定程度的阶级利益的倾向，但它仅仅是一个外部视角的解释，影响

---

① 诸如人性与道德、权利与道德、责任与道德、阶级与道德所示，基于不同价值体系所表达的公正、公平、正义的价值观以及由此产生的福利制度。

着家庭整体，而非内部成员的关系；再次，家庭伦理都是在批判和继承旧的家庭伦理基础上派生而来的；最后，家庭伦理被一定社会生产方式的发展所决定，但由于内外视角的作用，它又具有相对的独立性。

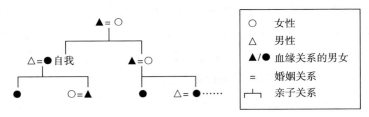

图 1　传统的大家庭结构

2. 角色与责任

图 1 中所反映的是独生子政策之前普遍存在的中国式家庭结构。除特殊原因之外，一般家庭拥有两个以上孩子。以男性视角为主，长子一般承担赡养老人的义务，女方家庭的赡养问题由女方家的男子，一般由长子承担，如果长子有意外，那么由老二承担，以此类推。剩下的家庭成员可以成为社会的劳动力，是家庭经济的基本力量。与长子不同的是，在实践层面上，他们可以分家。但分家并不意味家庭义务的转移或注销。也就是说，分家之后仍然尽"孝道"。这是家庭福利所展示给人们的家庭伦理。

在中国，由于长子的角色与责任，如果没有意外，人们仍然习惯于由长子携妻子承担赡养老人的义务，它是以 $2 + n$[①] 的形式承担义务（罗红光，2001 年，273）。如果没有儿子，习惯上有两种处理方式，即或收养子或找倒插门。同一个女性，一旦结婚，她的责任基本上以丈夫的角色而定，譬如把嫁出去的女儿比作"泼出去的水"，意指面对自己的娘家，义务转移到了婆家，即面对长者、丈夫和孩子的义务未变。从中可见，家庭成员的角色与责任是在家庭结构中定位的，并受制于家庭伦理。

（二）福利文化在中国的定位

从文化意义上来看，传统上儒家思想中的家庭福利以及与之相应的家庭伦理，与其说尊重个人权利，莫如说以家庭内部成员角色与义务关系为基本单位，家庭背后又是家族，正如子曰："父母在，不远游，游必有

---

① "n"意味着兄弟之间被家庭伦理约束的一种义务性合作的可能。

方。"① "三年无改于父之道，可谓孝矣。"② 一项中日韩关于赡养父母的三国比较研究中，其问卷的问题意识也基于这样一种思考，既子女是否认同有义务赡养父母，是否愿意与老人同居？（大桥松行，2001，206～208）这些让我们清晰地看到"儒家思想"中"家庭伦理"关系在现代学者身上的烙印。我们知道，"家庭福利"其中也包含了生育观念，如"生儿防老""孝子孝孙"等所表达的那样，孩子总以长者的眼光来定位自我，性别分工也作为家庭伦理的一种表达方式。尤其"人丁兴旺"则意味着家庭经济和福利的繁荣昌盛。我们在小说中往往可以看到诸如"四世同堂""五代同堂"的记录，家庭人丁兴旺也是富裕的象征。林耀华曾经围绕中国传统文化中家庭经济、家庭福利之间的密切关系导致家庭盛衰做过鲜活的描述（林耀华，1989年）。

家庭福利也意味着家庭内部在抵御外部侵袭、保证家庭成员安康的诸多内部公共事务，但多数国家并没将其列入计算范围，而把它作为家庭内部的"私事"处置。只有现代，一部分国家，如瑞典、中国等，将劳保、生育扩大到家庭配偶层面。事实上在中国历史上，还没有"社会福利"概念的时候，"家庭事务"客观上承担了社会意义的诸多公共事务，仅"望子成龙"的家教、对私塾的投入的存在为国家输送了人才，客观上也为政府减轻了公共开支。③ 传统的"治家安邦"的理念从一个侧面证明了家庭内部"私事"的公共性。通过对传统家庭的再认识，我们看到，作为家庭成员，他（她）在拥有"家庭经济"的责任的同时，还拥有"家庭福利"的权利，其中"义务"与"权利"关系并未大变，这一点也延续到了社会主义国家建设的进程中。如中国特色的单位，它既是生产单位，同时又是一个福利单位。

事实上我们在建设现代国家的进程中也采用了西方的"国民"这样一个概念，从幼儿教育开始，"中华人民共和国的公民"就试图将个人从具体的家庭中剥离出来，让他/她直接与国家（单位）发生关系。这在"民族国家建设"的进程中显得十分重要。富永健一认为，现代化的价值表现

① 《论语》，第48页。

② 《论语》，第48页。

③ 家庭经济主观上是利己的经济单位，家庭成员努力地改善其生活客观上也意味着利他。参见春日直樹，1988年。

为经济领域的"资本主义精神"、政治领域的"民主主义精神"、社会领域的"自由平等精神"和文化领域的"合理主义精神"。特别是实现社会领域的现代化的"自由平等精神",导致了以血缘关系形成的家共同体社会和同族共同体社会向以个人为中心的核心家庭转变,致使祖先崇拜的信仰逐渐被瓦解。另外,作为实现文化领域的价值的"合理主义精神"被认为是不受任何非理性的要求(传统、因袭、迷信、巫术等内容)约束的一种精神(富永健一,1990,57、279)。

新中国成立以后,国家又将家庭模式延伸到了以工作单位为基础的福利制度,即社会主义大家庭式的福利制度。也就是说,从幼儿园到学校、医院和养老院,单位内部自成体系、应有尽有,人们只有参加了工作才能享受到从生到死的福利待遇。事实上,到了社会主义建设阶段,在福利问题上,单位逐渐取代了原有的家庭模式,或者说家庭福利的重要来源虽然仍是家庭经济,而家庭经济的前提是单位制(农村曾有人民公社)。它们之间的矛盾一直到中国实施经济体制改革,"公平与效益"问题被明确提出之后才被认识。

(三) 家庭伦理上的见解

财富的生产与消耗这一对矛盾,具体到一个家庭实体则是"扶老携幼"的能力、应对生老病死的人力、物力和财力以及面对婚葬嫁娶的能力。每位家庭成员的权利和义务需要通过家庭伦理来支撑,这种伦理表达为人们的义务关系。如果这一对矛盾表现为家庭经济的入不敷出,家长必须考虑家庭收支平衡和家庭自身的再生产。一个具备生产与维系能力的家庭才能算得上一个稳定的家庭。具体到家庭成员,所谓的"成人"有一系列家庭内外的权利与义务。"三十而立"意味着男人的角色能力与责任义务,婚姻与否也被认为是成人与否的标志。这些均伴随着相关成员的责任与义务。历史上,在具体的地方社会中,大到震灾、小到族田、施粥等均能反映出中国的这种带有福利色彩的习俗,如济贫、救助的思想表现在道德层面,而且它们在家庭伦理的仁爱层面得以表达。这些现象何以可能?我们还是从家庭内部的诸关系来分析。

1. 亲属性

家庭、亲属制度是人类的一个普遍现象。一个家庭规模或家庭结构的大小取决于家庭经济的规模，而且中国式的分家、分灶伴随于整个过程之中，同时它也伴随着一定程度的家庭财富转移。这很容易让人联想到亲属制度被其劳动关系所决定的这一定式。但是，家庭的亲属性来自血缘和姻缘关系，血缘规定了家庭内部的权利、义务和责任等隶属关系。姻缘也是建立这一福利思想之上的一个产物。杜赞奇认为：

> 作为一个单位，保持"大家庭"在村落政治与经济的优势地位……名义上以共同占有土地为基础的"大家庭"成为一个纳税单位——"户"……在于全体村民相关的村务（即公共事务）中……村落组织是由拥有共同祖先的血缘集团和经济上相互协作的家庭集团组成。（杜赞奇，1994，83~85）

我们常见的中国农村中，"分灶不分家""分家不分祠"现象对村集体来说是分户，而对家庭成员来说，它又是家庭财产的再分配，而这种再分配也包含了体制内土地使用权的成分。① 所以，在生产资料相对不足的状况下，"分灶"不是严格意义上的家庭义务以及家庭经济中劳动关系的"分家"。如果我们用劳动关系来分析家庭经济的话，显然不容易看出家族成员在各个家庭经济中所反映出的灶、家、户所意味的义务关系的区别。因此，只有将家庭福利的概念纳入分析，我们才能看出家庭成员之间的真正关系。萨林斯（M. Sahlins）的研究也支持这一观点，按照马克思的思想来看的话，亲属制度同样是一种上层建筑，但是，宗族内部的亲属性并非由经济基础所决定（萨林斯，2002，13）。

> 以古今史料与田野观察阐明中国人祭祖的根本原理是理念而非功利，与财产继承无关。设祭产、写族谱、宗族形式与组织，乃至伦理教化都是强化宗族血缘团体的措施。（庄孔韶，2000，4）

这也意味着家庭内部的劳动关系并非阶级关系的表达，而是围绕亲属

---

① 中国社会福利、社会保障体系当初之所以没有考虑农村，其中一个主要原因是土地对农民来说不仅仅是"耕者有其田"的生产资料，土地还有福利的含义。传统上宗族内部有"族田"用于宗族内部的家庭福利；祖先崇拜中的"根"也具有土地的含义。

性（血亲、姻亲）的一种信仰系统。

总之，家庭经济是一个利益共同体，又因为上述"亲属性"的关系，这个利益共同体的家庭成员关系不被经济利益的大小所决定，而被亲属性所决定。它的结构纵轴是血亲，横轴是姻亲。这种被血亲和姻亲信仰所界定的生活关系既是家庭成员权利的共同体，又是内部劳动交换关系的共同体。在这个生活共同体中，我们可以看到成员之间的等级或差异，但它表现为家庭成员在家庭经济与家庭福利之间的关系上的那种合理的差异，并非不平等、不公正，而是在一定文化脉络中得以合理化的文化差异。随着一次次的葬礼，孙子上升为儿子，儿子又可以上升为父亲，终究一天，他会成为爷爷的角色，伴随他的则是责权的变化。可见，一个家庭成员的权利与义务共同构成了他/她的角色以及与之相适应的阶位。它被所在文化的道德所界定。另一方面，家庭经济总是受外界因素的影响，因为它作为利益共同体会与外部的利益共同体之间产生差异，其差异又外在于各自的家庭福利时，往往会被看作阶级性。但是同理，如果一个国家的福利制度有阶级性，那么这个福利系统将不会有合理差异存在的公平、公正和正义可言了。

2. 义务性

在中国，因为有着千年历史的儒家传统思想的影响，社会的最小单位是家庭，而并非像西方社会那样以个人为主体的社会团结。中国的家庭有关怀老人这方面的义务，欧美人则由国家或市场承担其义务。所以在文化意义上，儒家思想中的"孝道"既是做人的基本特征之一，又是家庭福利的基本特征。家庭的再生产简单地可以理解为通过生儿育女再生产出一个家庭成员，而在一个家庭经济中，它的再生产则是通过消费行为再生产出一个作为劳动力的家庭成员。那么这两种消费行为，一个是"生产的消费"，一个是"个人的消费"。换句话说，一个进入价值增值的商品系统，一个属于个人品位的消费品系统。在行为层面，前者是"社会劳动"，后者是"个人劳动"。从中我们可以发现，对劳动的这种划分并不能表达家庭福利的基本特征。家庭及其成员需要传宗接代，或者说无论家庭经济实力大小，维护一个家庭的尊严、尊老爱幼、生儿育女是作为一个正常家庭存在的前提。这些以义务的形式被消费方式所表达。虽然可以说这种消费脱离了生产，然而它并不属于个人的劳动。这是因为，义务的内容和表达形式被文化所决定，它体现了一种人文色彩的道德。所以，围绕它的实践仍然并非"个人劳动"，而是一种文化意义的"社会劳动"。中国人对孩子教育的消费投入就反映了这一点。

以上所说的"亲属性"和"义务性"既是"家庭经济"和"家庭福利"的边界，同时也是两者关系的再现。就其内部特征而言，它具有亲属性责权的差异性；对其中的成员而言，他/她均拥有家庭角色的义务和作为家庭成员的权利，责权共同构成了家庭成员之间的关系结构。

二 "家庭经济"与"家庭福利"的关系及变迁

家庭经济是由血缘和姻缘的纽带构成，并在其内部有性别和角色分工，共同维持家庭乃至家族正常运转而形成的相对稳定的经济共同体。家庭福利是在维护家庭伦理①的前提下，为维持家庭正常运转的家庭内部的诸义务和消费方式及其相关的社会关系而构成的生活共同体。

作为一种实体，一方面，家庭经济维持家庭生计和与之相适应的劳动分工的生产与再生产过程，并有责任确保内部成员相互协调的一定的生活水平，以便保持其内部的劳动再生产，其中最为基本的维护是包括日常生活的维持，保障生产工具的能力、生儿育女的能力以及与之相适应的交换手段。另一方面，围绕诸如生老病死、生儿育女、血亲、姻亲（含邻里）关系等诸多家庭事务的实践，家庭内部形成其成员的角色义务和权利关系。对内，家庭经济有责任确保一定的生活水平，以及劳动的再生产。同时也有责任承担劳动力的"再生产"，其中作为家庭成员再生产意义上的婚姻关系的维系和生儿育女的家务劳动也占有重要位置。此外，家庭之间关系的好坏、与社会维持相适应的关系等直接影响到家庭作为实体的存亡。②

在经济学观念中，经济与福利一个是获取（包括生产）财富的过程，一个则是财富的支出过程，它们是两个截然不同方向的"财富的社会运动"，在社会结构上，前者代表人们的生产关系，后者代表人们的生活关

---

① 调整家庭成员之间关系、行为规范的准则，也是社会道德的重要组成部分。在家族内部，由血亲与姻亲所界定的各个成员的角色以及有角色所界定的责任、权利和权威的表达规则，因此家庭伦理也是其内部责任与道德相结合的产物。

② 林耀华在《金翼》（1989年）中所展示的两个家庭经济的兴衰就是一个很好的例证。

系，并且两者之间有一道鸿沟。如果只按上述的财富的走向来看家庭，家庭经济属于前者，即家庭内部生产财富的诸要素的总和，而家庭福利属于后者，即维护家庭伦理、义务和责任的总和。如果细分，"家庭经济"则是为了维持家庭生计以及再生产的劳动和与之相适应的劳动分工；"家庭福利"则反映了家庭成员的权利与义务关系。

（一）"倒金字塔"式的家庭结构

1. 家庭成员权利、义务的基本结构

图 2 是一个典型的独生子家庭的结构。之所以是三代，主要因为家庭成员的责任与权利关系最为直接。也就是说，一对夫妻要养育自己的未成年孩子——责任，要赡养自己的直接老人——义务。与此同时，作为老人，他/她享受来自成年儿女对他/她的孝敬——权利，作为未成年的孩子，他/她也享受来自父母的呵护——权利。

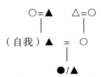

图 2　家庭成员权利、义务的基本结构图

以一对夫妻抚养自己的孩子为主体的核心家庭，无论从生活单位还是家计的划分上都是主流，但由于传统以长者目光俯视家庭成员的习惯，孙子是以爷爷、奶奶来定位，因此我们"倒金字塔"式的家庭结构定位在三代之间比较符合中国式的家庭伦理习惯和家庭成员权利、义务关系的基本结构。

如果我们将父母作为家庭结构中的"当事人"，在当事人的责权关系上就会呈现出如下责权可互惠的三层关系：

> 1）义务关系：老人 ←（义务）当事人（义务）→孩子；
>
> 2）权利关系：老人（权利）← 当事人 ←（权利）孩子；
>
> 3）责任关系：老人（义务）→ 当事人（义务）→孩子；

2. "消耗型"的家庭结构

首先，"倒金字塔"式的家庭中，老人多于儿孙，家庭趋于老化，是

一个因人口政策导致的人为的"老龄化家庭"。其次，家庭经济趋于小型化，而家庭义务并未因此而缩小，它仍然是在三代之间周而复始，因而它仍然表现为一种福利型的家庭经济。最后，与上述两点直接关联，这种消费型家庭结构是以一对夫妇的社会劳动利润为前提的，而且由于女方也成了承担娘家的家庭义务的主体，家庭义务的负担呈现出图3所示的2－4－8的循环往复。其中利润又分为两部分：一部分是维持家庭经济的再生产；另一部分则是为了维系家庭福利的一系列开支。与此同时，它与中国传统中的大家庭一样，也给社会投入了大量的人，但这已经不是劳动力，而是真正需要照顾和养护的老年人。所以我们可以说，这种"老化家庭"的结构具备了"老龄化社会"的基本特征和与之相关的因素。扶老携幼都是在三代之间承担家庭义务。可见，一对夫妇的家庭生计的负担超出了传统家庭。作为一个家庭义务的主体，家长的劳动价值主要体现在再生产出一个作为劳动力的自己的同时，还要创造出赡养老人，抚育孩子的纯消费资本。它的基本特征与其说是家庭经济再生产性质的，毋宁说是家庭经济的消费类型，如图3所示，它呈现为"消耗型"家庭结构（罗红光，2001，274）。它在文化上的定义为"孝子女"，这个赡养老人的义务在家庭生活中既神圣，又沉重。

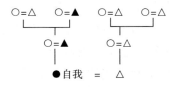

图3　"消耗型"家庭结构

在中国，人口控制政策在加快人口红利时代到来的同时，也加速了"老龄化社会"的到来。与此同时，中国人的义务赡养老人的传统观念仍然占有主流地位。因此，不分城乡、也无论贫富差距，如何缓解家庭经济与家庭福利之间的矛盾？如何面对中国人的福利文化传统？这不仅是当今福利制度改革不容忽视的制度伦理问题，而且也是当今每一个国人将要面对的一个家庭风险。

3. 人口变迁对家庭结构的影响

虽然老龄化问题是一个全球性问题，但中国的老龄化有其独有的特点，其一是老龄化的速度快，其二是未富先老。根据2010年我国第六次人口普查的数据，中国 60 岁及以上人口占总人口的 13.26%，比 2000 年上升 2.93 个百分点，从 1995 年到 2010 年，65 岁以上的老龄人口比例从 6.2% 增加到 8.9%，2010 年底，65 岁以上的老年人口已接近 1.3 亿人，全国 31 个省份已有 26 个进入老龄化社会。预测到 2030 年，上海 60 岁以上人口将增到 460 万，即占总人口的 32%。中国 65 岁以上的人口数量将翻番，从目前的 1 亿多人升到 2.35 亿人。在这一预测下，每五个中国人中将有一名 65 岁以上的老人，这样的老人比例目前仅出现在日本和意大利两个国家。据《银发中国：中国养老政策的人口和经济分析》预测：1970 年中国的儿童对老人的比例是 6:1，但今后 30 年这个比例将会变成 1:2（Richard Jackson，2004）。与日本相比，日本是在变老以前先富裕；中国的情况则相反。中国在赡养老人这一"家庭福利"问题上，一方面年轻夫妇将要面对 2-4-8"消耗型"家庭内部的不平衡格局，另一方面扶老携幼这一"家庭义务"仍在三代之间轮回。家庭老龄化和家庭经济的生产能力的下降，也是阻碍社会生产力发展的潜在危机。

（二）"家庭义务养老"的文化差异

社会的巨大变迁对家庭经济与家庭福利之间的关系产生了重大影响，当今中国家庭福利面临诸多挑战：其一，随着科学技术的发展，医疗卫生及教育水平的提高，中国人的寿命延长，生活节奏加快，教育负担加大，生儿育女的欲望下降，这使得老年人赡养问题更加凸显了出来。其二，由于"家庭经济"与"家庭福利"相辅相成，以下两点构成了家庭福利危机的外在因素：第一点是生产力水平比较低下，我们在较低的人均 GDP 水平下支撑庞大的福利系统，即所谓"先老后富"；第二点是历史性欠账，在计划经济体制下，当时没有个人养老积累，一切由单位支撑，随着由计划经济向市场经济的转变以及养老保障体制覆盖全民，社会养老的负担十分沉重。

表 1　赡养父母的三国比较

单位：%

中国（义务）	日本		韩国	
	量力	义务	量力	义务
84.5	66.2	24.9	62.2	31.9

注：引自大桥松行，2001，第 206 页。

　　在不同的国家背景和文化传统下，人们对家庭义务养老的认识是有很大差异的。让我们先从一个调研结果说起。

　　如表 1 所示，即便在家庭结构发生重大变化，且家庭福利负担沉重的情况下，中国人的义务赡养老人的观念仍然占有主流地位。在大桥松行看来，数字上虽然反映的顺序是中国→韩国→日本，我们很容易得出与费孝通的传统抚养模式——"回报型"吻合的结论。但是，我们还应当看到，由于这些地方的社会保障不健全，为了弥补这个缺陷，法律上规定了赡养的义务关系（大桥松行，2001，208）。但调查同时还发现，中国尽管保持了比日本和韩国更高的赡养义务感，但是，对赡养的淡漠化、对社会的麻木感也比以前高。这种对社会的麻木思想正在蚕食着我们仅有的那点道德基础。表 1 关于中国的数据来自山东和河南的农村地区，另有一组数据来自在京读书的大学生（其中有很多实际上也是农村人）；而日本与韩国的数据采自东京、京都和首尔。这样的数据之间的可比性值得怀疑。与此同时，在"空巢老人"问题越来越严重的今天，如北京市西城区的志愿者社区关怀使空巢老人感受到了关爱，同时经济的发展也大大地提高了老人的物质生活水平。但是，老人们仍然渴望子女的爱，而且这部分来自亲人的爱是社区关怀所不能取代的。[①]可见，中国的人口政策主要出自经济学家的考虑。经济学的人口政策对老龄化社会引起的道德震动和因家庭福利的瓦解所带来的对社会及道德的影响缺乏充分的考虑。

　　中国人口结构的巨大变化也带来家庭结构的巨变。"倒金字塔"式家庭结构的出现直接带来的问题是家庭福利的巨大变化。有研究表明：老人每长一岁，其消耗的财富也将成倍增长，目前中国老年人所消耗的财富是年轻人的 3 倍。很多研究将注意力集中在"家庭经济"的增长，却忽视了"家庭福利"的状况和老人生活方式的文化意义。这将给决策者一个误导，对中国式老龄化社会估计不足，认为经济指标的增长才是本质的，因而导致由此引起的福利措施滞后，甚至抛弃社会福利的文化背景及其文化建设不谈，使得福利制度的改革等同于福利技术的革新。

---

① 根据 2010 年 12 月 30 日 CCTV《朝日新闻》报道。

三 福利文化的基本共识

如上所见，在经济、制度以及文化方面，老龄化趋势造成"家庭经济"与"家庭福利"的传统平衡趋于失调。在家庭成员内部的责任、权利与义务关系仍保持三代轮回不变的情况下，如何维护家庭伦理本身成为公共服务必须面对的现实，而非各个家庭内部的"私事"，同时它也构成了公共服务制度建设的文化基础。

（一）福利文化的基础

家庭具有自立功能、表达（情感）功能，这两点使"家庭经济"与"家庭福利"构成一个有机的生活共同体。第一，家庭有责任确保彼此保持一定的生活水平，以及劳动的再生产。家庭被要求互相保障家庭中的每一个成员的生活，同时也有责任承担劳动力的"再生产"，包括日常生活的维持、孩子的抚养、教育费的负担等内容。第二，"儿童最为初始的社会化"和"成人的人格的安定化"是现代家庭的微观功能；性别分工包括"工具性功能"和"表达性功能"的划分。家庭内部的劳动分工，如两性在这个关系方面，女性分担"儿童最为初始的社会化"；男性则分担"成人的人格的安定化"的功能（Parsons and Bales，1995，pp. 26 - 45）。第三，家庭内部的差序结构是以人的角色而定义，是对角色的认同使然，而非阶级。这一"协调"是建立在诸如"遵守妇道"这样一种相互划清界限的基础上的一种合作，也就是说，福利中既有生产又有消费（耗）。福利的目的反过来作用于起点并重新引起整个过程。可见，"家庭经济"和"家庭福利"并非相互独立的一个过程，在具体的实践中，它们相互定义，相互制约，共同构成了兴旺发达的动机，成为家庭乃至家族、地方社会的公共性的事务。

在中国，因为有着千年历史的儒家传统思想的影响，人是在家庭关系中定位的，而不是西方福利制度中那种相对独立于家庭的个体。因此譬如在扶老携幼方面，中国的家庭在很大程度上承担着西方由福利国家、教会、NGO或市场所扮演的诸多关系和角色。所以它是中国特色的福利文化的基本特征，中国式的"孝道"既是做人的标准之一，又是"家庭福利"

的基本特征。这种特征还表现在家庭内部的劳动分工，如男主外，女主内。在儒家思想中，两性是按照一种互相协调的关系来确定的（加地伸行，1994，155～161），它既是家庭内部的劳动分工又是为人之"道"，如"妇道"以及与之相关的亲属关系表达。这在许烺光的《祖荫下》、林耀华的《金翼：中国家族制度的社会学研究》中均能得到印证。许烺光通过对几个"有文字文明"的比较研究，提出了"亲属轴"理论。该理论在与美国、印度进行跨文化比较研究的基础上认为：中国文化属于"父子轴"类型，在这种文化体系中，家庭中的父子关系、夫妻关系、母子关系的属性分别居于各自家庭文化中的主导地位，许烺光称之为主轴，并认为主轴的属性决定了该文化成员的态度和行为模式，而各种其他的家庭关系和社会关系也建立在这些态度和行为模式的基础上。具体表达如下：

"父子轴"的属性及属性定义：

连续性　　　　与他人结合的状态或态度

包容性　　　　一体化行为或态度

无性爱性　　　与性无关的情感状态

权威　　　　　命令和强迫服从个人力量（许烺光，2002，266～293）。

同样，费孝通也认为："父母与子女、夫与妻这两种关系是家庭组织的基本轴心。但在中国所谓的家，前者的关系似乎更为重要。"（费孝通，2007，43）家庭也就是这样以一种为人之"道"为文化共识的劳动分工的生活共同体。家庭中的男女分工所表明的分工、合作、义务是一种文化共识，它不仅适用于"家庭福利"，而且适用于家庭对外关系中的公共利益。笔者在另一项独立调查中发现，不等价交换之所以成立，并且没有被当事人视为阶级差异，原因在于其背后存在的文化意义系统在发挥着作用。人类学关于夸富宴的研究表明，这种炫耀性消费从文化意义上化解了因财富的生产与占有不均所导致的社会不公平。从中我们可以看见，在福利思想的前提下，文化上的共识远远大于阶级上的共识，换言之，在一个文化共同体中，尤其在一个生活共同体中，"阶级"对当事人来说并没有产生意义，相反，如果以阶级论之，将不可能实现公正、公平的理想。如果说不以阶级论高低是社会福利思想的基本伦理的话，那么中国的这种不以阶级论差异的家庭伦理便构成了它的文化基础，而不是西方思想传统中的那种有道德的个人主义。如果我们将公共服务与"家庭福利"结合起来，也就将构成本论文的"福利义务"。它也正是公共服务之所以能够成立的文化共识。

(二) 普遍福利及其讨论

福利思想所反映出来的人道主义精神的核心是公平、公正、正义，但是，如同博爱与仁爱之间的区别所示，这实际上被具体的文化所界定，如生存权利、人格尊严、受教育的权利等，离开了特定的文化背景和社会土壤，我们的福利思想只能是哲学空想。中国的福利文化来自儒家思想的家庭福利。但是事实上，"家庭经济"与"家庭福利"之间的张力导致当下福利文化的危机，同时我们又不可能以改变人口政策的方式恢复"家庭福利"的功能。因此，如何将血缘的义务关系转换成社员（社区成员）的义务关系以及与之相适应的福利制度的伦理基础建设成为当今中国福利改革的真问题。本文从福利社会的文化建设角度出发，提议将"家庭义务"扩大为面向社会（社区）的福利义务，即"福利权利"和"福利义务"相结合的福利文化建设。在文化传统残缺不全的现状下，创新成为福利制度改革、福利文化建设的新命题。它的前提在于：首先，法律制度的建设与完善基于人们对某种价值观的信仰；其次，公共服务的主体是人与人的互惠，其核心是人性，而不是物质性。如"家庭福利"所体现的那样，在人的一生当中，作为主体的人，一方面他/她是服务方，另一方面又是受益方。本文关于"福利权利"和"福利义务"相结合的福利文化建设，直接关系到发展的目的、公平性和家庭福利的问题。

在承认公共服务的国家化（福利国家）和公共服务的市场化（福利经济）的基础上，通过对中国式的"家庭经济"和"家庭福利"的再评价，本文提出获得服务的"福利权利"和利他的"福利义务"相结合的福利制度设想。在"福利义务"与"福利权利"相配套的福利体制中，每个公民在公共服务系统中的角色、责任和义务，决定了其可能获得的社会回报，从而改变以往单方面"受益"的消极福利状况，将福利系统的人性化建设和社会化建设普及到每个人的社会生活中去。为了使我们的讨论有可操作性，我们尝试用"家庭经济"和"家庭福利"这两个分析视角展开了我们的讨论。研究表明：认识适合中国国情的福利文化，如"治家安邦""家和万事兴"这样的文化认同的传统，发挥家庭在社会福利中的作用，将家庭成员的个体，而不是单位职工视为社会福利的主体，也不是西方社会中的那种独立于家庭的个体，把"家庭经济"与"家庭福利"可互换的模式扩展为"普遍福利"，使福利社会的建设更加符合中国的国情和文化。

参考文献

春日直樹、1988、『経済人類学の危機』、世界書院。

大桥松行，2001，《现代青年的家庭观念——中日韩三国的比较分析》，载于君塚大学等著《东亚社会价值的趋同与冲突：中日韩三国青年的社会意识比较》，北京：社会科学文献出版社。

杜赞奇，1988，《文化、权力与国家——1900～1942年的华北农村》，南京：江苏人民出版社。

费孝通，2007，《江村经济》，北京：商务印书馆。

富永健一、1990、『日本的现代化与社会转型』（日文版）、讲谈社。

加地伸行、1994、『沉默的宗教：儒教』（日文版）、筑摩书房。

林耀华，1989，《金翼——中国家族制度的社会学研究》，庄孔韶、林宋成译，北京：生活·读书·新知三联书店。

罗红光，2001，《小家庭中的大社会——中国陕北杨家沟村民围绕财富的公共意识的行为机制的分析》，载于君塚大学等著，《东亚社会价值的趋同与冲突：中日韩三国青年的社会意识比较》，北京：社会科学文献出版社。

萨林斯，2002，《文化与实践理性》，赵丙祥译，上海：上海人民出版社。

许烺光，2002，《彻底个人主义的省思》，载于许烺光著《许烺光著作集9》，许木柱译，台北：南天书局。

庄孔韶，2000，《银翅——中国的地方社会与文化变迁》，北京：生活·读书·新知三联书店。

Parsons, T. & R. F. Bales 1995, *Family*: *Socialization and Interaction Process*. Routledge and Kegan Paul.

Jackson, Richard 2004, "The Graying of the Middle Kingdom." by Center for Strategic and International Studies, *CSIS*.

理论化与制度精神

——由《占有、经营与治理：乡镇企业的三重分析概念》引申的几点思考[*]

赵立玮

摘　要：《占有、经营与治理：乡镇企业的三重分析概念》一文是近期中国社会学研究中基于中国经验的一种有意义的理论化尝试。研究者以理想型的方法构建了一个多重概念框架，力图呈现和解释作为总体现象的乡镇企业的多维面相和总体意义，揭示其展现出来的改革时代的制度精神。这项研究所呈现的总体性研究视角、概念框架与经验问题的相互作用的方法论取向，不仅体现了研究者所提出的"重返经典社会科学研究"的主张，而且对于推动中国社会学研究的理论化颇具意义。尽管该研究在总体概念框架的论述和对乡镇企业的制度精神的阐发等方面尚显不足，但依然体现了运用适当的经典社会科学概念解释中国经验问题的可能性及其有效性。

关键词：乡镇企业　总体性　概念框架　制度精神

在开启了一种真正的世界性社会学的《社会行动的结构》一书中，当时身处西方文明"危机状态"中的帕森斯借助欧洲"世纪末"的社会理论探讨，一方面澄清了自己对"西方社会状态诸问题"的思考，同时以更大的智识性努力试图从他所谓的这场"思想运动"中引申出社会科学研究的一般"概念图式"（Parsons，1970：25ff）。因此，他在该书中首先讨论的是"理论与经验事实"这一基本的方法论问题，并以此确立其理论化探讨

---

　　*　原文发表于《社会》2013 年第 3 期。

的基础。① 然而对于当今中国的社会学者来说，无论理论传统、经验事实还是现实问题，都处于一种双重困境之中：一方面，经过100多年的发展，社会学研究的诸多传统和流派、理论和概念、范式和方法等已经极其丰富，但对这些丰富的思想遗产的梳理、吸纳和消化还处在一个比较低级的阶段，这种状况有时反而悖谬地成为研究中国现实问题的负担或阻碍；②另一方面，与西方社会学学科的明确提出和阐发几乎同步的中国近代以来所经历的社会、思想领域的剧烈而复杂的变迁，尤其是始于20世纪70年代末的当代改革历程，将大量丰富、尖锐而紧迫的现实问题摆在研究者面前，但研究者在面对这些过于丰富和复杂的研究对象时，却往往难以提出有效的理论解释。换言之，理论和经验事实依然是摆在当今中国社会学者面前的一个根本问题。中国社会学要有所积累、有所发展，就必须正视和解决这个问题。

民国时期的社会学家已经在这个方面做出了巨大贡献。社会学在"文革"后恢复重建以来的30余年里，也一直有研究者不断探讨这个问题。渠敬东（2013a，2013b）的《占有、经营与治理：乡镇企业的三重分析概念——重返经典社会科学研究的一项尝试》（以下简称"渠文"）就是近期一个很有意义的尝试。这篇文章的第一个副标题表明了此项研究的一个明确意图——为乡镇企业研究提供一种多维分析框架。但不啻于此，该文的第二个多少有些令人费解的副标题既表明了作者提出这种分析框架的路径或方式，也透露出作者的一个更具理论意义的尝试——重返经典社会科学研究。在当今的研究处境下，这种尝试似乎有些不合时宜，"经典社会科学研究"对于当下的中国现实问题还有什么意义呢？社会学早就被定位为"经验科学"，默顿（Merton，1968：1）就曾经援引怀特海的话来为这种科学的进展而辩护："一门还在犹豫是否应忘却其创立者的学科是迷茫的。"但默顿的良师益友帕森斯（Parsons，1981）在其长达半个世纪的学术生涯中，不仅没有忘记社会学的那些创立者，而且经常"重访古典大家"。亚历山大（2006）更是明确打出了社会科学中"经典的中心地位"的旗号。

问题是，如何"重返经典社会科学研究"？渠文正是对此难题的一种切实的探索性解答，其意义不仅在于用古典社会科学的一些概念来建构对于某个或某些中国经验问题的解释框架，更重要的，也许是重申古典社会科学的研究方式以及其中所蕴含的实质问题。这项研究涉及诸多有意义的问题，下面仅就其中几个进行简要讨论。

一 "总体现象"

渠文的经验研究对象是乡镇企业。众所周知，20 世纪 70 年代末的中国改革始于农村，而乡镇企业曾被官方誉为中国农民在改革时代继"家庭联产承包责任制"之后的又一个伟大创举，并在改革初期（尤其是 20 世纪 80 年代）极大地带动了中国经济的快速增长。但因为种种原因，乡镇企业在 90 年代或转制或倒闭，日趋衰落。乡镇企业虽然曾经是"学术研究的一片沃土"，但今天再来研究这个"已经基本消亡了"（渠敬东，2013b：28、29）[1] 的社会现象，其意义何在？

确实，"很多过往的社会现象，并不因它们消逝了而死去，很多人们正看得见的现象，也并不因其现实存在着而活着"（2013b：28）。不过，正如韦伯在论及社会科学方法论时所指出的，研究者在选择研究对象时必然涉及"价值关联"（Weber，1946：21 - 22），这其实也涉及研究者的研究旨趣和关切。就渠文的论述来看，这种选择同时涉及作者的多维概念框架和实质关切两个层面，前者表现为乡镇企业是"一种总体现象"，后者表现为乡镇企业体现了"一个时代的制度精神"（2013b：28、29）。

先看第一个问题。渠文认为，乡镇企业"这个看似局部的社会现象，在理论分析上却有着总体的意义"，并进一步从两个方面指出了这种"总体意义"的意涵。就第一个方面而言，正因为"乡镇企业本身即是一个总

---

① 以下未注明作者和出处的引文皆引自渠文。

体现象"（2013b：28），研究者才有可能运用多维概念框架来分析其"总
体性"特征。

> 在占有关系上它汇合了公有制、共有制和私有制等多重因素，并
> 在其间进行多向度的转化；在经营关系上，则充分利用双轨制的体制
> 环境，将土地承包、企业经营和财政包干结合起来，集个体、集体和
> 行政部门之力，充分调动和积累各种资源，投入市场化运作；在治理
> 关系上，将体制的、知识的和民情的等多向度的治理机制融合起来，
> 解放了家庭、宗族、习俗等各种传统资源，甚至尽可能地从制度史和
> 思想史中汲取营养，来尝试现实实践中的改革与创造。（2013b：28）

这段话可谓对全文的一个精炼概括。不过，这种分析乡镇企业的多重
概念框架，其一般性尚不止于此。"占有、经营和治理的概念、范畴和分
析上的联系，对于分析同一历史阶段中的国有企业、政府机构或民间群体
的结构特性和运行机制，也具有一定的解释力。"（2013b：28）因此，这
项研究虽然集中于对乡镇企业的分析，但其概念化或理论化意图中实际上
蕴含着一个更具一般性的分析框架。

可能是因论题、篇幅等因素的限制，作者对这种"总体意义"的讨
论——就此项研究而言，这种讨论实际上是至关重要的——被放在简短的
"尾议"之中，确实有意犹未尽之感。不过，我们从中至少可以引申出两
个方面的意涵来稍加展开。

首先，这种对"总体现象"或"总体意义"的探讨，从思想史或学科
史的角度看，涉及社会科学研究中的"总体性"（totality）范畴及其相关
概念的思想脉络。就此项研究而言，最直接的指涉莫过于涂尔干—莫斯传
统，尤其是莫斯（2002）的经典研究《礼物》所体现出的总体研究范式。
莫斯认为，在早期人类社会中，礼物交换是一种"总体现象"，牵连到社
会生活中的诸要素，因此表现了他所谓的"总体呈现体系"。我们在此不
妨简要引述莫斯关于"总体性社会事实"（total social fact）的相关论述
（可与上段引文稍作对比）。

> 我们所研究的全部事实，都是总体的（total）社会事实……在某

些情况下，这些事实启动了社会及其制度（夸富宴、对峙的氏族、互访的部落，等等）的总体；在另一些情况下，特别是当这些交换和契约所涉及的主要是个体的时候，这些事实所启动的虽然不是社会总体，但却是多种制度。……所有这些现象都既是法律的、经济的、宗教的，同时也是美学的、形态学的，等等……它们是"总体"，是我们所试图描述其功能的各种社会体系的全部。我们是在动态或生理学的状态中考察这些社会的……只有通盘考虑整体，我们才有可能体会其本质、其总体运动、其活生生的面相……（莫斯，2002：203~205）

从某种意义上讲，社会学的研究视角就是"总体视角"。① 需要指出的第二点是，将乡镇企业作为"总体现象"来探讨，不仅在研究范式上受到西方社会科学的影响，而且蕴含着对中国社会结构、尤其改革以来中国社会结构变化的总体性理解和判断。实际上，中国社会学者很早就注意到这种结构性变化，例如，20世纪90年代初北京大学社会学系的一项研究（孙立平等，1994：51）就指出："改革以来，中国社会结构的最根本的变化是由总体性社会向分化性社会的转变。"从研究者在文中使用的基本概念——如总体性社会、（结构、功能、利益）分化、（社会、政治）整合、自由流动资源、社会流动等——和论证逻辑来看，可以说深受西方现代化理论的影响；而且，这项研究虽然指出并强调了中国社会变迁中的一些问

---

① 在社会学思想—分析史中，"总体性"观念的意涵和发展脉络都比较复杂。例如，圣西门—孔德所创的"实证主义"的社会学研究即蕴含着总体性观念，在涂尔干—莫斯传统以及此后的列维—斯特劳斯的"结构主义"中，这种总体视角都是极为显著的。在德国黑格尔—马克思传统中，"总体性"也是一个核心概念，这也是卢卡奇解释马克思（主义）的一个关键概念。帕森斯后来在社会理论中拓展的系统分析，实质上也是秉持了一种总体视角。即使是在以"片断化"的小品文写作风格见长的齐美尔那里，"总体性"依然是其方法论思想的一个核心观念，例如他在《货币哲学》中写道："本书的这些考察的统一性在于……在生命的每一个细节中发现其意义的总体性"，"可以将生命的那些细节和表面性的东西与其最深层的本质运动联系起来，依据生命的总体意义来对它们进行的解释既可以基于观念论也可以基于实在论"（Simmel，2004：53、54）。这种"总体"观念不仅是我们理解《货币哲学》，也是理解齐美尔整个思想的基础。应当指出的是，为了避免对这个概念的简单化理解，至少应当注意："总体性"的意涵在不同的传统和研究者那里是十分不同的，应当将认识论—方法论层面和实质结构层面上对"总体性"概念的使用明确区分开来。

题，但对中国改革和社会变迁的前景的判断基本上还是乐观的。但随着中国改革的发展，后续的一些相关研究，尤其是孙立平的一系列研究，已经敏锐地看到这种社会结构的变化所表现出的不同于早期的特点和趋势：中国社会结构自 90 年代中期以来并没有沿着从"总体性结构"向"分化性结构"的趋势转变，相反，随着改革进程的深化，中国社会结构逐渐演变为所谓的"新总体性社会"。① 我们从渠文作者前几年的一项合作研究（渠敬东、周飞舟、应星，2009）中也可以看到类似结论。这项研究侧重于对改革历程诸阶段（1978～1989 年、1990～2000 年、2001～2008 年）的制度改革——双轨制、分税制和市场化改革、行政科层化等——的详尽分析，认为中国社会结构经历了从"总体支配"到"技术治理"的转变，但在实质意涵上，这种转变和孙立平所谓的从"老总体性社会"到"新总体性社会"的转变并无不同。换言之，经历了 30 余年改革历程的中国社会结构在本质上依然是一个"总体性社会"，尽管其中的支配或治理方式发生了巨大变化。从这一点来看，今天再来探讨和反思能够表征改革早期那种"总体性"变迁的乡镇企业，其中所蕴含的意义不言而喻。

二 "概念问题"

那么，如何提出和运用适当的概念框架来分析乡镇企业这种"总体现象"所体现出来的"总体意义"？实际上，这正是渠文所做的一个主要尝试。在这方面，我们可以提出几个问题做进一步讨论。

首先，如何提出关于中国现实问题研究的分析概念？渠文开篇指出了改革以来中国社会结构变迁和组织变革的错综复杂性以及由此而导致的理论解释的困难，在指出（来自经验研究的）描述性概念和简单照搬某些现存的（主要来自西方的）社会学概念之不足后，作者提出了其理论化努力所强调的几个基本点：首先，鉴于中国社会"正在经历着现代社会基本要

---

① 孙立平概括了新、老总体性社会的特征：（1）过去的老总体性社会是建立在再分配或计划经济基础上的，是总体性权力与再分配经济的结合；新总体性社会是形成、打碎、重组市场因素之后，总体性权力与市场经济相结合。（2）老总体性社会的机制是比较单一的，就是权力；现在权力则多了一个机制，即经过其重组的市场机制。（3）老总体性社会的基本整合原则是一种乌托邦式的意识形态，而新总体性社会的整合原则是利益。（4）老总体性社会只有一个中心，而新总体性社会存在一种蜂窝状的趋势（孙立平，2012）。

素的形成、组合和演化的基础过程，即一种结构性的社会再造过程"，因此，对此过程的社会学解释需要"从原初概念出发来确立逻辑清晰的解释链条"，需要源自多学科的"经典理论的宏大视野"；其次，中国"社会转型中的任何表面看来微小的现象，都可牵一发而动全身，都可透视出结构变迁的效果"，因此，需要"构建一种总体性的解释框架，即从现象与总体社会结构的关联出发，形成结构分析的基本脉络"；第三，由于中国社会正在经历的是一个复杂的变迁过程，因此，"结构分析不能停留在总体特征和类型的归纳层面，而应当深入探究造成结构变迁的每个动力机制"（2013a：3）。显然，这每一个侧重点背后都蕴含着对中国社会变迁的一般性判断，而作者在此所强调的"原初概念""结构分析"和"动力机制（分析）"也将贯穿随后的理论—经验分析。

渠文的论述风格和时下大多数学术论文有所不同，其进路既非纯粹的经验研究，也非抽象的理论探索，表面上看类似于某种"二手研究"。作者在整个文章中的论述，看似相当依赖相关的经验研究，尤其是文中"经验问题"部分特别提及的几项研究，但文章的主旨显然不在于此，事实上，这些相关研究主要是用来提出论题和问题的。以作者论及的五项产权研究为例，选择这些研究，不仅仅是因为它们是国内近年来关于乡镇企业和产权问题的具有代表性的研究，而且——就本文主旨而言，可能更为重要——因为这些研究所呈现出来的具体经验问题的复杂性以及试图提出有效解释的理论化尝试。尤其是文中所提及的"研究四"（周雪光，2005）和"研究五"（刘世定，2006），其概念化或理论化的意图是相当明确的。不过，渠文显然不是一般意义上的"二手研究"，这种研究方式蕴含着某种概念化或理论化的策略。作者最终提出的以"占有""经营"和"治理"为"一级分析概念"以及若干相关的二级、三级分析概念所构成的分析框架，显然并非源自对相关研究的一种经验概括。作者在论及这些精彩的研究时，一方面认为"这些研究在理论上的突破率先来自于经验本身的活力，对经济学普遍存在的产权制度改革的思路提出了挑战，并试图通过将产权分析扩展到组织构成的所有范围，突破时下通行的法人治理结构改革和制度主义分析的理论架构，从而确立一种能够囊括组织研究之基本问题的新范式"（2013a：4），但同时又指出：

这类研究从结构分析和机制分析上极大丰富了中国经验的理论意涵，但同时由于仅强调总体结构关联中的某个侧面，而使得单一性的分析概念缺乏解释力度。从对此类研究的检讨中，我们也可以看到，正是"占有""经营"和"治理"在三个层面上塑造的不同社会关联和其中所贯彻的不同逻辑，才使得中国的乡镇企业组织始终处于一个动态的变迁过程之中，因三个维度在不同情势中的相互作用和调整而呈现出阶段性的发展特征。（2013a：15）

因此，这种概念框架的提出方式涉及经验问题和（某种意义上先验的）参照框架——实际上源自作者所谓的"经典社会科学研究"传统——的双向互动，既非经验主义意义上的经验概括，也非理性主义意义上的逻辑推演。渠文的主要篇幅用来论述概念框架对复杂的现实经验问题的解释，而这种解释反过来又促进了对概念框架的阐发。

进而言之，这种研究方式不仅体现出作者对所谓"中国经验"进行概念化和理论化的尝试，也有助于我们对中国社会学积累性发展的思考。例如，从二战后西方社会学的发展来看，帕森斯的"一般理论"（general theory）和默顿的"中层理论"（middle-range theory）是两种具有代表性的理论化策略，是对社会学积累性发展的不同思考和进路。虽然帕森斯和默顿都强调社会学是一门经验科学，但两人的方法论立场却迥然有别：帕森斯始终坚持一种反经验主义的方法论立场，[1] 而默顿显然是一个经验主义者（参见亚历山大，2006）。帕森斯（Parsons，1968：774）认为，从对（社会）科学研究对象的描述（即确定研究的"事实"[2]）到解释都离不开"概念图式"，他孜孜以求的"一般理论"，其主旨在于为社会科学研究提供"理论的实质性的共同基础"，结束不必要的"派系之争"，从而有助于社会科学的积累性发展。默顿（Merton，1968：39）则倡导"中层理论"，拒斥"总体性的社会学理论体系"，认为这种研究取向对社会学的发展有弊无利。默顿（Merton，1968：51）认为，"社会学理论要想得到重大发

---

[1] 帕森斯称之为"分析实在论"（analytical realism）。具体论述参见 Parsons，1968：730。
[2] 帕森斯（Parsons，1968：41）指出，科学的研究对象是"事实"而非"现象"，一个事实就是"借助某个概念图式对于现象的一种可以在经验上证实的陈述……所有的科学理论都是由这种意义上的诸事实以及关于诸事实之间关系的陈述所构成的"。

展，就必须在下述两个相互联系的层面上推进：（1）发展特殊理论，从中推演出一些能够在经验上考察的假设；（2）慢慢发展出（而非突然性的启示）一个逐渐变得较为一般的概念图式，这个图式足以巩固诸"特殊理论群"。显然，默顿的研究取向遵循的是从特殊到一般的经验主义进路，这与帕森斯的"一般理论"的研究取向正好相反。①

从方法论角度看，渠文与其说意在提出一种关于乡镇企业的概念分析框架，不如说作者运用"理想型"的方法试图构建乡镇企业这种"历史个体"（historical individual）（韦伯意义上的）。从文章内容来看，作者实际上是从所有权结构、经营管理方式以及制度环境诸方面构建了乡镇企业的"理想型"，或者用作者的话说，这三重维度的概念建构所揭示的是乡镇企业这种企业组织"所特有的政治性、经济性和社会性意涵"，这些维度及其关联决定了"企业的性质"（2013a：15）。对社会学研究而言，作者对"治理"维度的论述可以说是最有意义的。在这项研究中，作者试图将"治理"（governance）作为社会科学分析的一个基础概念，并从体制、知识、民情（mores）三个面向来界定其丰富的内涵。这种阐述使得近年来在社会科学研究中运用颇广、牵连诸多智识脉络的"嵌入性"（embeddedness）概念变得类型化和具体化。另外，渠文用相当篇幅来论述"民情"概念，尤其是在运用它来解释"温州模式"和"苏南模式"时，牵连到诸多历史和现实因素，展现了丰富的解释力和真正的社会学研究视角。

不过，渠文作者对其概念框架的论述也存在一些值得讨论的问题。

例如，作为全文解释框架的三重概念维度之间的逻辑关系，虽然作者指出它们各自的侧重点（如"政治性、经济性和社会性意涵"）不同，并在对具体经验问题的解释中也多涉及其间的关联性，但在概念框架层次上

---

① 在通行的社会学教科书和诸多论著中，帕森斯和默顿往往被认为同是功能主义流派的主要代表，而对他们各自所秉持的理论和方法论立场以及理论建构策略方面的实质性差异则缺乏深入的比较和分析。虽然两人都试图终结不利于社会学积累性发展的"派系之争"，但其理论进路是完全不同的。不过，因为两人之间的特殊关系，相互间相对温和的批评，反而使读者容易产生"误读"（参见 Parsons，1949，1975；Merton，1968：52）。关于帕森斯和默顿之间分歧的一个有意思的讨论，可参见 Wearne（1989：140ff）。作为"不可救药的理论家"（Parsons，1951），帕森斯对社会科学研究中的理论和方法论具有深刻的洞见和详尽的论述，在这个方面，默顿相形见绌；但就两人对二战之后社会学的发展所产生的实际影响而言，默顿无疑更胜一筹，并在很大程度上影响了社会学、尤其是美国社会学今日的发展。关于这两种研究进路及其各自的优劣，牵连甚广，此处不再展开。

并没有对它们之间的逻辑关系给予明确阐述，这使文章提出的概念框架显得不够充分，而这种主要基于分类的概念框架也显得有些简单。另外，"分析"层次和"具体"层次的区分——这种区分在方法论思考中具有关键性和基础性的意义——在这项研究中似乎也未能得到明确的论述和贯彻。因此，文章对诸多细节性的经验解释虽然颇具启发性，但在总体概念框架的阐发和对乡镇企业的总体解释两个大的方面，仍存在诸多可探讨之处。

三 "制度精神"

在渠文的结尾部分，作者表明此项研究的一个主要旨趣在于揭示乡镇企业在其产生和运行过程中体现出来的"改革的时代精神"。

与其说乡镇企业的实践是一种制度的创生和建设过程，不如说这一实践过程代表的更是一个时代的制度精神。乡镇企业实践的活力之源，在于它不为一统的体制、一体的制度和整齐划一的观念所支配，而是将各种各样的历史遗产、传统资源和本土策略与现行体制结合起来，与外来制度融汇起来，进行大胆的尝试和创造。它不屈从于任何单一向度的制度霸权，不惟传统是瞻，不受体制裹挟，不被西方掠获，印证了真正意义上的改革的时代精神（2013b：29）。

在当代中国的改革进程中，乡镇企业是一种极具本土特色和富有中国经验的企业组织形态，其中蕴含着中国改革时代的矛盾和动力：一方面，乡镇企业在改革初期的社会结构中处于一个相对边缘的特殊地位；另一方面，它在改革初期却发挥了重要的、甚至是关键性的作用。正如渠文作者所指出的："正因为乡镇企业作为社会存在的多重因素和多重环节的交集点，才能在改革实践中蕴涵丰富的制度创新空间，并反映出改革开放前十年的核心理念。"（2013b：28）作者运用占有、经营和治理等多重概念对这种组织形态进行了详尽的结构及机制分析，并以此来揭示它所体现出的"制度精神"。不过，遗憾的是，作者只是在文章结尾部分对此进行了简要总结，而未将其作为概念框架的一维。就此本文也提出几个问题予以讨论。

首先，在社会科学研究传统中，"精神"——或道德、价值、规范等——维度一直居于显著位置。在西方思想脉络中，现代社会—文化科学实质上是一种"人的科学"（science of man）。人的存在（包括其构成）虽然离不开物质性，但其本质却在于精神性。虽然不同思想传统、流派和研究者对"精神性"的理解、表述和侧重点各有不同，但都不否认其根本的重要性。以古典社会理论最主要的代表人物涂尔干和韦伯为例，涂尔干（2000，2001）所建构的"职业群体"虽然具有经济、政治和伦理等功能，但无论就涂尔干对此所做的社会史考察还是理论建构而言，道德规范所发挥的社会团结无疑是这一群体最主要的功能；而在韦伯（2010）那里，撇开他在学术生涯中后期对宗教伦理与资本主义精神所做的经典研究不论，在其早期的经验研究中，强烈的价值取向已经表述得很明确。譬如，他在运用政治经济学视角研究当时德国的具体社会经济问题时写道：

> 当我们超越我们自己这一代的墓地而思考时，激动我们的问题并不是未来的人类将如何"丰衣足食"，而是他们将成为什么样的人，这个问题才是政治经济学全部工作的基石。我们所渴求的并不是培养丰衣足食之人，而是要培养我们认为足以构成我们人性中伟大和高贵的素质……一种以"人"为对象的科学说到底最关切的是"人的素质"；政治经济学正是这样一种以"人"为对象的科学，它要研究的是特定社会经济生存状况中成长起来的人的素质（韦伯，1997：90~91）。

就此而言，在渠文这一试图"重返经典社会科学研究"的文章中，对"制度精神"的强调也就是其题中应有之意了。不过，就乡镇企业而言，当我们强调这种改革时代的"制度精神"时，也不能忽略其价值取向的另一面。众所周知，中国始于20世纪70年代末的改革之所以发端于部分农村地区，基本上是生存问题之逼迫使然；同样，乡镇企业在改革初期广大乡村地区的兴起，虽然有历史上的制度根源（如渠文所论述的），但鉴于其所处时代背景及边缘性的地位，生存逻辑可谓主宰了乡镇企业并不是很长的发展史。大凡经历过改革初期历程的中国人，恐怕都对乡镇企业那种为了生存和扩张而不择手段的做法及其生产的大量假冒伪劣产品印象深刻。而在乡镇企业发展的中后期，尤其是在转制及后续的发展中（大多转为民营企业），其毫不掩饰的功利主义（并不完全等同于企业对利润的追求）同样给国人留下了深刻印象。因此，在强调乡镇企业体现出的改革时代的制度精神的同时，也应当看到这种精神的另外一个面相：生存逻辑与功利主义。更为重要的是，如果说乡镇企业是一种"总体现象"，那么它所体现出的这个精神维度也具有总体意义，尤其是 90 年代中期以来，随着中国"新的总体性社会"的逐渐形成，功利主义也成为当下中国人社会生活中最重要的价值取向。社会科学，尤其是社会学研究，自诞生伊始虽然主要致力于对现实问题的描述和解释（以及相应的解决之道），但批判和理想也是其研究的基本维度。且不论马克思对资本主义社会的深刻批判，作为古典社会理论主要代表的涂尔干（2000）和韦伯（2010），实际上都以批判功利主义的社会理论作为创建自己理论的逻辑起点。帕森斯（Parsons，1968：ch. 4）对此给予了明确阐述，并从思想史的角度对功利主义的社会理论进行了系统批判，从而对"秩序问题"做出了经典性论述。而在当今中国的社会学研究中，利益取向和利益关系似乎成为压倒性的视角，就此而言，渠文所阐发的多维视角和制度精神无疑是对这种"唯利益论"的一种纠正；虽然如此，利益乃至功利主义这个维度的影响依然需要强调，即便是出于批判之目的。

最后，就社会科学作为"人的科学"而言，它自始至终都特别关注各种层次的"主体"，从个体"自我"到不同层次的"群体"。以韦伯（2010）关于新教伦理的研究为例，这项经典研究的主旨并非在于提出一种不同于马克思的关于资本主义起源的新解释（尽管二者的关联是明显的），而是对"现代自我"的起源和形成进行深入的谱系学探讨（如 Kim，2004）。在韦伯的论述中，这个问题又与西方近代史上一个新的群体或阶层——"中产阶级"（das Burgertum）①——的兴起密切相关，这个群体是一种新的"伦理"的主要担纲者（carrier），他们的"心智框架"（frame of mind，中译本译作"思想框架"）与西方历史上的一些重大变化，如现代资本主义的兴起息息相关。在韦伯晚期对"世界宗教的经济伦理"的博大精深的比较研究中，各大文明中的主要伦理的主要担纲者都是其研究的重点所在。回到渠文，我们在其中可以看到围绕乡镇企业的较为复杂和详尽

---

① 韦伯对这个概念的使用，强调的是其作为欧洲历史上一个新兴阶层、一种新的价值观的担纲者的意涵。这与法文中的 bourgeois 和英文中的 middle class 含义并不完全一致。"中产阶级"这个词也不能完全恰当地表达其意涵。

的"结构分析"和"机制分析",看到乡镇企业所呈现出来的多维面相,但我们依然不清楚这些"结构"和"机制"背后推动企业运行的"主体"。如果说乡镇企业体现了改革初期的时代精神,那么,这种精神的担纲者又是什么样的个体和群体呢?文中提及的各种角色——如乡镇企业的厂长、经理和乡镇基层的官员等——还主要限于相关法律法规中的抽象存在。考虑到中国当时所处的特殊背景,这种研究要求也许过于困难而难以实现,但制度与人历来是难以割裂的,我们今天来研究乡镇企业,自然想要知道与之相关联的形形色色的人都是什么样的?或用韦伯的话说,他们有什么样的"心智框架"?这种内在状态又是如何与外在条件关联起来而推动了乡镇企业这一独特的企业组织的兴亡?

"理论之谓",在希腊语源中原有洞察与反思之义。如何以一种恰切的方式来看待和思考当今许多中国人曾亲身经历的改革历程,渠文做出了一种可资讨论的探索。不仅仅是出于研究之趣,也是为了那个时代。

参考文献

刘世定,2006,《占有制度的三个维度及占有认定机制:以乡镇企业为例》,《中国社会学(第5卷)》,上海:上海人民出版社。

莫斯,马塞尔,2002,《礼物》,汲喆译,上海:上海人民出版社。

渠敬东,2013,《占有、经营与治理:乡镇企业的三重分析概念——重返经典社会科学研究的一项尝试(上)》,《社会》第1期。

渠敬东,2013,《占有、经营与治理:乡镇企业的三重分析概念——重返经典社会科学研究的一项尝试(下)》,《社会》第2期。

渠敬东、周飞舟、应星,2009,《从总体支配到技术治理:基于中国三十年改革经验的社会学分析》,《中国社会科学》第6期。

孙立平、王汉生、王思斌、林彬、杨善华,1994,《改革以来中国社会结构的变迁》,《中国社会科学》第2期。

涂尔干,埃米尔,2000,《社会分工论》,渠东译,北京:生活·读书·新知三联书店。

涂尔干,埃米尔,2001,《职业伦理与公民道德》,渠东译,上海:上海人民出版社。

韦伯,马克斯,1997,《民族国家与经济政策》,甘阳编译,北京:生活·读书·新知三联书店。

韦伯,马克斯,2010,《新教伦理与资本主义精神》,苏国勋、覃方明、赵立玮译,北京:社会科学文献出版社。

亚历山大，杰弗里·C.，2006，《经典文本的中心地位》，《社会理论（第 2 辑）》，北京：社会科学文献出版社。

应星，2005，《评村民自治研究的新取向——以〈选举事件与村庄政治〉为例》，《社会学研究》第 1 期。

周雪光，2005，《"关系产权"：产权制度的一个社会学解释》，《社会学研究》第 2 期。

Kim，Sung Ho 2004，*Max Weber's Politicsof Civil Society*. Cambridge：Cambridge University Press.

Merton，Robert 1968，*Social Theory and Social Structure*. New York：The Free Press.

Parsons，Talcott 1949，"The Positionof Sociological Theory." In *Essays in Sociological Theory Pure and Applied*. Glencoe，Illinois：The Free Press.

Parsons，Talcott 1951，*The Social System*. New York：The Free Press.

Parsons，Talcott 1968，*The Structure of Social Action*. New York：The Free Press.

Parsons，Talcott 1970，"On Building Social System Theory：A Personal History." In *Social Systems and the Evolution of Action Theory*. New York：The Free Press.

Parsons，Talcott 1975，"The Present Status of 'Structural-Functional' Theory in Sociology." In *Social Systems and the Evolution of Action Theory*. New York：The Free Press.

Parsons，Talcott. 1981. "Revisiting the Classics through our Long Career." *In The Future of the Sociological Classics*. London：George Allen & Unwin.

Simmel，Georg 2004，*The Philosophy of Money*. London：Routledge.

Wearne，Bruce C. 1989，*The Theory and Scholarship of Talcott Parsons to* 1951. Cambridge：Cambridge University Press.

Weber，Max 1946，*The Methodology of the Social Science*. Translated and edited by Edward A. Shilsand & HenryA. Finch. NewYork：The Free Press.

我国社会组织体制的改革和未来[*]

李培林

我国社会体制的改革，涉及就业、教育、收入分配、社会保障、医疗、城乡管理等诸多方面。改革开放以来，这些领域都进行了一系列的改革，但与不断深化的经济体制改革相比，在广度和深度上都处于滞后的状态，难以适应当前经济社会发展新阶段的需要。从社会运行的机制和规则来看，社会体制改革的一项重要任务，就是社会组织体制的改革。党的十八大报告提出，加强社会建设，必须加快推进社会体制改革，加快形成政社分开、权责明确、依法自治的现代社会组织体制。本文通过分析我国社会组织体制的历史背景和改革开放以来我国社会组织体制的变化，提出了不同于单纯通过发展民间组织促进社会发育的社会组织体系发展框架，主张通过体制内改革和体制外发展双轨驱动来构建我国现代社会组织体制。

一　超越国家与社会的二元对立

长期以来，受古典社会学的影响，国家与社会被描述成一种二元对立的关系，"国家与社会"的分析框架也成为社会学的一种基本分析框架。洛克（2007）"天赋人权"的社会政治思想传统，塑造了"社会先于国家"的框架，孟德斯鸠（1961）、托克维尔（2007）"权力分立"的社会思想传统，塑造了"社会制衡国家"的框架。黑格尔（1961）的社会哲学思想传统，则塑造了"国家高于社会"的框架，国家是绝对精神进入精神乐园后的最高体现，行政管理机构是"国家"从高层政权进入基层世俗社会的必要中介。这些分析框架，要么强调社会是抗衡国家、防止国家成为

＊　原文发表于《社会》2013 年第 3 期。

绝对权力的力量，要么强调国家是管制社会无序"自然状态"的必要机器。

随着市场经济的发展，政府、市场、社会成为分析现代社会治理的三个维度。诺贝尔经济学奖得主奥斯特罗姆（2000）认为，传统的分析公共事务的理论模型主要有三个，即哈丁（Garet Hardin）的"公地悲剧"、戴维斯（Robyn Dawes）等人的"囚徒困境"以及奥尔森（Mancur Olson）的"集体行动逻辑"，他们提出的解决方案不是市场的就是政府的。奥斯特罗姆另辟蹊径，提出通过社会自治管理公共物品的新途径，认为运用什么办法应因地制宜，关键是取决于治理的效果、效益和公平。

在不同的国家与社会，社会组织的治理能力是不同的。19 世纪 30 年代初，年仅 25 岁的法国学者托克维尔（2007）到美国访问 9 个多月后发现，当出现一种社会需求或社会问题需要解决时，当时在英国是贵族出面，在法国是政府决策，而在美国一定会为此组织个什么社团来应对。

所以，使用什么样的理论分析框架，要根据分析的对象来选择。对中国社会组织体制的分析，要根据中国的国情，这里所说的国情，包括以下三方面的情况：即中国的历史传统制度、新中国成立后的社会体制、特别是改革开放以来巨大的社会变迁。要超越传统的国家和社会二元对立的思维定式，建立政府、市场、社会相互制衡、合作共赢的组织体制。

二　我国社会组织体制的历史背景

自秦汉以降至明清，在长达两千余年的历史中，中国的社会治理存在着两种秩序：一种是"皇权秩序"，以皇权为中心，自上而下形成等级分明的结构，其地方基础是县政，县政建制在两千多年中大体上保持在 1 300 多个，多数县名沿用至今；但"皇权止于县"，县以下是另一种"乡土秩序"，以家族为中心，形成一个个村落自治共同体，连接这两种秩序的是乡绅阶层。费孝通（1999：368）在 20 世纪 40 年代末曾谈到乡土中国的"无为政治"，他认为皇权统治"在人民实际生活上看，是松弛和微弱的，是挂名的，是无为的"。这种传统制度下的乡土社会的秩序非常脆弱，遇到战争、灾变、饥荒，人民往往难以抵御，被迫流离失所。

在近代历史上，我国人口众多，却一再遭受列强蹂躏，历经战乱，国家积贫积弱的根源之一，就是社会的一盘散沙状态。所以，新中国成立后的首要任务，就是"组织起来"。1949年9月30日，毛泽东在中国人民政治协商会议闭幕会上号召："全国同胞们，我们应当进一步组织起来。我们应当将全中国绝大多数人组织在政治、军事、经济、文化及其他各种组织里，克服旧中国散漫无组织的状态。"按照这样一种思路，新中国成立后，我国在计划经济体制下，把所有的人都组织在一定的单位中，建立起高度集中的、政府包管一切的社会组织体制。

这种社会组织体制以"单位体制＋街居体制"为特征，推动国家权力下乡、下基层。一是以"单位组织"为基础，建立起从业人员管理组织体系。在这种体制下，国家机关、企事业单位、人民公社，都成为一个个"大而全"或"小而全"的单位组织，都隶属于一定的政府部门，"单位组织"既是工作组织，也是生活保障部门和社会管理部门，同时也成为一种把各种社会问题化解在基层的机制。二是以"街居组织"为基础，建立起单位外的社会管理体制。政府通过街道—居委会体系，管理社会无工作人员、闲散人员、民政救济和社会优抚对象等。当然，由于绝大多数人都隶属于某一单位，与单位体制相比，街居体制实际上起着一种社会管理的辅助作用。

这种在计划经济体制下形成的政府全能的社会组织体制，改变了旧中国社会一盘散沙的状态，建立起高度统一的社会秩序，极大地增强了国家对社会的组织动员能力和控制能力，为我国在非常薄弱的经济基础上调动一切资源完成工业化体系的建设发挥了积极的作用。然而，这种社会管理体制也存在固有的弊病，国家在把一切权力集中到政府的同时，也把一切责任都集中到政府，社会被管得太死，缺乏必要的社会流动，社会自身缺乏自组织能力和自我调节的机制，缺乏活力和创造力。

三　改革开放以来我国社会组织体制发生的变化

改革开放以来，我国发展了社会主义市场经济，市场经济改革的不断深入，使社会组织体制发生了深刻变化。这些变化对社会生活的影响很大，也带来一系列新问题。

（一） 家庭生产承包制使农村居民自治组织弱化

改革开放以后，我国农村普遍实行了家庭联产承包责任制，农民获得了土地承包权和生产自主权，从而极大地调动了农民的生产积极性，促进了农业的发展。对农村传统的家族制度曾起到过摧毁作用的人民公社的"三级所有，队为基础"的体制，在家庭联产承包责任制实行后也彻底瓦解了。农村成为由一个个独立的家庭构成的社会，除了少数集体经济很强的"工业村"以外，绝大多数农村的居民委员会发挥的作用十分有限，农村居民自治组织的力量大大弱化了。在一些农村地区，出现了乡村空心化和凋敝现象，乡村产业空了，青年人走了，富人到城市买房居住了，干部也不在乡镇居住了。如何在新形势下建设好社会主义新农村，是涉及国家长治久安的社会管理的大问题。

（二） 单位组织改革使单位人变社会人

单位组织的改革是从国有企业的改革开始的，为了提高国有企业经营效率，减低社会成本，解决企业办社会等问题，国有企业先后进行了住房自有化、社会保障社会化、后勤服务市场化等一系列改革。这些改革措施为解决国有企业低效率问题发挥了重要作用，并随后被推广到事业单位和行政机构的改革中。但是，相关的改革也使得单位组织原有的解决社会事务的能力大大弱化了，一大批单位人变成社会人。根据估算，目前仍在单位组织体制内的从业人员，已经减少到约占城镇全部从业人员的25%。在这种情况下，形成了这样一种局面，即政府往往要直接面对分散的个人，治理的摩擦成本大量增加，从而也使得自上而下的社会事务的贯彻和落实以及自下而上的社会问题的调解和解决都受到阻碍。对我国这样一种长期以来习惯了通过红头文件向各单位部署各种社会事务的管理体制来说，如何管理社会人还是一个新问题。

（三） 社会大流动使熟人社会变陌生人社会

农村改革使农民从土地束缚中解放出来，获得了选择职业和工作地点的自由，数以亿计的农民工进城务工经商，形成了整个社会大流动的局面；城市管理体制的改革，也打破了禁止人员流动的单位体制，社会人员流动的频率、规模、速度都大大增加；住房制度的改革，使买房、租房和移居成为人们社会生活的一部分，无数商品房新区高楼拔地而起，使得主要由大量陌生人居住的新空间不断扩大，过去由邻里、乡亲构成的熟人社会逐步被"相邻不相识"的陌生人社会所取代；共同生活的家庭人口规模急剧减小，几世同堂的传统大家庭几乎不复存在；互联网的陌生人虚拟社会越来越成为人们新的交往方式；孤独症和抑郁症成为陌生人社会的现代病，等等。如何在陌生人社会构建新的人际关系和社会团结，是建设一个健康、和谐、安定社会必须面对的挑战。

（四）基层社区变动使管理难度增加

我国目前的财政体制比较向上集中，基层财政相对薄弱，基层社区组织的管理和服务能力也相对薄弱。在逐渐加速的城市化进程中，农村人口大量外流，为了扩大基层公共服务和管理的平台，农村进行了较大规模的撤村并村。1992～2012 年的 20 年间，我国行政村组织的数量从 100 多万个减少到不足 60 万个。与此同时，城市也大规模地将居民委员会合并为社区委员会，全国城镇行政社区（居委会）的数量也从 10 万多个减少到 8 万多个。无论是农村还是城镇，基层社区管理的地域范围和人口规模都大大增加了，很多大城市的社区人口一般都达到几万人。近年来，社区建设得到前所未有的重视，但社区提供服务和解决问题的能力仍未发生根本性的改观。基层发生的一些社会纠纷和社会矛盾现在很难"解决在基层"，所以"上访"现象越来越突出，群众上访和地方政府拦截上访形成尖锐冲突。在一些地方，有些社会问题由于多年积累形成普遍民怨，很容易因意外事情造成群体性事件。所以，如何降低社会管理的成本，形成"把问题化解在基层"的有效的社会机制，是社会组织体制创新需要探索的新问题。

（五）民间组织的发展使组织格局发生深刻变化

近几年来，全国各地深入探索民间组织登记管理体制的改革，降低登记门槛，放宽注册条件，为民间组织发展创造更好的政策环境。截至 2010 年底，全国共有民间组织 44.52 万个，其中基金会 0.22 万个，社团 24.5 万个，民办非企业单位 19.8 万个，吸纳社会各类就业人员 618.2 万人。加上未注册或为了避开民政注册而在工商注册的民间组织，估计全国民间组织数量是目前统计数字的几倍甚至十几倍。民间组织自我服务、自我管理的力量尽管目前还相对薄弱，但却已经使原有的组织格局发生了深刻的变化。

改革开放以来我国社会组织体制发生的这些变化和遇到的新问题，既需要我们不断总结经验，在实践中加快探索的步伐，也需要加强顶层设计，明确实践探索的道路和方向。

四 现代社会的组织架构

从宏观上看，现代社会的组织体系主要由三大部门构成，第一部门是以行政机构为主体的国家政府组织；第二部门是以企业为主体的市场经济组织；第三部门是以非营利机构为主体的社会组织。换句话说，在组织分类上，除了"政府的"和"市场的"，剩下的都是"社会的"。这三大部门，在社会建设和社会管理中都承担着重任。社会建设和社会管理，不是单靠发展社会组织就可以完成的。

作为第一部门，政府组织是社会建设所需公共资源的投入主体，并且扮演着领导、规划和统筹协调的角色。政府不能也不需要包办一切，其最重要的职责在于，充分投入和合理配置公共资源，不断改革和完善社会管理体制，广泛动员社会各界积极参与，逐步实现全体社会成员公平公正地分享社会建设的成果。

作为第二部门，企业组织主要通过承担企业社会责任的方式来发挥其在社会建设中的作用。企业社会责任的核心在于社区参与社会责任、生产过程社会责任和劳动关系社会责任等方面。社区参与社会责任包括参与一般性的社区事项、农业发展、地方经济发展、社区发展、文化教育培训、环境保护、健康、住房、体育、福利等；生产过程社会责任包括环境保护、卫生与安全、人力资源以及企业责任伦理；劳动关系社会责任包括雇员福利和雇员参与，以及在企业决策和社会责任实践中把劳动者作为重要利益相关者加以考虑。大量的研究表明，企业社会责任的履行与企业赢利的增长是相辅相成的。

作为第三部门，从社会治理来说，非营利组织有其自身相对于政府和企业的比较优势：一是它们具有很大弹性，可以根据社会服务需要的变化很快做出调整，从而使服务更具有针对性；二是它们通常都很贴近社区和群众，对群众的需要有更深切的理解，非营利组织工作人员的规则方式也更有人情味；三是它们的运行成本比政府部门低，它们要通过降低服务成本、提高服务质量的竞争来获得政府的资金支持；四是它们要保证公益目标，不以谋利为目的，法律上不允许它们获得分红的利润；五是它们提供的服务更加丰富多样，可以满足多样性的需求和针对不同的特殊需求。

从三大组织力量对比来看，中国改革开放以前的组织架构具有"强政府、弱市场、弱社会"的特征；改革开放以后，通过大力发展市场经济，逐步形成了"强政府、强市场、弱社会"的格局。在这种情况下，为了加强社会建设，需要对中国社会的组织架构进行合理调整，其关键在于发展非营利社会组织，增强第三部门的力量，最终构建起"有效政府、有序市场、活力社会"的组织体系。

五　我国社会组织体系发展框架设想

在加强社会建设和社会管理，加快推进社会体制改革的过程中，很多学者认为，在当前"强政府、强市场、弱社会"的情况下，重要的是驾驭市场，制衡权力，保卫社会，促进公民社会的成长和壮大，而公民社会的主要载体就是社会组织，所以迅速发展和壮大社会组织是首要任务。

这里所说的"社会组织"的概念是 2006 年党的十六届六中全会做出的构建社会主义和谐社会的决定中提出的，在内涵上其主体与民政部门管理的"民间组织"基本相同。民间组织包括社团、基金会和民办非企业单位。其中社团包括各种学会、协会、联合会等，多数也是官办和半官办的；基金会是指具有慈善公益性质的基金组织；民办非企业单位（简称"民非"）是指民办的各种非营利机构，其中 60% 以上是民办的学校、医院、福利机构等。目前在全国民政部门登记注册的 40 多万个各类民间组织的业务范围涉及教育、科技、文化、卫生、环保、公益、慈善等社会生活的方方面面，不过，总的来说，我国民间组织还非常薄弱，难以在社会建设和社会管理中发挥主体作用。

从中国的国情和目前的实际状况出发，在组织分类上，依据上述提及的"除了'政府的'和'市场的'剩下的都是'社会的'"这一宽口径的界定标准,本文所说的"社会组织"应当与国际上的"第三部门"和"非营利组织"大体一致。社会运行的三大支点是政府、企业和非营利组织,政府是靠科层权力体系的机制运行,企业是靠市场机制运行,而非营利组织是靠社会参与和利益协调的机制运行。从理论上说,私人部门提供私人物品和服务,公共部门(政府)提供公共物品和服务,而第三部门(即非营利组织)通过社会参与和社会行动来提供企业不愿做、政府顾不上做或成本太高而难以做的公共服务。

第三部门的发展,其意义不仅限于社会治理。在很多发达国家,第三部门在经济社会发展中都发挥着重要作用,以至于人们创造了"社会经济""社区经济"这样的新名词来概括非营利组织的经济社会活动。例如在加拿大,到21世纪的初期,非营利组织对GDP的贡献,已经是机动车制造业的11倍,农业的4倍多,矿、油、气开采业的2倍以上,商品零售业的1倍半(李培林、徐崇温、李林,2006)。

从概念的内涵看,非营利组织和非政府组织在很多方面是重合的,但在许多国家,人们一般习惯于把从事全球活动的非营利组织称为非政府组织。根据大多数国家的法律,非营利组织应当是非政治性、非政党性的组织,但在现实中,很多从事国际活动的非政府组织都有一定的政治倾向性,而且比较复杂,如有的是持"无政府主义"倾向的,有的是向所谓"非民主国家""输出民主"的。西方政府对跨国非政府组织也存有警惕,因为有些跨国非政府组织是从事反战、反资本主义活动的,甚至与恐怖主义有关联。

在我国,要加快形成现代社会组织体制,就要从国情出发,盘活现有社会组织资源的存量,扩大社会组织资源的增量,通过体制内改革和体制外发展的双轨驱动,来构建我国现代社会组织体制。具体来说,就是一方面要通过社区组织、事业单位和人民团体的改革盘活现有社会组织资源的存量,另一方面要通过发展民间组织扩大社会组织资源的增量。

第一,大力加强基层社区组织建设。在新的社会组织框架中,要特别注意发挥社区在基层社会管理中的作用。社区是居民自治组织,但同时也肩负着基层自我管理、自我服务的任务,很多"社区服务中心"肩负着几十种服务功能,包括税收、治安、社会保障、社会福利、社会救助、就业、卫生、防疫，等等。有人用"社会千条线，社区一根针"来形容社区功能的广泛性，具体体现为，随着社会的发展变化，居民的各种生活需求也越来越多样化，社区功能也会出现一个广泛化的趋势，因此社区在基层社会自治和管理中的作用也将越来越重要。随着社会主义市场经济的发展，人们维护自身权益的意识不断增强，这也会带来围绕权益保护而产生的一些权益纠纷，这就需要从社区基层开始，建立起"把问题解决在基层"的机制。通过社区生活，人们会逐步地认识到，公民意识不仅包括公民权益，也包括公民责任。社区具有成为新型公民社会管理基础的趋势，这对中国未来的发展意义深远。

第二，加快推进事业单位改革。事业单位改革是我国社会体制改革的重要组成部分。目前全国共有事业单位 130 多万个，吸纳就业近 3000 万人，其各项事业经费支出占政府财政支出的 30% 以上。事业单位指我国公立的教育、医疗、新闻出版、文化团体、科研机构等，它们实行不同于政府公务员管理体制和企业市场聘任管理体制的事业单位管理体制。按照财政来源划分，事业单位目前分为四种类型：政府全额拨款单位、政府差额拨款单位、自收自支单位、企业化管理单位。中国与其他发达国家不同的是，在其他国家由非营利的社会组织承担的社会功能和公益服务，在中国很多实际上是由中国特有的"事业单位"来承担的。中国事业单位改革的方向，是要建立一个能够与社会主义市场经济体制相适应、满足公共服务需要、科学合理、精简高效的现代事业组织体系。在这方面，要研究社会发展领域不同于市场领域的规律，在政府机制和市场机制之间，探索多样性的、分类指导的管理方式：对管理类事业单位，在保证财政供给的同时，要坚决切断管理收费与成员报酬之间的关系，实行严格的预算约束；对公益类事业单位，要有更细致的财务管理，保证具有比政府直接办事业和完全市场运作更好的公益服务效果；对经营类事业单位，要逐步实行企业化改制，并规范其经营行为、社会责任和发展方向。

第三，积极实现人民团体的职能转变。人民团体是指工会、妇联、共青团、科协、文联等，这类机构一般都具有自上而下的全国组织体系，在财政供给、行政职级、管理体系等方面也基本参照政府公务员体系（简称"参公执行单位"）。这些组织在革命时期的主要职能是政治方面的，是党和国家联系人民群众的纽带和桥梁，是组织群众、发动群众、团结群众的力量，还是一种统一战线的组织形式。在社会主义建设时期，这些人民团体要适应形势的变化，积极推进和实现职能转变，充分发挥它们在我国社会管理和公共服务中的独特作用。这些机构有其自身优势，它们有自上而下的庞大、完备的组织系统，有充分的财政供给和支持，有一支具有群众工作、思想政治工作和社会工作经验的人才队伍，它们不仅是党和国家联系群众的桥梁和纽带，而且应当和能够在反映群众诉求、化解社会矛盾、提供公共服务、参与社会管理等方面发挥更重要的作用。

第四，稳步促进民间组织的健康发展。在社会建设实践中，要充分发挥社团、行业组织和中介组织等社会组织提供服务、反映诉求、规范行为的作用。当前和今后一个时期，要以社会组织服务经济社会发展为核心，以提高社会组织能力建设为重点，推进管理体制创新，建立法制健全、管理规范、分类管理、分级负责的民间组织管理体系。要适应发展社会主义市场经济和政府转变职能的需要，着力培育发展经济类、公益类、农村专业经济协会和社区民间组织，支持和引导科、教、文、卫、体以及随着人民生活水平的提高逐渐涌现的新型组织。同时要加强对社会组织活动的依法监管，形成社会组织自我发展、自我管理、自我教育、自我约束的运行机制。要加大对非法、违法、违纪民间组织的查处和规范力度，打击邪教组织、黑社会组织、非法传销组织和社会敌对组织，保证民间组织的健康发展。

改革开放 30 多年来，随着经济体制的改革和市场经济的发展，市场经历了一个从发育到繁荣的过程，在我国今后数十年的发展中，随着社会体制的改革和社会组织的发展，社会也将展现一个从发育到繁荣的过程。在这个过程中，社会组织必将在社会治理中发挥越来越重要的作用。

参考文献

奥斯特罗姆，埃莉诺，2000，《公共事务的治理之道：集体行动制度的演进》，余逊达等译. 上海：上海三联书店。

费孝通，1999，《乡土中国》，《费孝通全集》，北京：群言出版社。

黑格尔，1961，《法哲学原理》，范扬、张企泰译，北京：商务印书馆。

李培林，2002，《巨变：村落的终结——都市里的村庄研究》，《中国社会科学》第

1 期。

——，2007，《积极稳妥地推进社会体制改革和创新》，《人民日报》1 月 15 日。

——，2011，《创新社会管理是我国改革的新任务》，《人民日报》2 月 18 日。

李培林、徐崇温、李林，2006，《当代西方社会的非营利组织 ——美国、加拿大非营利组织考察报告》，《河北学刊》第 2 期。

李培林、张翼，1999，《国有企业社会成本分析——对中国 10 个大城市 508 家企业的调查》，《中国社会科学》第 5 期。

卢汉龙等，2009，《新中国社会管理体制的改革》，上海：上海人民出版社。

洛克，2007，《政府论》，刘晓根译，北京：北京出版社。

孟德斯鸠，1961，《论法的精神》，张雁深译，北京：商务印书馆。

托克维尔，2007，《论美国民主（全五册）》，朱尾声译，北京：中国社会科学出版社。

周雪光，2003，《组织社会学十讲》，北京：社会科学文献出版社。

马克斯·韦伯：基于社会动力学的思考[*]

张旅平

摘　要：德国社会学创建的年代正值经典（自然）科学处于顶峰的时代。在唯科学主义观念的影响下，社会科学研究领域，尤其是社会学方面一度盛行因果一元论的决定论。为了改变此种状况，韦伯把"价值分析"引入社会学研究，设立了因果性说明与意义理解两种研究进路。这不仅弥补了方法论的不足，而且还形成了文化意义的社会动力学。凭借此种方法，韦伯最终较为合理地解释了西欧不同地区以及东西方的文化差异和社会现代性变迁问题，并为后人发明"轴心文明"概念和深化这一视角奠定了基础。

关键词：价值分析　文化张力　心态　社会动力学

韦伯关于社会向现代性演化问题的研究，是一个庞大的系统工程。尽管他认为在历史发展中不存在单一的自变量，"反对"把某一因素挑选出来作为一般而言的现代生活的"终极"原因（韦伯，2007a：68；斯威德伯格，2007：76），但是如果我们通盘审视，便会发现他的分析和解释还是明显有所侧重的。下述韦伯在《世界诸宗教的社会心理学》中的一段名言便集中体现了这一点：

> 不是理念，而是物质和精神的利益直接支配着人的行为。然而，由"理念"创造出的"世界形象"（Weltbildes，world images）① 常常

---

* 原文发表于《社会》2013 年第 5 期。

① 德语 Weltbildes 一词，英文译为 world images（世界形象）或 world picture（世界图像），但德语该词本身还有"世界观"的含义，这含义似乎更贴切一些，由于引文引自英文，故保留原英文的译法。

像扳道工那样，决定了行为沿着哪条轨道被利益推动向前。（Weber，1946：280）

不难看出，韦伯非常重视现实生活中利益（尤其是经济利益）驱动的作用，这被视为社会变动的基本因素。除此之外，他在其主要著作中还谈及政治、法律、文化（尤其是作为文化集中体现的宗教）与社会变迁的关系，这说明他对社会动力学有着较为完整的思考。然而尽管如此，由于方法论和知识论的缘故，他在社会动力学方面更多地致力于文化张力和价值取向之作用的分析。也就是说，关于社会变迁的动因，他比前人更突出地探讨了观念、伦理、心态转变的关键作用。这也是本文的重点所在。它符合韦伯力主以意义理解（诠释方法）弥补单纯因果分析之不足的一贯思想。

可以说，利用这一原理和方法，韦伯不仅较好地解释了现代性为何只在西方文明中独立产生的现象，而且有关东方社会向现代性演化的难点问题也获得了较佳的说明。

一 从诠释的方法到文化意义的社会动力学

德国社会学创建的年代正值经典（自然）科学处于顶峰的时代。科学的辉煌成就和无与伦比的威望影响了人们的思维，使得人们不仅以此类科学观看待一切，而且还对其范式和方法持有一种万能的信念。因此，差不多从 19 世纪上半叶开始，这种自然科学的观念、范式和方法先后在法、英、德等国被引入社会科学研究领域并逐渐获得了霸主地位。这种科学世界观及其方法万能的观念被后人称为"唯科学主义"（scientism）（哈耶克，2012），它在社会科学方面的表现就是孔德开创的实证主义以及种种有关社会变迁的机械性因果一元论（causal monism）的决定论（determinism）。当然，在当时的西方，并非所有学者都承认这种观念和方法的合理性和有效性。尤其是在德国，由于思想和知识传承的差异，某些学者开始自觉抵制这种唯科学主义观念和方法论并试图开辟一条符合德国学术和知识传统的创新道路，即社会科学领域的"价值论"或"价值分析"之路。韦伯便是参与这种学术创新活动的最早的学者之一。韦伯并非这一活动的创始者。作为海德堡学派出身的学者，他受到尼采、新康德主义学派（尤其是李凯尔特）以及齐美尔的某种影响（韦伯，1999：49）；当然，李凯尔特在其《文化科学与自然科学》一书中也谈到韦伯在此种方法论方面的创新贡献，可以说，他们是相互影响。然而，就社会学领域而言，韦伯显然是这方面最早的开拓者。这种学术创新的目的是在社会学领域反对当时流行的忽略目的和意义的"唯科学主义"（或实证主义—科学主义），尤其是那种因果一元论的决定论，以及它在社会演化模式上的表现：教条的"单线论"和某种"经济决定论"（这类观念在 20 世纪曾盛极一时，被哈耶克〔2000a〕斥之为科学理性"致命的自负"），从而创立了一种新的社会动力学。

凡是阅读过韦伯著作（尤其是方法论著作）的人，都应该感受到韦伯在与类似法学家卡尔·宾丁（Karl Binding）那样的主张因果一元论的学者论战。当然，不容置疑的是，韦伯也在与马克思对话，[①] 甚至不排除暗含

---

① 关于马克思，韦伯（1999：42）承认"这位伟大的思想家"的概念对人们"具有巨大的，甚至是独一无二的启迪意义"，其阐述的"规律"和"发展的构思""在理论上都是正确无误的"。然而，我们知道，韦伯对当时流行的某种"历史唯物主义"却持某种反思与批评态度。究其原因除了学术认知外，主要在于这种历史唯物主义愈来愈带一种因果一元论的决定论色彩，成为忽略目的和意义的"唯科学主义"的变种。它在社会演化模式上就表现为一种教条的"单线论"。而这与马克思本人的观点还是有较大出入的。实际上，马克思的社会思想远比当时人们所了解的要丰富和复杂得多。马克思在表述众所周知的社会发展图式的同时，还提到了亚细亚、日耳曼和斯拉夫形态（马克思，1979：472～473），这表明他具有一种多线发展论思想。马克思认为，他在《共产党宣言》和《资本论》中阐述的社会发展图式只是根据西欧实际情况抽象出来的"一般类型"（即'最一般结果的综合'），"我们假定各种现实关系是同它们的概念相符合的"。然而，一旦"这些抽象本身离开了现实的历史就没有任何价值了"（马克思，1972a：160；马克思、恩格斯，1972：31～32）。因此，马克思反对把他概括的一般类型当成适用于各个历史时代的药方和公式。他在回答俄国民粹派主要发言人米哈伊洛夫斯基对其思想的歪曲时指出："一定要把我关于西欧资本主义起源的历史概述彻底变成一般发展道路的历史哲学理论，一切民族，不管它们所处的历史环境如何，都注定要走这条道路，……他这样做，会给我过多的荣誉，同时也会给我过多的侮辱"（马克思，1972b：129～130）。此外，关于"经济决定论"问题，这也并非马克思原本的想法。马克思在阐述技术和经济推动资本主义发展的同时，也谈到非经济因素对资本主义成长的重大作用。例如马克思谈到了作为"交往形式"的"市民社会"及其与生产力的相互制约作用，指出"市民社会是全部历史的真正发源地和舞台"（马克思、恩格斯，1972：41），甚至他还谈到新教观念对资本主义发展的正面影响（马克思，1975：188）。实际上，如果说马克思是从现代性角度论述资本主义共性的话，那么，韦伯，如赫勒（2005：56）所言，则多少有些像从后现代角度看问题的人一样"主要对现代性的特殊性和它的差异感兴趣"。

着对涂尔干的批评。[①] 那么，韦伯的论战或对话的焦点是什么呢？除了方法论问题外，其主要是围绕现代理性资本主义如何形成的问题展开的。也就是说，从自主性上看，现代理性化的资本主义为何只在西方形成，其究竟是世界普遍的过程还是西方文明（文化）特有的现象？（韦伯当然认同后一种观点）。其背后的潜台词则是：能否从价值分析（或文化张力和价值取向）视角——一种不同于以往决定论的社会动力学视角——看待社会变迁问题。对于韦伯而言，方法和知识论同所探讨的问题密切相关。前者得不到解决，后者也难以获得合理的解释。反之亦然，一旦后者获得满意的解答，不仅现代理性化资本主义成长的缘由能够得到很好的说明，而且他所创新的社会学研究的理论和方法也随之得以形成和证明。两者相互印证，彼此支持。那么，韦伯是如何思考和说明的呢？

众所周知，在韦伯之前，关于现代资本主义如何产生的问题，一些伟大的思想家或学者已经给出了某种深刻的答案，其中最著名的当属马克思的阐述。作为一种从西欧历史发展中抽象和总结出来的基本原理，它的确能够很好地解释近代以来西欧的社会变迁现象。不过，当人们把视线转向非西方的时候，便很快会发现仅仅以此说明这些地区文明的情况，在解释上还略显不足（马克思自己也这么认为）。譬如，像韦伯所言的古代东方中国、印度等诸文明中早就存在"资本主义"，[②] 然而，这些因素并未在任何一地促成其自主向现代理性化的资本主义类型转变——韦伯认为这恰恰是西方文明所独具的特色。再比如，在近代以前，像中国和印度这样有着发达手工业经济和生产力的文明古国，直到 1800 年其工业生产在世界的份额仍分别占到 33.3% 与 19.7%（这远比西欧中世纪末期手工业经济发

---

① 涂尔干（2003：271~272）说过这样的话："只有当在物理学和自然科学中牢固确立起来的决定论观念最终扩展到社会秩序的时候，社会学才会出现"。涂尔干要为社会学寻找自然科学那样的确定性，使之摆脱一般性哲学思辨而真正成为一门实证科学的探索，无疑具有积极意义，然而当他面对一些属灵性的社会现象时，他最终不得不诉诸意义理解，从而走到诠释的方法上去。这表明自然科学方法在社会学研究上的困境和不足。韦伯并不反对实证方法，因为他本人的研究也体现了这一精神。他与多人争论的焦点在于，如果社会学研究只停留在实证主义方法上而缺乏对意义的理解（价值分析）的引领，那么社会学研究就只能停留在问题的表面而难以真正获得深层的内在认识。

② 韦伯把资本主义分成若干类型，并认为，资本主义在前现代文明社会的商业活动中广泛存在，如政治资本主义和传统商业资本主义等等（韦伯，2004a：31；斯威德伯格，2007：第二章、VI）。

达），而同期整个欧洲在这方面的占比只有28.1%（肯尼迪，1989：186）（尽管后者是建立在工业革命基础之上并且很快会超越前者），但是，这种差不多在前现代更发达一些的经济和生产力并没有导致这两个国家像西欧那样自主实现向现代性转型。东西方中古时期在生产力（经济和技术）方面差不多（东方实际上更强一些），但其发展结果却大不相同，其中必有超出已有理论解释范围的其他重要隐情。此外，在非西方社会，同样存在因经济利益引发的冲突和矛盾，尤其是阶级斗争，尽管它们对社会变迁有一定的积极作用，但终未导致现代性革命和社会剧变的产生，其无一例外地陷入"历史循环"。再有，即使是西方，拉丁或天主教地区与日耳曼或新教地区在这一问题上也存在较大差异（前者在"资本主义精神"方面远不如后者）。以上事例表明，事情远比人们认知和想象得要复杂得多。有鉴于此，韦伯当然要另辟蹊径，在基于前人已有的研究成果之上寻找一种更能够具体合理解释此类现象的理论和方法。当然，韦伯从未否认马克思的社会理论（如生产力对社会发展推动作用的理论，尤其是利益冲突和阶级斗争导致社会变迁的理论）。然而，他认为只有这些理论还不足以说明问题，特别是在其被教条化的情况下更是如此。同样，韦伯也不完全否认因果论的说法，只是认为单凭这一方法难以深入理解人类社会活动。为了改变这种研究情况，韦伯开始尝试一种新的社会学理论和方法以期对现有社会学理论予以补充。这就是其著名的"诠释社会学"（interpretive sociology）或"理解"的社会学（韦伯不是这一方法和概念的发明者，但却是最早将其引入社会学研究并获得成功的学者），亦即"解释性理解"和"因果性说明"的两种基本方法。其中"理想型"（ideal type）和"价值参照"（reference to values）的知识论突显出了它的重要性。

　　韦伯创新研究方法和知识论，为其文化意义的社会动力学奠定了基础。那么，他是如何从学理上完成这一构造的呢？以下，笔者先对此展开具体的分析。

　　首先，在韦伯看来，研究社会最重要的是要懂得社会科学（当时在德国被称为"文化科学"）与自然科学的区别。这个区别，概括起来讲，就是两者的研究对象不同：社会科学的对象是含有目的和意义并且涉及人们之间复杂关系和心理活动的社会现象，而自然科学的对象则是不具有这些特征的自然现象。前者充满易变、异质，以及个别多样性和不确定性，后者则受确定性的机械因果联系支配。因此，自然科学往往可以获得较为清晰、普遍的概念和一般定律（规律），而社会科学获得的概念和所谓"规律"则具有较大模糊性和低确定性，而且它们越是普遍或一般，其模糊性和低确定性就越大（概念和普遍规律的科学性及准确性来自对象的普遍性和确定性，显然这是自然科学而非社会科学所具备的条件）。当人们把这种从某一方面或社会—文化领域得出的概念或规律上升到普遍或一般性，并用以解释其他方面或社会—文化领域的问题时，往往会出现许多难以自圆其说的问题。因此，韦伯主张在研究社会问题时，不仅重视规律，而且要更重视"规律"之外的特殊性（即"历史的个体"——韦伯引自李凯尔特的术语），由于概念、范畴、规律等"一般"性被认为难以完全说明社会现象，韦伯自然把主要精力和兴趣放在意义、价值、文化之"特殊"性的方面。这被认为是社会科学的特色。

其次，韦伯的方法和知识论强调社会事件是作为主体之人的行动结果，它涉及行动者具体的社会关系或互动（"牵涉到他人行为"）、目的、意义和动机，体现了人们所处社会的习俗、规范和制度的作用，隐含着某种价值取向，因此社会学研究不仅注重人们行动的社会性，而且还要强调其"文化意义"。正如韦伯（1999：23，25）所言，"在始终是无限多样的个别现象中，只有某些方面，即我们认为具有一种普遍的文化意义的那些方面，才是值得认识的，只有它们才是因果说明的对象"；又说，人"就是文化人，赋有自觉地对世界表示态度并赋予它一种意义的能力和意志。……无论这种表态的内容是什么，这些现象对我们来说都具有文化意义，对它们的科学兴趣也仅仅建立在这种意义之上"（当然，韦伯强调对文化意义的重视不是心理学的，而社会学的）。

再者，由于关注人行动的意义，其自然主张一种不同于因果一元论的因果多元论（causal pluralism），也就是对因果关系进行诠释的理论。这种理论在解释社会活动的因果关系方面采取如下观点：（1）社会事件的发生往往由多种因素所致；（2）社会事件的原因具有复杂性，人们的行动或事件发生的诸多因素常常互为因果（因与果可以彼此转化）；（3）社会领域的因果关系不同于自然科学领域的机械、单向和固定的因果关系架构，由于是作为主体的人的活动且行动者的自由意志会在因果链条上制造缺口，因此这种因果关系存在不确定性；① （4）在社会科学领域，没有严格的因果关系，即人类社会活动在因果链条上的多样性、复杂性和随机性使得因与果具有很大的不确定性，因而严格的决定论难以成立；（5）因此，人们在社会科学研究过程中只能采取所谓因果性说明加诠释的方式，亦即社会科学研究的途径不以自然科学研究中的那种因果论为谋，而注重对事件成因的解释和评估；（6）由于以上诸多因素所致，社会科学研究中的"客观性"，实质上是一种借助因果性说明（推断和评估）从"客观的可能性"到"适当的因果关系"的过程。它在判断上"本质上允许有程度等级"，"可以依靠对'概率计算'进行逻辑分析时运用的原则来这样想象逻辑关系"，以便把相关可能性分离出来，并通过"有利性"程度的判断和根据经验规则，获得对事件之具体成分的因果"意义"的洞识（韦伯，1999：99～101）。也就是说，除了在人们所知范围内，对可能的原因进行尽可能妥当的推断、筛选和定夺外，没有其他良方。这一过程从根本上来说取决于各种材料或资料的准备和选取的好坏。总之，在韦伯看来，那种认为事件皆由一个原因导出，或把事件的成因都划归到一个或根本原因上去的理论，是不可取的。他反对在社会科学方面把因果关系作为传统的充足理由律（principle of sufficient reason）来看待，认为这本是自然科学和技术领域里的"第一原则"，一旦被普遍化为所有领域的第一原则，尤其是用于与"主体"活动有着密切关系的社会领域，便会使人们搞混自然科学与社会科学两种研究方法的区别，误以为后者在做着与前者同样的因果关系研究。而实际上，对原因权重的选取和推断本质上是有主观性的，属于形而上范畴。因此，韦伯反对把社会世界完全自然主义化，把社会—文化研究唯科学主义化，并且认为，在社会科学研究中，所谓因果解释若不以"价值分析"为"向导"，"因果追溯就必然失去指南而在漫无边际的大海上漂荡"（韦伯，1999：76）。

应当说，韦伯的观点和方法不是没有问题的，因为它诉诸诠释、推断和评估——这也会增加模糊性和不确定性，然而却是社会科学研究的无奈之举。在这方面人们很难做到真正的价值中立，即使是韦伯所说的那种价值中立（value neutrality；如人们所知，韦伯也没有能够完全做到）。这表

---

① 韦伯的观点符合当代"复杂性范式"，参见莫兰（Morin，1999；2008）。

明，社会学研究者只做实然陈述而不触及应然之事（只做社会学的科学研究而不涉及伦理）恐怕只是一种想象。那么对方法上的缺陷如何补救呢？韦伯似乎了解问题的所在。他力图通过其创新的知识论和价值参照理论弥补缺陷。这也是其诠释理论和因果性说明方法的第四点。我们先来看前者。

韦伯的知识论以其"理想型"的提法著称。大家知道，不论原始的经验调查数据抑或历史资料，其本身既不会说话，也非真知，只有通过概念、范畴和定理（规律）进行转化之后，实在的知识才能出现。换言之，我们所谓的真实，实乃通过概念抽象和逻辑思维重新建构起来的真实，是经过心灵活动的产物。① 如果说在自然科学中这种转化还能具有普遍真实性，如水的概念或牛顿第一定律（惯性定律）—— 在我们生活的这个星球上不会因时间、地点或民族、文明不同而发生改变，那么在社会科学领域（尤其是与精神因素密切相关的社会科学领域），概念或定理（规律）的普遍真实性便大打折扣，如韦伯举例和考察的"资本主义"（市场经济）、"民主"，等等，这些概念（范畴）及其相关知识或规律的内涵会因时间、地点、民族、国别、文明等等差异而大不相同，有的甚至满拧。当然，不是说这类概念或规律完全没有真实性，因为其共性存在，但真实性

① 人类在认识论上自康德以来有了重大突破。康德在综合欧陆理性主义与英国经验主义的基础上，创造性地提出了"知性为自然立法"的著名论断（被称为"哥白尼式的革命"）。其积极意义在于，它一方面指出了心灵需要得到经验证据才能获取知识，另一方面同时又认定认识本身也是心灵对感觉和材料主动整理、组织和构造的过程。心—物之间不存在照相式的简单对应关系，因为人们在认识活动中是通过心中已有的某种参照系进行的，培根那种完全摆脱"预知"的经验论只是理想。因此，认识既与经验证据有关，又受这个参照系限制，二者缺一不可。康德的错误在于，除了"自在之物"的观点外，主要是他把这个参照系视为人类绝对"先天的"和主观的，而实际上正如此后马克思、涂尔干等知识社会学的奠基者们所指出的，它只是人类长期文化积淀的产物，是人一出生"社会事物""强加"于他的结果。在这种情况下，知识，尤其是社会科学知识的获取，必然受马克思所发现的集体无意识（阶级意识、群体或党派意识，等等），和韦伯所强调的"文化意义"（诸如社会传统、习俗、民族历史、价值取向，等等）以及弗洛伊德所揭示的个人的无意识的影响。实际上，人类在这方面获得的"知识"大多数接近于柏拉图所说的那种"意见"（"在知识和无知之间有一种被我们称之为意见的东西"）而非（普遍）真理。正是基于这些"意见"，人类在社会、文化、政治等方面才有丰富多彩的多元性和种种特殊性。而构成真理的知识只是某些干瘪的抽象，其普遍性和效用较之自然科学也相对降低。换言之，这种普遍性和有效性受到文化价值和社会因素的较大限制。

的程度和普遍性相比自然科学概念或定律而言会大大降低。"它与生活的经验给定事实的关系仅仅在于，在那种构思中被抽象地描述的那类联系"，或者说它把生活中的某些联系"统一成为设想出来的联系得天衣无缝的体系"。正因为如此，韦伯说它们是理想型。这种理想型是心灵建构的产物，严格地说，在客观现实中，人们很难发现完全符合现实的或作为真实物翻版的社会科学概念或规律。在这个意义上，韦伯（1999：31）认为理想型具有"乌托邦的性质"是十分恰当的。

不过，尽管如此，韦伯认为在没有其他更好的方法的情况下，这种理想型仍是人们获取知识的一种实用和有效的途径，只要人们意识到它的思想特性，记住它是基于对现实的某些成分的抽象和思想概括，记住我们所有的"认识"都与一种以概念方式塑造的现实相关，一句话，记住它具有某种理想化和夸大性的特点，不可以社会科学概念和规律完全代替现实即可。正如韦伯（1999：101）所言："为了能够透视现实的因果联系，我们建构起非现实的因果联系"。这是不得已而为之。通过理想型，我们能够得到一个不受个人偏见影响的严谨的概念、范畴、因果联系图式或规律，从而可以对某一具体社会现实——譬如早期资本主义制度——进行估量，看一看它与此一理想型之间有何种差别，也就是那时的这种制度究竟含有多少资本主义成分，这是一方面。另一方面，它有利于我们认识到在人们互动的社会领域，同一概念或范畴所指的内容，同一规律所总结的趋势，在不同的时间、地点或文明中的现实情况实际上是有很大出入的。例如，"民主""平等"这样的概念所反映的经验现实在世界各地就大不相同。所有这些促使现代人更加关注世界的多样性和社会现实的特殊性，而这才是更为接近真实情况的。概念、范畴、规律给出共同的参照系，而只有经验研究才能引出特殊性和多样性，两者综合构成完整或统一的社会研究工作。韦伯本人也恰恰是如此来实践的，他愈是想雕琢一个抽象而普遍的概念或原理，就愈是为个别事物（"历史的个体"）所吸引（进行多样性实际考察和比较）。虽然，他在研究中将西方文明作为参照系——这难免被认为隐含西方中心论色彩，但他的研究成果表明他深知西方文明也具有独特性，懂得世界诸文明皆各成一局，从而也能够使他比其他人更易于识破普遍概念或规律的某种"空洞性"和假象，看到真实世界的多样性和特殊性。韦伯之所以能够做到这一点，就在于其方法论和知识论的特点，尤其是内涵于其中的、作为其核心的文化价值分析。"我们就是文化人"（韦伯，1999：25），① 人的多样性和特殊性来自其文化与价值的多样性和特殊性，任何社会学研究无法摆脱深层的文化视角，不能不用价值分析。这是它与自然科学研究的根本区别所在，也是同一概念为何会有不同经验实在的区别所在。当然，不同生活方式和社会组织方式也是区别的标志，但它们本身与文化交织在一起并受其制约。文明或社会之间的区别归根结底是价值（取向）的区别。

由此，我们看到，韦伯的理解或诠释的社会学，本质上就是通过解释经验现实的"文化意义"来理解经验现实。此种研究自然与价值分析密切相关，亦即把"价值"的思考引入社会学研究是其必然的逻辑。② 这也是德国学派（如弗赖堡学派或海德堡学派）的特点。按这一派观点，价值指事物或现实对象的有效性和意义，它"附着于它们之上，并由此使之变为财富"；此外，它"还与主体的活动相联系，并使这种活动变为评价"（李凯尔特，2007：83）。也就是说，价值附着于其上的事物或对象是现实的、客观的，而价值本身则是"非现实的"，是相对的，带有某种主观性，对于"理念价值"（ideal values）和"规范价值"（normative values）尤其如此。例如，基督教是一种客观实在，对于基督徒而言，它们当然具有很高的价值，然而对于无神论者或其他信仰者来说，则意义不大或者没有什么价值。同样，个人主义的自由对于现代某些西方人而言弥足珍贵，但在世界许多地方则被视为洪水猛兽。可见，价值尤其是文化价值因人（或文化）而异，具有多样性和特殊性。"假如把价值与文化对象分开，那么文化对象也就会因此而变成纯粹的自然了"（李凯尔特，2007：30），从而自然科学与社会科学在对象的研究上也就没有什么本质区别了。因此，在这个意义上讲，价值本身是可以与其对象"分离的"，其实质在于它的效用和意义。一个事物是否具有价值要看其是否具有效用或意义。而这对于不同文化或文明来说在许多方面则是相异的。正是看到这一点，韦伯把文化价值分析置于社会学研究的核心地位。借助这一点，他看到了世界的多样

---

① 其实韦伯的这一表述源于李凯尔特（2007：92）："当他（指人）不是一个简单的自然物，而是一个文化人（kulturmench）的时候，他便是'精神的'"。

② 韦伯（1999：21）明确指出，"文化概念是一个价值概念"，因此文化分析也就是价值分析。

性和每一种文明的特殊性。

关于价值分析，韦伯认为，它有如下功能：首先，它使得经验讨论富有意义，"是所有这类有益的讨论的前提条件"（或者说"文化兴趣，也就是价值兴趣，正是也为纯粹经验科学的工作指明了方向的东西"）；其次，它"有利于以经验的方式因果地考察人的行动，以便认识人的行动的真正的最终动机"；复次，价值讨论有利于发现真正对立物或立场，把握对立面所真正意指的东西（韦伯，1999：121，127）。在这一基础上，韦伯基本认同李凯尔特的"价值关联"（value-relevance）和"价值参照"的范畴和方法。前者（价值关联）指研究者选择主题时不可避免地具有某种倾向性，因为在韦伯看来社会科学中的问题是根据被讨论的现象的价值关联而甄选出来的。通过价值关联，研究者在选择时可以透过一般性发现"历史的、个体化的"真实因素，把有意义与无意义的、本质与非本质的、主要与次要的成分区别开来，从而真正做到选择的"有效性"以及对个人的主观随意性的排除。韦伯对西方"理性化"这一主题的甄别便是其方法的具体体现。后者（价值参照）指通过比对的方式发现他者最具差异和价值的因素。通过这种参照，研究者在面对所搜集的大量资料时可以依据价值系统进行取舍。比如参照"现代性的"价值（某种意义上又主要是西方理性化的价值）对"传统的"（或非西方）社会进行研究，或依据"新教伦理"的价值（"资本主义精神"）研究天主教、犹太教或伊斯兰教、佛教社会，反之亦然。通过这种参照，人们可以洞悉每一种文明或文化— 社会中最有意义和效用的东西。价值的发现，就是最大效用的发现。它使人们能够认清对一个社会的变迁而言真正起积极或消极作用的东西是什么（或者说在某些人或文化中被视为有利，在另一些人或文化中却被视为无益的东西是什么）。韦伯秉承了源于尼采的这样一种观念：社会历史就是在不断的价值重估和重建中变动的。当然，韦伯的这种方法或观点，如他所言，常被指为"相对主义"和带有某种主观性，但他认为其价值诠释是与因果分析联系在一起的（将因果分析与意义理解两种研究进路结合起来，是韦伯社会理论和方法的精髓），因而可以克服相对主义。不过即便如此，人们也必须认识到，严格的经验科学可以提供事实，但无法使人免除意义选择或价值判断，因为每个人都无法超越自己的知识维度（即使不考虑利益因素的话）。因此所有问题最终都归结到"效用"之上。

正是通过因果分析与意义理解两种研究进路的结合，尤其是基于其知识论（"理想型"）、价值分析以及价值关联和价值参照方法，韦伯在研究中易于看到不同文化（文明）圈的较大差异和一般"规律"难以解释的问题，从而最终发现了以文化张力和价值取向为主要内容的社会动力学，即文化意义的社会动力学。关于社会的动力，如前所述，韦伯之前的一些伟大理论家已经主要从经济、社会层面做出了充分说明，韦伯自己也以人的社会行动为基础考察了有关的经济、政治、法律、社会（结构和组织）等诸多方面的因素。除此之外，韦伯还"始终关注宗教"（Weber, Marianne, 1975：335）。特别是基于大量的研究，韦伯发现，仅仅以经济、政治和社会因素说明宗教改革以后西欧某些地区资本主义兴起问题是十分不充分的，因为，虽然从表面上看，在这些方面新教与天主教地区并没有什么太大区别，然而一旦从宗教伦理表现出的价值取向来看，两者的区别便变得非常明显。在新教地区，正是由于价值取向，从而经济心态（economic mentality）的变化，才带动其他方面因素发生重大转变的（经历过"改革开放"初期变化的中国人对此应不难理解，只不过我们改变的不是宗教而是与其等价的意识形态）。类似地，通过这种价值分析和参照，韦伯还发现了东西方文化价值取向的根本差异以及文化张力的不同特点，为后人发明"轴心文明"概念和深化这一视角奠定了理论基础。

当然，韦伯从未轻视经济研究工作以及经济对社会—文化的"制约性和影响"，而是承认这"依然是一个具有创造性成果的科学原则"，并认为"只要谨慎地使用并摆脱教条主义的偏见，它在所有可预见的时代都将仍然是这样一个原则"（韦伯，1999：15）。不过，韦伯反对那种以笼统的单线论和因果一元论的观点运用这一原则。也就是说，由于价值是具体的、特殊的和多样性的，因而对不同社会—文化的理解也是具体、特殊的和多样性的（"文化意义"及其理由"不能从任何规律概念的哪怕是完善的体系出发来得出、论证和阐明"）。因此，对于人类活动研究而言，不仅要看到经济的制约性，还要看到文化的制约性。至于它们究竟何者为因何者为果，则必须视具体情况而定。笼统地强调"经济决定论"或"文化决定论"都是韦伯反对的。实际上，韦伯历来主张在不同文明脉络（价值取向）的基础上以一种综合的视角研究人的行动。韦伯研究了经济、法律、政治、宗教、艺术等各个方面，但他始终是将它们置于某种文化或价值取向范围内来予以考虑的。由于将研究置于一定文化或价值范围之内并考虑了现实具体的、特殊的和多样性的情况，韦伯关于东西方资本主义或现代性问题的研究获得了广泛认可，这远比那些教条地和形而上学地根据一般"规律"推演的研究要更具有效性。此外，由于引入了文化意义的社会动力学，韦伯便较为合理地解释了东西方文明社会变迁中的某些难题。下面我们就来具体谈谈他的文化意义的社会动力学。

二 韦伯社会动力学之要义

韦伯的社会动力学与其价值取向和文化张力的观点密切相关。而这又是与"轴心时代"（Achsenzeit, axial age）文明或"轴心文明"（axial civilizations）的分析角度分不开的。因为在韦伯（1999：48）看来，包括形成概念和概念批判在内的种种工作，其最终目的就在于获得"具体历史联系之文化意义的认识"。当然，韦伯并非这一概念的发明者。它是由同出于海德堡学派的雅斯贝尔斯于1949年提出的（Jaspers, 1953），此后，埃里克·沃格林（Eric Voegelin）、[①] 艾森斯塔德等（Eisenstadt, 1986；Arnason et al., 2005）对此又不断加以深入阐述。但是，毋庸置疑，如罗伯特·贝拉（Bellah, 2011：271）所言，包括雅斯贝尔斯在内的许多后起之秀在这方面实际上都受到韦伯深刻的影响（当然，雅斯贝尔斯在书中多次提及韦伯的弟弟阿尔弗莱德·韦伯［Alfred Weber］，承认他的文化—历史哲学观点也是其思想的源泉之一）。韦伯虽然没有创造出轴心时代这一术语，但提到"先知时代"（prophetic age）（Weber, 1978：441 - 442, 447），而且最重要的是其视野、思路和研究范围已经充分涵盖了这方面的内容（韦伯生命的最后阶段除了写作《经济通史》讲义外，主要精力就是放在撰写后来被称之为轴心文化的研究上）。它与较早完成的《新教伦理与资本主义精神》（1904～1905）一书中的观点遥相呼应，相互印证，形成韦伯独具特色的文化向度的社会动力学思想。笔者认为，其富有启发性的侧重点主要可以概括为以下三点：（1）诸轴心文明或文化的经济伦理，即影响经

---

① 尽管直到《秩序与历史》第 2 卷的《城邦的世界》中，沃格林才提及雅斯贝尔斯及其概念，但从内容上看，前者肯定受到后者的启发（参见 Voegelin, 2000）。

济活动的文化价值取向和"心态"（mentality）；（2）超越性（transcendental）文化价值与现世秩序（mundane orders）之间的基本张力与救赎；（3）新型社会精英（尤其是文化或知识精英）的特点和取向——包括智识运动（知识分子运动）与政治权力之间根深蒂固的张力。

（一）经济心态或价值取向转变的社会动力学意义

当20世纪初期许多学者都致力于以利益的作用解释人们的经济行为和现代资本主义发展的时候，韦伯却以一种不同的方式，即通过考察不同文化中的经济伦理和心态来阐述这一方面的问题。1904年韦伯同时发表了《新教伦理与资本主义精神》第一部分和方法论论文《社会科学认识和社会政策认识的"客观性"》这两部极具影响力的作品。前者主要阐述了禁欲的新教如何促成了现代的理性资本主义的心态，以及充满内在张力的新教徒为什么比天主教徒在经济上更成功的问题；后者论证了社会学研究本质上就是通过解释经验现实的"文化意义"来理解经验现实的问题。前者可以被视为其方法论的佐证，后者则可被看作是为其社会学论述提供方法论支持。两部作品相互印证，相得益彰。两部作品的同时问世预示了：从文化价值取向、伦理和心态研究人的社会行动是韦伯社会学的核心。当然，这不等于说韦伯在研究中不重视现代理性资本主义得以形成的经济制度、工业技术、国家理性、市场机制、城市和市民社会发展等等因素的作用（见《经济与社会》《经济通史》等）。实际上，在韦伯看来，现代资本主义的形成极为复杂，它是一个历经几个世纪并涉及经济、政治、法律、社会和文化的理性化过程。不过，需要指出的是，韦伯虽然拒绝总体性的思想，反对以因果一元论的决定论方式阐述问题，但他也不主张对事物的成因给予均等化的处理（因为这样最终会导致相对主义，使人们无所适从）。斯威德伯格（2007：195）认为，韦伯的着眼点是"经济本身，以及它与政治、法律和宗教的关系"。应当说，如此表述未尝不可，但这还是让人觉得忽略了韦伯思想的精髓。因为很明显，虽然韦伯认为理性的企业、理性的簿记、理性的技术及理性的法律对现代资本主义的产生不可或缺——没有前者，便没有后者，然而，他同时还强调，只有前者，后者未必能够茁壮成长。要想促成后者成功，还必须有其他重要因素（充要条件），这就是韦伯不断强调的有利于后者发展的文化价值取向、经济伦理和心态的理性化转变。实际上，一般而言，前者的产生还是相对容易的，比如在西欧中世纪后期天主教辖区（如意大利等），资本主义萌芽已经广泛产生（甚至有学者认为前现代中国、西亚穆斯林社会或多或少已出现类似现象）。然而历史表明，这种萌芽此后在成长的路上并不顺利，而是步履蹒跚。那么为什么出现这种情况呢？韦伯认为，导致这种情况的原因主要有以下几点：

其一是缺乏经济伦理、心态或价值取向的支持。在天主教辖区，一些先吃螃蟹的天主教徒市民或商人在从事资本主义营利活动的时候，往往因违反教廷有关经济活动的传统诫令而遭到盘问、惩罚，即使在宗教氛围相对弱化的地方，人们的营利活动虽未受到严厉制止，但也不为天主教的上帝及宗教伦理所鼓励（韦伯，2005a：298）。因为"在中世纪天主教的欧洲，从神学角度看，唯一合法的'终生职业'就是修道院的圣职"（托尼，2006：14），其他世俗职业，特别是与现代性资本主义相关的商业活动则缺乏宗教上的正当性或合法性，即归根结底缺乏价值取向、伦理和心态的支持。因此，现代资本主义在传统天主教社会的发展往往受到严重阻碍。

其二是生活伦理和态度的不适应。人性的弱点往往导致一些人在经济上致富甚至暴发之后，内心若不具有禁欲的宗教取向和对远大目标的追求，便很难避免放纵性欲或奢靡的生活方式，其结果往往"'扼杀了'那些本可以用于资本生殖的'萌芽'"。韦伯（2010：161）认为这是一种生活"伦理上的缺陷"。它往往导致刚刚冒头的现代资本主义发生变异——营利活动又退化为非理性和非现代性的"传统资本主义"活动，其典型的例子便是人们所能见到的威尼斯的情况（由于在政治和经济结构上过多受君士坦丁堡和东方影响，这导致它的商业活动逐渐演变为权贵资本主义）。

其三是工作伦理和态度的不适应。在韦伯看来，天主教或拉丁世界的人们因受文化习俗的影响相对散漫和懈怠。一旦他们所习惯了的且经常性的经济需要得到满足的话，便往往会放松努力甚至停止工作；他们常常以漫不经心和懒散的态度对待劳动或工作，而不像后来新教徒那样把工作（劳动）提升到"天职"的特殊高度（伟业的高度）。这往往不利于理性的资本主义的兴起，即使有文艺复兴的推动，也难有深刻的改观。

韦伯认为，西方的这种状况只是在宗教改革后随着新教（尤其是加尔文教派或清教主义）的兴起才得到了很大的改观。新教徒的苦行、勤勉、节俭、敬业精神，新的神宠观念及财富观、"天职"观，极大地改变了人们的价值取向、人生观、工作（劳动）态度和生活习性，从而影响了人们的行动，即把懒散、放纵、缺乏理性计算的传统人转变成现代理性的人（某种意义上这也是福柯后来所说的"规训"过程）。在这种情况下，工作不再被视为"必要之恶"而成为神圣之事，传统资本主义的伦理禁令由此被打破。在加尔文教社团中，只要不是为肉欲和罪孽，积累财富，甚至赚大钱不仅不再有罪，反而受到极大鼓励，因为教徒们在"预定论"的想象中认为他们是在"为上帝致富"（韦伯，2007a：159），把事业成功视为上帝的拣选、恩宠和安排的体现，是最具说服力的神迹。于是，就新教徒的行为而言，出现了一种难以想象的奇观：对政治变革（如荷兰起义，英国革命）感兴趣，但却不是出于权力的考虑（实为宗教原因和为了"基督徒的自由"）；进行经济和产业运作，但却不是为了财富；特别热心社会事业（"社会参与是基督徒的使命"）（赖肯，2011：230），但目标却不是现世幸福。所有这些最终都与文化价值取向和经济伦理的变化密不可分。而这种变化，尤其是其构成的文化张力，或如韦伯所言的那种价值理性与目标理性之间的张力，又使社会充满了活力和动力，从而为从基督徒的自由向公民自由的转变和现代理性资本主义文化的传播打开了大门。

由于存在这种宗教差异以及由此引起的价值取向和心态的差异，在西方（西欧），理性的资本主义固然首现于南部天主教地区，但如韦伯所言其成功则是宗教改革后最先在北部新教（尤其是加尔文教派）地区获得的，并由此影响到欧洲其他地区。即便如此，在这方面新教地区与天主教地区（西欧北南两地）的差距仍显颇大（甚至今天这一点仍依稀可辨）。由此可以说，在一定条件下强调价值取向、伦理和心态的转变更为重要。没有这种转变，理性资本主义的成长和成功是困难的（社会和政治变革固然重要——韦伯并不否认这一点，然而，他认为仅凭这一点就能过上富裕日子，那就成问题了。要是在观念和价值取向上不合理，比如说连正当的赚钱也被视为一种罪恶，那怎么能富裕起来呢？中国当代历史发展表明，当经济—社会条件具备时，观念、价值取向和心态的转变就变得尤为关键）。这是韦伯学术思想之魂。只有当韦伯从文化诠释的角度给予这一画龙点睛之笔时，问题才得到合理和比较完满的解答（而这是唯科学主义和因果一元论者所意识不到的）。韦伯在较早的时期（如在《新教伦理与资本主义精神》中）谈的是这一问题，在其生命的最后阶段（在《世界诸宗教经济伦理》中）谈的还是这一问题。韦伯的最后作品《经济通史》通篇都在讲述资本主义经济秩序的发生和型构史，然而在这部经济史专著的最后，作者却以"资本主义精神的演变"一章收尾（韦伯，2006），其用意耐人寻味。①

需要指出的是，韦伯似乎感觉到只以西方新教兴起的例子说明价值取向与社会变动的关系，还不足以做到以理服人，于是便设计了十分庞大的研究计划，力图通过世界主要文明的事例，来说明"由'理念'创造出的'世界形象'"（见文章开头引文）是如何影响人类行为和社会运行的（可惜由于较早逝世，韦伯有关伊斯兰和天主教文明的写作计划未能如愿）。在韦伯看来，他之前的伟大理论家所证明的人的行动受物质欲望驱使的原理，即"不是理念，而是物质和精神的利益直接支配着人的行为"的说法，是非常正确的。然而，除此之外，韦伯还认为尽管利益直接支配着人的行动，但它们并不必然决定人之行动的最终方向，决定方向的是各种各样的"理念"及其现实"形象"，它们"常常像扳道工那样，决定了行为沿着哪条轨道被利益推动向前"。这表明韦伯最终要把人的行动的研究落实在"文化意义"（精神因素或价值取向）上，也就是"行动根植于宗教之心理的、事实的种种联系之中的实际启动力"（Weber，1946：267）或韦伯夫人（Weber，Marianne，1975：331–332）后来所解释的"由宗教得出的行动的实际的启动力"。按照这一思路，韦伯分别描述和阐释了中国（儒教和道教）的、印度教和佛教的、希伯来/古犹太宗教的文化"图像"

○ 当然，需要说明的是，新教对近代资本主义成长的促进作用是间接而曲折的（如韦伯所言"并非一个简单的'函数'"）。新教作为基督教的清教派从主观上看也是保守的（其强调"因信称义"和原原本本回到《圣经》中去）。因此，其本身不会产生现代资本主义。或者如托尼（2006：136）所言："'资本主义精神'同历史一样古老，它并不像人们有时所说，是清教的产物。但它确实在后期清教的某些方面找到一种激励因素，这种因素激发了它的力量，增强了它原本就具备的朝气"。了解有关历史的人都知道，宗教改革时期和早期新教社团（如加尔文教派）是一种具有强烈"集体主义"精神的组织，个人主义和自由主义不可能在其中生存。托尼（2006：209）说，如果把后期清教徒的个人主义加在早期教派身上，"会使他们惊恐万分"。然而，"三代人之后"，当这些宗教共同体培养的一代又一代自律、理性、简朴、勤劳和有信仰的教徒与个人主义、自由主义的资本主义结合在一起的时候（"成为功利主义的个人主义的载体"之时），却发生了意想不到的后果，这就是促进人与社会向现代性转变，推动现代资本主义文明深入发展。

（在《宗教社会学》和《经济与社会》中还简略谈及伊斯兰教、天主教和早期基督教的文化取向），通过"价值参照"，分别考察了东西方以及东方之间的文化差异和由此造成的不同社会变动特点，其中涉及宗教差异、（目标）理性化程度、经济伦理取向、财富观（包括对资本主义的态度）、职业伦理、生活态度和工作态度，等等。通过一系列的考察，韦伯明确地指出了西方社会为何能够存在自主向现代性演变的动力，而其他社会在这方面为什么阙如的根本原因（亦即相关价值取向及其驱力的存在与否的缘由）。这是一种不同于前人的全新的理论阐述。当然，韦伯还比较了社会结构、政治权力和法律问题，但这些最终都是为了上述研究做铺垫的。总之，韦伯研究的实质就是对经济活动和社会变动做出"文化意义"（伦理、价值）的解释。

（二）超越性文化价值与现世秩序之间的基本张力与救赎

超越性文化与现世秩序之间的基本张力与救赎，是韦伯文化诠释（意义理解）的另一个重点，其反映了韦伯社会动力学的基本取向：文化张力的强弱和导致的方向影响着社会动力的出路和变迁的性质。众所周知，人类进入文明社会后，因由利益冲突引发的社会矛盾和阶级斗争普遍存在。然而，除了西方文明外，在其他主要文明中这种冲突、矛盾和斗争并没有自主导致现代性变迁的出现，而无一例外地陷入治—乱循环之中。如何解释这种差异？显然这在唯科学主义和因果一元论的决定论那里是找不到合理答案的（它们甚至缺乏此种问题意识）。韦伯认为，只有从不同文化圈（即后人所谓的"轴心文明"）或不同文化价值取向的视角分析问题，才能获得有说服力的答案。按韦伯的观点，社会变迁与社会动力相关，而社会动力最终要由文化价值引领方向。换言之，文化价值取向不同，社会动力的质量和变迁方向也会不同。东西方社会在前现代变迁的差异归根结底是由文化价值取向的差异决定的。这一点在韦伯关于世界诸文明比较研究中得以清晰的揭示，根据韦伯（2005a：第10～11章）本人的说法，他对这一问题的关注本质上是要探讨推动社会变迁的文化张力和救赎的程度与取向问题。也就是说，看一看当社会矛盾导致社会变动之时是否存在由不同价值取向引发的张力和救赎，即超越性价值（尤其是宗教超越性理念或某种乌托邦思想）与现世秩序之间的基本张力与救赎的程度究竟如何。

如前所述，韦伯是通过"价值参照"的方法来展开比较研究的。根据此种方法，他首先（至少在心中）选取西方在社会文化上最具特色的内容作为参照系，如权力结构特征、"先知"的特点、（宗教）信念伦理与现世的紧张关系（张力）、对现世和救赎的态度、知识的维度和知识分子的处境与特性，等等。在研究中，韦伯（2004c：357）特别关注权力结构问题。他提到了"格列高利七世的改革运动"和"同格论"（Ebenbürtigkeitsdok-trin），也就是卡莱尔（Carlyle, *et al.*, 1903：254–255）、萨拜因（2008：上卷242）、伯尔曼（1993：112）等人所说的"教皇革命"（主教叙任权之争）和"双剑论"。① 尽管韦伯没有对这一问题具体展开论述，而只是在分析非西方某些国家时反向地予以论述，但还是给人以较大的启迪。它使人们认识到，这种社会权力的二元结构给西方带来了一些无意识的后果。它撤销了帝王从前行使的精神权能，剔除了世俗最高统治者的神性卡里斯马成分，从而有利于西塞罗（2002：229）所说的那种相互制衡的"均衡类型"以不同形式复现；有利于哈耶克（2000b：第一章）所说的"自生自发的秩序"、文化多样性、亚当·斯密所言的"大社会"、韦伯所言的"理性资本主义"的成长；有利于作为"知识主义的最主要担纲者"的教士以及后来的世俗知识精英保持相对独立自主的精神和刚正不阿的风骨，而这对近现代西方文化精英或知识界在思想、制度上相对自治风气的形成具有现实而深远的影响（道森，1989：10~14）。

应当说，以上几个方面都受到了韦伯的高度重视。不过，每当他对社会变迁问题研究时，最终都会聚焦于以文化张力为基础的社会动力学方面，尤其是集中于"宗教信念伦理与现世的紧张关系"方面（韦伯，2005a：252~275），也就是艾森斯塔德所说的超越性文化与现世秩序（或伯尔曼所言的精神价值与世俗价值）之间的紧张关系。这种深藏于社会—政治权力冲突背后的文化张力在西方世界演化出新的文化指向，

---

① 这种理论典出于圣经新约中的"两把刀"和"恺撒的物当归给恺撒，神的物当归给神"的说法（和合本《路加福音》，22：38；《马太福音》，22：21等），以后在米兰主教安布罗斯"宫殿属于皇帝，教堂属于教士"的观点、奥古斯丁的"双城"说、教皇格拉修斯一世（Gelasius I）的"两权论"和格列高利七世的"教会自由"等的主张中不断得到强化。其意指教权（精神之剑）与俗权（世俗之剑）是同等位格，双方应为了共同目的携手并进（参见 Tierney，1964：13–140）。

即基督教文化中隐含的自由、① 平等、博爱（圣爱）和"民主"（尼摩，2009：205）的文化价值取向，以及基督教末世论—乌托邦理念（应当把基督教的某些思想与当时的教会区别开来）。它们的超越性对现世构成巨大压力并引领社会曲折地沿着超越性价值取向变迁（尽管从基督教文化价值到现代性世俗价值观，要有一个斗争、批判、转换、升华的过程，但前者无疑提供了文化资本和来源）。于是，人们看到，后来的美国《独立宣言》和法国《人权宣言》，可以说在某种意义上不过是基督教一些思想的世俗翻版、升华与发挥。此外，基督教末世论和救世观念自中世纪末以来还为一系列基督教或世俗人文主义乌托邦思想的产生提供了来源和启发，如托马斯·莫尔的《乌托邦》等。所有这些对西方，乃至世界产生了极其深远的影响。

正是基于对上述西方的价值进行参照，使得韦伯更能明显地看清其他主要文明在这些方面的不同特点，从而能把握到问题的关键所在：这些文明在文化张力上的力度较弱且缺乏相关价值取向的引领。例如，印度教徒虽然追求"梵我一如"和"解脱"（Moksa）的境界，表现出某种超越性，但印度教同时还存在种姓秩序的神义论以及与此密切相关的灵魂轮回信仰（Samsāra）和业报的教义（Karma），这使得社会冲突、文化张力和救赎的力度大打折扣。因此，如韦伯（2005b：157）所言，只要这种信仰和教义颠扑不破，"革命的思想与'进步'的努力都是无法想见的"。类似地，作为异端，佛教主张"四姓平等""普度众生"，佛教徒谈及大慈大悲的佛、修行、觉悟（Bodhi）与涅槃（Nirvara），从而同样表现出一定的超越性。不过，佛教作为"一个特别非政治的、反政治的身份宗教"（渴望"无为""无心""无求"之境界），主要突出个体修道活动，缺乏"俗人的共同体组织"，在救赎上对俗人"基本上无所挂怀"（韦伯，2005b：319～320、281），因此其与现实的张力以及救赎的力度较弱——主要以"典范"而非伦理义务指示救赎之路（韦伯，2004a：504、510）。

---

① 关于基督教意义的自由，黑格尔（1981：51～52）说："只有在基督教的教义里，个人的人格和精神才第一次被认作有无限的绝对的价值。一切人都能得救是上帝的旨意。基督教里有这样的教义：在上帝面前所有的人都是自由的，所有的人都是平等的，耶稣基督解救了世人，使他们得到基督教的自由。这些原则使人的自由不依赖于出身、地位和文化程度。"

　　与源于印度的宗教文化不同，中国儒家（儒教）文化，按冯友兰的说法，"既是入世，也是出世"的，由于同样不满足于现实世界而追求更高的境界，因而也有某种超越性①（只不过这种超越性主要不是表现在纯粹宗教上，而聚焦于伦理道德和哲学方面）（冯友兰，2005：5）。不过，如韦伯所言，儒家没有"恶根性"（罪感文化）观念，因此，"儒教极度世界乐观主义的体系，成功地泯灭了存在于此世与个人超世俗的命令之间的、基本悲观论的紧张性"（韦伯，2004b：357、319），从而"丝毫不知所谓救赎的需求"（韦伯，2005a：186），或者说作为"有权有势的官僚阶层的伦理，它拒绝任何拯救教义"（韦伯，2004a：566）。中国的士大夫阶层一身二任，既为道统和学统，又为政统的担纲者，这使得他们难以"轰轰烈烈地创造出新的价值导向和新的制度模式"（艾森斯塔德，2012：76），难以想到进行哪怕是部分的价值重估和制度重建。这是中国社会权力结构的产物。在这种情况下，儒士的"明道救世"精神便大打了折扣——尽管中国古代也有范仲淹那样的"以天下为己任"的官僚和士人。因此在缺乏文化张力和新取向的情况下，中国的拯救最后往往以改朝换代的循环（治——乱循环）而告终。

　　至于伊斯兰教文化，如约翰·希克（1998：57）所言，其没有基督教那种"堕落"（原罪）与"拯救"的观念，但由于认识到人性普遍软弱，需要改变"加发拉"（ghafala，忘却真主）状态，因而可以说也存在某种拯救或解脱的思想（苏非派尤其如此）（Nicholson，1963：19）。不过，在韦伯（2005a：309～313）看来，鉴于伊斯兰宗教与世俗之间没有区分（哈里发或苏丹制的政教合一），其"顺服"的观念（"伊斯兰"本意为"顺服"，指顺服唯一真神安拉的旨意），往往变成"顺应现世"。在这种情况下，其文化张力和救赎的思想都极为弱化。

　　因此，在世界文明中，只有西方文化或文明才存在巨大而复杂的张力。这种特性是由西方文化构成因素造成的。西方文化中的多元因素，如

---

① 中国儒家文化的超越性表现在：儒家讲天、孔圣人、先祖、修己和安人，强调"人禽之辨"，"义利之辨"的道德自觉，要求人们践履修身、齐家、治国、平天下的道德义务和社会责任，追求"仁"的境界，甚至也倡导到"杀身以成仁"（《论语·卫灵公》），"舍生而取义"（《孟子·告子》上），最后入于"知命"的超越，至于"立德、立功、立言"的不朽（参见崔大华，2001）。

希伯来、希腊、罗马和日耳曼因素，自一开始就存在冲突和张力。它们在实际的社会冲突和斗争的作用下日趋强化，并且逐渐演化出日益明确的具有新的文化价值的变迁方向。西方社会就是凭借着此种文化张力（动力）和价值取向（方向）从自发到自觉逐渐脱离旧有传统而迈进近代门槛的，或者用韦伯的话说，是通过价值理性与目标理性的相互作用走上现代性之路的（当然，这需要一种从宗教改革到世俗化的转变过程）。没有这些，西方不可能成为世界的"例外"（尽管今天在西方这种张力已大为减弱，甚至如尼采所言似乎正进入一种虚无主义的"末人"的时代）。

韦伯有关西方文明的研究与非西方文明中文化取向（以宗教为核心代表）的分析相互印证，说的就是这一道理。尽管他没有来得及完成这一宏大的项目，但为后人的研究开辟了道路。

（三）新型社会精英（尤其是文化或知识精英）的特点和取向

文化价值取向主要是由社会精英顺势而为建构和承载的。韦伯深深懂得作为文化关键担纲者的精英对于社会建构或变迁的意义。他认为，每一种作为大传统的文化取向起初大多是由新型卡里斯玛式的社会—文化精英创造的，因为只有卡里斯玛激情才能打破旧有传统。随着时间的推移，卡里斯玛逐渐弱化和常规化以及新的价值理性的形成，新的文化取向也日趋定型化并最终演变成新的大传统。在这方面，主要担纲者当然起关键作用。因此，当韦伯进行相关社会学研究时，他总是从每一时代活生生的主要行动者（担纲者）的行动意义（诉诸何种价值，出于什么样的向往、理想和动机）来解读社会的建构、演化或转型，对于活跃在历史舞台上最具指向性的主要文化的担纲者，尤其如此。这是韦伯研究社会演化的基本范式决定的。不论是指出古犹太教社会"利未人"（Levi）的作用，[①] 印度教社会婆罗门种姓的（消极）作用，佛教"沙门（Sramana）运动"（反婆罗门教和种姓制度各派别出家者的思想运动）主要派别的积极作用，中国

---

① 韦伯（2007b：227～291）在《古犹太教》一书中指出，在希伯来文明发展的进程中，社会原本充满各种当地原始图腾宗教、巫术、魔法和非理性狂迷，正是利未人——作为祭司、教师、"纯理性知识"和理性宗教伦理的主要担纲者（新型精英）——的努力和与各种传统非理性主义因素的斗争，犹太民族的信仰才逐渐定型于带有某种契约精神和较多理性因素的圣经旧约一神教信仰上。这也是犹太民族宗教社会的富有自身特色的理性化过程。

儒教社会"士"的作用，还是西方中世纪新兴市民的作用（韦伯，2005c），西方天主教教士（尤其是托钵僧）及新教教徒的作用，无不如此。在韦伯看来，直接支配人们行为的因素当然是各种各样的利益，而且在特定条件下，不同利益的矛盾还会导致重大社会冲突和阶级斗争，且这种冲突或斗争往往最终又会导致社会发生某种变动。不过，如上所述，在韦伯看来，变动的结果是多种多样的，并非所有主要文明社会都自主发生向现代性的转型。实际上，在诸"轴心文明"随着稳固的大传统形成以后，除了西方外，其他文明社会虽有激烈冲突和斗争，但在自身无法演绎出新的文化取向或缺乏新文化的强力导入下，自身只有改朝换代的命运，而难以克服传统束缚，取得实质的"进步"。究其原因，韦伯认为，主要归于两个方面：一是文化张力和取向的差异，而之所以存在这种差异，又可归因于精英之特点和价值取向的不同，尤其是智识精英及其运动（知识分子及其运动）与政治权力精英之间张力的差异；二是社会精英在变革中和之后在制度建设上存在明显差异，对于政治制度尤其如此。韦伯认为，东西方在这两个方面差别最大。就东方而言，由于缺乏文化的多元性以及作为其载体的社会结构的多样性和精英的多样性，因而不论文化张力抑或社会张力，包括精英之间的实质性矛盾和冲突都是明显弱化的。在这种情况下，新的价值取向难以生成或成长。人们反对旧制度的统治者或传统的权威，但不反对制度和传统本身，或者说表面上建立了一种新制度，但实质上却是新瓶装旧酒。因此，由于未能在新的价值取向引导下有效地建立起与以往传统有着实质区别的新制度，或者说新的文化理念和制度萌芽缺乏韦伯所说的那种不断理性化的生活或秩序的支持，卡里斯马的价值理性的行动带来的起义、革命或变革，往往最终"深陷于卡里斯马与传统的永恒轮回而难以脱身。传统化成了卡里斯马日常化的唯一出路"（参见李猛，2010）。于是，精英向传统妥协并逐渐被同化，制度则在经历不同程度的混乱之后又照旧延续（"每一次革命都最终以乌托邦图景和传统之间的和解而告终"［伯尔曼，2008：29］）。

与东方不同，西方由于存在文化多元性以及中心与边缘的相对宽松的关系（边缘存在一定的自主性），或者说没有东方那种权力结构和"总体性"问题，这导致艾森斯塔德（2012：44）所说的那种"自由资源"（free resources），尤其是文化或知识精英，能够在较为宽松的环境中相对自主发展，如罗马法复兴者（以波伦亚法学院师生为代表①）、阿拉伯—希腊科学和哲学的引进者、亚里士多德的再发现者和传播者（以托马斯·阿奎那为代表）、以罗杰·培根（Roger Bacon）为代表的（方济各会）托钵僧兼实验家和哲学家、新兴市民（从 Bürger 到 Bourgeoisie）、以哥白尼为代表的教士兼科学家、基督新教教徒、启蒙运动精英，等等。所有这些作为不同阶段的新文化价值取向的担纲者和主要推动者，对西方社会和文化的现代性演化都起到了关键的作用。最重要的是，他们植根于相对自治的新兴市民社会和阶层，依托具有某些特许权（liberties）并不断创新文化的大学，逐渐由特殊到普遍地建立起一整套行之有效的法治的民主自由制度，如自由市场、普选、权力分立、司法独立或法律至上原则（the principle of Supremacy of law）、日趋中立的行政、个人权利保护、宗教宽容和批评的多元化，等等。起初，这类制度或秩序的形成，如哈耶克所证明的，只是一种自发行动的结果。后来，随着它们的发展，新的社会精英尤其是理论家和改革家们发现，有些制度具有比以往所知任何制度类型都更为有效，因此把它们提升到理论、核心价值和自觉实践的高度。所有这些，按韦伯的解释，都是某种"理性化"的体现。而这种"理性"既指"价值理性"，又指"目标理性"。通过新兴阶级或阶层的行动，前者凭借其革命性为"进步"开辟道路，后者则借助"功利性"制度使前进中释放出来的卡里斯马能量不断"世俗化""常规化"和"秩序化"。两者形成西方社会理性化的内在矛盾和张力，最终推动了体现新价值取向的西方社会制度的实际演进。

总之，不难看出，文化价值取向及其精英群体的形成的重要性就在于，它们"像扳道工那样，决定了行为沿着哪条轨道被利益和矛盾推动向前"。韦伯以新教徒的生活方式、行为方式、文化取向（或心态）为例对社会变迁的意义给予经典诠释，并以其他文明中的文化取向、社会心态和精英的特点作为反向印证，其用意就在于此。没有这种具有指向意义的文化精神及其主要担纲者，社会向现代性转型和新制度的建立便无从谈起。在此，最为关键的是，韦伯要人们理解社会向现代性转型，或者说理性资

---

① 波伦亚（Bologna，又译博洛尼亚）法学院是中世纪意大利最著名的法学院，其学生人数至少上千，且大多来自西欧各国。他们一代代地成为西欧罗马法复兴和发展的中坚力量（参见伯尔曼，1993：151）。

本主义的形成，是一种特有的文化现象，而并非自主性的普遍现象（反之，就其他自成一局之文明的社会行为来说也是如此）。他通过价值分析和比较文明研究，为社会动力学系统补上不可或缺的另一面，即文化张力推动的和价值导向的一面，这也就是韦伯文化意义的社会动力学。

三　结语

以上我们论述了韦伯的价值分析方法以及与此密切相关的文化意义的社会动力学。尽管韦伯是古典社会理论家，但其意识和方法确实是超前的。他对社会动力和东西方社会不同特点的一系列分析和论断，即使在今天看来也是较为准确的，其中蕴含了某些后现代思想并富于启发性。

首先，韦伯的观点和研究方法表明，社会科学范式是一种"复杂性范式"而非"简单性范式"。简单性范式是一种否弃偶性、随机性、个别性和独特性，以便只保留普遍的规律与简单和封闭的实体的范式，其体现的是一种受经典科学影响的采取单一线性或因果性决定论的思维方式。这种范式用秩序来网罗纷繁的世界，并从中驱逐无序性（与有序同样实在的无序性）。秩序（或者有序性）最终被归结为一个规律（定律）、一个原则、一个主因。在这种科学观念里，一切都是决定论的，没有主体，没有意识，没有自主性（莫兰，2008：57~66）。这也是为什么在有此社会问题的研究中以这种观念和方法得出的结论往往极不准确的原因之一。与这种范式不同，复杂性范式建立在有着自由意志的人的行动基础上，它要求人们以多维度、多样性、多因素、多基源、多中心或多元决定论的方式及其相互关联和作用的角度认识事物。这也是韦伯为何不愿意做出宏达理论叙述以及把问题主要归于某一方面的原因。当然，这不是说不存在某些普遍概念、范畴和规律，但韦伯认为在社会学方面必须对此加以限制，它们只在"文化意义"和价值的范围内才贴近现实，超出这一点就要冒更大的"理想型"，甚至"乌托邦"的风险，以此指导实践尤其要谨慎从事。

其次，韦伯关于社会动力学的思考和方法是多方面的。他反对经济决定论，也不认可文化决定论。他之所以强调社会动力学中的文化意义和价值取向的驱动性，主要是为了修正和弥补社会学中已有观点和方法的不足，这不表示他在意识上一味地偏于这一向度。事实上，他只是把这一点作为其系统阐述的画龙点睛之笔——然而这却是关键的一笔。正是在这一意义上和限度内他才论及文化意义的社会动力学，强调影响经济活动的文化价值取向和"心态"。在韦伯看来，利益推动人们从事各种各样的功利性活动，但这些活动总是在一定的文化理念引导中进行的。例如，过去（或在某些社会）被认为是"投机倒把"的行为，现在（或在另外一些社会）反倒被视为繁荣经济的有益行为，这一抑一扬的反差折射出潜隐于人们行为背后的价值取向、伦理道德、观念和心态的变化。不论西方近代之初抑或中国"改革开放"之初都是如此。没有理念的转变，便没有创新的行动。前者是后者的重要条件，尽管不是唯一的条件。在某种意义上讲，中国过去在发展上的一度停滞和落后首先就是缺乏这种意识或理念转变的条件。那么这种条件是如何产生的呢？

复次，韦伯认为，这种条件产生的因素就是文化的多元性、社会结构的多样性和宽松的社会环境。大家知道，轴心时代文化的创生，是人类不同民族在不同文明圈内自主创造的一次伟大的转型。这种转型使当时主要文明国家在文化和社会方面上升到更高的层次——"存在的飞跃"（leap of being）（沃格林，2009：69）。例如，中国由"帝神"宗教崇拜逐渐转向世俗伦理（礼俗）的儒家文化，犹太民族由多神崇拜转向一神论的启示宗教文化，印度由早期吠陀（Veda）文化转向佛教文化以及受其影响的新婆罗门教（"印度教"）文化，希腊则告别宇宙论神话而转向世俗哲学。尽管这些新兴文化的起因各不相同，但正如韦伯以及后来的雅斯贝尔斯、沃格林、贝拉等学者所说，它们有一点是共同的，那就是它们不可能出自某种一统天下的帝国或大规模的专制体制之内，而只能产生于某种文化多样性之中，以及社会环境相对宽松的条件之下。这也是"现代"文化为何只能首先在西方自主产生的原因之一（当然在西方，作为多样性的代表，大学等机构曾起到重要作用）。所有这些表明，就社会学意义的文化和社会创新而言，尽管人们不可能复制历史条件，而且也没有这个必要，但与此相关的本质条件是不可或缺的。真知是在"百家争鸣"中产生的，而不是权力精英认定的。

再次，除了上述条件外，重大的文化和社会创新还与能否生成"超越性"文化价值密切相关。这也是韦伯社会动力学所重点强调的。因为只有超越性文化价值的存在，才能构成它与现世秩序之间的基本张力，才有变革和拯救的指向和需要。从历史上看，西方的文化超越性和张力起初来自基督教以及基督教对世俗社会给予的"恶根性"评价。虽然在今天看来它是以一种宗教虚幻的形式来体现的，但其中隐喻的文化意义和价值在长期的教化中却早已内化于人们心中。它们后来在现实斗争中经过一种去宗教的转换逐渐变成世俗的超越性文化价值。这种价值通过相关精英的行动带动了西方社会方方面面的制度建构，直至此种张力逐渐弱化和现代文明的形成。韦伯的结论告诉我们，是否有价值取向的变化，以及由此造成的张力的强度如何，是观察社会重大变迁的一个重要因素。

最后，论述一下韦伯对精英的看法。韦伯的方法以研究人的行动之意义著称。这使得他对社会精英，尤其是对其行动具有指向性意义的那些精英给予高度关注。因为在他看来，正是这些人决定着一个社会的状态，不论是积极的还是消极的，都是如此。值得注意的是，除此之外，韦伯还从另外的角度论述了这一问题。例如，他似乎认可尼采的观点：西方社会自他那个时代开始逐渐进入"末人"（last men，最后之人）的时代。在这个时代，人们很难再看到近代以来的那种精英，即与精神性的最高文化价值相联系的精英。由于如今灵魂远没有利益值钱，社会便会呈现如下状态：

> 狭隘的专家没有头脑，寻欢作乐者没有心肝；在这个虚无者的想象中，它幻想着自己已经攀上了人类前所未至的文明高峰（韦伯，2010：118）。

这段话被认为是尼采的如下话语的翻版和发挥："最后之人得意地说：'我们创造了幸福'"（尼采，2011：10）。在当代西方，由于上帝、形而上学、乌托邦都遭到了无情的解构，社会中罕有真正的精英而更多的是受利益和欲望驱动的末人，于是文化便由多样性归于普遍的"虚无"（"以往价值的贬黜"［尼采，2007：154］），超越性和张力也相应极为弱化（甚至不存在了）。在此种情况下，社会难有新价值取向的变革，而只能长期在原有的文化意义限度内波动（斯宾格勒意义的"没落"）。韦伯甘冒"陷入价值判断"的风险来谈及这一问题，似乎力图要从反面印证其文化取向的社会动力学之意义，并为后来者留下一面可用来对照的镜子。

参考文献

艾森斯塔德，什穆埃尔·诺亚，2012，《大革命与现代文明》，刘圣中译，上海：上海人民出版社。

伯尔曼，哈罗德，1993，《法律与革命》，贺卫方等译，北京：中国大百科全书出版社。

崔大华，2001，《儒学引论》，北京：人民出版社。

道森，克里斯托弗，1989，《宗教与西方文化的兴起》，长川某译，成都：四川人民出版社。

冯友兰，2005，《中国哲学简史》，赵复三译，天津：天津社会科学院出版社。

哈耶克，弗里德里希·奥克斯特·冯，2000a，《致命的自负》，冯克利、胡晋华等译，北京：中国社会科学出版社。

——，2000b，《法律、立法与自由》，邓正来等译，北京：中国大百科全书出版社。

——，2012，《科学的反革命：理性滥用之研究》，冯克利译，南京：译林出版社。

赫勒，阿格尼丝，2005，《现代性理论》，李瑞华译，北京：商务印书馆。

黑格尔，1981，《哲学史讲演录（第一卷）》，贺麟、王太庆译，北京：商务印书馆。

肯尼迪，保罗，1989，《大国的兴衰》，蒋葆英等译，北京：中国经济出版社。

赖肯，利兰，2011，《入世的清教徒》，杨征宇译，北京：群言出版社。

李凯尔特，亨里希，2007，《李凯尔特的历史哲学》，涂纪亮译，北京：北京大学出版社。

李猛，2010，《理性化及其传统：对韦伯的中国观察》，《社会学研究》第 5 期。

马克思，1972a，《资本论（第三卷）》，《马克思恩格斯全集（第二十五卷）》，中央编译局译，北京：人民出版社。

——，1972b，《给〈祖国纪事〉杂志编辑部的信》，《马克思恩格斯全集（第十九卷）》，中央编译局译，北京：人民出版社。

——，1975，《政治经济学批判大纲（第一分册）》，刘潇然译，北京：人民出版社。

——，1979，《1857～1858 年经济学手稿》，《马克思恩格斯全集第四十六卷（上）》，中央编译局译，北京：人民出版社。

马克思、恩格斯，1972，《德意志意识形态》，《马克思恩格斯选集（第一卷）》，中央编译局译，北京：人民出版社。

莫兰，埃德加，1999，《迷失的范式：人性研究》，陈一壮译，北京：北京大学出版社。

——，2008，《复杂性思想导论》，陈一壮译，上海：华东师范大学出版社。

尼摩，菲利普，2009，《什么是西方：西方文明的五大来源》，阎雪梅译，桂林：广西师范大学出版社。

萨拜因，乔治·霍兰，2008，《政治学说史（上）》，邓正来译，上海：上海人民出版社。

斯威德伯格，理查德，2007，《马克斯·韦伯与经济社会学思想》，何蓉译，北京：商务印书馆。

涂尔干，爱弥尔，2003，《社会学》，《乱伦禁忌及其起源》，汲喆、付德根、渠东译，上海：上海人民出版社。

托尼，里查德·亨利，2006，《宗教与资本主义的兴起》，赵月瑟、夏镇平译，上海：上海译文出版社。

韦伯，马克斯，1999，《社会科学方法论》，李秋零、田薇译，北京：中国人民大学出版社。

——，2004a，《经济与社会（上卷）》，林荣远译，北京：商务印书馆。

——，2004b，《中国的宗教 宗教与世界》，康乐、简惠美译，桂林：广西师范大学出版社。

——，2004c，《支配社会学》，康乐、简惠美译，桂林：广西师范大学出版社。

——，2005a，《宗教社会学》，康乐、简惠美译，桂林：广西师范大学出版社。

——，2005b，《印度的宗教：印度教与佛教》，康乐、简慧美译，桂林：广西师范大学出版社。

——，2006，《经济通史》，姚曾廙译，上海三联书店。

——，2007a，《新教伦理与资本主义精神》，康乐、简惠美译，桂林：广西师范大学出版社。

——，2007b，《古犹太教》，康乐、简慧美译，桂林：广西师范大学出版社。

——，2010，《宗教社会学论文集·绪论》，《新教伦理与资本主义精神》，苏国勋等译，北京：社会科学文献出版社。

西塞罗，2002，《国家篇法律篇》，沈叔平、苏力译，北京：商务印书馆。

希克，约翰，1998，《宗教之解释：人类对超越者的回应》，王志成译，成都：四川人民出版社。

雅斯贝尔斯，卡尔，1989，《历史的起源与目标》，魏楚雄、俞新天译，北京：华夏出版社。

Arnason, Johann Pall, Shmuel Noah Eisenstadt & Björn Wittrock（ed.），2005，*Axial Age Civilizations*. Leiden and Boston：Brill Academic Publishers.

Bellah, Robert N. 2011, *Religion in Human Evolution：From the Paleolithic to the Axial Age*. Cambridge, MA：Harvard University Press.

Carlyle, Sir Robert Warrand & Alexander James Carlyle 1903, *A History of Medieval Political Theory in the West*（Vol. I）. London：William Blackwood and Sons.

Eisenstadt, Shmuel Noah 1986, *The Origins and Diversity of Axial-Age Civilizations*. Albany: State University of New York Press.

Freund, Julien 1978, "German Sociology in the Time of Max Weber." In Tom Bottomore & Robert Nisbet (ed.), *A History of Sociological Analysis*. London: Basic Books.

Jaspers, Karl 1953, *The Origin and Goal of History*. New Haven: Yale University Press.

Morin, Edgar 2008, *On Complexity*. New York: Hampton Press.

Nicholson, Reynold Alleyne 1963, *The Mystics of Islam*. London and Boston: Routledge & Kegan Paul.

Tierney, Brian 1964, *The Crisis of Church and State*, *1050 - 1300*. Toronto: University of Toronto Press.

Voegelin, Eric 2000, *Order and History* (Vols. I -V). Columbia, MO: University of Missouri Press.

Weber, Marianne 1975, *Max Weber: A Biography*. New York: John Wiley &Sons.

Weber, Max 1946, "The Social Psychology of the World Religion." In Hans Heinrich Gerth & Charles Wright Mills (ed.), *Max Weber: Essays in Sociology*. New York: Oxford University Press.

Weber, Max 1978, *Economy and Society*, Guenther Roth & Claus Wittich (ed.), Berkeley: University of California Press.

互助合作实践的理想建构

——柳青小说《种谷记》的社会学解读*

罗　琳

摘　要：本研究试图通过有关农民互助合作的意识形态表达来探讨这样一个社会观念史问题：合作化在 20 世纪中叶的中国革命语境中究竟是如何被理解的，它们体现着什么思想观念，遵循了怎样的逻辑，其理念化的构想具体是如何展开的，且在乡村社会中造成了什么样的局面，结果发生了怎样的转换并形成了哪些悖论？笔者选择以描写中国农村合作化历程而著名的当代作家柳青的小说《种谷记》作为分析对象，基于文本分析的视角来透析在其作品中所建构的当时行动主体有关互助合作的理想追求及其实践，从而分析这一理想建构发生转换的逻辑和机制。本文主要的研究结论有以下两点：（1）在政治和阶级分析话语的主导下，原本旨在为提高生产效率而进行的"组织起来"的努力却贬损了乡村中的重要生产主体——中农，同时也使得向来对乡村劳动者的生产活动发挥着"激励劳动的因素"功能的乡村经济伦理开始式微；（2）在以"为公"取代"为私"的理想道德实践中，隐含着以"公家"取代"众人"的逻辑转换；进而形成了以"公家–代理人"为中心的新"差序格局"，由此阻碍了团体格局的形成。

关键词：社会主义现实主义文学　柳青　《种谷记》　互助合作理想乡村经济伦理　乡村社会改造

---

* 原文发表于《社会》2013 年第 6 期。感谢渠敬东、折晓叶、应星、陈婴婴、郭于华、谭深、沈红、李建立在本研究和论文写作过程中给予的批评、建议和帮助，与他们的讨论使笔者获益良多。感谢《社会》杂志匿名评审人提出的修改意见。文责自负。

一 问题的提出

已有许多学者对 20 世纪中叶中国农村合作化不成功的实践进行了研究，这些研究大致从以下两个层面的问题意识出发，一是着眼于经济增长、劳动效率，研究合作化何以没能实现提高生产力和劳动积极性的目标，二是着眼于国家与社会的关系，研究国家如何通过集体化实现对乡村社会的控制。就第一种问题意识而言，林毅夫（Lin，1990）认为农民退出权的丧失是导致集体化劳动低效率的原因；尹钛（2002）认为，合作化的低效，缘于其一开始就是一个强迫性运动，国家将农民强制地束缚在人民公社中，这是生产难以增长的重要原因；张江华（2007）则对集体制度下工分制的劳动激励手段何以不能提高劳动效率的问题展开了研究。就第二种问题意识而言，主要以秦晖等人的研究为代表。秦晖（1998，1999a，1999b）一方面论述了马克思、恩格斯有关改造农民的理论（恩格斯，1973a：308～316；李典军，2003：201～203、208）在被施用于中国农业社会主义改造的语境和实践中所引起的谬误（秦晖、金雁，2010：26～42、184～203）；另一方面，他通过对中国传统社会中大共同体性亢进，小共同体性不断式微的特征之历史与文化分析，解释了为什么中国乡村社会中的小农更容易被集体化，从而损害了小共同体的利益；郭于华（2003）通过农村女性对日常生活的记忆、感受的口述史，考察了在乡村日常生活中国家对乡村的治理模式以及其中所体现的国家对于乡村社会的压力关系；周晓虹（2005）通过对集体化的社会动员模式的考查探讨了国家对乡村社会的支配手段；而应星（2009）、李怀印（Li，2005）的研究，无论是关于农村社会主义新人的塑造、还是对集体化时期各种非正式的社会文化因素所构成的农民日常集体劳动策略与国家政策的关系，其着眼点均在国家通过合作化对于农民和乡村社会实行的攫取、控制和整合，以及农民和乡村社会小共同体与国家的有限互动。

本研究的出发点虽然也与上述主题基本相同，即中国农村的合作化实践何以不成功，不过，在探讨国家强制与合作化经济的低效以及乡村社会解体之间的关系时，笔者试图引入另一种视角，即这些问题与中国共产党关于乡村社会改造的理想、逻辑之间究竟存在着怎样的关系。本文将主要探讨由合作化运动所依凭的那些理念或者说意识形态所形成的社会改造的设想及其本身可能内含的悖谬和由此发生转换的机制。

笔者注意到，在有关合作化的文件中，的确清晰地表达出了自愿的、互助的、民主讨论和维护农民群众自身的经济利益这类含有社会建设意味的理想原则［《中华人民共和国合作社法（草案）》（1950 年 7 月）、《中国共产党中央委员会关于发展农业生产合作社的决议》（1953 年 12 月 16 日）］。① 而且，合作可以增产也曾是当时全党的共识（高化民，1999：150 ~ 152）。对此，笔者所关注的问题是，一个原本属于具有促进"社会的产生"功能的"办法"，何以会在事实上造成国家对于社会的挤压？一项旨在激励劳动积极性，以期提高劳动效率的措施，最终何以却酿成了生产效率低下的结局？如果合作化运动真能严格按照对上述构想（或者说基于政策条文）的理解来展开的话，是否就能取得成功？

应该坦言，笔者上述问题意识的形成受到了弗里曼等人研究的启发。弗里曼等人（2002）基于将合作化的历史实践置于实现社会主义核心价值观的背景之中这样一种视角，通过对耿长锁合作社从自发的互助合作到成为集体经济典型的历程的考察，勾勒出了在"消灭以财产为基础的不平等社会结构"的合作化道路上，耿氏合作社如何由于"按照在国家网络中的等级位置进行权利分配"，从而"又使身份等级的不平等制度化"的转化过程和机制。不过，与弗里曼等人的研究不同的是，笔者的探讨是从以中国农业互助合作运动为契机的社会改造的理想（而不是某特定的现实对象实际发生的过程）入手，质言之，是从由相关意识形态所主导的理念化构想本身来分析这种设想是否蕴含了转化的可能和机制。需要指出的是，基于这种社会观念史视点的研究目前在国内的社会学研究中似乎尚处于起步摸索阶段。

二　研究的基本思路及方法

实际上，要研究互助合作的理想追求及完全合乎理想的实践本身，很难从现实世界的材料中获得满足，同时，在理论层面上的重构也难以为我

---

① 　见《当代中国农业合作化》编辑室，1992，第 20 ~ 22、171 ~ 176 页。

们具体展现这一理想世界的宏伟图景并使我们看到那些构想和政策在具体实施过程中的种种可能性。

但是，对于互助合作的构想，还有另一种较为理想的表达方式，即文学的方式。作为那一时期的社会主义现实主义文学，在当时确曾以小说等方式进行过有关农业合作化运动的"宏大叙事"，鉴于这种文学创作方法与意识形态之间的紧密关系，恰恰可以使上述理想的意识形态得以具体化展开，尽管在这一展开过程中由于作家的政治理想、文学主张、生活积累等方面的原因会产生一定程度的复杂性，然而正是这种复杂性有可能使这类作品在相当程度上呈现着意识形态图解的同时，使那些理论、政策层面的意识形态构想，经过文学想象的具象化磨砺，具有了较为实际的可能性。如果我们特别注意到这类小说并非毫无根据的空想，而是对于现实中的农业合作化运动理想的意识形态化的拔高，我们就可以发现，譬如，当现实中党关于农业合作化的方针政策无法得以顺利实施因而使得这一构想不断受挫时，正是这类文学作品以其特殊的想象方式，在"源于生活"而又"高于生活"的创造"推演"中，弥合了农业合作化运动中理论和实践之间的距离，展示了现实中由于种种原因未能实现的理想，由此说来，这种理想化的文本正好可以使我们排除现实的干扰，去发现农业合作化运动的构想自身的问题，这正是笔者选择文学文本作为农村社会改造的理想化实践之研究对象的基本原因。

在本文中，笔者将对我国当代作家柳青（1916~1978）反映早期互助合作历程的长篇小说《种谷记》进行分析研究。柳青是那个时期反映农业合作化运动的著名作家，他的作品被当作社会主义现实主义文学创作的经典实践，产生过很大影响（阎纲，1982：218）。

《种谷记》的创作始于1944年，[①] 完成于1947年（柳青，1982b：20；巴金等，1982：120），1947年于东北光华书店印行，1949年于北京新华书店初版。小说以1943年春天，共产党领导下的陕北边区为背景，描写了一个叫王家沟的村庄在变工互助的基础上组织实行定期的集体安种过程中所发生的故事。作为《在延安文艺座谈会上的讲话》之后产生的"优秀作

---

① 一般认为最早的集体化题材小说是赵树理的《三里湾》（1954），但《种谷记》其实要早很多。

品"（周扬语，参见马加，1982：3），小说充分体现了"文艺和政策高度结合"（周而复语，参见巴金等，1982：131）的特征。由于这一特征的形成是以社会主义现实主义的创作方法为基础的，在此，了解这种创作方法及其在《种谷记》中的运用，可以为我们对这一文学文本进行社会学解读提供理由、方向和方法上的可能性。

社会主义现实主义的创作方法是将作为艺术流派的"现实主义"与作为政治性意识形态的"社会主义"相结合的产物。前者强调文学反映现实"真实"，但这个"真实"并不一定是"已发生的事"，而是"按照可然律或必然律可能发生的事"（亚里士多德，1982），是可以超越个别历史事实，反映"普遍性"的"本质真实"。作家从生活中选取素材，通过塑造典型环境中的典型人物来表达现实生活的"本质"（陈顺馨，2000）。后者要求作家在反映生活本质、塑造典型环境中的典型人物时，必须从政治的意识形态逻辑——一种特定的应然性——出发。当这种要求走向极端时，文学便不再需要从现实中发现本质，而是根据规定的"本质"来过滤生活素材，用"真实"现象去解释既成的理论。因此，社会主义现实主义的创作方法，在一定的历史时期内，不啻现实主义文学的意识形态化。毛泽东的《在延安文艺座谈会上的讲话》（1942）将这一创作方法强调的政治性的"本质真实"与"党的立场""党性和党的政策的立场"（毛泽东，1991b：848）统一起来，要求文艺立足于党性，服务于党在一定时期内所规定的政治任务（毛泽东，1991b：866），因为后者被认为代表了人民的根本利益和现实生活的本质真实，作家要透过党性原则、党的意识形态、党的方针政策这三面滤镜来反映劳动人民的日常生活、喜怒哀乐，宣传和实现政党的政治性意图（袁盛勇，2007）。《种谷记》就是在这一文艺观指导下创作的。作者在其所理解的现实主义框架内，用"生活故事"来演义、图示、宣传这种"本质真实"，即党的意识形态和特定时期的政策方针。

1942 年，为了应对粮食紧张和财政困难，陕甘宁边区迫切需要提高农民生产积极性和劳动生产效率，而提高效率的关键被认为是调剂劳动力即"把群众组织起来"（毛泽东，1991d：928），传统的劳动互助方法，如变工（即几家农户之间进行劳动力或牲畜的协调互助，集体做工）、札工（有工头，集体为人家做工）（黄正林，2006：108～110），被当作组织劳动力的有效方式而受到提倡（解放日报，1943 年 1 月 25 日），到 1943 年，陕甘宁边区大约有四分之一的劳动力参加了各种劳动互助组织（中共西北局研究室，1957：216~217）。

《种谷记》故事展开的时间背景正是 1943 年 3 月春耕之后的播种季节，地点是陕北绥德无定河流域的一个实行减租减息政策的边区村庄，作品就是配合边区大规模重组劳动力的政策而创作的，它具体描写的是"陕北落后的个体农业生产如何走向集体生产的过程——不是集体农场，而只是组织劳动力，互助合作——变工生产，以及怎样在这个运动中改造了个人，使他们参加到集体的劳动中来"（周而复语，转引自孟广来、牛运清，1982：120）。小说的重心在于集体劳动是如何在基层乡村中被组织起来的，[1] 但是隐去了重组劳动力以应对粮荒的经济目的，突出了乡村社会改造的思想主题，这恰好可以被作为体现革命政党所理解的互助合作理想以及实施其理念化构想的极佳的分析文本。其实，与其说柳青是在"反映"真实的互助合作实践，不如说他是在为互助合作设计一条合乎其理解的理想的具体演进路径。小说所建构的"生活世界"中所谓的"新""旧"事物的矛盾消长、各类人物的思想行为方式、心理活动，以及其所体现的逻辑等，这一切都是由作者按照其所理解的意识形态的理想模式来推进的。由此，对读者而言，与其说从中可以看到那个时代的社会生活的"真实"，不如说更能够从中透析出主流意识形态诉求是如何通过具体的社会生活场景被作者所演绎的，质言之，就是可以看到党在特定时期的方针政策所追求的理想化的农村社会改造构想应以（抑或说可以或会以）何种方式、怎样的过程、什么样的逻辑来推进。因此，对这一被建构的社会生

---

① 延安边区组织农民参加集体劳动经历了两个阶段，其一是抗战前期，采用行政干预办法以一村、一乡为单位强行组织"劳动互助社"和以社为单位的集体劳动，试图打破农民"以亲戚、宗族关系为基础的旧的劳动互助组织"，如变工，但因为"不受农民欢迎"而变成"空架子"，"许多农民……愿意自己组织变工、札工而不愿意把'劳动互助社'等等充实起来"，故于 1940 年后被农民"非正式的取消了"（中共西北局研究室，1957：213；解放日报社，1943c - 10 - 6；史敬棠等，1957：277；黄正林，2006：115~116、293）。第二阶段是 1942 年至 1943 年间被毛泽东认可的"延安经验"，即利用传统的变工、札工等劳动互助形式，在"群众自愿的原则下"组织劳动力，被称作"旧瓶装新酒"。新酒意味着把"自流"的变工札工，变为有组织、有领导、有纪律的互助形式（中共西北局研究室，1957：217~222）。《种谷记》中的变工体现了第二阶段的政策，既不是将原来的变工打乱重组，也不纯粹是村民的自愿结合，而是在后者的基础上，扩大组织。

活的"表象性"文本进行分析，无疑是解答前文所涉一系列问题的一条有效的途径。

不过，以上所述还只是关于《种谷记》何以可以作为从观念史的视角来考察互助合作以及农村社会改造问题的研究对象之缘由的一个方面。事实上，革命现实主义在要求用观念逻辑来整合真实生活的同时，也要求用生活故事来展示观念逻辑。由此而言，这将使得相应的文学作品在总体上受观念支配的同时，也内含了超越观念的可能。这是因为：第一，党的相关方针政策并没有对每件具体事情的做法都加以明文规定，这意味着作家要根据自己对观念逻辑的理解来选择和处理生活故事，小说文本是作家对于意识形态与现实生活双向解读的结果。作家必须在现实生活、自己对生活的理解以及对党的政策的理解这三个维度之间寻找契合点。这之间的度其实很难把握，更何况党的方针政策也在变化，判断是否符合要求的标准也不断变化和调整。但是，从另一方面来说，如果对一位作家在不同政策时期的作品或写法进行对照，在政策的变化、调整与作品随之呈现的摇摆之间，在由这种摇摆的时间差不可避免地造成的作品的张力中，也会发现某些方面"真实"的轨迹。第二，现实主义要求"全部细节真实"和表现"完整的个性"——即"作为一个私人的人和作为一个社会存在，作为一个社会成员的人之间有机的、不可分割的联系"（卢卡奇，1981：51）——的艺术原则有时会使作品表现的生活超越意识形态观念的限制，作品中的生活细节越精确、越丰富，其可能的增量也会越多，甚至可以表露出"违背作者的见解"（恩格斯，1973b：461～463），恩格斯称此为"现实主义的最伟大的胜利之一"（转引自卢卡奇，1981：52～55）。社会主义现实主义的形成-定型-僵化是一个政治性成分不断增加、现实主义美学成分不断消减的过程，这一点在完成于其形成期的《种谷记》多少保留的"旧现实主义的人物刻画和场面描写"（柳青，1982：18）方面体现得非常清楚。第三，小说创作毕竟是伴随着作者情感活动的过程，作者的情感、趣味、好恶会不由自主地流露，会在某种程度上支配其对素材的选择，甚至，某种民间趣味（吴进，2009；雷加，1982：11～13）也会与意识形态形成张力。①

---

① 关于作品的民间性和"文学性"与意识形态有潜在分离性的分析可参见陈思和（1996）、王光东（2002）等人的研究。

事实上，《种谷记》中由于以上原因所造成的现象真实与观念演绎之间的距离，早在1950年，就受到了冯雪峰的批评。一方面冯雪峰（转引自孟广来、牛运清，1982：126～127）承认"……这部小说的价值，是在于它把当时共产党抗日根据地陕北的一个村庄的面貌……介绍得非常精确和非常详细"，小说中的"人和事……真实到非常精确的地步"，可以使人们得到一些"研究和理解在革命中的农村关系和农民生活的可靠的真实材料"，但是，另一方面，冯雪峰（转引自孟广来、牛运清，1982：128～130）也对这种"真实"提出了批评，认为，"作者服从于事实的情景，就显然超过了他服从于主题应有的积极性的展开"，小说中的人和事，还是一些"不曾被典型化"的"粗坯和材料"；"代替对社会和人物的阶级矛盾和事件本身在发展上的矛盾之更深入的分析，作者毫不厌倦地从事着现象的琐细的描写"，这些描写，对于小说的主题来说，"太费了"。

冯雪峰的批评从另一个层面为我们更全面地把握《种谷记》这一文本分析对象提供了启示。他提示我们，《种谷记》中其实展现了三条思想线索。其一，是作为"党的工作者"的柳青，以王家沟农民的生活故事，来宣传、图释和演绎革命政党的理论和理想、特定年代的意识形态、方针政策，旨在创造一个符合当时政治理念的生活世界。这一点主要体现在小说的思想主线中。其二，是作为"文艺工作者"的柳青，在"人物刻画和场面描写"中，由于太过"服从于事实的情景"[①]而保留了不能为意识形态全部容纳的"在革命中的农村关系和农民生活的可靠的真实材料"。如果说，第一条线索勾勒的是按照党的意识形态、方针政策改造乡村的成功、理想之路，那么，在第二条线索中，那些"材料""粗坯"所构成的农民生活的伦理和逻辑，以及体现为其与党的意识形态、方针政策之间存在的张力，却呈现了那一理想的改造之路所隐含的悖谬和危机，虽然作者本人可能当时并没有意识。其三，从作品所遵循的政策目标来看，小说的写作时间是1944年至1947年，在这期间，中国共产党在北方解放区的农村政策，随着抗战的结束、内战的爆发，也从1940年代前半期的以"生产"

---

① 柳青（1982：18）承认自己"在描写人物性格与场面时总是不愿割弃，甚至有意识地加以重视。我的小说《种谷记》就有不少这样的痕迹，虽然把有别于劳动人民的思想感情强加到我的人物的情况较少，但是那种描写手法显露出我有一定程度的欣赏我的人物和他们的生活之嫌……我太醉心于早已过时的旧现实主义的人物刻画和场面描写……"

发展和抗日民族统一阵线的维持（以下本文简称生产话语）为中心转向了土地改革，即革命、贫雇农翻身（参见李放春，2005）（以下本文简称革命/翻身话语）为中心。① 遵循着这一政策目标的《种谷记》也呈现出这样一种状态，后一阶段革命/翻身的主导话语嵌入在对前一阶段（生产话语主导）的社会生活政策话语的叙述中。在后一个历史时期被认为无法突出人物阶级性的内容，在前一历史时期却可能是被欣赏的。这两种话语逻辑的并置，既是作者对两个政策时期话语之间摇摆的认识上的写照，也是他对其间裂隙的弥合，这使得小说呈现出后来的一些作品所不具有的丰富性、复杂性。

笔者对这部小说的解读将大致依据上述线索进行。先分析作品想表达什么样的理想和理想化的实践过程及其逻辑——这是小说符合其写作时期的意识形态和方针政策的内容；再分析作品中那些可能会被认为是"粗坯"的故事情节，这既是小说根据意识形态所进行的设计，也掺杂了超出意识形态约束的内容，它们或多或少地传达了农民的生活、思想和道德逻辑；进而再分析后者与前述理想之间的缝隙实际上呈现了哪些抵牾，以及达致理想的方针政策、方式方法可能会导致的悖论和危机。笔者主要通过分析小说中的主要人物王克俭来展开这些线索。

三 乡村社会改造：以中农作为主要对象

（一）《种谷记》的故事梗概、中心思想和基本构思

《种谷记》（柳青，1951）的故事梗概是这样的。1943年春耕之后，县政府教育科和建设科发出联合指示："今年要在变工队的基础上实行定期的集体安种"，同时，"种谷期间，各小学一律都放忙假，以便使学生娃能有组织地点谷籽"，而在忙假前后则基本上不准请假了。王家沟村的农

---

① 李放春（2005）认为，"革命"和"生产"话语—历史实践的此消彼长及其矛盾构成中国革命实践的一个基本景象。他用这一分析框架考察延安时期（19世纪40年代上半期）与北方土改时期（1946～1948）的革命史实践后认为，前一时期以"生产"话语—历史实践为主导，虽然形成了权力与生产的密切关联，但"革命色彩"尚不浓厚，对乡村的生产主体，如中农，没有构成冲击；而后一时期以"翻身"/"革命"话语—历史实践为主导，革命与生产的矛盾突显，生产主体——中农——被问题化。

会主任、变工队长王加扶接受这个"突击工作"后，便与村干部们在村民中做工作。行政村主任、富裕中农王克俭却想方设法不参加变工，请回了女儿和外孙准备自家点种谷籽。第一次村民大会在干部和积极分子的主导下，高票通过了"赞成定期种谷，忙假前后学生娃不告假点谷籽"的决议，会后，王家沟"被组织种谷变工队的空气笼罩了"。王克俭的家庭种谷计划受挫，无奈决定参加变工。正当全村只等上级下令种谷时，传来了边区邻境伊克昭盟事变①的消息，王克俭在富农老雄的挑唆下变卦，自家悄悄去种了谷；全村人心大乱，王加扶只好向上级求助；区长主持村民再开大会，"大闹行政"，改选了行政村主任，王克俭"成了全村的公敌"，王家沟村最终实行了变工集体定期种谷。

小说通过这个故事表达了这样一种乡村社会改造的理想目标，即通过农民身份、生产方式、生活方式和生产目标的改变而形成公有制的且具有整齐划一、令行禁止的军事化特色的共同体。那时，受苦人"和公家人一样……一村就是一家，吃在一块，穿在一块，做在一块"（柳青，1951：254②）；"全给大家生产"而非"各人为各人"（65）；他们"像自卫军编班一样"，"排成队安种谷子"，"哨子一吹"，"一齐开始，一齐种完"（64～65、253～254）。③"定期种谷"④和"打钟报时制度"（40），都是为"一齐"的目标而设计的。敲钟人是雇农——无产者六老汉（97～99），他"总是王家沟第一个睡醒的人"（88），这显然充满象征意味：无产者是"新的生产力的代表，他们最有远见，大公无私，富于组织性和纪律性"（毛泽东，1991a：3）。由此，定期种谷的军事化理想又与乡村工业化的想象相连而获得了"进步"性。⑤

---

① 史称"伊盟事变"，或"三二六"事变（参见《蒙古族通史》，民族出版社）。

② 以下凡出自《种谷记》的引文，皆只标出页码。

③ 这种整齐划一的军事化理想与康有为《大同书》中所憧憬的图景几乎一模一样，"'其耕耘、收获、牧养、渔取，皆有部勒程度，其每日作工皆有时限。……然作工之时，坐作进退几如军令矣'"（萧公权，1997：415）。1958年，毛泽东曾将《大同书》与《共产党宣言》一同荐给干部阅读。

④ 在笔者所看到的文献中，还没有人提到延安时期对变工伴随有定期的要求，但是强调新的劳动互助组织形式可以建立劳动纪律，从而提高工作效率却是当时的一种共识（中共西北局研究室，1957：246）。定期可以设想为柳青把这样的认识与改造乡村的观念相结合的一种创造。

⑤ 关于军事化社会与工业社会的区别可参见于海（1993）的相关讨论。

这就是《种谷记》通过对中国共产党在特定时期政策的回应而表达的中心思想，它体现出作者对于党的乡村社会改造理想的理解。以这一理想为标准，作者做了两个推断：

> 集体劳动不仅是改变劳动方式，而且改换人的脑筋（思想）。（218）
>
> 对新社会的办法有不满的人，他如不转变，弄来弄去，迟早会倒到反动的怀里去的！（217）

在此，能否与"新社会的办法"保持一致，既是政治、阶级立场的试金石，也是小农改造与进步的归宿，它构成评判农民的政治标准、道德标准和知识标准，同时，也构成小说中乡村社会组织互助合作的基本意涵。小说的情节和人物都是围绕这样的思想认识与逻辑来展开、刻画的。而将革命政党社会改造的政治理念与乡村经济伦理相对并展现前者战胜后者的过程则是小说设定的主要矛盾冲突脉络。

（二）乡村社会改造：以中农为重点对象

小说将富裕中农王克俭塑造为最不能与集体定期种谷的做法取得共识的"顽固"人物，因而也是最需要"改变"的对象，整部小说其实就是"以王克俭来写变工队组织得怎样了"（李健吾语，转引自孟广来、牛运清，1982：130）。这种内容设计其实与中农在乡村中的人数和作用密不可分，毛泽东（1991a：5）曾说过，这个阶级在人数和阶级性上都值得大大注意。在陕甘宁边区，"中农阶级"占到了99%（顾龙生《毛泽东经济年谱》，转引自黄正林，2006：248、265；解放日报社，1943 - 4 - 1）。他们"刻苦勤劳节俭守份埋头生产"，既"讨厌封建地主的贪得无厌，也讨厌那些游闲分子和二流子们好吃懒做的无赖行为"（河北省档案馆，1990：45），是农村经济的主要力量和传统乡村经济伦理的承担主体。"当选为村长、村主任的多数为中农或富裕中农"（张闻天语，转引自李放春，2005）。变工定期种谷的目标既在于试图通过改变生产方式来改造"传统"意义上的农民以及整个乡村社会，因此，作为小私有者和小农生产方式承担主体的中农便成了改造的对象。王克俭的故事就集中体现了作为整体的乡村经济伦理与革命政党的社会改造政治理念的冲突。

小说对王克俭在经济地位、政治立场和思想观念方面做了如下的定位：这个"富裕中农的典型"有二十六垧地，另外租种五垧半四福堂财主的地（10～11），有一头年年下骡驹的大驴，"已经可以做到'耕二余一'"[1]（11）。在政治倾向上，按他的话说是"毛主席蒋委员，我谁也不反对。新社会没吃亏，旧社会也不沾光，不管怎么，我就是好好种我的地"（174）；在观念上，他羡慕"四福堂的财主"，承认举人老爷的正统地位（276～277）；在为人处世上，他"说话和态度过分谨慎"，"保证自己不开罪于任何一方面，以免在时势的变化中，给自己招致损害"（169）。旧社会他充任甲长，"保长要粮他收粮，要款他收款"；新社会又因众人念他"会写会算"，办事有经验（14），两次被选为村行政主任。

这种人物定位显然参照了毛泽东对"小资产阶级"自耕农即中农的描述：自己劳动，"有余钱剩米"，想发小财，"对赵公元帅礼拜最勤"；"胆子小"，"怕官，也有点怕革命"；"对于中产阶级的宣传颇相信"（毛泽东，1991a：5）。按照这种以私有财产的多少来衡量农民的革命性和保守性的阶级划分模式（秦晖、金雁，2010：189），王克俭属于上层自耕农，他的阶级性主要表现为政治上的动摇和自私自利（李希凡，1982：191），对于互助变工的社会变革则表现出保守性。这是作者的基本判断，也即小说要表达的主要内容，它符合意识形态所要求的"本质真实"。

但王克俭这个人物又不能为这种阶级性的"本质真实"所完全概括。这是因为，柳青又是将他作为传统农民的典型来塑造的，虽然在柳青那里，所谓传统农民也未必不是农民兼具私有者和劳动者的两重性的观念的产物。[2]

柳青曾介绍过他与王克俭这一人物模特的关系：

> 1944年春天，我在米脂乡下工作。一个行政主任为了不愿让别人使唤自己的驴，他千方百计不参加变工队。我在夏天抽空拿这个题材

---

[1] 即耕作二年余粮一年。是延安大生产运动时定的目标之一。
[2] 秦晖（2010：184－211、238－242）曾对这种农民两重性的说法做过辨析，可以参看。

写了一个短篇的初稿……

    ……我在《种谷记》里王克俭的模特儿家里食宿过两月……存恩老汉的模特儿在我出生的村里……我小时他和我父亲的关系如同存恩老汉和王克俭的关系差不多。（柳青，1982，20、22、24）

这一叙述透出了两个信息，第一，柳青从护驴的故事中首先发现的是农民"私有者"的一面，这是激发他创作的政治敏锐性；第二，他是从身边熟悉甚至亲近的人物身上选取素材的。王克俭身上有柳青父亲的影子（蒙万夫等，1988；刘白羽，1982：51；林默涵，1982：代序：4）。① 柳青将这一护驴故事移植到这些"勤勤恳恳"的"受苦人"（林默涵，1982：代序：4）身上，则更多的是要表现农民"劳动者"的一面。表现"完整的"人物这一现实主义美学原则，要求他将作为小私有者和劳动者的农民当作一个整体，完整地展现他们的心理、行为特征和思想逻辑。应该说，恰恰由于与取材对象的这种天然的亲密关系，才会使得柳青不由自主地对其所描述的对象流露出理解的同情甚至"欣赏"之情，再加之他对于"旧现实主义"那种细致、逼真的行为、心理刻画方式的热衷，这些都使得柳青对自己笔下王克俭的这个形象的感情倾向呈现出某种复杂性。② "传统乡村的经济伦理"逻辑与那种经济、思想、政治定位的内容、逻辑同时在王克俭身上出现。于是，我们通过这个人物看到了两条线、两种逻辑，一是党改造农村的思想逻辑，一是农民的生活逻辑——不仅包括其被赋予的"私有者"逻辑，还包括来自素材本身的作为"劳动者"的逻辑。它们之间形成的张力又为我们提供了材料，让我们重新考察上述那种政治定位及其后果。

---

① 据蒙万夫等（1988：7、14）的《柳青传略》，1930 年左右，柳青家的"经济条件已经上升到富民，雇长工二至三人，实行富农式剥削"。1935 年，共产党在陕北实行土地革命，柳青家"被分去二十余垧土地，全家十九口人，三个劳动力，留下土地三十余垧，窑七孔，驴一头，由土改前的富农式剥削变成了不雇一个长工的中农经营方式"。对于这样的家境，柳青（1982：11）自己曾有一个明确的概括："我出身农民阶级，成分好"。

② 写作期间政策话语的变化——由"扶助中农生产"（黄正林，2006：248）到"以贫雇农为中心再去团结中农"（李放春，2005）——使作品对生产能手王克俭和维宝一类游手好闲的"左家伙"的态度发生逆转，也是造成这种复杂性的原因。

四　乡村经济伦理遭遇社会改造政治理念

（一）　劳动本位标准与阶级话语之间的碰撞

费孝通（2000：139）对于土地耕作所承载的价值判断曾有过这样的观察："尽管土地的生产率只能部分地受人控制，但是这部分控制作用提供了衡量人们手艺高低的实际标准。名誉、抱负、热忱、社会上的赞扬，就这样全都和土地联系了起来。村民根据个人是否在土地上辛勤劳动来判断他的好坏。例如，一块杂草多的田地会给它的主人带来不好的名声。这种激励劳动的因素比害怕挨饿还要深。"孟德拉斯（2005：177、178）则讨论了传统农民何以会将种地与道德联系起来，他认为，对于传统农民来说，农民并不是一种职业，而是"一种存在"，一种自我"规定"，与农民"同生同灭"，所以，"一切为成为更有才干的农民所做出的努力都是一种自身的努力，而不是人们获得新知识或新才干。既然农民熟悉他的土地，懂得耕作。于是缺陷只能是来自实施不力、延误、疏忽、劳动不足或干得不好，总之，是一种个人自律上的缺陷……所有这些都可用一个词来概括：干劲。有才干的农民是有干劲的。干劲在这里是劳动热情和自律的同义词。"

我们在柳青所塑造的王克俭身上可以具体地看到这种农民的"劳动热情"和"自律"。

小说第一章就写王克俭的家，老婆儿媳把锅里的饭热了再热，就是等不来在地里受苦的王克俭父子回家吃午饭，因为耕作手法"过分细致"（5），他们总是比别人干得多，干得时间长（3）。小说描写道：王克俭的拼命苦干并不仅是为了增加收成，种地本身在他就是莫大的幸福，"到地里一捉住耱把，他不会想起任何事情，眼盯着铧边上无定河水一样翻滚的湿土，差不多全世界在他的脑子里都不存在了"（13）。他对饲养牲口也是全身心地投入，"对驴的关心比对自己还周到"（7），"他赶着驴上地，赶集，走亲戚，他给它喂草，饮水，吊场子，常常对它说话，伏天翻罢麦地回来，他还要蹲在小河上给它洗脸"（76）；养驴六年，从没有把缰绳交在旁人手里过，连老婆都不让插手，更别说借给村里人推磨、滚碾子、接送女客，就是地主要拿十垧上地跟他换，他都没有同意；一头大黑驴，让他伺弄得连续四年给他下骡驹子。

按照小说中的铺陈，王克俭不愿意参加变工与他的这两个特点直接有关。因为活儿干得细，在边区政府号召精耕细作的时候他得过奖（5），他的黑驴在绥德分区生产展览会上也博得了头等奖（76）。王克俭对新社会的很多事情都不理解，但却非常看重这两项荣誉，他把精耕细作奖状像符咒一样长年钉在墙上，落满了蝇子屎也不让别人摘（5）。至于那头驴子，对他来说，早已不仅是"一种生产工具，一种活动的财产"，而"是一种荣耀了"（76）。

这样的叙事使我们发现，尽管柳青意图通过因护驴而拒绝参加变工的故事来批判中农的私有者意识，但是，他又把自己所熟悉的劳动、土地、牲畜对于传统农民那种超越物质财产的重要意义纳入进来。在王克俭对于土地、牲口的那种近乎审美的痴迷和投入中，我们发现的正是一位农民的价值取向和精神追求。王克俭很以自己是"好劳动""正派人"为骄傲，也以此标准评价村里人和选择结交的对象。在王家沟村，他最鄙弃富农老雄，而且这并"不是从新社会开始的"（160），老雄以贩鸦片而非以"苦力"致富、他虐待伙计，算计东家，更纵容老婆与人私通，王克俭对他"简直是深恶痛绝了"，比党员干部都激烈，"时刻注意和他保持着一定的距离"。[①] 他评判好"受苦人"的标准是"人性、苦力、牲口"，其中又以人性为第一位。小说写道，尽管王克俭在挑选变工对象时患得患失，生怕因对方的牲口弱而使自家的驴受累，但最终还是没有挑中驴好但"没人味"的王存旺，却选中了人员"四正"但驴差的"穷汉"天佑父子。在"人性、苦力、牲口"不能兼得的情况下，他的取舍很明确。

有了这样的铺垫，我们再来看几乎成为王克俭原罪的借驴的故事。参加变工的第一天，天佑"理直气壮地"把克俭的宝贝驴牵走送粪去了，王克俭千叮咛万嘱咐，说驴怀着骡，要少驮多歇，并一直跟着天佑走到坡道下面，直到看不见，心里还想："不是变工的话，你天佑怕连驴缰也摸不到"。到终于盼到驴走过来时，却正好看到天佑踢了那驴一脚，"那一脚好

---

① 黄宗智（2000：266–267）也说过自耕农在性方面的行为和道德观念上有一种"清教徒"作风。

像踢在驴主家身上了"，王克俭终于"忍耐不住"，他絮絮叨叨责怪天佑（76～77）。小说让王克俭此时的表现显得自私、小气，还多少有些看不起穷人。但联系到前面对王克俭那种超乎寻常地爱驴护驴的叙事，了解到这头驴对于王克俭来说远具有超乎经济利益的意义时，显然又不能简单地仅仅用私有者和阶级分析的逻辑来理解他的行为。而接下来的情节却是：天佑不顾他爸的劝阻偏偏把王克俭的护驴只做了政治化的诠释——"我背，我不值钱！咱穷汉家……为个变工，把人家的金马驹弄坏……"（78），"断然"地竟自背起粪袋子，吆喝着另外两头驴气呼呼地离开了。耐人寻味的是，天佑的这个"断然"反应使他爸和王克俭"两个老汉都呆住了"，"他们还没有来得及说一句话"（78）。从这一细节描述可以看到，天佑基于阶级划分的决绝是超出乡村常理的新做法，带着一股不由分说的强势，它不仅超出了王克俭而且超出了天佑父亲的理解范围。[①] 在这种情况下，王克俭不仅参与变工失败，还成了"众人笑谈的材料，他是连解释也无法解释"（78）。而老汉偏偏又"是个强性子人"（6），从那以后，他"带着一种赌气性质的骄傲"，只和儿子一块耕地了（81）；还"赌气要和变工队比，每天也耕一垧，借以说明他们虽不参加变工队，也并不比旁人少耕！"（6）

显然，作者是认同天佑的诠释的，因为这情节正是作者本人刻意安排的，但作者同时又按照他对农民的理解，对王克俭之所以这么做的心理、情感、思想做了充分的描写和铺垫，[②] 于是，对于王克俭爱驴之原委的详细叙事就与这种阶级的、政治化的诠释并置于小说中。我们看到，老汉的"无法解释"显示了政治性诠释的强势足以使其他基于道德的、劳动能力的，甚至人之常情的解释失信、失效。然而老汉此时还不明白自己败在哪里：老汉赌气要和变工队比"劳动"的做法还是按照传统农民和乡村社会

---

① 人工变牛工或变驴工是边区农村传统的变工方式，而一般牛主或驴主变工时变牲口也出人，因为"怕牲口被人用乏了"（中共西北局研究室，1957：6注1）。可见王克俭的反应在乡村中本是很正常的。

② 柳青（1945）曾说："怀驹的驴和不怀驹的驴不能一样使用，因此弱的和怀驹的驴可以比强的不怀驹的驴少驮一点，多送几回。如果有人怕别人给他的驴驮多了，那么可以让他自己去赶牲口……"可见，柳青本人在组织变工的实践中并未把类似王克俭与天佑的纠纷政治化。这种按照政治化逻辑对王克俭借驴事件的处理，可看作是小说杀青时受到土改/翻身政策目标的影响。这一时期，党政权力在乡村基层扶植的以中农和新富农为主体的劳动模范、生产能手受到巨大冲击（李放春，2005）。

的价值观选择的，同时，这么做也未尝不是在维护新政府对他作为"好劳动"的奖励，他想用自己的强劳动付出来证明自己是个好"受苦人"，以挽回受损的名誉。然而让他想不到的是，这样做的结果反而使他更加不符合"新社会"当下的政治标准，更加疏离于日益被阶级、政治话语的氛围所笼罩的社区，更是得不到谅解和尊重，他与天佑之间"送粪变工时的那点恨"（304）所承载的阶级划分内容也越来越重；而他的不参加变工也就转化成为一个政治事件，最后，连他自己都觉得参不参加变工，就像是处于"阴阳两界"了（240）。由此，最初使老汉不愿变工的那份对土地、劳动、牲畜的珍视，那些曾使他赢得村庄尊重的，被他视为荣耀的精耕细作、精心饲养的"好"庄户的评价标准，在这种阶级、政治划分的逻辑下逐渐变得无足轻重，甚至变成了缺陷、笑柄。

因此，从某种意义上说，《种谷记》中的旧现实主义因素与革命政党意识形态的共存的特点，使我们从柳青所描写的王克俭这个人物身上，恰好看到了此时还尚属"原汁原味"的传统乡村经济伦理最初在遭遇到党政权力所宣传的阶级斗争原理时所经历的一些挫折和挣扎，而前者的败北并不是由于在道理上完全站不住脚，而是当阶级的、政治的划分标准借助于权力而形成"霸权"① 后对于它们的遮蔽和压制。单一的政治划分标准，颠覆了乡村中固有的"激励劳动的因素"（费孝通，2000：139），那是一种以"刻苦勤劳节俭守份埋头生产"为好"受苦人"的"乡村传统伦理与道德秩序"（李放春，2005：268、271）。对土地牲口经营的精心与否、好坏与否不再是判断好坏农民的标准，或者说不再是最重要的标准。这是作者在设计他的社会改造理想实践时所没有想到的。

（二）家庭本位观念与"公家"优先的道德新次序的碰撞

王克俭的家是被当成传统"封建"家庭的典型来写的。王克俭几乎完

---

① 这是葛兰西意义上的"文化霸权"概念。它"不但表达统治阶级的利益，而且它被那些实际臣属于统治阶级的人接受，视为'一般的事实'（normal reality）或是'常识'（commonsense）"（威廉斯，2005：202）。郭于华、孙立平（2002）据此"霸权"概念讨论了阶级与阶级斗争作为农民生活世界中的部分真实与国家权力的"表达性建构"之间的关系。正是"表达性建构"与客观现实结构之间的部分相同，才使阶级斗争话语"霸权"得以形成并被视为"常识"而被接受。但也正因为它只表达了"部分真实"，所以，当它成为"霸权"时，便不可避免地压制了其他部分真实的表达。

全是遵照他在冬学里背过的"朱子格言"（12）来理家的。除了日出而作日落而息，男外女内的生活模式，小说突出描写了王克俭治家的"精细"，"在这家里……没有一颗粮食或者一张小票不经过他的手出入"（11），私账做得和公账一样，一分一厘都不差（12）。老婆也是苦心节用，"给她一盒洋火，她几乎会用到一年，恨不得一根一根抽给媳妇"（11）；"一双小脚差不多每天都要踩遍大门以内的每个角落。媳妇搂柴在院子里掉下一根，她都要捡起送到灶火跟前"（9）。一家人齐心合力，都在为这个家忙乎，出嫁的女儿必要时也被请回来帮忙。王克俭为坚持不参加变工就请回女儿外孙，让外孙为自己点种。总之，王家自给自足、夫唱妇随、儿女孝顺、克勤克俭，是个完全符合传统齐家标准的小生产共同体，或者用费孝通的话说，是个求效率讲纪律的"绵延性的事业社群"（费孝通，2005：41）。

它同时也是一个情感共同体，女儿带着外孙回家，全家团聚是小说中最温情的部分，夜晚吹灯后母女在炕上说着最温暖的体己话（146~147）、王克俭对母女们"委婉曲折的责难和亲切的煽惑"的默然接受（155、226），都细腻而富有感染力地展现了王家讲纪律背后的天伦之乐和微妙的夫妻情分。

但是这种以私有制为基础的小家庭共同体在作者所憧憬的集体劳动理想中是不能有位置的。它自身越是自给自足，越亲密，就越难以与集体劳动的要求相协调。所以，变工集体定期种谷也承担了改造这类家庭的任务，这是走向乡村社会改造理想的第一步。王克俭的自家种谷计划落空，因为不仅王家沟，他两个女儿的婆家所在的村落也"组织起'集体'了"（370），他的外孙们必须按照县里的规定在统一的忙假期间为本村的变工队充当点种娃娃，因此被孩子的父亲接走，再不能为王克俭的家庭共同体出力了。"众叛亲离"的王克俭（371）任凭他劳力再强，由于家庭人手不够，怕也无法保证适时种谷了，而这样一来，加入变工集体种谷就成了他唯一的选择。

柳青按照在社会和生产运动中改造私有制基础上的旧家庭的理想，经心设计了王家这个紧密的生产共同体"众叛亲离"的过程和结局，把这当作集体劳动对于改造旧有生产方式和家庭观念的胜利——事实上，小学生统一放忙假和集体定期种谷两个规定的相互配合就是要给农民的家庭经营制造障碍。但是作者的叙事和所流露的情感却不这么单纯。一方面,他揶揄王克俭节俭到抠门儿的治家之道,以为是私有观念之敝;另一方面,他又体谅到这抠门儿是缘于"受苦人"生活劳作之艰辛,小说写王克俭老婆节水节柴的心理:"水是石缝里淌出来的,但它不能直淌在水瓮里,需要受苦人一身汗一身汗地去担;为了在农忙时期节省他们的精力多做地里的活,她都谆谆告诫媳妇节用"(9);小说也写出"会过日子"(157)所体现的是为乡村所激赏的克勤克俭品德,所遵循的是成功(好)农民的评价体系。一方面,他赞赏并设计了集体变工的大潮对这种传统家庭生产生活方式的改变、摧毁,另一方面,又对这种家庭共同体中的生产、生活方式自然地流露出留恋之情。于是,关于"齐家"的两种理想两种价值标准在此并置起来,使我们看到了其间的复杂性。

齐家,在传统乡村中,是男性家长的首要职责,也是他的荣誉所在。正如孟德拉斯所说,由于乡村中家庭与职业是混淆在一起的,"家庭经营"是把包括经营、土地、房屋,以及家长的技术才干和经济成就等"一切事物都如此紧密地结合在一起"的,因此,家长的"职业成就","既是以家庭经营中生产资料的增加来衡量的,同时也是以家庭的生活水平来衡量的","对传统农民来说,有才干的农业劳动者就是能够种好很大一片田地的一个大家庭的家长"(孟德拉斯,2005:89)。王克俭就自认为并被公认为是这种有才干的农业劳动者/家长,且颇以此而自负。所以他对王加扶的不好好"过日子"很不以为然:

> 好我的玉成兄弟……你不要照顾我,我会过日子,照顾你自家吧!看你婆姨操劳的那个样子,你的娃娃们褴褛得和讨吃的一样,你开起会还口口声声丰衣足食。(157)

其实,不仅是王克俭,在对家庭责任的理解上,王家沟村里人——包括农民党员——的标准基本是一致的。在村党小组会上,其他农民党员也给王加扶提了"老人老,娃娃们小,吃饭嘴多,做事手少"的"缺点"(244);甚至王加扶本人也认为"他们算把他批评到骨子里去了";他也责备婆姨落后,但一想到自己其实没有尽到家长的责任,把全家七口吃饭穿衣的担子整个压在婆姨一人身上,"火性便自消自灭了"(245)。

但是，区委组织科长听到这种"缺点"后，大笑起来，认为他们所说的王加扶的"缺点""正是他的优点"，因为"这种情形他还积极工作"（244）。

作者有意借组织科长的话提出了一个全然不同的评价标准："工作"比"会过日子"更重要，在工作所代表的公家与家庭所代表的私人的关系中，前者是第一位的，先公后私、公而忘私是高尚的。所以，以这个标准来看，王加扶大可不必对家庭感到愧疚，他甚至还可以因此而自豪。小说用王加扶都不理解这怎么算个"优点"来表明，对于传统农民的家庭观念来说，这是一种多么大的颠覆！在传统儒家修、齐、治、平的理念中，其治理过程是由个体、小共同体逐渐扩大到国与天下；相应的道德、责任也有一个以"修齐"为基础，从小到大逐级扩展的序列。尽管先公后私也是儒家思想传统之一，而且，在儒教秩序中，私利，归根结底，"只有当它能在一种家长制和世袭制的政治秩序中为个体做好公共责任的准备时才受到重视"（德里克，2006：55），就是说，"修齐"只有在为"治平"做准备时才受到肯定，其本身并不具有独立的空间；但由于传统社会中"治平"这样的公共事务只对统治者和能够参与政治的人才有意义（德里克，2006：55），因此，对于无权参政的普通农民来说，齐家之"私"利也被默许为他的"公"义边界。等级制的存在，反倒使得公与私在儒教秩序中会显出某种灵活性。从理论上说，"兼济天下"与"独善其身""忠"与"孝"可以有同等的道德正当性。但是在组织科长所表达的价值评判中，这个治理序列被绝对地倒过来了，其适用对象也扩大到普通农民。先有大家才有小家，先有公才有私，国之不存，家将安附。小说中特意为这个理想设置了"模范"王存起的新式家庭。存起是村民小组的参议员，媳妇是村妇女主任，且是小说中唯一给自己取了名字（郭香兰）的妇女——这意味着她不再是附属于家庭和男人的婆姨，而是以独立身份加入集体的"分子"；他们的小家庭在夫妻都是为公家工作的"模范""急紧分子"的前提下达到了和谐、亲密；同时，"已经迅速向中农发展了"（27）。齐家的地位在动员农民参与"工作"的"平等"中被降低了。而且由于在社会主义理想中，大家与小家、公与私这个序列的终极是家庭因其与私有制的关联当被消灭，所以齐家本身如不能附丽于更宏大的国家政治目标，更失去了政治、道德正当性。个人不能以为家庭或家人的理由拒绝为公家工作。① 这个治理新序列，从道德层面看，从为国家—为集体—为家庭—为个体，也形成一个由高到低的级差。次一级的责任、道德的履行，只有从属于上一级时才有正当性；而对上一级的责任、道德的履行却可以牺牲下一级的责任、道德。王克俭的家庭观及其所连带的责任意识、克勤克俭的品德，就是在这样的等级序列中失去了正当性；而王加扶的不能对家庭承担责任，也在这样的等级序列中变成了"优点"。

后来，王加扶家矛盾的化解，也不是由于他为家庭承担更多责任，而是由于他用公家的药而不是靠老婆的求神问鬼治好了小儿子的病，老婆的迷信强化了王加扶不管家的道德正当性，这便又是用政治正确代替了家庭责任。最后老婆也想成为像存起媳妇那样的"分子"（312），从而解决了加扶家庭的矛盾。但是，我们看到，他家里缺少劳力的情况并没有改变，王加扶一日忙工作，老婆就一日走不出家门。不仅是家务，小说还提供了一个细节，王加扶因忙着组织全村人变工，没办法参加自己的变工组与组员们互助，这让他的婆姨很不安，"你和人家互助，那也得'互'啊，好像驴啃脖子一样，这个一停止啃，那个也啃不久了"（101）。她担心这会引致变工互助的垮台。② 然而，吊诡的是，一心扑在组织变工事务上的王加扶对此却几乎没有反应，在小家、"人家"（乡邻、村庄）、公家这一重要性层层递进的新序列中，婆姨的这点"不安"甚至也被归入了"落后"的表现。

结果，我们发现，只为"公家"忙的王加扶和只为自家忙的王克俭，都难以为左邻右舍的变工互助出力。但是二者在道德新序列中所受的评价却很不同，前者受到鼓励和表扬，因为那是在为更高序列等级的公家"工作"，而后者则因其为低等级的家庭操持而受到批判。

总之，在有关王克俭与家庭的关系的描写中，虽然作者旨在写出在生产活动、群众运动中改造旧家庭、"改换脑筋"的实践，但当他将两种家

---

① 就此问题，可以参见德里克（2006：56）对近代国家主义者在解决私与公的问题以建立新的国家秩序过程中何以延续了对个人的社会和政治压迫，反而阻碍了创造国家的论述。

② 在现实中的确存在干部不好好参加互助劳动，"只挂上一个名"的情况，因此，"一般群众不愿与干部互助"，《新华日报》曾批评这些干部"不仅不是推动互助，而是拆台"（《关于互助劳动中的几个问题》，《新华日报》（太行版社论）1944年5月19日。转引自史敬棠等编，1957：189）。但王加扶显然不是这种坏干部，这就更能说明小说对这个新序列等级的推崇。

庭观念及其逻辑并置时，却为我们展现了更为复杂的内容和矛盾。一方面，他批评传统农民的小家庭本位，认为那会导致社区公共互助的缺失，并最终导致与公家"办法"的离心离德，即政治上的反动；另一方面，他又对作为和谐亲密、勤俭本分的小生产共同体的传统农民家庭——好人家——表达出十分温厚的情感。一方面，他推崇先公家再小家的治理新次序，以及缘此而形成的政治标准下的先公德后私德，甚至以公德取代私德的道德级差；另一方面，在他的描写中我们又可以看出这种治理新次序及道德级差在实践中造成的另一种困境（当然，柳青本人对此并没有意识，他以为，解决了上一级的道德问题，下一级的问题自然会迎刃而解）：其一，一心为公家和一心为自家都可能造成对社区互助的弱化；其二，公家工作优先的观念、逻辑、做法对于勤俭持家、家庭责任，甚至社区村民互助等道德行为可能的排斥。

（三）村庄社区本位与政府公权力的碰撞

先看王克俭对公家（公务）的想法和应对办法。小说写王克俭想不明白村干部和工作人员何以要力促变工集体种谷：

> 他很怀疑他们遵照县上指示的程度；因为上边一再说自愿自愿，而他们却想着各种名堂要把人都"逼"到变工队里……在他看来，他们不仅弄不到好处，到头来恐怕把全村都搅成冤家对头了……他认为工作人员之所以不顾一切地发展变工，那是为了朝他们的上级显功，因此你向他们提出任何变工的困难和弊端，都是枉然徒然；而村干部是老百姓，自己还种着地，每天受苦受累断筋骨，不知他们哪里来的那股劲？减租算账说是为了过日子，扑在前边还有理由，这变工又是为了什么呢？
>
> "儿要自养，谷要自种！"老汉想起一句名言来，质问他面前的枕头一样，问："一群人领一群娃娃上地，能种好谷吗？"随即转脸向窗户……粗鲁地说："能种好个×！"（84~85）

看得出来，在王克俭心里，公家/工作人员/公务与乡村社区/"受苦人"/村务是被分得很清的。首先，受苦人就是受苦人，工作人就是工作人，他把前者统统看成老百姓，不论他是否是村干部，把后者统统看成官家；他认同于前者而自外于后者，但同时也会瞧不起前者而恭顺于后者，但恭顺并不等于信服。就拿变工集体种谷这事来说，对于村干部，一方面，他怀疑他们的政策水平，另一方面也不认为作为"受苦人"的他们能得到什么实惠；对于公家的工作人员，一方面他承认他们的权威，另一方面，他也不认为他们的办法真是为村里人着想。

在他的观念里，官家与百姓是有不同的活法和打算的，因此，百姓不能完全按官家的办法做，可官家又管着百姓，不能得罪，那么，对官家的办法，他的经验就是表面应付，私下里该怎么干还怎么干。比如对变工这事，小说里说，"刚开始发动生产互助的时候，行政并没有打定主意不参加变工"（72），"他提过一个十分简便的方法……把全村的户长们召集起来一宣布便行了……让教员填表造册报告上去往后大家随便就好了"。让他始料不及的是这套糊弄官家的手段马上被工作人员看穿了，工作人员批评他说这种"老甲长作风吃不开了……他得转变作风，和贫农积极分子一道好好工作"（73）。

其次，我们再看王克俭办村务的态度。与应付官家事的"老甲长作风"不同，王克俭办村里的"公事""还差强人意"，无论是"割路条""打介绍"，还是"到政府去结公粮公草的账目"，"当合作社王家沟的股东代表去查账分红"，"粮草款项，账目一清二楚"（303）。虽然不积极，但没有坏毛病，所以"众人也能要他当"，王加扶对他也充分认可（303）。在他认为是为本村争利益时，他甚至不惜得罪外村人：

> 公粮本来很轻，但他希望王家沟更轻，在全乡的公粮评议会上为着本村每户和旁村人比较财产和收入，他不知替村里人撒了多少谎，和旁村的行政争执得面红耳赤……"我为自家的事也不惹人……"王克俭最后痛苦地沉吟。（349～350）

他的表白让"乡长听得怪生气"："对！只有公粮评议会，你到得顶早，话顶多！选出评议员是为了公平合理，你叫王家沟的人轻一点，那个村子重一点？啊？"（350）

以王克俭的精明和谨慎，他未必不懂得这表白会得罪乡长，但他似乎并不特别在意，与外村人乡长相比，他更在乎"村里人"，只要村里人能明白自己，不说三道四，外人——即便是长官——说什么似乎都不太要紧。于是，我们再次发现了王克俭心目中对村里人—老百姓和外村人—官家的区分。"村里"，才是他进行生产和"活人"的地方，是他的尊严、道德和责任所适用的边界。为村里人办事，在他来说，就是为公众服务，所以他可以接受"旧脑筋"之类的批评，却对"不能替众人服务"（341）的指责感到"未免冤屈"（349）。

作者写出这两件事——对公家事务的敷衍和对本村利益的偏顾——一是批评"甲长作风"，二是要批评村庄本位思想。在作者看来，新社会的"公家"不同于旧社会的官家，它是为老百姓—公众服务的，而且这个"公"并不局限于某个村庄，它是超越村庄的大公。所以新的村干部不应以"甲长"的方式来应付它，因为应付公家就等于拒绝"替众人服务"（341）。联系上述王克俭与家庭的关系来看，作者在这里批评了王克俭心目中的权重序列——在家庭与社区利益冲突时，他维护家庭，在村庄社区与外村或公家利益冲突时，他维护本社区。作者认为这种以自我为中心的权重序列是需要改造的自私、狭隘的农民意识。

的确，这种对自己人和外人（杨宜音，1999）的区分鲜活地体现了"特殊主义"（费孝通，2005：35～36）的道德标准。但是，作者对王克俭的做法、心理及其逻辑的捕捉是全方位的，在小说给定的情境中，王克俭这种狭隘的、有碍于普世价值之形成的村庄共同体意识，所面对的是来自各种权力的强制力量，他那狭隘的公心和私心都是包含在官民有别的逻辑中的。当王克俭把官家（"衙门"）与公家混为一谈时，他是把它们都当成外部的、异于"老百姓"的力量来看待的，变工集体定期种谷是"县上指示"，像过去衙门交办的一切差务一样,[①] 不知能给"受苦人"带来什么"好处"，所以他几乎本能地采取了表面敬畏实则是敷衍和糊弄的策略。他

[①] 边区政府也承认："群众……认为今天的辖区政府和过去的政府差不多，均是办公家的事而已"。甚至"群众认为我们现在教儿童入学念书是公差事，如某家去了当了兵，如果再教他儿子念书，他反说我们去了一个当兵的，为什么还又给我派下一个学生……"［《陕甘宁边区政府训令——复边府庆环工作团关于环县工作的报告（附一）》（1940 年 7 月 22 日），参见陕西省档案馆、陕西社会科学院合编，陕甘宁边区政府文件选编（第二辑），北京：档案出版社：330～334。］

曾用这办法成功地抵挡过旧有国家权力对村庄的入侵，① 但这在新社会却行不通了，一方面，如上文分析的那样，新社会里官与公是一家的逻辑不仅使敷衍公家与自私的道德批评挂钩，更与被认为趋向反动的政治评价挂钩；另一方面，新社会还有一最大特点，即公家就是要——以"民众参与"的运动方式——全方位强力介入乡村社会，无人可以置身度外。

小说特意描写了这种强介入使王克俭产生的极大不适。"不是订农户计划，便是组织变工队；不是动员合作社股金，便是组织妇纺小组，识字班，读报会，黑板报……""弄得神人不安"（15）。王克俭觉得"昏头晕脑"，"便是跟他们也跟不上了"（15）。"去年以来，他经常想起那句'白地的税，红地的会'的口头话来，觉得还是保甲时代无事，税多是多，但要了便不管你了；而现在，三天两头开会，倘若上边下来工作人员，那便连隔日子的时候也没有了"（15）。让他最不理解的是公家对生产的直接干预：

> 他想不透公家为什么给老百姓添这么许多麻烦……工作人员……拖着棍子分头在四乡奔跑，叫受苦人多上粪、多锄草，宣传栽树，一有工夫便溜崖、拍畔、增加耕地。难道这不是多余的吗？那一个受苦人不懂这些呢？乡政府的门上老挂一把铁锁……乡长和乡文书则像讨饭的叫花子一样，一夜换一个睡觉的地方，把人家往地里送的粪，栽活的树，溜的崖，拍的畔，甚至挖的水沟的数目都填到表里去了。而有人要找他们开路条，打介绍，或者说理，却必须逢人打听他们的去向，到处追赶；你追至王庄，又听说他们早到了李村。这像什么公家，什么衙门哩？（156）

---

① 黄宗智（2000：232、237、250）认为，与村中的显要人物（士绅）容易进入官僚机构和贫雇农的流动性不同，中农的财产、生产活动范围和社交网容易只局限于村庄，因此，他们更关注本村的事务。他们与国家政权的关系也不同于长工无产者，自从清政府实行"摊丁入地"后，出于切身利益，关心税务的主要是有地的自耕农，"他们也是最有可能参加抗粮运动的人"。因此，"以自耕农为主的村庄，一般都能维持它们相当紧密的村庄组织"，使村庄具有"闭塞性和内向集合性"。他们"认同于自然村的利益多于外界的政权"，"不会甘愿作为外界政权的代理人"（黄宗智，2000：251~264）。刘少奇也注意到中农"对于一切问题都是从本身利益出发。谁去骚扰掠夺他们，他们就反对谁，解决谁。不管你是日军、伪军、抗日军队，或者政府、土匪和什么党派，他们的政治立场是中立的……"（转自黄宗智，2000：256）

小说里对公家全面介入感到不解和不适的并不只王克俭，王存发老汉说："什么公家都要管……我看，哼，怕慢慢连我和我老婆黑夜睡在被里办的事，公家也要定个期哩"（184）。甚至赵教员对于上级层层下发表格的做法（246）也提出了疑虑：

> 表格像雪片似的发来，把他填过的统统积存起来，怕早够他背一背了……而老百姓对填表又是那么冷淡麻糊，他要做到正确可靠，有时真是作难。譬如：有一回填植树的表，他问："你栽活了几卜？"回答是："七八卜。""究竟是七卜还是八卜？""你看着写吧，我看有两三卜要死不活的样子，到头也只能活四五卜……"你叫他怎么填呢？（242）

柳青当然是赞赏这种强介入的，认为是对于传统乡村生活生产方式的改造，王克俭们的不适是出于落后的农民意识，但是他所捕捉的人物心理并不能全用落后自私狭隘来解释。比如关于边区"开会多，误工多，调查材料多，来往人员多"，使劳动能手应接不暇，给民众增加负担，一直就受到批评："一个成年的人，一年中间大概参加一百五十次会议……因为集会太多所以许多群众提出了意见"（左健之，2004：181；解放日报社，1945年1月7日）。因此，"添麻烦"和对上级文牍主义的抱怨或多或少地也反映了柳青本人的困惑，他已经发现宣称为公的公家也不能避免官僚主义。但小说是以"顽固"人物说怪话、"坏话"的方式提出问题，这使问题本身缺少了正当性并被轻易化解了：干部介入生产"添麻烦"问题被转化为中农的旧脑筋和阶级偏见——视旧官僚的养尊处优为正宗而看不上新式干部的工作作风；而教员对填表的抱怨又被转换成知识分子在乡村工作不深入，因为不识字的王加扶填表竟毫不费力（247）。

但是，不管怎么样，我们在这里看到了公家的逻辑与农民的逻辑之间的碰撞。在对官与公关系的理解上，依前者，新社会的政府即是公家，其所作所为自然也是为公的，因此，敷衍公家工作，不论是出于为自家还是出于为村庄的目的，都是小农自私狭隘的表现，在理想上，公家的公是超出具体村庄、团体边界的全体人民的大公。依后者，公家就是官家，为公家办事就是为官家办事。但官事与百姓事不是一回事，工作人员是做官事，通过向上级显功获得利益，衙门是公家的利益边界，他们是利益同共体。老百姓则是要从自家的种谷中、从村庄中获得利益，村里事是百姓的事，作为老百姓的村干部为村里办事才是为众人，不能跟着官员跑官事，村庄也是村民的公的边界。

基于这种对于公私与官民的不同理解，对于王克俭来说，公家对生产的介入，是官府对老百姓私人领域的干预，"谷要自种"与"儿要自养"一样，天经地义地是老百姓的私事。除了纳税，与官事无涉。现在政府要规定种什么（大日月谷）、怎么种（变工）、何时种（定期），实是打破了官事与民事的界限，干了它不该干的事，说是指导生产，却"麻烦"了老百姓，说是为了团结，却搅得村里人成了"冤家对头"。对于公家来说，它就是要推行自己的理念，"把生产作为建设乡村领导权的重要政治场域"（李放春，2005），"重新组织农村经济"（塞尔登，2002：203），通过改造小农一家一户的生产方式来改造农民的私有者习气、思想，使他们成为集体"大公"的"分子"，从而一致行动。按照这个逻辑，公家的做法即是为公的，不按其办法做就是私，不论是为个人还是为村庄小团体，因为小团体主义是个人主义的扩大化（毛泽东语）。与此同时，公家介入生产的过程也是树立新的官员形象的过程：工作人员穿得像叫花子一样天天下乡，而不是坐在衙门中，高高在上，就是要表明公家不是官家，工作人员不是官，他们是为公即为百姓的，是与百姓平起平坐的，是一家人。只有留恋旧的官僚等级制的人才会看不惯公家人的这种新做派。

按照公家的逻辑，一面敷衍集体定期种谷的公务，一面却勉力于为村里人少交公粮的村务而计较的王克俭就成了一个自私自利的、不为公众服务的、看不上公家的干部，只崇拜旧社会官僚的"顽固"。这是柳青想告诉我们的。但是如果我们把小说中呈现的王克俭的逻辑与之相对的话，显然，这个定论不能完全解释后者。

在公家的逻辑和王克俭所代表的农民的逻辑的碰撞中，我们发现，在为公与为私，为官与为民之间其实界线往往是模糊的。新政府以为公的理念，推进乡村社会的生产改造，做出了许多区别于旧式官家的努力，并顺理成章地把不按公家办法办的人指责为自私。但是在王克俭们的眼里，公家与官家一样也是向百姓收税者，所以它与百姓的想法和利益不会一致，百姓对于官的义务就是纳税，当公家除了收税还要介入村庄的生活、干预受苦人的生产时，由于他只感到这做法给受苦人带来的麻烦，所以除了按以往经验将其理解为官员的私利外，他想不出有别的解释。所以，在他看来，按公家的办法办官事是为了某些官员的私利，而办好村务才是为了众人，为本村人少纳粮而争更是让全村人受益的公事。在公家的逻辑中，公家（工作人员）既代表公也代表了民，三者是相等的，但在王克俭的逻辑中，公家是官家，代表不了公，也代表不了民，三者并不相等。他并不以为公家所宣称的"公"中包含了自己和自己的村庄；同样，当乡长批评王克俭不该争着让本村少纳粮时，也是把单个的村庄及其众村民排除在了那"公"之外的。那么，在小说以公家的大公的逻辑简单地否定了王克俭的村庄小团体的逻辑后，却呈现出这样一些更复杂的问题：村里人与公家人，村庄共同体的事务与公家（政府）的公务之间究竟应该形成怎样的关系？公家（政府）的利益、村庄共同体的利益、村民个人的利益以及全体人民的利益之间究竟是什么关系？公家（政府）是否天然就是为公的？村庄共同体能不能有独立的利益和权利，农民的主体性能否存在，它们与普适的价值观如何协调，应该如何表达？等等。

总之，通过以上的分析可知，在王克俭这个人物身上，纠结着一位传统农民在劳动、土地、家庭、村庄社区和政府关系等方面所秉持的价值观念、行动方式遭遇到"新社会"所要求的价值观念和行动方式时所感到的不适、所产生的冲突。当不按上级的"办法"办就会从旧脑筋走向"反动"的逻辑笼罩一切时，王克俭最终因被指责为"为少数人引邪路"，妨碍齐心一致地完成上级任务而被村庄孤立了。

（四）乡村文化、地方性知识与权力介入生产之间的碰撞

小说中还有一位与王克俭形成互补的旧式农民典型，即王克俭的挚友——"善人"王存恩老汉。这个人物是被当成乡村旧文化的代表来塑造的。小说借此表达了这样的意思，集体定期种谷是历史上没有过的新事物，它就是要破除存恩老汉及其所代表的旧观念、旧风习。

善人七十多岁，戴瓜皮帽留辫子，不仅"是王家沟一个特出人物"（133），且于方圆三二十里内都有名望。他充当庙会的纠首，是王家沟的活历史，又精通"皇历"，谁家丢了东西、亲戚害病、打土窑破土下线、

受惊叫魂，他都去掐算。他"菩萨心肠"，"对什么人都是一样的好心"
（133），但他也有原则，对品行不端的富农老雄从不掩饰鄙视之情（159）。
他不反对新社会，认为八路军既能混到现在这么大，毛泽东必然是"有点
星宿的人"（134）。他对村庄社区很有责任感，不仅表现为刮大风时，他
会为了全村人爬到高山上念咒语（264），更表现为积极为村庄事务发言，
他怕因自己的沉默而铸成大错，对不起全村的人，有碍于他死后的前途
（134）。这与明哲保身的王克俭不同。他周围团结着相当一些农户。老汉
从不搬弄是非（232），小心谨慎的王克俭只有"对善人是无所不谈的"。
老汉重视自己和朋友的名誉，从不让村里人说"不是"（234）。老汉与朋
友相交有分寸，"好兄弟高打墙，亲戚朋友远离乡"，他与王克俭"相好虽
相好……可不愿搅在一块"（194），相互间不发生经济纠葛，甚至不在对
方家中吃饭。

作为乡村旧文化的代表，瓜皮帽、辫子、"皇历"、口头禅"古规程"
等是小说中突显存恩老汉陈旧的符号，但这些符号却又是与老汉的农事经
验、乡村历史记忆，以及为人处世原则、社区责任感、道德感混杂在一起
的。这就使老汉的形象体现出一种整体性的乡村旧文化。因此，当村自卫
军排长维宝等"激进派"以老汉开口闭口不离"皇历"为由把他像一碗水
泼在地下（330），而且一点都不"原谅"时，我们发现所泼掉的并不只是
迷信。

作者特意描写了存恩老汉与"维宝一派"（42）之间在行为举止、为
人处事等各个方面的格格不入，存恩老汉戴瓜皮帽留辫子，维宝却像干部
一样扎皮带留分头；存恩老汉从不发脾气，维宝却是火药筒，一点就着；
存恩老汉与朋友的关系是"好兄弟高打墙"，维宝和农会副主任残福子则
是亲密的打不散的同志……"仿佛他们活的年代之间前后错着好几百年"
（133、135）。

存恩老汉和维宝们最大的不同是对待集体定期种谷的态度。

在村民大会上，存恩老汉对定期种谷提出了反对意见，理由有二：其
一，从本地的气候上说，种谷的时间可以拉得很长，没有必要定期："芒
种糜子乱种谷"，"这是古规程嗳，凡是受苦人谁不晓得哩？种谷这一则要
看天气，再则还要看你地里的生活是不是方便……"（136）其二，从上级
领导的经验上看："冯县长我晓得，他老人倒是个好劳动，可是他本人从

小念书,后来学织毡子,长那么大,手没挨过镢把,他能批示好这号事吗?……我看定期种好了,众人的福气;种坏了哩?公家为了咱,不是反倒害了咱吗?"(136)他的结论是"变工是可以,定期是不好"(137)。

由此可见,存恩老汉并不反对"变工",他反对"定期"的理由主要有两点,一是出于气候条件的考虑,二是出于规避风险的考虑,这两点都来自其多年的农事经验。他提出看地里的生活是否方便也是从实际出发的,小说中提到,一些贫农也因各种困难而难以"定期":王存高父子因为眼疾看不清谷和莠子,早已不适于种地了,多数时间是到延安工程队背石头,定期种谷会影响他们的活路(108~110)。王加明因为土地少,只好每五天赶上自家的瘦驴到边区外面贩炭,以添补种地之不足(110~111),他也愿意种些生长期短的小日月谷以渡过青黄不接的季节;"定期"会影响他的基本收入和生活。① 但这些道理都没得到回应,唯独老汉提到的"皇历"被维宝抓住不放,于是这些理由也被轻易地归入于"迷信"之列,在维宝们的哂笑中(137),一起被否定了。

维宝对变工集体定期种谷的态度则完全相反:

> 他只有一个理由,便是相信毛主席既然"发生"了"组织起来"的运动,到时总有办法出来的。他说以前……怀疑公家有些号召硬是行不通;自从住了一期训练,在绥德逛了一回,他放心了,党和政府里有的是能人,不要看他们手洗得顶干净,老百姓的事他们竟全通。所以他的结论是只要上级有指示,他们只有勇往直前……(47)

第二个最大的不同则体现在生活方式上。存恩老汉和王克俭是一类人物,都是依照乡村的经济伦理和道德行事的,被他们视为荣誉的是"好劳

---

① 柳青选择王加明这个人物是有根据的,像他这样过着"半种地半赶驴"日子的农民在绥德并不在少数。在1943年的绥德,"租佃改革不可能使贫农免除挣钱的需要。他们必须外出打工或从事非农工作,以挣得仅够基本生存的额外收入","事实依然是没有足够多的土地满足绥德甚至半数人口的基本生存需要"(Keating,2004:402、408、423-424)。但是在小说中,却将它们归咎于农民的不齐心而否弃了。其中原因,当与柳青把"定期"当成改造农民的关键有关。若按张乐天(2005:53)的划分,"定期"所包含的统一安排作物种植计划的内容已是19世纪50年代对初级社的要求,这是"朝背离传统的方向跨出的重要一步"。

动""会过日子""正派"。而"维宝一派人物"则不太一样。他们是：

> 恨不得一下子在王家沟实行共产主义的激进派……都是头顶上没
> 有老人管教的年轻人，有几个已经二十好几，连婆姨也没有……以前
> 苦也不重；组织了变工队以后更清闲。他们这一流人从前把空余时间
> 都消磨在名誉不大好的婆姨们跟前，新社会一转变，都用到"工作"
> 上来了，减租算账以后，娶亲的希望愈来愈大，"工作"的热情也随
> 着愈来愈高。(95)

两相对比，可以发现，其一，后者不仅缺乏生产经验，同时也缺乏前
者那种对于土地、劳作的眷恋、热情和投入，生活上也不像前者那么检
点；若以"人性、苦力、牲口"的标准来判定一个农民在村庄中的名声的
话，这一派人是无法与存恩老汉和王克俭们相比的。但是，"新社会一转
变"，唯独在对待公家的"工作"上，他们的热情、投入超过了前者。"工
作"不仅带给他们个人生活以美好希望，而且，因为对公家号召的无条件
拥护使他们比存恩老汉们更具有政治正当性，更能获得新政府的支持，所
以，工作也带给他们成就感和荣誉感。由于"工作"被认为是为公的，代
表了进步的方向，这些青年也自然成了取代前者代表乡村未来的新人。在
这样的脉络中，被当作乡村未来之寄托的"新农民"，他们在与其土地相
连的勤勉劳动、本分生活、本土知识以及凭此而获得的"名誉、抱负、热
忱，社会上的赞扬"等方面的疏离似乎被赋予了某种正当性；而拥有后者
的人却因对"公家"的"办法"有异议而被视为"旧脑筋"和"反动"，
从而尊严扫地、被边缘化。由此，我们不难发现，以对"公家"的"办
法"拥护与否为标准而建立起来的新评价体系使乡村中"激励劳动的因
素"开始失灵，这对于乡村社会价值系统的颠覆将是根本性的，尽管这些
乡村社会的价值，曾经还一度被新社会表彰过。①

---

① 李放春（2005）分析了此时乡村生产型精英被翻身斗争积极分子取代的过程，以及这种
  取代对于乡村经济和道德秩序的损害。中国共产党的一些领导人也对中农阶层在乡村中
  所承载的生产和道德功能表示认可，如时任西北局书记的习仲勋（1995：43-47）就曾
  说过："老区就要不怕中农当道，真正的、基本的好群众在中农阶层及一部分贫农中"，
  他还说："至于生产，在农村，那倒是中农领导贫农。"

其二，存恩老汉的迷信与维宝一派的叛逆也是被作者当作一反一正的榜样的，不过，人们同样可以发现，这派新人虽是以传统权威的叛逆者形象出现——他们不屑于"皇历"所象征的那种"迷信"，一心想以"新"办法来建设新农村，然而，这些人一方面不仅对本土的生产知识采取了完全无视的态度，而且，另一方面又单纯地无条件拥护并相信公家的"办法"。与此相对，存恩老汉一派虽是传统权威及其捍卫者——他们崇拜"皇历"及其所代表的"迷信"，但同时也尊重基于自己劳动实践的本土知识，包括认同变工互助的经验，并基于本土知识与经验对公家的"办法"提出质疑。前者被誉为叛逆的新人，却表现出另一种迷信和自主性的丧失：对公家办法的迷信和对本土知识的轻易放弃；后者被指为"迷信"守旧，却表现了另一种自主性：来自本土知识、劳动经验和社区责任心的自主性。政党权力出于政治标准或政策目标强力介入生产，对两者或扶掖或排斥，由此所带来的后果显然是对乡村农民生产主体性的一种致命的遮蔽。

至此，我们看到，在组织变工集体定期种谷的实践中，王克俭和存恩老汉因不能与公家下达的任务"齐心一致"而成为从旧"脑筋"走向"反动"的代表，被村庄社区彻底孤立；而"维宝一派"则因能够无条件服从"新社会的办法"而被当作新农村的希望和方向，成为或将要成为村庄中新的核心和精英。在作者看来，其所体现的是新与旧、进步与落后、公与私、贫苦阶级的政治正确与富裕阶级的"反动"这一系列二元对立的根本博弈，而前者对后者"斗争"的胜利则是毋庸置疑的，经过这样的斗争，乡村社会可以在为"公家"的基础上被重新构建。与此同时，小说叙事实际上又保留了这些旧人物所遵循的日常生活生产逻辑和伦理，它显然不能为落后、"反动"的政治逻辑所含括。两种话语、逻辑在小说中的并置以及由此所形成的张力，使我们看到乡村中尚且属于相对完整的传统经济伦理与革命政党的阶级斗争学说、公私观最初遭遇时的状况，以及前者因后者的优势而被压抑的情景，从而清晰地展现出了在以"改换脑筋"和阶级、政治分野而进行的社会改造中，王克俭和存恩老汉两个人物身上承载的一些曾为乡村社会所珍视的人生价值体系、"激励劳动的因素"、克勤克俭的生活方式、社区责任感，以及包括农业经验在内的地方性知识如何一步步被颠覆的过程。这一过程，同时也是维宝一派人物身上的那些曾经为乡村社会所鄙弃的"负面的"（negative）行止因其政治地位的上升逐渐被建构成"正面的"（positive）德行的过程。而在其背后蕴含的逻辑恰恰是：为"公家"/公因其政治上的正当性已然成为道德序列的最高端，由此取得了绝对优势，只要为公家，处于道德序列下位的一切，无论是缺点还是优点都可以不再予以计较，自然也不再具有什么重要性了。

五 小结与讨论

作为中国当代革命文学中最早以组织农民合作生产并在此过程中改造农民思想，改造乡村社会为题材的作品，《种谷记》集中体现了在中国共产党的意识形态中，理想化的互助合作及其实践应该是怎样的。从作品中可以看到，当变工的理想形式被表述为齐心一致时，这种自我调节、自我救助、自我组织的民间互助，已经被转换成上级—公家指挥下的，全体村民——不止一个村，而是一个行政区的农民——集体的、定期的、一律的行动；"组织"的目标是完成"公家""布置"的任务。在这样一种背景下，村民之间的横向互助转换成了每个人与"新社会的办法"保持一致的纵向合作——互助合作的理想一开始就与农民士兵化、乡村军队化的追求捆绑在了一起。[①] 好农民要变成好士兵才符合无产者—先进阶级和最广大人民的最大公意。小说将改造的目标对准了乡村里的小私有者——中农及其所持守的好农民标准。对土地、牲口侍弄的好坏、是否会过日子、能不能为村庄和村民办事、有没有生产经验和知识，所有这一切所构成的价值系统原是衡量一位农民能力、德行以及公益心的标准，也是其生存的意义和尊严之所在。但是在齐心一致的合作理念中，像士兵一样听公家号令，成了能力、道德、是否有公心的首要的也是最高的标准，与之相应的是政治立场是否反动的"霸权"话语。当农民所珍视的那些价值不能附丽于公家的主张时，便开始失去了原有的意义。随着当地生产能手、道德模范的被边缘化，变工的乡村社会改造任务似乎完成了。

但是，这一按某种理念所强行推进的社会改造实践及其行动逻辑却潜藏着一些危机。

第一，就变工组织所要达到的生产目标而言，首先，由于"人性、苦

---

① 关于中国近现代历史上将乡村建设转换成乡村军事化建设的研究，可参见张鸣（2008）。

力、牲口""会过日子"等乡村经济伦理的失灵，旨在激励劳动的"办法"反而成了可能抑制"激励劳动的因素"；其次，当人的身份以及其对"新社会办法"的态度本身成为道德评判的标准时，旨在破除所谓"迷信"的话语"霸权"就难免会压制基于生产实践的知识，并构建了对于权力（者）的新的"迷信"。① 为使生产有计划而设计的办法反而可能使生产更为主观盲目。

第二，就变工所要达到的道德新秩序的追求而言，在为"公家"而非"各人为各人"的理想道德新序列的构想方面，我们可以看到柳青和费孝通对传统中国自我主义的批评的某种类似，这种自我主义是指"一切价值是以'己作为中心的主义'"，费孝通（2005：28、29）将其概括成了个人可以牺牲家，为了家庭可以牺牲党，为了党可以牺牲国，为了国可以牺牲天下，并认为这是一种"私德"。柳青小说则表达了把这个权重序列反转过来的意图：通过拥护"公家"和成为"公家人"，达到以公德代替"私德"，将为个人直至到为国家的道德权重的层层递减转换为层层递增，从而造就农民的公的意识。但他所构想的演进之路却使我们看到了其中所内含的两个悖谬。

首先，从为"公家"与为"众人"的关系上看。小说将"公家"抽象化，置于家庭和村庄之上，预设为"公"的代表，而个人、家庭、村庄社区则作为"私"的代表，并且表达了都是"公家人"，自然是为"大家"的逻辑。然而，从小说中又不难发现，在老百姓心目中，"公家"就是政府，作为政府的"公家"和作为乡民的"大家"其实并不是一回事。当王克俭觉得自己是在为王家沟的"众人"做好事时，对于"公家"而言那却未必是好事；类似地，存恩老汉也认为"公家"制定的办法，并不一定能给"众人"带来好处；而王加扶的为"公家"奔忙却常常以不能与"众人"互助为代价。这就引申出了一个值得思考的问题：作为政府的"公家"与作为民众的"大家"利益可能是不一致的，尽管政府以"公家"名义工作，以"符合最广大人民的根本利益"为宗旨，但它是有自己的组织利益的。这个利益可能与"大家"的利益相合，也可能不相合，或

---

① 参看德里克（2006：36－37），他说："试图废除意识形态的革命自身成了意识形态，因为它在自己的话语中掩盖了它与权力的关系"。

理论上相合而实践中不相合，或部分相合部分不相合。然而，当为"大家"在实践中被转换成为"公家"时，"公家"便独占了"为大家"的道德制高点，"公家"的意见成了最高"公"意而不容置疑，这时，作为最小共同体的家庭、作为村落共同体的"大家"便都失去了"公"义——像小说展示的理想道德新序列那样，就会出现"为大家"而没有"为公家"会被指认为"私"，"为公家"而没有为"大家"反而被称赞为"公"的悖谬。

其次，从克服自我本位的"差序格局"的初衷与结果来看，费孝通（2005：33）曾比较了差序格局社会结构中的道德体系与团体格局社会结构中的道德体系，前者或可谓私德，首先在于它的"出发点"是"克己"。由于群己界限不清，群"不过是从自己这个中心里推出去的社会势力里的一圈而已，所以可以着手的，具体的只有己，克己也就成了社会生活中最重要的德行，他们不会去克群，使群不致侵略个人的权利"（费孝通，2005：30）。第二在于"所有社会道德也只在私人联系中发生意义"（费孝通，2005：30）。"一个差序格局的社会，是由无数私人关系搭成的网络。这网络的每一个结都附着一种道德要素，因之，传统的道德里不另找出一个笼统性道德观念来，所有的价值标准也不能超脱于差序的人伦而存在了。中国的道德和法律，都因之得看所施的对象和'自己'的关系而加以程度上的伸缩。"（费孝通，2005：36）后者则不然，它建筑在清晰的群己关系上（费孝通，2005：31）。这一关系"就象征在神对于信徒的关系中"，它所表达的意思是：（1）团体是个无形的、超越于个人的实在，像笼罩万有、公正裁判一切的神——它象征着普遍性的标准，即公德；[①]（2）每个个人在神面前平等；（3）神对每个个人公道；（4）团体意志—神意由代理者执行，"代理者是团体格局社会中一个基本的概念"，代理者"不是神或团体本身"。"如果代理者违反了这些'不证自明的真理'，代理者就失去了代理的资格。团体格局的道德体系中于是发生了权利的观念。人对人得互相尊重权利，团体对个人也必须保障这些个人的权利，防止团体代理人滥用权力，于是发生了宪法。宪法观念是和西洋公务观念相配合的"（费

---

① 此处所说的公德是就其"表现为对一个较为抽象的政治秩序的义务"（德里克，2006：54）而言的。

孝通，2005：32～33）。也就是说，群己界线、个人权利和代理者概念是团体格局之道德体系的关键。唯有基于这样的认识，才能生长出团体与个人互不侵害的社会组织。

在柳青那里，则是通过树立"大家为大家"的社会主义理想这一普遍性标准即公德的至高位置来克服自我本位的特殊主义道德。但在他建构的实践中，这一普遍标准被转换/落实为"公家""干部"，从而使这些"代理者"的角色本身成了"不证自明的真理"——权力于是变得不可置疑；然后以对"公家"的主张拥护与否、与公家关系的紧密与否来重新评价乡村社会的人和事，划分出新的中心与边缘人物；一切基于自然人伦的行为规范、道德准则都得纳入以"公家"为核心的政治体系中才能得到承认。从而形成了以代理人为中心的新的"差序格局"，延续着"在私人联系中发生意义"的特殊主义道德体系，只不过将基于自然人伦的差序格局变成基于政治态度、政治团体，以至于最终变成基于权力者的差序格局。这里，群己界线、权利和代理人观念的缺失恰恰抑制了以团体格局的道德体系——公德为基础的社会组织的生长。

于是，我们看到，新标准的逻辑不仅没有超越以集团甚至个人为中心的怪圈，反而割断了农民与赋予其生存意义和尊严并使其有所依傍的土地、家庭、村庄、地方性知识的联系。由此，当按照这种观念设计的合作化制度在现实中将旨在促成"社会的产生"的办法转换为促成国家对于社会的挤压的策略，将旨在激励劳动积极性以期提高劳动效率的办法异化为导致生产效率低下的措施时也就不足为奇了。

参考文献

巴金等，1982，《〈种谷记〉座谈会》，孟广来、牛运清编，《中国当代文学研究资料·柳青专集》，福州：福建人民出版社。

陈顺馨，2000，《社会主义现实主义理论在中国的接受与转化》，合肥：安徽教育出版社。

陈思和，1996，《关于〈金光大道〉也说几句话》，《犬耕集》，上海：远东出版社。

德里克，2006，《中国革命中的无政府主义》，孙宜学译，桂林：广西师范大学出版社。

恩格斯，1973a，《法德农民问题》，《马克思恩格斯选集（第四卷）》，北京：人民出版社。

——，1973b，《恩格斯致玛·哈克奈斯（4 月初）》《马克思恩格斯选集（第四卷）》，北京：人民出版社。

费孝通，2000，《江村农民生活及其变迁》，兰州：敦煌文艺出版社。

——，2005，《乡土中国 生育制度》，北京：北京大学出版社。

弗里曼、毕克伟、赛尔登，2002，《中国乡村，社会主义国家》，陶鹤山译，北京：社会科学文献出版社。

高化民，1999，《农业合作化运动始末》，北京：中国青年出版社。

郭于华，2003，《心灵的集体化：陕北骥村农业合作化的女性记忆》，《中国社会科学》第 4 期。

郭于华、孙立平，2002，《诉苦：一种农民国家观念形成的中介机制》，《中国学术（第四辑）》北京：商务印书馆。

河北省档案馆编，1990，《河北土地改革档案史材选编》，石家庄：河北人民出版社。

胡采，1980，《序》，刘建军、蒙万夫，《论柳青的艺术观》，上海：上海文艺出版社。

华安德，2004，《〈毛泽东和边区的政治经济〉导论》，《延安民主模式研究》课题组编，《延安民主模式研究资料选编》，西安：西北大学出版社。

黄正林，2006，《陕甘宁边区社会经济史》，北京：人民出版社。

黄宗智，2000，《华北的小农经济与社会变迁》，北京：中华书局。

解放日报社，1943a，《社论：把劳动力组织起来》，《解放日报》，1 – 25。

——，1943b，《延安县川口区六乡农业调查》，《解放日报》，4 – 1。

——，1943c，《筱德县变工概况》，《解放日报》，10 – 6。

——，1945a，《获得成绩的关键：劳动英雄、干部与群众的结合》，《解放日报》，1 – 7。

——，1945b，《介绍陕甘宁边区组织集体劳动的经验》，《解放日报》，12 – 21。

康有为，1998，《大同书》，郑州：中州古籍出版社。

雷加，1982，《泥土的气息》，中国青年出版社编，《大写的人》，北京：中国青年出版社。

李典军，2003，《社会主义农业思想史研究》，北京：中国农业出版社。

李放春，2005，《北方土改中的"翻身"与"生产"——中国革命现代性的一个话语—历史矛盾溯考》，黄宗智主编，《中国乡村研究（第三辑）》，北京：社会科学文献出版社。

李希凡，1982，《漫谈〈创业史〉的思想和艺术》，孟广来、牛运清编，《中国当代文学研究资料·柳青专集》，福州：福建人民出版社。

林默涵，1982，《洞水尘不染，山花意自娇——忆柳青同志》，《人民日报》，11 – 10。

柳青，1945，《米脂民丰区三乡领导变工队的经验——三乡干部一揽子会上的总结》，

《解放日报》，3－6。

——，1951，《种谷记》，北京：人民文学出版社。

——，1982a，《毛泽东思想教导着我——〈湖南农民运动考察报告〉给我的启示》，孟
　　广来、牛运清编，《中国当代文学研究资料·柳青专集》，福州：福建人民出版社。

柳青，1982b，《回答〈文艺学习〉编辑部的问题》，孟广来、牛运清编，《中国当代文
　　学研究资料·柳青专集》，福州：福建人民出版社。

卢卡奇，1981，《〈欧洲现实主义研究〉英文版序》，中国社会科学院外国文学研究所、
　　外国文学研究资料丛刊编辑委员会编，《卢卡奇文学论文集》，北京：中国社会科
　　学出版社。

马加，1982，《生命不息》，中国青年出版社编，《大写的人》，北京：中国青年出版社。

毛泽东，1991a，《中国社会各阶级的分析》，《毛泽东选集（第一卷）》，北京：人民出
　　版社。

——，1991b，《在延安文艺座谈会上的讲话》，《毛泽东选集（第三卷）》，北京：人民
　　出版社。

——，1991c，《抗日时期的经济问题和财政问题》，《毛泽东选集（第三卷）》，北京：
　　人民出版社。

——，1991d，《组织起来》，《毛泽东选集（第三卷）》，北京：人民出版社。

蒙万夫、王晓鹏、段复安、邰持文，1988，《柳青传略》，西安：陕西人民教育出版社。

孟德拉斯，H.，2005，《农民的终结》，李培林译，北京：社会科学文献出版社。

孟广来、牛运清编，1982，《中国当代文学研究资料·柳青专集》，福州：福建人民出
　　版社。

秦晖，1998，《大共同体本位与传统中国社会（上）》，《社会学研究》第5期。

——，1999a，《大共同体本位与传统中国社会（中）》，《社会学研究》第3期。

——，1999b，《大共同体本位与传统中国社会（下）》，《社会学研究》第4期。

秦晖、金雁，2010，《田园诗与狂想曲：关中模式与前近代社会的再认识》，北京：语
　　文出版社。

塞尔登，马克，2002，《革命中的中国：延安道路》，魏晓明、冯崇义译，北京：社会
　　科学文献出版社。

史敬棠、张凛、周清和、毕中杰编，1957，《中国农业合作化运动史料（上册）》，北
　　京：生活·读书·新知三联书店。

王光东，2002，《十七年小说中的民间形态及美学意义——以赵树理、周立波、柳青为
　　例》，《南方文坛》第1期。

王培元，2004，《延安鲁艺风云录》，桂林：广西师范大学出版社。

吴进，2009，《〈创业史〉对农民的描写及其知识分子趣味》，《陕西师范大学学报（哲

学社会科学版）》第 3 期。

习仲勋，1995，《习仲勋文选》，北京：中央文献出版社。

萧公权，1996，《康有为变法与大同思想研究》，汪荣祖译，南京：江苏人民出版社。

徐民和，1982，《一生心血即此书——柳青写作〈创业史〉漫忆》，孟广来、牛运清编，《中国当代文学研究资料·柳青专集》，福州：福建人民出版社。

亚里士多德，1982，《诗学》，罗念生译，北京：人民文学出版社。

阎纲，1982，《史诗——〈创业史〉》，孟广来、牛运清编，《中国当代文学研究资料·柳青专集》，福州：福建人民出版社。

杨宜音，1999，《"自己人"：信任建构过程的个案研究》，《社会学研究》第 2 期。

尹钛，2002，《合作组织的效率：1952～1957 年中国农业合作化运动的评价》，《宁波党校学报》第 2 期。

应星，2009，《论当代中国的新德治》，《村庄审判史中的道德与政治》，北京：知识产权出版社。

于海，1993，《西方社会思想史》，上海：复旦大学出版社。

袁盛勇，2007，《论周扬延安时期文艺思想的构成》，《文艺研究》第 3 期。

张江华，2007，《工分制下的劳动激励与集体行动的效率》，《社会学研究》第 5 期。

张乐天，2005，《告别理想：人民公社制度研究》，上海：上海人民出版社。

张鸣，2008，《乡村社会权力和文化结构的变迁（1903～1953）》，西安：陕西人民出版社。

中共西北局研究室，1957，《边区的劳动互助》，史敬棠、张凛、周清和、毕中杰编，《中国农业合作化运动史料（上册）》，北京：生活·读书·新知三联书店。

周晓虹，2005，《1951～1958：中国农业集体化的动力——国家与社会关系视野下的社会动员》，《中国研究（第 1 辑）》，北京：社会科学文献出版社。

左健之，2004，《陕甘宁边区民主政治的特点及其在乡的具体实施》，《延安民主模式研究》课题组编，《延安民主模式研究》，西安：西北大学出版社。

《当代中国农业合作化》编辑室，1992，《建国以来农业合作化史料记编》（内部发行），北京：中共党史出版社。

Keating, Pauline 2004, *Knowing Asia*: *The Challenge for New Zealand's Tertiary Education Sector*. Wellington: New Zealand Asia Studies Society.

Li, Huaiyin 2005, "Everyday Strategies for Team Farming in Collective-era China: Evidence from Qin Village." *The China Journal* 54.

Lin, Justin Yifu 1990, "Collectivization and China's Agricultural Crisis in 1959 – 1961." *The Journal of Political Economy* 98 (6).

私营企业主任人大代表或政协
委员的因素分析[*]

吕　鹏

摘　要： 让私营企业主担任人大代表或政协委员，是我国政府吸收新兴社会阶层参政议政最重要的机制之一。通过使用"中国私营企业主抽样调查"的数据，本文试图回答以下两个问题：第一，促成入选为人大代表和政协委员的影响因素之间存在哪些差异；第二，入选为"县乡级"和"地级及以上"的人大代表或政协委员的主要影响因素之间是否存在差异。本文发现，不管是在较高层级还是较低层级的人大和政协中，经济财富只是门槛，党员身份也不是当选的保证；而像具有社会责任感的"士绅"那样去行事，则扮演着重要的角色。在此经验发现的基础上，本文提出了"财绅政治"这一概念用以概括我国私营企业主参政议政的现状。

关键词： 私营企业主　参政议政　财绅政治

一　引言

中国私营经济的蓬勃发展催生了私营企业主这一"新经济精英"群体。他们不仅在经济实力上日益壮大，而且在社会和政治领域也提出了越来越多的新诉求。于是，许多学者开始提出这样的问题：一个蓬勃发展的

---

*　原文发表于《社会学研究》2013 年第 4 期。本文是笔者主持的国家社会科学基金青年项目"要素市场的政商关系研究"（11CSH038）的阶段性成果。本文离不开张厚义、戴建中和陈光金的支持。笔者还要感谢夏传玲、古德曼（David Goodman）、李路路、刘欣、毕向阳、黄荣贵、赵联飞、孙明、陶马斯（Nicole Talmacs），以及中国社会学会 2010 年年会社会分层与流动分论坛的与会者，他们在不同阶段对本研究提供了宝贵的建议和帮助。

私营部门是否会引发政治上的激烈变革。然而，基于多年全国性的调查和多项深入访谈，许多实证研究表明，中国商界的精英人士不太可能采取激进的方式进行政治变革（Goodman，2008；Pearson，1997）。与之相反，他们更喜欢使用一些非正式的网络来影响官员（Tsai，2007），一些西方学者称他们为"合作式资本家"（Dickson，2000）或"国家的盟友"（Chen & Dickson，2008），将这种非"正式"的渠道视为所谓"有弹性的威权主义"（Nathan，2003）的一个主要表现。

作为对私营企业家的勉励，同时也作为统一战线的一项主要机制，党和政府通过多种途径授予私营企业主政治荣誉，已经成为一种常态措施。这些措施中，一个制度化的安排就是吸纳他们进入各级人民代表大会（下文简称"人大"）或者人民政治协商会议（下文简称"政协"）。事实上，虽然"正式政治"层面的制度安排还有党代会和工商联这两个渠道，但人大和政协这两个系统中的私营企业主，一是因为曝光率高，二是因为相对党代表的人数更多，因此一直是学术界在研究中国政商纽带时最为主要的对象。一些境外的政治评论家将这两个机构分别类比为中国的"上议院"和"下议院"（Li et al.，2008）。然而这一比喻是不准确、带有误导性的。我国的人大和政协不仅在功能上没有"上议院"和"下议院"之分，而且在遴选逻辑上也存在一定的差别。笔者将在下一节详析这两套机构以及它们的不同之处。不过另一方面，人大和政协身份确实都有一个特点，那就是能够进入这两个机构都代表的是一种信任和荣誉。

既然入选人大或政协是一种"政治勉励"，这意味着只有少部分的私营企业家可以入选。因此，可以说有两种类型的私营企业家：一是已经是人大代表或政协成员的"入选者"，[①] 二是没有进入两者中任何一个机构的"普通者"。那些在各种情况下总是成为焦点的"入选者"们，常常也是大众传媒和"商业成功之道畅销书"中最喜欢关注的话题，但这些报道很难被视为严肃的学术研究。此外，虽然现在已经有大量关于私营企业主参与

---

① 无论是中外媒体抑或是一些社会科学家，都喜欢给前者贴上"红色资本家"或者"红顶商人"的标签。然而，这些词语蕴含太多的含义，常常是性质混杂甚至被滥用的。它最常用的定义是拥有党员身份的资本家，但有时任何一个与党和国家有或多或少联系的企业家都可以被贴上这个标签。更重要的是，如我接下来要论证的那样，党员身份并不总是有助于被选为政协委员。因此，"入选者"这个词在本文中更加合适。

政治生活的经验性的文章和著作，但是大多数的定量研究都是以地方性的调查为基础的，很少有研究是在全国的层次上分析谁会被选入人大或者政协。例如，有学者以柳州市 1017 家企业为个案，研究了企业主参政议政的决定因素，但是他们的研究没有将人大和政协分开讨论，而是合为一体（陆铭、潘慧，2009：73~77）。再比如，李宏彬等人的研究证明了企业历史和企业家的经验都对企业家参政议政有着显著影响，但这项研究也是以地方数据为基础的（Li et al.，2006）。迪克森被广为引用的一篇论文（Dickson，2007）也是如此，虽然那是以 2005 年对 8 个县的调查为基础的。还有些文章通过揭示"新富阶层"怎样和当地的政治精英合作，提供了关于地方一级"选举"的有趣观察，但这些研究不仅是以定性的个案研究为主，而且主要的兴趣点，也更多的是通过对"地方国家法团主义"之类现象的研究，来揭示地方政商关系的运作逻辑（Wank，2001；Yan，2011；Oi & Rozelle，2000；Chen，2011）。

当然，使用全国性数据的研究也广泛存在，但在参政议政这一议题上，许多文章只是单纯的描述或者演绎（Tian et al.，2008；Chen et al.，2006；Guiheux，2006；Heberer，2003）。另一些则强调人大或者政协内部成员之间的"政治关系"，但是这种关系往往被当作因变量而不是需要解释的对象（自变量），被用来解释诸如企业业绩、治理结构、银行贷款等方面的差异（吴文锋等，2008；Hu & Shi，2009；Kennedy，2008；Zhou，2009）。

事实上，缺乏对私营企业主政治参与状况进行全国性分析的原因，很大程度上是因为许多研究者，尤其是外国的研究者，很难有机会接近可靠而真实的全国性私营企业主的数据信息。而笔者有幸得到了"中国私营企业主抽样调查"团队的支持，被允许使用全国性的调查数据。在这样一个有利的条件下，笔者得以较为恰当的描述全国层面上的私营企业主的政治参与情况。

本文的目的不仅仅是运用最新的数据在全国层面上进行经验性的评述，而且希望能够在理论上归纳在人大和政协的框架内私营企业主的政治参与情况。此外，本文还将人大和政协分开建模，从而试图避免其他一些研究将两者混合的缺陷。对不同层级的人大代表和政协委员的分析，也是本文相对于其他一些地方性研究的不同之处。总之，正如在后面所总结的那样，本文认为这种私营企业主的政治参与可以被概括为"财绅政治"，也就是说，如果在政治和社会上像"绅士"一样行动，当选为人大代表或者政协委员的可能性就会增加，而其他因素如经济实力只是当选的一个门槛而已。

二 研究对象和假设

每年人大和政协都是同时召开，构成了中国式的"两会制"。在我国的政治环境中，媒体和官员都将它们相提并论，无论成为这两个机构哪一个中的一员都会被视为是在参政议政。然而，从宪法地位和历史传统上来说，人大代表的地位比政协委员的地位要更高一些。

全国人民代表大会是最高国家权力机关和唯一的立法机关。人大代表是依法通过五年一次的多层级选举体系选出的。人大代表享有法律所赋予的许多重要政治权利，他们中的一些人也确实在一直坚持承担自己对选民的责任（O'Brien，1994，2008）。毕竟，他们能被选民"选出"，也可以被依法"弹劾"。①

相比之下，政协不是立法机构而是政治协商机构。一项人大的法案被通过就具有法律效力，而政协的建议无论通过与否都不具有这样的效力，尽管政府承诺在一定时间内会给予答复。此外，与人大代表基于"选区"的"半竞争式"选举体制不同（Chen & Zhong，2002），政协委员的"推选"是基于"界别"而不是"选区"进行的。他们来自一系列的政治党派（比如中国共产党和其他民主党派）、其他的半官方组织（例如妇联），以及一些无党派人士。这几种界别的比例根据历史习惯和政治惯例来协商确定。由于这些原因，私营企业主一般通过中华全国工商业联合会（下文简称"全国工商联"）或其地方分支机构的提名进入各级政协，尽管有些人是通过其他组织（比如民主党派）而安排进入的。

总之，在制度设计上，人大的地位要比政协略高，入选的制度安排也不尽相同。在我国的政治体制之下，全国人大和全国政协有着相应的各级

---

① 最近的一个事例是，广州的64个市民申请弹劾当地的一位人大代表，因为他的公司声称将非法拆毁这些市民的房子。这一申请最终被法院否决了，但由于他的人大代表身份，此事受到了全国范围的关注。

地方机构。在很多地方，各级人大的领导同时也是该行政区域的最高领导人（党委书记），而各级政协的主席则往往来自在党委中排名第三或者第四的副书记。对于私营企业主来说，普通人大代表是一个比同级的普通政协委员更为光荣的称号，而事实上前者的大门对私营企业主敞开得也更加缓慢和谨慎。① 例如，私营企业家刘永好早在 1998 年就成为全国政协常委会委员，另外两位民营企业家徐冠臣和尹明善在 2003 年成为省级的政协副主席。但到目前为止，并没有私营企业家被选为全国人大常务委员会委员，更不要说被提拔成为省一级的人大副主任。据媒体报道，2008 年江苏的周海江和北京的张大中开创了历史，作为私营企业家被选为省级人大常委，这几乎比私营企业家成为省级政协常委至少晚了 15 年。② 鉴于这些情况，本文虽然考察的是私营企业主成为人大代表或政协委员的影响因素之间有什么差异，但其实比较的对象有五对。

第一对："私营企业主中的人大代表"与"私营企业主中的政协委员"。

我国目前有五级行政区划：中央、省、市、县、乡镇。每一层级上的预算都由该地区的财政主管部门独立管理，这使得中央和地方的人大和政协事实上成为在人事和财政上相互独立的体系。此外，有学者指出，中国县乡两级的政治有许多共同点，特别是这两级中的私营企业大多是与亲属关系网交织的家族企业（Peng，2004），或者由所谓的农民企业家操控（Fan et al.，1996）。考虑到人大和政协的"等级组织结构"，本文首先将县乡两级合并，再将"市—省—中央级"三级合并成一个类别，也就是"地级及以上"。由此，本文旨在找出"县乡级"和"市—省—中央级"这两个类别中，人大和政协成员资格的影响因素的不同。具体来说，就是对于各级的人大和政协，本文将会分别得出两组对比，一共有四对对比：

第二对："乡镇级人大代表"与"普通私营企业主"。

---

① 这仅仅适用于普通人大代表和普通政协委员的对比。一旦某位政协委员成为常务委员会的成员，甚至是政协副主席，他或者她的行政级别就比一般的人大代表高。这也可以解释为什么本文要分析使用多层次 logistic 回归方程而不是 ordinal 回归方程。当然，由于问卷本身并没有进一步询问常委会级别的政治参与情况，因此本文也没法对此做进一步地分析。

② 尚无资料显示或统计最早被选为省级政协常委的私营企业家是谁，因此没法知道私营企业主入选省级政协常委的年份。1993 年各地"两会"后曾有一批私营企业主入选省级政协常委，因此至少可以推断出 1993 年是最为保守的"起始年"。

第三对："市—省—中央级人大代表"与"普通私营企业主"。

第四对："乡镇级政协委员"与"普通私营企业主"。

第五对："市—省—中央级政协委员"与"普通私营企业主"。

在很多政治学家看来，党和国家选举人大代表的逻辑和推选政协委员的逻辑在某种程度上是不同的，虽然在某些方面它们有很多共同的特征（例如，党委在遴选中的领导作用）。此外，经验证据表明，不同的"等级组织结构"之间可能存在差异。问题是：对于私营企业家而言，哪些因素可能影响其当选为人大代表或者政协委员？

一个广为接受的说法是，企业家的政治地位与他们的财富多寡有关（Choi & Zhou，2001）。经济增长这一共同的目标促使干部和企业家形成"地方性增长联盟"，这样反过来又刺激了寻租和政治庇护行为。然而，经济实力是否就是选入人大或政协的唯一或者最重要因素，尚需实践检验。事实上，一些地方政治案例研究表明，最有政治名望的私营企业主并不总是取得最大经济成就的人（章敬平，2004）。因此，本文提出如下假设：

假设1：一个企业家成为人大代表或者政协委员的可能性，与其经济实力正相关，但是经济因素不足以起决定性作用。

很多学者强调，政治可靠性在与政府建立政治关系方面，发挥着重要的作用。尤其值得一提的是中共党员的身份。现有大量论文将私营企业主的党员、人大或政协成员身份当作独立变量，来研究它们对企业家的公司业绩（Nee & Opper，2009）、国有银行的金融支持（Li et al.，2008）、股市市值（吴文锋等，2008；Fan et al.，2007；罗党论、唐清泉，2009）的积极或者消极影响。

只有少部分的文献将人大和政协成员资格作为因变量。比如，一篇使用了"中国私营企业主抽样调查2002"数据的论文提出，一个企业家的政治参与可能性随着他的政治资本的增长而增加，尤其当他是党员或者是某个国有企业的前任领导时（Li et al.，2006）。

党员的身份是重要的，但这个身份可被分为两类：一类是"老党员"，他们在经营自己的企业之前就已经入党；另一类是直到经营自己的企业后才入党的"新党员"。

已有的研究指出，大多数的"老党员"有在党政机关以及/或者国有企业任职的经历（陈光金，2006；张厚义，2007）。应当注意的是，除了本身的任职经历外，"老党员"和他们昔日党政机关的同事们有着更加长久而广泛的联系。这些经历和联系都有可能为他们的政治前途做出贡献。因此，我们有如下假设：

> 假设2.1：拥有党员身份的私营企业主更有可能被选为人大代表；特别是，当涉及"地市级以上"层次时，那些"老党员"当选的可能性更大。

由于政协委员和人大代表获得委任方式的差异，政协委员不包括在假设2.1的检验范围之内。作为立法机关的人大倾向于选择执政党党员。据报道，70%的现任全国人大代表是中共党员（Andrew，2010）。与之相反，作为政治协商机构的"统一战线"，政协是在协商的基础上在各不同界别的社会政治团体中分配席位。正如一位论者准确评论的那样，大多数的政协委员是"统一战线"的受益者（章敬平，2004），因为作为参政党的民主党派可以在政协系统中拥有确定比例的席位。换句话说，共产党员在政协委员中的代表比在人大中要少得多。因此，接下来的假设是：

> 假设2.2：拥有民主党派身份的私营企业主更有可能被选为政协委员，尽管党员身份也发挥着较弱的显著作用。

无论共产党还是"民主党派"都属于政党。除了政党之外，另一个不容忽视的可以用来表示政治可靠度的制度是工商联系统。工商联是一个半政治化的机构，被视为连接私营部门和政府间的桥梁。根据其网站显示，截至2010年底，工商联已经拥有271万的私营企业成员。全国工商联和地方工商联的关系是指导关系，但是全国工商联的章程对地方工商联也有效。作为"统一战线"的一部分，工商联在政协中成了一个单独的"界别"，它主要由私营企业主和一些为工商联工作的党政干部组成。因此，各级工商联在提名各级政协委员候选人中起着重要作用。此外，如果私营企业主被选为人大代表候选人，党的地方机关也经常会向工商联咨询，而工商联也倾向于推荐自己的成员。由工商联保证的重要性导出假设 2.3：

> 假设 2.3：在"县乡镇"和"地级及以上"这两个行政级别中，工商联成员身份有助于私营企业主在人大和政协系统中获得席位。

除了政治和经济因素，一些学者强调承担社会责任是获得政治认可和社会地位的有效途径。例如，有学者通过使用"中国私营企业主抽样调查"1995 年的数据，提出至少是在进入 20 世纪 90 年代后，中国的私营企业主通过慷慨捐助政府的福利项目，相应地获得地方人大代表的提名（Ma & Parish，2006）。作者将此描述为"托克维尔式的特殊时刻"（Tocquevillian special moment），认为这非常类似于 19 世纪晚期的法国——当时法国的新兴商业阶级为慈善事业和名誉机构提供了大量的资金支持。虽然作者使用的数据是 1995 年的，并且只讨论了人大代表，但他们提出的"托克维尔式的特殊时刻"在今天仍具有启发性。另一篇使用了"中国私营企业主抽样调查"2006 年数据的论文也得出结论：通过党、人大和政协成员资格来衡量的政治参与也和企业家的慈善事业正相关（梁建等，2010）。

事实上，不仅是慈善事业，其他承担社会责任的方式对于提升私营企业主的社会形象和政治声望也起着越来越重要的作用。在现今的中国，私营企业主的慈善行为被摆在聚光灯下，每年会评选很多"慈善排行榜"和"企业社会责任排行榜"，它们的影响力也几乎可以和"财富排行榜"相比。此外，在本研究中，笔者根据所能得到的数据资料，增加一个用以测量企业社会责任的变量：即问卷中所调查的各类企业产品认证中，被访企业主的公司是否通过了其中的任意一项。[①] 这种测量方法将在下一节介绍。我们在这里推出以下假设：

> 假设 3.1：在"县乡镇"和"地级及以上"这两个行政级别中，

---

① 这并不是一个测量企业社会责任的理想变量。但在没有其他变量可选的情况下，该变量提供了一个选项，让我们得以测量企业对产品质量的重视程度。从某种意义上来说，对产品质量的重视也是企业履行其社会责任的一个重要组成部分。也正是因为这个原因，在目前形形色色的企业社会责任的测量指标体系中，许多体系也将企业产品认证作为一个重要指标。

对慈善事业投入的增加将提高私营企业主在人大或者政协系统中获得席位的可能性。

假设3.2：在"县乡镇"和"地级"这两个行政级别中，获得产品质量认证有助于增加私营企业主在人大或者政协系统中获得席位的可能性。

我们还应当考虑几个人口统计学上的变量：年龄、性别、从事商业的年限和教育程度。由于人大代表和政协委员都是"兼职"工作'或者说是一种荣誉，因此年龄（及健康状况，通常是难以测量的）通常不被认为是很重要的因素。在中国，人们普遍认为女性在"参政议政"中具有优势，但是这一点没有能够得到全国性实证研究的证实。尽管某些群体（例如艺术或者科学领域）中少数杰出的女性确实会被认为更容易获得政治荣誉，但事实上，中国的商业领域依旧是由男性主导的。因此，本文接下来提出这样的假设：

假设4.1：在"县乡镇"和"地级及以上"行政层级，年龄、性别、从商年限对于当选为人大代表或政协委员没有统计学上的意义。

然而，教育因素应当被考虑。历史上中国私营企业主的平均受教育水平很低，但这种情况于20世纪90年代后期以来已大大改善。1993以来"中国私营企业主抽样调查"的一系列数据显示：1998年之后文盲消失，而到2006年有硕士学历增加了6.5倍；在1993年，有17.2%的受访者大专毕业，47%的受访者学历低于高中；到了2006年，这两部分比例分别变为49.3%和17.1%（陈光金，2003；张厚义，2007）。因此，可以预计，在"参政议政"的问题上，人大和政协机构对于高等教育学历的要求一直在提高。这一判断导出以下假设：

假设4.2：较高的学历有助于私营企业家增加在人大和政协系统中获得席位的可能性；特别是，"地级以上"行政层级比"乡镇"一级具有更高的标准。

三 研究设计

(一) 数据

本文的统计数据来自"中国私营企业主抽样调查",此项调查由中国共产党中央委员会统一战线工作部、全国工商联、中华人民共和国国家工商行政管理总局(以下简称工商总局)、中国民(私)营经济研究会联合资助和进行。其中的中共中央统战部是党政机关,国家工商总局是所有私营企业注册登记的国家管理机构,全国工商联和中国民(私)营经济研究会也都有不同程度的官方背景。这是唯一一个全国层面的系统性地收集私营企业主个人经济和社会政治状况信息的具有官方背景的大型调查。尤其值得注意的是,该调查从1993年开始每两年进行一次,从而为历时性的比较提供了动态的数据库。然而,由于历年问卷的设计有所不同,本文只用了2008年的截面调查数据。

2008年的数据是以2007年年底为统一的调查时点,因此全部在2007年底前在工商局登记注册的私营企业成为调查对象总体。2007年新成立的私营企业不在调查范围内。具体的抽样工作,由全国工商联和国家工商总局分头完成。2008年的调查中,工商联总共发放了2888份问卷,回收2405份问卷,净回收率达到了83.3%;工商总局发出2000份问卷,回收到1693份,净回收率为84.7%。

由于组织和动员方式存在差异,全国工商联和国家工商总局的抽样方案不尽相同。作者在本文中被允许使用工商总局所收集的这部分数据,因此在此只介绍工商总局的抽样方案。与工商联采用多阶段分层抽样法不同,工商总局在全国设有固定的长期工作联系点。在每个工作联系点上,当地工商局知道所有私营企业的名字和所在地,因此抽样方法比较简单:

第一步,把工作联系点上的每个私营企业都顺序编一个号,各不相同。第二步,采用"简单随机抽样办法",用总局规定要做调查的户数 W 去除本工作联系点上私营企业总户数 N,得到"抽样间距"K。第三步,随机在总户数中抽一户 M1 号。第四步,在总户数中抽取第 M2 号:M2 = M1 + K;抽取第 M3 号:M3 = M1 + 2K;抽取第 M4 号:M4 = M1 + 3K……直到抽出第 Mw = M1 + (W − 1)K;第 M1、M2、M3、M4……Mw 号总共 W 户,从而完成从 N 户企业中抽取 W 户的任务。需要注意的是，虽然理论上来说，按照这样随机抽取的样本对全体企业有很好的代表性，且使用这套数据的多篇文章被国内顶尖经济类期刊所采用，但本文更多地认为本研究所揭示的相关关系，只是反映了被调查企业的情况，在推论到总体时，仍然需要慎重。

（二）因变量

在 2008 年的调查中，被访者首先被问及是否以及是哪一级（镇、乡、县、地、省、国家或者不是）的人大代表。当被问及是否是政协委员时，排除了乡镇一级的选项。值得注意的是，这些问题都不是多选题，如此，事实上要求被访者选择的是自己拥有的最高级别的政治身份。

本研究中，人大代表和政协委员被分为三类："县乡镇级代表/委员"，"地级及以上代表/委员"，"普通企业家"。更具体地来说，对于人大代表，是这样界定的：（1）"县乡镇级代表"由县和乡镇级的代表组成；（2）"地级及以上代表"包括市级、省级和国家级的代表；（3）"普通企业家"则指的是没有人大代表身份的企业家。

对于政协委员来说，情况略有不同：（1）"县级政协委员"指的是县级政协中的企业家委员。这里有一个难题：在 2008 年的调查中，根据《中国人民政治协商会议章程》第 40 条相关规定，问卷没有设计镇一级的政协委员选项，而是将县设定为政协的最低层级。也就是说，标记在这里的只有县级这一层次。然而在实践中，20 世纪 80 年代后期到 90 年代初，一些镇通过各种方式建立了它们自己的政协，这是"机构膨胀"带来的一种后果。镇级政协的存在带来的一个问题就是使得此次调查中该部分的代表被忽略。不过另一方面，经验告诉我们这一部分的人数很少，对于整个政协的构成影响不大，因此上述问题可以忽略不计。另外两个类别是：（2）"地级及以上政协委员"；（3）"普通企业家"，也就是没有政协委员身份的企业家。

（三）自变量

本研究一共有 10 个自变量，它们可以根据以下四个方面加以分类：政治可靠度（变量 1 - 2），经济实力（变量 3 - 4），社会责任感（变量 5 - 6），以及人口统计学特征（变量 7 - 10）。表 1 列出了本研究的因变量、自变量及其定义。

表 1　变量定义

变量名称	定义
因变量	
人大代表	1 – 县乡镇级代表，2 – 地级及以上级别代表，3 – 其他。
政协委员	1 – 县级委员，2 – 地级及以上级别委员，3 – 其他。
自变量	
从商年限	开始经营自己企业的年限。
雇员人数	2007 年公司雇员人数。
营业额	2007 年公司营业总额（人民币 10000 元）。
慈善	自私人企业运营后投入慈善事业的总额（人民币 10000 元）。
年龄	2008 年被访者的年龄。
政党身份	1 表示"老党员"，2 表示"新党员"，3 表示"民主党派党员"，4 表示其他。
工商联成员	1 表示是工商联成员，0 其他。
教育	1 表示研究生，2 表示大学，3 表示高中及以下。
性别	1 表示女，0 表示男。
认证	1 表示有任何一项认证，0 表示没有。

　　1. 政党身份。分为四类：A. "老党员"，即在创办自己的私营企业或者企业"改制"之前就入党的私营企业主。在 2008 年的调查中，对于那些通过"改制"获得国有或者集体资产所有权的私营企业主，问卷询问了他们进行"改制"的时间；对于其他没有"改制"经历的被访者，问卷询问了他们什么时候开始经营自己的企业。由于问卷还同时针对党员企业主询问了入党时间，因此我们很容易地计算出一个变量来测量被访者是在创业之前还是之后入党。① B. "新党员"，即在开办自己企业之后入党的被访者。C. "民主党派"。不过，由于此项调查没有涉及加入民主党派的时间这一问题，因此我们不能够确定被访者是在经营自己企业之前还是之后加入这些民主党派的。从日常经验上看，他们大多是在自己的事业发展之

---

① 这里存在的一个问题是，"改制"的情况非常复杂。有人认为，对一些企业来说，"改制"可以被粗略地理解成中国将国有或者集体所有企业"私有化"的委婉说法。然而，"改制"不能完全等同于私有化或者管理层收购，因为它提供了合法的政策支持，使得私营企业主摆脱了模糊的产权安排：20 世纪 80 年代到 90 年代很多私营企业主使用"红色帽子戏法"，通过将自己的企业注册为国有或集体企业来掩饰私人所有权。因此，那些"红帽子企业"，虽然大多数采取集体所有制的乡镇企业形式，但在"改制"之前就已经是由私营企业主实际掌控了。不过，数据本身并没有告诉我们哪些企业戴过"红帽子"。因此，我们别无选择，只能忽略这些公司复杂的产权安排，以致在"创业年"的计算上存在偏差。

后被当地干部劝说加入的。D. "群众",值得注意的是那些认为自己是共青团成员的被访者也被归为此类。这主要是因为共青团主要是在中学生中发展成员,所以不能作为测量政治可靠度的指标。[①]

2. 工商联成员。这指的是被访者是否是工商联的成员。虽然工商联也和人大、政协一样,设置了相应的行政级别,但是 2008 年的调查中没有收集该方面的信息。因此,该变量在本文中只是一个简单的二分变量,其中 0 表示否,1 表示是。

3. 2007 年职工人数。有人会质疑这一变量是否有效,因为职工人数更多的是与公司相关,而不是与所有者有关。然而,另一方面来说,企业所有者的特性与企业本身的特性同样密不可分,尤其是在我国,很多公司所有者也同时是管理者(Chen et al.,2006)。因此,用企业层面的数据来分析企业主的问题并不会成为一个明显的问题。此外,该数据库中没有两个受访者来自同一家企业的现象,因此不存在重复计算的问题。[②]

4. 营业额。此次调查收集了被访私营企业的营业额,以人民币万元为测量单位(调查进行时间为 2008 年 6 月)。

5. 慈善。用企业成立后对慈善事业的投入来测量(以人民币万元为测量单位)。

6. 认证。以企业是否获得以下认证来评估:ISO9000,CCEE,UL,CE 标志及 QS 认证。[③]

---

① 此外,大多数声称自己是共青团员的被访者都已经超过最高年龄 28 岁的限制。根据《中国共产主义青年团章程》,任何超过 28 岁的共青团员都不再保留团籍,除非该团员担任团内领导职务(该团员必须同时也是共产党员)。在 2008 年的调查中,全部 314 个声称自己是共青团员的被访者只有 34 人没有超过 28 岁,比例不到 12%。正是考虑到这一问题,从 2010 年开始,该系列调查中已不再将团员作为政治面貌的一种。

② 本文的一名匿名评审提出应该控制行业类型,因为不同行业的雇员数量意义是不同的。行业类型对入选人大或政协的影响可能确实存在,但在调查问卷中行业是一道多选题,且没有进行排序。考虑到众多企业进行多元化经营的现实,本文没有采用行业这一指标。

③ ISO9000 质量认证体系是国际认可的质量管理体系。中国电工产品认证委员会(CCEE)是代表中国参加国际电工委员会电工产品安全认证组织(IECEE)的唯一机构。美国安全检测实验室公司(UL)是一家独立产品安全认证机构,总部设在美国芝加哥。CE 标志(法文 "Conformite Europeenne" 的字母缩写)为符合欧洲健康、安全和环境要求的产品提供认证。QS 是质量安全的缩写,是中国食品安全的标志,代表对食品和食品制造企业的监管体系。作者在这里没有将所有的认证体系一一列举,因为不同的认证体系与不同行业紧密相关。例如,一家 IT 企业就不会想要得到食品质量认证。因此,大量的认证并不代表更高的产品质量。

7. 受教育水平。问卷中的受教育水平分为 6 个类别，分别是小学及以下、初中、高中（中专）、大专、大学和研究生。由于本研究侧重探讨大学学历和研究生学历相对于其他学历是否具有显著效应，因此受教育水平被合并成 3 个类别：高中及以下；大学；研究生。这里大学包括大专。

8. 性别。这是一个二分变量：男性和女性。

9. 2008 年时的年龄。我们可以从表 2 中看到，被访者年龄最小的为 21 岁，最大的达到 84 岁。在中国，人大代表当选年龄不低于 18 岁，但是对于人大代表和政协委员的最高年龄却没有明确的规定——有的甚至担任代表或委员直到去世。

10. 从商年限。指的是开始经营私人企业的时间，测量方式是 2008 年减去被访者开始经营自己的企业的年份。

（四）方法

如前所叙，由于我们并不知道"常委会"层级的数据，因此，面对两个企业家即便一个为县级，一个为市级，也很难在技术层面断定谁的实际地位更高（更不要说其中存在的其他争议）。因为很可能两人中的一位是县级人大常委，而另一人为市级普通人大代表。也就是说，无法采用 ordinal 回归。于是，本文对于两个因变量的基本分析策略是使用多项式 logistic 回归（也被称为多项 logit 模型）。这一模型与一般的 logistic 回归模型不同，因为它的因变量可以拥有两个以上的类别。本研究将会有不止一个回归方程，而是两个或者以上的方程会被同时估计（方程的数目等于因变量类别的数目减一）。模型参数表示自变量每变化一个单位对某一因变量类别产生的影响，这一影响是相对于其他参照类别来说的。

四 研究发现

（一）描述性结果

表 2 显示了上述自变量和因变量在人大模型、政协模型和样本中的描述性统计结果。从数据来看，私营企业主平均拥有超过 6 年的经营经验。其中男性企业主超过 80%。各个企业的营业额之间的差距非常大，从最少

的 20000 元到最多的近 12 亿元。企业规模由雇佣 10 人的个体家庭企业，到雇佣 6167 名员工的大型企业不等。以下是一些主要的发现。

表 2　人大模型、政协模型和样本中因变量与自变量的描述性统计

因变量	分类	人大		政协	
		频次	边际百分比	频次	边际百分比
人大或政协成员	县乡镇级人大（县级政协）	102	12.0	110	13.1
	地级及以上	58	6.8	50	6.0
	普通企业主	690	81.2	680	81.0
自变量					
政党身份	"老党员"	232	27.3	224	26.7
	"新党员"	27	3.2	26	3.1
	"民主党派成员"	28	3.3	34	4.0
	群众	563	66.2	556	66.2
工商联成员	是	291	34.2	297	35.4
	否	559	65.8	543	64.6
教育	研究生	93	10.9	95	11.3
	大学生	421	49.5	414	49.3
	高中及以下	336	39.5	331	39.4
性别	女	160	18.8	154	18.3
	男	690	81.2	686	81.7
认证	是	279	32.8	266	31.7
	否	571	67.2	574	68.3
有效值		850	100.0	840	100.0
缺失值		843		853	
总计		1693		1963	
	观测值	最小	最大	平均值	标准差
雇员人数（人）	1625	10	6167	85.17	314.554
营业额（万元）	1566	0.2	118929	2701.82	9443.891
慈善（万元）	1583	0	8666	27.12	239.644
年龄（年）	1687	21	84	44.14	8.865
从商年限（年）	1693	2	25	6.33	3.829

首先，"县乡镇"级和"地级及以上"人大代表和政协委员席位是稀缺资源。690 名被访者（81.2%）从未被选为人大代表，680 名被访者（81%）从未当选为政协委员。① 对于那些"入选者"，"地级及以上"比"县乡镇一级"更加罕见：102 名受访者是"县乡镇级人大代表"，58 名是"地级及以上人大代表"，分别占总样本数的 12% 和 6.8%。至于政协委员，有 110 名（13.1%）"县级委员"和 50 名（6%）"地级及以上委员"。进一步分析发现，地级以上的省级和国家级的代表更是稀少：这两级的人大代表分别占 1.1% 和 0.3%；两级的政协委员分别占 1.4% 和 0.1%。

其次，有相当大比例的被访者是共产党员，分别占人大模型的 30.5% 和政协模型的 29.8%。然而，"新党员"，即那些开办自己企业之后才入党的被访者，只占很小的比例，分别占人大模型的 3.2% 和政协模型的 3.1%。进一步的分析揭示，68.6% 的"新党员"在 2001 年以后才加入共产党。这一事实在某种程度上与媒体的报道相反：当 1998 年私营企业主正式获准可以入党时，许多记者和评论家预计将会掀起私营企业主入党的高潮。事实上，之前的研究已经表明（陈光金，2006；张厚义，2007），多数拥有党员身份的私营企业主是"老党员"，他们大部分都有在国家机关或者国有企事业单位工作的经历。

最后，我们在这里讨论一些技术上的问题。表 2 中涉及人大代表和政协委员身份时，存在大量的缺失值：分别为 843 和 853。换句话说，在两个模型中的样本量，即针对模型中所有变量都不缺失的个案数量，分别为 850 人和 840 人。也就是说，本文的推论可能更适合于这些人群，对更大总体的推论尚缺乏一个完美的数据库的支持。另一方面，笔者认为多数没有回答此项问题的人是因为他们既没有进入人大也没有进入政协。当然其他一些可能性也不能被排除，如出于隐私和安全方面的考虑，对其他一些

---

① 有人也许会争论说，有证据表明私营企业主中的人大代表和政协委员通常不会超过 10%。例如，一项报告指出，安徽省阜阳市 1996 年时，有 6.6% 的私营企业主是各级人大代表或者政协委员（Heberer，2003）。在我看来这一比例应该更新。人大和政协中的私营企业主的比例在最近几年增幅相当大，因为自 2006 年以来，党和国家越来越要求从"两新组织"（新经济组织和新社会组织）中吸纳更多的代表。本文中私营企业主中的人大代表和政协委员的比例非常接近于个案研究收集的结果，同时与笔者利用"中国私营企业主抽样调查"近些年数据所做的分析接近（吕鹏，2012）。

问题未予应答。

大量的缺失值不会影响多项式 logistic 回归方程对最小样本量的要求，即每个自变量要求 15 ~ 20 个个案。数据库已经收集了 850 名和 840 名分别拥有人大和政协成员身份的个案，以及 10 个自变量。因此比率分别达到了 85：1 和 84：1，超过了规定的 15 ~ 20 个个案，甚至达到了每个自变量对应 30 ~ 50 个个案。

（二）回归结果

我们的分析根据多项式 logistic 回归从检验人大代表（模型 1）开始，然后再加入对政协委员（模型 2）的分析。两个模型中，卡方值在 0.0001 水平上显著，所以我们可以得出结论：因变量和自变量组之间显著相关。此外，在 SPSS 运行的多项式 logistic 回归模型中，多重共线性是通过对 B 系数和标准误差的检测来判断的。B 系数（如表 3 所示）和标准误差（standard error）都不过大（模型 1 和模型 2 中没有一个被分析的自变量的标准误差大于 2）。所以没有证据表明该项分析存在严重的多重共线性问题。

表 3 确认了假设 1：经济实力（在这项调查中由"雇员数量"和"营业额"两个指标测量）在人大和政协的选举中只是起到一个"门槛"的作用。在大多数情况下，它们在 4 个回归方程的统计显著性相当微弱（$p < 0.05$，甚至 $p < 0.1$）；有的情况下，显著性则不存在（地级及以上级别的政协委员，雇员数没有表现出显著性）。

政治可靠度的一组变量做出了显著的贡献。假设 2.3 认为工商联成员身份对于企业主获选人大代表和政协委员起着很强的作用。表 3 显示确实如此：在模型 1 和模型 2 中，工商联成员身份显著地增加了企业主当选为"县乡镇"和"地级及以上"人大代表或政协委员的可能性，在"县乡镇级人大""地级及以上人大""县乡镇级政协""地级及以上政协"几个级别上可能性分别增长了 3.2 倍、3.8 倍、11.0 倍和 4.1 倍。这和其他学者（Dickson，2007）的研究发现是一致的。

然而，政党身份的影响没有体现出一致的效果。如表 3 所示，在第一个回归方程中，"老党员""新党员"和"民主党派"表现出了统计上的显著相关关系，尽管如果坚持更高标准的话，"民主党派"的显著性（$p < 0.1$）

表 3　检验私营企业主任人大代表或政协委员成员资格的决定因素的多项式 Logit 回归

自变量	模型 1 人大代表						模型 2 政协委员					
	县乡镇人大 VS. 普通企业家			地级及以上人大 VS. 普通企业家			县级政协 VS. 普通企业家			地级及以上政协 VS. 普通企业家		
	B	Std. Error	Exp (B)	B	Std. Error	Exp (B)	B	Std. Error	Exp (B)	B	Std. Error	Exp (B)
截距	-3.902	0.731		-4.858		0.741	-6.512	1.102				
从商年限	0.017	0.032	1.017	0.037	0.043	1.038	0.036	0.032	1.037	0.147	0.039	1.158
雇员人数	0.001*	0.001	1.001	0.001*	0.001	1.001	-.002*	0.001	0.998	0.000	0.000	1.000
营业额	0.000+	0.000	1.000	0.000+	0.000	1.000	0.000	0.000	1.000	0.000*	0.000	1.000
慈善事业	0.002*	0.001	1.002	0.003**	0.001	1.003	0.000	0.001	0.999	0.000	0.000	1.000
年龄	0.008	0.015	1.008	0.009	0.020	1.009	0.015	0.015	1.015	0.023	0.022	1.023
政党身份（参照组：群众）：老党员	1.222***	0.282	3.393	0.916**	0.359	2.498	0.644*	0.273	1.904	0.317	0.402	1.374
新党员	2.082***	0.481	8.021	-19.762	0.000	2.614E-9	0.923+	0.538	0.2.516	0.436	0.783	1.547
民主党派	0.966+	0.540	2.629	-0.100	0.870	0.905	2.039***	0.496	7.686	2.604***	0.572	13.512
工商联会员：是	1.172***	0.257	3.229	1.330***	0.364	3.781	2.401***	0.280	11.037	1.408***	0.390	4.087
教育（参照组：高中以下）：研究生	-0.344	0.436	0.709	1.778***	0.556	5.916	0.877*	0.401	2.404	1.586**	0.486	4.883
大学生	-0.079	0.268	0.924	1.166*	0.482	3.209	0.755**	0.281	2.128	0.171	0.415	1.186
性别：女	-0.194	0.356	0.824	-0.257	0.535	0.773	-0.502	0.365	0.606	-0.539	0.539	0.583
认证：是	0.540*	0.259	1.716	1.049**	0.366	2.856	0.327	0.256	1.387	0.618	0.369	1.856
-2 Log Likelihood	755.487						740.336					
Nagelkerke Pseudo R-Sqr	0.395						0.399					

注：+ $p < 0.1$，* $p < 0.05$，** $p < 0.01$，*** $p < 0.001$。

可以忽略。更具体地说，创业之前入党的私营企业主当选为县乡镇一级人大代表的可能性比一般企业主大 3.4 倍，创业之后入党的当选可能性增加了 8 倍。在第二个回归方程中，在地级及以上级别的人大选举中，"老党员"的当选概率增加了 2.5 倍。[①] 然而，在"地级及以上"这里，有两个变化发生了："新党员"和"民主党派"的显著性消失了。这些发现证实了党员身份对筛选人大代表有影响（假设 2.1）；尤其是那些与地方干部有着长期关系的老党员在高一级的选举中占有更多优势（假设 2.1）。

"民主党派"成员身份无论是在"县级"还是在"地级及以上"的政协委员选举中都有着举足轻重的作用，而党员身份在县这一级别上几乎没有多大作用。这从全国层面上肯定了其他学者（Dickson，2007）于 2005 年针对 8 个县所做的局部调查的发现。方程 3 和方程 4 表明，"民主党派"成员身份非常有利于政协推选，那些拥有民主党派身份的企业主被推选上的可能性更大，在"县级"和"地级及以上"分别达到 7.7 倍和 13.5 倍（见表 3）。这和假设 2.2 的推测逻辑一致：政协作为一个政治协商机构，主要功能是作为"统一战线"的一部分，帮助执政党团结包括 8 个民主党派在内的社会政治团体，协调他们的立场和达成政治共识。

除了"民主党派"成员身份，慈善事业和企业责任认证是另外两个可以用来突出政协和人大模型的不同之处的变量。在模型 1 中，慈善事业和认证与人大代表资格正相关：慈善总额每增加一个单位，在县乡镇级和地级及以上级别人大当选的可能性分别增加 0.2% 和 0.3%；持有任何一项认证，该企业家当选县乡镇级和地级及以人大代表的可能性分别增加大约 71% 和 185%。另外，慈善事业和认证在模型 2 中都不具有统计显著性（见表 3），由此可以部分地拒绝假设 3。然而，这一意料之外的结果支持了这样的论断：相比与人大，政协对企业家社会责任的强调相对较弱。

从表 3 中可以清楚地看到，3 个人口统计学上的特征——年龄、从商年限和性别——无论在哪个模型中都对"被选私营企业主"没有显著影

---

① 应当承认存在自变量的内生性问题，因为那些影响企业家成为党员的因素同时也是影响其成为人大代表或者政协委员的因素。我们没有问被访者哪一年被选进人大/政协的相关信息；因此，进一步的分析和"损害控制"是不可能的。不过另一方面，我们有效区分了"老党员"和"新党员"。通常来说，那些影响一个人在开始经营自己生意之前入党的因素（例如家庭背景，在单位的政治忠诚，与单位领导的私人关系等）和决定人大/政协委员的因素不同。

响，因此证实了假设 4.1。受教育水平的积极作用也得到了支持。虽然拥有研究生和大学学历只对地级及以上的人大选举有明显帮助，分别使得入选的可能性增加了 6 倍和 3 倍。① 不过，表 3 显示，在县一级政协选举中，拥有研究生学历和大学学历使得入选可能性分别增加了 2.4 和 2.1 倍。并且，拥有研究生学历使得私营企业主在地级及以上的政协选举中的当选可能性增加了 5 倍。如同假设 4.2 最后一部分所述的那样，由于历史上所形成的统战工作的特点，政协系统长期偏好拥有高学历的优秀候选人。

当然，本文只是一项探索性的研究。在某种程度上，难以对很多其他有助于当选人大代表或者政协委员的因素进行测量，例如私营企业主和当地干部的个人关系，而这可能恰恰是最重要的一个变量。再比如，私营企业主自身真实的政治意愿也没有被调查，因此无从知晓他们的主观能动性在参政议政中的作用。此外，任何因果性的解释都应当谨慎，尤其是考虑到本文数据没有涉及"时间维度"：我们并不知道被访企业主进入人大或政协的具体时间。因此内生性和逆向因果性可能都存在。比如，可能存在的一种情况是，有关部门先确定某个企业家可以加入政协，所以才让其加入民主党派，以获得一定的界别资格。再比如，可能一些被访者在经营自己的事业之前是前任的党政干部，甚至有可能在创业之前就是人大代表或政协委员。虽然本文并不试图提供任何因果解释，更不涉及"机制"层面的因果解释，但仍然希望接下来的全国性调查能够在这方面设计更多的问题、提供更多的信息，使得更多、更加透彻的后续分析成为可能。此外，进一步的研究应当关注制度解释，通过对某个区域一定时间段的个案研究，提供更加深入的分析。

五　结论

中国私营经济的蓬勃发展催生了私营企业主这一"新经济精英"群体。他们不仅在经济实力上日益壮大，而且在社会和政治领域也提出了越

---

① 这里本文的发现与迪克森的发现不同，他认为："教育水平具有曲线性的影响；那些有着高中学历的企业家比学历更低或者更高的有大学学历的企业家进入人大的可能性更高"（Dickson，2007：845）。这可能是由于不同的资料收集方式引起的，迪克森的数据是 2005 年在 8 个县收集的，而本文数据是 2008 年在全国范围内收集的。

来越多的新诉求；更重要的是，他们表达诉求的方式也在近些年来发生了一定的变化。让私营企业主通过人大或政协"参政议政"，已经成为一种制度性的安排，尤其是在培育"两新组织"的背景下，这种安排必将对我国未来的政治和经济生活产生影响。但不少观察家容易将人大和政协等同对待。

本文的研究发现有助于我们了解人大和政协系统从私营企业主阶层中遴选成员的共同点和不同点。研究结果表明，在经济上，经济实力这一因素扮演的角色不能被过分夸大，更不能将遴选当作一场"金钱游戏"；但另一方面，经济实力作为一个"门槛"，确实是影响入选可能性的不可或缺的因素。在政治上，表2和表3的分析结果说明了政治可靠性在人大和政协遴选中的重要性，但两者由于自身角色和历史习惯的不同，因此对党员身份和"民主党派"成员身份的偏好不同。社会方面，人大系统更强调慈善和企业社会责任认证，而政协系统则将教育水平作为一项重要考虑因素。

此外，遴选模式在各个不同行政级别上出现了差异。例如，在地级及以上级别，人大代表的要求标准比政协委员高，其中"老党员"的贡献更是表现出了统计上的显著性。除此以外，与县乡镇一级不同，大学和研究生教育水平对地级以上的人大代表有显著影响。同样，只有研究生教育水平对地级以上政协具有统计上的显著性。更进一步的省级和全国人大代表/政协委员的个案研究可能会揭示更多有趣的发现。

受数据和篇幅所限，笔者非常清楚地知道，仅仅通过本文所发现的相关性，我们很难揭示许多读者所期待的更深层次的因果关系。尤其是，现有数据并没有提供私营企业主担任人大代表或政协委员的时间信息以及担任的时间长度，因此，我们很难做出时间序列上的分析，从而真正揭示出企业主的经济成就、社会捐献与政治地位之间的因果关系。这也正是本文放弃提出任何机制层面的解释的原因：如果经验材料不能回答"为什么"这一问题，那么笔者宁愿放弃提出一个无法检验的"理论"。此外，本文没有也无法对私营企业主政治参与中的一些潜在的关键性因素进行探讨，这既包括党政官员、人大和政协官员在这一过程中的政治考虑和庇护关系，也包括部分私营企业主自身的政治经营。在这方面，一些不时披露的新闻报道，可以为我们提供非常有意义的线索。

另一方面，根据实证研究结果，本文确实也可以提炼出一个描述层面的术语，用以概括私营企业主被选入人大和政协的某些特征。"财绅政治"一词即为本文的一个尝试。"财绅"在中国不是一个新名词，它通常代指绅士阶级中的"富商"阶层。在中文中，绅士广为接受的称呼是"士绅"或"绅缙"，这一概念对理解传统中国意义重大。最初，中国士绅作为一个阶层主要是指地主，他们大多是退休官员或其家属和后代（Chang & Zhang，1955）。根据儒家的阶级制度，四个"职业类别"中，士大夫和农民地位最高，手工业者和商人地位依次下降。在实践中，由于农业是仅次于官宦的行业，士大夫退休之后会通过雇佣佃农成为富有的土地所有者。也就是说，这些地主不一定是商人，但是他们通常很富有，他们也被期待成为当地儒家君子式的楷模或核心支柱。此外，官吏之子渴望通过科举考试，有时通过贿赂，而向上流动进入士大夫阶层；囊中羞涩的绅士有时会选择和商人家庭联姻。尤其是在晚清，中央权臣联合地方精英发起"洋务运动"，一些富有商人被授予政治头衔，有的称之为"红顶商人"（Pearson，1997）。这就是中国背景下"财绅"的由来。

总之，士绅阶层作为富有的统治阶级在稳定中国社会方面发挥了强有力的作用，他们也因此受到国家的褒奖。虽然乡村的士绅通常不涉及商业（Fei，1946），但城市中的士绅在一定程度上拥有经商的传统，尤其是19世纪60年代之后更是如此。尽管一些"财绅"同时也是买办或剥削者，但无论在哪种情况下，良好的社会形象是对士绅们的要求，这需要通过资助学校和公共事业、保护地方社会等方式体现。

因此，本文引进的"财绅政治"这一词意指的是，想要获得政治头衔的私营企业主越来越被期望承担更多的社会责任，尤其是在涉及较高层次的政治头衔时，要求他们不只是富有，也需要像"士绅"那样行事。由此，本文提出需要检验的问题——一个好的社会形象（以慈善事业、产品认可和良好的教育这几个方面来表示）是否与人大代表和政协委员这样的政治荣誉相关？研究发现，虽然经济和政治因素确实有影响，但社会因素也起了不可忽视的作用。这一发现与其他的研究发现是相吻合的。比如，有研究发现，除了企业家的经济水平（收入及其所在企业的权益）对企业慈善捐赠行为和捐赠水平有显著的积极影响之外，企业家的政治身份（人大代表/政协委员）和行业身份（行业协会/工商联成员）也对企业捐赠行为与捐赠水平有显著的正面影响，而企业家的政党身份（共产党员/民主党派党员）对企业慈善捐赠行为和捐赠水平都没有显著影响（高勇强等，2011）。这意味着私营企业主成为人大代表和政协委员也许并非简单地反映了庇护主义——它可能在某种程度上为中国社会新兴的士绅阶层奠定了基础或与此密切相关。

回想起革命年代对士绅的态度，这股新兴社会力量的形成具有一定的讽刺意味。在 20 世纪 20 年代的新文化运动中，激进者将地主作为封建势力加以批判。毛泽东领导发起了对"劣绅恶霸"的攻击来消灭剥削。新中国成立之后，很多"地主式士绅"和"文化式士绅"通过阶级斗争的方式被处决、处罚和羞辱，这一阶层作为一个整体消失了。20 世纪 80 年代之后情况得到改变，党和国家开始"建设市场经济"。尤其是进入 21 世纪以来，儒家思想在某种程度上被重新引入官方意识形态之中。于是，士绅势力在经济领域开始复苏，尤其是在那些有着深厚商业传统的省份（章敬平，2004）。更加有趣的是，正像有学者（Goodman，2013）发现的那样，通过影响经济精英们的个人行为和精神，家庭背景——尤其是那些父母在党政机关中或者祖父母曾经是 1949 年之前的统治阶级的新经济精英——在促使这些人走上致富道路上发挥了重要作用。这与吴愈晓的研究发现也是相吻合的。他发现在中国农村，1949 年之前就有精英背景的家庭的孩子，相比于 1949 年之后的精英家庭孩子，更有可能在改革开放之后成为私营企业主。他也将这种区别试探性地归结为"文化资本"在"精英文化中的代际传承"作用（吴愈晓，2010）。历史可能不会重演，但是"财绅政治"是否会继续以及它将如何影响历史是一个值得进一步考察的问题。

当然，另一方面，"绅士"行为背后的动机依然需要警惕。企业的慈善捐赠行为背后，很有可能并不是一种新的阶层行为，而是过去的制度关系（尤其是庇护关系）的延续。正如有研究（如高勇强等，2012）指出的那样，有的民营企业一方面利用慈善捐赠来实施产品差异化战略，另一方面利用慈善捐赠来掩盖或转移外界对员工薪酬福利水平低、企业环境影响大等问题的关注，以及应对企业工会组织的可能压力。这种工具性的动机可能反过来又会影响商业精英在人大或政协这样的参政议政机构角逐中的行为，从而给未来我国政商关系的发展带来新的变数。

参考文献

陈光金，2003，《私营企业主的社会来源、阶层意识与政治—社会参与分析》，陈光金主编《中国私营企业发展报告第 4 卷》，北京：社会科学文献出版社。

——，2006，《从精英循环到精英复制——中国私营企业主阶层形成的主体机制的演变》，《学习与探索》第 1 期。

高勇强、何晓斌、李路路，2011，《民营企业家社会身份、经济条件与企业慈善捐赠》，《经济研究》第 12 期。

高勇强、陈亚静、张云均，2012，《"红领巾"还是"绿领巾"：民营企业慈善捐赠动机研究》，《管理世界》第 8 期。

梁建、陈爽英、盖庆恩，2010，《私营企业的政治参与、治理结构与慈善捐赠》，《管理世界》第 7 期。

陆铭、潘慧，2009，《政企纽带：民营企业家成长与企业发展》，北京：北京大学出版社。

罗党论、唐清泉，2009，《中国私营上市公司制度环境与绩效问题研究》，《经济研究》第 2 期。

吕鹏，2012，《私营企业主的经济分化与政治面貌变化》，陆学艺、李培林、陈光金主编，《2013 年中国社会形势分析与预测》，北京：社会科学文献出版社。

吴文锋、吴冲锋、刘晓薇，2008，《中国私营上市公司高管的政府背景与公司价值》，《经济研究》第 7 期。

吴愈晓，2010，《家庭背景、体制转型与中国农村精英的代际传承（1978～1996）》，《社会学研究》第 2 期。

张厚义，2007，《中国私营企业主阶层：成长过程中的政治参与》，汝信、陆学艺、李培林主编，《2008 年中国社会形势分析与预测》，北京：社会科学文献出版社。

章敬平，2004，《权变：从官员下海到商人从政》，杭州：浙江人民出版社。

Andrew, M. 2010, "China's Conventional Cruise and Ballistic Missile Force Modernization and Deployment." *China Brief* 10 (1).

Chang, C. & Z. Zhang 1955, *The Chinese Gentry: Studies on Their Role in Nineteenth-Century Chinese Society*. Seattle: University of Washington Press.

Chen, G., J. Li & H. Matlay 2006, "Who Are the Chinese Private Entrepreneurs?: A Study of Entrepreneurial Attributes and Business Governance." *Journal of Small Business and Enterprise Development* 13 (2).

Chen, J. & B. J. Dickson 2008, "Allies of the State: Democratic Support and Regime Support among China's Private Entrepreneurs. " *The China Quarterly* 196 （1）.

Chen, J. & Y. Zhong 2002, "Why Do People Vote in Semicompetitive Elections in China?" *Journal of Politics* 64 （1）.

Chen, M. 2011, *Tiger Girls: Women and Enterprises in the People's Republic of China*. New York and London: Routledge.

Choi, E. K. & K. X. Zhou 2001, "Entrepreneurs and Politics in the Chinese Transitional E-conomy: Political Connections and Rent-seeking. " *The China Review* 4 （1）.

Dickson, B. 2000, "Cooptation and Corporatism in China: The Logic of Party Adaptation. " *Political Science Quarterly* 115 （4）.

——2007, "Integrating Wealth and Power in China: the Communist Party's Embrace of the Private Sector. " *China Quarterly* 192 （4）.

Fan, J. P. H. , T. J. Wong & T. Zhang 2007, "Politically Connected CEOs, Corporate Governance, and Post-IPO Performance of China's Newly Partially Privatized Firms. " *Journal of Financial Economics* 84 （2）.

Fan, Y. , N. Chen & D. A. Kirby 1996, "Chinese Peasant Entrepreneurs: An Examination of Township and Village Enterprises in Rural China. " *Journal of Small Business Management* 34 （4）.

Fei, H. T. 1946, "Peasantry and Gentry: An Interpretation of Chinese Social Structure and its Changes. " *American Journal of Sociology* 52 （1）.

Goodman, D. 2008, *The New Rich in China: Future Rulers, Present Lives*. London: Routledge.

——2013, "New Economic Elites: The Social Basis of Local Power. " *China Studies* 18 （3）.

Guiheux, G. 2006, "The Political Participation of Entrepreneurs: Challenge or Opportunity for the Chinese Communist Party?" *Social Research: An International Quarterly* 73 （1）.

Heberer, T. 2003, *Private Entrepreneurs in China and Vietnam: Social and Political Functioning of Strategic Groups*. London: Brill Academic Publication.

Hu, X. & J. Shi 2009, "The Relationship Between Political Resources and Diversification of Private Enterprises: An Empirical Study of the Top 500 Private Enterprises in China. " *Frontiers of Business Research in China* 3 （2）.

Kennedy, S. 2008, *The Business of Lobbying in China*. Cambridge: Harvard University Press.

Li, H. , L. Meng & J. Zhang 2006, "Why Do Entrepreneurs Enter Politics? Evidence from China. " *Economic Inquiry* 44 （3）.

Li, H. , L. Meng, Q. Wang & L. A. Zhou 2008, "Political Connections, Financing and Firm Performance: Evidence from Chinese Private Firms. " *Journal of Development Economics*

87（2）.

Ma, D. & W. Parish 2006, "Tocquevillian Moments: Charitable Contributions by Chinese Private Entrepreneurs." *Social Forces* 85（2）.

Nathan, A. 2003, "Authoritarian Resilience." *Journal of Democracy* 14（1）.

Nee, V. & S. Opper 2009, "Bringing Market Transition Theory to the Firm." In S. Opper（ed.）, *Work and Organizations in China After Thirty Years of Transition（Vol. 19）*. New York: Emerald Group Publishing Limited.

O'Brien, K. J. 1994, "Agents and Remonstrators: Role Accumulation by Chinese People's Congress Deputies." *China Quarterly* 138（3）.

——2008, *Reform Without Liberalization: China's National People's Congress and the Politics of Institutional Change*. New York: Cambridge University Press.

Oi, J. C. & S. Rozelle 2000, "Elections and Power: The Locus of Decision-making in Chinese Villages." *China Quarterly* 162（3）.

Pearson, M. 1997, *China's New Business Elite: The Political Consequences of Economic Reform*. Berkeley: University of California Press.

Peng, Y. 2004, "Kinship Networks and Entrepreneurs in China's Transitional Economy." *American Journal of Sociology* 109（1）.

Tian, Z., H. Gao & M. Cone 2008, "A Study of the Ethical Issues of Private Entrepreneurs Participating in Politics in China." *Journal of Business Ethics* 80（3）.

Tsai, K. S. 2007, *Capitalism Without Democracy: The Private Sector in Contemporary China*. Ithaca: Cornell University Press.

Wank, D. 2001, *Commodifying Communism: Business, Trust, and Politics in a Chinese City*. Cambridge: Cambridge University Press.

Yan, X. 2011, "Regime Inclusion and the Resilience of Authoritarianism: the Local People's Political Consultative Conference in Post-Mao Chinese Polities." *The China Journal* 66（3）.

Zhou, W. 2009, "Bank Financing in China's Private Sector: The Payoffs of Political Capital." *World Development* 37（4）.

自我边界的"选择性固化":公民运动与转型期国家—个人关系的重塑[*]

——以 B 市被拆迁居民集团行政诉讼为例

施芸卿

摘　要：20 世纪 90 年代以来城市化进程中频发的社会冲突，从积极层面理解，是国家在孕育市场之后进一步释放社会的过程，也是由行动者发起的重塑国家—个人关系的过程。出于中国特定的制度环境，公民运动的行动者面临着一个两难困境：必须同时生产出维权的"合法性"和"抗争空间"，其背后体现了转型期国家—个人关系的悖论——个人相对于具体国家的抽离是以其对抽象国家的内化为前提的。自我边界的"选择性固化"便是行动者针对这两者之间的张力而产生的适应机制。本文以 B 市一起被拆迁居民集团行政诉讼为例，揭示了自我边界的"选择性固化"的三重机制，即拆分国家治理层级、辨析国家在土地权利上的双重身份和剥离国家在行政实践中的政治和经济职能。其本质则是经由自我边界从弹性、渗透向固化、紧实的转变，个人重构与国家之间的独立平等关系，折射出大一统的传统国家向国家—市场—社会—个人各部分分化的现代国家迈进的过程。

关键词：自我边界　选择性固化　国家—个人关系　公民运动

---

[*]　原文发表于《社会学研究》2013 年第 2 期。本文在笔者博士论文《公民运动：以草根之力重塑国家—个人关系》的基础上修改而成。感谢博士导师杨宜音研究员及硕士导师沈原教授在本文成文的不同阶段给予的指导。本文亦得益于与中国社会科学院青年小组肖林等诸多同事的讨论，及国家社会科学基金青年项目"我们感的建构 以维权群体为例"（项目编号：08CSH022）的资金支持，在此一并致谢。文责自负。

一 以城市化进程透视转型期的国家—个人关系

20 世纪 90 年代,B 市经历了第一波大规模的城市化浪潮。《市房地产年鉴》相关年份统计加总显示,1991～2000 年,B 市共搬迁居民 28.12 万户、87.86 万人,拆除房屋 64.78 万间,拆除建筑面积 915.53 万平方米。这个阶段的城市化以"危改带开发"为主要模式,清楚地展现了房地产市场在国家主导下诞生的最初形态。此阶段中,在城市化、现代化、经济发展等旗号下,资本和权力联袂将土地和空间这些原本不属于市场的内容商品化(Burawoy,2000,2006;沈原,2007:282),而他们所共同指向的另一方,则是单位制的庇护逐步撤去后在结构上已趋于原子化,却仍保留着由单位制及几千年传统文化形塑而成的对国家无条件服从的市民个体。被权力裹挟的市场,在传统国家—个人关系的助力下顺风顺水,导致个体权利面对侵蚀和挤占,由此引发了一系列高密度、大规模的市民抗议。城市化领域频繁爆发的社会冲突在引起各界关注的同时,也激发了社会科学领域的大量实证研究,成为透视国家—个人关系转型的精彩案例。

(一) 公民运动的两难困境

社会学领域针对当前中国的民众维权与社会抗争已经积累了大量的实证研究,其或多或少触及了中国体制下维权与抗争的合法性困境(详见毕向阳,2006;应星:2007)这一根本问题。对此,在国家—社会关系的讨论框架下又引出另一个重要的问题:各种以"合法抗争"(lawfulresistance)为基本运作形态的维权行动,是否对国家权威构成了基础性的挑战,即法律及其衍生的权利话语,看似给行动者提供了维权的武器,但这种内生于国家框架的法律话语的使用及对权利在中国语境下的理解,到底是挑战了还是悖论式地强化了国家的权威?

西方学界对于中国民众抗议的研究大多倾向于前一种观点,认为从中国近期抗议活动中观察到的"权利"话语,标志着自下而上的对公民权的诉求,以及对国家—社会关系的根本性突破,从而对体制构成潜在威胁(详见 Goldman,2005;O'Brien&Li,2006);而裴宜理(2008)则认为中国民众对社会经济公正诉求的本质是生存权的诉求,这种道义经济式的诉求极少质疑中国共产党或者它的意识形态的统治权威，因此，抗议在实质上是加强而不是侵蚀了政治系统。事实上，我们发现，这两种截然相反的解释并不是一种非此即彼的关系，而恰恰处于一种并存纠缠和充满张力的局面，分别构成行动者建构维权策略时对维权有效性和合法性的考量。例如刘子曦（2010）通过对业主维权所发展出的多样化轨迹的解读，发现法律呈现出"维权武器"和"制度瓶颈"的双重属性。这正映射出当前中国维权运动特有的两难困境——在营造维权"抗争空间"的同时，中国的维权行动者必须时刻不忘生产维权的"合法性"——前者构成对国家权威一定程度上的挑战，后者则是对国家权威有意或无意的内化。

已有不少研究者注意到了这个充满内在张力的两难困境，但只是将其作为一种在中国情境下出现的维权策略加以讨论，较有影响力的如应星等人在上访研究中提出的"踩线而不越界"的问题化的策略（应星、晋军，2000）。而正如本文试图展示的，行动者在"线"和"界"之间体现的远不止一种充满生活智慧的维权策略，更构成社会转型在个人层面所体现的一种基本逻辑，其本质是行动者在具体情境下对国家—个人关系的选择性建构，这是非常值得深入探讨的。

（二）国家—个人关系与中国人的自我边界

长期以来，受学科范式的限制，"个人"是常被忽视的分析维度。近年来强调中国特定体制背景和转型历程的社会运动研究，援引行动社会学的立场，将目光聚焦于行动者及行动的实践过程，以国家—社会关系为基本范畴，回答社会如何生产的问题（沈原，2007）。社会心理学视角的引入，将对于社会转型的关注从宏观的社会结构层面拓展到更为微观的个体层面，使"社会的生产"的问题进一步延伸到对"公民的生产"的探讨，在此，国家—个人关系被纳入研究视野，中国人的自我构念（self-construal）则是可以借用的分析工具。

在本土心理学视角下，在中国传统文化中，国家与个人经由两条路径关联：一条是自下而上、由内到外，即通过个人的道德修养，从"修身"，经过"齐家"，到"治国平天下"；另一条则是自上而下、由外到内的，即通过国家对个人的道德要求，使个人服从国家的指令，忠实于帝王所代表的国家。这样一推一拉两种力量，使个人与国家形成一种相互包容合一的关系(杨宜音,2008),其基础是中国人在差序格局这一基本社会结构之下形成的"包容性自我",其本质在于自我边界的伸缩通透性。换言之,在这种弹性渗透边界下,个体可以通过对自我边界的驾驭,来应对不同的社会情境,从而调整国家—个人关系。①

因此,以国家—个人关系为分析起点,使社会结构拓展到包含历史文化脉络的更广阔层面,至少能从如下几个方面丰富我们的视野:首先,从中国历史来看,国家—个人关系更具实质意涵,因为,以儒家文化为主导的中国传统文化对国家—个人关系的设计,缺少"社会"这一中间环节(杨宜音,2008)。其次,国家—个人关系并非一成不变,而是同样伴随社会变迁处于转型之中,结合行动社会学对"行动者主体性"(图海纳,2008)的强调,公民运动的实践在此可被视为由行动者发起的对传统的包容式的国家—个人关系的调整,主体性则体现为行动者经由维权实践而达成的对个人自我构念的重塑(在本文中突出体现为自我边界的固化过程)。再次,以国家—个人关系为分析轴心,转型可被视为一个从大一统②的全能国家向国家—市场—社会—个人四部分分化的现代国家迈进的过程(杨宜音,2008),个人通过自我构念的重塑,其目的在于直接或间接地重塑国家—个人关系,从而使深层的文化心理结构再度呼应于变迁中的社会结构,在顺应中推动转型。也正是在此意义上,城市化进程中发生的社会冲突,综合了这四者消长博弈的过程,成为国家—个人关系转型的透镜。

---

① "自我边界"与"自我构成"及"自我图示"一起,构成社会心理学视野下"自我"概念的主要内容。"自我边界"关系到不同文化下的个体究竟如何划分自我与他人的边界,即会不会将他人包容在个体自我的边界之内,或者将自我融入他人所构成的群体之中。出于中国文化"差序格局"的基本特性,自我边界对认识中国人的自我尤其重要。杨宜音关于"自己人"的研究发现,经不同的情境启动,中国人会使用不同的自我边界(包容他人或不包容他人)来应对环境的要求。在较为传统的文化情境下多使用包容性自我的边界,其主要特征为:自主性,以自我为中心判断包容或排斥;通透性,包容重要他人;伸缩性,因包容的重要他人的多少而变化范围;开合性,在一定情境下,将边界坚硬化、封闭化,以获得成员身份;道德性,在社会道德的引导下,从小我升华到大我,"我"与"我们"合而为一(杨宜音、张曙光编著,2008:36~37)

② 这里的"大一统"指计划经济时代那种只有政府、没有市场、没有社会、没有个人的情况,即四个因素被一个因素独立掌控、吞噬和覆盖的局面(杨宜音,2008),以此来对比转型之后国家—市场—社会—个人四者分化的局面。就本文所聚焦的国家—个人关系而言,"大一统"的国家同时涵盖了传统观念中央与地方合一的关系。

（三） 中国式权利与公民的生产

随着"权利话语"在当下维权抗争中的普及，已有不少论者注意到，中国人的"权利"理念与西方基于"天赋人权"的权利理念有本质区别。在中国，权利往往被理解为是国家认可的，旨在增进国家统一和繁荣的手段，而非自然赋予的，旨在对抗国家干预的保护机制（裴宜理，2008；阎云翔，2011；庄文嘉，2011）。中西模式差异正是源于不同的国家—个人关系的形塑。换言之，前者是以大一统的全能国家为起点的，指向对个人的庇护；后者则是以独立的公民个体为起点，指向对国家的制约。

在这条线索下，行动者对上述中国当前维权运动所面临的两难困境的应对体现出这样一种基本逻辑：传统的吸纳型国家—个人关系构成行动者借用国家权威（authority）、建构维权的"合法性"的资源库，而更具现代性的平等型国家—个人关系则构成行动者建构公民权利（rights）、营造维权的"抗争空间"的武器库。前者牵连着厚重的历史文化根基，后者则正处于片段化的萌生状态。前者是个人将国家内化，后者是个人将国家推离。维权行动本身成为试图理清这两种力量相反的国家—个人关系的实践过程，行动者对此间分寸尺度的拿捏成为决定维权成败的关键。

故而，本文希望强调的是，无论是"社会的生产"还是"公民的生产"，都是在既定的社会历史条件下的生产，前者涉及在中国历史上付诸阙如的社会如何在占据绝对主导的国家框架下从无到有，后者则涉及现代西方含义上的、试图对国家权力有所制约的公民理念，如何在默认国家对个人的庇护和福祉的中国传统国家—个人关系中生成。因此，本研究以城市化进程中出现的公民运动为案例，以国家—个人关系为着眼点，以社会心理学的"自我边界"概念为分析工具，所要回答的具体问题是中国传统的包容性自我能否转变？何以转变？其转变又将如何相应地重塑国家—个人关系？后文的结构安排如下：第二部分将对案例及方法做介绍；第三部分则阐释"吸纳型"和"平等型"这两种国家—个人关系的理想类型及其在当下实践中并存与纠缠的局面；第四部分引入自我边界的概念，分析其"选择性固化"机制，以进一步论述行动者有选择地建构两套国家—个人关系的具体过程，以此应对当下公民运动的"两难困境"；最后是结论部分，在回顾全文的基础上进一步讨论该公民运动所体现的微观个体自我边界的转型与宏观社会转型之间的关联。

二 案例概述及研究方法

2000 年 2 月 22 日，B 市以罗先生为首的 7 位公民代表将附有 10357 个被拆迁居民签名的行政诉讼状递交到 B 市第二中级人民法院，这便是轰动一时的"B 市被拆迁居民集团行政诉讼"（简称"集团诉讼"）。

该集团诉讼自 1995 年始持续至今，大致可以分为准备酝酿（1995 ~ 1999 年）、启动实施（1999 ~ 2001 年）和举报维续（2001 年至今）三个阶段（案例细节详见：施芸卿，2007，2012），其参加主体为 B 市城市发展中"开发带危改"阶段[①]被拆迁的市民，以 1998 年 12 月实施货币补偿政策为界。在 2006 年问卷调查[②]时（N = 454），样本的平均年龄为 55.58 岁，4.3% 为男性。样本的职业以退休最多（47.1%），工人次之（24.7%），下岗失业排第三（15.0%）。样本的政治面貌为群众的占 46.7%。从样本目前或退休之前所在的单位性质来看，国有企业最多（50.4%），集体企业次之（15.6%），无单位排第三（13.2%），事业单位排第四（7.3%）。原有房屋为私房的占 28.9%，平均房屋与院落面积为 110.91m²，公房占 69.2%，平均房屋面积为 21.93m²，少量公房拥有院落面积。在 2001 年之后的举报维续阶段，参与者一度涵盖失地农民及部分 1998 年后被拆迁的市民，最多时达 222304 人，最少时达 5216 人。

这是较早从财产权和公民权的高度看待以旧城区房屋土地为载体的私人领域被侵占的集体行动案例，其规模之大、时间之长、行动之严谨，使其构成"都市运动谱系"（毕向阳，2006）中最为理性的一端，可称为"公民运动"。从本文的视角看，该个案既在社会变迁背景下综合了国家、市场和社会三方的力量，又在具体的群体与个体行动层次上，体现出对

---

① 据肖林（2009）的研究，B 市自 1990 年以来主导城市开发的政策分为三个阶段：危旧房改造与开发相结合的"开发带危改"时期（20 世纪 90 年代）；危旧房改造与制度改革的"房改带危改"时期（2000 年以后）；以及危旧房改造与保持古都风貌相结合的第三阶段。本文所涉及的被访者的具体被拆迁时点截至 1998 年 12 月 1 日 B 市实施货币补偿政策之前。

② 2006 年 7 月至 8 月，清华大学都市运动课题组就该集团诉讼的原告进行了一次问卷调查，共回收有效问卷 454 份。由于集体行动的成员边界模糊、流动性大，且拆迁之后住址变更，样本框难以选取，因此数据以分诉集团整群抽样为主，共涉及 10 个分诉集团以及部分散户。

"中国式权利"的某种超越，一种更接近西方脉络的财产权理念已悄然萌生，从中可见传统渗透式的自我边界初显诸多固化趋势，为探讨中国变迁过程中国家—个人关系的转型提供了独特视角。

笔者自 2005 年起持续追踪该个案，至今已有 7 年。在研究方法上，本研究以个案访谈及焦点组访谈为主，辅以半开放公共论坛及问卷调查，在调查中注重各种以"汇编""举报信""意见书"等形式出现的文本材料的收集，及时跟进诉讼集团成员构成及文化框构的变化、政治时机的把握、行动资源的利用，尤为关注诉讼集团在敏感时点（如"人大"召开等）前后的举措。社会心理学研究常被社会学质疑的一点是实验情境的理想性，出于对变量控制的需要，实验情境往往与真实的社会互动场景相距甚远。而这些以方法为主的前期积累，好比将行动者放置于一个真实社会场域的实验室中，克服了实验情境的理想性，亦提供了社会心理学领域较为独特的视角。

三　国家—个人关系模型及其实践

（一）国家—个人关系的两种理想类型

从中国历史上来看，直至改革开放以前，现代意义上的个人几乎不存在。费孝通以"差序格局"和"团体格局"为理论模型，区分出中国和西方两种基本的社会结构，本土心理学在此基础上区分了两种不同的自我构念以及相应的国家—个人关系，如表 1 所示。包容性自我与自足性自我[①]的主要差异在于自我边界是流变、含混还是坚实、清晰的。前者在图示时多以虚线表示，强调自我边界通透、弹性的渗透状态，国家作为"大我"，构成自我边界沿循差序格局延伸的最外层，并具有道德意涵，与个体形成

---

① 该概念最早由桑普森（Sampson，1998）在讨论"个体主义"问题时提出，作为区分东西方两种个体主义的理想类型，贡献在于关注了自我边界的内涵，而不仅仅是一些外在文化特征。不过，就中国人的自我概念而言，对于包容性自我，本土心理学还进一步强调其由于"差序"意涵所体现的"自主性"（以自我为中心），以及由此呈现的"选择性"（什么情境下使用什么原则与自己所包容的他人以及未包容的他人进行交往），并最终导致的"动力性"（对边界变化的掌握）（杨宜音，2008：35）。因此，本研究时于渗透式和紧实式自我边界的指涉，结合了本土心理学的研究成果，并进一步将其延伸到这两种自我下国家—个人关系的不同形态。

吸纳—服从的国家—个人关系；后者在图示时多以实线表示，强调自我边界封闭、固化的紧实状态，国家只是包含个体的众多团体之一，与个体形成一种平等、独立的关系。

表1　团体格局和差序格局下的自我构念与国家—个人关系

自我构念类型	理论基础	自我边界特征	国家—个人关系
包容性自我	中国—差序格局	渗透式：通透、弹性	吸纳（服从）型
自足性自我	西方—团体格局	紧实式：封闭、固化	平等（独立）型

从国家—个人关系的视角出发，新中国成立至今的社会变迁历程既是一个"社会的个体化"过程（阎云翔，2012），又是一个个体自我边界转型重构的过程，可分为两个阶段。改革开放之前的30年中，国家推动的社会改造将个人从家庭、亲属、地方社区中抽离，然后将个人作为社会主义主体再嵌入国家控制的工作与生活的再分配体系中，实现了"部分个体化"（阎云翔，2012：353～358）；但"单位"对"家族"的取代并未在实质上对个体的自我构念造成影响，个体仍保留着渗透式的自我边界，被国家吞没和吸纳。在改革开放至今的30多年中，以市场为导向的经济改革，颠覆了先前"集体主义方式的个体化"（阎云翔，2012：376），带来了国家—个人关系及自我构念的更为实质的转变，且充满冲突和悖论。改革开放后，国家有选择地放开市场经济领域，逐渐向绩效型政府转型，但同时仍维续社会主义意识形态的建设及管控；前者激发了个人权利意识的生成、自我边界的固化、社会联结的萌发，而后者则持续要求个人对国家的无条件服从、自我边界渗透、个人原子化，故而造成转型的深层矛盾，亦构成中国问题的独特背景。

本质上，这两个阶段都是国家掌控的个体化，这与关于个人的传统定义相吻合，即个人总是服从更大的集体，不论那个集体是指家庭、祖先还是民族国家（阎云翔，2012：376）。因此，换个角度理解，20世纪90年代初期的"造城运动"得以大刀阔斧地推进，其更深层次的文化心理根源正在于在对个人的这种传统定义下，构成国家—个人之间互为庇护—服从关系的包容性自我为国家和市场在社会缺席下的所向披靡提供了条件。因此，从积极意义上讲，随后出现的大量社会冲突，正是由个人发起的对传统的国家—个人关系的自主调试，试图以市场经济理念所培育的自足性自我为基石，构建现代国家与公民个体之间独立平等的关系，以抵御权力和资本的侵蚀。

因此，国家—个人关系的这两种理想类型在当下中国都是并存的，但两者的发展程度不同：在千百年来的文化传承及社会主义意识形态的动员下，基于包容性自我的吸纳型国家—个人的关系占据更强的主导地位；而由开放市场所激发、基于自足性自我的平等型国家—个人关系尚处于萌生之中。在维权实践中，行动者根据所处情境有选择地建构不同的国家—个人关系，既是行动者的主动策略，又隐含着历史文化社会背景的种种制约，构成更广阔的社会结构的一部分。

（二）国家—个人关系的实践形态

国家在本质上是一套制度、行动者的网络和社会内部的实践，个体可能会找到不同的方式来接触国家不同层次的行为体和代理机构（Pieke，2004）。在实践中，我们对国家的各种治理层级并不陌生，中央政府和地方政府是其中最具代表性的两层。有学者从治民权和治官权出发，将其概括为一种"上下分治"的治理体制，以降低执政风险，有助于治理政体自身的长期稳定（曹正汉，2011）。那么，行动者又是如何理解这种国家治理体系的呢？在前文所述的两种国家—个人关系并存的当下，理解其实践形态的关键在于行动者何时、针对何种层次的国家，选择自我边界渗透或者紧实？换言之，行动者如何有选择地建构国家—个人关系，以同时生产出维权的"合法性"和"抗争空间"？

在20世纪90年代以来的城市化进程中，土地成为中国经济持续增长最重要的资源。土地具有三重特殊属性：首先，在意识形态上，土地是政权国土化的载体，中国共产党新政权的建立和巩固本身就与对土地权属的改造密不可分，国家及其代理人也因此对土地享有至高的意识形态合法性。①

---

① 新中国成立之后对土地权属的改造，在农村体现为暴风骤雨式的土地改革，在城市体现为逐步改造。较之农村，城市的土地沿革更为复杂模糊，经公私合营、"文化大革命"等历次运动，大部分私房被"国有化"，成为新政权积累的第一批"公房"资源，也构成计划经济体制构建的一个具体内容。由此，在实践中，出现大量所有权人与实际使用者分离的状况，为改革后国家将土地商品化时，对土地所有权、土地使用权的辨析留下了模糊的空间。不过，在调查中，被访者一直强调，尽管证明土地房屋原属的房地契已在政治运动中被收走，但法律上的权属变更从未完成，这些文件只是寄放在所辖房地局档案室而已，换言之，公民仍对原有的房屋和土地享有法律意义上的财产权。

其次，在市场交换上，土地是被商品化的空间，激发地方政府参与到市场逐利，以此推动其向绩效合法性的转型；再者，在日常生活上，土地是个人具体的居住空间，承载着被国家和市场双重挤压下的私人生活。因此，土地和空间在第三次全球化浪潮中被商品化，使全球资本、国家政权的抽象和具体层面，以及个人的日常生活糅合在一起，成为转型期大量复杂的社会冲突的来源。

在这一进程中，地方政府和维权行动者对国家—个人关系有着不同的理解。地方政府将自身视为国家的一个天然层级，试图维持先前吸纳型的国家—个人关系，并且在发展和绩效的话语下，要求个人对其无条件服从。行动者则通过对法律的独特运用，将国家拆分为以中央为代表的抽象国家和以地方为代表的具体国家两个层级，选择性地在意识形态上与中央政府结盟，将地方政府定义为具体的政策执行者，从而将其推出大一统的国家，打破了原先个人—地方—中央这一连贯序列，巧妙地针对不同治理层面的国家同时建构了两套国家—个人关系——吸纳型的中央—个人关系和平等型的地方—个人关系。其中隐含着三对逻辑关联：个人对中央政府的服从；个人相对于地方政府的独立；地方政府对中央政府的违背。由此，维权的"合法性"和"抗争空间"得以同时生产。三者关系如图1所示。

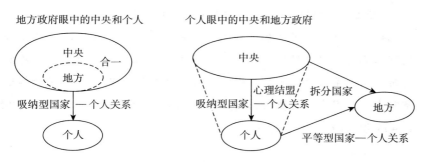

图1　地方政府和个人眼中的两种中央—地方—个人关系

（三）法律的双重角色：中央精神的化身 VS. 制定规则的文本

与对国家所做的抽象层次和具体层次的拆分一致，在建构两种不同的国家—个人关系时，法律也被相应地赋予了"中央精神的化身"和"制定规则的文本"这两种不同的角色。① 前者主要体现在行动者有选择地只以中央层级的法律为参照，强调的是法律等级及其背后的国家层级，而非法律文本的具体内容，对此象征意义的选用，成为行动者以渗透式自我边界构建个人—抽象国家（中央）之间吸纳式心理关联的依托；后者则构成行动者确立自我边界、建构个人—具体国家（地方）之间平等独立关系时的主要依据。而对于"拆迁"的重新界定，则成为行动者在旧城改造问题上以法律重塑国家—个人关系的逻辑起点。

1. "拆迁"的官方话语：被吸纳的个体及服从的义务

在官方话语中，私有房屋的土地使用权被界定为由国家划拨取得，而拆迁也被相应地操作化为仅对房屋进行安置补偿的问题，② 且通过与"发展""安定"等话语关联，地方政府继承了抽象国家的意识形态合法性，强化了国家对个人的吞没和吸纳，正如地方政府借用官方媒体、行政公文及对上访信的答复三种文本所展示的：

> 对于历史遗留城市私有房屋的土地使用权，依据我国现行法律，首先是认可其使用权合法，其次是将其性质界定为划拨取得土地使用权；而在城市拆迁中对产权人房屋予以补偿，对划拨取得的土地使用权国家依法履行土地所有者的权利，可以无偿收回。拆迁人依照国务院《城市房屋拆迁管理条例》，只对房屋的产权及其使用权予以安置补偿。③

> 今年以来，我市部分被拆迁私房主提出，要求在拆迁中对原房屋国有土地使用权进行补偿。由于私房主反应强烈，不断上访，致使一些拆迁项目无法顺利进行，影响了 B 市的建设和安定。（《关于拆迁城市私有房屋国有土地使用权是否补偿问题的请示》，B 房地字〔1995〕第 434 号，1995 年 7 月 21 日）

① 事实上，在本案例中，除上述象征和文本含义外，法律还体现出与众不同的"实践意义"——以小组形式学习法律这一行为（被访者们自称为"普法小组"）本身被行动者建构为集团诉讼最重要的动员机制——从而，初显固化边界的公民个体得以有效团结，社会得以萌生。从本研究视角，法的实践含义涉及边界紧实的个人如何通过形成社会来调整国家—个人关系，这是更为复杂的另一个问题，本文暂不深入讨论。

② 市民们形象地称之为"地上物"折旧之后的"砖头瓦块"钱。

③ 吕晓晶，1998，《历史遗留的个人私有房屋的土地使用权依法不应获得经济补偿》，《B 市日报》11 月 4 日。

由于 B 市发展的需要,依据土地管理法、房屋拆迁管理条例,国家可以依法收回国有土地使用权……(《B 市人大常委会办公厅对罗某等人要求成立特定问题调查委员会公开信的答复》,2000 年 12 月 15 日)

在这种吸纳而非平等的国家—个人关系下,拆迁从一开始就是具有强制力的政府行为。在拆迁的执行过程中,市民的维权行为被某些执法人员理解为"跟政府对着干"。

2. "拆迁"的法律界定:独立主体之间财产关系的调整

为改变这种局面,总集团诉讼代表之一、自 1995 年自家院落被拆迁后便开始学习相关法律的罗先生,从中央层面的法律出发,根据宪法修正案"土地使用权可以按照法律规定的转让"、国务院《拆迁条例》第八条:"要依法取得土地使用权",对拆迁做出了重新界定:拆迁本质上是一个按照法律规定调整平等主体之间财产关系的问题。

罗:B 市为什么出现这样的情况,他们有文件,他们认为 82 年土地法规定,城市土地属于国家,所以,原私房主不享有土地使用权,没收了。第二,退一步再解释,由于《宪法》规定的城市土地属于国家,这些私房主的土地使用权不是出让取得的,就是国家划拨的,所以,用的时候可以无偿拿回来。……当时 B 市因为这个问题很着急,请示建设部。建设部没有办法答复,找到国务院法制局,问说,拆迁的时候,私房主的土地使用权是否给予补偿,把调整财产关系变成补偿去谈,这是两回事。法制局做了一个答复,说拆迁私人房屋,要严格遵守现行法律和城市房屋拆迁管理条例,没有同意他们的观点。(20060904LT 访谈)

在维权实践中,私房主以土地使用权为表现形式的财产权得到进一步明确,如近年向中央提交的"公民意见书"① 中所述:

---

① 2010 年 1 月 29 日和 2010 年 12 月 15 日,国务院法制办在其官方网站全文公布《国有土地上房屋征收与补偿条例(征求意见稿)》及《对国有土地上房屋征收与补偿条例(第二次公开征求意见稿)》,两次征求社会各界意见。相应地,行动者们分别于 2010 年 2 月 10 日及 2010 年 12 月 29 日两次递交署名为"B 市 5479 名公民"的《对〈国有土地上房屋征收与补偿条例征求意见稿〉的意见》,以及《关于立即废除〈城市房屋拆迁管理条例〉和制定征收法的建议》。

国家实行土地所有权、使用权分离的土地所有权公有化制度之后，通过土地所有权与使用权分离的法定程序，公民获得由所有权能的土地使用权转化成的无期限的、独立的土地使用权。土地财产由所有权形态转化为使用权形态。（2010 年 2 月，《对〈国有土地上房屋征收与补偿条例征求意见稿〉的意见》）

站在以法律为基点的财产权理念上，行动者反复强调，"安置补偿"和"调整财产关系"是两种截然不同的主体关系，在另一位总集团诉讼代表贝先生的表述中，一种边界紧实的独立自我已然浮现。

贝：补偿是政策所决定的，没有法律根据，他提出五千，你提出六千，偿还给你带来的损失；调整财产关系可就不同了，它有法律根据。《民法》第二条说了，制定本法适用于法人、公民之间，人身关系和财产关系的调整。民法是在民事主体之间啊，国家也是民事主体啊，咱们也是民事主体，政府行使权力是公权，是代表国家行使的，你只能处分你的财产，不能处分人家老百姓的财产。（20051224TY 访谈）

可见，实践中的国家—个人关系极其复杂，中央作为抽象国家的化身，扮演着"意识形态资源库"的角色，地方政府和行动者各取所需。以行动者为着眼点，他们选择性地与中央和地方建构不同的国家—个人关系，呈现一种自我边界的"选择性固化"机制，体现出当下中国维权运动充满悖论的过程——针对地方行政部门的抗争是以将中央政权合法性的内化为前提的——这既与国家采取政治上控制、经济上放开的转型策略有关，也体现出中国社会从传统向现代迈进时的过渡状态，而这也正是中国案例独特性的体现。

四　自我边界的"选择性固化"

这种"选择性固化"的机制——行动者针对不同的情境做出具体判断，建构渗透式或者紧实式边界，以塑造吸纳或平等的国家——个人关系—围绕法律、土地、开发商这三个与城市化进程密切相关的具体层面展开，通过拆分国家的治理层级、辨析国家在土地批租中的双重身份，以及剥离国家的政治职能和经济职能，行动者在继承的前提下不断缩小传统吸纳型国家—个人关系的适用范围，并以建构的姿态不断拓展现代平等型国家—个人关系的适用范围，体现了其通过自我边界由渗透到紧实转型而达成的对国家—个人关系的重塑。

（一）聚焦法律：拆分国家的治理层级

1. 以法律为武器：关联法律等级与国家层级

"以法维权"是该集团诉讼最重要的特征和策略。① 与其他同时期的市民维权行动将所有的法律、法规、政策文件都视为法律不同，在本案例中，行动者们基于法律制定部门的行政等级辨析法律层级，按照"《宪法》—基本法（如《土地管理法》）—国务院条例（如《国务院城市房屋拆迁管理条例》）—地方规章（如《B市实施国务院房屋拆迁管理条例细则》）"这一序次对土地开发过程中所涉及的相关法律法规做了严格排序，在维权行动所有的文化框构中，只以中央等级的法律法规为依据（宪法、基本法、国务院条例），法律由此体现出鲜明的意识形态意涵——被视为中央精神抽象国家的化身。随后，通过对比地方级别的规章与中央等级的法律法规之间的差异，行动者建构出作为具体行政机构的地方政府对中央政府的违背，从而将地方政府从原先意识形态上可以合法地吸纳个人的"国家"框架中推出。

> 贝：我跟大家说，这个方法其实很简单，看看国家法律，再对照看看B市政策，再提醒大家注意一点，行政机关是执法机关，执行法律的机关，那执法机关应该执行什么，言外之意，他自己不能另出东西，而且要实施。他所出的东西，比如行政规章，你必须符合法律，否则无效，不能自己单出东西，说法律怎么说的，我单出一本，这就

---

① 该策略在本案例中具体体现为"以法维权"和"以法为纲"两个方面，前者指诉求内容、诉求表达方式以及动员方式的严格法理化；后者指行动者在维权的同时还严格按照法律约束自身行为，以此维持"社会稳定"。因此，行动者对"以法"的双重理解，同样显示出对维权"合法性"和"抗争空间"的同时建构。

有法可依了，不是这么回事儿，他单出那个细则，和法律抵触，无效。（20051123TY 访谈）

具体来讲，中央—地方这两个行政等级之间的法律差异主要围绕着危改中的"土地批租/划拨"这一环节出现，以程序漏用、程序替代、次序颠倒等文本变化，以及法律在执行过程中发生的实践与文本之间的脱节实现（具体参见施芸卿，2012）。在行动者看来，这正是"地方不符合中央，阳奉阴违"的"瓶颈"所在（20050925TV 访谈）。

2. 行政诉讼：以"民告官"与具体国家（地方）划清边界

与同时期的其他维权行动比较，该集团诉讼的另一个重要特征是对行政诉讼的坚持。据被访者统计，1995～2000 年，共有 33 个分诉集团提起行政诉讼，涉及原告被拆迁市民 20758（人次），被告还有初审和二审法院。基于访谈材料（20051123TY、20051124TY），笔者就行动者对上访和诉讼两种方式的不同理解总结为表 2。

表 2　诉讼和上访的对比①

维权方式	逻辑	双方关系	诉求程序	行动者对诉求结果的影响	对社会稳定的影响	国家—个人关系
诉讼	法律—权利	平等	有程序	步骤可控，结果不可控	有利于全局稳定	紧实式自我边界、平等型国家—个人关系、社会化的诉求。
维权方式	逻辑	双方关系	诉求程序	行动者对诉求结果的影响	对社会稳定的影响	国家—个人关系
上访	行政—权力	上下	无程序	完全不可能	不利于全局稳定	渗透式自我边界、吸纳型国家—个人关系、个体化的诉求。

客观来说，这种在持久的维权过程中坚定秉持诉讼的情况在当下风起云涌的维权行动中可谓罕见。现有对诉讼与信访这两种纠纷解决方式研究的一个共同观点是，中国人在解决纠纷时偏好信访。同时，无论是国家统

---

① 从本文着眼点来看，诉讼是紧实边界的个体在理念上的联合，基于普遍性的权利受到侵害，诉求凝练而统一，以"维权"为框构的内容和策略，以推动社会法制进程为目的；上访则是渗透边界的个体在空间上的集合，基于个体化的冤屈，诉求零散、各执一词，以"申冤"为框构的内容和策略，以解决个人问题为目的。因此，虽同为当下仅存的两种制度内诉求渠道，两者对于具有固化边界的现代独立公民个体生成的意义大不相同。

计中行政案件和信访案件的数量,还是基层调查的结果,都吻合这一结论(详见张泰苏,2009)。有学者在论证了"诉讼无效论"和"厌诉论"都并不全然符合史实后提出,中国人之所以存在信访偏好,是因为现有的行政诉讼程序中缺少"调解"环节而显得太具对抗性,相形之下,实际效率更低的信访更温和,少一些"撕破脸"的成分,而更容易产生某种"文化性"的"适感"①(张泰苏,2009)。着眼于本文的视角,作为一种"民告官"的诉讼,行政诉讼是位于弱势地位的行动者主动发起的对"国家—个人"关系的调整,昭示着个体相对于具体国家(地方政府)的独立自我的显现,本质上是法律理念带来的对主体之间关系的重塑。诉讼背后传递的是一种穿透权威、寻求平等的法律精神,正是在这种精神的指引下,行动者们才得以从对传统的"适感"的文化黏连中抽离,寻求更为现代的契约型理念,重塑固化紧实的自我边界,而这正是公民精神的重要源泉。

3. 举报上书:以包容性自我与抽象国家(中央)心理结盟

将地方政府从传统的"国家"框架中推出后,通过建构市民维权与国家发展的经济和政治利益一致及对维权中道德高点的生产,行动者达成自身与中央(抽象国家)的心理结盟。

行动者认为,地方政府对土地的违法划拨,在无视个人和国家享有的土地使用权、侵犯个人财产的同时,也带来国有资源流失。据诉讼集团统计,"利用划拨取得的危旧房立项土地使用权,改变土地用途,建高档商品房、公寓、写字楼"导致的"国家土地出让金差价损失费"达434.5亿元。因此,维权行为在维护个人财产的同时,也是在追回国家财产。同时,行动者还对地方政府的腐败行为加以政治框构,认为它破坏了政权的合法性和法律尊严,损害了国家形象。

此外,通过对新中国成立初期及当下的各种意识形态话语的调用,行动者在提升维权合法性的同时,对比和凸显了地方政府对市民的侵害以及市民以国家利益为先的"识大局、顾大体",生产了个体自我边界向传统文化和社会主义传统中强调的"大我"民族、国家升华时的道义制高点,这是以渗透边界为特征的包容性自我的延续,构筑了个人与抽象国家之间

---

① 在张泰苏(2009)的研究中,这种"适感"指人们在面对问题时,更容易偏向那些让他们在潜意识里觉得"易于接受"或者符合他们文化习惯的解决办法。

的心理关联。

> 尽管我们广大被拆迁居民，受了那么多的伤害（物质上、精神上），但我们学法、知法、用法、守法，相信党中央的反腐决心，始终跟党中央保持一致，一切按照法律和法定程序去做。反之。如果我们也像政府中、法院中的腐败分子那样，目无国法、无法无天，也上街游行示威，B城能有这么好的社会安定局面吗?! 但愿政府中、法院中的腐败分子们，不要把老百姓的学法、知法、守法看成是软弱可欺，那就大错特错，将会有极为严重的后果。（2000 年，《致 B 市人大的公开信》）

行动者在积极构建个人与中央的直接关联后，对地方的合法性的削弱也显得更有力度。

（二）聚焦土地：辨析抽象国家的双重身份

在房地产开发中，"国家"带来的最大混淆来自土地带有的强烈意识形态色彩，赋予地方政府代言国家意志的合法性。在此，行动者对自我边界的"选择性固化"体现在将土地的意识形态意涵悬置，从而将上一步已拆分出的"抽象国家"再度拆分为"土地所有者"和"土地使用权拥有者"这双重身份，以此再度缩小吸纳型国家—个人关系的适用范围（仅有条件地适用于国家作为"土地所有者"的情况），扩张平等型国家—个人关系的适用范围（国家作为"土地使用权拥有者"时与公民平等）。

由社会主义意识形态主导的土地公有化过程成为地方政府和公民援引国家法律对土地使用权作出不同的解释时的分歧起点。行动者们认为，公有化的过程是出于在意识形态上建构"社会主义"国家的需要，因此，是一个对原属于公民的城市土地的"土地财产的所有权公有化"（其本质是所有权和使用权剥离，所有权归国家，使用权继续归属公民，成为公民财产的组成部分），而不是像地方政府用"没收论"所阐释的"土地财产权的公有化"。这种对土地所有权和土地使用权的拆分，构成行动者拆分抽象国家的双重身份，进而驳斥地方政府实行的"将私房土地使用权视为划拨""由于城市发展需要""可以无偿收回"的逻辑基础。由行动者整理的土地公有制带来的土地权属变化如图 2 所示。①

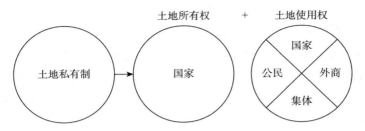

图 2　土地公有制带来的土地权属变化

1. 国家作为土地使用权拥有者

面对拆迁过程中带有国家强制力的不加区分的"划拨",行动者们围绕着两点提出质疑:首先,国家不能划拨不属于自己的财产(土地使用权归公民的土地);其次,即使国家划拨自己的财产(土地使用权归国家的土地),也还要针对上面有没有人居住而区分为有偿划拨和无偿划拨。由此,在拆迁中,国家与作为"私房主"和作为"公房承租户"的个人发生两种不同内容的财产关系,指向以土地使用权和城镇拆迁费为具体内容的财产权。

(1)国家—私房主。行动者认为,土地所有权公有化后剥离出土地使用权,成为可供市场交换的商品。以"使用权拥有者"来界定的"国家"和"个人"(私房主)的本质在于确立了两者之间作为平等民事主体的关系,可以分别在城市改造中与第三方(开发商)发生民事关系,按照法律规定变更土地使用权权属。而"划拨"作为一种带有行政强制力的行为,不能用于调整平等主体之间的财产关系,只适用于国家处分自己拥有土地使用权的那部分土地。

---

① 出于 20 世纪 90 年代房地产初兴阶段招商引资的背景,行动者在界定土地使用权拥有者时,特别区分了国家、集体、外商和公民四种独立平等的主体,如贝家《行政诉讼状》(1989 年 7 月)中所述:"私房土地使用权既不是出让,更不是划拨,而是在特定历史条件下自然获得,土地财产是由所有权形式,依据《宪法》《土地管理法》转为使用权形式。依据我国基本法律和《城市房地产管理法》,房地产权利人有四种,即国家(特殊民事主体)、集体、外商和公民,都有各自的房地产财产,都是平等的民事主体。其合法权益受法律保护,都享有'占有、使用、收益、处分'的权利。'占有'就有排他性,即,你占有,我不能占有,我占有,你不能占有,排除任何个人或单位占有,也包括行政机关或国家"。

人民政府处分国家的财产时，必须依法，但无权处分公民的财产。(1999 年 7 月，贝家《行政诉讼状》)

《城市房屋拆迁管理条例》依据房地合一的原则："拆迁房屋需要变更土地使用权的，必须依法取得土地使用权"。即：房子的主人是国家时，开发商要以出让受让方式取得国家享有的土地使用权；房子的主人是公民时，开发商要以转让受让的方式取得公民享有的土地使用权。(2000 年 2 月，《万人诉讼背景材料》)

(2) 国家—公房承租户。对于占旧城区被拆迁人口更大一部分的公房承租户，国家拥有相应的土地使用权，可以对这部分国有土地划拨或出让，但是，行动者们提出，即便如此，还应分为有偿划拨和无偿划拨两种情况，前者针对有人居住的城市土地，需支付"城镇拆迁费"。

我国法律规定，城市房地产开发（市政基础建设和房屋建设）中，新的土地使用者必须以划拨或出让方式取得国有土地使用权（即从国家占有的土地所有权中分离出来的土地使用权）。新的土地使用者必须向划拨或出让国有土地使用权范围内的居民支付城镇拆迁费。城镇拆迁费的标准是在 B 市基准地价中根据拆迁居民户数而确定的。城镇拆迁费政府不收取（基准地价中和划拨土地使用权的法律中明确规定）。……（对于公共利益用地）划拨国有土地使用权时由新的使用者（如市政机关或国家机关、经济适用房建设单位等）支付给居民，列入国家基本建设工程预算，由国库支付。（对于商业用地）出让国有土地使用权时由新的使用者（即房地产开发商）支付给居民，计入商品房成本之中，由开发商支出。(2000 年 2 月，《万人诉讼背景材料》)

随后，这两者在财产权的框架下被统一起来：

罗：为什么大家能够形成一起打官司，都是因为财产权被侵犯了。财产权是什么？作为公民来说，被侵犯的财产是应该支付的人民币。对于私产人是土地使用权，作为租住公房的人来说，被侵犯的权

利是房屋的使用权。……集团诉讼都是城市国有土地上的这些权利人。(20041212LT 访谈)

用这套以财产权为具体内容的权利话语，行动者们努力区分基于法律的"调整财产关系"和基于行政指令的"划拨/安置补偿"之间的差异：前者是行动者抗争的目标，将自身界定为与国家平等的土地使用权所有者/公民财产权拥有者，呈现出对独立紧实的自我边界的呼唤，后者是现实中城市拆迁的历史和现状，国家强调其作为至高无上的土地所有权人单一身份，延续渗透式边界下对个人的吸纳。

2. 国家作为土地的所有者

国家在土地的意识形态层面还有另一重角色——土地所有者，当国家以此身份出现时，传统的吸纳型的国家—个人关系被调至前台，国家以"公共利益"为名，置身道德高点，对个人发出服从的要求，延续原有的渗透式自我边界。不过，此时行动者为避免国家的无限入侵，仍尽可能地为"公共利益需要"划出条件和边界。在早期的行政诉讼状中，公共利益和个人财产之间就已有初步界线。

> 国家为了公共利益的需要，可以重新调整土地的用途，原告遵守《规划法》，支持城市规划，但是不能在拆迁过程中，灭失了财产。国家保护公民的财产，《宪法》保护公民的财产。(1999 年 7 月，贝家《行政诉讼状》)

在近年提交中央的"公民意见书"中，"公共利益"得到了进一步的界定和区分，房地产开发被明确排除在外：

> 法律规定的"国家为了公共利益的需要"建设活动应当是由国家立项、国家用地、国家投资的建设活动，排除一切房地产开发的经营活动。(2010 年 12 月，《对〈国有土地上房屋征收与补偿条例征求意见稿〉的二次意见》)

在界定了"公共利益"后，《公民意见书》继而还对如何判定"需要"以及"需要"该如何审查做出进一步的阐述：

　　《宪法》中"国家为了公共利益的需要"确定了建设项目必须同时符合"公共利益"和"需要"两个条件，才构成征收公民不动产要件，方可征收公民不动产。关键是同时符合。实践上大量的项目可能是为了国家公共利益，但不需要。……统统由政府立项、政府批准，对是否"需要"不需审查，将《宪法》为了"公共利益的需要"，变成只要是公共利益就可以实施征收，扩大了征收范围，侵犯公民财产权，浪费了纳税人的钱。所以对这两个征收必备条件，应制定严格的审批程序。特别是政府应将"需要"的理由向社会公布，接受被征收入和全体纳税人的监督，由同级人大审批。（2010 年 12 月，《对〈国有土地上房屋征收与补偿条例征求意见稿〉的意见》）

　　由此可见，在将国家的治理层级拆分为中央和地方之后，行动者又围绕土地问题，对名义上拥有所有国土的"抽象国家"再度作了身份拆分。具有里程碑意义的是，在将国家视为土地使用权拥有者时，行动者试图建构的是一种平等独立、以现代契约理念为特征的国家—个人关系，昭示着转型中固化紧实边界的出现。同时，将国家视为土地所有权人，行动者一方面承认传统吸纳型国家—个人关系中个人对以"公共利益"为名的"大我"服从的义务；另一方面，通过对"公共利益"和"需要"作出明确界定，以区分于传统文化中无条件地服从，也隐含了其固化自我边界的影响。

（三）聚焦开发商：剥离具体国家的经济职能和行政职能

　　中国转型的一个重要因素是在国家主导下引入市场，20 世纪 90 年代初期的房地产市场正是一个重要例证。这是一个带有强烈"政治性"和"政策性"特质的市场（肖林，2009）。无论是，"危改带开发"的模式，还是开发公司、拆迁公司与政府、法院在人员和组织机构设置上的高度重叠，都给市场罩上了厚厚的国家外衣，使出现在市民面前的开发商带有蛮横的国家强制力。由此，国家通过两条路径与个人发生关联：不仅通过作为其直接代理人的地方政府吞没个人，也通过市场机制触及个人。因此，国家—个人关系还需要透过市场来讨论。本案例中，除将国家逐步定位，逐层固化自我边界外，行动者试图还将国家的行政力量从房地产开发的市场功能中抽出，通过将开发商还原为商人、将拆迁这一实践中的行政关系还原为市场理念下的买卖关系，建构个体相对于市场、进而相对于具体国家的独立边界。

一份早期的行动者诉讼理念宣传文本《本案诉讼原则》着重对开发商的性质、与拆迁户的关系以及双方的权利和义务作了阐述，强调开发商与拆迁户之间是平等而非隶属关系。

WFJ 开发公司与拆迁户是什么关系？

WFJ 开发公司与拆迁户是平等关系。WFJ 开发公司是房地产开发商，是商人，它与我们被拆迁户不是隶属关系，是拆迁人与被拆迁人的关系，是拆迁这一具体事件中的两个当事人。我国"民法通则"第三条明确规定：当事人在民事活动中的地位平等。第六条：民事活动必须遵守法律及有关规定并符合国家政策。

WFJ 开发公司的权利和义务

WFJ 开发公司要取得国有土地使用权，必须先依法履行义务，才能享受权利。

1. 义务：根据基准地价（注：详见 B 政发〔九三〕三十四号文件支付：1. 土地出让金；2. 基础设施配套建设费；3. 城镇拆迁安置费。这三笔费用中 1、3 两项给拆迁私房主；2 交付给国家）

2. 权利：WFJ 开发公司依法履行上述义务后方能取得国有土地使用权，才享有了进行土地开发而获得经济利益的权利。

那么被拆迁户有哪些权利和义务呢？

1. 权利：被拆迁人有自由择居权，（不应单方安置）《宪法》第三十七条规定：公民人身自由不受侵犯，有依据 B 政发〔九三〕三十四号文件规定，获得城镇拆迁安置费的权利。

2. 义务：被拆迁在享受权利同时必须给搬迁腾地。（1999 年，《本案诉讼原则》）

以行政力量介入被拆迁居民和开发商间原应平等的民事关系，则成为原告（房地产权利人）将政府部门（房地局）告上法庭的主要理由：

《民法通则》规定当事人在民事活动中地位平等。…第三人（开发公司）是以盈利为目的的房地产开发企业，与原告之间是两个平等的民事主体，不存在隶属关系。自取得规划许可证后，就与原告确立了平等的民事法律关系，应当用《民法》的原则调整与原告（私有房地产权利人）之间的财产关系。

双方都有权利和义务，原告享有通过平等协商获得补偿、安置的权利和自由择居的权利。同时按照达成的协议履行搬迁的义务。第三人则必须承担1998年度本地区内的基准地价中规定的各项义务之后，才有获得申请土地使用权的权利。

但是，被告（房地局）违反了以上《民法》的规定，批准了第三人单方面制定的补偿、安置方案，把原告和第三人平等的法律关系变成了原告必须服从第三人的隶属关系。（1999年6月，C城区《行政诉讼状》）

因此，与某些维权行动策略性地选择以开发商作为被告不同，本案例中，行动者针对开发商的根本目的，仍指向国家—个人关系，希望通过剥离权力和资本之间千丝万缕的关联，再度明确个人相对于以房地局为代理人的具体国家的独立边界。

值得注意的是，这类表达通常针对非常具体的某城区房地局，以区别于前文所述的需要被内化和捍卫的抽象国家。行动者以此拆分国家的行政与经济职能，将具体行政部门界定为"城市拆迁中的管理者和监督者"，将市场还原为一个自由市场，以实现独立个体之间的自由平等交易，体现出自我边界固化的第三个层面。

五 结论：自我边界的固化与国家—个人关系的转型

中国正在经历的大转型，是一个以总体性国家为起点，孕育市场、释放社会的过程，截然不同于西方历史上以市民社会为起点、生成市场、建构国家的过程。以"过程性"视角，可以将中国转型视为一个从既有平衡迈向新平衡的过程，而我们当下正处于两个平衡中间的过渡失衡阶段。在此, 平衡也有两重含义。第一重为社会结构诸要素间的平衡, 在"国家—市场—社会"三分框架下已有较多的研究, 无需赘言。从社会心理学的视角来看, 平衡还包括社会成员的文化心理结构与社会结构间的契合, 而关于此视角的研究目前还被忽视。因此, 本研究引入此视角的意义在于, 将"个人"作为微观分析维度引入"国家—市场—社会"的宏观三分框架, 将转型落实到最具体的承载者, 看个人如何通过自我构念的转型, 直接或间接(以"市场"和"社会"为中介)地重塑国家—个人关系, 使其文化心理结构再度呼应社会结构。

传统"包容式自我构念"的本质之一是渗透式的自我边界及与之相应的吸纳型国家—个人关系, 曾很好契合改革前的大一统国家。"个人"和"社会"在中国历史上的缺席使之在"家族"或"单位"的庇护下隐而不彰, 却导致市场在诞生伊始便被权力裹挟, 引发转型的全面失衡。与此同时, 正是这种自我边界的自如收缩与上下通透性, 进一步加速和放大了国家权力的任意性和强制力。因此, 从 1990 年代中后期以来的一系列社会矛盾中可以看到, 一方是继承了包容性自我、经计划经济时期意识形态全面动员后对国家无条件服从的原子化个体, 另一方则是拥有政治、经济资源及其再分配权力且占据道德高地的国家。两者力量对比悬殊, 社会结构诸要素之间及其与文化心理结构之间的"双重失衡"由此凸显, 可作为对此阶段频发的社会冲突的社会结构和文化心理解释之一。从积极层面来理解, 这个以冲突为表现形式的过程, 是一个国家在构造市场之后, 进一步释放社会的过程; 也是个体自主地将自我边界从传统差序格局下的"伸缩、渗透"向更具现代社会特征的"固化、紧实"的转化过程, 其最终目的在于重塑国家—个人关系、促使平衡再度回归。

然而, 这个自我边界的固化过程对行动者而言举步维艰。这不仅在于当前狭窄的制度空间, 还在于五千年传承至今的、并不断被强化的国家至上的意识形态, 以及在历史上付诸阙如的个人的权利意识和长期受到压制的社会自组织生活。因此, 面对私人领域受到的挤占和侵蚀, 行动者始终面临着必须同时生产出维权的合法性和抗争空间这一两难困境。就国家—个人关系而言, 其"中国式悖论"体现在个人相对于具体国家的抽离(建构现代平等型的国家—个人关系)是以其对抽象国家的内化(承认传统吸纳型的国家—个人关系)为前提的。自我边界的"选择性固化", 便是个体在这样的历史和现状之下，应对如此悖论而生产出的适应机制。

在本案例中，这种"选择性固化"体现在三个层面首先，以法律作为"中央精神的化身"和"制定规则的文本"这一双重角色，拆分出国家的抽象和具体层面，即意识形态和行政执行层面，同时分别建构出两套国家——个人关系。其次，通过辨析土地使用权和土地所有权，拆分了抽象国家的双重身份，在将吸纳型国家——个人关系的适用范围再度窄化的同时，则将平等型的国家——个人关系的范围再度扩充。再次，通过对开发商的重新界定，将国家落实到最具体的行政执行机构，通过对市场——国家关系的界定来重申个人——国家关系，以最终完成自我边界的固化。这三重机制如图3所示。

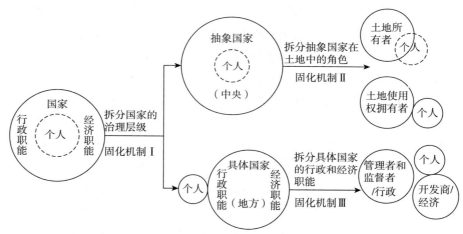

图3　自我边界的"选择性固化"机制与社会结构的分化

注：沿箭头方向，国家——个人关系由吸纳向平等转变，自我边界由渗透向紧实转变。

这一机制的本质逻辑在于：在对默认的吸纳型国家——个人关系的继承下，通过如上三重拆分，不断缩小传统社会中吸纳型的国家——个人关系的适用范围（以图3中代表个人的虚线圆圈所示），逐步扩大现代社会中以契约、权利理念为基石的平等型的国家——个人关系（以图3中代表个人的实线圆圈所示），逐层实现对当前独大的体制权力的制约。这一过程，在个人自我层面，是一个自我边界不断固化、紧实，形成独立个体的过程；在宏观层面，则是一个国家大一统向国家——市场——社会——个人各部分分化的现代国家迈进，以实现平衡的再度回归的过程。

参考文献

毕向阳,2006,《从"草民"到"公民"——当代 B 市都市运动调查报告》,清华大学博士论文。

曹正汉,2011,《中国上下分治的治理体制及其稳定机制》,《社会学研究》第 1 期。

刘子曦,2010,《激励与扩展——B 市业主维权运动中的法律与社会关系》,《社会学研究》第 5 期。

裴宜理,2008,《中国式的"权利"观念与社会稳定》,阎小骏译,《东南学术》第 3 期。

沈原,2007,《市场、阶级与社会转型社会学的关键议题》,北京:社会科学文献出版社。

施芸卿,2007,《抗争空间的营造》,清华大学硕士学位论文。

——,2012,《公民运动:以草根之力重塑转型期国家—个人关系》,中国社会科学院博士论文。

图海纳,2008,《行动者的归来》,舒诗伟泽,北京:商务印书馆。

肖林,2009,《土地价值与社会约束:以北京市崇文区旧城改造为例》,清华大学博士论文。

杨宜音,2008,《当代中国人公民意识的测量初探》,《社会学研究》第 2 期。

杨宜音、张曙光编著,2008,《社会心理学》,北京:首都经济贸易大学出版社。

阎云翔,2011,《导论:自相矛盾的个体形象,纷争不已的个体化进程》,贺美德、鲁纳编著《"自我"中国:现代中国社会中个体的崛起》,上海:上海译文出版社。

——,2012,《中国社会的个体化》,陆洋等译,上海:上海译文出版社。

应星,2007,《草根动员与农民群体利益的表达机制——四个个案的比较研究》,《社会学研究》第 2 期。

应星、晋军,2000,《集体上访中的"问题化"过程——西南一个水电站的移民的故事》,《清华社会学评论》特辑,厦门:鹭江出版社。

张泰苏,2009,《中国人在行政纠纷中为何偏好信访?》,《社会学研究》第 3 期。

庄文嘉,2011,《跨越国家赋予的权利?对广州市业主抗争的个案研究》,《社会》第 3 期。

Burawoy, M. 2000, "A Society for the Second Great Transformation?" *Annual Review of Sociology* 26.

——2006, "*Sociology and Fate of Society.*" Lecture in Tsinghua University, Beijing.

Goldman, Merle 2005, *From Comrade to Citizen: The Struggle for Political Rights in*

China. Cambridge: Harvrad University Press.

O'Brien, Kevin J. & Lianjiang Li 2006, *Rightful Resistance in Ruranl China*. Cambridge: Cambridge University Press.

Pieke, Frank 2004, "Contours of An Anthropology of the Chinese State: Political Structure, Agency and Economic Development in Rural China." *Journal of Royal Anthropological Insitute* 10 (3).

Sampson, E. 1988. "The Role in Personal and Societal Functioning." *American Psychologist* 1.

农村市场化、社会资本与农民家庭收入机制[*]

王　晶

摘　要：市场化给传统农业社会带来了深刻的变革，本文利用 2002 年 CHIP 数据，从家庭和社区两个层面，初步探讨了农村市场化过程中社会资本的收入效应及其变化。主要发现如下：第一，社会资本的收入效应主要体现在非农生产部门，家庭的网络规模会显著提高家庭非农经营收入，家庭外部网络会显著提高家庭成员外出务工收入，而社区社会资本会显著提高社区成员的在地工资收入。第二，中国当前的市场化进程是不平衡的，东部地区市场化和村庄内部市场化对社会资本的影响是一致的，社会资本的作用随着两种市场化力量的深化同时加强。而西部地区市场化和村庄市场化对村庄社会资本的作用力是反向的，随着村庄市场化的加深，村庄社会资本的作用逐步强化，但是外部市场化的力量却会反向削弱村庄社会资本的作用。

关键词：村庄市场化　地区市场化　社会资本

在传统农业社会，农民世代定居在一定边界的社区之内，家庭是人们组织生产和社会得以运作的最根本的细胞和单元，随着农业生产规模的不断扩大，以人与人之间的血缘关系为依据而形成的家庭又逐步扩展为保持一定血缘关系的各个家庭的组合和群聚，形成了传统的家庭社会（李伟民，1996）。这样的社会通常是小型的、封闭的熟人社会，"乡土社区的单位是村落，从三家村起可以到几千户的大村"（费孝通，1998/1948），乡民之间的社会关系是一种伦理关系，"每一个人对于其四面八方的伦理关

---

[*]　原文发表于《社会学研究》2013 年第 3 期。本文系作者主持的社科基金青年项目"社会资本对农村老年健康的影响"的成果，感谢李实和魏众老师提供数据，非常感谢匿名审稿人的建设性意见。文责自负。

系，各负有其相当义务；同时其四面八方与他有伦理关系之人，亦各对他负有义务。全社会之人，不期而辗转互相连锁起来，无形中成为一种组织"（梁漱溟，1987/1949）。梁漱溟这里所说的"伦理关系"不等同于今天我们常用的"社会网络"，它不仅仅是个体之间的交换关系，还蕴含着集体的社会联系，"指明相互间应有之情与义"（梁漱溟，1987/1949），显示了农村社会内部无为而治的社会规范。20 世纪 90 年代以后，快速市场化给当代农村社会带来了深刻的变革，这种变革一方面体现在家庭关系一端，杨善华、侯红蕊（1999）指出，乡土中国的差序格局出现"理性化"趋势，姻亲关系与拟似血缘关系渗入差序格局，使得差序格局所包括的社会关系的范围更加广泛，远超出社区的范围。另一方面，也体现在集体社会联系一端，原来以家族、血缘维系起来的熟人社会，在市场环境下，也需要培育一种与市场体系相容的社会组织和适应市场运行规则的社会规范。以往研究市场化与社会资本关系的文献主要从社会网络的思路来分析市场化的变迁过程，这样可能会忽略传统农村社区集体适应市场化的过程。本研究试图运用中国社会科学院经济研究所收入调查数据（CHIP），从家庭社会资本和村庄社会资本两个视角出发，分别探讨市场化过程对两类社会资本的影响。这样的好处在于，在理解家庭社会网络变迁的基础上，将集体作为一个更重要的社会主体，考察其是不是在市场化过程中也具有能动地适应市场化的能力。

一 文献评述

（一）社会资本研究的两个视角

对于社会资本的研究，学术界有两种不同的视角。第一种是从微观社会网络的视角出发，将社会资本界定为一种个体嵌入于网络内的资源（Granovetter，1973），这一概念将社会资本作为一种新的资本形式，通过调动社会资源，使行动者获得更好的职业地位或商业机会，从而影响行动者的收入回报（林南，2005）。第二种视角是从集体的视角出发，将社会资本界定为信任、网络和规范（帕特南，2011），它作为一种制度和文化背景，通过协调经济主体的行动来提高经济效率，这个概念界定后来被经济学研究普遍接受。

从微观社会网络研究视角出发，格兰诺维特的"弱关系"理论从个体的角度将社会网络视为达成个人工具性目的的手段，认为网络中的弱关系能够起到信息桥梁的作用，从而为行动者提供非重复的信息，使求职者获得更好的工作和收入（Granovetter，1973）；林南发展了"弱关系"理论，提出社会资源理论（Lin，1982）。该理论认为不同阶层群体的社会关系具有异质性，所以当个体在追求工具性目标时，这种异质性的社会关系可能会成为一种社会资源，提高人们的收入水平。边燕杰（Bian，1997）基于中国文化背景拓展了"弱关系理论"，他认为在中国文化背景中，弱关系背后大多隐藏着一个强关系的桥梁，在中国市场化背景下，求职者一方面需要拓展弱关系以增加工作机会；另一方面，中国的市场化存在着一些固有的制度缺陷，因此人们通过强关系的网络桥能够获得更具实质性的帮助。综合来看，这一研究脉络将焦点集中于"个体"，网络是作为个体获得资源的一个手段和途径，网络的最终目的在于其"工具性"本质。

对于集体社会资本的研究最开始源于政治学。那么集体的社会资源究竟是否具备资本的特性呢？一些政治学者和经济学者进行了大量的论述。帕特南是较早对集体性社会资本进行系统阐述的学者，他提出"社会资本是能够通过协调行动来提高经济效率的网络、信任和规范"（帕特南，2011）。通过分析意大利地方公共部门的效率，帕特南认为地方自治组织是保证地方政府高效能的基础。在社会组织发达的南部地区，地方公共服务资源的配置效率较高，经济发展水平也明显优于北部，其中一个很重要的因素就在于地方自治组织的发展，它的功能体现在监督政府和社会组织的实施绩效，这种监督既可以通过直接的方式，比如让代理人加入地方社会网络之内，也可以通过间接的方式，即监督公共服务的供给。

奥斯特罗姆（2000）则是从公共治理理论出发阐释了社会资本中"信任和规范"的功能。通过对菲律宾桑赫拉的灌溉项目的研究，奥斯特罗姆发现，落后地区的农民为了能够持续地获得灌溉用水，选择了互相合作，通过互相协商，共同体共同确定谁来分担灌溉系统兴建与维护的成本，怎样分配收益，以及怎样监督各种行为以确保那些遵守自组织治理系统规则的人不会被那些欺诈之徒所利用。这些过程不是自动的或者确定性的，关键在于，在这种共同体中，农民处于面对面的关系之中，而这些关系将信守诺言视为相当重要的资产，农民相信其长期收益将超过长期成本（奥斯特罗姆，2000）。在这个过程中，地方团体和社区内部的合作、信任在解决公共资源分配上发挥了积极的作用。其结果正如奥斯特罗姆所描述的，"如果人们同意协作行动并对未来行动的结果承担责任，那么，不论运用什么样的物质资本和人力资本，共同体成员都将具有更高的生产力"（奥斯特罗姆，2003）。

柯武刚、史漫飞（2000）则是从制度经济理论的视角关注到社会资本中"非正式规范"的作用。在市场交易中，"信息不对称"是抑制市场机制的重要因素，而集体行为恰恰可以在一定程度上弥补"信息不对称"问题，降低交易费用，激励个体在产品、信贷和劳动力市场上进行交易，提高个人的收入水平。这其中有两种可能的机制：一是社会资本有助于贷款方和借款方进行更好的信息交流，降低信贷市场上的逆向选择和道德风险。二是社会资本也可以潜在地强化违约行为的惩罚机制，这些通常在正规法律体系下是不可能实现的。不同经济主体之间在紧密的社会联系中建构他们的经营网络可以显著提高他们参与经济交易的能力。在海外华人移民中，这样的非正式规范对于发展经济至关重要，比如在巴黎的温州移民，为了谋求经济发展，建立了"钱会"的规则，每月按期将一定比例资金注入钱会，然后每个会员都可以在一定时期借用这笔资金，无需支付利息或只需支付很低的利息，这笔资金周而复始，在会员之间循环使用。一部分温州商人就是通过这种原始的筹资方式获得第一笔资金进行生产经营，生意逐步做大做强（王春光，2000）。

（二）市场转型与社会资本的关系

与社会资本本身的收入效应相比，农村社会资本在市场发育和经济发展过程中如何变化是一个更有意义的问题。市场转型理论（Nee，1989）认为，随着市场机制的逐步成熟，传统精英的优势地位将逐步让位于具有较高人力资本的技术精英，这也是市场机制最根本的特征。而罗纳－塔斯（Rona-Tas，1994）、林宗弘、吴晓刚（2010）等并不赞同这种观点，他们认为，在市场化转型过程中，精英阶层的地位不仅不会衰落，计划经济时代所形成的权威体系在进一步的市场化过程中仍将发挥资源配置的作用，因此中国的市场化有可能是一种社会资本嵌入式的发展过程。这两种理论对市场化与社会资本的关系给出了截然不同的两种判断，张文宏、张莉（2012）分析认为，这两种认识可能是源于学者对社会资本概念的两种不同解读。一方面，从格兰诺维特的"弱关系理论"推衍，社会资本发挥作用的机制与市场制度是不相容的，部分学者循着这个路径，将社会资本发挥资源配置的机制与市场化的机制相互独立，认为社会资本与市场是此消彼长的关系（陆铭等，2010；赵延东、风笑天，2000）；另一方面，格兰诺维特又提出"嵌入"的观点，从这个观点出发，市场机制与社会资本配置资源的机制又是相互嵌入的，部分学者以此为基础，强调市场嵌入在社会资本中，在市场化的不同阶段或者市场化程度不同的部门（如体制内和体制外），社会资本的作用都会存在，只是作用的形式和程度上存在显著的差异（边燕杰，2007；边燕杰、张文宏，2001；张顺、程诚，2012）。

对于市场化转塑与社会资本的关系研究，大部分学者将焦点放在了劳动力市场上。边燕杰较早对中国城市劳动力市场进行了研究，他认为在"文革"之后，中国人善于动用各种各样的"强关系"来获取包括工作机会在内的个人利益，在市场机制逐步完善的劳动力市场中，"关系"仍然发挥着重要的作用（Bian，1997）。后续的系列研究从不同的角度对这个观点进行印证，比如边燕杰、张文宏的研究提出了"社会网络空间"和"体制洞"的概念，他们认为从再分配经济向市场经济的转型过程中出现了体制洞，给社会网络创造了活动的空间。社会网络通过信息和人情两种机制发挥作用，随着市场化改革的逐渐深化，信息机制的作用不仅没有加深反而逐渐减弱，与此同时，人情机制的作用不断上升（边燕杰，2007；边燕杰、张文宏，2001）。边燕杰最近的研究又提出了"体制性资源"的概念，他认为，中国渐进式市场化改革使国有部门和非国有部门两种体制并存，产生了两种不同的体制性资源。当个体的关系网络跨越两种体制时，将产生跨体制的社会资本，而体制跨越者将获得包括收入在内的各种经济回报（边燕杰等，2012a）。张文宏最近的研究系统性地对市场化的不同测量方式进行了梳理和验证，他研究发现市场化进程降低了社会资本的"含金量"，同时提升了社会资本的"认可度"（张文宏、张莉，2012）。张顺、程诚的研究将社会网络资本区分为"潜在的"和"动员的"两种形式，他们研究发现随着市场化程度的提高，潜在性的社会网络资本的收入回报递减，但动员性社会网络资本的收入回报率递增，而递增的速度也是衰减的（张顺、程诚，2012）。综合来看，通过对劳动力市场的动态变化研究，大部分学者还倾向于"嵌入性"的理论。

相对于在劳动力市场领域探讨社会资本与市场化的关系研究而言，对农村市场化过程中社会资本的变迁研究则比较稀少。张爽等以农村贫困为例，以樊纲、王小鲁（2004）测算的地区市场化指数为农村市场化程度的代理变量，从家庭和社区两个层面探讨了市场化对于社会资本的影响。该研究发现，社会网络和公共信任能显著减少贫困，在社区层面的作用尤其明显。随着市场化程度的提高，社会资本减少贫困的作用总体上来说会减少，其中，家庭层面的社会网络的作用减少得尤其显著，而社会层面的社会资本的作用却不会显著下降（张爽等，2007）。陆铭等从"传统农村社会资本是否还能充当保险机制的问题"出发，以村庄市场化水平为农村市场化的代理变量，探讨了市场化过程中社会资本作用的变化，研究发现，在市场化过程中，随着非农就业的增加和外出打工的增多，农村居民运用社会资本来抵御自然灾害和社会风险的能力被削弱了（陆铭等，2010）。赵剑治、陆铭（2009）则是从"社会关系网络对于收入差距的贡献度有多大"这一问题出发，也以樊纲、王晓鲁（2004）测算的地区市场化指数为农村市场化程度的代理变量，研究发现，社会网络对收入差距的贡献达到12.1%至13.4%，同时不同地区社会网络的贡献存在很大的差异，东部地区社会网络的贡献明显高于中西部地区。

在已有的农村市场化和社会资本研究文献中有两个模糊的区域，一是关于社会资本的测量，目前主要还是集中于个体或家庭社会资本的测量。在本研究中，我们采用家庭社会网络数量和是否有外部社会关系来测量农村家庭社会资本；同时采用社区信任衡量农村社区层面的社会资本，在模型中同时考虑家庭社会资本和社区社会资本对家庭收入的影响。二是关于市场化的测量，由于农村市场化过程比较复杂，所以大部分学者采用了地区市场化作为农村市场化的代理指标。本文倾向以农村社区"在地非农就业比例"来衡量农村市场化程度，在大部分农村地区，农村的市场化程度与地区的市场化程度并不同步，特别是传统上城乡二元经济的发展模式在部分地区的市场化过程中并没有得到纠正，有的甚至出现城乡差距进一步扩大的趋势。因此，地区市场化和农村自身的市场化对社会资本的影响可能并不一致。本文将分别检验村庄市场化和地区的市场化水平对农村的社会资本带来了什么样的影响，以回答不同的市场化过程下家庭、村庄社会资本的作用到底会随之减弱还是加强的问题。

二 数据、变量与方法

本项究所使用的数据来自 2002 年中国社科院经济研究所（CHIP）开展的一项农村居民收入与生活质量调查，本次调查覆盖北京、山东、河北、江苏、浙江、四川等 22 个省的 961 个村庄，调查农村常住户 9200 户。这些样本是国家统计局农村家庭调查的子样本，由全国范围内随机抽样产生，在每个村庄随机选择 10 个左右的家庭作为调查对象。由于本文以家庭为研究单位，我们在处理数据时将村庄数据和家庭数据进行了匹配；另外本文还希望检验地区市场化对社会资本的收入效应产生怎样的影响，因此我们还对家庭数据和各省的市场化数据进行了匹配。

（一）解释变量：家庭收入

家庭年收入是本研究的因变量。传统上农村家庭是一个共同生产单位，随着市场经济的发展，农村家庭的收入结构也开始发生变化，根据家庭收入的调查数据，从全国平均水平看，家庭农业收入的比例占 50%，其次是家庭成员在地非农工资性收入，约为 20%，家庭非农经营性收入和外出打工收入各占 10% 左右。东中西三个地区在收入结构上也存在差异，东部地区家庭农业收入比例最低，为 38%，家庭成员在地工资性收入[1]比例最高，为 27%；而西部地区家庭农业收入比例最高，为 61%，家庭成员在地工资性收入比例最低，为 13%（参见图 1）。基于这个特点，我们将分别分析社会资本对农户的家庭总收入、家庭农业收入、家庭非农经营性收入、家庭成员在地工资性收入和家庭成员外出打工收入的影响。因变量为每个类型家庭收入的自然对数。

（二）自变量：社会资本

社会资本是个比较抽象的概念，目前对社会资本尚没有一致性的测量

---

① 在地工资性收入是指个人在本地企业中就业所获的工资性收入。

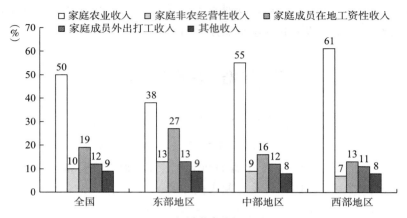

图 1　农村家庭收入结构

方法。帕特南认为社会资本应该包含"网络、信任、规范",我们采用了帕特南对于集体性社会资本的测定。在应用社会资本这个概念时,必须对传统的农村社会关系进行有效的测量,不能一味套用西方的关于社会网络的测量方式,而需更加明晰地反映出中国传统的社会联系,或者说在具体的测量上要嵌入文化的要义。本文结合社会资本的概念和中国的"关系"文化,分别从家庭层面和社区层面对社会资本进行了测量。

首先,对于家庭社会资本的测量,我们采用了两个指标:(1)对家庭社会网络规模进行测量。问卷中没有直接的问题,我们通过"2002年一共给多少熟人朋友送礼"来衡量,这种动员性的社会网络虽然不能反映农民全部的社会网络,很有可能低估社会网络的作用,但由于问卷的限制,这在一定程度上也反映出农民社会交往的范围。(2)对家庭外部社会关系进行测量。我们通过"是否有县城或城市生活的亲戚朋友"来衡量外部网络。目前大部分农村家庭都有外出迁移劳动力,城市的亲戚朋友可能为农村人口外出就业提供信息、居住或其他方面的经济支持。

其次,对于村庄社会资本的测量,我们由个人的变量值汇总、平均而成村庄社会资本的指标。这种测量方法可能存在着层次谬误的问题(Kawachi et al.,2004;Harpham et al.,2002),但个人层面的测量指标具有自身的优势(Harpham,2007),它比较切合社会资本的理论含义。本研究的样本是由国家统计局农村调查的子样本在全国范围内随机抽样产生,因此具有一定的代表性。在问卷中个体层面的问题是"一般来讲,大多数人是不可以信任的"，回答从强烈同意、同意、不同意到强烈不同意的得分分别为1、2、3、4，分数越高，表示越信任他人。"信任"问题虽然是从个体层面进行测量，但其实它是一个反映集体特征的变量，因此我们采用每个村排除被访家庭之外的其他被访家庭的平均信任水平作为村庄集体的信任水平，这样可以减轻社区层面的社会信任的联立性内生问题。

（三）市场化

樊纲、王小鲁等（2004）构建了一个省级市场化指数，使用了5个种类①的23个指数。根据这个市场化指数，2002年中国省级的市场化指数从西藏的0.63到广东的8.62不等。但是从这些宏观的市场化指数中，我们可以捕捉的农村市场化发展水平的信息有限。因此，在研究中我们希望在村级层次上衡量农村市场化的水平，在中国农村的经济转型中，最重要的特征是非农部门的增长，我们用村庄在地的非农就业比例来衡量村庄市场化指数。另外，为了与村级市场化水平进行对照，我们将省级市场化指数同比例缩小到0~1之间。通过数据对比可以发现村级市场化程度与省级市场化程度并不是完全一致的，在市场化指数最高的广东省，村级市场化水平仅处于中等水平。下文中我们将分别检验不同地区不同的市场化过程中社会资本的作用变化。

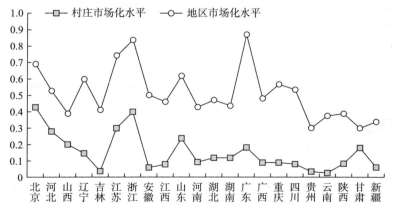

图2 地区市场化水平与村庄市场化水平

---

① 5个种类包括政府与市场的关系、非国有经济的发展、产品市场的发育程度、要素市场的发育程度、市场中介组织的发育和法律制度环境。

表 1 中我们对样本中 9155 个家庭数据对应的模型中的变量进行了统计描述，需要特别指出的是我们以户主的性别、婚姻状况、年龄、受教育年限、是否为中共党员、是否为少数民族等特征来代表整个家庭的特征。主要因变量农户家庭年总收入的均值为 12166 元，标准差为 10395。主要自变量家庭社会网络平均规模为 8.42 人，农户家庭中有城市亲戚朋友的平均比例为 56%。村庄信任水平均值为 2.68，相对城市来说处于较高的信任水平。村庄非农就业的平均比例为 15%，省级市场化平均水平为 0.61，样本中市场化水平最低的贵州为 0.30，最高的是广东为 0.86。

表 1　模型统计量描述

变量		均值	标准差
1. 个人及家庭特征			
户主男性		0.95	0.21
户主年龄		46	10.7
户主已婚		0.95	0.22
户主受教育年限		7.55	2.67
户主为少数民族		0.17	0.37
户主为中共党员		0.18	0.38
家庭总收入（元）		12166	10395
家庭农业收入		5208	5565
家庭非农经营收入		1585	4978
家庭成员在地工资收入		2685	5748
家庭成员外出打工收入		1514	3522
固定资产价值（元）		1227	3525
家庭人均耕地（亩）		1.96	2.16
2. 社会资本			
家庭社会资本	社会网络规模	8.42	10.91
	外部社会网络	0.56	0.49
村庄社会资本			
	村庄信任水平	2.68	0.67
3. 村庄特征			
村庄到乡镇的距离（公里）		4.83	5.15

变量	均值	标准差
村庄到县城的距离（公里）	24.15	20.59
村庄非农劳动比例	0.15	0.20
4. 地区特征		
省级市场化指数	0.61	0.16
东部地区的家庭	0.38	0.48
中部地区的家庭	0.35	0.48

（四） 研究模型

本文着重考察农村家庭社会资本和村庄社会资本的经济回报，因此选择农户家庭年收入及分项收入的自然对数为因变量。已有文献中影响家庭年收入的重要因素包括家庭资产、家庭人口特征和区域特征，家庭资产包括社会资本、人力资本、自然资本和物质资产（Narayan & Pritchett，1997；Grootaer，1999）。因此本文的基本模型为：

$$\log(y_{ij}) = \beta_{0j} + \beta_1 X_{1ij} + \beta_2 X_{2j} + \beta_3 X_{3ij} + \beta_4 X_{4ij} + \beta_5 X_{5ij} + \sum \beta_k X_{kij} + \varepsilon_{ij} \qquad (1)$$

y_{ij} 为农户家庭年收入及分项收入，X_{1ij} 为家庭社会资本，X_{2ij} 为村庄集体社会资本，X_{3ij} 代表人力资本，X_{4ij} 为政治资本，X_{5ij} 为物质资本，X_{kij} 代表其他控制变量。

在分析市场化影响模型中，我们在基本模型的基础上放入了市场化和社会资本的交互项，以检验市场化和社会资本的交互作用对家庭收入的影响。

三 农村市场化背景下社会资本的收入回报

本部分首先探讨的问题是在农村市场化背景下，社会资本是否还具有收入回报，具体体现在哪些项目之上（见表2）。从基准模型看，农村家庭收入不平等是显著的，性别、年龄、婚姻状况、受教育程度、党员身份、实物资产等都是收入差异的解释要素。其他条件不变时，户主的受教育年限对收入的增长作用显著，户主受教育年限每增加1年，家庭收入将增加1.8%。户主的政治资本对家庭收入也有显著贡献，户主是党员的家庭，整体家庭收入将比非党员家庭增加8.2%。而从家庭特征看，家庭外出劳动

表 2 社会资本对农村家庭收入的影响

变量	基准模型（家庭总收入对数）	模型 1（家庭总收入对数）	模型 2（家庭总收入对数）	模型 3（家庭农业收入对数）	模型 4（家庭非农经营收入对数）	模型 5（家庭成员工资收入对数）	模型 6（家庭成员外出打工收入对数）
家庭网络规模（送礼人数）		0.003*** (0.001)	0.003*** (0.001)	0.001 (0.001)	0.003* (0.15)	0.003 (0.002)	0.003 (0.002)
家庭外部资源（参照：无城市亲友）	0.062*** (0.013)	0.056*** (0.013)	0.018 (0.020)	0.097* (0.64)	0.014 (0.044)	0.035** (0.015)	
村庄社会信任水平			0.008 (0.010)	-0.020 (0.15)	0.021 (0.047)	0.069** (0.033)	0.020 (0.032)
户主性别（参照：女性）	-0.140*** (0.035)	-0.137*** (0.035)	-0.148*** (0.037)	0.208*** (0.056)	-0.399** (0.188)	-0.278** (0.118)	-0.169 (0.125)
婚姻状况（参照：未婚）	0.158*** (0.033)	0.149*** (0.033)	0.159*** (0.035)	0.123** (0.052)	-0.065 (0.175)	0.313** (0.122)	0.204* (0.105)
户主年龄	0.002* (0.001)	0.002* (0.001)	0.002 (0.001)	0.004** (0.002)	-0.011* (0.006)	-0.004 (0.005)	-0.005 (0.005)
户主年龄平方	-0.000** (0.000)	-0.000** (0.000)	-0.000 (0.000)	-0.000 (0.000)	-0.000** (0.000)	-0.000** (0.000)	-0.000** (0.000)

续表

变量	基准模型（家庭总收入对数）	模型 1（家庭总收入对数）	模型 2（家庭总收入对数）	模型 3（家庭农业收入对数）	模型 4（家庭非农经营收入对数）	模型 5（家庭成员工资收入对数）	模型 6（家庭成员外出打工收入对数）
户主受教育程度	0.018*** (0.003)	0.017*** (0.003)	0.017*** (0.003)	0.002 (0.004)	0.040*** (0.014)	0.034*** (0.009)	-0.001 (0.009)
户主政治面貌（参照：非党员）	0.082*** (0.017)	0.072*** (0.017)	0.071*** (0.018)	0.014 (0.027)	-0.054 (0.087)	0.299*** (0.054)	-0.092 (0.060)
户主少数民族（参照：非少数民族）	-0.067*** (0.020)	-0.079*** (0.020)	-0.080*** (0.021)	-0.005 (0.032)	-0.284*** (0.106)	-0.318*** (0.075)	-0.367*** (0.073)
家庭规模	0.117*** (0.005)	0.117*** (0.005)	0.118*** (0.005)	0.115*** (0.008)	0.060** (0.026)	0.084*** (0.018)	0.172*** (0.017)
家庭外出人口比例	0.830*** (0.029)	0.820*** (0.209)	0.827*** (0.030)	-0.850*** (0.046)	1.130*** (0.137)	2.140*** (0.099)	1.700*** (0.118)
家庭人均土地	0.015*** (0.003)	0.014*** (0.003)	0.013*** (0.003)	0.073*** (0.005)	-0.093*** (0.016)	-0.037*** (0.010)	-0.046*** (0.013)
家庭人均固定资产	0.125*** (0.005)	0.122*** (0.005)	0.121*** (0.005)	0.127*** (0.008)	0.268*** (0.023)	0.022 (0.017)	-0.152*** (0.018)

续表

变量	基准模型（家庭总收入对数）	模型1（家庭总收入对数）	模型2（家庭总收入对数）	模型3（家庭农业收入对数）	模型4（家庭非农收入对数）	模型5（家庭成员工资收入对数）	模型6（家庭成员外出打工收入对数）
村庄距离县城的距离	-0.002***	-0.002***	-0.002***	0.001	-0.008***	-0.004***	0.001
	(0.000)	(0.000)	(0.000)	(0.000)	(0.002)	(0.001)	(0.001)
村庄是否通公路（参照：未通公路）	0.078***	0.077***	0.073**	0.057	-0.102	0.142	0.228**
	(0.031)	(0.031)	(0.033)	(0.048)	(0.157)	(0.108)	(0.101)
东北地区	0.348***	0.354***	0.348***	0.053**	0.638***	0.506***	0.582***
	(0.017)	(0.017)	(0.018)	(0.026)	(0.084)	(0.058)	(0.058)
中部地区	0.150***	0.145***	0.145***	0.207***	0.290***	-0.006	0.167***
	(0.017)	(0.017)	(0.017)	(0.026)	(0.083)	(0.059)	(0.056)
常数项	7.064***	7.056***	7.068***	6.261***	5.312***	5.881***	7.194***
	(0.080)	(0.080)	(0.088)	(0.131)	(0.420)	(0.293)	(0.282)
观测值	7909	7909	7246	7114	3063	4165	2448
拟合 R^2	0.293	0.297	0.295	0.191	0.157	0.220	0.222

注：（1）括号中为标准误。（2）*代表10%的水平上显著，**代表5%的水平上显著，***代表1%的水平上显著。

力比例对家庭收入的贡献是最高的，边际贡献率为 83%，也就是说一个四口之家中，一个外出劳动力将使家庭收入增加约 23%。其次，家庭的固定资产对收入的贡献也比较大，家庭固定资产每增加 1 元，家庭收入将增加 12.5%。家庭固定资产包含了"农用机械、工业机械、运输机械等"，随着农村青壮年劳动力大量外出，机械对农村劳动力产生了替代，农业机械对农业生产的贡献率显著提高。此外，家庭土地每增加 1 亩，家庭人均收入将增长 1.5%。从村庄的特征看，村庄的基础设施会对村民的收入带来显著的正效应，通公路的村庄比没有通公路的村庄平均收入水平高 7.8%。而村庄距离县城的距离对家庭收入具有显著的负面影响，村庄距离县城每增加 1 公里，人均家庭收入就将降低 0.2%。

模型 1 考虑了家庭社会资本对家庭收入的贡献，从回归结果看两类社会资本对家庭总收入的贡献都是显著的，其中，家庭网络规模每增加 1 人，家庭收入水平将增加 0.3%。城市中有亲戚朋友的家庭将比没有亲戚朋友的家庭收入高 6.2%。值得注意的是，在考虑家庭社会资本对收入的贡献时，"政治资本"对收入的贡献降低了，这进一步说明社会资本对家庭收入的贡献在很大程度上是依托于家庭社会网络来实现的，正如毛丹、任强 (2003) 所分析的家庭政治资本即是一种象征性资本（符号资本），在需要的时候，随时可以转化为社会资本发挥其提高收入水平的功能。模型 2 进一步考虑了村庄集体社会资本对家庭总收入的贡献，从回归结果看，村庄的公共信任水平对家庭收入水平的贡献为 0.8%，但并不显著。

模型 3、4、5、6 分别考虑家庭社会资本、社区社会资本对家庭农业收入、家庭非农经营收入、家庭成员工资收入和外出打工收入的贡献。市场转型环境下，每类家庭收入产生的市场环境并不相同，所以社会资本的作用空间就会有所不同。我们通过分离不同类型的家庭收入，更进一步地考察不同形式的社会资本在农村发挥作用的社会空间。从对家庭农业收入的贡献看，两类社会资本的作用均不显著。从对家庭非农经营的贡献看，家庭网络规模对非农经营的贡献是显著的家庭网络规模扩大 1 人，家庭非农经营收入将提高 0.3%；从对家庭在地工资性收入的贡献看，村庄的社会资本的贡献是显著的村庄社会资本每提高 1 个标准差，家庭成员在地工资性收入将增加 6.9%；从对家庭成员外出务工收入的贡献看，家庭外部网络资源的作用是显著的，有城市亲戚朋友的家庭其家庭成员打工收入比没有城市亲戚朋友的家庭高 3.5% 。

上述结果对于我们思考农村市场化与社会资本的关系是有启发的。传统农业是距离市场最远的产业，同时也是社会资本发挥作用最薄弱的部门；家庭非农经营的产业已经接近市场部门，通常以社区和乡镇为服务半径，家庭社会网络在这个环境下对非农经营有显著的作用；而家庭外出务工成员已经进入了城市的劳动力市场。章元、陆铭利用同一套 2002 年的 CHIP 的数据专门探讨了社会网络是否有助于提高农民工的工资水平，结果发现，社会网络在城市劳动力市场上的主要作用是配给工作，它不直接提高农民工在劳动力市场上的工资水平，但是通过影响农民工的工作类型而间接地影响他们的工资水平（章元、陆铭，2009）。这也间接印证了我们题中的假设。比较让人费解的是，为什么村庄的社会资本会显著影响微观水平上家庭成员的工资收入？这可能与农村乡镇企业的性质有关，乡镇企业产生于社区母体之中，并不是种纯粹的"市场里的企业"，它同时也是种"社区里的企业"，企业的经济活动深深"嵌入"于社区的社会关系结构之中。在乡村工业化过程中，其原始积累阶段所利用的土地和劳力乃至某些启动资金，都直接取自社区，并且是以共同体内的信任结构和互惠规则作为"出让"的社会性担保的，其收益主要是在企业与村集体组织及其成员之间分配。对于社区成员来说，工业化、市场化导致他们的"土地权"向"就业权"和"福利权"转换。即便在后来大部分乡镇企业改制之后，乡镇企业仍然有责任和义务满足社区成员的就业需求（折晓叶、陈婴婴，2005）。在这种社会经济环境下，村庄社会资本的主要功能就是解决使用社区资源时可能出现的冲突和争议，使得内部更有效地合作，从而形成一种建立在社区共同体社会关系基础之上的"命运共享""同甘共苦"式的社会激励机制，保障企业稳定盈利的同时也保障个人的经济利益稳步提升（折晓叶、陈婴婴，2004）。

"市场转型论"的代表倪志伟（Nee，1989）将市场化与个人特征相联系，提出市场化意味着政治资本回报降低而人力资本回报提高的假设，但是后来的很多学者都对这个观点提出了质疑。本文中设置了四项家庭收入类型，它们来源于市场化程度不同的部门，通过比较各类资本对不同类型家庭收入的影响，可以发现在农村市场化背景下各类要素资源的重要性。特别是社会资本概念比较抽象，单独探讨社会资本的贡献比较困难，而通过与人力资本、物质资本、政治资本的比较，更能体现社会资本的价值。

由于各种资本的单位不一致，单纯从偏回归系数上并不能比较各个要素的重要性差异。因此我们计算了模型 3 至模型 6 回归结果的标准化回归系数（见表 3），来比较不同资本对家庭收入贡献的相对程度。模型 3 显示在家庭农业收入中，土地资本的贡献是最高的，达到了 0.182，固定资产的贡献为 0.176。模型 4 显示在家庭非农经营收入中，固定资产的贡献最高，为 0.198，其次是人力资本，为 0.054，家庭网络规模居于第三，为 0.019。① 模型 5 显示在家庭成员在地工资性收入中，政治资本的贡献最高，为 0.080，其次为人力资本，为 0.055，社区社会资本居于第三，为 0.029。模型 6 显示在家庭成员外出打工收入中，家庭外部资源的贡献最高，为 0.014。综合来看，在农村市场化环境下，社会资本发挥作用的空间主要在家庭非农经营领域、家庭成员在地就业和外出打工中，从相对贡献看，社会资本的贡献低于人力资本和政治资本的贡献，但从统计上具有显著意义，还是影响家庭非农收入的重要因素。

表 3　主要变量的标准化回归系数

变量	模型 3（家庭农业收入对数）	模型 4（家庭非农经营收入对数）	模型 5（家庭成员工资收入对数）	模型 6（家庭成员外出打工收入对数）
家庭网络规模：送礼人数		0.019 *		
家庭外部资源：城市的亲戚				0.014 **
社区社会资本			0.029 ***	
人力资本：户主受教育程度		0.054 ***	0.055 ***	
政治资本：户主政治面貌			0.080 ***	
实物资本：人均土地	0.182 ***	− 0.104 ***	− 0.052 ***	− 0.066 ***
实物资本：人均固定资产	0.176 ***	0.198 ***		− 0.155 ***

注：对偏相关系数需进行 t 检验，* 代表 10% 的水平上显著，** 代表 5% 的水平上显著，*** 代表 1% 的水平上显著。

---

① 前文我们提到问卷测量的动员型社会网络可能还会低估社会网络的贡献，所以潜在的社会网络对收入的贡献比这个水平可能还高些。

四 村庄市场化过程中社会资本的作用变化

我们在上文中分析了在农村市场化环境下社会资本是否还具有收入回报，分析结果显示，社会资本对三类家庭非农收入存在显著的正向影响，而对农业收入的影响是不显著的。本部分以"村庄非农就业人口比例"来衡量农村的市场化程度，进一步检验农村市场化过程下农村社会资本的作用发生了何种变化。为了控制模型中变量的共线性问题，每个模型中都将进入交互项的变量进行了对中处理，[①] 同时对家庭社会资本和社区社会资本进行分别讨论。

有关家庭社会资本的变化结果见表4。首先从农村市场化本身对农村家庭收入的影响看，市场化程度较高的村庄，家庭经营性收入和家庭成员在地工资性收入水平会显著提升，而农业收入会显著下降。模型1中家庭社会资本与市场化的交互项不显著，一个可能的原因是社会资本对各类家庭收入的影响方向不同，总的影响就互相抵消了，因此我们有必要按收入类型或分地区考察社会资本的作用变化。本部分我们按收入类型进一步考察社会资本的变化，下部分将分地区考察社会资本的变化情况。

表4 家庭社会资本在农村市场化过程中的作用变化

	模型1（家庭总收入对数）	模型2（农业收入对数）	模型3（家庭经营收入对数）	模型4（家庭工资收入对数）	模型5（外出打工收入对数）
家庭网络规模[a]	0.003 *** (0.001)	0.001 (0.001)	0.003 (0.003)	0.004 ** (0.002)	0.002 (0.003)
家庭外部资源	0.057 *** (0.013)	0.014 (0.020)	0.104 (0.064)	0.029 (0.043)	0.066 (0.047)
村庄市场化水平[a]	0.471 *** (0.040)	− 0.828 *** (0.061)	0.965 *** (0.180)	1.654 *** (0.120)	− 0.123 (0.161)
家庭网络规模[a] × 村庄市场化水平[a]	0.001 (0.004)	0.002 (0.005)	0.030 ** (0.015)	0.000 (0.012)	− 0.014 (0.018)
家庭外部资源 × 村庄市场化水平[a]	− 0.007 (0.072)	− 0.709 (0.109)	− 0.288 (0.318)	− 0.327 (0.207)	0.571 * (0.297)

---

① 家庭是否有外部资源为虚拟变量，取值为0或1，无需对中处理（参见谢宇，2010）。

	模型 1（家庭总收入对数）	模型 2（农业收入对数）	模型 3（家庭经营收入对数）	模型 4（家庭工资收入对数）	模型 5（外出打工收入对数）
观测值	7246	7114	3063	4165	2448
拟合 R^2	0.308	0.213	0.166	0.256	0.223

注：（1）表中所有控制变量均已包括，但没有报告。（2）括号中为标准误。（3）* 代表10%的水平上显著，** 代表5%的水平上显著，*** 代表1%的水平上显著。（4）家庭网络规模[a] = 家庭网络规模 – 家庭网络规模均值，村庄市场化水平[a] = 村庄市场化水平 – 村庄市场化水平均值。

模型 2 至模型 5 显示，随着农村市场化程度的提高，家庭社会资本对家庭经营性收入和外出打工收入的作用发生了显著的变化。模型 3 中家庭网络规模与市场化的交互项显著为正，这表明在家庭非农经营领域，家庭社会网络的收入回报随着农村市场化程度的不断加深而加深。这个结果与张爽等（2007）的研究结论相反。张爽等的研究认为，随着市场化程度的提高，市场成为资源配置的主体机制，将减弱家庭层面的社会网络的作用。我们的研究结果没有支持这个假设，在市场化过程下与"谁"互惠，对"谁"扩张社会网络，这些社会资本的积累过程渗透着个人的功利性选择，而这背后的因素可能是在市场环境下，社会关系网络的作用不仅没有降低，反而有所提高。模型 5 中家庭外部网络资源与市场化的交互项显著为正，这说明在市场化过程中，家庭外部网络对外出打工收入的影响越来越大。这个结果再次证明了章元、陆铭（2009）的判断，在城市劳动力市场，家庭的外部网络也会通过某种资源配给方式影响到农民工的工资水平。

有关社区社会资本的变化结果见表 5。模型 1 中社区信任水平与村庄市场化水平的交互项为正，这表明村庄社会资本对家庭总收入的影响随着农村市场化的增强而增强。在四个分类回归模型中，只有模型 4，即家庭成员在地工资性收入的回归模型中，农村市场化水平与村庄社会资本的交互项显著为正。前文中我们提及乡村工业化过程中社区社会资本具有显著贡献，因此这个结果可能有两方面的含义，一方面，社区社会资本的发展可能会推动村庄市场化的过程；另一方面，随着村庄市场化水平的提高，村庄社会资本的作用也会显著提高。在农村市场化的过程中，农民与市场的连接枢纽为乡镇企业，在市场化初期，村集体、农民提供了原始积累阶段所需的土地和劳力资源，农民、村集体与乡镇企业建立了休戚与共的共生关系。在逐步深化的市场化过程中，企业逐渐脱离社区，成为纯粹的市场化主体，但是乡镇企业嵌入社区的本质没有改变，在激烈的市场竞争环境下，乡镇企业仍然有利用村庄土地资源的优先权，理所当然地，企业有义务满足社区成员的"就业权"和"福利共享权"。这个互动的过程与传统上单纯是市场化影响社会资本的作用过程有所不同。其实社会资本的强化也有可能反向推动村庄的市场化进程，村民之间的合作既提高成员之间的资源分配和自我管理能力，也推动了乡镇企业快速适应市场化的步伐，更增加了村民自身的非农收入水平，这是一个村集体、企业和村民都受益的过程。这个结果再次验证了村庄社会资本的公益性质，农民一向是城市化、市场化的弱势群体，通过集体的合作提高了农民集体适应市场化的能力，而不至于被快速城市化、市场化的过程所边缘化。

表5　社区社会资本在农村市场化过程中的作用变化

	模型1（家庭总收入对数）	模型2（农业收入对数）	模型3（家庭经营收入对数）	模型4（家庭工资收入对数）	模型5（外出打工收入对数）
社区信任水平[a]	0.016 * (0.010)	− 0.028 * (0.015)	0.024 (0.047)	0.054 * (0.032)	0.000 (0.034)
村庄市场化水平[a]	0.474 *** (0.040)	− 0.835 *** (0.060)	0.944 *** (0.179)	1.637 *** (0.117)	− 0.102 (0.157)
社区信任水平[a] × 村庄市场化水平[a]	0.225 *** (0.053)	− 0.129 (0.080)	− 0.261 (0.241)	0.745 *** (0.159)	− 0.383 * (0.216)
观测值	7246	7114	3063	4165	2448
拟合 R^2	0.310	0.213	0.165	0.259	0.223

注：（1）表中所有控制变量均已包括，但没有报告。（2）括号中为标准误。（3）* 代表10%的水平上显著，** 代表5%的水平上显著，*** 代表1%的水平上显著。（4）社区信任水平[a] = 社区信任水平 − 社区信任水平平均值；村庄市场化水平[a] = 村庄市场化水平 − 村庄市场化水平均值。

五　村庄市场化与地区市场化

村庄的市场化有促进社区社会资本和家庭社会资本的作用，那么在地区市场化推进下，社会资本是否也会发生同样的变化？中国当前的市场化进程是不平衡的，这不仅表现在地区之间市场化程度存在差异，同时在地区内部，市场化水平也有差异，本部分将分东、中、西三个地区来比较不同的市场化进程下，地区市场化是不是也能强化社会资本的作用？如若不是，那么地区市场化与村庄市场化是怎样的关系，它们分别给社会资本带来怎样的影响？

表6显示了家庭社会资本在不同地区市场化过程中的变化，通过比较模型1和模型2，我们可以发现，东部地区的市场化过程会降低家庭网络规模，但会显著提高家庭外部资源的作用，相对来说，村庄市场化的过程对家庭社会资本的影响并不显著。比较模型3和模型4，中部地区的市场化过程会显著提高家庭网络规模和外部资源的作用，而村庄市场化的过程会提高家庭网络规模的作用。比较模型5和模型6，西部地区的市场化过程对两类家庭社会资本的影响不显著，但是村庄的市场化过程会显著降低家庭外部资源的作用。综合来看，地区的市场化过程倾向于扩大外部社会网络的作用空间，而村庄的市场化过程倾向于扩大内部社会网络的作用空间。

表6　不同区域市场化过程对家庭社会资本的影响

	东部省份		中部省份		西部省份	
	模型1（地区市场化）	模型2（村庄市场化）	模型3（地区市场化）	模型4（村庄市场化）	模型5（地区市场化）	模型6（村庄市场化）
家庭网络规模[a]	0.006 *** (0.002)	0.003 ** (0.001)	0.011 *** (0.002)	0.006 *** (0.001)	0.000 (0.002)	0.002 ** (0.001)
家庭外部资源	− 0.035 (0.034)	0.035 (0.024)	0.140 *** (0.034)	0.074 *** (0.021)	0.058 (0.040)	0.036 (0.027)
地区市场化水平[a]	0.175 *** (0.009)		0.006 (0.026)		− 0.011 (0.014)	
村庄市场化水平[a]		0.628 *** (0.058)		0.179 *** (0.069)		0.157 * (0.092)
家庭网络规模[a] × 地区市场化水平[a]	− 0.002 ** (0.001)		0.009 *** (0.003)		− 0.001 (0.001)	
家庭网络规模[a] × 村庄市场化水平[a]		0.005 (0.006)		0.020 ** (0.005)		0.003 (0.005)
家庭外部资源[a] × 地区市场化水平[a]	0.031 * (0.017)		0.113 ** (0.048)	− 0.001 (0.023)		
家庭外部资源 × 村庄市场化水平[a]		0.109 (0.100)		− 0.058 (0.137)		− 0.316 * (0.183)

续表

	东部省份		中部省份		西部省份	
	模型1（地区市场化）	模型2（村庄市场化）	模型3（地区市场化）	模型4（村庄市场化）	模型5（地区市场化）	模型6（村庄市场化）
观测值	2590	2811	2566	2793	2090	2305
拟合 R^2	0.398	0.328	0.212	0.214	0.212	0.216

注：（1）表中所有控制变量均已包括，但没有报告。（2）括号中为标准误。（3）* 代表10%的水平上显著，** 代表5%的水平上显著，*** 代表1%的水平上显著。（4）家庭网络规模[a] = 家庭网络规模 – 家庭网络规模均值；村庄市场化水平[a] = 村庄市场化水平 – 村庄市场化水平均值[a]；地区市场化水平 = 地区市场化水平 – 地区市场化水平均值。

　　表7显示了社区社会资本在不同地区市场化过程中的变化。通过比较模型1和模型2，东部地区的市场化过程会显著提高村庄社会资本，而村庄的市场化过程也会显著提高村庄社会资本，这说明东部地区的市场化过程与村庄的市场化过程的影响是一致的。比较模型3和模型4，中部地区的市场化过程和村庄的市场化过程对村庄社会资本的影响都不显著。比较模型5和模型6，西部地区的市场化过程会显著降低村庄社会资本，而村庄的市场化过程会显著提高村庄社会资本，地区市场化与村庄市场化对社会资本的影响是相反的。这个结果对我们理解市场化和社会资本的关系是非常重要的，社会资本嵌入一定的社会空间才能发挥作用，而脱离了这个社会空间，社会资本的作用就会严重贬值。西部地区的市场化过程对于村庄来讲，主要是一个农村青壮年外出务工的过程，在以"外出打工"为特征的农村市场化过程中，村庄集体社会资本的作用显著降低这一过程，与东部地区的市场化过程形成了鲜明的对比。在以"外出打工"为主的农村社会，农村整体的社会结构都发生了剧烈的变动，随着青壮年的劳动力外出，农村剩下的劳动力基本上是妇女、儿童和老年，原有的监督、合作、互惠机制逐渐趋于衰落。科尔曼在研究社会资本时强调，稳定的社会结构是使闭合性社会资本发挥作用的关键，稳定的社会结构使生活在共同体之内的人们积累起长期的信任，对人们的行为具有稳定的预期，同时对于违反互惠合作规范的人给予"惩罚"。但是随着工业化、市场化的推进，人们不再世代定居一处，新型的法人组织代替了传统的农村社会，正式的制度规则逐渐取代非正式的制度规则，传统的集体性的社会资本形式也就在这个过程中受到削弱。

表7　不同区域市场化过程对社区社会资本的影响

	东部省份		中部省份		西部省份	
	模型1（地区市场化）	模型2（村庄市场化）	模型3（地区市场化）	模型4（村庄市场化）	模型5（地区市场化）	模型6（村庄市场化）
社区信任水平[a]	0.015 (0.026)	0.029 (0.019)	−0.011 (0.024)	−0.027[*] (0.016)	−0.009 (0.031)	0.061[***] (0.022)
地区市场化水平[a]	0.182[***] (0.009)		−0.006 (0.026)		−0.013 (0.014)	
村庄市场化水平[a]		0.606[***] (0.058)		0.111 (0.073)		0.405[***] (0.112)
社区信任水平[a] × 地区市场化水平[a]	0.031[**] (0.013)		0.027 (0.033)		−0.014[*] (0.016)	
社区信任水平[a] × 村庄市场化水平[a]		0.184[**] (0.084)		−0.137 (0.101)		0.542[***] (0.148)
观测值	2590	2590	2566	2566	2090	2090
拟合 R^2	0.397	0.330	0206	0.194	0.212	0.214

注：（1）表中所有控制变量均已包括，但没有报告。（2）括号中为标准误。（3）[*]代表10%的水平上显著，[**]代表5%的水平上显著，[***]代表1%的水平上显著。（4）社区信任水平[a] = 社区信任水平 – 社区信任水平平均值；村庄市场化水平[a] = 村庄市场化水平 – 村庄市场化水平均值；地区市场化水平[a] = 地区市场化水平 – 地区市场化水平均值。

六　结论与启示

农村市场化的过程给传统农业社会带来了深刻的变革，本文从家庭社会资本和社区社会资本两个视角出发，初步探讨了农村市场化过程中社会资本发挥作用的空间和条件，得到如下结论：第一，从静态结果看，社会资本的收入效应主要体现在非农业生产部门，家庭的网络规模会显著提高非农经营性收入，家庭外部网络会显著提高家庭成员外出务工的收入，而社区的社会资本会显著提高社区成员的在地工资收入。第二，我们以"村庄非农就业"衡量了农村市场化的过程，社会资本在不同市场空间的变化略有差异，随着农村市场化的深化，家庭社会网络对非农经营性收入的回报逐步提高，家庭外部网络资源对外出打工收入的回报逐渐提高，而村庄社会资本对社区成员在地工资性收入的回报是逐渐提高的。第三，中国当前的市场化进程是不平衡的，导致不同地区的市场化路径存在显著差异，我们分别从村庄市场化和地区市场化两个角度来观察不同区域的市场化对农村社会的影响。从家庭社会资本的变化看，三个地区变化趋势基本一致，随着外部地区市场化力量的深化，家庭外部资源的作用逐渐强化；而随着村庄内部市场化过程的加深，家庭网络规模的作用逐渐加深。从社区社会资本的变化看，三个地区具有显著的差异：在东部省份，社区社会资本的作用随着村庄内部市场化的深化而加深，同时外部地区的市场化又助推了这种趋势，随着外部市场化的推动，村庄社会资本的作用又有所加强。在西部省份，地区市场化和村庄市场化对村庄社会资本的作用力是反向的，随着村庄市场化的加深，村庄社会资本的作用也是逐步强化的，但是外部市场化的力量却会反向削弱村庄社会资本的作用，村庄社会资本随着地区市场化的深化逐步降低。

上述结果对于我们思考农村市场化与社会资本的关系具有深刻的意义。市场转型理论（Nee，1989）强调市场化对农村社会的冲击，但没有对社会本身的反弹能力给予足够的重视，在卡尔·波兰尼（2007）看来，人类历史上不存在独立自主的市场，市场都是嵌入到社会和政治乃至文化之中的，当市场影响过大时，就会出现社会的"反向运动"。就东部农村的市场化实践而言，村庄市场化与村庄内向聚合力和自主性的加强同时并存，且互为因果和补充。伴随着市场化的发展，社区结构不断膨胀和完善，社区的社会功能更加强化。东部农村的市场化过程是种社区内生性的市场化过程，社区社会资本与市场化相互强化、螺旋上升，市场化转型给社区社会资本提供了充分发挥作用的空间，而社区社会资本又反过来推动了农村市场化的进程。在这样的社会结构下，宏观的市场化对农村的影响是以农村内在的市场化为基础的，村庄内部市场化水平的提升为村庄适应外部市场创造了坚实的基础。

而西部农村地区的市场化实践却提供了相反的结果，外部市场化的力量与农村内部的社会资本是分离的，缺乏一个集体中介将市场化的力量与村庄内部社会资本的力量融合起来，随着外部市场的强化，大量强壮的劳动力资源被外部市场席卷走，乡村社会赖以维持的社会结构被动摇，社会资本的力量逐渐式微，伴随而来的就是村庄的萎缩。奥斯特罗姆（2003）在论述社会资本的意义时强调，社会关系所承载的社会资源（如信任）不同于普通资源或商品，它不会越加"善用"越少，而是越加"善用"越多。如果忽略它或消极地使用甚至不加以使用，它的存量就会降低。也就是说，它并不是自然生成或事先存在的，而是需要（或者说是可以）不断激活、不断建构和不断积累的。传统农业社会有着丰富的社会资本积累，家族、乡规民约、农村集体制文化等等，但是由于各种原因，在快速市场转型的过程中，西部农村市场化是严重滞后的，在外部市场冲击下，传统社会资本没有能力在适当的时候进行社会资源重构，更没有能力直接驾驭外部市场。相对来说，东部农村地区的市场化经验表明，在市场化初期村庄内部由农民的再组织行动适时地对传统社会资本重新激活和利用，将社会资本成功地嵌入于市场环境，在更大的市场化冲击下，变通的社会资本就能更好地适应市场化过程，而不至于被市场化打散。

农村市场化的过程还在继续，本研究的政策意义在于如何能够在市场化转型过程中巩固农村的社会基础，费孝通（1992/1938：149）在 20 世纪 80 年代就提出小城镇建设的理论："如果我们的国家只有大城市、中城市没有小城镇，农村里的政治中心、经济中心、文化中心就没有腿。"西方发达国家的经验表明，市场化发展的一个可能后果就是农村社会的萧条和衰落。我们从东部市场化的过程中获得了些许启发。但不可否认的是，市场化的力量是强大的，西部的市场化过程恰恰提供了反面的案例，在地区的市场化过程中，农村是逐步衰落的，这也说明单独依赖社会的力量来回应或重塑市场化的力量在有些地区是达不到的。在政府、市场、社会之间，政府最关键的角色就在于资源的再分配，如果将资源持续聚集在省、市级，从经济指标上看，自然可以提高规模经营的效率，提高产值，但农村社会在这个过程中贡献了劳动力甚至土地资源，这两个最重要的资源被挖空之后，农村就彻底衰落了。反之，如果政府将资源下移，逐步培育乡镇和村的市场化力量，农村内部的合作意识和集体行动在这个过程中可能会被重新撬动，通过农民自身的再组织，农村市场化可能会推动农村社会进入一个良性循环的过程。

最后，我们对农村市场化和社会资本的关系探讨仅是初步的，存在以下几个方面的局限性：第一，关于市场化的测量问题。目前对于农村市场化程度的测量并没有一个公认的方法，农村非农就业比例只是从人口结构上衡量了农村的市场化程度，还有其他层面的市场化指标没有纳入进来。第二，关于社会资本的测量问题。本文结合农村社会的传统，从社区层面对社会资本进行测量，以社区平均信任水平作为村庄社会资本的代理变量，这在一定程度上可能会受到样本选择偏差的影响。第三，关于社会资本的作用机制问题。边燕杰在研究个人社会网络收入回报中，提出了信息机制和人情机制，那么村庄社会资本具体通过何种机制影响到家庭的收入水平？本研究只是做了第一步，分离了农村四种主要的家庭收入类型，确定了社会资本发挥作用的市场空间，但是行动主体具体通过怎样的社会机制影响到收入水平还是一个值得继续挖掘的问题。

参考文献

奥斯特罗姆，埃莉诺，2000，《公共事物的治理之道：集体行动制度的演进》，余逊达、陈旭东译，上海：上海三联书店。

——，2003，《社会资本：流行的狂热抑或基本的概念?》，《经济社会体制比较》第2期。

边燕杰，2004，《城市居民社会资本的来源及作用：网络观点与调查发现》，《中国社会科学》第3期。

——，2007，《社会网络理论十讲》，社会学视野网（http://www.sociologyol.org/）。

边燕杰、王文彬、张磊、程诚，2012a，《跨体制社会资本及其收入回报》，《中国社会科学》第2期。

边燕杰、张文宏，2001，《经济体制、社会网络与职业流动》，《中国社会科学》第2期。

边燕杰、张文宏、程诚，2012a，《求职过程的社会网络模型：检验关系效应假设》，《社会》第3期。

波兰尼，卡尔，2007，《大转型：我们时代的政治与经济起源》，冯钢、刘阳译，杭州：浙江人民出版社。

樊纲、王小鲁，2004，《中国市场化指数——各地区市场化相对进程报告（2002年）》，北京：经济科学出版社。

费孝通，1992/1983，《费孝学术论著自选集》北京：北京师范学院出版社。

——，1998/1948，《乡土中国·生育制度》，北京：北京大学出版社。

柯武刚、史漫飞，《制度经济学：社会秩序与公共政策》，韩朝华译，北京：商务印书馆。

李路路，2002，《社会转型与社会分层结构变迁：理论与问题》，《江苏社会科学》第2期。

李伟民，1996，《论人情：关于中国人社会交往的分析和探讨》，《中山大学学报（社会科学版）》第 2 期。

梁漱溟，1987/1949，《中国文化要义》，上海：学林出版社。

林南，2005，《社会资本：关于社会结构与行动的理论》，张磊译，上海：上海人民出版社。

林宗弘、瞿晓刚，2010，《中国的制度变迁、阶级结构转型和收入不平等：1978 - 2005》，《社会》第 6 期。

陆铭、张爽、佐藤宏，2010，《市场化进程中社会资本还能够充当保险机制吗？中国农村家庭灾后消费的经验研究》，《世界经济文汇》第 1 期。

陆学艺，1991，《当代农村社会分层研究的几个问题》，《改革》第 6 期。

毛丹、任强，2003，《中国农村社会分层研究的几个问题》，《浙江社会科学》第 3 期。

帕特南、罗伯特，2011，《独自打保龄：美国社区的衰落与复兴》，刘波、祝乃娟、张孜异、林挺进、郑寰译，北京：北京大学出版社。

折晓叶、陈婴婴，《资本怎样运作——对“改制”中资本能动性的社会学分析》，《中国社会科学》第 4 期。

——，2005，《产权怎样界定——一份集体产权私化的社会文本》，《社会学研究》第 4 期。

宋时歌，1998，《权力转换的延迟效应——对社会主义国家向市场转变过程中精英再生与循环的一种解释》，《社会学研究》第 3 期。

谭琳、李军峰，2002，《婚姻和就业对女性意味着什么？——基于社会性别和社会资本观点的分析》，《妇女研究论丛》第 7 期。

王春光，2000，《巴黎的温州人：一个移民群体的跨社会建构行动》，南昌：江西人民出版社。

谢宇，2010，《回归分析》，北京：社会科学文献出版社。

杨善华、侯红蕊，1999，《血缘、姻缘、亲情与利益——现阶段中国农村社会中“差序格局”的“理性化”趋势》，《宁夏社会科学》第 6 期。

张爽、陆铭、章元，2007，《社会资本的作用随市场化进程减弱还是加强——来自中国农村贫困的实证研究》，《经济学（季刊）》第 6 期。

张顺、程诚，2012，《市场化改革与社会网络资本的收入效应》，《社会学研究》第 1 期。

张顺、郭小弦，2011，《社会网络资源及其收入效应研究——基于分位回归模型分析》，《社会》第 1 期。

张文宏，2007，《中国社会资本的研究：概念、操作化测量和经验研究》，《江苏社会科学》第 3 期。

张文宏、张莉，2012，《劳动力市场中的社会资本与市场化》，《社会学研究》第 5 期。

章元、陆铭，2009，《社会网络是否有助于提高农民工的工资水平》，《管理世界》第 3 期。

赵剑治、陆铭，2009，《关系对农村收入差距的贡献及其地区差异———一项基于回归的分解分析》，《经济学（季刊）》第 1 期。

赵延东、风笑天，2000，《社会资本、人力资本与下岗职工的再就业》，《上海社会科学院学术季刊》第 2 期。

赵延东、罗家德，2005，《如何测量社会资本：一个经验研究综述》，《国外社会科学》第 2 期。

Bian，Yanjie 1997，"Bringing Strong Ties Back in：Indirect Ties，Network Bridges and Job Searches in China." *American Sociological Review* 62（3）.

Bowles，S & H. Gintis 2002，"Social Capital and Community Govemance." *Economic Journal* 112（483）.

Coleman，J. S. 1988，"Social Capital in The Creation of Humen Capital." *American Journal of Sociology* 94.

Durkheim，Emile 1964，*The Rules of Sociological Method.* New York：The Free Press.

Granovetter，M. 1973．"The Strength of Weak Ties." *American Journal of Sociology* 78.

Grootaert，C. 1999，"Social Capital，Household Welfare，and Poverty in Indonesia." Local Level Institutions Working Paper No 6. Washington，DC：The World Bank.

Harpham，Trudy 2007，"The Measurement of Community Social Capital Through Surveys." In Idiro Kawachi，S. V. Subramanian Daniel Kin（eds.），*Social Capital and Health.* New York：Springer.

Harpham，T.，E Crant & E. Thomas 2002，"Measuring Social Capital within Health Surveys：Key Issues." *Health Policy and Planning* 17.

Kawachi，I.，Daniel Kim，Adam Coutts &S. V. Subramanian 2004，"Commentary：Reconciling the Three Accounts of Social Capital." *International Journal of Epidemiology* 33.

Lin，Nan 1982，"Social Resources and Instrumental Action." In Peter V. Marsden & Nan Lin（eds），*Social Structure and Network Analysis.* Beverly Hills，CA：Sage

Narayan，D. & L. Pritchett 1999，"Cents and Sociability：The Household Income and Social Capital in Rural Tanzania." *Economic Dewelopment and Cultural Change* 4.

Nee，Victor 1989．"A Theory of Market Transition：From Redistibution to Markets in State Socialism" *American Sociological Review* 54（5）.

Rona-Tas，A. 1994，"The First Shall Be Last? Entrepreneurship and Communist Cadres in the Transition from Socialism." *American Journal of Sociology* 100（1）.

Wang Xiaolu，Gang Fan & Hengpeng Zhu 2007，"Marketisation in China，Progress and Contribution to Growth." In Rosa Garnaut Ligang Song（eds.），*China：Linking Market for Growth*. Canberra：Asia Pacific Press and Social Science Academic Press.

城市化中的"撤并村庄"与行政社会的实践逻辑[*]

王春光

摘　要： 在快速的城市化过程中，"撤并村庄"成为一种潮流和普遍现象，近十几年的村庄变动，比过去上千年的村庄变动还要剧烈，并由此引发了各种社会冲突。究竟怎样看待和认识这一过程？本文提出了"行政社会"的假设，并通过对一个撤并社区案例的深入解剖，揭示了行政社会的实践逻辑。研究表明，行政社会是通过两个逻辑呈现出来的：一个是行政的主动逻辑，其动力在于追求经济发展和财政扩张以及外部制约薄弱下的"万能型"能力；另一个是居民的无奈诉求以及困境的行政归咎，即将生活困境全部归咎于政府以及对政府帮助解决困境的不断诉求。行政社会的实践逻辑导致强政府弱社会和政府承担无限责任。据此，本文提出了走出行政社会困境的基本路径：用行政资源培育社会自组织能力，以社会组织力量来制约行政行为，形成良性的行政与社会自组织相互合作与制约的制度和行动体系，这才是社会建设的最终目的。

关键词： 城市化　行政社会　撤并村庄

在过去30多年的改革开放中，城市化与市场化、工业化、全球化一同构成推进中国现代化建设这辆飞速前行列车的四个轮子。但是，中国城市化并不如我们想象的那么平稳，大量农村流动人口依然处于"半城市化"状态，物质的、空间的城市化快于人的城市化，大规模撤村、并村导致的社会矛盾相当突出。如何消除城市化进程中出现的这些问题？当前中国提出的社会建设是否可以有效地缓解这些问题而使中国今后的城市化更加平

---

[*]　原文发表于《社会学研究》2013年第3期。

稳可持续呢？事实上，中国城市化之所以发生如此多的问题，除了速度之快、规模之大前所未有之外，也与忽视人的城市化有关。社会建设的提出实际上是对过度单纯强调经济增长理念的一种纠偏。当然，社会建设也不是如我们预想的那么简单。首先是人们对社会建设有着不同的理解（清华大学社会学系社会发展课题组，2010；陆学艺，2011），但是，有一点是一致的，那就是中国的"社会"是有问题的（李培林，2004；魏礼群主编，2011；陆学艺，2011）：或者社会不发达，或者社会没有影响力，或者社会结构有问题，因此，社会建设需要改善"社会"。其次，现实中，我们看到的是"社会"改善既不按官方（指高层决策者）的设想进行，又没有按学者的理念推进，而是按照自己的逻辑在进行和运行。因此，本文试图通过对一个在城市化进程中经过撤并而形成的社区运行情况进行深度的个案解剖，对在城市化进程中中国社会的实际运行逻辑进行探讨，以寻求如何用社会建设理念去更好地促进中国的城市化发展。

一 对社会现实的一个假设：行政社会

我们对 1949 年以来中国社会现代化进程有过这样一个分析：改革开放前中国社会属于总体性社会，改革开放后到 20 世纪 90 年代后期属于市场社会，21 世纪初进入行政社会（王春光，2012）。总体性社会是孙立平首先提出的、对改革开放前中国社会的一个解释概念，即 1949 年以后通过对生产资料的改造和组织重建，国家垄断了绝大部分稀缺资源和结构性的社会活动空间，从而使社会各个部分形成了高度的关联性，社会、市场基本失去了存在的制度性空间（孙立平，1993）。改革开放实际上是将市场、社会从国家高度垄断和控制的空间中释放出来，形成新的、自由的流动资源和社会空间，开始向市场社会转型。在这个阶段，市场被视为解决一切问题的手段和"灵丹妙药"，更重要的是政府将公益事业、公共服务交给了市场，不但放弃了其应该承担的公共职责和功能，而且还采取市场手段向民众收取名目繁多的费用。尤其是国有企业和乡镇企业改制使得大量职工下岗，不但没有了稳定的职业，而且失去了可靠的单位福利，下岗工人表现出激烈的反抗；农民负担加重，农村干群矛盾激化。正如波拉尼（2007）所指出的过度追求甚至崇拜市场的作用，势必会损害社会生活秩序和机体健康，从而招致社会的"反向"运动（如罢工、社会运动等），下岗工人上访、静坐和农民抗议就是这样的"反向"行动。在中国，国家的明显在场和巨大的控制力，使得社会"反向"运动没有形成大的气候，但是已给国家造成巨大刺激。为了缓解社会矛盾、解决社会问题，特别是为了抑制社会"反向"行动，除了加强控制外，遏制市场的侵害以及调整利益关系势在必行。国家开始走到了社会建设的前台，提出"和谐社会建设"理念，由此展开一系列社会新秩序的建构。在市场社会还没有真正定型和成熟的情况下中国又进入了另一种新的社会形态——行政社会。

与市场社会过于倚重市场逻辑一样，行政社会过于倚重行政逻辑，特别是在一些本应由市场逻辑或社会逻辑主导的领域，恰恰由行政逻辑来左右，造成了行政过度干预社会。行政社会的优势在于强大的行政动员能力和集中的资源投入，虽然可以缓解市场社会的一些问题，弥补过去政府不到位的情况，"由于存在着公地悲剧，环境问题无法通过合作解决……所以具有较大强制权力的政府的合理性是得到普遍认可的"（奥斯特罗姆，1999）。像环境问题，没有政府的到位，是难以解决的。但是，并不是在所有领域行政逻辑和方式都有效，这已是共识，但难以得到落实。行政的力量在"五位一体"的建设中得到了不断加强，其触角伸向社会各个角落，一个行政社会赫然在眼前并得到不断强化。行政社会模糊了政府与社会和市场的分工与合作，其缺陷是，不断削弱社会联系的纽带、社会共同体的自主性和自治能力，在资源配置上存在效率低、浪费严重、供需错位等问题，结果导致另一类社会矛盾和问题，即政府与社会、民众的紧张、摩擦和冲突。

行政社会与总体性社会的相同点是过于倚重行政力量和逻辑，不同之处在于：首先，行政社会是在市场改革后出现的，由于市场力量已经形成，具有很强的动力，市场不可能像在总体性社会那样完全被扼杀和驯服，事实上是行政社会有可能利用市场力量为自己服务，出现合谋现象。其次，市场社会的出现和发展为社会的自主性和自治性奠定了一定的制度和观念基础，因此，人们不会像在总体性社会情况下那样离开行政力量和逻辑就无法生存，社会还是有一定的自由和自主空间的。最后，传统的社会力量也获得了再生和发展的空间，在某些方面满足了人们的自主、互助和合作的需要。总而言之，在总体性社会中，市场和社会被国家所吞并，而在行政社会中，市场和社会都有自己的存在和发展空间，只是由于国家过于强大而经常对市场和社会进行干预，但是行政力量和逻辑已经无法像在总体性社会时代那样成为唯一的主导机制。

我们之所以说，行政社会是在市场社会之后出现，是基于这样的分析：在市场社会阶段，行政或是从社会领域里退出，表现为放权和不履行应该由政府承担的职责，如义务教育、公共卫生、基础设施建设等等，或是把自己当作企业和其他企业主体，以各种名目收费、创收，美国斯坦福大学政治学系教授戴慕珍将这种现象称为"地方政府公司主义"（夏永祥，2012）；地方政府官员像公司董事会成员，与企业合作或者自己办企业。"在公司化的政府运行逻辑下，资源主要被用于满足地方经济发展，面向全社会提供公共物品的目标被忽略，基层政权没有提供公共物品的动机"（赵树凯，2016），20世纪80年代和90年代中前期的中国社会就属于这种情况。从20世纪90年代后期开始，国有企业改革和乡镇企业改制、21世纪开始的民生建设、审批制改革、社会保障制度建设等一系列制度建设使得行政开始转向公共服务、社会公益等领域，但是并没有完全从经济领域退出。在这个阶段原本存在于总体性社会的那种行政主导惯习获得激发，再配以强大的财政资源、社会需求和政治意愿，市场社会被推向行政社会。

那么，改革开放后中国社会在市场社会成长过程中是如何快速转向行政社会的呢？其背后的实践逻辑是什么呢？我们又如何去观察和把握这样的逻辑实践以论证我们对现实行政社会的假设呢？"拆迁"以及随之而发生的生活实践成为我们观察、分析和论证行政社会的绝好事件。

二 撤并：行政社会的逻辑

在过去的10多年时间里，中国的行政村数量减少得相当惊人（详见表1）：村委会数量从2001年的699974个减少到2011年的589653个，共减少110321个，平均每年减少11032.1个，平均每天减少30.22个。这些村庄以三种方式消失：一种是撤销和兼并，即多个行政村合并为一个行政村；第二种方式是村改居，即将原来的村委会变成居委会，原来的村民身份变为居民身份；第三种方式是整村拆迁，或分散或集中安置到城市、城镇小区和一些大型集中区。如山东诸城曾将1249个行政村合并为208个农村社区，平均6个行政村合并为一个农村社区，有的农村社区人口多达几万人（《山东诸城合并农村社区引导农民集中居住》，2010）。从表1可以看出，2001～2003年，社区居委会数量减少14462个，但是2004～2010年，社区居委会数量又逐年增加，共增加9626个，仍没有恢复到2001年的水平。这增加的9626个社区居委会基本上源自撤并，也就是说在过去10年中，减少的110321个村委会中有相当一部分被改为居委会。

表1　2001～2011年村委会和社区居委会数量变化表

单位：个

年份	2001	2002	2003	2004	2005	2006	2007	2008	2009	2010	2011
社区居委会	91893	86087	77431	77884	79947	80717	82006	83413	84689	87057	89480
村委会	699974	681277	663486	644166	629079	623669	612709	604285	599078	594658	589653

数据来源：中华人民共和国民政部，2012。

各地政府为什么如此热衷于撤并呢？地方政府、村民、媒体、学者对此各有说辞（陈锡文，2010；阿源，2010；司林波，2011）。地方政府对外宣示的撤并意图与其真实动机并不一致。绝大多数地方政府认为，撤村并村、村改居，是推进城乡一体化、城镇化、新农村建设、社会管理创新的需要。但村民认为，地方政府没有像其所说的那么好，他们看重的是从农民那里拿地，所以村民对政府行为抱有高度的警戒、反感，甚至敌视，并以各种方式进行"弱者的反抗"（汉斯坦德等，2010）。某地级市市委书记在拆撤并处级干部动员大会上说了三点撤并理由，很能反映其部分真实动机：第一，他不喜欢村民自治，每3年的选举很烦，把一些村变成居委会，就不需要这么直选了，省心，因为居委会主任虽是选举的，但事实上是任命的，选举只是形式。第二，（该市）在全省城乡公共服务评比中总是排在最后，原因是村庄太多、太分散，不利于提高公共服务水平，通过撤并，可以减少公共服务成本，自然会提高公共服务水平。第三，有利于推进城市化发展，通过村改居，就能在短时间内提高城市化水平。实际上他还没有把一个更关键的理由或动机说出来，那就是向农民要地——用于商业开发的工业和建设用地。①

从这里可以看到，在市场经济的推进过程中，地方政府把自己当作市场主体，想到的是自己的利益和好处：增加地方财政，以提高自己的行动能力和增加利益；增加地方 GDP 和搞一些形象工程，彰显政绩。撤并似乎能满足追求利益、政绩和形象的需求。在这个过程中，政府将行政触角伸向市场、社会各个角落，干预市场和百姓生活，扭曲甚至取代了市场和社会运行逻辑，塑造了一个行政社会形态。下面我们通过对一个案例的深度解剖，探讨行政社会的实际运行逻辑以及相应的影响和问题。

三　案例分析

这里介绍的案例是中国东南沿海某县级市的一个撤并社区 A。A 社区位于该市科教新区，距市中心约 3 公里，其外表形态和制度设置属于完全的城市社区。此地管委会书记说，计划把科教新区打造成高等城市社区。我们不知道高等社区的标准是什么，但是，A 社区目前的情况显然还没有达到这一标准。目前该社区有居民 2000 多人，他们都是撤并后从原来两个行政村的村民转变过来的，住进了象征现代化、城市化的钢筋水泥住宅里，但是，他们的生活方式还保留着原来村民时代的状态。住进这样的城市小区，并不是他们主动的选择，完全是政府强制的作为和安排。据我们调查，该市政府在过去 5 年中已经拆迁和撤并了 60% 以上的行政村，其力度之大可以想见。我们在该市的其他地方发现，一个撤并后的社区面积相当于 20 世纪 80 年代初一个公社的范围。在拆迁、撤并过程中，村民根本没有发言权，他们的生活需求和权益没有受到应有的尊重。拆迁和撤并后居民遇到的生活困难也不是居民事先能预料到的，政府事先也没有给出充分的调查和研究，新社区建设没有相应的设计。A 社区居民把遇到的困难归咎于政府的拆迁和撤并做法，因此，"凡有困难就找政府""凡有困难就怨政府"就成了居民理所当然的生活逻辑。作为政府代理人的基层管理者对此有着深刻的体会："老百姓有着无限的需求"，而"政府承担着无限的责任，这样的情况到何时才有尽头，长期下来政府会不会支撑不住而趴

---

① 这个事例是笔者在 2012 年的一次调查中获得的。

下呢?"

居民在生活上遇到的困难主要表现在以下方面。

1. 生计困境

A社区居民原是村民,祖祖辈辈过着安逸的农耕生活,10年前市政府把他们那里规划成科教新城,把一所职业学院和省重点高中搬到那里,并引进一些高科技公司,把村民的土地基本上征用完了,使他们成了名副其实的失地农民。2012年,政府撤销了村庄建制,将两个村的一半居民集中在一起居住,重建城市社区A,另一半居民分散到其他多个社区。没有了土地,集中居住,青壮年劳动力在周围的企业找到了工作,但是四五十岁的劳动力没有一技之长,年龄偏大,往往找不到打工的机会,但他们还要赡养老人、抚养子女,有着很重的生活负担。

> 基本上原来年纪大一点的都是种地的,年轻一点的也有在外头上班的。目前来讲,我们的问题就在促进社区就业这一块,年纪轻一点,他本身有工作,没有什么大问题;而50岁左右、60岁左右,或者45岁往后这部分人,原来是以农业生产为主的,现在突然丧失土地了,所以他们肯定是我们今后要着重思考去促进他们的就业和增加他们的收入的。(A社区书记语)

为解决生计困境,A社区居民有的人把小区中分到的车库改建成门脸房出租,有的人在空地上搭建违章建筑,还有的人开设了麻将馆,等等。这样做显然不合乎物业管理要求,更重要的是影响邻里的生活。有的门脸房用于铝合金装修,那里天天传出嘈杂的锯声,很影响邻居的日常生活;麻将馆一直开到凌晨一两点,搓麻将的声音搅得不少老年居民睡不好觉;违章建筑影响其他人家采光,等等,由此经常产生邻里纠纷。受影响的居民找到居委会和管委会,要求解决扰民问题,理由是他们是被政府强行集中在一起居住的,政府应该对此负责。居委会和管委会也多次派人去劝说扰民者减少扰民,要求拆除违章建筑、恢复车库,但是后者则要求政府安排就业、解决收入来源,这反过来又难住了居委会和管委会。

在村落时代,村民之间虽然也有纠纷,但基本上能通过村庄内部的惯例加以化解,比如村干部、族人、有权威的长辈等可以调节、仲裁,但集中居住后，特别是两个村庄居民通过抽签而分散在新社区居住，周围都是新邻居，打散了原来的邻里关系，在纠纷产生的时候缺少原先的那些惯例，失去了自我调节的能力，加上居民将问题归咎于政府行为，也降低了民间自我调节的可能性和意愿。更为关键的是，撤并后，部分居民失去了稳定的收入来源。一位65岁的大妈说，集中居住后干什么都要花钱。她给我们举了一个例子：他们小区有个公共厕所，看到一些居民拎着水桶去厕所里接自来水，觉得这些人觉悟太低，总想占小便宜。有一次她批评一个与她差不多年龄的妇女，想告诉她这样做影响不好，可没有想到对方的话把她将住了："以前我家门口就有口井，用水很方便不用花钱，现在可不行了，用水都要花钱，赚钱不容易，我老公没有工作，所以，能不花钱就不花钱。厕所的水是公家花钱的，用它没什么不对，是政府让我们住在这里，生活负担明显增加了，不省一点，就没法活了。"这位大妈觉得对方说得有道理，很同情她，反而觉得自己多管闲事了。她还给我举了另一个很无奈的例子：一位老大爷住五楼，每次解手都跑到公厕去，以节省家里的用水，可有次太匆忙了，结果憋不住，弄脏了裤裆，叫人哭笑不得，又让人感到可怜，同情他。村民们自然会把这种生活窘境归咎于政府的拆迁、撤并行为。

在没有撤并之前，村民在生活中也会遇到困难，但是一般情况下不会把它归咎于政府，更不会埋怨政府，而今则不一样了。在被拆迁、被撤并、被集中居住的过程中，村民虽然发表一些意见，表达他们的利益，甚至进行一定的抗争，但是，他们始终处于被动状态，没有获得平等的权利和位置，所以，他们会一直认为自己是被政府主导的，被行政力量牵着生活，他们生活中遇到的麻烦是政府造成的。这个社区的一位居民在网上实名发了个帖子说，在被拆迁集中居住后，每个月只有180元的收入，平均每天也只有6元的生活费，这日子根本没法过。这个帖子被大量转发，引发网民的极大同情和对当地政府的极大愤慨，引起上级政府的关注，上级政府要求当地政府解决好拆迁居民的生活困难问题。但是后来当地政府对这个人进行了调查，发现这个居民一个月的收入不止180元，他还有一份工作，每个月的工资在2500元左右，而所谓的180元是政府给拆迁集中居住后，男性当下年龄在40～60岁、女性在36～50岁之间的这部分人每个月的生活补贴。当地政府的一些官员很纳闷地说，这个人的月收入不止

180 元，为什么却说自己只有这点收入呢？为什么如此不讲道理？事实上是这个居民认为，每月给 180 元的生活补贴这个标准是政府定的，没有跟居民协商过，也没有给居民解释这个标准是怎么定出来的。不少居民（尤其是那些年龄在 36～50 岁的女性居民和 40～60 岁的男性居民）对这个标准有很大的意见，只是没有像上面那个人通过网络把这个事捅出去，以发泄自己的不满而已。

2. 红白事冲突

撤并后，让居民感到非常无奈的是红白事冲突。政府在小区里规划建设了 3000 平方米的会所，其中一部分作为物业办公场所，一部分作为老年活动场所，剩下的是居民举办重大活动的筵席场所。社区干部说居民的结婚宴席都在会所里举办，需要事先预订，有的年前就预订了。但是，曾出现多次办婚宴与办丧事发生冲撞的情况，死者家属要求在会所办丧事。丧事怎么能与喜事在同地点同时办呢？办喜事的人家说，他们早已预订，怎么能不办而让给办丧事的呢？办喜事碰上办丧事本身就比较晦气。但是，死者家属则坚持说死人是不选择日子的，人死比天大，本身就是很伤心的事，会所是公共场所，应该优先照顾办丧事的，结婚可以往后顺延或者另找酒店办，丧事不是什么地方都可以办的。双方都有一定的道理，彼此僵持不下，甚至动手打架，最后只得由社区乃至管委会干部出来调节，但是难度很大。当事双方都把责任推给政府，如果不是政府把他们集中在一起居住就不会出现这样尴尬的事情。居民说，在村里住的时候从不会有这样的冲突和矛盾，大家都分开居住，喜事和丧事都在自己家里办，每家都有一个院子，外面场地很宽，相互不会干扰。现在可好了，大家挤在一起，只有一个地方可以办事情，不冲突才怪呢！

但是，社区干部和管委会干部则说，政府事实上已经考虑到居民有可能出现这种冲突问题，就在离小区 2 公里的地方专门建了个安息堂，就是为了让居民到那里办丧事。

> 我们有 4 个安置小区，每个安置小区都有个会所。实际上老百姓办喜事一般都是在节假日，因为节假日的时候人比较集中。平时会所都是空的，在节假日的时候（使用）就比较集中。但这个也是可以排班的，像值班一样，你订了以后，亲戚朋友也都通知到了，结果到最

后，突然到了婚礼前一晚，有一户人家里死了一个老太太，我也在这个小区，我告诉他这个会所已经被人家订了。结果还不行，说，"这肯定不行，我这个死人是天大的事"。好，这样就造成冲突，喜事丧事发生冲突。不是说会所真的不够。实际上会所是第一个（选择），我们政府第二个倡导的是一个统一办事的地方。其实也不是很远，我们就讲这个地方，实际上我们在最东面，大概走一两公里，最多两公里，我们腾空了原来比较大的一个老房子，把它改造成办丧事的地方。那里的场地、停车、电、水都很方便，而且还有场地。按说政府给你补贴3000、5000，一个丧事办下来，水电不仅不收费，还免费给你使用。那老百姓为什么还不去呢？一是没有人带头，其他的人都不去那儿；如果去了，人家就说他这个人有点傻气。第二，因为我现在已经住到这里，如果真要办事，我到家里拿个什么东西，进进出出也很方便。要是去那里的话，就要开车，开摩托车或者电动车，毕竟还有一两公里。他们就觉得不方便，所以死活不肯去，大家都不去。

（街道办某科主任语）

更重要的是，那个安息堂边上都是坟墓，本来家中有人去世就有点心慌慌的，晚上在那边守夜就更害怕了，所以，居民都不愿意在安息堂办丧事。

由此可见，政府的想法与老百姓的想法相差很远。在政府官员看来，只要建个场所就可以解决问题，想得过于简单，而居民要考虑的现实问题就比较多。事先政府与居民没有平等地协商和沟通，依据的是最简单的办事原则，而不会考虑最合理的办法，这就是行政逻辑的一个重要表现。

四 讨论：行政社会的实践逻辑轨迹

A社区出现的问题和矛盾不止上述那些，还有如建公共厕所和垃圾场产生的纠纷、两个原行政村的资产分配问题，都与政府的行政干预紧密关联。虽然我们不能从A社区的事件中做出全国性的推断，但是，A社区事件背后的运行逻辑体现的是行政社会状态，主要表现为两点：一是政府具有强大的主动干预性并显示出万能型，认为自己具有解决一切问题的最终能力，存在各种主动干预的冲动和动力；二是当干预到一定程度和范围后，政府想脱身都没有了理由和机会，"深陷"社会。为什么会出现这种局面呢？

当前以经济建设为中心的政绩考核以及财政分级制度构筑了行政主动干预的强大动力。各地政府都热衷于拆迁、撤村并村，设立各种园区（包括前面所说的科教新城），基本上出于以下目的：招商引资，加快经济发展速度，与此同时创造更多的土地财政收入。所以在经济发展上地方政府不断用行政手段，借助市场力量取代社会力量直接插手拆迁、征地。至于安置居民（村民），那都只是手段，而不是目的，因此，对居民的生活、利益就不会去考虑很多、很细，更不会先去征求和听取他们的想法、了解他们的需求。结果如社区居民那样，在就业、收入、生活、红白喜事等问题上都遇到麻烦和困难。与此同时，在政府强势的情况下，社会的自主能力得不到增强反而在拆迁、撤并过程中，原有的社会自主力量又遭到一定的损害，从而强化了政府的万能型。这又更进一步强化了政府的独断专行，不去遵循最合理的原则，更偏爱最简单的方法来解决问题。

另一方面，居民不具备与政府进行平等交涉的力量和能力，大家都是个体，各有各的想法和利益，不存在一个能真正代表他们的社会组织，即使像村委会和居委会这样的所谓自治组织，实际上也都是属于政府组建的，不能真正代表居民的利益和想法。在拆迁和撤并过程中，居民只能通过制造些麻烦来获得尽可能多的个人利益，至于其他人的利益如何，则不是他们力所能及去考虑的。但是，有一点是所有居民都能做到的，那就是在今后的生活中不断向政府提出各种诉求、要求，遇到麻烦事、困难事第一个想到的就是去找政府，至少可以不断去找，让政府感到麻烦不断，或者说让政府认识到，他们遇到的所有生活困难和麻烦都是政府拆迁、撤并惹的祸，甚至连一些本来与政府没有关系的问题和困难，居民都会归咎于政府。比如，A区物业管理费，按政府的设计，每年政府承担70%，居民个人承担30%，但在运行过程中，没有一个居民愿意交纳30%的费用，他们的理由是，原来（在村庄住的时候）他们根本不需要交什么物业费，而今"因为是你拆了我的房子，所以你要给我安置"，最后物业费还是由政府承担，如果政府不承担，小区的管理就跟不上，居民还是要找政府的麻烦。

为这个事情他天天到社区吵，社区解决不了就到政府吵。他还不服你物业管理，比方说违章搭建什么的，他根本就没有感觉到有问题，"我要体现、发挥我作为业主的主观能力，一起来参与小区的管理"，或者说"我自觉接受了物业的管理"。他们都是我想要干啥就干啥。（管委会民政科干部）

然而，缴纳物业费不是一年、两年的事情，而是要长期缴纳下去的。

我们现在实行的是，第一年农民进来时付 1/3，这是物业管理费，而且这个标准是全市最低的。比如说 6 层楼的交 4 毛 5 分，一般小区现在基本上都要接近一块钱；高层比如 11 层的是 9 毛。安置小区只要第一年交 1/3 的物业费，因为第一年他有安置费。而接下来的几十年，不管多少全部都是政府买单。现在政府的负担也很重，像我们科教新城是一年 1000 万。（管委会民政科干部）

在科教新城不止 A 社区是这样，其他 5 个社区也是这样，如果考虑到整个县级市，有不少社区与 A 社区一样，每年的物业费都由政府支付，成为政府一个沉重的财政负担。这实际上就是行政力量过于强大，将触角伸向社会各个角落，用行政逻辑取代社会逻辑，结果就被社会困在其中，导致政社界限不明、角色不清、行政成本高以及可持续性差的行政社会格局。

行政社会的另一个表征就是居民的自组织在弱化。在拆迁和撤并过程中，政府以不对等的态度对待居民，对居民被动的反应（如被动的抗议）采取各种方式加以遏制，尽可能减少居民的自组织活动；在拆迁、撤并后，居民原来的一些组织（邻里、村组）解体，重建邻里关系需要较长的时间。更糟糕的是，由于集中居住，改变了原来那种独栋居住的状态，现在大家住在楼上楼下，据居民反映，经常会因为楼上的水漏到楼下而出现纠纷，居民不但没有比以前更合作了，反而变得更离心、更"原子化"，社区共同体特征在弱化，有事找居委会、找政府。由此可见，经过拆迁、撤并，"社会"变得更加虚弱，政府变得更加强势，社会建设在这里转变为政府的扩张和强势。

仅仅从 A 社区案例来论证行政社会这个假设，不论在方法上还是在实证资料上都是不足的，但是，正如文章开头我们所指出的，在过去 10 多年中，撤并成了全国一个非常普遍的现象而且还在继续着，因撤并产生的类似 A 社区的例子不胜枚举，由此可以说明，A 社区案例不是个别现象，它有一定的代表性。最近几年在其他领域中，由于中央提出社会建设，扩大政府对民生、公共服务等领域的投入，政府的行政力量在不断扩张，行政社会的表征越来越明显。通过我们的分析和研究，行政社会的产生和维续是由两个实践逻辑支撑的：一个是行政力量天生的扩张性，越来越多地掌控社会，以消除损害秩序和稳定的隐患，与此同时能最大程度地获得利益，这是一个主动替代和僭越社会逻辑与市场逻辑的过程；另一个是被动逻辑，就是当行政逻辑损害了社会逻辑后，民众会将问题和困境归咎于政府（困境归咎），使政府难以脱身。

如此的行政社会实践逻辑，并不定全是政府希望的，也不是民众所愿意的。对政府来说，最好是随心所欲后民众不要找他们麻烦，尤其不要经常找麻烦，事实上这是不可能的。对民众来说，最好的状态是，政府出钱并能满足民众的需要，不要违背民众的意愿。现实的状况是政府出钱、政府做事并不一定满足民众的需求，反而有可能背离民众的需求，所以，最理想的办法就是政府出钱、民众自己做事。这两种理想状态都不会在行政社会得到实现。在行政社会中，政府与民众陷入了某种困境：一方面政府觉得只有他们才能推动经济的发展，只有发展好经济才能解决民众的需求，但是事实却背离了政府的意愿，何况不少地方政府的动机并不如此简单，渔利冲动相当强烈，从这个意义上看政府是行政社会的制造者、推手和受益者。但是，一旦发现社会问题很多、很棘手，政府又觉得很累，觉得无助，甚至会觉得政府官员似乎成为社会的"弱者"。在行政社会中，民众更多的是受害者，或者至少是受影响者，他们不能有效地表达自己的需求、意愿和利益，他们千方百计去寻求多一点的好处，当遇到困难的时候就会向政府提各种要求，这实际上也不是他们愿意做的。由此可见，打破这样的困局，应该是社会建设的应有之义。

能否通过社会建设走出行政社会的困境呢？或者说，社会建设会不会进一步强化行政社会呢？当我们真正把握了行政社会的实践逻辑后，就可以找到走出行政社会困境的基本路径：用行政资源培育社会自组织能力，以社会组织力量来制约行政行为，形成良性的行政与社会自组织相互合作、制约的制度和行动体系，这才是社会建设的最终目的。

参考文献

阿源，2010，《村庄撤并不能缺试错预案》，《瞭望》第 5 期。

奥斯特罗姆，埃莉诺，1999，《公共事务的治理之道》，余逊达、陈旭东译，上海：上海三联书店。

波拉尼，卡尔，2007，《大转型：我们时代的政治与经济起源》，冯钢、刘阳译，杭州：浙江人民出版社。

蔡晶晶，2010，《公共资源治理的理论构建——埃莉诺·奥斯特罗姆通往诺贝尔经济学奖之路》，《东南学术》第 1 期。

陈福平，2012，《市场社会中社会参与的路径问题：关系信任还是普遍信任》《社会》第 2 期。

陈锡文，2010，《农村改革三大问题》，《中国改革》第 10 期。

汉坦斯德，蒂姆、朱可亮、林倩娅，2010，《当务之急是保障农民土地权益》，《中国改革》第 10 期。

贺飞、郭于华，2007，《国家和社会关系视野中的中国农民——20 世纪下半期西方关于国家和农民关系的研究综述》，《浙江学刊》第 6 期。

李北方，2012，《挽救市场社会》，《南风窗》第 10 期。

李培林，2004，《合理调整社会结构》，《人民日报》11 月 30 日。

刘拥华，2011，《市场社会还是市场性社会？——基于对波兰尼与诺斯争辩的分析》，《社会学研究》第 4 期。

陆学艺，2011，《社会建设就是建设社会现代化》，《社会学研究》第 4 期。

清华大学社会学系社会发展课题组，2010，《走向社会重建之路》，《战略与管理》第 9/10 期合编本。

庞玉珍、王俊霞，2011，《"村改居"社区与城市社区的差异及原因分析——基于对青岛市社区的实地调查》，《理论界》第 8 期。

大河论坛，2010，《山东诸城合并农村社区引导农民集中居住》，http://bbs. dahe. cn/read-htmtid-2805385. htm。

司林波，2011，《农村社区建设中"被城市化"问题及其防止》，《理论探索》第 2 期。

孙立平，1993，《"自由流动资源"与"自由活动空间"——论改革过程中中国社会结构的变迁》,《探索》第 1 期。

孙立平、王汉生、王思斌、林斌、杨善华,1994,《改革以来中国社会结构的变迁》,《中国社会科学》第 2 期。

王春光,2012,《从县域实践看中国社会现代化轨迹——基于对太仓的考察》,《探索与争鸣》第 12 期。

王春光等,2012,《社会现代化:太仓实践》,北京:社会科学文献出版社。

魏礼群主编,2011,《社会管理创新案例选编》,北京:人民出版社。

夏永祥,2012,《"苏南模式"中的地方政府公司主义中的功过得失》,《苏州大学学报》第 4 期。

张克中,2009,《公共治理之道:埃莉诺·奥斯特罗姆理论述评》,《政治学研究》第 6 期。

赵树凯,2006,《"地方政府公司主义"与治理困境》,《北京日报》10 月 16 日。

中华人民共和国民政部,2012,《中国民政统计年鉴(2011 年)》,北京:中国统计出版社。

农民如何认识集体土地产权[*]

——华北河村征地案例研究

张 浩

摘 要：本文通过对华北某村三起土地征收案例的分析，讨论农民对集体土地产权的认知。农民的土地认知有如下内容：土地所有权属于国家，集体和个体同时享有土地支配权；国家有需要时可以在征求农民意见的基础上征收土地，但是在使用后应将土地归还给农民或者至少在处置时征求农民意见。这一认知与国家现有政策法规不相吻合，认知的形成则与新中国成立以来的独特历史进程紧密相关。农民的土地认知对中国土地制度变革具有重要参考意义，制度改革应当沿着尊重农民土地权利的方向进行。

关键词：集体土地 产权认知 征地

一 问题的提出

中国 30 多年的改革历程，是一部逐渐引入市场机制的历史，也是一部重新界定产权的历史；不过迄今为止，市场机制的推进和新的产权制度的建立还是尚待完成的事业。

科斯指出：权利的界定是市场交易的基本前提（科斯，1994/1959：

---

* 原文发表于《社会学研究》2013 年第 5 期。本研究受中国社会科学院社会学研究所创新工程研究项目"农村公共事务治理研究"和国家社科基金青年项目"梁漱溟与费孝通乡土重建思想比较研究"（批准号：13CSH003）资助。作者感谢北京大学社会学系杨善华教授、中国社会科学院社会学研究所王晓毅研究员、张宛丽编审、杨典副研究员、起联飞副研究员、郑少雄博士和匿名评审人对本文的建议和帮助。文责自负。

73)，但是，如何界定产权尤其是在市场机制不健全的情况下，如何进行清晰的产权界定，科斯定理并没有回答。中国经济学家讨论了公有制产权的模糊特征和非市场合约性质（李稻葵，1997；周其仁，2004a），研究产权的中国社会学家则揭示了"产权的社会视角"（曹正汉，2008），指出产权是嵌入于社会结构、社会关系和社会过程之中的（刘世定，2003；周雪光，2005），他们因而致力于回答在中国社会转型过程中，在实际的社会运作中，公有制产权的实践逻辑是什么？产权究竟如何界定？产权的界定和建构过程受到社会结构和社会行动怎样的约束和形塑（刘世定，2003；张静，2003，2005；张小军，2004；申静、王汉生，2005；折晓叶、陈婴婴，2005；曹正汉，2008）？

产权的运作实践及其结果，取决于在大的结构背景制约下当事各方的行动策略和互动过程；而当事者所采取的行动和策略，则基于其对产权及产权变更的认知和预期。本文尝试探讨产权当事者的产权认知，具体而言，本文的问题是，作为产权重要主体的农民，是否了解以及如何看待包括征地制度在内的土地政策法规？他们对于农村集体土地究竟有着怎样的权属认知？

对这一问题的回答兼具理论与现实的意义。社会学对社会规则（包括法权）的关注，不仅重视规则本身，更重视规则被社会成员认知、认可和遵循的实际状况。关于社会认知在产权界定中的重要意义已为研究者所注意。刘世定区分了国家法定的产权边界，与社会认知的产权边界，指出社会认知在规则建立和秩序达成的过程中起着基础性的作用（刘世定，2003：57~64）。农村土地制度改革关乎所有农民的利益和整个社会的稳定，涉及面广且难以处理，因而对农民土地认知的考察尤为必要和迫切。此外，一直以来，作为农村用地主体和征地对象的农民，除了被迫以抗争行动表态之外，鲜有机会表达他们对土地的观念和诉求。在笔者看来，他们的观念、声音和诉求理应获得重视和尊重，不单因为这是对一个人口庞大但处于弱势的社会群体的适合态度，更是因为，了解农民的土地认知，对于深入认识包括征地制度在内的农村土地制度的改革实践具有直接而重要的参考价值。

近年来，现行的征地制度在实施中引发了很多社会矛盾和冲突，研究表明，近年爆发的群体性事件，一半左右集中于征地拆迁（中国社会科学院"社会形势分析与预测"课题组，2012），农村征地纠纷已经成为农民维权抗争活动的焦点（于建嵘，2005）。与此同时，我们也看到，尽管由征地引发的社会冲突和农民抗争越来越多，征地的难度越来越高，但是总体上，在过去短短30年中，大量农村土地依然被相对平稳和相对容易地征走了。数据表明，1996～2005年，全国耕地保有量从19.51亿亩减少到18.29亿亩，人均耕地从1.59亩下降至1.39亩；1998～2005年，中国城市建成区面积从2.14万平方公里增加到3.25万平方公里，年均以6.18%的速度扩张（张曙光，2011：36）。2005年，全国各类开发区6866个，规划用地面积3.86万平方公里，超过当时全国城镇建设用地3.15万平方公里的总面积；经过整顿，国家级和省级的开发区还有1568个，规划面积1.02万平方公里（蒋省三等，2010：2）。为什么如此大量的土地能够轻易地被征走？无疑，被征走的土地构成了工业化、城镇化的基础，而农民也从工业化和城镇化中分享了收益，有了进城打工、进厂做工的机会，但这并不构成土地被低价乃至无偿拿走的正当和充分的理由。无疑，集体所有制的产权模糊和"所有者缺位"所导致的责任分散减少了征地的阻力，但这不足以解释代表农民集体行使土地所有权的村（组）组织为何一直没有站出来且在土地被征后并未被村民追究责任。无疑，政府的强力威慑，官员、开发商和部分乡村干部的强制、欺瞒等行为多少消减了征地的难度但是大肆圈地之所以得以盛行，不正多多少少地暗示，在农民那里存在某些因素，给了这样的行为以机会、空子、便利乃至某种激励？无疑，在一些情形下，征地引发了如广东乌坎事件那般的激烈抗争，而在另一些案例中，农民却并没有采取任何行动，是什么因素影响到农民的作为或不作为？

很难想象，缺少了农民在某种程度上的同意、容忍乃至配合，那么多的农村土地能够被如此轻易地低价乃至无偿拿走，而并没有在较大范围内引发社会冲突和动荡。本文试图阐明，在既定的结构和制度的约束和压力下，正是农民对土地的权属认知，一定程度上决定了他们的行动选择，并在客观上使得征地变得相对容易，也为部分官员、开发商和乡村干部的欺瞒乃至上下其手提供了方便或机会。

二 研究案例

河村是华北平原的一个大村，拥有人口3700多人，耕地4500亩，河滩地 1000 多亩。村南 300 米处，一条县域公路自西向东从农田穿过。随着居住条件的改善和村里人口的增加，村庄逐渐南扩至公路边沿。由于地理位置优越，公路两边陆续出现一些商铺，并于 20 世纪 90 年代中期形成了一条长约 1500 米的商业街，地段商业价值急剧上升。毗邻有两块土地，分别为乡电管所、乡供销社分站所用。

在商业街的核心部位，有一块约 2 亩的土地，于 20 世纪 80 年代初被县电业局征收建起乡电管所。1998 年，电管所搬离，经与村委会协商，空出的地方由村委会买回作为村委办公室，电管所搬迁的时候，村干部还去帮忙拉桌椅。但是，这块地方最终却被当时村里的电工占去，该电工因工作关系与电管所所长熟稔，通过私下活动以 4.5 万元价格得到那块地方，随即盖起一栋四层楼房出租。本来说好由村委会买回，结果却归了个人，对于这一横生枝节，部分村干部和村民心有不满，却也只好认了，按照他们的说法，毕竟那个电工是本村人。

与电管所毗邻的一块土地，面积达 4.04 亩，乡供销社于 1976 年与河村大队签订协议，在这里建起供销社分站，同年 10 月，县革命委员会下发批复文件同意征用土地。进入改革开放时期，当地供销社系统逐渐萎缩，1996 年底，乡供销社主任径自将分站土地房屋作价 8 万块钱，转让给县生产资料公司职工董某，河村村委会以分站土地属村里所有、理应由村里买回为由，前往交涉未果，随即将部分房门上锁，并占据北库房 4 间用作村委会办公室。董某认为自己拥有合法手续，包括由县土地局批复的国有土地使用权证，故有权使用分站土地房屋；村里则坚称分站土地属于村里，且村民拥有供销社股份，对于分站的购买有优先权，更何况乡供销社私自出卖分站，不合情理。双方几经协商未果，董某将河村村委会告上法庭。2000 年，县法院一审判决认定乡供销社与董某的买卖协议无效；2003 年市中院终审判决，则改判该协议合法有效，要求河村村委会停止侵害。由于河村是大村，事涉社会稳定，判决"执行难"，而董某则持续上访至国家信访局，县法院受当地政法委责成继续新一轮调解（执行和解）。董某一度同意以 20 万价码将分站转给河村，村干部数度召开村民代表会议，征得村民同意接受这一要价，但董某旋即抬高价码至 23 万。县法院为尽快了结此事，强行给村主任上铐施压，迫使村里接受新价码；不料，铐人事件导致村主任老伴心脏病复发身亡，河村村民悲愤莫名，大规模围堵县法院和县政府。县乡官员反复做安抚工作，勉强稳住事态。县法院再度被责成调解处理此案，县法院院长亲自出面向董某施压。董某不肯就范，但眼见占用分站无望，遂于 2006 年初向法院申请停止执行，随即将分站土地房屋转让给河村地痞人物薛某。薛某找到村干部威逼利诱，小动作不断蚕食分站，不过忌惮于村里舆论，却也不敢明目张胆占用那块地方。僵持局面持续至今。

商业街往东的公路两边，都是村里的耕地。20 世纪 90 年代初，市县政府致力于依托当地历史古迹发展旅游业，沿路两边征收了约 30 亩土地，以拓宽公路。地被征走后，村民并未获得补偿，但也并没有起来反对。据被访村民讲，按照当地政府说法，拓宽路面方便了村民行走，而旅游线路的开辟也将带动当地经济的繁荣，使村民从中受益。由于所征土地早已承包到户，损失不能单由这些户承担，村里从机动地中抽出部分给受损失户补足了土地，也就是说，全村共同承担了损失，而村民们对此并无不同意见。2000 年后，当地政府曾动议再次拓宽路面，以便在公路两边搞绿化，却被村干部和村民拦下了。村民质疑，毁了庄稼种花草，没见过这么糟蹋土地的，路两边的庄稼难道还不够"绿化"吗？

三 集体土地权属：农民的不同认知

根据现行法规，农村和城郊的土地属于农民集体所有，农民个体享有对农地的家庭承包经营权；不过，农民对土地的使用权只限于农业用途，农地要转用于非农建设，除了例外情况[①]，必须先经由政府征地，由集体所有转归国有。《宪法》第十条规定：国家为了公共利益的需要，可以依照法律规定对土地实行征收或者征用并给予补偿。《土地管理法》第四十三条规定：任何单位和个人进行建设，需要使用土地的，必须依法申请使用国有土地；依法申请使用的国有土地包括国家所有的土地和国家征收的原属于农民集体所有的土地。《土地管理法》第四十五条至五十一条对征地批准权限、方案实施、征地补偿、补偿安置公告、补偿费的使用、被征

---

① 例外的情况包括兴办乡镇企业和村民建设住宅以及乡村公共设施和公益事业建设，参见《土地管理法》第四十三条。

地农民的安置等相关事宜做出了具体规定。

在国家政策法规中，尽管不同历史时期的土地权属界定不同，而且无疑在某些内容上存在繁复芜杂或模糊不清之处，例如，何谓公共利益的需要，农民集体究竟何指，等等，但是国有与集体所有之间的权属界定是相对明确的，土地一旦被征收即由集体所有转归国有，这一点也是清楚的。

现在回到研究案例。在前两个案例中，两块土地初始皆属河村，均是在"文革"后期或改革开放初期被县乡相关单位征收，过程中都不曾出现问题，之后这些单位或萎缩或退出，相继将土地转让。所不同的是，电管所土地转让没有出现什么大的问题，而供销社土地却引发了一场旷日持久的冲突，酿成在县乡挂号的重大群体事件。同是国有土地转让，何以结果迥异？村民们给出的回答是，前宗土地转给了本村人，后一宗土地却不经与村里商量就给了一个外人。电管所的土地转让虽然令部分村干部和村民颇有怨言，不过毕竟只是村内分配出现的问题，土地终归没有落入外人手中。供销社问题就完全不同，本是村里的土地，却被一个外人占了去，这是断断不能接受的（"土地是老祖宗留下的基业，岂能让外人占了去！"）。虽则董某最后将土地转给了本村人薛某，表面看土地回到了村里人手中，但在村民看来，这很可能只是二人玩儿的一个花招（假买卖），薛某"本就不是个正样人（好人）"，是个见利忘义帮董某"抄村里后路"的"十足的卖国贼"；而即便他们的买卖是真的，也并不意味着纠纷的合理解决。供销社在最初若是给了一位村民，如同电管所土地那样，可能就不会有什么事，现在则只能由村委会堂堂正正接手，因为供销社的事情前后历经数年波折，耗费了村民大量时间、钱财、精力和情感，一位村主任家中被砸，另一位村主任屈辱被铐、其老伴病发身亡，"供销社"早已成为一个高度敏感和具有特殊意涵的符号。

土地一旦由集体所有转为国有即与村庄和村民脱离关系，村民为何还要对其使用权的转让横加阻拦呢？村民的理由是，地是村里的地，国家（当初建供销社）需要用地，就应该给，也不能不给，但是，国家用完了就该把地归还村里，退一步讲，即便土地不归村里了，因为当初是归村里的，要转让的话，也应先征求村里意见，村民也拥有购买优先权。

　　供销社那片地方，原先是我们八队的地，被乡供销社占用做了分站。后来分站要卖，我们村里就说，你不用了，要卖，得先让我们村买，不能先卖给外边，因为是我们村的土地。结果乡供销社偷偷把地卖了，村里不干，就打起官司来了。（问：村里认为应将这片地方归还给河村的人多吗？）咳，全村老百姓都是这样认为！老百姓就是这么认为！这个差（错）不了，当初只是签了占用协议，没卖给他们，只是让他们用，他们只是赔了 480 块钱的青苗费。当时签了协议的，上面没有一个字说卖给他们了。（村支书 WYQ，20061124）

上述说法得到其他村民的证实。查看当初的用地协议及更正协议，这两份由大队会计起草的文件是这样写的：

兹有西乡供销社，需要在河村大队盖分站，经公社批准，西乡供销社与河村大队协商，河村大队愿将村南耕地让给西乡供销社占用……由西乡社给河村大队产量赔款每亩 150……（用地协议书，1976年 3 月 15 日）

……以土地 4.04 亩为我大队一级地。按国家规定每亩价格120.00 元，共价 484.80 元。农业税和产量均按国家规定减免。（更正协议书，1978 年 3 月 10 日）

鉴于数十年来土地制度变更频繁，土地权属认识模糊，历史遗留问题众多，屡屡引发冲突和争议，国家土地管理部门特别出台《确定土地所有权和使用权的若干规定》（1995），对不同情况予以澄清。其中第十六条明确规定："（自一九六二年九月）《六十条》公布时起至一九八二年五月《国家建设征用土地条例》公布时止，全民所有制单位、城市集体所有制单位使用的原农民集体所有的土地有下列情形之一的，属于国家所有：1. 签订过土地转移等有关协议的；2. 经县级以上人民政府批准使用的；3. 进行过一定补偿或安置劳动力的；4. 接受农民集体馈赠的；5. 已购买原集体所有的建筑物的；6. 农民集体所有制企事业单位转为全民所有制或者城市集体所有制单位的。"在供销社案例中，双方签订协议的 20 世纪 70 年代供销社性质为全民所有制商业企业，正适用上述条款。① 事实上，当初不仅签署了协议，经过了批准，进行了补偿，而且县革命委员会民政局专门下发了同意征用土地的批复。只是，这是一份村民在当时没有见到、即便见到也无法领会其涵义的批复，在他们的理解中，有了上级批准和用地协议就足够了，当对方在法庭上出示了这份征地批复的时候，村干部和村民甚至一度怀疑那是对方刻意伪造的，村里后来专门派人前往县档案局查找，结果发现果真有那个东西，但是即便如此，笼罩在村民心头的困惑和疑虑依然无法消除。

> （问：土地一征走不就属于国有了吗？）是啊，征走了，属于国家了，本来就属于国家嘛。（问：按照国家法规，农地被外来单位转用作其他用途，就得先把地征了，一征走就不再属于村里了。）就是这个我们想不通，不能接受！你想啊，邻居来借东西，好心好意借给他用，结果借着借着就变成他的了，这道理讲得通啊？退一步说，就算地不属于河村了，那也是从我们这儿征走的吧，你现在不用了，要卖，也得优先卖给河村，河村也有购买优先权，就跟说继承权似的，河村是第一继承人。（村支书 WYQ，20061124）

那么村民的声称是否只是基于一种利益上的算计和考虑，即意图通过宣称土地权利来获取供销社土地的利益呢？村民对此给出了否定回答。事实上，大多村民对供销社的事情抱持一种矛盾心理，一方面希望村干部出头争一个说法，另一方面又怕他们借机挥霍贪污。

> 哎呀，那才值几个钱儿呀？就是争个理儿，争口气儿，那时候那片地儿不值多少钱。我们的地，老祖宗留下的东西，被人不言一声儿就拿走了，换了你能咽下这口气呀？砸锅卖铁也得打官司。现在无论是谁当

---

① 除了土地管理部门出台的规定，国家其他相关部门也曾先后针对一些典型案例给出指导意见或发布相关文件，例如中华全国供销合作总社、国土资源部 2002 年曾分别对河南一起供销合作社土地权属纠纷案例给予复函作答，参见中华全国供销合作总社《关于渑池县西村供销合作社土地权属纠纷问题的复函》、国土资源部《关于供销合作社使用土地权属问题的复函》，分别参见 http://www.nxcoop.com/weh/zc729.htm 及中国土地矿产法律事务中心、国土资源部土地争议调处事务中心编，2006：364 - 365。但是由于相关文件和意见对民众认知和诉求重视不够，诸多冲突和争议并没有被圆满化解。

干部，必须第一个解决这个事儿！（村委副主任 WXX，20120507）

> 在这个事儿上糟的钱儿多了！打官司 10 年，每年都要糟进去两三万块钱。谁接手了谁挥霍，打官司成了给个人捞钱制造条件了（村民 ZCM，20060719）

不仅村干部和村民认为供销社土地应当归属村里，接受访谈的当地县乡干部也大都认同这一点。

> 这个事儿吧，从情节上考虑，还得尊重历史，这片地方应该归河村。即便不归河村，即便变成了国有土地，出让了也应该先给河村使用，毕竟这是人家的地块儿。这个事儿啊，合法不合理。（常务副乡长 TCQ，20061119）

上述两个案例，显示了村民对土地的强烈权利诉求，他们明确表示：土地是我们的。

再看第三个案例。土地无需补偿就被轻易征走了（或许补偿被截留了，待查），村民并未觉得有何不妥，也没有采取反对的行动。在他们的理解中，土地都是国家的。国家要修路，需要土地，自然得给，也不能不给。这次征地如此，前次供销社和电业局征地也是如此。

> （问：上面有补偿款下来吗？）没有……不知道，反正大家都没有发。（没给补偿怎么就同意征地了？）地是国家的嘛。修路是好事嘛，对村里也有利。国家出钱修路也没问我们要钱。（问：你说地是国家的？不是村里的地吗？）对嘛，是村里的地，村里的地也属于国家的嘛。（村民 SCL，20121020）

不过，尽管"土地都是国家的"，要用就征走，事情却并不到此为止。在村民的预期中，待土地用完了，还要还给村里（因为土地也是村里的），一给一还都是自然而然的事。

> （问：假如年后公路不再使用了，公路所占土地应该如何处置？）

不用了就还给我们呗。（问：如果不还呢？如果给了其他人呢）那不能！不应该呀。你政府用的时候痛痛快快就给你了，你用完不得痛快还回来呀，得讲道理嘛。（村民SCL，20121020）

我们看到，土地被征走了，潜在的危机却也同时埋下了。可以想见，假如公路一直使用下去，自然不会出现什么问题；而一旦规划变更，公路废弃，所占土地如何处置便成为问题，倘若如电管所土地那样仍归村里使用，自然问题不大，倘若如供销社土地那样被转让他人，权属争议的出现恐怕在所难免。从政策法规讲，土地征走，村民接受，征地即告顺利结束，之后若再出现争议，则属国有土地转让问题，前后相区别，一码归一码。而从农民的角度看，前后相连，是一连串事件，或者说是同一事件中的不同阶段，后面发生的事会影响到他们对前面的事的判断和评价，以供销社土地争端来说，村民们就认为：早知道你政府和供销社做事不地道，当初就不该把地给你。

在田野调研中，笔者专门就农村土地所有权归属问题询问了40位河村村民（包括10位现任和以前的村干部），结果显示，除了一名前支书表示归集体所有（原话是"归村委会所有"），两名村民回答归个人所有，其余所有村干部和村民都认为，自己耕种的土地是国家的（关于宅基地，28人回答归属个人，其余12人回答归属国家）。一位村民解释：国家就是所有中国人的地主嘛（村民ZJT，20110430）。更有一位村民表示：国家要征地，那是国家给你脸面，你就得给，不能给脸不要脸（村民WXJ，20120502）。

一方面宣称土地属于国家，另一方面又坚持"土地是我们的"，应该如何理解村民这一看似矛盾的表达？

问题在于，在村民认知和表述中的"属于国家""征地"与国家法规中的"属于国家""征地"之间存在着一定偏差。基于河村案例，我们可以将村民对土地权属的认知概括如下。

首先，农村土地所有权属于国家。在农民的认识中，"要说起来，一切都是国家的"，无论集体还是个体都是这个"国家"（尽管农民也许对于这个国家并没有多少认识）的一部分，归属集体或者个体的物也就都归属这个"国家"。简言之，个人、家庭、家族、村庄，一切都是国家的，仿佛传统社会"普天之下莫非王土，率土之滨莫非王臣"。不过不能由此认为，土地的国家所有权只是一种名分，只具有象征意义。在通常情况下，国家是蓄而不发的，一旦需要，就会行使其实实在在的权力。在农民眼中，无论集体化、人民公社化还是家庭联产承包责任制都是由国家决定，先前种地交公粮都是交给国家，现在给粮食补贴的也是国家，是国家规定了土地不能买卖，近年有些地方出现的合村并居也是在政府主导下实施的，等等，都是土地属于国家的证明，也是国家行使土地所有权的具体体现。

其次，集体和个体享有充分的支配土地的权利；相应地，在横向的村庄村民之间，土地权利有着清晰的划分。这一权利是在国家所有权之下的，是第二位的，但却是超越了所谓承包经营权的（突出的表现是农民大多将宅基地和自留地视作个人私产）。在农民看来，尽管土地属于国家，但是终归要落实到谁去管理使用的问题，毕竟国家无法直接实现对土地的占有和使用，而农民就是种地的就是要跟土地打交道，农民与土地本就是天然合一的。至于这一权利能在多大程度上实现，要取决于国家（代表国家的各级政府与官员）与农民之间的互动。可以认为，围绕土地权利，国家与农民之间存在着一条隐秘的话语和行动的边界，这边界并非完全清晰，也并非一成不变而是随着双方的互动及情势的变化而不断伸缩回旋。在通常情形下，农民固然处于弱势的地位，却也依然期许在承担了对国家的义务之外，自己能拥有支配土地的权利，事实上，国家对此也是颇为微妙地予以小心翼翼的承认的。此外，前面提到从农民与国家的纵向关系讲，难以将国家力量排除在外；而基于集体和个体的权利，在横向的农民个体、家庭、家族、村庄等之间在对物的权属上，则存在着明晰的边界和确凿的排他性，相关各方的认知通常也是默契一致的。[①]

再次，在征地问题上，正因为土地属于国家所以在有需要的时候，国家就可以把土地征走；正因为农民同时拥有横向排他的支配土地的权利，所以国家在征地后也负有对农民的义务：在使用中代为守护征走的土地，在使用后把土地归还给农民，或者至少在处置时先征求农民的意见。对征

---

① 在申静和王汉生所讨论的一起征地案例中，一旦有机会从中获益，村民对村社土地的支配权甚至能够顺延到被征后暂时处于无主状态的土地上去，研究者因此注意到乡村社会中一个具有普适性的原则：划地为界，尽管集体产权不时受到来自上边的权力的干扰，尽管集体内部存在着产权纠纷和争议，但是集体在横向上的排他性是很明确的（申静、王汉生，2005）。

地的这一态度最集中地反映了农民的土地认知。

这里需要留意两个不同的法律概念:"征用"和"征收"。征收是指为了公共利益需要,国家将农民集体所有的土地强制征归国有;征用是指为了公共利益的需要而强制性地使用农民集体所有的土地。二者的共同之处在于,都是为了公共利益的需要,都要经过法定程序,都要依法给予补偿;不同之处在于,征收涉及所有权的改变,征收后土地由农民集体所有变为国家所有,而征用不涉及所有权的改变,征用后土地的所有权仍然属于农民集体,使用完毕后需要将土地交还给农民集体,需要指出的是,国家自 1953 年《国家建设征用土地办法》及 1954 年第一部《宪法》开始,就没有区分上述两种不同的情形,而统称为"征用",这一状况一直持续到 2004 年《宪法》和《土地管理法》的修正。2004 年 3 月 14 日,十届全国人大二次会议审议通过《宪法修正案》,将《宪法》第十条第三款"国家为了公共利益的需要,可以依照法律规定对土地实行征用"修改为"国家为了公共利益的需要,可以依照法律规定对土地实行征收或征用"。同年 8 月 28 日,《土地管理法》作出相应修改,将第二条第四款修改为"国家为了公共利益的需要,可以依法对土地实行征收或者征用并给予补偿",同时将其他条款中的"征用"修改为"征收"。一向为社会民众明了的两个意思,却被国家法律以同一概念长期混淆使用,直到近年才做出区分,这一事实耐人寻味。

通常所谓征地,主要是就征收而言,即征地涉及所有权的改变,由集体所有转归国家所有。农民理解的征地,则并不涉及所有权的改变,因为土地始终属于国家所有。就不涉及所有权的改变这一点而言,农民对征地的理解更接近于"征用"概念。目前的征地制度最令农民疑惑不解和无法认同的地方在于:第一,农地一旦转作非农用,必先经过征地程序(除了例外条款),在农民的理解中,自己拥有支配土地的权利,适合农用则农用,适合非农用则转用;第二点是,一旦土地被征,即由集体所有转为国有,在农民的理解中,土地本就属于国有嘛。

回顾河村三个案例,三宗土地的征收过程都很顺利,征地补偿并不多,甚或没有,村民也并无反对意见或阻拦行动,这正与农民土地认知的一方面关联——纵向不排斥国家,"土地是国家的";及至后来电管所土地的处置安然无事,供销社土地的处置出现争端,公路占地将来是否引发争议则要视土地归入谁手而定，这与农民土地认知的另一方面关联——横向排斥其他个体或群体，"土地是我们的"。当然，电管所土地和公路占地的未来权属仍然存在隐患，因为仍存在着被作为国有土地转让给外人的可能。

那么，上述概括具有多大程度上的普遍性和多大范围内的适用性呢？一些研究者就农民土地权属意识问题在一些区域进行了问卷调查，结果均显示，大部分农民都认定农用地所有权属于国家（参见表1）。与此同时，有研究者也注意到，认同土地属于国家并不妨碍被访农民认为自己享有支配和处理土地的权利（陈小君等，2004，2010；梅东海，2007），一项专门针对农民宅基地权属认识的调查更表明，69%的农户认为自己享有宅基地所有权，74%的农户认为自己拥有包括将宅基地转卖村外人在内的处置权（彭长生，2012）。

这些研究表明，前面对农民土地认知的粗略概括，可以在更大地域范围内得到印证。当然全国各地社会经济情况不同，社会认知自然有所差异；且随着时间的推移和对政策法规的了解渐多，对土地的认知也会出现改变。总体而言，越是远离城镇的乡村，越是社会经济状况相形落后的地区，上述概括越易于得到印证。

表1 关于农民土地权属认知的相关调查

调查者	陈小君等（2010）	陈小君等（2004）	梅东海（2007）	史清华、卓建伟（2009）	肖乾等（2009）	彭长生（2012）
调查区域	10省30县市	5省20县	浙、鄂、渝3县	5省市	南京、鹰潭	安徽6县
调查时间	2007	2003	2007	2003	2007	2010
有效问卷	1799	430	251	1694	401	1413
权属认知（%）	农用地	农用地	农用地	农用地	农用地	宅基地
国有	41.91	60	56	51.1	35.6	17.2
集体（村、组）	39.36	34	19	48.9	25.65	14
个人	17.62	5	20	0	32.46	68.8

四 农民土地认知:"规划的社会变迁"的历史遗产

如何理解农民的土地认知?这一认知是怎样形成的?

有研究者认为,农民的土地认知与国家法规之间的偏离,反映出农民的法律意识薄弱,加强普法教育是当务之急,送法下乡任重而道远(郑永流等,2004;彭长生,2012)。单从法规应当被遵守这一点讲,上述观点有一定道理,普通农民忙于生计,对政策法规往往颇多隔膜;不过,农民因为纷争出现而开始对政策法规有所了解时,对其却也并不认同,这意味着什么呢?正如亚里士多德告诉我们的:"法治应包含两重意义:已成立的法律获得普遍的服从,而大家所服从的法律又应该本身是制定得良好的法律。"(亚里士多德,1965:199)倘若问题出在法律的制定上,上述观点的解释力就有限了。

另有研究者认为,集体所有权的主体缺位、权能残缺导致集体所有权在村民观念中是虚无的,村民因此倾向于认为土地所有权归属国家(陈小君等,2004:8~10)。集体所有权的模糊不清无疑导致了诸多的问题和纷争,也在相当程度上影响到农民的土地认知,但是单单指出集体所有权的模糊、残缺和虚无,并不能为深入理解这一权属的性质及其何以出现提供更多启示,而且也无法解释,它为什么单向地促使村民在认识上接受土地属于国家而不是属于个体?在更深入的调查中,前述研究者意识到,问题的关键在于国家公权力在农村地权方面的强势介入使得村集体基本上沦为基层政府的附庸,农民普遍认为村集体代表国家甚或将其等同于国家机关因而混淆了国家所有与集体所有的内涵(陈小君等,2010)。这是值得一试的解释路径,可惜研究者只是一笔带过。

笔者认为追溯土地集体所有制的演变过程,[①] 我们或可获得更深入的

---

① 秦晖试图从更长的历史时段中寻求对中国土地制度和"农民中国"的深入理解。他指出,依照历史学家赵俪生的研究,上古时期中国实行的井田式土地公有制实为一种"公社"而非"国有制"。从战国时期秦国推行"废井田,开阡陌"开始,这一带有很强血缘、公社色彩的井田逐渐废除,土地私有制由此建立,但在皇权专制的背景下,这种土地私有制是有限度的,且不说"授田制""均田制"等制度安排的存在,国家权力可以轻而易举地根据统治需要收回土地或者对土地进行调整。"法家一方面强化国家垄断,一方面推行反宗法的'伪个人主义',实现了周秦之变,建成了极权帝国。因此,(转下页注)

理解。

地主土地兼并、农民起义抗争一向是解释中国历史的逻辑主线，也是共产党推行土地革命、推翻旧政权的道义理由。然而越来越多的研究表明这一描绘并不完全符合历史的真实（赵冈、陈钟毅，2006；秦晖、金雁，2010）。党内农村问题专家杜润生也认为："从中国农村看，可分配的土地并不多，地主富农占有的土地不到50%，而不是一向所说的70%～80%。直到最近，有几位学者对民国以来的历次调查重新做了整理，发现地主占有的土地还不到总量的40%，其人口约占5%。土地改革的结果，农民所得只有为数不大的几块地。"（杜润生，2015：18）既然如此，为什么革命政党还要以"打土豪分田地"相号召，发动和领导农民进行土地改革呢？问题的关键在于，土地改革不仅是一项经济制度的改革，更是一场推进政治变革的阶级斗争，它打翻了原有的乡村精英，颠倒了整个乡村权力结构，使得"农民取得土地，党取得农民"（杜润生，2015：17～19），确立了共产党在乡村的权力基础，这不仅对新政权的建立至关重要，而且对后来的中国社会产生了深远的影响。

经过土地改革，"乡村中一切地主的土地及公地，由乡村农会接收，连同乡村中其他一切土地，按乡村全村人口，不分男女老幼，统一平均分配"（1947年10月《中国土地法大纲》）。土地改革极大地改变了无数人的生命历程和生活境遇，深刻地影响了人们对于生活的解释和对于周围世界的认知，使得人们强烈感受到国家这一来自外部的强大力量的存在，土地改革运动中的诉苦、翻身（以及后来的忆苦思甜）作为中国革命中重塑农民国家观念的一种重要机制，有效地促成了农民建立在感激和敬畏双重

（接上页注①）极权帝国通常都喜欢发展科层组织，而不喜欢小共同体——如同政治上喜欢官僚制，不喜欢贵族制……这以后'国有'和'私有'才在小共同体的废墟上并行不悖地（也就是说，并非'私有'取代'国有'）发展起来。一方面，国家对土地的控制比西周时大大强化，另一方面，原来的宗族公社瓦解成'借父耰鉏虑有德色，母取箕帚立而谇语'的状态，当然，这种'私有'尽管可以发展到几乎六亲不认的地步，在官府面前却软弱无比，实际是'伪私有'而已。从这样的视野不仅可以重新认识农民史，对'农民中国'的宏观历史走向与现代化道路也会有更深刻的理解。"（秦晖，2007）在专制权力下，导致土地兼并的主要因素并非建立在平等自愿基础上的土地买卖，而是社会上大量存在的享有特权的"豪强劣绅"的巧取豪夺。"中国历史上所谓的'兼并'在本质上并不是经济行为，而是权力行为，这样的'兼并就其主流而言，与其说是富民兼并贫民，'大私有'兼并'小私有'，不如说是有权者兼并无权者（包括无权的富民）、权贵兼并平民、统治者兼并所有者。"（秦晖，1997）

基础上的国家认同（孙立平，2005：399～405）。因为土地、房屋、财产"一切都是共产党、毛主席给的"，所以心存感激，在国家后来要求拿出土地的时候，拒斥心理就弱；因为感受到党和国家无所不能的强大力量，所以心存敬畏，不敢不给。

以河村为例，据一份完成于1971年的村史记载，在土地改革之前，河村计有土地4800亩，1700口人，380户，其中贫下中农240户，占有土地1500亩，中农120户，占有土地1500亩，地主富农共20户，占有土地1800亩。1944年，村里建立第一个党支部。1947年秋，国民党撤退后，"在共产党、毛主席的领导下"，河村组织贫下中农展开了轰轰烈烈的土地改革运动：

> 党派来工作组，组织长工、短工、贫下中农讲革命道理，进行诉苦教育，以增强对地、富强烈的阶级仇恨。广大的贫下中农很快地发动起来，向几千年来骑在人民头上的地、富展开了激烈斗争……把他们扫地出门，没收了全部家产，并把民愤极大、罪大恶极的地主分子关起来做反省，向贫下中农交代罪恶。

> 斗争了地主，广大贫下中农喜气洋洋，把斗争的胜利果实按着阶级划分，合理地分下去，贫民团、农会按着党中央毛主席制定的土地法大纲，进行了土地平分，把地富的土地分给贫下中农。从此我们贫下中农彻底翻了身，有了地种，有了粮吃，有了衣穿，过上了幸福的生活，万众欢腾，载歌载舞，放声歌唱伟大领袖毛主席，歌唱领导我们翻身求解放的伟大、光荣、正确的中国共产党！（河村村史，1971）

如果说，土地改革带给普通农民的是感激与敬畏的双重感受，那么，随后的强制集体化和人民公社化以及系列大大小小的政治运动所带给农民的，就更多的是一种敬畏乃至惊惧了。

对农业的社会主义改造是意识形态上的既定目标，土地改革为其提供了客观基础和条件。在经济学家周其仁看来，经由土地改革所形成的农民的土地私有制其实是一种国家制造的所有制。"这种私有制不是产权市场长期自发交易的产物，而是国家组织大规模群众阶级斗争直接重新分配原有土地产权的结果……领导了土地改革那样一场私有化运动的国家，就把自己的意志铸入了农民私有产权。当国家的意志改变的时候，农民的私有制就必须改变。"因为"通过政治运动制造了所有权的国家，同样可以通过政治运动改变所有权"（周其仁，2004a：10~11）。本来计划要用15年乃至更长时间完成的社会主义改造，在短短几年内就强力推行了。正是在强迫集体化的过程中，农民的私有土地被收归高级农业合作社所有（宅基地还属于私人所有），初步形成了土地的集体所有制。1956~1957年，农民对合作化不满，闹退社，被压制下来，部分地方偷偷试行包产到户，再被压制。

人民公社化后，农地所有权被划归公社或生产大队。1958年，中共中央《关于在农村建立人民公社问题的决议》指出："人民公社的集体所有制中，已经包含有若干全民所有制的成分了。这种全民所有制将在不断发展中继续增长，逐步地代替集体所有制。"在国家的设想中，集体所有制只是迈向全民所有制和共产主义的一种临时过渡，该决议豪迈地宣布："人民公社将是建成社会主义和逐步向共产主义过渡的最好的组织形式，它将发展成为未来共产主义社会的基层单位……共产主义在我国的实现，已经不是什么遥远将来的事情了……"当年8月，《人民日报》发表长篇报道宣称："……人民公社将会在不远的时期，把社员们带向人类历史上最高的仙境……"（薄一波，1993：740）在河村，1953年成立了多个互助组；1954年出现第一个初级合作社；1955年冬天成立了高级农业合作社；1958年8月村所在地区成立了人民公社，"建起了通向共产主义的金桥"（河村村史，1971）。在经历了饥荒悲剧之后，虽然被迫进行调整，回归到"三级所有队为基础"的高级社结构，但在1962年9月颁布的《农村人民公社工作条例（修正草案）》这一被要求"每条每款一字不漏地、原原本本地告诉群众"的被称作"人民公社宪法"的著名文件中，作为农民生活资料的宅基地所有权也被明确划归集体所有。[①]

"文化大革命"10年后，进入改革时期，市场机制引入，民众权利稍

---

① 这是第一个明确提及将农民宅基地划归集体所有的文件。该文件第21条规定：生产队范围内的土地都归生产队所有。生产队所有的土地，包括社员的自留地、自留山、宅基地等一律不准出租和买卖。在此之前分别于1961年3月和6月公布的《农村人民公社工作条例（草案）》和《农村人民公社工作条例（修正草案）》都规定：生产大队范围内的土地都归生产大队所有，尽管已经隐含地将农民宅基地收归集体，但是没有明确提及宅基地。

有伸张。农村土地参照集体化时期的自留地政策，所有权与使用权分离，农地集体所有、家庭经营，宅基地集体有、家庭使用。在河村，1981 年 7月，社员自留地由原来的 9.6% 扩大到 15%，1983 年实行包产到户。不过，1982 年讨论颁布第四部宪法时，关于土地部分的法条，主要的考虑仍然是农村土地国有化，只是顾忌到"宣布国有，震动太大"又鉴于要"先把城市定了"，农村土地可通过征地逐步过渡、用渐进办法实现国有，集体所有制才得以暂时保留（许崇德，2003：644～645、665～666、679～682）。① 虽然农村土地国有化没有被写入宪法，"维护土地的社会主义公有制"的基本立法宗旨却一直延续至今。

回顾 20 世纪中叶以来的中国历史，我们看到强大的国家权力和意识形态宣称无时无刻不在影响着农民的观感和认知。政权力量强势主导，始而划此私为彼私，继而划私为公逐步实现对乡村的有计划、全方位的改造，形成对村庄与村民的严密而强力的控制。正是在这样种费孝通先生所谓"规划的社会变迁"的独特的历史进程中，经历了强制集体化和人民公社化的洗礼，惊魂未定而又不无期许的普通农民，接受了土地事实上属于国家的现实，形成了土地属于国家的深刻认识。进入改革时期农民土地权利有所伸张，但是政权力量的影响依然巨大，基层政府随意干扰村庄事务的事例层出不穷，依然在一定程度上持续强化着农民的既有认知。

不过，享有土地权利，是农民的天然诉求，哪怕历经非常时期遭受遏制打压，却也生生不息，不绝如缕。"严重的问题在于教育农民"，这句话本身就表明了农民土地诉求的坚韧。改革开放之后，随着权利意识的日渐觉醒，农民的土地诉求愈益强烈。

在集体化时代，集体所有制作为一种暂时的过渡性质的制度安排，实

---

① 著名宪法专家许崇德先生亲历了 1982 年修宪全过程，在其著作中详细记录了宪法修改委员会关于土地所有权问题的历次会议讨论。另外需要指出的是，1982 年宪法修正案宣布"城市的土地属于国家所有"，是第一次将过去宪法及其历次修正案确立的土地国有范围扩大到全部城市土地。1975 年《宪法》第 6 条尚有如下表达："国家可以依照法律规定的条件，对城乡土地和其他生产资料实行征购、征用或者收归国有。"这表明至少到"文化大革命"行将结束的时候，城市土地还没有完全属于国家所有，否则也就无需"实行征购、征用或者收归国有"。"文化大革命"结束后的 1978 年宪法也没有宣布全部城市土地国有化，而且直到 1982 年前并没有关于国家如何对全部城市土地完成实行征购、征用或者收归国有的历史记载。可能的情形是："城市土地属于国有"，并没有经过政府的具体作为，而直接由 1982 年宪法宣布而成。相关讨论参见周其仁，2004a：88。

质上成为国家汲取农村资源和控制乡村的工具。进入改革开放时期，社会情势发生重大变化，随着市场化进程的推进，民众权益意识的苏醒和提高，原有的制度安排迫切需要改变；与此同时，社会主义意识形态得以延续并持续发生影响。一方面要坚持既有意识形态，坚持土地的社会主义公有制；另一方面要被迫回应市场化的现实和挑战，满足民众和不同利益主体的权利诉求，通过名义上所有权和使用权的分离，农民的土地权益得以部分实现，集体所有制开始被赋予新的意涵，充实新的内容，由原来意识形态构想中暂时性和过渡性的安排转而成为一种妥协的和权宜的因而也是模糊的和不确定的制度。① 集体所有权如何有效实现成为备受关注和需要解决的问题。

我们现在可以得出判断，看似矛盾的两个宣称"土地属于国家""土地是我们的"，其实并不矛盾。农民认同土地属于国家这表明他们无力、无法排除因而接受了国家介入的权力；"土地是我们的"，则表明他们依然力图伸张自身的权利。在对中国传统社会的绅权的分析中，费孝通先生认为封建制度解体、皇权确立之后，专制皇权无远弗届，被统治者随时面临权力的威胁，而借着在行政官僚系统中谋一个位置成为官僚作掩护，绅士们找到了一个"逃避权力的渊薮"。费先生写道"这些欲求自保的资产阶级靠近政权、为皇帝当差、进入官僚的战略，却并不是攻势而是守势；不是积极的目的，而是消极的目的，并不想去'取而代之'，而是想逃避，'吃不到自己'"（费孝通，1999/1948：236～237）。我们可以说，农民同样处于守势，也是出于消极的目的通过承认国家介入乃至决定的权力，来换取自己作为农民使用土地的权利；承认对方的权力，实则希望对方少来干扰，隐隐然是种"我都已经这样了，你还要怎么样呢"的态度。当然，这里需要补充一点，农民承认土地属于国家，并非完全出于被迫，实则也有相当的心甘情愿的成分。社会主义意识形态宣称中对公平正义的强调、

---

① 有学者注意到了土地集体所有权的不确定性和模糊之处，认为这种模糊和不确定性是政策设计者有意为之的结果，因为正处于经济转型期，关于土地权属的法律条款只有保持一定程度的模糊和不确定性，保持一定的回旋余地，农地产权制度才能顺利运行，才能应对社会发展过程中出现的突发事件。他称之为"有意的制度模糊"（deliberate institutional ambiguity）（Ho，2001，2005）。而在笔者看来意识形态宣称与现实的要求共同导致了目前的土地制度安排，这种制度确有其模糊之处，但这却不是有意设计的结果，恰恰相反是在无法做到明晰的情况下不得已而进行妥协和权变的结果。

对美好未来的描绘，在很大程度上契合了农民的生存伦理观，对农民有着莫大的吸引力。此外，农村社会也需要拥有力量和权威的国家政权来充当农村社会内部的调停者、仲裁者乃至公平的资源分配者。

五　简短的小结与讨论

一直以来，中国城乡之间存在着一种不对等的关系，偏重城镇的国家对乡村的长期单向汲取，导致了目前城乡之间的巨大差距。改革开放之前，国家通过低价粮食和统购统销制度汲取工业化发展资金，通过户籍制度将农民限制在乡村。改革开放以来，城镇化加速，虽然农村状况有所改善，但基本的体制因素并无根本改变，城镇需要土地，就通过低价补偿和征地制度征收土地，需要劳动力，就利用微薄的薪资吸纳农民工进城，但是所实现的只是要素（劳动力和土地）的城镇化，而不是人的城镇化。

近年来，随着国家财力的迅速增加，民众呼吁的日渐强烈，城乡关系开始经历深刻的调整，出现历史性的变化，总体上进入以工补农、以城带乡的发展阶段。破除城乡二元结构、形成城乡经济社会发展一体化新格局成为今后一段时期面临的重大历史任务。

现行的征地制度，正是不对等的城乡关系的一个基本方面，也是它的一个结果。城乡关系进入调整时期，征地制度改革也就相应地提上日程。

回到本文开头提出的问题，我们看到，农民的土地认知极大地影响着他们在维护自身土地权益过程中的行动、策略和选择。在急速工业化、城镇化浪潮中，大片土地之所以能够被轻易地征收，农民之所以在一些案例中采取了积极乃至激烈的行动，而在另外一些案例中却选择了不作为，都与其对土地权属的认识有关。

有鉴于此，征地制度的改革，不仅需要考虑农民利益上的损失与补偿，也同时顾及农民的认知观念。新制度的出台要想获得切实的实施和拥护，必须倾听民众的声音和诉求，了解民众的认知和接受程度，沿着尊重民众权益的方向进行。具体而言，本文对征地制度有如下建议。

第一，严格限定并减少国家征地。既然农民对征地有着自己的一套认知和理解，严格约束和减少征地行为，就能减少和尽量避免国家征地的政策和行为与农民的认知发生抵牾和冲突。

第二，在严格遵守土地利用总体规划的前提下，推动集体土地直接入市流转，避开征地对农民造成的认识上的困扰。

第三，在土地征收过程中，向农民清楚解释"征收"意涵。在征地过程中把相关法规及其涵义向农民具体说明、详尽解释，可以减少和避免认识和理解问题可能导致的征地后遗症。

第四，增加征地补偿额度，提高农民在土地增值收益中的分配比例。毋庸讳言，在农民的意识中经济利益的考虑与对土地的认知紧密相关，征地补偿金额的提高，可以在一定程度上消弭农民基于土地认知而产生的对征地的不满。

第五，严格征地程序，增加征地透明度，将土地管理法第四十六条内容真正落到实处。

参考文献

薄一波，1993，《若干重大决策与事件的回顾》（下卷），北京：中共中央党校出版社。
曹正汉，2008，《产权的社会建构逻辑：从博弈论的观点评中国社会学家的产权研究》，《社会学研究》第 1 期。
陈小君等，2004，《农村土地法律制度研究——田野调查解读》，北京：中国政法大学出版社。
——，2010，《农村土地法律制度的现实考察与研究：中国十省调研报告书》，北京：法律出版社。
杜润生，2003，《中国农村制度变迁》，成都：四川人民出版社。
——，2005，《杜润生自述：中国农村体制变革重大决策纪实》，北京：人民出版社。
费孝通，1999/1948，《皇权与绅权》，《费孝通文集》第五卷，北京：群言出版社。
郭于华、孙立平，2002，《诉苦：一种农民国家观念形成的中介机制》，《中国学术》第 4 期。
黄宗智，2001，《清代法律、社会与文化：民法的表达与实践》，上海：上海书店出版社。
——，2005，《认识中国——走向从实践出发的社会科学》，《中国社会科学》第 1 期。
科斯，1994/1959，《论生产的制度结构》，盛洪、陈郁译校，上海：上海三联书店。
蒋省三、刘守英、李青，2010，《中国土地政策改革：政策演进与地方实施》，上海：上海三联书店。
李稻葵，1997，《转型经济中的模糊产权》，载海闻主编《中国乡镇企业研究》，北京：

中国工商联合出版社。

刘世定，2003，《占有、认知与人际关系——对中国乡村制度变迁的经济社会学分析》，北京：华夏出版社。

陆学艺，2007，《社会主义新农村建设需要改革现行土地制度》，《东南学术》第 3 期。

梅东海，2007，《社会转型期的中国农民土地意识——浙、鄂、渝三地调查报告》，《中国农村观察》第 1 期。

"农村土地问题立法研究"课题组，2010，《农村土地法律制度运行的现实考察——对我国 10 个省调查的总报告》，《法商研究》第 1 期。

彭长生，2012，《农民对宅基地产权认知情况及其差异——基于安徽省 16 县 1413 个农户的问卷调查》，《华南农业大学学报（社会科学版）》第 2 期。

秦晖，1997，《中国经济史上的怪圈："抑兼"与"不抑兼并"》，《战略与管理》第 4 期。

——，2007，《教泽与启迪：怀念先师赵俪生教授》，《南方周末》12 月 20 日。

秦晖、金雁，2010，《田园诗与狂想曲：关中模式与前近代社会的再认识》，北京：语文出版社。

瞿同祖，1981，《中国法律与中国社会》，北京：中华书局。

全国人民代表大会常务委员会法制工作委员会编，1998，《中华人民共和国土地管理法释义》，北京：法律出版社。

申静、王汉生，2005，《集体产权在中国乡村生活中的实践逻辑》，《社会学研究》第 1 期。

史清华、卓建伟，2005，《农村土地权属：农民的认同与法律的规定》，《管理世界》第 1 期。

孙立平，2002，《实践社会学与市场转型过程分析》，《中国社会科学》第 5 期。

——，2005，《现代化与社会转型》北京：北京大学出版社。

肖乾、钱忠好、曲福田，2009，《农民土地产权认知与征地制度改革研究——基于江苏、江西两省 401 户农民的调查》，《经济体制改革》第 1 期。

许崇德，2003，《中华人民共和国宪法史》，福州：福建人民出版社。

亚里士多德，1965，《政治学》，吴寿彭译，北京：商务印书馆。

于建嵘，2005，《土地问题已成为农民维权抗争的焦点》，《调研世界》第 3 期。

张静，2003，《土地使用规则的不确定：一个解释框架》，《中国社会科学》第 1 期。

——，2005，《二元整合秩序：一个财产纠纷案的分析》，《社会学研究》第 3 期。

张曙光，2011，《博弈：地权的细分、实施和保护》，北京：社会科学文献出版社。

张小军，2004，《象征地权与文化经济》，《中国社会科学》第 3 期。

赵冈、陈钟毅，2006，《中国土地制度史》，北京：新星出版社。

折晓叶，1996，《村庄边界的多元化：经济边界开放与社会边界封闭的冲突与共生》，

《中国社会科学》第 3 期。

折晓叶、陈婴婴，2005，《产权怎样界定：一份集体产权私化的社会文本》，《社会学研究》第 4 期。

郑永流、马协华、高其才、刘茂林，2004，《农民法律意识与农村法律发展——来自湖北农村的实证研究》，北京：中国政法大学出版社。

中国社会科学院"社会形势分析与预测"课题组，2012，《迈向全面建成小康社会的新阶段——2012~2013 年中国社会形势分析与预测》，载陆学艺、李培林、陈光金主编《2013 年中国社会形势分析与预测》，北京：社会科学文献出版社。

中国土地矿产法律事务中心、国土资源部土地争议调处事务中心编，2006，《土地矿产争议典型案例与处理依据》（第一辑），北京：中国法制出版社。

周其仁，2004a，《产权与制度变迁：中国改革的经验研究》，北京：北京大学出版社。

——2004b，《收入是一连串事件》，北京：中国发展出版社。

周其仁、刘守英，1994，《湄潭：一个传统农区的土地制度变迁》，载周其仁编《农村变革与中国发展（1978~1989）》（下卷），香港：牛津大学出版社。

周雪光，2005，《"关系产权"：产权制度的一个社会学解释》，《社会学研究》第 2 期。

Ho，Peter 2001，"Who Owns China's land? Policies，Property Rights and Deliberate Institutional Ambiguity." *The China Quarterly* 166.

——2005，*Institution in Transition*：*Land Ownership*，*Property Rights*，*and Social Conflict in China*. Oxford：Oxford University Press.

Popkin，Samuel 1979，*The Rational Peasant*：*The Political Economy of Rural Society in Vietnam*. Berkeley：University of California Press.

2014 年

社会心态：转型社会的社会心理研究[*]

王俊秀

摘　要： 在社会大转型的背景下，中国社会心理学应该关注社会转型下的现实问题，而研究转型社会的心理问题，应该采取宏观的社会心态的研究范式。本文分析了当前社会心态研究的特点和社会心态对转型社会研究的现状和存在的问题，梳理了社会心态研究可以借鉴的历史学、社会学和心理学遗产；在此基础上，提出了转型社会的社会心态研究范式，分析了社会心态的分析水平和学科边界的扩展问题，提出了社会心态的结构和测量方法。作者进一步提出，社会转型本身也是社会心态研究的核心对象，社会心态研究是一种社会发展研究的学科方向。

关键词： 社会心态　转型社会　社会心态的结构

一　社会转型与社会心态研究

中国社会转型受到社会科学界的高度关注，研究者一方面关注世界正经历的社会大转型，特别是从 20 世纪 90 年代东欧剧变以来，中国不同于俄罗斯、东欧国家的社会变迁的路径而取得了经济快速增长（乌斯怀特、雷，2011/2005：1~26）；另一方面关注改革开放 30 多年来中国社会经历的快速转型中不同层面的问题，或将转型置于传统与现代的维度予以分析（林默彪，2004），或把社会转型看作是社会发展的过程（吴鹏森，2006），或着眼于国家层面的政治、经济制度的改变（孙立平，2005；金正一，

---

* 原文发表于《社会学研究》2014 年第 1 期。本文的完成，受益于研究团队的合作和讨论，特别感谢杨宜音等同事，同时也非常感谢几位匿名评审人的建设性意见。

2009），或强调社会结构的转变（李培林，1992），或关注转型中"人"的转变（王雅林，2003）。阎云翔（2011：1）则指出，当代中国研究经常采用转型的视角，市场化、私有化、民主化和世俗化等是研究这些转型最常用的范式。他用个体化的概念来说明个体崛起使得公共权力对家庭的影响力被削弱，社会关系的结构发生了变化，随之改变的是人们的心理。

但是，在社会转型的研究中，社会心理学的研究却很贫乏。究其原因，与国内主流社会心理学接受的是美国社会心理学体系有关，社会心理学研究习惯于把美国社会心理学的问题看作是普世问题，很少有人从国内社会的现实问题中提出问题、提炼概念、发展理论，并面对和解决现实问题，更少触及社会转型的问题。这个问题也是美国社会心理学之外的普遍问题。如莫斯科维奇就曾指出："美国社会心理学所取得的真正进展并不在于实证研究或理论建构方面，而在于它将自身社会的紧迫问题作为研究的主题和理论的内容。除了方法技术上取得的成就之外，美国社会心理学的主要成就在于将美国的社会问题转化为社会心理学语言，并将其作为科学探索的对象。因此，如果我们所能做的仅仅是怀着比较研究的目的来吸纳那些来自美国的文献的话，那么我们就只是接过了另一个社会的问题和传统，我们就只是以抽象的方式去解决美国社会的问题，因此我们也就退居于一个狭隘的科学研究的领域当中了，与我们自身所处的社会相脱离使我们对之毫无兴趣"（莫斯科维奇，2011/2000：90）。

社会心理学缺乏对转型社会研究的另一个原因是主流社会心理学本身缺乏宏观社会心理的研究，多数研究停留在个体层面或群体层面。奥尔波特（Allport，1968：3）宣称："社会心理学试图理解和解释：个体的思想、感情和行为怎样受到他人的实际的、想象的或暗示的在场的影响"。奥尔波特认为："没有一种群体心理学在本质上和整体意义上不是个体心理学"（Allport，1924：4）。莫斯科维奇认为主流的社会心理学把社会理解为个体的相加，实质上否认了"社会"心理的存在；他认为社会心理学是"社会科学"，而主流社会心理学把社会心理学理解为"行为科学"，关注的是个体在他人在场下的行为。"我们应当将行为置于'社会'当中，而非将'社会'置于行为当中"（莫斯科维奇，2011/2000：123～124）。豪格和阿布拉姆斯（2011/1988：16）也指出，这种把社会心理还原为个体心理的还原主义是社会心理学危机的根本原因。因此，转型社会的社会心理研究必须从找回社会心理学的"社会"入手，社会心态（social mentality）作为一种新的研究范式就是这样一种探索。

社会心态的提出是对传统社会心理学研究的批判，也是对社会心理学传统边界的扩展。社会心态研究关注当下社会现实，具有很强的社会问题意识，并从个体、群体和社会的不同层面和层面间关系综合探讨社会心理。多年来，社会心态研究一直受到学术界的关注，出现了一些探讨社会心态概念、结构和机制的研究（杨宜音，2006；马广海，2008；王小章，2012a；吴莹、杨宜音，2013；王俊秀，2013a、b），也出现了一些对不同群体社会心态和典型社会心态特点的研究（李培林，2001；马广海，2012；应小萍，2012；杨洁，2012），以及对社会心态进行指标分解和测量的系列研究和年度出版物（王俊秀、杨宜音主编，2011、2013）。值得注意的是，与传统社会心理学的研究不同，社会心态研究更关注社会变迁和社会转型问题，出现了不少探讨社会转型与社会心态的研究，涉及的问题包括：改革与社会心态（王铁等，2005；徐胜，2009）、社会转型与社会心态的特点（景怀斌，1989；周晓虹，2009；刘东超，2004；龙书芹，2010；侯晋雄，2006）和针对"中国经验"提出的社会心态概念——"中国体验"，来解释社会转型中中国人在价值观、生活态度和社会行为模式方面的变化（周晓虹，2012；王小章，2012b；成伯清，2012）。虽然社会心态研究非常重视社会转型与社会心态间关系的研究，也提出了一些很有启发性的概念，但是就目前的研究来看，研究者关注的更多是社会转型中的价值观的变化（周晓虹，2009；景怀斌，1989；王小章，2012a）。也有学者指出，社会转型实质上是社会结构、社会运行机制和社会价值观念的转型（洪大用，1997）。但从社会心态角度来看，社会转型带来的人们的精神变化不仅仅是价值观的变化，社会需求也随之发生变化，如有研究发现，社会转型带来的阶层意识已经成为影响人们需要的重要因素（高文珺、杨宜音等，2013）。同样地，社会价值、社会情绪等也都随着社会转型发生着变化。因此，对社会转型中社会心态的分析和解释应该能够反映从社会价值观念、社会需要、社会认知、社会态度、社会情绪和社会行为特点等方面的较为全面的和具有一定结构性的特点。

社会心态既包括一个时期作为历史片段的相对静态的社会心理特点，也包括在历史长河中社会心理的演变。社会心态既具有一定的普遍性，也具有一定的地域性，更因不同的文化、亚文化的影响而具有其特异性。社会心态倾向于一个社会整体或占一定比例的成员表现出的一致的社会心理特点。社会心态既包括一些稳定的、内在的社会心理特点，也包括一些暂时性的、变动的社会心理特点。社会心态是一定时期的社会环境和文化（包括亚文化）影响下形成并不断发生着变化的。社会中多数成员或占一定比例的成员表现出的普遍的、一致的心理特点和行为模式，并构成一种氛围，成为影响每个个体成员行为的模板。因此，社会心态既是社会转型的反映，也是影响社会转型的力量；社会心态概念既包括对于转型过程中的心理特点、社会现象，也包括社会转型带来的社会共同的心理变化和特点。

二 社会心态的学科传承

社会心态研究兼顾了微观、中观和宏观分析层面，不同于主流的社会心理学；但是，在社会心理学的发展历程中也有一些宏观的研究，这些研究是社会心态研究可以继承和使用的学术资源。社会心态研究可以借鉴的另一个资源是关于心态的研究，尽管心态的概念与社会心态研究的概念有不小的差异。社会心态研究必须借鉴社会学的宏观视角和研究方法，联通个体与社会，研究现实环境中真实的群体和组织、社区和社会、国家和民族等层面的宏观心理表现。在下述从历史学、社会学、心理学等学科角度梳理的社会心态研究的相关学术遗产中，我们可以看出，发展历程中个体与社会的关系是始终相伴的。

（一）心态史学和心理史学

19世纪末，社会学、心理学成为独立学科的探索也反过来影响历史学，历史学家借鉴并批评正统史学过于偏重政治史和伟人，认为史学应从其他学科汲取概念，甚至宣称："历史学首先是一门社会—心理学"（伯克，2010/1992：16）。

在年鉴学派那里，心态一词区别于意识形态的集体特征，代表了某个民族、某个人类群体特有的思想和感觉方式（李蓉蓉，2006）。雅克·勒高夫指出，心态最早出现在17世纪的英国哲学中，是指一个特定集团所特有的思想和感知方式；心态主要是集体的，不能把它同社会结构和社会发展分割开来（刘向阳等，2011）。吕西安·费弗尔的《马丁·路德：一个命运》探讨了16世纪德国社会的精神风貌和集体心态，开创了心态史学研究的先河。他认为心态史学的研究"是要揭示历史上人们的情感世界，如情感生活、希望、忧虑、爱憎、信念等。为了勾画这种情感世界，历史学家必须运用语言学、人类文化学、哲学、肖像学、文学，尤其是社会心理学方法进行综合研究"（陈曼娜，2003）。

20世纪60年代末，以勒高夫为首的新一代年鉴派历史学家将研究重心由社会—经济史转向以研究心态为主的社会—文化史。勒高夫认为心态史研究日常的自动行为，是历史的个人没有意识到的东西，所揭示的是思想中非个人的内容。

有的心态史学家认为，心态史是价值观念的历史；有的则认为心态史是人对世界的各种看法的历史，包括了心智和情感两个领域；还有的认为心态史触及的是人类精神的各个方面，如习俗、梦幻、言语、时尚等等（周兵，2001）。伯克（2010/1992：111）认为心态史至少有三个特征与传统思想史不同："它强调集体的态度而不是个人的态度；强调未被言明的看法而不是明确的理论，强调'常识'或在一个特定文化中看起来是常识的东西；以及强调信仰体系的结构，包括对那些用以解释经验的范畴以及证明和诱劝的方法的关注"。

1910年，弗洛伊德发表了《列奥纳多·达·芬奇及其对童年的一个回忆》，用精神分析理论分析达·芬奇的童年经历以解释其成年的性格，开创心理史学研究的先河。1958年，精神分析学家埃里克森出版了《青年路德——对精神分析与历史学的研究》，这两者的出现标志着心理史学的正式形成。虽然精神分析的基本理论是一种人格理论，其基础自然是个体心理，但心理史学却从个体心理分析发展到集体心理史和社会历史重大事件研究，成为一种全谱系的心理研究。但由于其个体心理基础，使得心理史学有其不可避免的缺陷，有人批评"这种理论排斥了个人和社会之间的联系"（周兵，2001）。

从精神分析的角度看，如果说心理史学研究的是"个体无意识"如何影响个体、家庭、集体和社会，那么，心态史学研究的则是"集体无意识"，刻画的是"集体心态"（伯克，2010/1992：115）。因此，社会心态的研究既要继承心理史学的传统，也要继承心态史学的传统，把个体、社会，以及个体与社会的关系纳入社会心态的研究框架，才可能全面反映转型社会中从个体到社会的心理变化。

（二）个体社会学与整体社会学

从 19 世纪社会学诞生起，就存在两种社会学，一种关注社会的整体（social collectivities），或曰"社会"（societies）；一种关注社会的个体，或曰社会行动者（social actors）。前者如孔德、斯宾塞和马克思等，他们研究社会有机体、社会系统的性质、运行规则；后者如韦伯、帕累托和米德等，他们研究社会成员、个体在独处或集体中的行动有何差别（什托姆普卡，2005/1999：1~2）。社会学发展中发生了"双重范式"的转变，表现为在本体论层面从视行动者为理性经济人，到更为复杂的包含了情感、传统、规范的、特别是作为文化因素的行动者的转变，由此产生了两种"行动的社会学"：一种是强调动机、意图和态度等心理意义的"社会—心理理论"，一种是强调惯例、价值、规范、符号等文化意义的"文化主义社会学"（什托姆普卡，2005/1999：2~3）。而在认识论层面，则把行动与群体、社区和社会这些社会整体的建构、形塑、改变联系起来，用行动的文化面向来理解和解释。"认识到在人类集体行动中，行动并不是个别地或相互独立地发生的，而是在一个复杂的行动场域中相互关联的（被派定的、依赖于他们不同的凝结的模式，比如群体、社区、组织、联合体、机构、国家、市场等），社会学家也聚焦于这些互动场域的综合的文化性质，尤其是他们的整体机能。由于这种综合的文化特征是非常难以明了的，难以用经验的和可操作的方式描述清楚，他们经常被比喻为社会情绪、社会气候、社会气氛、集体士气、社会厌倦、社会乐观主义、社会不适应等"（什托姆普卡，2005/1999：3~5）。

什托姆普卡认为这种文化主义转向的根源正是涂尔干的"社会事实"（social facts）或"集体表征"理论，以及托克维尔的"心灵习惯"（habits of the heart）。托克维尔在讨论美国的民主时指出，社会要生存，要更加繁荣，所有公民的心灵必须通过某种有支配地位的思想凝结并团结在一起；除非他们中每一个人不时地从公共资源中获取他的意见，并赞成接受已经形成的信仰内容，社会将不可能存在。什托姆普卡认为托克维尔的"心灵习惯"是来源于个体心理，通过周围的文化环境内化为人格而表现在行动中的。托克维尔这里指的正是集体心态（collective mentalities）（什托姆普卡，2005/1999：7~8）。

涂尔干区分了两类表征，即个体表征（individual representation）和集体表征（collective representation）；个体表征是集体表征的复合，个体表征以个体的感觉为基础，集体表征以个体的表征为基础。社会作为集体表征的组成物控制着个体，是外在于个体意识的一种群体意识；宗教、风俗、时尚、语言、道德规范、法律、科学和社会意识的其他特征以及它的情感、观念、习惯等等，构成集体意识的集体表征（萨哈金，1991/1982：34~37）。"团体的思想、感觉和行为，与其单独的个体成员的这些东西全然不同。因此，如果我们从孤立的个人出发去研究，我们就完全不能了解团体内部发生的一切"（迪尔凯姆，1995/1919：119）；他还指出，"集体意识的状态与个人意识的状态有质的不同，有其独自的表象。集体的心态并不等于个人的心态，它有其固有的规律"（迪尔凯姆，1995/1919：12~13）。他批评当时的心理学对于个人观念相互结合的方式只是一些十分含糊的联想规律，而社会心理学则对集体观念的形成规律全然无知，他认为社会心理学应该从研究神话、传说、民间习俗、语言入手，研究社会表征是如何相互吸引和排斥、融合和分离的；他甚至认为可能出现一种研究个体表征和集体表征的形式心理学取代个体心理学和社会学（迪尔凯姆，1995/1919：14）。

可以看到，涂尔干在集体意识、集体表征概念中明确论述了个体与集体之间的关系，对于理解社会发展变化中个人与社会的关系颇具启发性，也许正是由于这一点，伯克才认为，心态史本质上是一种涂尔干式的研究观念的方法，与涂尔干"集体表征"和列维－布留尔的"心态"概念有关（伯克，2010/1992：111）。列维－布留尔在1922年出版的《原始心态》（primitive mentality）中试图用集体表征的理论来研究原始人的心态。列维－布留尔认为人类的心态因社会环境不同而发生很大的变化，现代文明人的集体表征就不同于原始人的集体表征（表象）。列维－布留尔指出，"所谓集体表象，如果只从大体上下定义，不深入其细节问题，则可根据所与社会集体的全部成员所共有的下列各特征加以识别：这些表象在该集体中是世代相传；它们在集体中每个成员身上留下深刻的烙印，同时根据不同情况，引起该集体每个成员对有关客体产生尊敬、恐惧、崇拜等等感情。它们的存在不取决于每个人；其所以如此，并非因为集体表象要求以某种不同于构成社会集体的各个体的集体主体为前提，而是因为它们所表现的特征不可能以研究个体本身的途径得到理解"（列维-布留尔，1981/1922：5）。

聚焦于转型社会的社会心态研究，既要关注社会学的传统问题，研究群体、组织和社会结构，也要沿着涂尔干所希望的个体表征与集体表征的心理学方向去努力，并把社会发展纳入社会心态研究的视域。

（三）社会学的社会心理学与心理学的社会心理学

1908年，威廉·麦独孤出版了《社会心理学导论》，爱德华·罗斯出版了《社会心理学：大纲与资料集》，这两部著作标志着社会心理学的诞生，也注定了心理学的社会心理学（PSP，psychological social psychology）和社会学的社会心理学（SSP，sociological social psychology）同时存在。心理学史家墨菲概括道："当社会心理学成形时，它趋向于分为两枝，一枝是心理学家的社会心理学，着重社会情境中的个人，一枝是社会学家的社会心理学，着重团体生活"（墨菲、柯瓦奇，1980/1972：607）。

创立之初的社会学的社会心理学试图构建博大的体系，如既被称为社会心理学之父也被认为是社会学鼻祖的孔德就试图用实证的方法寻找社会的法则。之后，社会学家逐渐放弃了宏大体系的幻想，各自提出了专门化理论，如库里的社会化过程理论、罗斯的社会过程研究和涂尔干的集体表征，社会学家开始更多关注个体与群体的互动（萨哈金，1991/1982：3）。后来，心理学的社会心理学逐渐成为主流，他们的研究领域主要集中在态度改变、人际过程和小群体三个领域（萨哈金，1991/1982：11）。虽然也曾发生过关于两种社会心理学的论争和整合的努力（夏学銮，1998），但社会心理学体系并未动摇。

梳理社会学的社会心理学理论，可以发现许多概念和理论对于解释与思考社会变迁具有很大的启发性，这些理论是值得社会心态研究继承和发展的。比如，麦独孤曾提出群体中行为的策动理论，既包含了个体也包含了群体。他认为群体心智（group mind）是真实存在的，不同于个体成员的心智，群体心智产生于人们的互动和聚合（豪格、阿布拉姆斯，2011/1988：15）。他在1920年出版的《群体心智》中指出："社会聚合体具有一种集体的心理生活，这不仅仅是聚合体中各单元的心理生活而且具有一种集体心理，或如某些人喜欢说的那样，具有一种集体灵魂"（萨哈金，1991/1982：136～137）。

这个时期研究群体心理发生和变化的理论还有塔德、勒庞、拉扎勒斯、施泰因塔尔和冯特的民族心理学。在塔德看来，个体与社会之间的互动关系是发明和模仿（萨哈金，1991/1982：27～32）。有学者认为塔德的"发明"实质上是社会心态的缘起，他的"模仿"，实质上是社会心态的传播与扩散（刘力，2006）。1895年勒庞出版了《群众心理学》，1896年被译为英文，即《乌合之众》，至今依然畅销。弗洛伊德评价这部著作"极为精彩地描述了集体心态"，社会学大家罗伯特·墨顿认为这部著作"对人们理解集体行为的作用以及对社会心理学的思想发挥了巨大的影响"（墨顿，2004/1960：1～3）。《乌合之众》通过对法国大规模集体事件的分析得出，个体聚集为群体后暴露出了人类丑陋的本性（勒庞，2004/1895：14）。

社会心态研究应该以心理学的社会心理学为基础，继承和发展社会学的社会心理学的宏观视角和现实关怀，在研究方法上既不排斥实证的手段，也不排斥诠释的方法，不断探索宏观与微观相结合的研究范式，唯如此，才能对当下和发展的社会有所揭示。

三 社会转型的社会心态研究范式

（一）社会心态的分析水平和学科边界扩展

社会心态指涉的社会不同于传统社会心理学中的社会，社会心态的社会是现实真实存在的群体和社会，其社会的内涵应该是社会学意义上的社会，如真实的群体、阶层、组织、党派、国家等。

社会学家乔纳森·特纳（2009：59～64）把社会现实分为三个水平：第一个是微观水平，主要是指面对面的人际互动。第二个是中观水平，包括两种不同结构类型的社会组织：社团单元和范畴单元；社团又分为组织、社区和群体三种基本类型；范畴单元是指社会区分，如年龄、性别、阶级和种族等。第三个是宏观水平，由体制领域、分层系统、国家以及国家系统构成。这三个层面的社会现实互相嵌套：人际互动嵌套于社团和范畴单元，社团和范畴单元嵌套于国家和国家系统；这种嵌套关系中较大的社会结构能限制较小的社会结构。中观水平的社团和范畴单元是由人际互动建立的，宏观水平的体制领域由社团单元的网络构成，分层系统由范畴单元的集合构成。最后，社会结构显示文化。

社会心理学家威廉·杜瓦斯（2011/1982：12～18）把传统社会心理学分为四种分析水平：第一种分析水平是个体内水平，主要关注个体的认知，以及对社会环境的评价，在特定社会环境中的行为，不涉及个体与社会环境的互动。第二种分析水平是人际和情境水平，关注发生在特定情境中的人际过程，而不考虑特定情境之外的社会位置。第三种分析水平是社会位置水平（群体内水平），不同的社会位置对特定情境产生影响。第四种分析水平是意识形态水平（群际水平），关注社会成员的信念、表征体系、价值观和规范。

鉴于此，我们认为，在微观水平上社会学只研究人际互动，而社会心理学继续延伸到个体内；在中观水平上社会心理学研究群体内的心理现象，而社会学把群体细分为两种结构的群体；在宏观水平上，社会心理学的最高水平是群体间社会互动，而社会学则延伸到更为宏观的国家、国家之间、甚至全球化的问题。与社会心理学和社会学相比，社会心态研究的分析水平主要是从中观水平到宏观水平的国家层面之间，但社会心态又是以微观水平为基础的。之所以把社会心态研究定位于以微观分析水平为基础，偏重于中观和宏观水平，是由于这样的分析可以从个体、群体、社会、国家等层面完整展现社会变迁和社会转型的过程，更好地研究社会心态、社会结构、文化的相互影响（参见图1）。

虽然社会转型、社会变迁和社会发展是社会学研究的核心内容，但社会转型研究却又不是社会学单一学科所能胜任的，必须采取多学科的研究策略。关于这一点，学者们无论从社会学学科反思还是从社会转型实践中都得到了相同的结果。例如，在对中国社会学30年重建的回顾和反思时，苏国勋（苏国勋、熊春文，2010）指出了传统实证主义社会学的局限，认为"社会现象是由人们行动造成的结果，他除了具有自然现象的表层实体结构之外，还具有自然现象不具备的深层意义结构，换言之，人们的行动是由不同动机驱使做出的，因此要对人的行动做出因果说明，必须首先对人们赋予行动的动机—意义做出诠释性的理解方能奏效"。他批评实证主

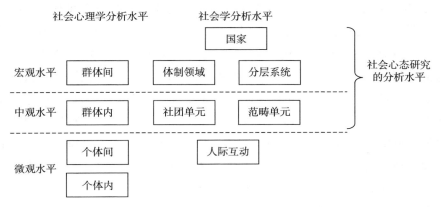

图1 社会心态研究的分析水平

义社会学把社会现象完全归结为经验事实，完全排斥宏观理论，并贬低社会研究必然包含的预设层面中的形而上问题。他认为，"社会学研究是一架由因果性说明和诠释性理解双轮驱动的车子，两个轮子犹如人的两条腿，其中任何一个不可或缺。用费先生的话说，就是要从'生态研究'进入到'心态研究'，二者缺一不可"（苏国勋、熊春文，2010）。

苏国勋提到的从"生态研究"进入到"心态研究"是指费孝通先生在晚年提出的要扩展社会学传统界限的主张。费孝通（2003）指出社会学研究不应该把人的"生物性"和"社会性"对立起来，这二者是融为一体、互相包容的。社会学也要研究作为"人的一种意识能力"的"人的精神世界"。虽然社会学自身无法完成对人的精神世界的探索，但这种探索对于社会学理解人、人的生活、人的思想、人的感受，从而进一步理解社会的存在和运行，对社会学的发展都具有重大意义。除精神世界外，他认为"意会"在社会学的"社会关系"中非常重要，他指出："一个社会，一种文化，一种文明，实际上是更多地建立在这种'意会'的社会关系基础上，而不是那些公开宣称的、白纸黑字的、明确界定的交流方式上。"他还提到了"讲不清楚的我"以及"心"的问题。

20世纪90年代费孝通在研究民族认同意识时，重新思考他的老师史禄国（S. M. Shirokogoroff）提出的Ethnos和Psycho-mental Complex这两个概念（费孝通，1994）："Ethnos是一个形成民族的过程，也可以说正是我想从'多元一体'的动态中去认识中国大地上几千年来，一代代的人们聚合和分散形成各个民族的历史。"他意识到自己原来并没有真正领会史禄国在 Ethnos 论中提出的、一直在民族单位中起作用的凝聚力和离心力的概念，更没有注意到从民族单位之间相互冲击的场合中发生和引起的有关单位本身的变化，而这些变化事实上就表现为民族的兴衰存亡和分裂融合的历史（费孝通，1997），这也正是社会心态与社会转型和变迁的作用过程。费孝通解释了把 Psycho-mental Complex 翻译为心态的原因："Psycho 原是拉丁 Psukhe 演化出来的，本意是呼吸、生命和灵魂的意思，但英语里用此为字根，造出一系列的词如 Psychic，Psychology 等意义也扩大到了整个人的心理活动。晚近称 Psychology 的心理学又日益偏重体质成分，成为研究神经系统活动的学科。史氏总觉得它范围太狭，包括不了思想、意识，于是联上 Mind 这个字，创造出 Psycho-mental 一词，用来指群体所表现的生理、心理、意识和精神境界的现象，又认为这个现象是一种复杂而融洽的整体，所以加上他喜欢用的 Complex 一字，构成了人类学研究最上层的对象。这个词要简单地加以翻译实在太困难了。我近来把这一层次的社会文化现象简称作心态，也是个模糊的概括"（费孝通，1994）。

赵旭东（2010）认为，史禄国的 Psycho-mental Complex 这个概念，"强调的是心理和精神层面的群体传承，这些传承是知识、实践以及行为，它们可以在代与代之间传递，还可以从周围的人群中借得，甚至还可以由某个群体的成员自发地创造出来，其根本是指一个动态适应过程，并通过心理层次的复合传递下去，史禄国因此将之称为 Psycho-mental Complex，另一方面为了强调这一动态适应过程，又称之为 Ethnos"。他认为社会学和社会心理学对于心态的忽视是费孝通提出扩展学科边界的原因，"对于Psycho-mental Complex 这个词，社会心理学家本来应该在这方面做出一些贡献，但由于过度地将心理与精神的内容还原成生理和大脑层次的解释，对于身体、意识和精神整体性的关注被排斥在正统社会心理学的研究领域之外，而社会学又因为过度追随制度和结构层面的分析，无暇顾及个体心理层次的精神世界，而这些被忽略的应该就是费孝通所关注的人的精神世界范围"（赵旭东，2010）。

无论是苏国勋所讲的人们行动的动机和意义，还是费孝通先生的"精神""意会""自我"这些"心"的方面，特别是费孝通晚年对于与"心态"相关的两个概念的追问，我们从中可以看出，社会转型研究必须扩展社会学学科边界，社会心态研究正是对社会心理学传统边界的扩展，实现和社会学的对话与对接，这样的探索无疑具有极大的价值。

（二）社会心态的结构

以社会转型和变迁为研究重点的社会心态研究更强调社会心理的变化。依照稳定性，可以把社会心态的结构分为超稳定的社会心态、稳定的社会心态、阶段性社会心态和变动性社会心态四个层次，如图 2 所示。在社会环境中，社会心态既有随社会转型和变迁而变动较快的、较明显的部分，如社会认知、社会感受、社会态度这些情境性、评价性内容；也有在一个时期内较为稳定的、表现为阶段性变化的内容，如社会情绪和社会信任等；还有较长时期内表现稳定、变化非常缓慢的内容，如社会价值观念。社会心态中最为稳定的是社会性格部分，也就是英格尔斯（2012/1997：14）所讲的国民性（national character）或民族性（沙莲香，1992：2~3）。英格尔斯认为，国民性是指"一个社会成年群体中具有众数特征的、相对稳定持久的人格特征和模式"，也称为"众数人格"（model personality）。台湾学者庄泽宣认为："民族性系一个民族中各个人相互影响所产生之通有的思想、感情和意志，对个人深具压迫敦促的势力"（见沙莲香，1992：3）。国民性是指社会性格，作为社会文化的体现，它是社会心态中最深层的也是最具动力性的核心成分。孙隆基用"良知系统"，即一种文化的"深层结构"来分析中国文化历史的演变和特征（孙隆基，2011：20~25）。这种观念明显受到精神分析心理学思想的影响，不同的是，他分析的是作为中国社会的心理特征，"良知系统"要表达文化影响下的社会演进，接近于一个"社会的超我"，其文化的深层结构也可以理解为"文化潜意识"。

社会心态的四个层次是一个相互影响的过程，外层的变动性社会心态到内层更稳定的社会心态是一个逐渐内化的过程。社会心态的一些相对稳定的成分，逐渐积淀为下一层的社会心态，但进入最内层的超稳定社会心态，若要成为民族性格，成为文化层面的东西，则要经历漫长的过程。费孝通（2003）从个体与社会的关系阐释过文化的作用，他指出："'文化'就是在'社会'这种群体形式下，把历史上众多个体的、有限的生命的经验积累起来，变成一种社会共有的精神、思想、知识财富，又以各种方式保存在今天一个个活着的个体人的生活、思想、态度、行为中，成为一种超越个体的东西。"与之相反的过程，最内层的文化和民族性对于稳定的

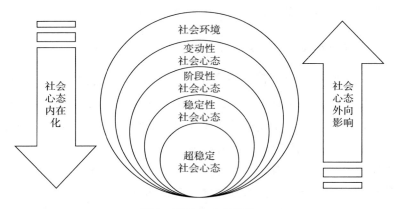

图 2 社会心态的结构

社会心态具有支配和控制作用，稳定的社会心态如价值观等也会影响阶段性社会心态，而最外层的变动性社会心态也会受到最深层社会心态的影响，但更多会受到最接近的阶段性社会心态的影响。也就是说，从变动性社会心态、阶段性社会心态、稳定性社会心态到超稳定社会心态，由外而内，内在化的过程由快到慢；反过来，由内而外，影响力逐渐减弱。社会心态并非作为一个独立体，被动地受社会环境的影响，社会心态本身就是社会环境的一部分，而且就社会的心理构成来说是更大的部分，是一定社会范围内多数人的心理或占一定比例的成员的心理。社会心态随着社会转型和变迁而变化，它既是社会转型和变迁的推动者，同时也以其变化构成了社会转型和变迁的特征。

（三）社会心态的测量

社会心态研究的目的是分析和描述宏观的社会心理，其最重要的策略就是尝试对被元素主义割裂的社会心理进行还原，把片段、条块的社会心理学概念和理论"拼合"为关联的、局部的或整体的社会心理学。这样的过程是需要长期努力、不断积累的。而在研究方法上，除了采用社会心理学的研究方法外，也要借鉴社会学的研究方法。

近年来我们对社会心态研究的探索是尝试选取一些代表性的社会心理学或社会学概念，构建社会心态的指标体系，并曾提出从社会认知、社会情绪、社会价值和社会行为倾向四个方面考察社会心态的指标体系（王俊秀，2013a），本文对此做了进一步修正，由五个一级指标构成的社会心态指标体系，分别是社会需要、社会认知、社会情绪、社会价值观和社会行为构成。社会需要的下一级指标是个体需要和群体需要。社会心态更关注群体需要，它的下一级指标是基本需要和中间需要（多亚尔、高夫，2008：215）。对个体需要的理解采用的是马斯洛的需要理论（车文博，1998：556～557）。社会认知的下一级指标包括个体社会认知、群体社会认知和社会思维，社会心态更关注的是群体社会认知和社会思维；而群体社会认知的下一级指标是群体社会认知的结果，包括幸福感、安全感、社会支持感、社会公正感、社会信任感、社会成就感、效能感、社会归属感等。社会情绪的下一级指标是基本情绪、复合情绪和情感氛围。个体情绪由情绪的准备状态——核心情绪和初级情绪、次级情绪构成，在众多个体的互动和影响下形成一个社会特定时期的情感氛围，这是社会情绪的初级状态，而在一定事件和社会环境下，群体和社会形成共享的情绪就是社会情绪。特定的社会背景下，社会情绪会表现为相对稳定的形态，逐渐积淀为一个社会在一定时期的情感文化（王俊秀，2013b），其中，基本情绪采用了特纳（特纳、斯戴兹，2007：13）的基本情绪分类，分为满意—高兴、厌恶—恐惧、强硬—愤怒和失望—悲伤；复合情绪分为自豪、羞愧、嫉妒、仇恨、希望和懊悔等。情感氛围分为焦虑、怨恨、浮躁、愉悦、平静、郁闷和冷漠。价值观的下一级指标是个体价值观和社会价值观。社会价值观是一个社会表现出的对一些方面的社会性肯定，它是"隐含在一套社会结构及制度之内的一套价值，这套价值的持有使现有的社会架构得以保持。社会制度在这里包括社会化、社会控制、社会规范及社会奖惩等。它通过规范、价值、惩罚等，给个人带来外在压力，也通过社会价值的内化，给个人带来就范的压力"（杨中芳，1994：321～434）。个体价值观是个体持有的对个人与周围世界关系，以及维持个体生存的目标和理念，它包括人生观、财富观、道德观念、公民观念和权力观念等。社会行动包括经济行动、公共参与、歧视与排斥、攻击行为、矛盾化解、冲突应对、利他行为、道德行为、情感行为等；其中，经济行动是指考虑投入产出效益谋利的行动；公共参与行动是反映个人与社会关系的重要指标，是考察一个社会公民参与公共事务程度的；歧视与排斥行动，是社会成员对某些社会成员或者群体持有负性的态度，表现为不容忍、不接纳，甚至侵犯性的言行；矛盾化解行动是指社会成员在遇到矛盾时会采取的行动；冲突应对行动是指社会成员个体或群体之间发生冲突时首先采取的对策；利他行为是指社会成员的行为有利于其他社会成员和社会的倾向性，是助人为乐、慈善、志愿等行为的基础。而这些行为都可以分为理性行动和非理性行动两个类型，源于马布尔·别列津（2009：131）根据认知特点把行为分为理性行动和非理性行动。

　　社会心态指标的选取是根据以往社会心理学、社会学研究的一些理论和成果，并考虑到社会心态研究的目的，以及这些年来社会心态研究实践的一些体会。当然，社会心态指标体系的确定不可避免包含着研究者的主观性，而选取这些指标旨在借此揭示社会矛盾和社会冲突的状况及其原因，反映社会变迁和社会转型过程中的社会心态特点。就这一社会心态指标体系而言，二级指标或三级指标是可以经过概念化、操作化后编制相应的量表或题目来测量；而其他的一些指标则需要根据研究的问题编制相应的问卷或量表，通过不断研究和积累，完善指标体系（见图3）。通过对这些指标的测量我们试图分析不同指标间的关系，通过对不同指标间关系的分析我们试图回答一系列的问题，如个体思维怎么成为群体思维、社会思维？社会共识如何达成？社会共识如何推动社会成长、社会发展和社会进步？社会情绪是如何联结社会认知、社会价值观和社会行为倾向的？个体情绪如何逐渐成为社会情绪？社会情绪是如何传染和传播的？目前主流社会价值观是什么？社会核心价值观念是如何形成的？社会价值观如何影响社会变迁和转型？中国传统文化下的价值观念与西方价值观念如何影响个体和社会价值观念？

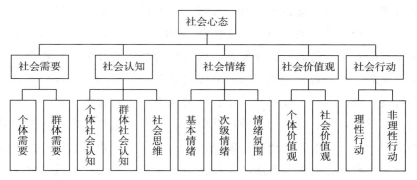

图3　社会心态的指标体系

四 结语

以上论述了在转型社会的背景下提出社会心态研究范式的缘由和应该具有怎样的特点，即社会心态研究从概念、分析层面、结构等方面的特征，以及可以利用的学科遗产，这使得转型社会心理的研究成为可能。其实，社会的转型本身也是社会心态研究的核心问题，已经有一些理论和研究可以借鉴，未来的转型社会心态研究已经具有明确的方向。

"群体"在从社会心理学中消失了至少 20 年后（莫斯科维奇，2011/2000：299），出现了关注宏观社会心理的社会心理学理论：社会表征理论（social representation theory）和社会认同理论（social identity theory）。社会表征理论提出了"谁将社会进行了社会化"（莫斯科维奇，2011/2000：123）的质问；社会认同理论则指出传统社会心理学关注群体中的个体（individual in the group），社会认同路径要使这个传统倒置过来，关注个体中的群体（group in the individual），通过这种方式，"社会心理学'社会化'（或者说重新社会化了）"（豪格、阿布拉姆斯，2011/1988：22）。

社会表征理论继承的是涂尔干"集体表征"的思想。涂尔干认为个体表征属于心理学范畴，集体表征属于社会学范畴，但他称之为社会心理学，意在强调社会与心理的关联。莫斯科维奇认为，社会心理学的主要任务就是研究社会表征（莫斯科维奇，2011/2000：31），而社会表征是在特定时空背景下的社会成员所共享的观念、意象、社会知识和社会共识，是一种社会思想或意义/符号系统。这一系统具有双重功能，一是建立秩序，使得个体在社会中得以定向并掌控社会；二是为群体成员提供社会互动的规则和对社会生活进行明确命名和分类的规则，从而使他们之间得以沟通（刘力，2006）。与涂尔干用集体表征探索社会整合的问题不同，莫斯科维奇更强调社会表征的动态性，关注社会改变，希望通过社会表征看到新奇或创新性的现象如何通过社会过程变成社会生活的一部分，关注社会中集体观念的变化，关注现代社会下的集体思维，关注沟通的手段如何逐渐变成了社会共识（莫斯科维奇，2011/2000：7～10）。这一理论中的思维社会（thinking society）和社会共识等概念对于社会心态的研究具有很大的启发性，是社会心态对于转型社会研究可以使用的重要理论之一；这一理论采用的是社会变迁的视角，关心的是个体、少数人和多数人之间是如何互动的，在这种互动中知识如何成为社会共享的东西，社会共识如何形成，也就是社会是如何在思考中和个体、少数人、多数人一道"成长"（莫斯科维奇，2011/2000：33、76、301）。这样的研究理路可以揭示出社会转型、社会变迁和社会发展的内在机制。

社会认同理论提出了心理群体（psychological group）的概念，意指在心理上对于成员具有重要性的群体。该理论试图回答，"个体的集合是如何成为一个社会和心理群体的"，以及"他们又是如何作为一个集合体来感受、思考和认识自我的"（特纳，2011/1987：1~2）。社会是由社会归类（social categories）组成的，这些归类与权力、地位相关，并在实质上构成了特定的社会结构（豪格、阿布拉姆斯，2011/1988：18~19）。类别和群体是自我归类的，是一个社会认同的过程，正是这样的自我归类使得个体转化为群体（豪格、阿布拉姆斯，2011/1988：28~35）。"群体被认为是一个心理实体，对于那些被吸引进入群体的人，群体会告诉他或她什么是应该优先考虑的，应当遵循哪种规范，集体行动的确切目标是什么。将自我范畴化为某一群体成员的过程会引导信息的寻求、与他人情感纽带的建立以及自我规范的融入"（豪格、阿布拉姆斯，2011/1988：273）。

社会认同理论对于社会心态研究的启示是如何理解大规模群体关系的变化，重新认识群际冲突、集体行为、社会运动、社会结构，以及社会流动、社会变迁（豪格、阿布拉姆斯，2011：34~35）。在一定的社会结构中，社会认同过程产生了个体的社会归属，个体的社会地位、权力和声望决定了个体是属于支配群体还是附属群体，使得个体产生积极或消极的感受和情绪体验。个体希望改善自己的处境，但采取什么方式来改变取决于个体的主观信念结构，这是个体对于社会的本质如何理解，以及对社会中群体关系所具有的信念。豪格等人（豪格、阿布拉姆斯，2011：34~37）认为，主观信念结构存在两种类型，一种是社会流动，一种是社会变迁。社会流动是对群体边界可渗透性的信念，也就是个体认为通过自己努力可以进入自己希望的群体；而社会变迁则是认为群体之间的边界是固化的、不可改变的，也就难以通过个人努力实现穿越。个体无法改变这一现实，必须寄望整个群体的地位的改变。对于社会变迁，社会认同理论给出了两种群体策略：社会创造性和社会竞争。当群体关系被认为是安全的、合法的和稳定的时候，就会采取创造性策略。人们会采取有利于内群认同的群际关系形式：群体在新的维度上与其他群体比较，群体成员重新定义使群体能够提升的事物的价值，或者选择新的外群体来比较；而当群体关系被认为是不安全的时候，群体会采取社会竞争策略，也就是附属群体与支配群体在双方都认为有价值的维度上展开直接的竞争（豪格、阿布拉姆斯，2011：70~72）。

关注转型社会的社会心态研究其实是一种社会发展的研究，因此它必须面对社会心理学忽视的现代性问题，正如皮亚杰和维果茨基所坚持的那样，人的发展问题，不能仅从个体角度去思考和研究，要关注从"原始"精神生活到"文明"精神生活，从前理性和集体思维到个体与科学思维（莫斯科维奇，2011/2000：230）。社会心态不是独立于社会而存在的，而是一定历史时期社会状况的反映，在这个意义上，自然就会出现一个问题：成熟社会应该具有怎样的社会心态？同时，社会心态也不是被动地对社会的反映，它影响和促进着社会结构的变化和社会变迁。因此，紧随着的问题就是：如何促成健康的社会心态？社会心态研究，即是致力于研究转型过程中的个体、群体、社会不同层面和层面间的心理特征、情绪状态、价值观念、行为方式及其变化，其目的是要研究社会的理性化过程，社会共识的达成，社会核心价值观念的形成，致力于推动社会思考、社会进步和社会发展。

参考文献

伯克，彼得，2010/1992，《历史学与社会理论》，姚朋、周玉鹏、胡秋红、吴修申译，刘北成修订，上海：上海世纪出版集团。

车文博，1998，《西方心理学史》，杭州：浙江教育出版社。

陈曼娜，2003，《二十世纪中外心理史学概述》，《史学史研究》第1期。

成伯清，2012，《"中国体验"的意义和价值》，《学习与探索》第3期。

迪尔凯姆，E.，1995/1919，《社会学方法的准则》，狄玉明译，北京：商务印书馆。

杜瓦斯，威廉，2011/1982，《社会心理学的解释水平》，赵蜜、刘保中译，北京：中国人民大学出版社。

多亚尔，莱恩、伊恩·高夫，2008，《人的需要理论》，王淳波、张宝莹译，北京：商务印书馆。

费孝通，1994，《人不知而不愠》，《读书》第 4 期。

——，1997，《简述我的民族研究经历和思考》，《北京大学学报（哲学社会科学版）》第 2 期。

——，2003，《试谈扩展社会学的传统界限》，《北京大学学报》第 3 期。

高文珺、杨宜音、赵志裕、王俊秀、王兵，2013，《几种重要需求的满足状况：基于网络调查数据的社会心态分析》，《民主与科学》第 4 期。

豪格，迈克尔·A.、多米尼克·阿布拉姆斯，2011/1988，《社会认同过程》，高明华译，北京：中国人民大学出版社。

洪大用，1997，《社会运行与社会转型——评〈转型中的中国社会和中国社会的转型〉》，《天津社会科学》第 5 期。

侯晋雄，2006，《转型期社会心态问题与构建和谐社会》，《陕西理工学院学报（社会科学版）》第 4 期。

金正一，2009，《中国社会转型问题研究的学术缺陷与学术本位》，《河南师范大学学报（哲学社会科学版）》第 4 期。

景怀斌，1989，《从依赖集体主义到关系自私主义——十年来中国社会心态变异探析》，《社会科学家》第 5 期。

勒庞，古斯塔夫，2004/1895，《乌合之众：大众心理研究》，冯克利译，北京：中央编译出版社。

李培林，1992，《另一只看不见的手：社会结构转型》，《中国社会科学》第 5 期。

——，2001，《中国贫富差距的心态影响和治理对策》，《中国人民大学学报》第 2 期。

李蓉蓉，2006，《浅析心理与心态的联系与区别》，《山西高等学校社会科学学报》第 9 期。

列维－布留尔，1981/1922，《原始思维》，丁由译，北京：商务印书馆。

林默彪，2004，《社会转型模式的"类"与"形"：研究视角与主题的探讨》，《辽东学院学报（社会科学版）》第 4 期。

刘东超，2004，《当代中国文化变迁和社会心态演变》，《学术探索》第 3 期。

刘力，2006，《社会形态与社会心态——评杨宜音的〈个体与宏观社会建构的心理联系：社会心态概念的界定〉》，《社会心理研究》第 1 期。

刘向阳、何启飞、彭小丰、张程程，2011，《心态的结构以及心态调整的途径研究》，《科技管理研究》第 2 期。

龙书芹，2010，《转型期中国人的社会心态及其阶层差异性——基于 2006CGSS 的实证分析》，《南京师大学报（社会科学版）》第 6 期。

马布尔·别列津，2009，《情感与经济》，斯梅尔瑟、斯维德伯格主编《经济社会学手册》，罗教讲、张永宏等译，北京：华夏出版社。

马广海，2008，《论社会心态：概念辨析及其操作化》，《社会科学》第 10 期。

——，2012，《从群体性事件看转型期社会心态》，《中国海洋大学学报（社会科学版）》第 6 期。

莫斯科维奇，塞尔日，2011/2000，《社会表征》，管健、高文珺、俞容龄译，北京：中国人民大学出版社。

墨顿，罗伯特，2004/1960，《勒庞〈乌合之众的得与失〉》，古斯塔夫·勒庞著，冯克利译，《乌合之众：大众心理研究》，北京：中央编译出版社。

墨菲，G. J. 柯瓦奇，1980/1972，《近代心理学历史导引》，林方、王景和译，北京：商务印书馆。

萨哈金，威廉·S.，1991/1982，《社会心理学的历史与体系》，周晓虹等译，贵阳：贵州人民出版社。

沙莲香，1992，《中国民族性》，北京：中国人民大学出版社。

什托姆普卡，彼得，2005/1999，《信任：一种社会学理论》，程胜利译，北京：中华书局。

苏国勋、熊春文，2010，《见证中国社会学重建30年——苏国勋研究员访谈录》，《中国农业大学学报（社会科学版）》第 2 期。

孙立平，2005，《社会转型：发展社会学的新议题》，《社会学研究》第 1 期。

孙隆基，2011，《中国文化的深层结构》，桂林：广西师范大学出版社。

特纳，乔纳森，2009，《人类情感：社会学的理论》，孙俊才、文军译，北京：东方出版社。

特纳，乔纳森、简·斯戴兹，《情感社会学》，孙俊才、文军译，上海：上海人民出版社。

特纳，约翰等，2011/1987，《自我归类论》，杨宜音、王兵、林含章译，北京：中国人民大学出版社。

王俊秀，2008，《社会心态研究综述》，中国社会科学院社会学研究所编《中国社会学年鉴（2003～2006）》，北京：社会科学文献出版社。

——，2013a，《社会心态的结构和指标体系》，《社会科学战线》第 2 期。

——，2013b，《社会情绪的结构和动力机制：社会心态的视角》，《云南师范大学学报（哲学社会科学版）》第 5 期。

王俊秀、杨宜音主编，2011，《中国社会心态研究报告（2011）》，北京：社会科学文献出版社。

——，2013，《中国社会心态研究报告（2012～2013）》，北京：社会科学文献出版社。

王铁、吴玲华、吴昱南、曹莹，2005，《改革与社会心态调查报告》，《学习与实践》第 12 期。

王小章，2012a，《结构、价值和社会心态》，《浙江学刊》第 6 期。

——，2012b，《关注"中国体验"是中国社会科学的使命》，《学习与探索》第 3 期。

王雅林，2003，《中国社会转型研究的理论维度》，《社会科学研究》第 1 期。

吴鹏森，2006，《发展社会学的思想溯源与两种理论模式》，《江苏行政学院学报》第 2 期。

乌斯怀特，威廉·拉里·雷，2011/2005，《大转型的社会理论》，吕鹏等译，北京：北京大学出版社。

吴莹、杨宜音，2013，《社会心态形成过程中社会与个人的"互构性"——社会心理学中"共识"理论对社会心态研究的启示》，《社会科学战线》第 2 期。

夏学銮，1998，《整合社会心理学》，郑州：河南人民出版社。

徐胜，2009，《改革开放 30 年来社会心态的嬗变及其启示》，《实事求是》第 1 期。

阎云翔，2011，《导论：自相矛盾的个体形象，纷争不已的个体化过程》，贺美德、鲁纳编著《"自我"中国——现代中国社会中个体的崛起》，许烨芳等译，上海：上海译文出版社。

杨洁，2012，《甘肃居民的社会心态：基于 2010CGSS 的实证分析》，《山西师大学报（社会科学版）》第 S2 期。

杨宜音，2006，《个体与宏观社会的心理关系：社会心态概念的界定》，《社会学研究》第 4 期。

杨中芳，1994，《中国人真是集体主义的吗？——试论中国文化的价值体系》，杨国枢主编《中国人的价值观——社会科学观点》，台北：台湾桂冠图书公司。

应小萍，2012，《灾难情境下的社会心态研究——"生物—心理—社会"研究思路与方法》，《哈尔滨工业大学学报（社会科学版）》第 6 期。

英格尔斯，艾历克斯，2012/1997，《国民性：心理—社会的视角》，王今一译，北京：社会科学文献出版社。

张帅，2010，《心理史学概述》，《传承》第 10 期。

赵旭东，2010，《超越社会学既有传统——对费孝通晚年社会学方法论思考的再思考》，《中国社会科学》第 6 期。

周兵，2001，《心理与心态：论西方心理历史学两大主要流派》，《复旦学报（社会科学版）》第 6 期。

周晓虹，2009，《中国人社会心态六十年变迁及发展趋势》，《河北学刊》第 5 期。

——，2012，《"中国经验"与"中国体验"》，《学习与探索》第 3 期。

Allport, F. H. 1924, *Social Psychology*. Boston：Houghton-Mifflin.

Allport, G. W. 1968, "The Historical Background of Modern Social Psychology." In G. Lindzey & E. Aronson（eds.），*The Handbook of Social Psychology*. Reading, MA：Addison-Wesley.

"单独二孩"政策目标人群及
相关问题分析[*]

张丽萍　王广州

摘　要： 经过 30 多年的独生子女政策，中国积累了大量的独生子女。本文以"单独二孩"计划生育新政目标人群为研究对象，以 2005 年全国 1% 人口抽样调查原始抽样数据为基础，结合 1990 年、2000 年以及 2010 年的全国人口普查数据，通过微观人口仿真技术，建立了 2010 年原始仿真数据库，对目前中国东、中、西部地区农业和非农业"单独"育龄妇女和一孩"单独"育龄妇女的总量、结构进行了估计。研究结果表明：全国一孩"单独"育龄妇女有 2051 万人左右，其中农业户口这类"单独"育龄妇女有 925 万左右，非农业户口类育龄妇女人数不到 1120 万，符合新政策的可能生育的育龄妇女在 1411 万左右。东部地区"单独二孩"可能生育的目标人群最多，约 688 万人，其中非农业一孩"单独"育龄妇女约 495 万，中部地区"单独二孩"目标人群不到 395 万人，西部地区约 328 万人。最后，本文针对"单独二孩"政策面临的主要问题提出了相应的政策建议。

关键词： "单独二孩"　生育政策　独生子女

一　引言

始于 20 世纪 70 年代的中国计划生育政策，对中国人口的发展进程实施了严格的人为干预，从根本上改变了中国人口、中国家庭和中国社

---

* 原文发表于《社会学研究》2014 年第 1 期。

会的基本结构。计划生育政策，特别是 1980 年以来的独生子女政策无论在中国历史上还是世界历史上都是前所未有的，对中华民族产生的深远影响也必将是前所未有的。然而，30 多年过去了，面对客观的人口规律和已经变化了的人口形势，适时调整和完善生育政策已成当务之急。

十八届三中全会提出，"坚持计划生育的基本国策，启动实施一方是独生子女的夫妇可生育两个孩子的政策，逐步调整完善生育政策，促进人口长期均衡发展"。这一被俗称为"单独二胎"[①] 的政策一经公布，立即引起全社会强烈反响。如何进行生育政策的转换，降低其带来的各种风险，实现平稳过渡，不仅需要科学的政策研究与设计、老百姓的理解与配合，更需要决策者的政治智慧与勇气。

实际上，"单独二胎"的概念并不准确，人口学界一般将其称为"单独二孩"，意思是第一胎是双胞胎、多胞胎不在政策范围之内。"单独二孩"生育的新政策，从根本上改变了独生子女和"一胎化"生育政策的导向和趋势，标志着中国生育政策的历史性转折。

这一新政的实施时间已经引起社会各界的关注，国家卫生和计划生育委员会对此解读称，新政不设统一时间表，由各省负责，根据当地实际情况，依法组织实施。随着各省新政实施进入启动阶段，有许多实际问题不容忽视。需要深入研究的问题有很多：首先是符合新政的人群规模，即已生育一孩未生育二孩的单独育龄妇女总量、结构；其次是如果分别放开"单独二孩"，各省级单位能产生多大的出生人口堆积？对医疗卫生、教育乃至未来的就业造成多大压力？第三是全国各地区"单独二孩"父母的具体分布状况等；第四是符合生育条件人群的生育进度如何？即是否需要建议高龄孕产妇优先生育，其他年轻的一孩单独育龄妇女避开堆积等；第五是生育"单独二孩"的风险人群的特征与分布情况如何？尤其是高龄孕产妇规模以及出生缺陷的产前筛查等需要进行提前准备；最后是需要了解"单独二孩"的生育意愿及其与实际生育之间的差距，既要预防出生堆积，也要防止低生育陷阱的出现。然而，回答或判断这些问题首先必须把握符

---

① "单独"即夫妻中一方是独生子女，系与夫妻双方均为独生子女的"双独"相对而言，相当于专有名词，下同。

合"单独二孩"的目标人群总量、结构。

以往对于不同计划生育政策下目标人群的研究，多数是分析现行生育政策实施以及调整生育政策后的影响。郭震威、齐险峰（2008）应用"四二一"家庭微观仿真模型，测算了现行政策不变、"单独"政策和"二孩"政策等三种生育政策条件下，未来50年我国人口数量与结构的变动情况，模拟了不同方案下的人口与经济社会后果，认为今后较长一个时期宜保持现行生育政策的总体稳定。乔晓春、任强（2006）通过对放开生育政策和不放开生育政策两种情形可能导致的人口学后果进行估计，结合国外的经验和教训，从低生育率的长期后果来分析如何合理地选择生育政策。还有学者（王广州，2012；王广州、张丽萍，2012）在分析现行生育政策的覆盖人群、育龄妇女总量、结构、生育进度和生育目标的基础上，通过人口系统随机微观仿真实验分析单独育龄妇女总量、结构及发展趋势，模拟生育政策调整的影响，认为全国尽快实施放开"单独二孩"政策面临的风险不大。

综上可以发现，这些研究更多地集中在现行生育政策与调整生育政策的影响分析上，讨论的重点是要不要调整生育政策、调整政策与不调整政策的后果、如何调整以及何时调整等，其中包括独生子女总量结构研究、单独育龄妇女总量结构估计、单独统一放开的研究（王广州等，2013）。如果说以往的研究更侧重于全国宏观层面的分析、对生育政策调整的可行性分析，那么随着新政的实施，当前更需要对面向新政策的单独育龄妇女的子女结构进行精算、细算。总之，从目前的研究基础来看，对"单独二孩"政策的研究缺少面向具体实施步骤的空间分布研究、面向具体实施过程的人群特征分析、更精细地对"单独二孩"政策实施进行有效指导的研究，以及针对"单独二孩"政策后为全面放开二孩政策做好基础准备的研究。

二 数据与方法

从研究对象的特征来看，符合"单独二孩"政策的人群可以定义为育龄夫妇必须有一方是独生子女，同时，该育龄夫妇已经生了一孩尚未生育第二个孩子，满足这些约束条件的已婚育龄夫妇才能具备生育二孩的政策条件。

要研究"单独二孩"政策目标人口构成的特征，首先需要研究独生子女的总量、结构，其次是单独育龄妇女的总量、结构，第三是一孩单独育龄妇女的总量、结构，第四是符合"单独二孩"政策可能生育的一孩单独育龄妇女的总量、结构。显然，上述人群的基本数量关系存在这样的基本逻辑关系：独生子女总量＞单独育龄妇女总量＞一孩单独育龄妇女总量＞符合新政策的一孩单独育龄妇女总量。本文根据上述关系，一步一步估计全国分区域具备上述特征的育龄妇女的总量与结构，研究的重点集中在育龄妇女身上。

对"单独二孩"目标人群的估计，涉及横向的夫妻关系以及纵向的母子关系。从研究方法来看，目前的宏观模型很难处理既有横向又有纵向关系的研究问题，比如婚姻关系中夫妻婚龄差变化和分类就是一个非常棘手的问题，往往需要非常强的假定和非常细致的三维以上的分类汇总数据。目前的宏观人口模型主要采用分年龄、性别的汇总数据，数据的表现形式多为二维，如果需要三维或更高维度的基础数据，现有公开数据基本无法满足。随机微观人口仿真模型则不同，基础数据不仅可以完整地标识家庭关系和家庭结构，而且还可以完整地标识个人的许多属性，可以胜任各种维度的统计分析和模型运算，具有不可替代的研究优势。

研究"单独二孩"育龄妇女目标人群不仅需要有独生子女属性标识，而且需要确定婚姻关系以及育龄妇女的孩次结构等数据信息。2010 年人口普查是现实性最好的数据，但这次普查没有对登记对象进行独生子女属性标识。只有 2005 年全国 1% 人口抽样调查中登记了 30 岁及以下人口是否有兄弟姐妹，据此可以判断其是否为独生子女。所以从 2010 年人口普查数据中无法直接统计汇总相关信息。另外，与以往不同的是，国家统计局没有为科研机构提供 2010 年人口普查原始样本数据，所以，无论是从原始基础数据的可获得性还是调查设计的科学性来看，目前都没有可以直接使用的有省级代表性的调查数据。因此，只能根据人口的内在逻辑关系和可校验的数据对"单独二孩"政策育龄妇女目标人群的总量、结构进行估计。根据 2010 年人口普查比较详细的汇总数据对婚姻分布、人口区域分布和年龄结构分布进行目标校验，而育龄妇女的孩次构成则通过递进生育模型估计获得。仿真模型运算的具体步骤如下：

1. 以 2005 年全国 1% 人口抽样调查原始数据库为基础数据，对数据进行夫妻匹配、母子匹配。

2. 以 1990 年、2000 年以及 2010 年人口普查育龄妇女的生育模式、婚姻模式、独生子女规模等为参数，对 2005 年数据进行微观仿真，生成 2010 年原始个案仿真库。

3. 根据个案仿真库的育龄妇女结构、生育模式等与 2010 年人口普查汇总数据对比，校验个案信息库，生成本研究的基础库。

通过仿真生成的 2010 年虚拟个案库，个案信息中包含如下信息：地址码、年龄、性别、城乡属性、是否为独生子女、育龄妇女曾生子女情况、配偶编号、母亲编号。根据个案库的独生属性可以判断独生子女人数。随机微观人口仿真方法和目标优化方法见文献（Mode，1985；王广州，2012；邢文训、谢金星，2005）。

仿真数据的基本特征汇总结果见表 1。根据本项研究的基础数据库推算，2010 年全国 5 岁及以上独生子女人数近 1.48 亿人，其中农业户口和非农业户口分别为 7451 万人和 7324 万人。从区域分布情况来看，近一半的独生子女分布在东部地区，为 6633 万人，分布在中、西部的分别为 4389 万人和 3774 万人（见表 1）。

表 1　5 岁及以上独生子女人数

单位：万人

地区[a]	合计[b]	农业户口	非农业户口
东部	6632.95	3220.11	3404.84
中部	4388.53	2190.32	2193.37
西部	3773.68	2040.95	1726.53
合计	14795.16	7451.38	7324.74

注：[a]表中东、中、西部分类标准如下：东部地区包括北京、天津、河北、辽宁、上海、江苏、浙江、福建、山东、广东、海南 11 个省（市），中部地区包括黑龙江、吉林、山西、安徽、江西、河南、湖北、湖南 8 个省，西部地区包括内蒙古、广西、重庆、四川、贵州、云南、西藏、陕西、甘肃、青海、宁夏、新疆 12 个省（自治区、市）。[b]在人口普查数据中有部分个案户口属性不清，所以表 1 中农业户口与非农业户口人数之和小于合计。以下各表同。

除个案信息外，我们首先利用配偶编号等信息把个案库转换为家庭库，并根据家庭库中育龄夫妇是否为独生子女的属性判断该家庭是否为单独家庭。进而分析单独家庭中育龄妇女的年龄结构、孩次构成，以及已经生育一孩的单独妇女基本情况。在把个案库转换为家庭库过程中，由于人户分离的存在，还有部分育龄男性和女性无法匹配到配偶，又根据已经匹配的信息，对未匹配的人群单独进行推算、汇总。

三 目标人群估计

（一） 单独育龄妇女的区域分布

由于长期以来城乡、区域、民族之间的生育政策、社会经济发展水平、受教育状况和生育观念存在显著差异，我国各地区生育水平表现出比较大的差异，例如2010年人口普查中北京、上海等城市的总和生育率不到1.0，而多数农村地区和西部少数民族育龄妇女的总和生育率在2.0以上。长期的生育水平差异和婚姻模式使人群中独生子女和单独育龄妇女比例也存在很大差异。根据可获得的人口普查和抽样调查原始样本数据推算，2010年全国有单独、双独育龄妇女3617万人，若扣除228万人的双独妇女，全国有单独育龄妇女3389万人，其中农业户口单独育龄妇女1859万人，占全部单独育龄妇女的55%左右；非农业户口单独育龄妇女为1529万人，占全部单独育龄妇女的45%左右。从区域分布来看，东部地区单独育龄妇女有1561万人，占全部单独育龄妇女的46%左右；中部地区有952万人，占全部单独育龄妇女的28%左右；西部地区有876万人，占全部单独育龄妇女的26%左右，而中部和西部地区合计大体上也就占54%左右（见表2）。

表 2　单独育龄妇女的区域分布

单位：万人

地区	合计	农业户口	非农业户口
东部	1561.29	828.98	732.20
中部	952.36	515.10	436.63
西部	875.76	515.04	360.30
合计	3389.41	1859.12	1529.13

此外，除单独育龄妇女外，全国还有双独育龄妇女不到228万人，其中农业户口为97万人，非农户口为130万人。从区域分布来看，东部地区双独育龄妇女最多，为108万人，中部和西部地区分别为62万人和57万人（见表3）。

表3　双独育龄妇女的区域分布

单位：万人

地区	合计	农业户口	非农业户口
东部	108.29	44.07	64.22
中部	62.16	25.32	36.84
西部	57.19	27.81	29.39
合计	227.64	97.20	130.44

（二）单独育龄妇女的年龄构成

育龄妇女年龄大小是影响生育水平、生育意愿的重要因素。随着生育水平的逐渐下降，尽管年龄越小独生子女的比例越大，但受婚姻模式的影响，单独育龄妇女并非年龄越小的数量和比例就越大。从单独育龄妇女的年龄构成来看，有1052万单独育龄妇女的年龄在25～29岁之间，另有1091万左右的单独育龄妇女年龄在30～34岁之间，其他年龄段的单独育龄妇女人数合计大体为1246万人。

在农业户口中，单独育龄妇女比例最高的是30～34岁年龄组，占农业户口单独育龄妇女的1/3左右。在非农业户口中，单独育龄妇女比例最高的是25～29岁，占非农业户口单独育龄妇女的比例近35%。

从东部、中部和西部地区单独育龄妇女的年龄结构来看，各地区也表现出与全国平均水平类似的特征，说明单独育龄妇女的年龄结构的区域差异不是很大。

值得注意的是，全国大概有13万左右单独育龄妇女的年龄在15～19岁之间，属于不符合法定结婚年龄的人口。在15～19岁单独育龄妇女中，农业户口单独育龄妇女为12万人，其中东部地区有3.6万，中部2.9万，西部5.1万；另外，全国15～19岁非农业户口单独育龄妇女也达到1.2万人（见表4）。

表 4　单独育龄妇女的年龄结构

单位：万人

地区	年龄组	合计	农业户口	非农业户口
东部	15～19 岁	3.91	3.60	0.30
	20～24 岁	160.46	114.63	53.11
	25～29 岁	537.48	224.42	279.26
	30～34 岁	500.57	270.79	239.93
	35～39 岁	252.87	162.37	105.57
	40～44 岁	83.77	43.97	41.00
	45～49 岁	22.23	9.20	13.03
	小计	1561.29	828.98	732.20
中部	15～19 岁	3.42	2.91	0.51
	20～24 岁	88.14	57.15	29.81
	25～29 岁	268.79	122.79	137.26
	30～34 岁	319.07	174.83	149.33
	35～39 岁	187.09	116.39	76.21
	40～44 岁	69.94	34.44	34.18
	45～49 岁	15.91	6.59	9.33
	小计	952.36	515.10	436.63
西部	15～19 岁	5.53	5.12	0.41
	20～24 岁	101.26	71.64	30.58
	25～29 岁	245.81	120.89	118.70
	30～34 岁	271.00	166.13	108.43
	35～39 岁	188.79	117.60	73.03
	40～44 岁	50.55	28.13	21.86
	45～49 岁	12.81	5.53	7.29
	小计	875.75	515.04	360.30
合计	15～19 岁	12.86	11.64	1.22
	20～24 岁	349.87	243.42	113.51
	25～29 岁	1052.07	468.10	535.21
	30～34 岁	1090.64	611.74	497.69
	35～39 岁	628.75	396.36	254.82
	40～44 岁	204.26	106.54	97.04
	45～49 岁	50.96	21.31	29.65
	合计	3389.41	1859.12	1529.13

（三） 单独育龄妇女的孩次构成

育龄妇女是否生下一个孩子与目前的孩次构成状态密切相关，育龄妇女的孩次构成不仅反映了育龄妇女的生育历史和生育水平，同时也反映了育龄妇女的生育潜力。在单独育龄妇女中，既有没有生过孩子的，也有生过二孩甚至三孩及以上的。"单独二孩"生育政策的直接目标人群就是那些生过一孩还没有生二孩的单独育龄妇女，简称"一孩单独育龄妇女"。

从2010年单独育龄妇女的孩次构成来看，全国"一孩单独育龄妇女"有2051万人，其中农业户口这类单独育龄妇女有925万，非农业户口有1115万。

从区域看，东部地区"一孩单独育龄妇女"人数最多，为990万人，农业户口和非农业户口分别为455万和529万人；中部地区为567万人，农业和非农业户口分别为241万人和324万人；西部地区为494万人，农业和非农业户口分别为229万人和263万人。

表5 单独育龄妇女的孩次构成

单位：万人

地区	孩次结构	合计	农业户口	非农业户口
东部	0孩	228.63	80.71	145.20
	1孩	990.43	455.16	528.65
	2孩	302.07	256.52	53.63
	3孩及以上	40.16	36.59	4.73
	小计	1561.29	828.98	732.20
中部	0孩	82.49	26.49	55.22
	1孩	567.12	241.31	323.85
	2孩	260.30	209.18	52.84
	3孩及以上	42.35	38.11	4.62
	小计	952.26	515.10	436.53
西部	0孩	89.27	33.08	55.45
	1孩	493.50	228.56	262.96
	2孩	226.90	191.63	36.84
	3孩及以上	66.09	61.76	5.05
	小计	875.76	515.03	360.30

地区	孩次结构	合计	农业户口	非农业户口
合计	0 孩	400. 39	140. 28	255. 87
	1 孩	2051. 05	925. 03	1115. 46
	2 孩	789. 27	657. 33	143. 31
	3 孩及以上	148. 60	136. 46	14. 40
	合计	3389. 30	1859. 12	1529. 03

（四） 符合生育"单独二孩"育龄妇女的构成情况

中国现行生育政策的核心是独生子女政策，而根据育龄妇女的不同身份概括起来则可以划分为：城镇非农业人口独生子女政策、部分农村农业人口采用的独生子女政策、部分农村农业人口采用的一孩半或二孩政策、部分少数民族采用的二孩及以上政策，以及双独二孩政策等 5 种主要现行生育政策。新政策实施后，除了现行生育政策中夫妇双方都是非独生子女以外，其他人群都适用。

将分区域不同户口性质的"一孩单独育龄妇女"的年龄分布汇总后发现，全国 2051 多万"一孩单独育龄妇女"中，24 岁及以下为 215 万人，45 岁及以上 35 万人左右，25～44 岁为 1801 万人，其中农业户口 758 万人。考虑到农村的一孩半政策，其中有一半一孩生育女孩的妇女生育下一孩不属于目前放开单独二孩的政策人群，所以，符合政策调整后的农村"单独二孩"育龄妇女数约为 379 万人，加上非农业户口略多于 1032 万人，单独育龄妇女中能够生育二孩，且符合调整政策范围的育龄妇女即"单独二孩"目标人群数为 1411 万人。考虑到在 25～44 岁单独育龄妇女中有一部分刚刚生过一孩，因此，即使不考虑生育间隔，实际符合政策一年内全部有可能生育的单独育龄妇女的上限应该在 1411 万以内（见表 6）。

表 6 "一孩单独育龄妇女"年龄结构

单位：万人

地区	年龄组	合计	农业户口	非农业户口	目标人群
东部	15～19 岁	1. 10	0. 85	0. 26	
	20～24 岁	83. 07	63. 76	20. 47	

地区	年龄组	合 计	农业户口	非农业户口	目标人群
东部	25～29 岁	308.37	148.30	158.52	232.67
	30～34 岁	348.39	144.32	200.65	272.81
	35～39 岁	170.96	72.59	96.83	133.12
	40～44 岁	61.21	21.78	38.57	49.46
	45～49 岁	17.33	3.56	13.34	
	小计	990.43	455.16	528.64	688.06
中部	15～19 岁	1.92	1.67	0.25	
	20～24 岁	60.31	41.76	18.22	
	25～29 岁	158.14	73.27	84.47	121.10
	30～34 岁	187.84	70.83	116.44	151.86
	35～39 岁	108.71	39。96	68.41	88.40
	40～44 岁	40.08	11.78	28.03	33.92
	45～49 岁	10.12	2.05	8.03	
	小计	567.12	241.32	323.85	395.28
西部	15～19 岁	3.95	3.55	0.38	
	20～24 岁	64.81	48.48	16.10	
	25～29 岁	141.58	67.13	73.79	107.36
	30～34 岁	148.71	60.66	87.48	117.81
	35～39 岁	100.20	39.72	60.10	79.96
	40～44 岁	26.61	7.87	18.64	22.57
	45～49 岁	7.64	1.14	6.47	
	小计	493.50	228.55	262.96	327.70
合计	15～19 岁	6.97	6.07	0.89	
	20～24 岁	208.19	154.00	54.79	
	25～29 岁	608.09	288.70	316.78	461.13
	30～34 岁	684.94	275.81	404.57	542.48
	35～39 岁	379.87	152.27	225.34	301.48
	40～44 岁	127.90	41.43	85.24	105.95
	45～49 岁	35.09	6.75	27.84	
	合计	2051.05	925.03	1115.46	1411.04

从"一孩单独育龄妇女"的年龄结构来看，"一孩单独育龄妇女"主要集中在 25~34 岁，占 60% 以上；其次是 35~39 岁，占 18% 左右；其他年龄组所占比例相对比较小，比如，45 岁及以上的不到 2%，24 岁及以下的占 10% 左右，两类妇女合计所占比例在 12% 左右。

分区域来看，东、中、西部的非农业户口在 30 岁以上各年龄组的比例明显高于农业人口（见表 6）。"单独二孩"目标人群东部地区最多，为 688 万人，其中部和东部地区非农业"一孩单独育龄妇女"接近 495 万，中部地区为 395 万人，西部地区约 328 万人（见图 1）。

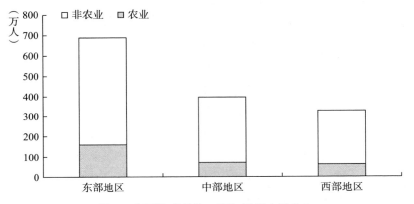

图 1　分区域"单独二孩"目标人群分布

从平均年龄来看，全国"一孩单独育龄妇女"的平均年龄为 31.3 岁，标准差为 5.5；其中，非农业户口的平均年龄为 32.3 岁，农业户口为 30.1 岁。从区域差异来看，中部地区非农业人口的平均年龄最大，西部地区农业人口的平均年龄最小，二者相差近 3 岁（见表 7）。

表 7　"一孩单独育龄妇女"平均年龄

地区	全部		农业户口		非农业户口	
	均值（岁）	标准差	均值（岁）	标准差	均值（岁）	标准差
东部	31.39	5.295	30.36	5.301	32.22	5.141
中部	31.45	5.616	30.08	5.569	32.46	5.426
西部	30.97	5.666	29.48	5.654	32.27	5.352
合计	31.30	5.485	30.05	5.480	32.30	5.278

最后需要说明的是，由于人口普查和抽样调查数据都存在出生漏报问题，而出生漏报的主要人群是计划外生育的二孩及以上。而二孩及以上漏报直接影响到对育龄妇女孩次构成的估计，这其中当然也包括对一孩单独妇女总量、结构的估计。为了对全国进行比较详细的分地区估计，本项研究采用2010年全国第六次人口普查作为校验目标，一方面是便于调查登记人群统计口径的一致，另一方面是结构性数据比较完整。校验目标可能受出生漏报的影响，因此，考虑到漏报的原因可能会对估计结果造成一些偏差，偏差的方向应该是高估计了"单独二孩"政策目标人群。另外，由于流动人口增加，影响了家庭户内夫妻匹配，以人口普查数据为基础的推算相对增加了独生子女数量，所以目前的估计可能是一个高估。

四　面临的主要问题

随着各省计划生育条例的修改，"单独二孩"政策会逐渐进入启动阶段，符合生育"单独二孩"的育龄人群在全国各地区会面临一些具体问题。

第一，非均匀出生堆积问题。根据随机微观人口仿真模型估计结果，生育政策将会引起一定程度的出生人口堆积，考虑到生育意愿调查和实际生育可能性，可以判断分步放开"单独"二孩的出生堆积效应应该比较小。但由于符合新政策的单独育龄妇女分布是不均匀的，因此，有些地区出生堆积可能还是会比较显著的，特别是城镇地区，独生子女比例相对较高，人口聚集程度较高，出生堆积可能会更明显一些。

第二，高龄孕产妇问题。医学上称35岁及以上的初孕产妇为高龄孕产妇，目前在符合"单独二孩"生育政策的育龄妇女中，这类妇女约有452万，而有将近110万育龄妇女的年龄在40岁及以上（见表8）。由于政策性原因，与平均初育年龄相比，40岁及以上的孕产妇的平均二孩生育间隔将在10年以上，加之我国育龄妇女生育一孩的剖宫产比例很高，因此，新政策的实施有可能将面临大量政策性高龄孕产妇人群和比较突出的生育风险问题。

表 8　"单独二孩"目标人群中高龄孕产妇分布

单位：万人

地区	35～39 岁	40～44 岁	45～49 岁	合计
东部	137.63	51.13	15.12	203.88
中部	91.08	34.94	9.05	135.07
西部	82.49	23.28	7.04	112.81
合计	311.2	109.35	31.21	451.76

第三，对绝育、放环育龄人群的服务问题。在全国2.7亿左右的已婚育龄妇女中，采取各种避孕措施的有2.4亿人左右。全国育龄妇女采取的主要避孕节育措施是放环和绝育手术，其中53%左右的已婚育龄妇女采取放环的避孕方法，31%左右的为绝育手术。随着政策的变化和新政策的落地，估计有相当一部分政策内育龄妇女需要实施计划生育取环手术服务，同时，也面临着一小部分由于孩子夭折、政策性原因等妇女计划生育属性变化带来的结扎复通手术等问题。

第四，政策衔接与"计生"队伍稳定问题。由于"单独二孩"生育政策是有条件地放开二孩的政策，生育政策调整起效时点将会对部分人群有很大影响，政策调整前后的适用人群不同将会面临政策衔接问题。同时，目前正值多数省份人口计生部门与卫生部门机构调整合并，不仅需要在政策层面、制度层面和法律层面的新政策配套措施出台，还需要保持工作的连续性、稳定性，做到政策不冲突、执行无偏差。此外，还要让群众理解生育政策调整的相关规定，这就迫切需要调整、组织好"计生"工作队伍，深入细致地做好人口计划生育的宣传教育工作。

五　政策建议

针对"单独二孩"政策目标人群的年龄结构、区域分布、孩次构成等基本特征，借鉴中国历史上生育政策调整的经验和教训，本文提出以下政策建议：

第一，短期内监控三孩，防止连锁反应，避免出生人口大起大落。中国区域发展极不平衡，由于"单独二孩"政策没有统一的时间表，因此有可能在区域之间、人群之间发生相互攀比，从而诱发超生的连锁反应。这可以从过去生育政策"开小口"经验中得到教训。如 1980 年,实施"一孩"生育政策遇到了巨大阻力,1984 年前后曾被迫调整一孩生育政策,由于诸多原因,政策调整曾一度引起部分地区生育失控、计划生育工作者思想混乱和工作瘫痪,1986 年和 1987 年三孩及以上生育率明显上升。尽管今天的社会经济形势与当初相比发生了巨大变化,但正是因为 1984 年的政策调整带来的三孩及以上超生"波动",时至今日,人们谈论生育政策调整时仍心有余悸。

第二,做好宣传,分散可能出现的堆积效应。实现政策的平稳衔接和过渡,既符合老百姓的长远切身利益,也符合国家的长期发展目标。这就需要实施者既要把新政策的落实过程、面临的问题和调整方案说清楚,也要把未来政策的调整方向和路径选择讲明白,尽量避免出现育龄人群由于担心政策多变而抢生和超生。积极应对由于出生人口堆积可能带来的短期或长期医疗卫生、教育、就业、健康、社保等方面的影响,为今后顺利实现"全面二孩"政策积累经验,奠定基础。

第三,做好出生缺陷干预和高龄孕产妇的服务。我国是出生缺陷发病率较高的国家,高龄孕产妇不仅面临相对较高的孕产妇死亡风险,而且面临出生缺陷发生风险。因此,针对"单独二孩"高龄孕产妇的产前检查和筛查服务尤为重要。

第四,深入调查研究,做好适时向"全面二孩"政策的过渡和各项准备。中国已经进入更替水平以下的长期低生育率阶段。随着年龄的降低,育龄妇女的生育意愿下降,从第六次人口普查的统计数据可以判断,即使全面放开"二孩",总和生育率达到或超过 4.4[①] 的可能性也几乎不存在。全面放开"二孩"也必将会成为人口发展客观规律的必然要求。虽然目前对"单独二孩"政策有很多研究积累,但对可供使用的基础数据的深入挖掘还比较薄弱。加强相关统计数据分析和深入研究,正确判断政策的影响和未来出生人口的变动趋势和变动规律,切实做好全面放开"二孩"政策的相关基础研究工作,才能为今后的科学决策提供依据。

总之,中国生育水平的差异巨大,东部地区和大城市已经进入超低生育水平。放开二孩生育限制并不一定就意味着符合条件的妇女都能怀孕生

---

① 中国发展基金会(2012)认为,全面放开"二孩"总和生育率会超过 4.4。

育甚或出现超生现象，正如欧洲、日本、韩国正经历的长期超低生育水平那样，即使鼓励生育，也无法实现预期，这其实也是政策制定者最担心的。长期以来，人们习惯于担心高生育率及其后果，尽可能地使生育率降到比较低的程度，尽管如此，我们也必须在人口达到零增长以前使生育率有所回升，从而避免出现过于剧烈的人口负增长惯性。如果错过调整生育政策的最佳时期，妇女生育水平将会欲弹乏力，最终落入低生育率陷阱，欧洲等国家近年来刺激生育的政策收效甚微即是前车之鉴。从人口发展规律、生育率的变动趋势以及世界发达国家和中国人口发展特点来看，全面放开"二孩"只是时间问题。

参考文献

郭震威、齐险峰，2008，《"四二一"家庭微观仿真模型在生育政策研究中的应用》，《人口研究》第 3 期。

乔晓春、任强，2006，《中国未来生育政策的选择》，《市场与人口分析》第 3 期。

王广州，2009，《中国独生子女总量结构及未来发展趋势估计》，《人口研究》第 1 期。

——，2012，《"单独"育龄妇女总量、结构及变动趋势研究》，《中国人口科学》第 3 期。

王广州、胡耀岭、张丽萍，2013，《中国生育政策调整》，北京：社会科学文献出版社。

王广州、张丽萍，2012，《到底能生多少孩子？——中国人的政策生育潜力估计》，《社会学研究》第 5 期。

王军、王广州，2013，《中国育龄人群的生育意愿及其影响估计》，《中国人口科学》第 5 期。

邢文训、谢金星，2005，《现代优化计算方法》，北京：清华大学出版社。

中国发展研究基金会，2012，《人口形势的变化和人口政策的调整（中国发展报告 2011/2012）》，北京：中国发展出版社。

Mode，C. J. 1985, *Stochastic Processes in Demography and Their Computer Implementation*. Berlin：Springer-Verlag.

教育不平等的年代变化趋势（1940～2010）[*]

——对城乡教育机会不平等的再考察

李春玲

摘　要： 本文基于 2006 年、2008 年和 2011 年全国抽样调查数据，采用 Mare 升学模型，系统考察 1940～2010 年各教育阶段城乡教育机会不平等的变化趋势。通过 5 个出生年龄组比较分析，发现小学教育的城乡机会不平等在下降，初中教育的城乡机会不平等没有变化，而高中及其他高级中等教育的城乡机会不平等持续上升，大学阶段的城乡机会不平等略有上升。本文的主要结论是：中等教育的城乡不平等是教育分层的关键所在，初中升入高级中等教育阶段的城乡机会不平等持续扩大，而这是导致农村子弟上大学相对机会下降的源头。与此同时，本文还对工业化理论假设、再生产理论假设和文凭主义假设进行了验证，数据分析结果支持再生产理论假设。

关键词： 教育不平等　城乡差距　教育扩张

一　研究的源起

近三年，国内公众舆论对教育机会不平等现象的讨论越来越多，人们尤其关注城乡之间的教育机会不平等问题，媒体和学者们对城乡教育机会不平等是否扩大、农村子弟上大学是否越来越难等问题产生了争论，社会学研究者也纷纷采用大规模调查数据来尝试回答这些问题。笔者曾于 2010 年撰写《高等教育扩张与教育机会不平等：高校扩招的平等化效应考查》

---

*　原文发表于《社会学研究》2014 年第 2 期。

一文（李春玲，2010），利用国家统计局 2005 年 1% 人口抽样调查数据，考察大学扩招政策实施以来高等教育机会不平等是否有所下降，结果发现：高等教育机会不平等不但没有下降，而且城乡之间的不平等反而有所上升。这一结果在当时引起了一些争议，令笔者进一步深思。大学扩招政策之后，大学招生人数持续增长，人们接受高等教育的机会成倍增加，在这种情况下，为什么农村子弟上大学的相对机会反而下降了呢？为解此惑，笔者进行了一些田野调查，观察到一个现象：大学扩招政策以来，教育领域和劳动力市场发生的变化（如大学毕业生就业难、农民工就业机会多、高考竞争愈加激烈、大学教育成本上升、职业教育机会增加等）对于农村家庭和城市家庭的教育选择产生了不同影响。部分农村家庭及其子女在初中毕业后（少部分在初中学习期间）放弃继续升学机会，进入劳动力市场；而绝大多数城市家庭及其子女会选择继续读高中，争取考入大学，大学生就业难和大学学费上涨等因素不会动摇他们要上大学的决心。另外，10 年前在农村地区大规模推行的"撤点并校"政策对部分农村学生的学习进取心产生了某些负面影响。以集中教育资源和提高教育效率为目的的"撤点并校"政策，的确提升了少数重点学校的升学率和教育质量，但其他的村镇中小学因缺乏资源而教育质量低下，学生普遍学习成绩差，对学习缺乏兴趣，教师对学生放任自流；这些学校的学生、家长和教师都感觉升学无望，以混日子的心态完成九年义务教育，而后进入劳动力市场。这意味着，教育领域和劳动力市场变化对农村家庭子女是否升高中的教育决策有部分负面影响，而对城市家庭的教育决策没有负面影响，而大学生就业难等因素反而使城市中上阶层家庭加大了对子女的教育投入，以便帮助子女上更好的学校，从而获得更具竞争力的学历文凭。这种现象使笔者考虑这样一种可能性：农村子弟上大学的相对机会下降，可能并非是大学升学阶段的不平等导致的结果，而是初中升高中阶段的城乡差距扩大的后果，即许多农村子女是在初中升高中阶段失去了上大学的机会。如果的确如此的话，想要减少高等教育阶段的城乡不平等，提升农村子弟上大学的机会，就应该把政策调整的重心放在初中升高中阶段。而公众媒体因农村子弟上大学比例下降对高等教育和高考制度进行批评，在某种程度上是击错了靶子。为了检验这样一个假设，笔者想在 2010 年研究的基础上进行扩展，系统考察不同教育阶段（初等教育、初级中等教育、高级中等教育和高等教育）的机会不平等变化的趋势，重点分析近20年城乡教育机会不平等变化的走向，确定是否是初中升高中阶段的教育分流导致大学升学阶段的城乡差距扩大。

另外，笔者2010年的研究建基于2005年1%人口抽样调查数据的转换数据，这一数据被认为有可能存在"选择性偏误"，而使研究结论的可靠性受到质疑（参见杨舸、王广州，2011；李春玲，2011）。从数据角度考虑，笔者也一直想采用一个更有代表性的数据来检验2010年的研究结论——"大学扩招后高等教育机会的城乡差距在扩大"。不过，令人满意的数据并不容易获得。由于这项研究采用的是包括多组年龄同期群交互变量的Mare升学模型，因此需要样本规模较大的数据。如果接受高等教育的人的样本数量较少，会影响交互变量的显著水平，从而影响检测教育不平等变化的准确性。经过了两年的等待之后，笔者有幸获得了符合条件的数据，可以重新检验2010年研究的结论，同时又可以进一步推进这一研究。

出于上述两个动因，笔者采用2006年、2008年和2011年三个年度全国抽样调查数据的整合数据，全面分析城乡教育机会不平等的年代变化趋势，系统分析由小学至大学的各阶段升学机会的不平等情况，考察家庭背景对个人教育机会的影响，着重观察城乡教育机会不平等的年代变化，以及在各级教育迅速扩张时期这些影响因素的变化趋势。同时，在理论层面，为了更深入地探讨教育不平等趋势变化的影响因素，笔者还检验了目前国际社会学领域解释教育不平等变化趋势的三种理论假设：工业化假设、再生产假设和文凭主义假设，并对工业化、教育扩张、国家政策变化、阶级结构改变如何影响教育不平等做出了解释。

二　国内外研究现状

在国际社会学研究领域，自20世纪70年代以来，有大批学者对各阶段教育不平等及年代变化趋势进行了理论和经验层次的研究分析，而近20年来的研究重点是在教育扩张的大背景之下，考察家庭的阶级地位和文化资本等家庭背景因素以及社会结构性分割因素（如种族/民族）对教育机会的影响作用是否发生了变化，是否导致了教育不平等的下降或维持不变。研究者们主要围绕着三种理论观点展开争论。

第一种理论是工业化理论（industrialization thesis），研究者称其为工业化假设。这种理论预测，随着工业化水平的提高，家庭背景等先赋因素对教育获得的影响逐步减弱，而教育机会竞争将越来越取决于自致因素，从而导致教育机会不平等程度下降。工业化理论的支持者认为，除了原始社会——那时劳动分工不那么细，且是以年龄、资历或性别来分工，在其他所有社会，职业都是分层系统的基础，尤其在工业化社会，劳动分工日益细化、专业化，以职业的专业技能要求高低而形成了一种职业分层；人们的职业位置决定其社会经济地位，而职业位置又在很大程度上取决于个人的受教育水平，个人的人力资本投资与其社会经济地位回报之间紧密相连。基于工业化社会的功能要求——需要越来越多的拥有专业知识和技能的人去担任相应的职业位置，教育系统不断扩张，并成为一种分层机制，以便把受教育者分配到各种工作岗位上（Lenski，1966；Treiman，1970）。进一步来说，随着工业化水平的提高，教育机会越来越取决于自致因素（勤奋努力和聪明才智）而不是先赋因素（家庭背景或性别、年龄、种族等先天因素）。因此，工业化理论的结论是，教育机会越来越平等化——越来越不依赖于家庭背景和先天因素。

第二种理论是再生产理论。与工业化理论相反，再生产理论（Collins，1971）并不关注教育提供工作技能的作用。再生产理论家所强调的是教育的另一种功能，即他们认为，在职业分层过程中，教育的功能是把中下阶层人群排挤到较低等级的职业位置上。具有优势地位的社会群体或阶层，通过制定学校教育的制度安排（如升学考试、课程内容、教学方式及学习规则等）以及向子女提供各种资源，帮助子女适应学校教育环境，使他们在教育机会竞争中获得成功；而来自较低社会阶层和弱势群体的人，由于没有父母的帮助和家庭资源的支持，往往在教育机会竞争中被淘汰出局。同时，在劳动力市场中，具有文化资本优势的社会群体通过以教育水平为基础的职业筛选和分配机制，保持着霸权和特权（Bourdieu，1977；Bowles & Gintis，1976；Carnoy，1974；Collins，1971）。再生产理论家指出，教育实际上再生产了原有的阶级地位和分层系统，上层阶级的子女通过教育获得了较高的阶级地位，而中下层阶级的子女因为失去教育机会而只能处于较低的阶级地位。通过教育系统，阶级地位在代际进行传递。在教育不平等研究领域中的一个最重要的理论假设——MMI 假设（最大化维持不平等假设）——就是源于再生产理论，MMI 假设认为，无论增加多少教育机会，只要中上阶层或优势地位群体未达到教育饱和，阶级之间的教育机会不平等就会维持不变（参见李春玲，2010）。

第三种理论是文凭主义假设（credentialism hypothesis）。这一假设是在折中了上述两种对立的理论观点基础上提出的，因而，从严格意义上来说，文凭主义假设并非是一种独立的理论，它只是针对各国学者得出的相互矛盾的实证研究结果（有些国家数据支持工业化理论，而另一些国家数据支持再生产理论），提出了一种解释思路。文凭主义是指人们依赖于某种资格证书而获得特定的工作岗位和社会地位。在劳动力市场中，雇主往往根据受雇者的学历文凭来判断其是否适合某种工作岗位，高学历的人因而可以获得经济报酬较高和声望地位较高的职业岗位。为了追求较好的职业和较高的社会经济地位，人们对人力资本进行大量投资，以获得较高的学历文凭，这导致整个社会崇尚学历文凭。文凭主义假设所涉及的就是这种文凭主义倾向对教育机会不平等所产生的影响。

文凭主义的理论假设也源于再生产理论。再生产理论家虽然强调教育作为阶级地位再生产的功能，但同时也意识到，学校教育的社会化功能与社会排斥作用（再生产功能）两者之间存在着本质的冲突。一方面，学校教育作为一种有效的机制，可以使中下层群体的子女获得社会化而融入主导性的价值规范体系。在社会中占据主导地位的社会群体的代表们对政府施加压力，以扩张教育体系并吸纳更多的中下层群体的子女，例如少数民族或工人阶级子女。教育扩张的压力与中下层群体不断增加的融入学校教育体系的要求相一致，其结果是初等教育和初级中等教育机会不断增加，并且逐步达到普及。因此，初等教育甚至中等教育的获得越来越独立于家庭背景和先天因素，其平等化水平逐渐提高。但另一方面，中上阶层群体想要维持他们在劳动力市场中的优势，就必须保持他们在高等教育中的优势。他们用各种方式让中下层群体的子女远离高等教育，比如增加非学院式教育机会（如职业教育、技术学校、社区大学等）、提高大学入学标准或者提升大学学费（Karabel，1972；Shavit，1984）。因此，尽管整体上的教育机会在趋于平等化，但要获得劳动力市场上最有价值的学历文凭，家庭背景还是有影响的。文凭主义假设预测，家庭背景对较低层次的教育获得（如上小学和初中）的影响逐步下降，但对较高层次的教育获得（如上大学）的影响则保持稳定或有可能上升。

欧美国家的一些学者采用调查数据对上述假设进行了检验。在美国，费瑟曼和豪斯（Featherman & Hauser，1978）通过年龄组比较分析发现，家庭背景和先天社会因素对初等和中等教育获得的影响在下降，但对高等教育的影响则没有下降。在英国，霍尔西（Halsey，1975）也观察到父亲职业地位对儿子的教育机会的影响在减弱。然而霍尔西等（Halsey et al.，1980）的研究则显示家庭和社会背景对教育获得仍有强烈影响。哈勒（Haller，1981）和马勒（W. Muller）分析了奥地利和西德的调查数据，也发现家庭和社会背景对教育获得的影响呈下降趋势（转引自 Shavit & Kraus，1990）。在匈牙利，西姆库斯和安多尔卡（Simkus & Andorka，1982）的研究发现，家庭背景对初等教育机会的影响减弱，但对中等和高等教育的影响没有下降。在法国，加尼尔和拉法罗维奇（Gamier & Raffalovich，1984）的研究则发现家庭背景及先天因素的影响保持稳定水平而没有下降。

1981 年，美国社会学家梅尔（Mare，1981）发表了一篇很有影响的文章，通过统计模型的改进纠正了以前的研究结论，将这一领域的研究进一步推进。梅尔认为，费瑟曼和豪斯（Featherman & Hauser，1978）的研究所发现的家庭背景因素对初等和中等教育的影响下降，可能是由于不同年龄组教育水平的边际分布效应的作用。由于教育扩张和教育机会增加，不同年龄组的教育水平分布不同，越年轻的年龄组受教育水平越高。这一因素可能干扰了研究结论。梅尔设计了一种升学模型（transition model），把年龄组作为控制变量加入模型，从而控制了教育水平边际分布的作用，并通过年龄组与各个自变量的交互作用项来考察家庭背景因素作用的年代变化，结果发现，家庭背景因素的作用不但没有下降，反而上升了。在以色列，夏维特等（Shavit & Kraus，1990）采用同样方法，对以色列的调查数据进行分析，也得出了同样的结论，即家庭背景及先天因素的影响并没有明显下降。史密斯和张（Smith & Cheung，1986）也采用这种方法对菲律宾调查数据进行分析，其结果也是家庭背景对教育获得的影响没有下降。西方学者对教育不平等变化趋势的研究模式在最近 10 年也传播到发展中国家，这些国家的社会分层研究者也对各自国家的教育不平等变化趋势与社会结构因素变化（经济增长、工业化、教育扩张）之间的关系进行了考察。与西方学者不同的一点是，发展中国家学者的相关研究除了考虑西方学者通常关注的因素之外，还特别强调国家政策的影响（Buchmann & Hannum，2001）。

在国内的社会分层研究领域，教育机会不平等一直是一个比较核心的议题，许多研究者对中国教育不平等及其年代变化趋势进行了研究分析（李春玲，2003，2009，2010；刘精明，2005，2008；李煜，2006）。这些研究发现，在经济改革之前的20～30年里，教育机会不平等有所下降，而经济改革开始以后的20世纪80年代和90年代，教育机会不平等明显上升（李春玲，2003；李煜，2006）；同时，研究还发现，由于政策干预和结构变化，不同类型的家庭资源对教育获得的影响有所不同（刘精明，2008）。另外，刘精明（2008）和李煜（2006）的研究也考虑了不同升学阶段的教育不平等及其影响因素，并发现父母文化资本对于不同阶段的升学概率影响不同。不过，国内研究者重点分析的是家庭阶级出身背景所导致的教育机会差异，采用大规模调查数据专门分析城乡教育机会不平等变化趋势的研究较少。吴愈晓（2013）的一篇文章考察了1979～2008年城乡教育不平等的变化趋势，发现高中和大学升学阶段城乡教育不平等有所扩大，但这一发现也还需要进一步验证。一些国外学者在对中国的教育不平等进行研究时，也关注到城乡之间的差异，但与国内学者相同，他们通常也是在考察家庭背景因素时把城乡因素作为一个附带变量（Lu & Treiman，2008）。只有很少的学者专门分析城乡教育不平等问题，其中比较重要的是美国学者艾米莉·汉纳姆等人的研究，他们对中国20世纪90年代至2004年的小学入学和小学升初中的城乡不平等进行了分析，发现小学入学阶段的城乡不平等没有变化，而小学升初中的城乡不平等在2000年之后有所上升（Hannum et al.，2008）。国内学者的研究较少验证工业化理论假设，而是重点考察重大的政策变化和制度变迁对教育不平等的影响，大多数研究比较了改革开放之前与之后的变化，而对于最近10年，特别是大学扩招政策实施之后各阶段教育机会不平等的研究较少。

三　研究问题和研究假设

本文的研究采用梅尔（Mare，1981）升学模型，即把年龄组变量加入多阶段升学模型，控制不同年代教育机会供给量变化的边际效应，在控制家庭背景及性别等变量的条件下，准确估计过去 60 年里城乡因素对各阶段教育升学机会的影响及其年代变化趋势。在观察教育机会不平等总体变化趋势的基础上，笔者特别想要回答的一个问题，即本文开头所提出的问题是：目前社会公众以及一些实证研究发现的高等教育城乡机会不平等扩大是否主要是中等教育期间，即初中升高中（及其他高级中等教育）阶段的不平等扩大所导致的后果。同时，在理论层面，笔者也想通过中国的教育机会不平等变化趋势来检验工业化假设、再生产假设和文凭主义假设。[①]

根据工业化理论、再生产理论和文凭主义理论这三种理论观点，我们可以分别提出以下 3 个假设：

> 假设 1a（工业化假设）：随着工业化水平提高和教育规模扩张，小学、中学和大学的城乡教育机会不平等逐步下降，城乡出身背景对教育获得的影响逐步减弱。

再生产假设及 MMI 假设主张，如果社会结构中的阶级不平等持续存在，那么教育机会不平等也将维持不变，家庭背景对教育获得的影响不会减弱，只有某一阶段的教育达到饱和（85% 以上的中上阶层家庭子女都能接受这一阶段的教育），此阶段的教育不平等才会下降。我国在 20 世纪 70

---

① 在这三种理论假设的争论中，大部分的西方学者主要是通过考察家庭背景——如父亲职业（家庭阶级背景）或父母文化水平（家庭文化背景）等——对子女教育机会的影响变化，来表示对某一理论的支持或否定。虽然再生产理论及 MMI 假设主要针对家庭阶级背景对教育机会的作用，但工业化假设和文凭主义假设并不完全局限于阶级不平等范畴，一些研究者在分析种族之间的教育不平等时也会涉及这些理论。在现有的教育不平等的研究中，几乎没有专门针对城乡之间教育机会不平等的解释理论。不过，我们可以借用这三种理论思路来尝试解释城乡教育机会不平等的变化趋势。从教育机会获得的角度来看，城乡差异也可以看成是一种家庭背景的差异。由于父母是农村居民（持农业户口），子女在教育机会竞争中处于劣势。另外，MMI 假设虽然强调的是阶级不平等，但也可泛指优势地位群体与弱势地位群体之间的不平等，其背后的原理是指处于优势地位的社会群体通过某些方式或制度安排排斥弱势社会群体，以达到获取更多教育机会的目的。再生产理论和 MMI 假设隐含的意思是，只要社会结构中存在某种结构性不平等，这种不平等就有可能通过教育渠道父代子传。顺其思路，如果社会结构中存在城乡不平等，那么教育领域的城乡不平等也会持续存在。

年代末期普及初等教育，21 世纪最初几年逐步普及初级中等教育（初中）。① 根据再生产理论和 MMI 假设，这两个阶段的教育达到了饱和，机会不平等会出现下降。高级中等教育（高中、职高、中专、技校等）和高等教育至今还没有达到教育饱和，这两个阶段的教育机会不平等将维持稳定水平而不会下降。

> 假设 1b（再生产假设/MMI 假设）：20 世纪 70 年代以来初等教育机会的城乡不平等下降（初等教育在 20 世纪 70 年代逐步普及）；2000 年以来初级中等教育机会的城乡不平等下降（21 世纪以来初级中等教育接近普及）；而高级中等教育和高等教育的城乡机会不平等维持不变（这两个阶段的教育远未普及）。

文凭主义假设的主张是：随着教育扩张的推进，教育不平等逐级下降，首先是初等教育不平等下降，而后才是初级中等教育和高级中等教育不平等下降，最后才是高等教育不平等下降。

> 假设 1c（文凭主义假设）：随着工业化水平提高和教育规模扩张，初等教育和初级中等教育机会城乡不平等逐步下降，而后出现高级中等教育和高等教育机会不平等下降。

国外学者在讨论家庭背景及结构因素对教育机会不平等的影响时，主要考虑工业化过程及随着工业化推进而来的教育扩张因素的影响，而社会结构层面的阶级不平等则被视为稳定不变或者有所下降；然而，中国的情况要比其他国家复杂，中国的教育机会不平等变化趋势不仅受到工业化和教育扩张的影响，而且受到政府重大政策改变——实施经济改革以及由强调阶级平等转向追求经济增长的政策目标——的影响。政府重大政策改变还导致了社会阶层结构的巨大变化，这也对教育机会不平等产生了影响。实际上，中国的教育不平等的趋势变化受到四种宏观因素——工业化进

---

① 20 世纪 70 年代后期中国的小学入学率超过 95%，2002 年小学升初中升学率达到 97%（参见国家统计局公布的历年各阶段入学率数据，http://www.stats.gov.cn/）。

程、教育扩张速度、国家层面的社会政治变迁和阶级不平等状况的变化——的交互影响。在过去的60年里，中国的社会政治环境和国家主导意识形态发生了巨变，从而导致社会结构和阶级不平等的极大变化，这一点与大多数西方社会有所不同。1949年之前，中国是一个半殖民地半封建的社会，存在着极大的阶级差异和教育不平等。1949年中华人民共和国成立以后，政府推行均等主义政策，阶级结构发生改变，阶级差异明显缩小。政府在教育领域也实施相应的均等主义政策，采取多种手段来缩小教育机会的阶级差异。1978年开始的经济改革以及相应的教育改革，使均等化教育模式转变为精英化教育模式，对教育不平等产生了极大的影响。考虑到这些社会政治环境和国家政策变化，中国的教育不平等变化趋势不应该是单一方向的变化或一直维持不变，而应该是有所波动的曲线变化。因此，对应的三种理论假设应该做如下调整，以体现国家政策对教育不平等的影响。

假设2a（工业化假设）：城乡教育不平等总体上呈现下降趋势，但受国家政策影响，20世纪50年代至70年代下降程度较大，20世纪80年代以来下降程度较小。

再生产理论和MMI假设认为教育不平等程度之所以维持不变，是因为社会结构中的阶级不平等保持不变，这意味着如果社会结构中的阶级差异扩大或缩小，教育不平等也应扩大或缩小。中国社会的阶级不平等的变化有两个转折点：1949~1978年和经济改革的最初10年（20世纪80年代）阶级不平等下降，而90年代以来，阶级不平等程度上升（参见陆学艺主编，2004；孙立平，2003；李春玲，2005）。因此教育不平等也应该随之先下降后上升。

假设2b（再生产假设/MMI假设）：城乡教育不平等的变化趋势随着阶级不平等的变化而上下波动，20世纪50年代到80年代教育不平等下降，而20世纪90年代以来教育不平等上升。

文凭主义假设考虑到教育扩张与阶级不平等的双重作用：教育扩张带

来初等教育和初级中等教育普及，从而降低了这两个阶段的教育不平等；阶级不平等上升会强化未达到教育饱和的更高级阶段（高级中等教育和高等教育）的教育不平等。

假设2c（文凭主义假设）：初等教育和初级中等教育不平等下降，而高级中等教育和高等教育不平等上升。

四　研究方法和数据

（一）数据

本文所用调查数据来自中国社会科学院社会学研究所开展的2006、2008和2011年度"中国社会状况综合调查"（CGSS）。这是一项全国范围内的大型连续性抽样调查项目，其中包括了个人教育和家庭背景信息。这三次调查基于相同的抽样框，采用分层多阶段抽样方法，共采集到了覆盖全国28个省市区的130个县（市、区）、260个乡（镇、街道）、520个村/居委会的7200余个家庭户，并在这些家庭户中抽取18～69岁年龄段的人为被访对象。2006年调查获得的有效样本数为7063，2008年的有效样本数为7139，2011年的有效样本数为7026。本文所用数据是把这3年调查数据加以合并而形成的一个新的数据集。因三次调查都采用了相同的抽样方案，都具有全国代表性，样本量几乎相同，而且三次调查的相隔时间很短，因此合并后的调查数据可以作为有全国代表性的调查数据。合并数据共获得21228个样本。本研究在21228个样本中选取1940～1989年出生的人，符合条件的共有19705个样本。本研究即以这19705个样本进行分析。

为了进行年代比较，本研究区分了5个年龄组人群：1940～1949年出生年龄组（简称"40后"）、1950～1959年出生年龄组（简称"50后"）、1960～1969年出生年龄组（简称"60后"）、1970～1979年出生年龄组（简称"70后"）、1980～1989年出生年龄组（简称"80后"）。区分出生年龄组是为了进行年代比较分析。不同出生年龄组的人在不同年代接受教育，反映不同年代的教育不平等状况。而且，不同出生年龄组在受教育期间经历了不同的国家政策变化和社会经济变迁，其教育不平等变化也反映出国家政策、工业化水平、教育扩张和阶级结构的影响。①

（二）模型

本文采用 Mare 设计的多阶段升学模型（logit models of educational transitions），测量不同年代城乡教育不平等的变化趋势。因变量为各阶段升学成功率与失败率之比的对数：是否进入小学、是否由小学升入初中、是否由初中升入高级中等教育（高中/职高/中专/技校）、是否由高级中等教育升入大学（大专/大本）。

本文的分析重点是城乡之间的教育不平等及其年代变化，因此城乡因素（出生于城市还是乡村）及年龄组与城乡因素的交互项是最主要的自变量。同时，年龄组作为重要的控制变量加入模型，如此就可以在控制不同年代的人口变化和教育机会供应量变化的情况下，估计城乡教育机会不平等的上升或下降趋势。另外，性别、父亲职业和父亲受教育年数也作为控制变量加入模型。

这一模型的公式如下：

$$\log\left(\frac{P_{ij}}{1-P_{ij}}\right) = \beta_{j0} + \beta_j X_{ij} + \sum_k \lambda_{jk} V_{ijk} + \sum_k \theta_{jk} C_{ijk} + \sum_c \lambda_{jc} CX_{ijc}$$

上述公式中，P_{ij} 是指第 i 个人在 j 阶段（进入小学、由小学升入初中、

---

① 通过出生年龄组比较分析教育不平等变化趋势的研究通常采用两种分组方法。一种是以自然时间段来分组，比如每 10 年一组或 5 年一组，也有 1 年一组；另一种是以某个或某些重要历史事件的发生时间来分组，通常是考察某一重大历史事件或某一政策对教育获得的影响，这种分组法需要历史事件或政策实施的明确时间和个人上学的具体时间。笔者采用第一种出生年龄组分组方法，即每 10 年一个出生年龄组。采用这一方法，一方面是由于笔者关注的是城乡教育机会不平等的变化趋势以及多种社会变迁（包括经济增长、教育扩张、政策变化等）的综合效应，而不是某一政策或事件的影响；另一方面，这虽然是一种自然时间分组，但实际却包含了社会变迁的丰富信息。目前中国社会流行的代际分类称谓是"××后"（如 80 后、70 后、60 后或 50 后），这表明过去 50 年的急剧社会政治变迁导致每 10 年就是一代人，每一代人都经历了一些特别重大的社会变迁事件，从而影响每一代人的人生经历，也包括教育经历，这一点在本文第五部分第一小节的描述中充分体现出来。10 年一组的分类不仅体现了生理年龄的差异，更重要的是体现了社会变迁（包括经济增长、教育扩张、政策变化等）的影响。

由初中升入高级中等教育、由高级中等教育升入大学）的升学概率。X_{ij}代表了个人的城乡出生背景（出生于城市家庭还是农村家庭），β_j 是 j 阶段的城乡出生背景回归系数，它反映了城乡出生背景对 j 阶段升学概率的影响程度。V_{ijk} 是一组控制变量（包括性别、父亲职业、父亲文化水平），λ_{jk} 则是各控制变量的回归系数，反映了这三个因素（k）对 j 阶段升学概率的影响程度。C_{ijk} 代表出生年龄组（40 后、50 后、60 后、70 后和 80 后），θ_{jk} 是出生年龄组的回归系数，反映了不同年代的人在 j 阶段的升学概率增减情况。CX_{ijc} 是城乡出生背景与出生年龄组的交互效应项，λ_{jc} 是交互效应项的回归系数，反映了不同年代城乡出生背景对升学概率影响的变化情况，这是本研究重点要考察的问题。

（三）变量

如上述公式所示，升学模型的因变量分别是四个升学阶段（进入小学、由小学升入初中、由初中升入高级中等教育、由高级中等教育升入大学）的升学者与没有升学者之比的对数。

由于模型是一组条件对数概率模型（conditional logit models），四个升学阶段模型的样本数是不同的。小学升学阶段模型的样本数为 19705（所有样本），由小学升初中模型的样本数为 16795（排除了未能进入小学的样本），由初中升高级中等教育模型的样本数为 11974（排除了未能升入初中的样本），由高级中等教育升入大学模型的样本数为 5733（排除了未能升入高级中等教育的样本）。

城乡出生背景用被调查者 15 岁时父亲户口身份来加以测量。如果 15 岁时父亲户口身份为农业户口，即意味着被调查者来自农村家庭；如果 15 岁时父亲户口为城镇户口，即意味着被调查者来自城市家庭；如果 15 岁时父亲户口身份未定（还未实行户籍制度），则以父亲居住地（城市或农村）来确定被调查者来自农村还是城市。在模型中，城乡出生背景为虚拟变量，出生于城市家庭为 1，出生于农村家庭为 0。

原数据父亲职业分类很细，为了减少模型的自变量数量，本文把父亲职业分类简化为三类：白领工人（包括党政干部、企业经理人员、专业技术人员、企业主和普通文职人员）、蓝领工人（包括商业和服务业工人、制造业工人、个体工商户和自雇佣者）和农民。在模型中，农民为参照组。

父亲受教育年数为连续变量。性别为虚拟变量，男性为 1，女性为 0。相关变量的描述性统计列在表 1 中。

表 1　单相关变量的描述性统计表

（N = 19705）

变量	比例（%）	变量	比例（%）
定类变量		定类变量	
性别（男性）	47.6	15 岁时居住地（城市）	25.9
本人受教育程度		出生年龄组	
未上过学	11.2	1940～1949	13.7
小学	27.2	1950～1959	21.9
初中	40.2	1960～1969	28.1
高中/职高/中专/技校	14.5	1970～1979	22.2
大专/大本/研究生及以上	6.9	1980～1989	14.2
15 岁时父亲职业		定距变量	均值（标准差）
白领工人	15.7		
蓝领工人	20.5		
农民	63.7	15 岁时父亲受教育年数（年）	3.98（3.76）

五　数据分析结果

（一）各阶段升学率及年代比较

由于教育发展水平的年代差异以及政府教育政策的变化，不同出生年代的人教育机会不同，每一代人的升学机会和升学路径也有所不同。表 2 列出了不同出生年龄组的各阶段升学率，它充分体现了教育扩张的效应以及国家政策变化带来的一些影响。

在我们所调查的 19705 个 1940～1989 年出生的人群中（参见表 2），大约 9/10 的人（89.6%）进入了学校教育系统接受正式教育，而其余的 1/10 则被排斥于正式教育之外。进入正规学校教育系统的人当中，接近 1/3 的人（29.5%）只接受了小学教育即离开了学校，其余的 2/3 的人（70.5%）继续升学。升入初中的人当中，又有 60.5% 的人在初中阶段或初中毕业后离开学校，只剩 39.5% 人继续升入高中。在升入高中的人当中，又有接近 2/3（61.3%）的人在高中阶段或高中毕业后（包括中专和职业学校）离开学校，最终继续升学、进入大学的只有 38.7%。如果按照 19705 人的总体计算，仅有 9.7% 的人（1903 人）通过了各阶段的升学关卡，最终争取到了高等教育的机会，而其余的 90.3% 的人则在层层筛选过程中被逐步淘汰，失去了获得高等教育的机会。

表 2　不同年龄组各阶段升学比例

单位：%

年龄组	进入小学	小学升初中	初中升高级中等教育	高级中等教育升大学	大学毛入学率
1940～1949	78.1	48.3	33.4	31.3	3.9
1950～1959	82.3	64.4	35.4	22.5	4.2
1960～1969	92.3	70.0	34.2	30.6	6.8
1970～1979	95.0	75.2	39.6	46.7	13.2
1980～1989	98.2	88.9	53.6	50.8	23.8
总体	89.6	70.5	39.5	38.7	—

注：高级中等教育包括普通高中和中等职业教育（职高/技校/中专等），大学包括大本和大专。

　　表 2 还列出了不同年龄组各阶段升学比率，显示出教育机会的快速增长状况，越晚出生的年龄组教育机会越多。但是，不同年代出生的人由于在不同的社会经济环境中接受教育并经历了不同的历史事件，他们的升学路径和升学机会也有很大的不同。40 后在解放初期接受小学教育，在 20 世纪 50 年代和 20 世纪 60 年代接受中等教育，在"文革"开始之前及"文革"初期接受高等教育。新中国成立以后，政府大力发展基础教育，40 后接受正规学校教育的机会大大高于前几代人，但是 40 后接受中等教育和高等教育的机会并不多，当时中国的中等教育和高等教育发展水平还比较低。

　　50 后在其成长期经历了一个重要的历史事件——"文化大革命"，这对他们这一代的教育经历产生了严重的影响。50 后在 20 世纪 50 年代末和 20 世纪 60 年代接受小学教育，1966 年"文革"开始时正是他们接受初中教育以及由初中升入高中之时，"文革"期间的各种社会运动（如"红卫兵运动"和"知识青年上山下乡运动"等）严重影响了他们接受高级中等教育的机会,他们中的许多人,或因学校关门停课、不招生,或因被组织进各种运动中,而失去了上高中的机会,并且大部分人也失去了上大学的机会。"文革"期间的教育改革政策对高等教育产生了破坏性的冲击,高等教育机会增长停滞,导致 50 后高中升大学的比例比 40 后减少约 9 个百分点(参见表 2),而同时 50 后初中升高中的比例仅比 40 后高出 2 个百分点。不过,尽管如此,50 后的大学毛入学率还是比 40 后略高一点(部分 50 后是在恢复高考以后上的大学)。

60 后在"文革"期间接受小学教育,"文革"后期及改革开放的初期接受中等教育,在高考制度恢复以后接受高等教育。改革开放以及相应的教育制度改革对他们的教育经历产生了极大影响,一方面,高考制度恢复使一部分 60 后有了上大学的机会;但另一方面,改革初期的市场化浪潮导致另一部分 60 后(尤其是农村家庭子女)在中等教育阶段辍学并走向社会。因此,虽然 60 后上大学的机会明显多于 50 后,但初中升高中的比例却比 50 后略低(参见表 2)。

绝大多数的 70 后是在 1978 年改革开始后接受教育的,他们在各阶段的升学概率都明显高于 60 后,特别是上大学的机会增长明显。13.2% 的 70 后有机会上大学,与 60 后相比,他们上大学的机会几乎增长了 1 倍。

与前几代人相比,80 后的教育机会进一步提高,这一代人普遍享有基础教育机会,初中教育也接近普及,高级中等教育机会与 70 后相比有大幅度的提高。对于 80 后来说,最幸运的一件事就是他们在上大学的年龄遇上了大学扩招政策。高等教育机会供应量急速增加,使得这一代人上大学的机会远远高于前几代人。80 后的大学毛入学率达到了 23.8%,比 70 后的相应比例高了 10 个百分点。

(二) 城乡因素对不同阶段升学概率的影响

表 3 是升学模型分析结果,它显示了 1940~1989 年出生人群在各阶段升学中的平均城乡教育机会差距,以及不同出生年龄组城乡教育机会差距的升降变化。表 3 中(非交互相应项)自变量的回归系数代表各因素对 1940~1989 年出生人群的平均效应,出生年龄组交互效应项自变量回归系数则代表城乡出生背景对每一个出生年龄组升学机会的影响程度。为了更直观地反映城乡教育机会差距,表 3 除了列出回归系数,还列出了比率比。

表3 对各阶段升学机会影响因素的分析及城乡教育不平等的年代变化（conditional logit regression）

自变量	进入小学			小学升初中			初中升高级中等教育			高级中等教育升大学		
	回归系数	标准误	比率比	回归系数	标准误	比率比	回归系数	标准误	比率比	回归系数	标准误	比率比
性别（男性）	1.229***	0.061	3.418	0.423***	0.041	1.526	0.195***	0.044	1.215	0.106	0.069	1.112
父亲受教育年数	0.163***	0.011	1.177	0.123***	0.007	1.131	0.112***	0.068	1.119	0.123***	0.011	1.131
15岁时父亲职业（参照组：农民）												
白领工人	0.244**	0.123	1.276	0.562***	0.077	1.753	0.784***	0.068	2.189	0.308***	0.107	1.360
蓝领工人	0.449***	0.130	1.567	0.594***	0.075	1.812	0.395***	0.065	1.484	-0.014	0.105	0.986
城乡（参照组：农村家庭）												
出生于城市家庭	1.585***	0.290	4.882	1.268***	0.128	3.557	0.651***	0.094	1.917	-0.055	0.156	0.946
出生年代（参照组：60后）												
40后	-1.089***	0.083	0.336	-0.809***	0.072	0.445	0.358***	0.121	1.431	0.329	0.240	1.390
50后	-1.004***	0.096	0.366	-0.296***	0.062	0.744	0.426***	0.092	1.531	-0.337*	0.198	0.714
70后	0.290***	0.096	1.336	0.154***	0.058	1.166	0.117	0.076	1.124	0.574***	0.140	1.774
80后	1.096***	0.173	2.994	0.912***	0.081	2.490	0.544***	0.078	1.723	0.508***	0.138	1.661
城乡×出生年代（参照组：农村家庭×60后）												
城市家庭×40后	-0.371	0.346	0.690	-0.549***	0.170	0.577	-0.726***	0.179	0.484	-0.120	0.324	0.887
城市家庭×50后	0.180	0.337	1.197	-0.189	0.159	0.828	-0.777***	0.133	0.460	0.244	0.254	1.277
城市家庭×70后	-0.235	0.470	0.791	0.142	0.206	1.153	0.266**	0.125	1.304	-0.072	0.191	1.075
城市家庭×80后	-1.213**	0.592	0.297	-0.088	0.307	0.915	0.722***	0.148	2.060	0.518***	0.191	1.679
常数项	1.330***	0.063	3.781	-0.126***	0.047	0.883	-1.911***	0.068	0.148	-1.828***	0.133	0.161
-2log likelihood	8629.319			14972.573			12529.558			5012.577		
样本数	19705			16795			11974			5733		

注：* $p \leq 0.1$，** $p \leq 0.05$，*** $p \leq 0.005$。

表 3 中"出生于城市家庭"的回归系数显示，出生于城市还是农村家庭对个人的升学机会有极大影响。排除不同年代教育机会及人口变化因素的作用，在性别、父亲职业和父亲受教育年数相同的情况下，城市家庭子女进入小学的概率①是农村家庭子女的 4.9 倍；城市家庭子女进入初中的概率是农村家庭子女的 3.6 倍；城市家庭子女进入高级中等教育的概率是农村家庭子女的 1.9 倍。然而，城市家庭子女进入大学的概率与农村家庭子女进入大学的概率差异则不显著。这一方面说明，在 1940～1989 年出生的人群中，城乡教育机会差异极大，城乡分割因素对进入小学、由小学升入初中、由初中升入高级中等教育等三个阶段的升学概率都有极大影响，城镇家庭子女在这三个阶段的升学过程中都具有更多的机会，但这种影响随着升学阶段的提高而逐步下降，越低的升学阶段城乡差异越大，较高的升学阶段城乡差异则有所缩小。小学和初中阶段的教育机会城乡不平等最为突出，在初中升入高中阶段城乡差距缩小，升大学阶段城乡子弟升学概率则无明显差异。这说明，农村家庭子女在初级和中等教育阶段需要克服的障碍更多，一旦完成了高级中等教育，他们考大学的成功率并不低于城镇家庭子女。

（三）性别及家庭阶级背景对不同阶段升学概率的影响

性别和家庭阶级背景（父亲职业和受教育年数）对升学机会的影响不是本文分析的重点。性别、父亲职业和父亲受教育年数只是作为控制变量加入分析模型，不过，我们也可以通过这三个控制变量回归系数顺便观察一下性别与家庭阶级背景对升学机会的影响。

回归系数显示，父亲受教育年数对子女各个阶段的升学机会都有明显影响，而且对各阶段升学概率的影响程度比较接近。排除不同年代教育机会及人口变化因素的作用，在性别、父亲职业和城乡出生背景相同的情况下，父亲受教育年数每增加 1 年，子女进入小学、由小学升入初中、由初中升入高级中等教育、由高级中等教育升入大学的概率分别提升 17%、

---

① 比率比是把两个群体升学与未升学人数之比相除所得，比如：城市家庭子女升学人数与未升学人数之比除以农村家庭子女升学人数与未升学人数之比，即城市家庭子女升学的可能性与农村家庭子女升学可能性之比，可以理解为升学概率之比，即城市家庭子女升学概率是农村家庭子女升学概率的多少倍。

13%、11% 和 13%。

父亲职业对子女各阶段升学机会也都有影响，但是在不同升学阶段，其影响程度不同。在进入小学阶段，白领家庭子女和蓝领家庭子女升学概率是农民家庭子女的 1.3 倍和 1.6 倍；在小学升入初中阶段，白领家庭子女和蓝领家庭子女升学概率都是农民家庭子女的 1.8 倍；在初中升入高级中等教育阶段，白领家庭子女和蓝领家庭子女升学概率是农民家庭子女的 2.2 倍和 1.5 倍；在高级中等教育升入大学阶段，白领家庭子女升学概率是农民家庭子女的 1.4 倍，但蓝领家庭子女与农民家庭子女的升学概率则无明显差异。概括来说，在小学和升初中阶段，父亲职业的影响主要体现在农民家庭与非农民家庭之间，而非农民家庭（白领与蓝领家庭）内部的差异不大；但在初中升入高级中等教育阶段，蓝领家庭子女升学概率高于农民家庭子女，而白领家庭子女的升学概率又高于蓝领家庭子女；在高级中等教育升入大学阶段，白领家庭子女升学概率高于蓝领家庭子女和农民家庭子女，而蓝领家庭与农民家庭则差异不大。

性别回归系数显示，在 1940～1989 年出生人群中，男女受教育机会存在不平等，但在不同的升学阶段性别差异有所不同。在小学阶段，男性进入小学的概率是女性的 3.4 倍；但由小学升入初中阶段性别差距大大缩小，男性的升学概率是女性的 1.5 倍；由初中升入高级中等教育阶段，性别差距进一步缩小，男性的升学概率是女性的 1.2 倍；由高级中等教育升入大学阶段性别差距则不显著。这也就是说，教育机会性别不平等主要存在于小学阶段，一些贫困落后的农村地区以及贫困家庭的女童失去教育机会，成为文盲或半文盲。但是，只要让女童进入学校接受教育，她们在以后的升学竞争中会逐渐接近男性水平，而在考大学阶段，她们并不会弱于男性。

（四）各阶段升学概率的代际差异

表 3 的升学模型加入了出生年龄组自变量，其回归系数显示了不同年龄组人群的各阶段升学概率，反映了教育扩张对教育机会的影响。数据分析结果表明，教育扩张使人们的各个阶段教育机会都不断提高。从代际比较来看，小学教育机会的增长最明显，在城乡出生背景、性别、父亲职业和父亲受教育年数相同的条件下，60 后接受小学教育的概率几乎是 40 后

和 50 后的 3 倍,[①] 而 70 后和 80 后上小学的概率又是 60 后的 1.3 倍和 3 倍。小学升初中阶段的机会增长也很明显,60 后升入初中的概率分别是 40 后和 50 后的 2.2 和 1.3 倍,[②] 而 70 后和 80 后升入初中的概率又是 60 后的 1.2 倍和 2.5 倍。初中升入高级中等教育机会增长则有所波动,50 后的升学概率比 40 后略有增长,但 60 后和 70 后则由于"文革"运动和改革初期市场化的冲击,初中升入高中的概率有所下降,而 80 后升学概率则明显增长,80 后初中升入高级中等教育的机会是 60 后和 70 后的 1.7 倍。高级中等教育升入大学的概率在"文革"时期有所下降,受其影响,50 后上大学的机会明显减少,但恢复高考制度以来,60 后、70 后和 80 后升入大学的机会持续增长。

(五) 各升学阶段城乡教育机会不平等的年代变化

表 3 升学模型的交互效应项(出生于城市家庭 × 各出生年龄组)的回归系数反映了各阶段城乡教育机会差异的年代变化。在进入小学阶段,除了"城市家庭 × 80 后"这一交互项,其他 3 个交互项("城市家庭 × 40 后""城市家庭 × 50 后"和"城市家庭 × 70 后")的回归系数都不显著,这说明,排除人口变化及教育扩张因素,在性别、父亲职业和文化水平相同条件下,小学阶段的城乡差距在 20 世纪 50 年代、60 年代、70 年代和 80 年代前半期(40 后、50 后、60 后和 70 后上小学时期)没有明显变化,只有到了 80 年代后期(80 后开始上小学),升小学阶段的城乡差距才有变化。进入小学阶段的"城市家庭 × 80 后"交互项回归系数是负数,意味着这一阶段的城乡差距在缩小,80 后升小学概率的城乡差距从前几代人的 4.9 倍大幅度地缩小到 1.5 倍 [EXP (1.585 – 1.213)]。在小学升初中阶段,只有 40 后交互效应项(城市家庭 × 40 后)回归系数是显著的,其他交互效应项回归系数都不显著。这也就是说,排除人口变化及教育扩张因素,在性别、父亲职业和文化水平相同的条件下,50 后、60 后、70 后和 80 后由小学升入初中的概率的城乡不平等没有变化,都维持在 3.6 倍水平

---

① 60 后比率比(1)除以 40 后比率比(0.336),60 后比率比(1)除以 50 后比率比(0.366)。

② 60 后比率比(1)除以 40 后比率比(0.445),60 后比率比(1)除以 50 后比率比(0.744)。

（城市人由小学升入初中的比例是农村人的 3.6 倍），而 40 后这一阶段的升学概率城乡差距为 2.1 倍［EXP（1.268 - 0.549）］，小于后几代人。这可能是因为户籍制度是 50 年代后期开始实施的，这一政策影响了城乡教育机会分配，而 40 后由小学升入初中时还未受到这一政策的影响。

初中升入高级中等教育阶段，城乡教育机会不平等的年代变化比较明显，所有交互效应项的回归系数都显著，比率比反映出城乡不平等逐年增长。回归系数显示，排除人口变化及教育扩张因素，在性别、父亲职业和文化水平相同的条件下，40 后和 50 后由初中升入高中的概率城乡差距不明显；而 60 后升学概率差距开始显著，城市家庭子女在这一阶段的升学概率是农村子女的 1.9 倍；70 后的城乡差距继续增长，达到 2.5 倍［EXP（0.651 + 0.266）］；80 后又进一步上升到 3.9 倍［EXP（0.651 + 0.722）］。40 后和 50 后在"文革"时期或"文革"前期步入由初中升入高中阶段，当时的中等教育受到"文革"运动的极大冲击，许多初中毕业生（尤其是城市里的初中毕业生）被迫放弃升学机会，参与"上山下乡"运动，因此这一时期初中升高中阶段的城乡机会差距并不大。60 后大多是在改革开放的最初 10 年（80 年代）初中毕业，市场经济浪潮和农民外出打工浪潮使大量农村初中毕业生放弃升学机会，或者在初中学习阶段就辍学离开学校，进入劳动力市场。而与此同时，高考制度恢复和教育回报率上升极大提升了城市父母对子女的教育期望，城市家庭子女初中升高中比例逐步提高，导致这一阶段升学机会的城乡差距拉大。20 世纪 90 年代以后各阶段升学考试制度日益严格，以考试内容为核心的教学内容越来越艰深，城市父母不断增加对子女的教育投资，提升其学业成绩，确保子女进入最好的学校并通过各级考试；而多数农村家庭无力对子女提供这些帮助，部分农村孩子因跟不上教学进度或缺乏学习兴趣而被逐步淘汰。21 世纪开始以来，大学教育成本不断上升；与此同时，大学扩招政策导致大学毕业生就业难；另外，农民工就业机会增多，收入增长，这种种因素进一步打压了农村父母及其子女的教育期望，一些农村初中毕业生放弃了升入高中学习的机会，因为他们觉得考大学无望，不值得进一步投资。在这种大背景之下，70 后和 80 后在初中升高中阶段城乡机会差距逐步拉大。

表 3 的交互效应回归系数显示，高级中等教育升入大学阶段的城乡机会差距明显小于进入小学、小学升入初中和初中升入高级中等教育阶级，

而且其不平等程度的年代变化也明显小于初中升入高级中等教育阶段。除了 80 后交互效应项（城市家庭×80 后）回归系数显著，其他出生年龄组交互效应项都不显著。这说明，排除人口变化及教育扩张因素，在性别、父亲职业和文化水平相同的条件下，40 后、50 后、60 后和 70 后由高级中等教育升入大学的概率城乡差距不明显，而且年代变化也不明显，但 20 世纪 90 年代末期以来（80 后上大学时期），这一阶段升学概率的城乡差距有所提高，城市家庭子女由高级中等教育升入大学的概率是农村家庭子女的 1.7 倍。这可能是最近 10 余年大学教育成本上升、农民工就业机会和收入增长、大学扩招政策造成大学毕业生就业难等因素导致的后果。

六　结论与讨论

根据前面的数据分析，我们可以得到以下几方面的结论。

（一）教育机会增长

数据分析结果显示，过去 60 年，尤其最近 30 年，中国教育规模扩张使教育机会供应量迅速增长，越年轻一代受教育机会越多。不过，各阶段教育机会增长并非平稳地齐头并进，国家政策变化，尤其是"文化大革命"和经济改革对教育机会增长产生了明显影响。20 世纪 60 年代和 20 世纪 70 年代，虽然初等教育机会持续增长并达到普及，但中等教育和高等教育因受到"文革"冲击，机会增长缓慢甚至停滞。80 年代和 90 年代初期，即改革开放最初 10 余年，受到市场经济浪潮的影响，中等教育机会增长被抑制，初中升高中的比例反而下降。90 年代末期以来，由于推进九年义务教育，初中教育机会增长显著并逐步普及，同时，大学扩招政策的实施也使高等教育机会迅猛增长。80 后一代是教育扩张的最大受益者，与前几代人相比，他们在各教育阶段的升学机会都大幅增长。

（二）教育机会的城乡差距

在过去 60 年里，教育机会的城乡差距持续存在。不过，并非教育层次越高差距就越大或者越不平等，相反，越低层次的教育城乡机会差距越大；而随着教育层次的递增，城乡差距缩小。排除人口数量变化和教育机会供应量变化，在性别、父亲职业和文化水平相同条件下，进入小学概率的城乡差距是 4.9 倍，由小学升入初中概率的城乡差距是 3.6 倍，由初中升入高级中等教育概率的城乡差距是 1.9 倍。[①] 最值得注意的是，由高级中等教育升入大学阶段，升学概率的城乡差距几乎不存在。这意味着，过去几十年，中国教育机会城乡不平等主要并非存在于考大学这一阶段，而是存在于初等教育和中等教育阶段。由于农村地区的教育条件（如师资水平、教育设施和教学设备等）太差，这些学生成了小学和中学升学考试的失败者，在升学竞争中被淘汰出局，从而最终失去了上大学的机会。

（三）教育机会城乡差距的变化趋势

本文最关注的问题是城乡教育机会不平等的变化趋势，尤其是最近 30 年，当教育机会迅速增长，城乡教育机会不平等状况如何变化？如果不平等程度有所增强，主要表现在哪个升学阶段？

在进入小学这一阶段，城乡机会差距长期存在。但 20 世纪 80 年代以来，这一升学阶段的城乡差距明显缩小。这似乎印证了 MMI 假设。在小学教育达到饱和（小学教育普及）的情况下，机会不平等下降。不过，尽管进入小学阶段的城乡机会差距缩小，但不平等还没有完全消除，在 80 后群体中，排除人口数量变化和教育机会供应量变化，在性别、父亲职业和文化水平相同的条件下，城市家庭子女进入小学的概率是农村家庭子女的1.5 倍。虽然未能进入小学的 80 后只是极少数（1.8%），但其中 90.6%持农业户口，89.1%出身于农民家庭。

在小学升初中阶段，50 年代开始实施的户籍制度导致这一阶段升学概率的城乡差距有所扩大，其后一直维持不变。排除人口数量变化和教育机会供应量变化，在性别、父亲职业和文化水平相同的条件下，城市家庭子女由小学升入初中的概率是农村家庭子女的 3.6 倍。这一差距水平一直维持到 90 年代。21 世纪以来，九年义务教育得以实施，初中教育趋于普及（即达到饱和），基于 MMI 假设推论，这一升学阶段的教育不平等应该开

---

① 需要注意的是，这里列出的 20 世纪 40 年代至 20 世纪 80 年代出生的人在不同教育阶段的升学概率的城乡差异并非指目前的情况，因为这批人应该在很多年前就都完成了小学教育和初中教育。列出各升学阶段城乡升学概率差异是为了反映这样一个事实：这批人当中的许多农村人没能上大学是因为在进入小学、升入初中或高中阶段就被排除出局了。

始下降。不过，本文数据分析未把90后教育状况纳入分析，因而未证实这一推论。

初中升高级中等教育阶段升学概率的城乡差距变化最为突出。数据分析结果显示，自改革开放以来，这一阶段升学机会的城乡差距一直在持续扩大。排除人口数量变化和教育机会供应量变化，在性别、父亲职业和文化水平相同的条件下，这一阶段升学概率的城乡差距从70年代末至80年代前半期的1.9倍，增加到80年代后期至90年代前半期的2.5倍，再增长到90年代后期至21世纪开始后的3.9倍。

在由高级中等教育升入大学阶段，在相当长的时期里，升学概率的城乡差距不明显。农村家庭子女只要上了高中，考入大学的概率与城市家庭子女相差不大。但大学扩招政策实施后的10余年里，这一阶段升学概率的城乡差距开始显现。排除人口数量变化和教育机会供应量的变化，在性别、父亲职业和文化水平相同的条件下，城市家庭出生的80后由高级中等教育升入大学的概率是农村家庭出生的80后的1.7倍。

上述变化趋势证实了笔者在本文开头时提出的猜测，即导致农村子弟上大学难的症结是在初中升高中阶段，而非考入大学阶段。由初中升高中阶段的城乡升学概率差距持续扩大，才是导致农村家庭子女上大学相对机会下降的源头。当然，最近10余年由高级中等教育升入大学阶段的升学概率城乡差距开始扩大，这也是一个值得关注的问题。

（四）教育分层的关键点及政策建议

虽然高等教育中显示的农村子弟上大学机会相对下降更吸引媒体眼球和公众热议，但是本文的分析结论却说明，中等教育的城乡不平等才是教育分层的关键所在。虽然过去60年小学教育和初中教育的城乡机会不平等大于高中和大学阶段，但随着小学教育的普及，其不平等明显下降；初中教育目前也趋于普及，可能近期这一阶段的城乡机会不平等也会下降。因此，初中升入高级中等教育阶段就成为教育分层的关键点。要促进城乡教育不平等，要提升农村子女上大学的机会，政策的重点应放在初中升入高级中等教育阶段。如何鼓励更多的农村初中毕业生继续升学？如何激发农村学生和家长更高的教育预期？如何提升农村学生的学习兴趣和学习成绩？如何刺激农村学生家长对子女进行更多的教育投资？这些都是政策制定者需要考虑的问题。

（五）理论假设检验结果

本文数据分析结果否定了工业化理论假设，发现过去60年城乡教育不平等的变化趋势与教育机会增长趋势并不一致，教育机会不平等程度并没有随着教育扩张的步伐下降。相反，在某些时期的某些升学阶段，虽然教育机会在增加，但城乡教育机会不平等却在加剧。文凭主义理论有关教育不平等变化趋势的假设获得部分验证，即教育机会不平等的下降是由较低教育层次到较高教育层次，小学教育机会不平等已出现下降，初中阶段也有下降的苗头。当然，这种由低层次到高层次的不平等程度下降走势并非是自然发生的，它需要促进教育公平的社会政策来推动。本文的数据分析结果非常有力地支持了再生产理论及 MMI 假设，即教育不平等程度的上升和下降取决于社会结构中的阶级差异，如果社会结构中的阶级差异持续存在，教育机会不平等就会维持不变，只有达到教育饱和，教育不平等才会下降。小学教育达到饱和，因而这一教育阶段的城乡机会不平等下降；初中教育趋于饱和，城乡教育机会不平等有可能开始下降。而高级中等教育和高等教育城乡差距扩大，很大程度上是中国社会结构的阶级差异扩大的一种反映。同时，过去60年中国城乡教育机会不平等的变化趋势也充分反映了国家政策的影响效应，户籍制度的实施、"文化大革命"运动的开展，以及经济改革的推进等，都对教育机会平等状况产生了重大影响。

参考文献

蒋中一、戴洪生，2005，《降低农村初中辍学率和义务教育体制的改革》，《中国人口科学》第4期。

李春玲，2003，《社会政治变迁与教育机会不平等》，《中国社会科学》第3期。

——，2009，《教育地位获得的性别差异》，《妇女研究论丛》第1期。

——，2005，《断裂与碎片：当代中国社会阶层分化实证分析》，北京：社会科学文献出版社。

——，2010，《高等教育扩张与教育机会不平等：高校扩招的平等化效应考查》，《社会学研究》第3期。

——，2011，《数据误差的调整效果的评估》，《社会学研究》第 3 期。

李煜，2006，《制度变迁与教育不平等的产生机制——中国城市子女的教育获得（1966 ~ 2003）》，《中国社会科学》第 6 期。

刘精明，2005，《国家、社会阶层与教育：教育获得的社会学研究》，北京：中国人民大学出版社。

——，2008，《中国基础教育领域中的机会不平等及其变化》，《中国社会科学》第 5 期。

陆学艺主编，2004，《当代中国社会流动》，北京：社会科学文献出版社。

陆学艺、李培林主编，1991，《中国社会发展报告》，沈阳：辽宁人民出版社。

欧贤才、王凯，2007，《自愿性辍学：新时期农村初中教育的一个新问题》，《中国青年研究》第 5 期。

孙立平，2003，《断裂：20 世纪 90 年代的中国社会》，北京：社会科学文献出版社。

吴愈晓，2013，《中国城乡居民的教育机会不平等及其演变（1978 ~ 2008）》，《中国社会科学》第 3 期。

杨舸、王广州，2011，《户内人口匹配数据的误用与改进》，《社会学研究》第 3 期。

Bourdieu, P. 1977, "Cultural and Social Reproductions." In J. Karabel & A. H. Halsey (eds.), *Power and Ideology in Education*. New York: Oxford University Press.

Bowles, S. & H. Gintis 1976, *Schooling in Capital American*. New York: Basic Books.

Buchmann, Claudia & Emily Hannum 2001, "Education and Stratification in Developing Countries: A Review of Theories and Research." *Annual Review of Sociology* 21.

Carnoy, M. 1974, *Education as Cultural Imperialism*. New York: David Mckay.

Collins, R. 1971, "Functional and Conflict Theories of Educational Stratification." *American Sociological Review* 36.

——, *The Credential Society: An Historical Sociology of Education and Stratification*. New York: Academic Press.

Featherman, D. L. & R. M. Hauser 1978, *Opportunity and Change*. New York: Academic Press.

Gamier, M. A. & L. E. Raffalovich 1984, "The Evolution of Equality of Educational Opportunity in France." *Sociology of Education* 57.

Haller, M. 1981, *Egalisierung Der Chancen Oder Statusreproduktion?* Vienna, Austria: Institut Fur Hohere Studien.

Halsey, A. H. 1975, "Educational and Social Mobility in Britain since World War Ⅱ." In Organization for Economic Cooperation & Development (ed.), *Education, Inequality and Life Chances*. Paris, France: Organization for Economic Cooperation & Development.

Halsey, A. H. , A. F, Heath & J. M. Ridge 1980, *Origins and Destinations: Family, Class and Education in Modern Britain.* Oxford, England: Clarendon Press.

Hannum, Emily, Meiyan Wang & Jennifer H. Adams 2008, "Urban-Rural Disparities in Access to Primary and Secondary Education Under Market Reforms. " In Martin King Whyte (ed.), *One Country, Two Societies? Rural-Urban Inequality in Contemporary China.* Cambridge: Harvard University Press.

Karabel, J. 1972, "Community Colleges and Social Stratification. " *Harvard Education Review* 42.

Lenski, G. E. 1966, *Power and Privilege: A Theory of Social Stratification.* New York: McGraw-Hill Book Co.

Lu, Yao & Donald Treiman 2008, "The Effect of Sibship Size on Educational Attainment in China. " *American Sociological Review* 73 (5).

Mare, R. D. 1981, "Change and Stability in Educational Stratification. " *American Sociological Review* 46.

Shavit, Y. 1984, "Tracking and Ethnicity in Israeli Secondary Education. " *American Sociological Review* 49.

Shavit, Yossi & Vered Kraus 1990, "Educational Transitions in Israel: A Test of the Industrialization and Credentialism Hypotheses. " *Sociology of Education* 63 (2).

Simkus, A. & R. Andorka 1982, "Educational Attainment in Hungary. " *American Sociological Review* 47.

Smith, H. L. & P. L. Cheung 1986, "Trends in the Effects of Family Background on Educational Attainment in the Philippines. " *American Journal of Sociology* 91.

Treiman, D. J. 1970, "Industrialization and Social Stratification. " In E. O. Laumann (eds.), *Social Stratification Research and Theory for the* 1970s. New York: Bobbs-Merrill Co.

"植根于中国土壤之中"的学术路线[*]

——怀念与学习陆学艺先生

景天魁

摘　要：陆学艺对中国社会学的重要贡献之一，是他坚持了一条"植根于中国土壤之中"的学术路线。这条学术路线，从根本上回答了中国社会学所面对的中西、古今、理实（理论与经验）、学用（学术与应用）问题。明确了这些基本关系，社会学中国化的关键就抓住了，中国社会学的发展道路就明确了，就能够发展成为一门直面中国问题，运用适合中国的概念，得出对中国有用的结论，提出符合中国实际的方案，促进中国富强、民主、和谐的"富民学""强国学"。

关键词：学术路线　中国土壤　学术根基　社会学中国化

吴文藻和费孝通先生有一个精辟论断：中国社会学一定是"'植根于中国土壤之中'的社会学"（吴文藻，2010/1947；费孝通，1998）。陆学艺典范式地实践了这一条学术路线，而且臻于完美。陆学艺的学问是散发着中国泥土芳香的，亦即最具中国风格、中国气派的真学问。他从青年时代起就酷爱社会调查，60年来，足迹遍布祖国山山水水。他对中国农民想什么，中国发展症结在哪里，始终保持着最灵敏的感觉，总能做出准确的判断。陆学艺用奋斗的一生、卓越的业绩、高尚的品格，奠定了其在社会学界、教育界、决策界，以及在社会公众中的崇高地位。可以说，陆学艺是继费孝通、雷洁琼之后代表中国社会学的光辉旗帜。而他之所以能够取得世所公认的杰出学术成就，主要就是因为他坚持了这条"植根于中国土壤之中"的学术路线。

---

[*]　原文发表于《社会学研究》2014年第3期。

　　所谓"学术路线"，是指学术研究和学术发展所应秉持的根本取向、基本原则、价值追求，以及据此所做的路径选择。所谓"中国土壤"，当然不仅是指与陆学艺从事"三农"研究有关的狭义"土壤"，而是广义的"中国实际"，但又不是一般意义上的"联系实际"，而是扎根于中国实际。在中国语境下，"学术路线"就是对中国社会学所面对的中西、古今、理实（理论与经验）、学用（学术与应用）问题的根本性回答。

　　讨论这样的问题，似乎有点不合"潮流"。社会学也许受到某种学术潮流的影响，重视研究细小的具体问题，这在方法论上有值得肯定的一面，即所谓的"从小处着手，从大处着眼"，对于一门强调实证的学科来说是有道理的。但对学科发展来说，特别是对于当代中国社会学这门正在形成和发展中的学科来说，却需要"既埋头拉车、又抬头看路"。而陆学艺留给我们的最宝贵的精神财富，就是他所坚持和发展的"植根于中国土壤之中"的这一条学术路线，这是我们应当格外珍惜和继承的。

一　关于中西问题

　　中西问题是自"西学东渐"以来中国学术就遭遇的一个基本问题。于此，自鸦片战争以降170多年间，不知发生了多少次激烈的争论，如"中学与西学的体用之争"、从器物层面到体制层面的深刻冲突、全盘西化与国粹主义的激烈对立，如此等等。中西问题不是社会学的特殊问题，但因为西方社会学对于中国学术来说是所谓"舶来品"，在中国怎样生长和发展这个学科，解决中西问题就具有首要的意义。正因为如此，老一代中国社会学家从一开始就特别重视这个问题。

　　费孝通先生几次回忆他在1930年到燕京大学听吴文藻先生用中文讲授"西洋社会思想史"的情形。而当时在讲堂上风行的是用英文讲授，费老称那是"半殖民地上的怪胎"，他称赞80多年前有人用中国语言讲授西方社会思想史"是一件值得纪念的大事，在中国的大学里吹响了中国学术改革的号角"（费孝通，1998）。吴文藻毕业于美国哥伦比亚大学，费孝通毕业于英国伦敦政治经济学院，为什么他们回国后不标榜留洋学得的西方学问，而是坚决地提出并坚持社会学要"中国化"?[1] 不仅仅是出于民族感情，不仅仅是为了救国救民，而是出于他们对社会学学科本性的深刻洞察。正因为他们真正学懂了西方社会学，看透了西方学问，他们才对中国社会学应该怎样生长和发展有了真知灼见。特别是他们看明白了社会学的科学性不同于自然科学的科学性，社会学知识的普遍性也不同于自然科学的普遍性。所以，他们披荆斩棘地开辟社会学新路，"痛下苦功夫，以建立'社会学中国化'的基础"，并且坚信，"这种看法绝对是正确的，这种立场亦确是颠扑不破的"（吴文藻，2010/1947）。他们不仅一开始就特别重视社会调查，而且在一定意义上可以说，他们致力于将社会学与人类学结合起来，也是看中了后者长于田野调查，不摒弃而是非常重视本土经验，用今天流行的话说，就是能够"接地气"。按费老的概括，这条学术路线就是"从实求知"（费孝通，1998）。

这个学术路线问题，对中国社会学的发展是个根本性的方向问题。吴文藻、费孝通等在20世纪30年代倡导"社会学中国化"，在当时是反潮流的，但他们矢志不移。改革开放以后，费老主持恢复和重建社会学，不断语重心长地强调要坚持"社会学中国化"这个根本方向。陆学艺自20世纪80年代进入社会学界以来，始终高度自觉地坚持这条学术路线，身体力行，并不断充实和发展，为之做出了杰出贡献。

第一，陆学艺坚信"中国土壤"对于形成"中国社会学"的独特价值。他在文集"自序"中说："我们这一代知识分子，正遇上我们伟大祖国经济社会发生历史性变迁的时期……这些转变发生在拥有10多亿人口的大国之中，其规模之宏大，形式之多样，波澜壮阔，错综复杂，这是难逢的历史机遇。不仅我国的前代学人没有遇到过，就是欧美工业化国家的学者也没有遇到过，他们只经历了工业化过程中的某个阶段，而我们这一代人却经历了我们国家工业化的前期、初期，直到现在中期阶段的整个社会变迁的历史过程"（陆学艺，2005）。而且，中国的现代化过程，不是西方历史过程的重复。毕竟时空转换了，我们今天称为"新型工业化"、"新型城市化"，之所以谓之"新型"，首先是因为所要解决的问题改变了，解决

---

[1] 许仕廉1925年提出建设"本国社会学"的主张，孙本文在1931年亦提出建设"中国化的社会学"。本文由于行文的原因，未能全面提及这一主张的形成情况。谨此说明。

问题的方式和途径也是"中国式"的。不仅在西方学者那里没有现成的答案，他们甚至感到迷惘，就连一些被称为"中国通"的人，也觉得中国是个"谜"。很显然，中国如此丰富宝贵的经验事实，并不是只配充当检验西方概念、西方命题的案例和素材。从"中国土壤"中，必定能够生长出不亚于西方的、能够回答中国问题的中国社会学，能够崛起对世界面临的共同问题做出中国式回答的中国学术，甚至能够形成在某些方面回答已有的西方理论回答不了的问题的中国理论。

第二，陆学艺坚持，做学问就要遵循实践第一的原则。他对调查研究达到了着迷的程度，善于抓住任何一次了解实际经验的机会。即使到了晚年，仍乐此不疲。例如，2006 年，他到浙江省宁波市开会，本来是讨论社区建设的，但他偶然听说有个地方农村征地办法好，他就要会后专程去亲眼看看。又如，2012 年他已 79 岁了，本来是到银川参加社会学年会，但偶然听说某地农民搬迁搞得好，当即要求人家带他去看看。这种情况不胜枚举。他一生最津津乐道的就是他创办的那些调查基地：北京市大兴区（芦城）和延庆区、山东省陵县、江苏省太仓市、福建省晋江市、四川省大邑县、黑龙江省肇东市等等，每一个基地都如同他的掌上明珠，格外珍爱，精心呵护。

第三，陆学艺从来不把自己对西方理论的了解拿来炫耀，从来不把西方的概念、理论用作可以贴到中国经验上的"标签"。这种极其审慎的态度，一方面表现了他对于中国经验的尊重，另一方面也表现了他对于西方理论的尊重。能够用中国习惯的语言表达的，他从不搬弄西方生僻的概念；能够用通俗语言表达的，他从不卖弄艰涩的语言。他经常强调，要珍重中国语言，说中国人懂得的话。

陆学艺的学术成果，具有浓重的中国特色，完全是立足于中国实际，为了解决中国问题，绝不空谈，绝不做作，不照搬任何洋教条，不摆任何花架子，合情（国情），合理（学理）、合用（适合现实需要）。

第四，陆学艺善于抓住中国问题的特质，紧扣中国发展的关键。他一生紧紧抓住三农问题不放，死死盯住城乡二元结构体制这个要害，从而能够深刻认识中国的现代化道路与欧美、与日本的基本区别。写文章、出主意都能敲到点子上，做到鞭辟入里，从不荒腔走板。

费老倡导的、陆学艺做出典范的这条学术路线，其目标追求的是"中国社会学"，是"中国化"的社会学，是直面中国问题，运用适合中国的概念，得出对中国有用的结论，提出符合中国实际的方案，促进中国富强、民主、和谐的"富民学""强国学"。这才是中国风格、中国气派，才是可能给世界社会学增添新内容、带来新气象的学问。

那么，现在要全球化了，中国要融入世界了，还有没有必要继续追求"社会学中国化"？还有没有必要思考中西问题？其实，诞生于西方的社会学怎样扎根于中国土壤这个中西问题，不会因为时势的变化而消失，更不会因为人们有意无意地漠视而淡化，相反，它在今天，更凸显出至为关键的意义，提出了不容回避的问题：中国将来真的复兴了，我们要贡献给世界一种什么样的社会学？是搬用西方概念牙牙学语式地套在中国事例上的所谓社会学吗？如果西方学者发现，我们不过是原封不动地搬用他们的概念——有的概念也许很好，但未必"服水土"；有的概念在他们那里就已经不甚灵光了，有的甚至已经是弃之不用的残帚敝屣——而我们如果不加区别地视为神明，见神就拜，我们自己并没有什么独立的创造，拿不出属于中国人自己的东西，他们能给我们应有的尊重吗？如果按照西方为我们规划的学术路线，即使将来中国经济真的发达起来了，也不过像欧美现在这样避免不了深陷其中的种种危机和窘迫；即使社会学搞起来了，也不过是西方学术的仿制品。我们只有走出一条新路，对延续和弘扬中华文明才有意义。否则，全盘西化，就只能是中国学术的终结，中华文明的终结。同样，我们只有走出一条新路，对第三世界国家才有意义，对世界文明才有新贡献。

现在，"洋八股"打着"规范""接轨"的旗号，堂而皇之地横行海内，但它是与中国风格、中国气派大异其趣的。"植根于中国土壤之中"的学术路线，费老终其一生矢志不渝，坚持下来了；陆学艺终其一生坚持下来了，并且充实发展了。我们怎么办？是延续、发扬，还是改变、甚至抛弃？值得我们深思。到底怎么看社会学这门学科的普遍性与特殊性？到底怎么看"中国社会学"的本质和特点？到底怎样做一个走向伟大复兴的中国的社会学者？我们拿什么样的成果回报人民，展示世人？怎样定位、怎样作为？这些问题，就是学术路线的目标指向问题，是我们在纪念陆学艺、学习和继承他的精神和品格的时候应该深思的。

二 关于古今问题

古今问题，说到底，因中西问题而生。本来，中国人、中国学术延续着自己的传统而生活，虽有变革而无生存危机，是因为遭遇了西方学术的冲击和挑战，才有了如何对待中国学术传统这个意义上的所谓古今问题。是泥古还是弃古，是崇外还是排外？近现代以来，对待古今问题的态度，常常被归结为"革命还是保守"，其实就学术而言，并不是革命和保守的问题所能完全涵盖的。不论在观念上还是在方法上，需要我们认真对待的问题还很多。

一是学得了西方学术，还要不要延续中国学术传统？在一定意义上可以说，中西问题能不能解决好，取决于古今关系的解决。试比较：我们与吴文藻、费孝通等前辈的主要差距在哪里？不在于对西方社会学的了解，尽管我们有的人接受过正式的西方社会学训练，有的没有，但现在的信息条件、交流渠道要比过去先进得多。主要差距不在于对西方社会学的了解孰多孰少，而在于我们对中国学术传统了解不够，尊重不够，自己脚下没有根，还不自知。老一代学者（陆学艺也是如此）都有扎实的国学功底，中国学术传统深入骨髓，脚下有根，就有独立的自我，因而能够站着学习西方学术；如果脚下无根，就只能躺着或者飘着学习西方学术，怎么可能如老一代学者那样做到中西融会贯通？做不出令中国人和外国人都尊重的学术成果就几乎是注定的了。在这个意义上，所谓"钱学森之问"（为什么新中国成立后没有培养出世界级的杰出科学家），对于社会科学来说，解决好古今关系问题可能是答案之一。

二是不论学得西学还是中国传统之学，要不要以及如何用来研究中国现实问题？陆学艺做学问，确实基本上不遵循西方学术的理论套路，那么，他是否有所遵循呢？他一生坚持了自先秦诸子、明清先贤以来中国学问的基本套路：学以致用，理用不分，以实际问题为指向，以解决具体问题为皈依。他的学问与西方所谓学术规范的区别，好似中国算学与西方代数的区别，也好比《过秦论》《盐铁论》与霍布斯的《利维坦》、洛克的《政府论》的区别（当然也存在相似的一面）。陆学艺有深厚的中国学术传统的根基。他是中国社会科学院哲学研究所在改革开放以前培养的少数几个中国哲学史研究生之一，他的导师容肇祖先生是著名的明史、明代哲学专家，与其连襟吴晗先生一样名噪明史学界。陆学艺在中国思想史方面的修养，不光在社会学界，就是在哲学界也是佼佼者。此为其一。

其二，陆学艺生长在无锡市，在近现代史上，该市所在的苏南地区是我国现代化思潮最活跃的地方。例如，早在20世纪30年代，薛暮桥、陈翰笙等同乡前辈学人就在苏南开创中国社会经济调查，创办"中国农村经济研究会"；苏南也是社会学前辈吴文藻、费孝通等人的故乡，并且在那里开展过深入的社会调查。这种得天独厚的学术氛围，不论直接还是间接，总会对陆学艺发生潜移默化的影响。早在青年时期，陆学艺就对农村经济问题有所洞察，对农村社会调查兴趣浓厚且驾轻就熟。这些都为陆学艺能够走出自己的"中国社会学"的学术道路，奠定了深厚的学养基础、人文关怀基础，以及人品和学品基础。

陆学艺的学术成果是融通古今的杰作。他的五部"三农"论著（《农业发展的黄金时代》《当代中国农村与当代中国农民》《"三农论"：当代中国农业、农村、农民研究》《"三农"新论》《"三农"续论》）是中国农村社会学、农业经济学的扛鼎之作。这些著作的鲜明特点，一是具有厚重的历史感，二是具有强烈的现实针对性，三是有贯通古今、古为今用的经世致用倾向。

其实，古今之所以有争，焦点在于现代化问题，至少对于社会学来说，尤其如此。而到现今，中国要不要现代化，已经不是问题了，问题在于要什么样的现代化，怎样实现现代化？而对于工业等其他几个方面的现代化，理解上也没有大的问题，唯独对于农业这个传统产业，理解上就有了很大的分歧。那么，什么是农业现代化？按照改革开放之前占据支配地位的概念和理论，当然是"集体化"，是"一大二公"，怎么可能是"包产到户"呢？那是古老的传统的落后的东西，是革命的对象。陆学艺之所以敢于冒很大的政治风险鼓吹"包产到户"，是因为他不知多少次跑到他做"三农"研究的第一个基地——北京郊区的芦城，问计于农民，亲眼看到"吃大锅饭"的集体经济"出工不出力"；还亲自到安徽、甘肃做农村调查。他看清楚了"一大二公"这个发源于苏联集体农庄的所谓现代化概念，不适合中国农业生产力的特点，不符合中国农作的传统，农民不愿接受，实践上行不通。这使他有了底气。这个底气，来自他对中国农业传统的深刻了解，来自他对中国农民的了解和尊重，也来自在方法论上实现"古"与"今"相统一的能力。统一了，就通了。不通就是"堵"，那还怎么实现现代化？

融通古今，是中国传统治学之道的精髓所在。深谙此道的陆学艺常常比别人少则早三五年、多则早十年以上做出预判，他提出的很多真知灼见在当时常能起到振聋发聩的作用。例如，1979 年他就提出"包产到户是生产责任制的一种形式"；1982 年就提出要搞"县级政治体制改革"；1993 年就提出解决农村问题，关键不在农村，而在城市，"要反弹琵琶，加速推进城市化"，如此等等。

这样一个"三农理论"国外是没有的。"在世界各国的工业化、现代化进程中，关于农业、关于农村、关于农民问题，都只有分别的论述，而没有把这三者联系起来的'三农'问题的论述，所以也就没有'三农'这个概念。应该说，'三农理论'是中国学术界的一项理论创新，是从有中国特色的社会主义现代化实践过程总结出来的，是一项重要的社会科学研究成果"（陆学艺，2002）。

我们今天看到的摆在我们眼前的陆学艺的学术贡献，很自然地，是着眼于他的现下之功，亦即他对当代中国社会发展和中国社会学的影响。将来，中国学术史可能更重视陆学艺在实现现代社会学与中国学术传统的接续方面所发挥的独特的宝贵的作用。我们今天以为陆学艺的实地调查方法、文章写作方法只是一个方法问题，顶多是一个学风文风问题，将来它会显示出对于"社会学中国化"的深远意义。社会学即使是"舶来品"，也要接续上中国学术传统这个根脉，无根的东西，是永远长不大，甚至长不活的。将现代社会学研究与中国学术传统接续起来，陆学艺功莫大焉。

在谈到陆学艺时提到这一点是有必要的。否则，会有人认为陆学艺不是学社会学的，他的那些中国社会思想史知识好像与社会学无关。那就很难理解陆学艺在涉及中西、古今的学术路线上能够功夫独到的原因了。

三　关于理论与经验

古今之争，难在哪里，如何解决？古与今，单就学术而言，未必是对立的。不论对于古的还是今的东西，作为学者可以有所专攻乃至有所偏爱。而且，对"古"越是了解，对"今"的理解就越是深刻，反之亦然。古今关系问题能不能解决好，至少对于社会学这样的重视实证的学科来说，主要取决于如何处理经验与理论的关系。为什么？因为只有坚持实践第一，尊重事实，立足于可靠的翔实的现实经验，对"古"才能有鉴别的标准，对"今"才能有深刻的观察。理论与经验的关系解决好了，古与今就有了联系的纽带和统一的基础。

立足于当代实践经验，聚焦于重大现实问题，就可以找到融通古今的实现途径。陆学艺打通"古"与"今"的隔膜，解决古今问题的办法，是靠正确解决理论（概念）与经验的关系。陆学艺善于通过正确地处理理论与经验的关系，自然顺畅地解决古今问题。他的这个特点几乎体现在他所做的每一项研究中。

重视中国经验，怎样提升为理论？陆学艺不空谈理论，绝不等于他没有理论；他不以任何理论为标签，绝不等于他没有理论根基；他从不"言必称希腊"，是因为他心中有一杆秤：只有能够对他所关心的中国问题有用的理论，才能引起他的兴趣。对这样的理论，他是很重视的。例如，他认为李培林翻译的《农民的终结》对他思考中国农民问题很有启发，他就很重视；他研究中国社会分层，下功夫了解和研究了世界上最主要的一些分层理论；他研究社会建设，曾多次向熟悉有关理论的同仁请教，甚至还不顾年高，亲自下厨，招待那些熟悉某一种理论的年轻人（参见沈原等，2013）。

陆学艺在马克思主义理论、农业经济、社会学史、中国社会思想史等方面都有很深造诣，并且具有高超的社会调查能力。经过 60 年的勤勉努力，陆学艺为中国社会学、为中国学术贡献了自己的理论体系——形成了以三农论为根基，以社会结构论为框架，以社会建设论为功用的理论体系。这一理论体系，贯穿在从五部"三农论"到他主持完成的《当代中国社会阶层研究报告》《当代中国社会结构》《当代中国社会流动》《当代中国社会建设》，以及《北京社会建设六十年》等系列著作之中。

以"三农论"为根基，核心论点是指出三农问题不是如一般理解的那样只是一个局部问题，不只是中国问题的一个领域、一个方面，而是"关系到社会主义现代化全局的大问题"（陆学艺，2002），是中国社会发展全部问题的关键。其他问题都与三农问题有着密切的关联，三农问题解决得好不好，最终制约着整个中国问题的解决。他一再地呼吁三农问题"已经影响整个宏观经济的健康发展"；"特别是农村、农民问题已经成为社会主义现代化事业发展的瓶颈，到了该采取战略性决策去解决的时候了"（陆学艺，2002）。围绕此一核心论点，陆学艺做出了以下四个基本论断（命题）：其一，三农问题久解不决的原因，是城乡二元结构体制的障碍；其二，城乡二元结构体制已渗透到经济社会的方方面面，要从根本上解决问题，必须思路更开阔，不就"三农"论"三农"，而是从解决城市问题、解决城乡关系问题入手，破除"城乡分治，一国两策"，实现城乡一体化；其三，城乡二元结构体制是自上而下建立起来的，是由法律、法规、政策支撑形成的一整套体制机制，而且是全国性的，要破除它，必须做好顶层设计，有计划、有组织、有步骤地进行；其四，户籍制度、土地集体所有制、财政制度这三项是城乡二元结构体制的基本框架、基本制度，不破除这三项制度制约，城乡二元结构体制是破除不了的（陆学艺，2013）。

以社会结构论为框架，核心论点是指出中国社会结构与经济结构严重不匹配，社会结构变动滞后是产生诸多社会矛盾问题的主要原因，只有调整社会结构，才能抓住中国发展的关键和重点。围绕此一核心论点，陆学艺主持其课题组调研，做出了以下四个基本论断（命题）：其一，中国社会阶层结构发生了深刻变化，如以职业分类为基础，以组织资源、经济资源、文化资源占有状况作为划分社会阶层的标准，可以把当今中国社会群体划分为十个阶层——国家和社会管理者、经理人员、私营企业主、专业技术人员、办事人员、个体工商户、商业服务业员工、产业工人、农业劳动者、无业失业半失业者（陆学艺主编，2002）；其二，中国已经形成了一个现代社会流动机制的模式（陆学艺主编，2004）；其三，经过30多年的改革开放，中国经济结构已经处于工业社会中期阶段，而社会结构仍处于工业社会初期阶段，后者比前者大约滞后15年；其四，社会结构严重滞后于经济结构的主要原因，是我们没有适时地抓好社会体制改革和社会建设（陆学艺主编，2013）。

以社会建设论为功用，核心论点是指出要把社会建设放在更加突出的位置。中国社会建设的任务不是一般地兴建一些社会事业，解决若干民生问题，这些当然重要，但是，社会建设的实质是实现社会现代化，是建设现代社会。围绕此一核心论点，陆学艺做出了以下四个基本论断（命题）：

其一，中国已进入社会建设为重点的新阶段；其二，社会建设的核心任务是调整社会结构；其三，中国社会建设的重点是农村现代化，实现城乡一体化；其四，社会建设的突破口是改革社会体制（陆学艺主编，2013）。

上述三大核心论点、十二个基本论断（命题），充其量，只是对陆学艺理论体系及其基本架构的粗略概述，远不能反映它的丰富内涵。即便如此，我们仅仅从这样一个粗略概述，就不难看到这个由3大组成部分构成的理论，通过十二个基本命题，逻辑一贯地联结为一个严整的理论体系。

陆学艺的理论体系，是中国社会学的里程碑式的杰出成就。不仅在社会学界广受尊崇，就是在最为牛气的经济学界也获得赞誉。2008年，为纪念改革开放30周年，中国经济体制改革委员会和"中国改革开放30年论坛"发起评选杰出人物，当选的基本上都是经济学家和经济界名人，陆学艺作为唯一一位入围的社会学家，差一票就当选了，足见陆学艺的学术贡献就连经济学界都是首肯的。在社会学界，2012年他获得首届费孝通学术成就奖就更是实至名归了。在国外，陆学艺的学问也令许多同行赞叹不已。人家最佩服的，就是陆学艺对中国问题的真知灼见——"情况真熟""门道真懂"。试想，一个学者如果连自己眼前的事情都说不清楚，能够赢得国外学者的尊重吗？一个学科，如果连自己国家的问题都回答不了，能够为世界社会学有所贡献吗？本土的就是世界的，于此，陆学艺就是成功的范例。

陆学艺是怎样取得这些成就的？最直接的回答是他重视社会调查。这当然是对的。他自己在谈到所做的"三农"研究时也曾说过："30年来，到过全国31个省市自治区作调研，同农业系统的多个部门打交道，探讨'三农'问题的学问"（陆学艺，2013）。这里值得指出的是，陆学艺的社会调查有鲜明的特点，概括地说，第一是真实，不耽于假象；第二是真知，不是虚妄；第三是真情，不是矫情。

熟悉陆学艺的人，常常感慨他有这样的本事：当别人浑然不觉时，他能够提醒粮食危机或者某种社会风险正在迫近；而当人们看到某些社会问题而忧心忡忡、感到前景黯淡时，他却能够乐观而镇定地指出转机正在到来，光明就在前头。他的这个本事从何而来？来自他对实际情况的深入把握，所谓"吃透了情况，心中就有数了"。而他吃透情况，首先靠的是迈开双脚，只要一有点儿时间，他就往基层跑。时间多就多跑几天，时间短就少跑几天。他对于社会调查的痴迷，对于事业的执着，常令学界同仁感慨不已。

陆学艺的成功经验，在方法论上给予我们一个值得重视的启示：真正有生命力的中国社会现代化，其生命力不是来源于书本上的概念，而是来源于社会实践。概念正确与否，其标准不在概念自身，而是取决于经实践证明什么是适合中国国情的，什么是中国老百姓欢迎的，什么是在中国行得通的，那一定是传统与现代相通的，理论与经验结合的。找到并尊重这些在中国有根的、本土的东西，就是"从实求知"的要旨。

四　关于学术与应用

经验与理论的关系能不能解决好，不在乎是更重视经验还是更重视理论，是理论研究搞得多一些还是经验研究搞得多一些。所谓经验与理论的结合和"统一"，不是二者孰轻孰重、孰多孰少的问题，而是具有更深一层的含义——学者定位。正是在这个意义上，我们说，能否解决好经验与理论的关系问题，主要取决于学者的责任意识及其角色定位。这里不仅包括如何理解作为学者特别是社会学这个学科的学者应尽的职责，还包括如何对待顶层，如何对待基层，如何处理顶层与基层的关系。总而言之，作为以研究社会为己任的社会学家，首先要摆正自己与社会的关系。

学用一体，是中国学术的又一重要传统，也是陆学艺终生坚持的一个原则。他的学问具有强烈的经世济民取向，绝不搞无的放矢的空谈。20世纪80年代和20世纪90年代，他看到粮食产量忽增忽减、时上时下、"扭秧歌"，他打心底里着急，赶紧上书中央（陆学艺，1986），受到邓小平同志的重视（邓小平，1993/1986：159）。他到农村调查，看到穷苦农民缺衣少食就寝食不安，为此殚精竭虑地思考"三农"（农业、农村、农民）的关系：过去总是把农业放在第一位，只管向农民要粮食，一旦粮食问题解决了，惠农政策就变了。他提出"三农"问题是个整体，核心是农民问题，"必须把解决农民问题放在第一位"（陆学艺，2005）。他的这些观点既有很强的学术性，又有很强的适用性，完全是学用一体的。

再如，陆学艺从20世纪90年代开始就疾呼要解决"经济建设这条腿长，社会建设这条腿短"的问题，眼见一二十年过去了，不见改观，他就非常焦虑；中央关于加强社会建设的指导意见甫一提出，他就欣喜不已，又是组织讨论会，又是成立研究院，又是出版专著，马不停蹄。社会学的学科发展大大落后于经济学，陆学艺为推动学科发展尽心竭力，当他得知中央领导同志关于"社会学的春天来到了"的谈话以后，旋即主导并联系社会科学界知名人士给中央写信，提出学科发展建议。陆学艺就是这样——国家大事就是他的大事，人民所急就是他之所急——忧国忧民的名副其实的社会学家。

陆学艺坚持"学用一体"非常彻底。即使给概念下定义，他也不像一般学者所做的那样只管概念的内涵和外延，他是理用不分、学用一体的。例如，他定义"社会建设"，不是只说社会建设是什么，包含哪些内容。他也不是从一般性出发，抽象地讨论概念问题，凭推理或凭想象界定概念，而是从实际出发，从特殊性出发，要求先要搞清楚社会建设需要解决什么问题，它的重点和关键是什么，不做空洞的概念思辨和推演。他所下的定义，不但包括建设什么，还包括怎么建设，以及目的、途径和作用："社会建设，是指按照社会发展规律，通过有目的、有规划、有组织的行动，构建公平合理的社会利益关系，增进社会全体成员共同福祉，优化社会结构，促进社会和谐，实现社会现代化的过程"（陆学艺主编，2013）。这样的定义与其他人曾经下过的定义相比，更具目的性、行动性、实效性。

下定义尚且如此，他的社会建设研究更是不是仅谈理论，而是把重点放在对策方面。在理论论述之后，紧跟着就是"如何做"的政策建议：如强调社会建设"要以改革社会体制为中心环节和突破口"，他指的社会体制，首先就是"城乡二元结构体制"；对于未来一个时期社会体制改革，要"明晰改革的抓手"，"政社分开"，改革社会资源分配体制和机制建设。在社会建设的"九大任务"（基本民生、社会事业、收入分配、城乡社区、社会组织、社会规范、社会管理、社会体制和社会结构）的论述中处处渗透着他对城乡关系、工农关系的关切，对每项建设都提出切实的行动措施（陆学艺主编，2013）。

坚持"学用一体"，会不会影响所谓"学术性"？从陆学艺所坚持的学者定位，从社会学的学科特点和使命来看，社会学本应成为服务民众、推动社会进步、增进社会福祉的经世致用之学。恰恰是"学用一体"，才能真正彰显社会学的学术价值，发挥它的学科功用。社会学者不能钻进"小圈子"里自娱自乐，不能躲到"象牙塔"里自我欣赏，那样的学问，除了满足自己的虚荣心以外，还能谈得到什么经得起实践检验的学术价值？

陆学艺认为，社会学者是为社会、为老百姓做学问的，所谓"学问"不是用来装潢门面、故弄玄虚的。他坚信，凡是让人看不懂的，一定是作者自己没有真懂；说那种云遮雾罩、不着边际、故作高深的话，不可能是什么真学问。他曾经严厉批评过有的调查报告所谓依据大样本数据却得出了可笑的"结论"；严厉批评过有的文章洋洋洒洒数万言却没有一点真知灼见；严厉批评有的研究得到的所谓"发现"，其实是街巷妇孺都知道的常识。真正的"学术性"在于能够说清楚事理，能够有独到的、深刻的见解，有比不做社会学研究的人更独到的见地，而不在于会摆花架子。做学问，心中要装着人民大众，要发扬白居易"老妪能解"的精神（每作一诗，问曰解否？妪曰解，则录之；不解，则易之）。

陆学艺为社会学实现学术研究与社会实践相结合拓宽了道路。他极其重视向决策层提出咨询意见。每当他在调查中发现了重要问题，或者自己对某些涉及国计民生和学科发展的问题有了重要建议，他都非常积极地通过写内参、要报或者写信等途径上报中央，急迫的事项他甚至通过熟人关系递送最高领导人。他为什么热衷于此？清高的学者恐怕难以体会他忧国忧民的情怀，难以理解他对人民群众特别是农民的那种作为人民之子、农民之子的责任感。他知道自己只是一个学者，只有通过决策层才能解决他所关切的重大社会实际问题。他毫无邀功、媚上之心，这由他敢于直言，甚至当着领导人的面反映民间疾苦、表达不同看法而得以印证。他在政治上有坚定的持守，所持者系人民的利益、社会的发展、国家的兴旺，所守者系为国为民的责任、学者的本分。他当年（陆学艺，2005/1979）提倡包产到户，冒着很大的政治风险；他主编的社会阶层研究报告（陆学艺主编，2002），甚至面对了很大的政治压力；他直呼"农民太穷""农民太苦"（陆学艺，2002），绝非中听之言。他以赤诚之心，敢作敢当，展现了中国文人的侠肝义胆。

陆学艺以他的睿智、胸襟和赤诚，以他的成就、作为和影响，赢得了方方面面、上上下下的赞誉。他得到决策层的倚重，不仅在"三农"问题上他是顶尖的专家，在社会建设、社会管理等许多领域，他都是政府和民间机构的高参。在学术界，他普遍获得心悦诚服的尊重，作为农村社会学、中国社会思想史等学科专业的开创者，当代中国社会分层、社会结构、社会流动、社会建设等重要领域的拓疆者，百县市和百村调查的首倡者，太仓等调研基地的创办者，他被视为一面旗帜，众望所归的领军人物。在亲友（学生、同事、同学、朋友）中间，他受到发自内心的敬重，他和蔼可亲、平等待人，总是关照别人而很少考虑自己，是名副其实的良师益友。在社会公众眼里，他既是被看重的名人，又是谈得来的好人，是他们信得过的知心人。能够达到政府、学界、亲友、公众都欢迎、都尊敬的境界，是陆学艺善于正确处理学者定位的结果。作为一位社会学家，他在处理自己与社会的关系方面达到了炉火纯青的程度——让自己的存在有大益于决策层、有大益于基层、有大益于学界、有大益于民众，总之，有大益于社会。

五　简短结语

中西、古今、理实、学用问题能否正确解决，对于中国社会学的形成和发展具有决定性的意义。陆学艺所坚持的学术路线以对这四个问题透彻深刻的理解为基础，明确了它的目标指向、价值追求、基本原则和路径选择。这四个关系问题，看似各自独立，实则相互缠绕而又相互制约，而这种制约具有一定的递归性：中西问题的解决主要取决于怎样解决古今问题，古今问题的解决主要取决于怎样解决理实问题，理实问题的解决主要取决于怎样解决定位问题。上述基本关系在相互影响的同时，显现了学者定位问题的最终决定作用。明确了这些关系，社会学中国化的关键就抓住了，中国社会学的发展道路就明确了，这是我们从陆学艺坚持和发展的学术路线中得到的主要启示。

最后需要指出的是，正是陆学艺本人一再强调中国社会学的学术路线问题。他对于学术路线具有高度的自觉，但不是通常所谓的"上纲上线"，而是深刻地认识到它的重要性。我在这里所做的笔墨工作是从"中西、古今、理实、学用"这一框架阐明陆学艺一贯坚持的学术路线。我在叙述和分析中努力表达他的原意，但也掺杂了自己的一些认识，是我向他学习的心得，不妥的地方应由我负责，但我相信其间的基本精神是与陆学艺一致的。

陆学艺用他一生的学术行动体现了他所坚持的学术路线。他晚年在忙于开展社会建设等迫切问题研究的同时，曾计划总结治学、治所（中国社会科学院社会学研究所）、治院（北京工业大学人文社会科学学院）经验，但他却像战场上的英雄一样突然倒下了。他为中国学术战斗到生命的最后一刻，堪称真正的学术英雄，他的精神是屹立不倒的。陆学艺坚持的"植根于中国土壤之中"的学术路线这面旗帜，将引导着一代又一代的学人继续前行！

参考文献

邓小平，1993/1986，《邓小平文选》（第三卷），北京：人民出版社。

费孝通，1998，《从实求知录》，北京：北京大学出版社。

李培林、渠敬东、杨雅彬主编，2009，《中国社会学经典导读》，北京：社会科学文献出版社。

陆学艺，2005/1979，《包产到户问题应当重新研究》，《陆学艺文集》，上海：上海辞书出版社。

——，1986，《农业面临比较严峻的形势》，《农业经济丛刊》第5期。

——，2002，《"三农"论——当代中国农业、农村、农民研究》，北京：社会科学文献出版社。

——，2005，《陆学艺文集》，上海：上海辞书出版社。

——，2013，《"三农"续论——当代中国农业、农村、农民问题研究》，重庆：重庆出版社。

陆学艺主编，2002，《当代中国社会阶层研究报告》，北京：社会科学文献出版社。

——，2004，《当代中国社会流动》，北京：社会科学文献出版社。

——，2010，《当代中国社会结构》，北京：社会科学文献出版社。

——，2013，《当代中国社会建设》，北京：社会科学文献出版社。

沈原、郭于华、孙立平，2013，《一代宗师 高山仰止》，《经济观察报》，5月27日。

孙本文，2011，《当代中国社会学》，北京：商务印书馆。

吴文藻，2010/1947，《论社会学中国化》，北京：商务印书馆。

结构生成：广西大瑶山花篮瑶亲属制度演变的实践理性[*]

罗红光

摘　要：在结构分析及批判拉德克利夫－布朗功能主义的基础上，列维－斯特劳斯依据亲属制度研究的三原则（血亲、姻亲和继嗣），指出亲属制度及亲属称谓存在于乱伦禁忌的交换规则之中，由此人类群体得以延续下来。本文对广西金秀大瑶山花篮瑶亲属制度进行了再调查，据此认为列维－斯特劳斯的见解在涉及亲属制度这一社会基本结构何以演变上缺乏解释力，甚至否定了结构内外的人类实践。姻亲关系既是维系家庭再生产的基本亲属关系，又是导致亲属制度变迁的原因所在。亲属关系并非像结构主义分析的那样一成不变，人们在生活世界中的实践理性直接或间接影响着亲属关系的发展和变化。

关键词：结构生成　亲属制度　实践理性　乱伦禁忌　花篮瑶

一　问题的提出

围绕亲属称谓及亲属制度，列维－斯特劳斯（Levi-Strauss）的结构主义学说已经建立起了一整套分析模式，主要包括亲属制度、婚姻制度和继嗣规则三个维度。它们之间形成了一个协调的整体关系。亲属制度的功能表现在血亲关系和姻亲关系的交织上，并保证群体的长期延续性。"一种亲属关系的结构的存在必须同时包括人类社会始终具备的三种家庭关系，

---

* 原文发表于《民族研究》2014年第3期。本文得到中国社会科学院创新工程"当代中国社会变迁与文化认同研究"课题支持，在本创新课题组2013年组织的广西大瑶山人类学夏令营第1组共同调查的基础上完成。

即血缘关系、姻亲关系、继嗣关系；换言之，它们是同胞关系、夫妻关系和亲子关系。"（列维－斯特劳斯，2006：49）

将亲属制度视为一个相对稳定的组织系统，与之相应的亲属称谓才是一个真实的、可持续的表意系统。亲属制度的稳定性，按照经典人类学的观点，在于乱伦禁忌。可以说，乱伦禁忌既是婚姻制度的边界，又是维系亲属制度的关键所在。它既反映亲属关系的分类系统，同时折射出一种社会秩序。列维－斯特劳斯认为，将语言学的结构分析纳入分析视角，可以解释一些并非显而易见的社会关系，如乱伦禁忌所展示的那种影响未来婚姻走向的秩序；同时，社会学也为这种语言学分析提供了实践层面的习俗及其禁忌规则在实际生活当中的具体运转方式（2006：35）。在生活世界的实践中如何演绎这一逻辑判断是本文探讨的核心所在。这里的问题在于，在上述禁忌、分类与秩序三者关系之中，通过结构分析是否能够获得亲属制度的稳定性解释？按照列维－斯特劳斯《结构人类学》中的基本观点，亲属制度的关系元素之所以具有相关性，重要原因是有意义的关系元素带有原始的和无法省约的特点，这个特点实际上直接来自世界上普遍存在的乱伦禁忌（2006：49）。在列维－斯特劳斯看来，如果亲属制度的稳定性被其乱伦禁忌的规则所定性和规定边界并具体地呈现为亲属称谓系统，那么乱伦禁忌则成为规定亲属制度稳定性的关键。

"我们希望这样做有助于说明社会机器是如何运转的：它不断地使妇女脱离她们的血亲家庭，重新分布到同样多的家庭群体当中去，后者本身再变为血亲家庭，由此往复……假如没有外来影响，这个机器或可无限运转下去，社会结构也可以保持一种静态的特点。"（列维－斯特劳斯，2006：330）这个"外来影响"究竟是什么？列维－斯特劳斯在《结构人类学》中虽然有所言及，但并没有进入实质性分析。至于在结构为何稳定或者说自洽的结构如何面对结构演变这一问题上，如上述引文所见，结构分析只提出"如果没有外来影响"的假设，却未能揭示其真正原因。如果一个结构缺乏对变数的考量，那它将是一个没有历史的结构，因而也呈现为静态的、不够完整的结构。

2013 年 5 月，笔者带领的课题组针对广西金秀县六巷乡大瑶山花篮瑶亲属制度进行了专题调研，尝试为上述相关问题的深入讨论提供新的思路。1935 年，费孝通和王同惠曾在此做过田野调查；其成果《花篮瑶社会组织》于 1936 年第一次出版，后来又有多种不同的版本问世。费孝通认为，世界瑶族文化研究中心在中国，中国瑶族文化研究中心在金秀，并亲笔提字——"瑶族之乡"。① 本文则尝试探究如何将历史维度纳入当地亲属制度的分析之中，目的在于观察其结构的生成，回应列维－斯特劳斯结构主义学说中的有关见解。现在的六巷乡，下辖 5 个村民委员会、53 个自然屯、66 个村民小组，全乡 1184 户 5306 人。瑶民占全乡总人口的 52%，有坳瑶、盘瑶、花篮瑶、山子瑶四个支系。

二　研究的基本概念与方法

（一）研究的基本概念

1. 家庭。由一对性别相异的姻亲以及他们的孩子（或者其中一方的孩子）构成的亲属和生活（包括生产与消费）基本单位，即"核心家庭"。② 由互相有直接血缘关系的两个或两个以上核心家庭组成的亲属和生活共同体为"大家庭"。图 I 表示一个家庭基本结构。③

"核心家庭"这一定义沿袭了功能主义学派领军人物拉德克利夫－布朗（Radcliffe-Brown）的思路。这种结构从一开始就拒绝结构的可持续性问题的讨论，也就是说，家庭基本结构没有将姻亲关系真正地纳入分析视角，因而导致婚姻的生物性解释，似乎家庭组合与延续是自然选择。这显然忽略了乱伦禁忌的实践逻辑。笔者认为，世界上普遍存在的乱伦禁忌及其多样性在亲属制度再生产问题上尤为重要。如果沿用拉德克利夫－布朗的观点，即把亲属制度仅仅理解为家庭内部成员角色之间的关系，那将无法解释亲属制度的稳定性及其演变。这也意味着结构的稳定性仅仅来自遵

---

① 参见 http://www.xyglly.com/info/info_649.htm。另外，莫金山在《金秀大瑶山瑶族文化的中心》（广西民族出版社 2006 年版）中比较分析了金秀大瑶山瑶族文化与其他地区瑶族文化的异同及其特点，也提出"金秀大瑶山是瑶族文化中心"的观点。其主要理由是金秀大瑶山是中国瑶族最典型的聚居地，瑶语的使用范围最广。

② 这一说法已经不适应当今世界普遍存在的家庭现象（如无子家庭、单亲家庭和同性恋家庭）以及各种相关的文化和法律实践。

③ 文中出现的图 I、II、III、IV、V、VI、VII均置于本文最后。

从祖先给定的亲属制度的不断复制。可见，功能主义分析从一开始就排除了历史的维度。

既然乱伦禁忌对于稳定亲属制度具有不可替代的作用，相关研究就需要考虑乱伦禁忌与亲属制度之间的关系，分析据祖先传统而定位和定性的择偶规则（如乱伦禁忌）在家庭基本结构中不可或缺的作用。换言之，家庭基本结构应该呈现为图 II 的状况。图 II 中长子的婚姻展示了家庭基本结构何以延续下来，它满足了列维－斯特劳斯结构主义意义上亲属制度的三原则，即血亲、姻亲和继嗣。其中，长子的配偶满足了表达"乱伦禁忌"最为基本的关系和"外来影响"因素的基本条件。这一点也是列维－斯特劳斯对拉德克利夫－布朗关于家庭基本结构所进行的批判的焦点之一（参见列维－斯特劳斯，2006：53~56）。

2. 血亲。血亲特指建立在血缘这一生物事实基础上的亲属关系，同时也是被生物事实与社会事实共同界定的个体间的亲属性关系。它反映了亲属制度及其亲属称谓系统中的纵向关系，与表达横向关系的"姻亲"共同构成了亲属制度及其亲属称谓系统。它构成了亲属制度、亲属称谓中的一个关系元素。其中，私生子虽有血缘，但在亲属关系中不被普遍承认，血亲不等于血缘，因而私生子不能构成家庭基本结构分析中的关系元素。

3. 姻亲。通过联姻建立的相对稳定的亲属关系及亲属性。它反映了亲属制度及其亲属称谓中的横向关系，与表达纵向关系的"血亲"共同构成了亲属制度及其亲属称谓系统。它构成了亲属制度中一个关乎家庭内部与外部之间关系的元素。其中，"事实婚"与"婚外恋"虽有姻缘，但被排除在亲属称谓系统之外，姻亲不等于姻缘，因而"事实婚"与"婚外恋"不能构成基本结构分析的关系元素。

（二）研究方法

本文采用两个分析步骤，即首先呈现亲属制度的基本结构，其次解释亲属制度结构的可塑性，尝试在结构分析的前提下引入历史分析的视角，观察亲属关系历史演变的基本特点。

结构分析能够呈现亲属制度的基本结构，但它仅仅是一种静态的说明，如列维－斯特劳斯笔下的亲属制度只是说明了研究对象社会的乱伦禁忌规则。本文除了进行结构分析之外，也要进行结构生成的历史分析，这样能够弥补结构分析所忽略的"外来影响"的缺失。事实上，在生活世界中检验人与人之间的"关系密度"和"关系等级"涉及结构核心价值的基本判断。这就需要通过解释学分析，把握结构与象征意义、结构与象征之间的联系。同时，研究过程中注意将解释权充分交给生活实践者一方，让他者来解释关系的意义。生活实践中的仪式和人际关系，分别对应于人与人、人与观念之间的基本关系。这种基本关系是进一步检验人与人之间"关系密度"和"关系等级"的重要线索。通过参与观察和深度访谈，揭示出生活世界中的事实逻辑，由此检验结构的稳定性和意义建构。

三　花篮瑶亲属关系的基本结构及代际变化

（一）花篮瑶亲属关系的基本结构

费孝通、王同惠等前辈当年对花篮瑶社会组织的研究是基于亲属制度而展开的。他们曾经对花篮瑶进行了如下描述：花篮瑶中最基本的社会组织是家庭（Pia），"屋"的意思；家庭由一群长期同住在一起的人组成。一家中的人由于生育（或收养）和婚姻而形成一个团体，同住在一所房屋里，维持共同的生活，并繁衍他们的种族（费孝通，2006：57）。在这一定义上包含了血亲、姻亲和家庭基本功能，父、母（经过生育或收养）和子女构成亲属关系。

1. 生育产生的基本亲属关系。花篮瑶具有特殊的人口限制习俗（生育习俗），规定每家每代只准保留一对夫妇，由此每对夫妇只准要两个孩子，一个留在家里，一个则嫁出去（费孝通，2006：58）。生育产生的基本关系如图Ⅲ所示。

2. 婚姻产生的三个有意义的亲属关系。第一，"五代同居"，大家庭式的生活共同体，父母与娶媳妇的儿子或招婿的女儿并不分居。第二，"族内通婚"（交表婚），如图Ⅳ所示，传统上贵族瑶民实行交表婚，即己身与姑舅表亲的联姻。第三，"双系习俗"（"两边顶""买断"习俗，即夫妇共同抚养双方老人的习俗），主要在具有"山主"（长毛瑶）血统的花篮瑶和坳瑶中间流行，它造成了事实上的姻亲关系的等级（费孝通，2006：

57）。这一制度一直延续到 20 世纪 80 年代末。[①] 费孝通称其为"父系和母系制度并存"（费孝通，2006：61）。图 V 只反映了双系结构，并不能够反映出生活层面的"两边顶"和"买断"等实践活动（徐平，2006：44）。事实上，这里存在着"从夫居"（父系）、"从妻居"（母系）和"两边顶"（双系）等几种不同情况，这也就意味着大瑶山瑶民具有更加复杂和丰富的亲属关系。

上述的三个有意义的亲属关系表明个体生命来源的文化观念集成，以及男女在生育过程中各自的角色和作用，他们共同构成亲属制度中的血亲、姻亲和继嗣关系。

（二）花篮瑶亲属关系基本结构的代际变化

2013 年，六巷乡古浦村共有 7 姓 19 户 72 人。[②] 其中的相家，无论是人口数量，还是影响力，都堪称本村的最大户。

如表 1 和图 VI 所示，该家族三代人在择偶方面发生了重大变化，如今已不再坚持族内通婚的传统。第一代属于族内通婚，即本村花篮瑶不与瑶民其他支系通婚，其中包括不与外族通婚；第二代出现了瑶民内部不同分支之间的通婚；第三代出现了外族通婚关系，其中包括 1 户越南籍新娘（但未办婚礼）。

表 1　六巷乡古浦村相家代际婚姻关系比较表（2013 年 5 月 4 日绘制）

	娶进	招婚	嫁出
第一代	7（花篮瑶）	2（山子瑶）	0
第二代	12（7 花篮瑶、2 汉、1 山子瑶、2 盘瑶）	5（1 山子瑶、1 盘瑶、2 半瑶汉、1 坳瑶）	2（1 汉、1 壮）
第二代	3（1 汉、1 茶山瑶、1 花篮瑶）	0	5（4 汉、1 盘瑶）

临近的六巷村村落内部的婚姻关系在更大规模上呈现出同样的倾向。

---

① 改革开放之后，市场经济和农村家庭联产承包责任制从根本上扭转了传统土地制度，由此也引发了通婚范围的变化。六巷村内从那时起结婚的人有 31 人，其中 17 人与汉人、壮人及过山瑶通婚，另外还有 14 人与"长毛瑶"（山主，即花篮瑶和坳瑶）通婚。此外，适龄年轻人也不再认可民族身份在择偶问题上的重要性（徐平，2006）。

② 2013 年 5 月本课题组调研数据显示：相姓 18 户 55 人，李姓 0 户 2 人，胡姓 1 户 6 人，林姓 0 户 3 人，赵姓 0 户 4 人，余姓 0 户 1 人，冯姓 0 户 1 人。

2013 年 5 月的调查结果显示：本村嫁给外村的有 25 人，娶自外村的有 56 人，嫁给本村的有 11 人。蓝姓 39 户中，蓝家与蓝家结为姻亲关系的有 9 户，属于族内婚；韦家 3 户，吴家 1 户，相家 1 户，均无族内婚现象。从姻亲关系圈来看，姻亲关系中距离较近的有古浦、古陈、门头、青山、大岭等 19 个乡镇，中距离的有象州、金秀、柳州、桂林、百色等 6 个市县，远距离的有广东、四川、江西、湖南等。可见，除了 9 户蓝姓家庭有族内婚现象之外，大部分家庭均属于族外婚，其中包括瑶民以外的姻亲关系。

总之，在亲属关系实践方面，他们保留了当地婚姻禁忌中传统的"两边顶"、子女可分别用父母的姓等习俗，延续了婚葬嫁娶中的基本仪式，以及可生育两个孩子、三或四代同堂的传统做法，此外也出现了一些新的变化。原来的族内通婚，经过三代之后，有了明显的变化，即瑶民女子可以外嫁，瑶民男子可以娶外族女子为妻。据 2013 年课题组的调研结果，花篮瑶与外族人通婚的现象已经十分普遍，大瑶山的瑶民从 4 族支系间不通婚的习俗逐渐转变为 4 族支系间可以通婚，进而发展为与壮人、汉人，乃至与外国人等外族人通婚。事实上瑶民的通婚禁忌已被打破。可以说，人口政策对大瑶山瑶民的社会基本结构没有太大的影响。相比之下，人口流动即跨族群的文化交往则对人们的择偶方式和内涵产生了重大影响。这就需要对文化自我认同的静态的、形而上的描述模式进行反思，需要将文化的可沟通性、可塑性纳入分析的视角。

这里要注意的是，禁忌规则可以制约亲属关系，但"联姻圈"则不被婚姻禁忌规则所约束。"联姻圈"的变化对突破传统的禁忌规则起到了至关重要的作用。一般而言，政策环境下的婚姻法、人口流动、媒体、网络社会是促其变化的外部原因，内部原因则在于个体对配偶的价值判断。打破传统禁忌预示着行动者的能动性，也促使笔者从文化的"实践理性"（萨林斯，2002）研究文化认同的变化。既然"联姻圈"不受婚姻禁忌规则的制约，那么其稳定性、可持续性又来自何方？

（三）花篮瑶亲属关系变化的实践理性

结构主义分析方法通过乱伦禁忌解释其结构的边界和稳定性，但对结构变化缺乏解释力，因而呈现为静态的、无历史的特点。家庭基本结构的稳定性取决于禁忌规则，但"有意义的亲属关系"的出现并非来自禁忌规则本身，而来自文化传播意义上新的关系元素的出现及其实践，它反映在劳动、信仰、审美等诸多方面。

1. 亲属圈产生的文化土壤。根据同姓不同户的实际情况，将六巷村婚姻关系划分为"授""受"两类，由此统计出每家实际的姻亲"授""受"关系。如古陈村 X 家将女儿嫁给了六巷村蓝家，金秀庞家入赘至六巷村蓝家（"两边顶"），两家分别构成了"有意义的亲属关系"。以此类推，划分出六巷村各户的亲属关系图。在此基础上进一步分析出围绕择偶问题各个家庭所形成的联姻群，画出亲属圈。如图Ⅶ即是其中的一个基本亲属圈。图Ⅶ（1）是古陈村 X 家出嫁女儿给六巷村蓝家 31（在六巷村，蓝姓独立门户的家庭有 39 户，"蓝家 31"意为其中的 1 户，编号为 31）的亲属关系结构，图Ⅶ（2）是六巷村蓝家 31 从同村汉人吴家获得儿媳妇的亲属关系结构图。因此，古陈村 X 家与六巷村吴家因蓝家 31 共同构成了联姻圈。在这个圈子里既有族内或族外的婚姻关系，又有村内或村外的社会与人际关系，它们共同维系着复杂的亲属圈，并在血亲、姻亲、继嗣及其劳动和日常生活方面展开互动形式的实践活动。通过"圈子"视角，能够更加清晰地看到超越传统意义上族内婚的婚姻现象，并且可以反映族、村内外婚姻的实践关系，这也为证明该"圈子"的亲密度提供了分析前提。

2. 仪式与亲属圈的维护及再生产。在亲属关系结构性分析的基础上，笔者进一步扩大研究范围，通过生活关系进一步解释性分析"有意义的亲属关系"的象征意义。2013 年 5 月 3 日，笔者目睹了当地群众为满月孩子举办的满月酒仪式。满月酒仪式的主角是一对夫妇的女儿。X 是外地男性，入赘六巷村 Y 家。按照当地习俗，谁举办了婚礼，所生的第一个孩子就随谁家的姓。六巷村 Y 家当初主办了这桩婚事的婚礼，这意味着孩子应该姓六巷村 Y 家姓，而当生育第二胎时，方可姓男方姓。入赘的男性原则上伺候女方家的老人，祭祀女方家的祖先。经商议，也可不定期地在男性本家居住并伺候本家老人。在仪式主家的对联横批上写着"男女平等"。这一点也符合当今独生子女政策下的婚姻法规定。在某种意义上讲，"入赘"本身是依据习俗建立起来的婚姻关系，而赡养老人问题上的"男女平等"所依据的则是当今的婚姻法。

酒席邀请亲朋好友的一般方式是，不发请帖，都是"话头"（口传）

附近 5、6 个村，如六巷、十甲、古浦、帮家、门头、王桑等，远至金秀、象州、柳州。一般而言，每一家至少一个代表，也有全家出动的例子。筹备工作开始后，亲朋好友、本村亲戚一般去他家里帮忙干一天活，然后坐下来吃。至于规模，则要看各方面的具体情况，需要大家坐下来一起商量。具体做法是，先选出总指挥，然后按主家要求来安排。一般由总指挥来分配，因为总指挥知道谁能够干什么活儿，谁干什么活儿合适。作为总厨，他不但要会做菜，还要会管理、会计划，不能给主人家带来浪费。总厨和总指挥在这一点上一定要出色。若主家有好的声望，全村人往往都会去祝福。另外，这里也有办仪式记礼单的习俗。从这次仪式的礼单上来看，数额从 50 元到 400 元不等，其中 100 元礼单占多数，也有个别人送礼物，总金额为 18550 元。从人数上看，本村人居多。这意味着日常生活中礼尚往来背后的文化动力，其中暗藏着参与者对主家的评价——可被言说的德性。可以说，人们在劳动、生活交往中所积累的威望决定了仪式的大小。人们通过仪式和礼单表达人与人之间关系的亲密度。亲密度中包含了主办方在"圈子"中的亲属性、义务性和亲密性。当地人说，办酒席都是近年从汉人那里学来的。人们通过仪式不断表达自我的态度及与主家关系的亲密度，而这种亲密度又来自以往日常生活中关系的变化。笔者调查中看到的一次婚礼的劳动分工（蓝 L、庞 W 的婚礼仪式，2013 年 3 月）也能反映出如上特点。

可见，在亲属制度方面，这里保留了姻亲关系中夫妇共同抚养双方老人的"两边顶"等旧有习俗，也预示着未来的继嗣关系，在实践中共同营造了血亲、姻亲、继嗣及人性化的社会关系，其中联姻圈对改变传统意义上的禁忌规则起到了至关重要的作用。

由结构性的"关系"向文化认同的"圈子"的发展，为瑶民从内婚到外婚，乃至与其他民族之间的通婚铺设了基础。从外部看，可以观察到人际关系的"圈子"，其中所有参与者均属于这个仪式"圈子"之中，具体而言，这个"圈子"由血亲、姻亲、劳动、交友等关系元素结合而成。从内部看，上述仪式的严肃性让主办方不得马虎，尤其在仪式过程中不得出乱子，所以在人选上特别注意各个角色的能力。一个办事能力不强的人不能在总指挥的位置上，如同一个不会做酒席饭菜的人不可能在后厨主事一样。人们被以往做事的口碑所左右，无论是做事方面还是做人方面，都要受制于村民对他（她）的文化认知，在严肃场面尤为如此。蓝某在上述两个仪式中都是总指挥，客观上表达了他在人们心目中的位置。他在日常生活中的做事、为人，客观上给予了他这样的殊荣。村落中每一个人在价值、情感上的表达、、受到劳动、仪式、日常生活的相互制约，由此结构性的"关系"延伸为一种文化认同的"圈子"。这种"圈子"构成当地瑶民目前婚姻选择中的一项重要指标和条件。结构分析无法就现实生活中这种大大小小的"圈子"内部的"密度"检验给出"实践理性"的回答。这个"密度"既表达了婚姻双方家庭的关系质量，同时又是社会威望的体现，所以仪式的大小直接可表达为"圈子"的密度和等级。"圈子"中的每一个人角色不同、相互协调，构成了当地为人做事的"实践理性"。这种"实践理性"为亲属关系的维护、再生产及拓展提供了现实可能。

四　讨论与分析

在拉德克利夫 – 布朗的功能主义理论中，"把社会结构归结为存在于某一特定的社会中的社会关系的总和"（列维 – 斯特劳斯，2006：323），并不愿意将结构与结构形式加以区分来进行研究，因而他认为结构形式的作用完全被历史给定，而且结构形式所能起到的作用甚微（A. R. Radcliffe-Brown，1940）。列维 – 斯特劳斯对此持批判态度："把社会结构等同于社会关系的做法，促使他把前者分解为一些成分，其形式完全模拟人们所能想到的最简单的关系，即两个人之间的关系……此类双向关系确实构成了社会结构的原料吗？它们本身难道不是——通过理想的分析工作取得的——某种性质更为复杂的预先存在的结构的残留物吗？"在列维 – 斯特劳斯看来，只有语言学兼备了实证研究的一套方法，能够了解它所分析对象的性质，所以对人类学而言，语言学的分析方法，尤其音位学在深层结构分析上的作用应该获得充分肯定。但他的这一认识无形中也将历史演变排除在分析视角之外。

根据上述大瑶山案例可见，第一，在认知层面，大瑶山瑶民血亲与姻亲关系的变化呈现为族内婚转向了族外婚，这是由文化本来所拥有的职能——沟通、传播所致；第二，从"人口政策"和"人口流动"两个

"外来影响"来看，社会基本结构的意义变化并非人口政策所致（近 10 年人口变化呈现出稳定性），而是当地人与人、人与自然，进而人与观念之间意义系统的变化所致；第三，外来文化对文化的影响，如新型等级观念、个人主义情绪的出现等，导致了择偶价值判断的变化。这些共同构成了相对稳定的、有意义的亲属关系的产生与实践。

生活世界中的他者具备实践理性的特征，远比问卷中的他者复杂、丰富。如果看不清这个问题，那么就容易将研究者的欲望等同于被研究者的愿望，容易将马克思所揭示的"事实的逻辑"与"逻辑的事实"混为一谈。本文中的"亲属圈子"均表现了"有意义的亲属关系"的"事实逻辑"。人们根据祖先给定的乱伦禁忌组成各自的家庭秩序，与此同时又根据可被言说的德性（价值判断）择偶并经营具体的"联姻圈"。这种可被言说的德性及其行为方式是一种"文化事实"（cultural facts）。这种"文化事实"是内化于身心的，具有特定价值导向、符号体系与实践规则的习性与信念。它规范主体表达的同时使主体客体化，从而成为具有规范化导向的力量。"文化事实"，与社会物理学意义上的"社会事实"有所不同，"文化事实"注重以个体的习性与信念为表达机制，是客体化自我的一种实践理性的表现。它既是一种分析性概念，呈现价值与规则，同时又是一种个体连接外界的描述性概念，实现自我认同社会化的主观意志。在这里，它具体表现在个体的"为人"与"做事"两个方面，共同影响各自家庭的可持续性和稳定性。结构主义分析的最大弱点则在于简约了结构内部丰富的个体实践。

可以说，结构分析与语言学分析的结合仅仅解决了词源学意义上的历史依据和结构自身的稳定性问题，未能自己证明其结构意义的生产及其历时性问题，因而严格地讲，它只是一种"马后炮"式的静态说明。如果孤立地观察多样的乱伦禁忌的个案，它是一种近似"铁律"的静态说明，其历时性也呈现为对传统的遵从一面；同理，如果仅仅将研究视线定格在一个静态的村落或族群分析上，其研究也很难跳出本族中心主义的圈子，拒绝了文化在他者之间相互沟通、理解、传播的文化动力。相比之下，大瑶山的瑶民在日常生活中关于"有意义的亲属关系"及其"圈子"的实践表

---

① 根据费孝通《六上瑶山》第 58 页中的文字制图。

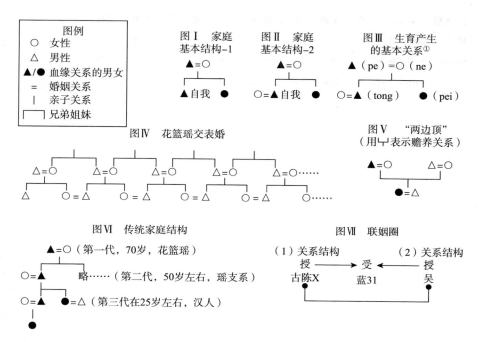

明，结构的意义分析涉及三层含义，即个体（姻亲关系）、家庭（有意义的亲属关系）和联姻圈（社会关系）。在这三层关系中，实践层面的"姻亲双方"能否产生"有意义的亲属关系"并进入"圈子"是关键所在，其实践原则源于生活世界中的实践理性。

总之，列维－斯特劳斯的结构主义学说在针对亲属制度变迁这一涉及社会基本结构何以演变上缺乏解释力，甚至否定了结构内外的人类实践。在笔者看来，姻亲关系既是维系家庭再生产的基本亲属关系，又是导致亲属制度变迁的原因所在。亲属关系并非像结构主义分析的那样一成不变，人们在生活世界中的实践理性直接或间接影响着亲属关系的发展变化。

参考文献

费孝通，2006，《六上瑶山》，北京：中央民族大学出版社。

列为－斯特劳斯，2006，《结构人类学》（卷一），张祖建译，北京：中国人民大学出版社。

萨林斯，2002，《文化与实践理性》，赵丙祥译，上海：上海人民出版社。

徐平，2006，《大瑶山七十年变迁》，北京：中央民族大学出版社。

Brown, A. R. Radcliffe 1940, "On Social Structure." *The Journal of the Royal Anthropological Institute of Great Britain and Ireland* 70（1）.

"80后"的教育经历与机会不平等[*]

——兼评《无声的革命》

李春玲

摘　要：本文基于全国抽样调查数据，对"80后"人群的教育经历及其机会不平等状况进行深入探讨，重点考查教育机会的城乡差距和阶层不平等，并回应由《无声的革命》所引发的争论。数据分析显示：尽管教育机会数量增长明显，但城乡教育差距加剧、优质教育资源分配不均衡等问题依然存在，教育政策制定者需要制定更有效的政策以改变现状。

关键词：教育机会不平等　家庭背景　城乡差距

一　媒体误读学术研究数据所引发的争论

《中国社会科学》2012年第1期刊发的《无声的革命：北京大学与苏州大学学生社会来源研究（1952～2002）》（以下简称《无声的革命》）引发媒体热议。该文考察了1952～2002年间国内两所精英大学学生的社会来源，结果发现，这两所大学中，来自农村的学生比例和来自工农家庭的学生比例明显上升后维持稳定，这说明精英大学的学生选择变得更加开放和平等化，作者称之为"无声的革命"（梁晨、李中清等，2012）。

然而，被媒体广泛引用的并非此文的主要观点或相关数据，而是一个数字——1997年干部子女占北大学生比例近四成（39.76%），以及对此的解读——"干部子女上北大比例攀升""干部子女比例超过专业技术人员，更远超过工人和农民阶层"等。部分媒体评论人由此推论精英大学已为特

---

*　原文发表于《中国社会科学》2014年第4期。

权阶层所垄断。媒体对于教育不公平问题越来越关注,反映了社会公众对于教育机会不平等现象日益强烈的感知和不满。最近十年来,中国民众对于社会不公平问题的关注点从结果不平等(如收入差距)逐步扩展到机会不平等(如就业机会不平等)。教育机会不平等甚至被认为是导致后续一系列不平等的根源,如城乡收入差距等。

"干部子女占北大学生比例近四成"的说法,在普通民众看来,意味着优势地位家庭的子弟以超高比例涌入名牌大学而挤占了其他阶层——尤其是农民子弟的就学机会,从而导致"寒门难出贵子"。虽然此文作者一再解释他们所谓的"干部"包括了党政机关、事业单位和各种所有制企业的管理人员,并通过多家媒体澄清遭遇的误解,却未能消除人们的这种印象——优势地位家庭的子女获得越来越多的精英大学入学机会。2012 年 4 月 16 日,《中国青年报》刊登梁晨观点的同时,在同一版面以《寒门子弟为何离一流高校越来越远》为题发表了其他学者(罗立祝和刘云彬等人)的研究结论:"农村生源离一流大学越来越远是不争的事实"(叶轶轿、田国垒,2012)。

这场争论实际涉及对中国教育不平等发展趋势的总体判断:是否的确发生了一场无声的革命,推进教育机会分配越来越开放平等?以往的研究证实,改革开放前的 30 年(20 世纪 50 年代至 70 年代),家庭背景对教育机会的影响不断减弱、工农子弟的受教育机会明显增加(李春玲,2003)。但是,改革开放以来,特别是最近十年,这场无声的革命是否还在持续?城乡教育不平等是弱化了还是强化了?此外,这场争论还关注:进入精英大学——教育等级体系的象牙塔顶端的机会不平等是否要比进入普通大学或其他较低层次教育机构的机会不平等更严重?权力因素是否在其中发挥了作用?

争论中观点对立双方所依据的数据大多来自大学录取的学生的背景资料,这类数据虽能反映不同社会人群的高等教育机会分布情况,却无法反映宏观社会结构的变化及其对教育机会不平等的影响。要对教育机会不平等状况和变化趋势进行准确判断,必须考虑宏观结构因素,尤其是职业或阶层结构和教育机会供应量的变化。最近几十年里,中国社会发生了巨大的变迁,城市化和工业化以及体制变革导致城乡人口结构、职业结构和阶层结构变动很大,与此同时,各个层次的教育机会增加很多。20 世纪 50 年代,中国农村人口比例超过 80%,农民占就业人口的比例接近 85%,白领从业者只占 2%（管理人员比例仅为 0.5%）；而现今农村人口比例为 49%，农民占就业人口比例下降到约 40%，白领从业者比例上升，接近 30%（陆学艺，2010；李春玲，2005）。不考虑剧烈的结构变迁而单纯比较大学生家庭背景比例变化，不足以准确判断教育不平等的上升或下降。同样，教育规模扩张及教育机会增加也需考虑这一因素——20 世纪 50 年代，100 个适龄人口中只有 1~2 人可以上大学，而现今 100 个适龄人口中有 26 人可以上大学。分析教育机会不平等的变化趋势不能不考虑教育机会供应量的变化。

为进一步深化讨论，更全面地考察当前教育机会不平等的现状，笔者基于中国社会科学院社会学研究所最近三次全国抽样调查数据（2006，2008，2011），① 对 "80 后"人群（1980~1989 年出生）的教育经历及其教育机会不均等分配状况进行分析，从而判断目前教育不平等的变化趋势。鉴于绝大多数 "80 后"已完成学校教育的全部过程，通过对这一人群教育经历的考察，可以透视各个层次教育机会的分配状况及其最终效果，同时也可以为上述争议的解答提供实证资料。不过，由于本文采用的是宏观调查数据（全国抽样调查数据），此数据并不提供被调查者 "是否上精英大学"的信息。因此，本研究论证的重点不在于呈现精英大学入学机会不平等的变化趋势，而是试图把握当前中国教育机会不平等的最新整体变化趋势。《无声的革命》虽然讨论的是精英大学的生源变化，但它由此提出的重要命题——"无声的革命"，并非局限于精英大学教育，而是指 1950~1990 年代中国教育领域的革命，对于这场革命在最近十年的命运走向，《无声的革命》一文并无定论。在此意义上，本文并不打算验证《无声的革命》的具体观点及其数据论据正确与否，而旨在为此文所引发的关于当前教育不平等变化趋势的争论提供一些实证分析结果，以期有助于更深入、准确地认识我国教育机会不平等的现状及变化趋势。

---

① 中国社会科学院社会学研究所开展的 2006、2008 和 2011 年度 "中国社会状况综合调查"（CGSS，CASS）是一项全国范围的大型连续性抽样调查项目，其中包括了个人教育和家庭背景信息。三次调查基于同类的抽样框，采用分层多阶段抽样方法，共采集到覆盖全国 28 个省市区、130 个县（市、区）、260 个乡（镇、街道）、520 个村/居委会的数据，总样本量为 21236 个（三年调查获得的有效样本依次为 7061、7139、7036）。本文选取 2858 个 "80 后"样本进行分析（排除 2006 年样本中 1989 和 1988 年出生的人，因为他们在调查时普遍未达到上大学的年龄）。

二 教育机会增长与"80后"升学路径

要全面把握当前中国教育机会不平等状况，不能忽视教育扩张速度和教育机会供应量的迅猛增长。中国拥有全世界最大的教育体系，也是最近几十年教育扩张速度最快的国家之一。"80后"无疑是教育迅速扩张的最大受益者，他们的受教育机会远远超过前几代人。

基于调查数据，在2858个接受调查的"80后"当中，98.2%进入学校系统接受教育；接受小学教育的2807人中有88.8%升入初中；接受初中教育的2493人中有52.7%升入高中、职高、技校或中专；接受高级中等教育的1314人当中有50.6%考入大学。总的来说，这一代人普遍享有基础教育机会，初中教育也接近普及，不过，高级中等教育和高等教育的淘汰率比较高。2858人当中只有不到半数的人（46%）接受了高级中等教育，不到四分之一的人（23.3%）接受了高等教育。但是，与前几代人相比，"80后"接受高级中等教育和高等教育的比例有了极大提高，其初级中等教育机会也比前几代人有大幅度增长。综合几代人的教育机会增长状况来看，"80后"的教育机会增长最为突出，基础教育在前几代人当中已经普及，而小学升初中和初中进入高级中等教育这两个阶段，前几代人的机会增长较为缓慢，"80后"在这两个阶段的升学率有了大幅度增长。高级中等教育升入大学的机会在"70后"之前基本没有增长，而且还有所波动，"70后"上大学的机会增长幅度较大，"80后"的机会继续增长。不过，虽然"70后"的高级中等教育升入大学比例上升较快，但其小学升初中和初中进入高级中等教育的比例远低于"80后"，故"70后"的大学毛入学率（10.9%）远低于"80后"（23.3%），"70后"之前的几代人的大学毛入学率更低，"40后"为3.3%，"50后"为3.6%，"60后"为5.3%。"80后"上大学的机会猛增主要得益于大学扩招政策，该政策使"80后"上大学的机会比前一代人增长了一倍多，"80后"是大学扩招政策的主要受益者（参见表1）。

表1 不同年龄组各阶段升学比例

单位：%

年龄组	进入小学	小学升初中	初中升高级中等教育	高级中等教育升大学
1940~1949	78.6	48.9	30.0	28.4

年龄组	进入小学	小学升初中	初中升高级中等教育	高级中等教育升大学
1950~1959	82.6	65.1	31.7	21.0
1960~1969	91.8	70.5	30.9	26.7
1970~1979	94.8	75.1	36.0	42.4
1980~1989	98.2	88.8	52.7	50.6
总体	88.9	69.4	34.6	32.2

注：高级中等教育包括普通高中和中等职业教育（职高/技校/中专等）；大学包括大本和大专。

三　升学机会与家庭背景

教育机会在短期内的迅猛增长为教育机会分配的平等化提供了良好契机，原本机会较少的社会弱势群体有可能在机会数量猛增的情况下分享到新的机会。但更需要关注的是那些没有享受到机会增长的人，他们为什么在机会猛增时仍被淘汰出局？在这场由媒体所引发的争论中，人们最关注的是城乡之间和阶层之间的教育机会不平等。为对此问题进行详解，表2列出了"80后"各阶段的升学者与出局者的父亲职业背景（代表阶层地位）和父亲户口身份（代表城乡身份）比例，以及"80后"总体的父亲职业和父亲户口比例分布，如果教育机会分配平等，那么各个阶段的升学者或被淘汰者的家庭背景比例应该与总体比例分布一致，两个比例之比为1，如果两个比例之比不为1，则意味着存在不平等。而各阶段升学者家庭背景比例分布与总体比例分布差距越大（两个比例之比距离1较远），说明教育机会不平等程度越高。这样的对比分析可以避免单纯比较历届大学生家庭背景比例分布的局限性，也较易于判断不同社会群体在教育机会竞争中的优势与劣势。

表2　"80后"升学与未升学者家庭背景比较

单位：%

16岁时父亲职业	是否进入小学		是否由小学升入初中		是否由初中进入高级中等教育		是否由高级中等教育升入大学		"80后"总体	升入大学者比例与总体比例之比
	未进入	进入	未升	升学	未升	升学	未升	升学		
管理人员	0.0	3.1	0.0	3.3	0.9	5.6	1.4	8.4	3.0	2.8
专业人员	0.0	3.4	0.0	3.8	1.1	6.3	1.7	8.8	3.3	2.7

续表

16 岁时 父亲职业	是否进入 小学		是否由小学 升入初中		是否由初中 进入高级 中等教育		是否由高级 中等教育 升入大学		"80 后" 总体	升入大学 者比例与 总体比例 之比
	未进入	进入	未升	升学	未升	升学	未升	升学		
办事人员	0.0	8.7	3.4	9.3	4.0	14.1	6.6	15.4	8.6	1.8
个体/自雇	0.0	7.5	3.7	7.9	5.9	9.7	6.5	10.3	7.4	1.4
工人	10.9	24.0	11.1	25.6	21.4	29.5	22.5	28.0	23.8	1.2
农民	89.1	53.3	81.7	50.1	66.7	34.8	61.3	29.1	53.9	0.5
合计	100	100	100	100	100	100	100	100	100	
16 岁时父亲户口										
农业户口	92.2	76.2	95.2	73.8	89.8	59.4	6 7.3	51.7	70.3	0.7
非农户口	7.8	23.8	4.8	26.2	10.2	40.6	32.7	48.3	29.7	1.6
合计	100	100	100	100	100	100	100	100	100	

注：高级中等教育包括普通高中和中等职业教育（职高/技校/中专等）；大学包括大学本科和大学专科。

我国学龄儿童入学早已普及，但仍有少量"80 后"没有上学，虽人数较少，但也占"80 后"总数的 1.8%。这些未进入学校接受教育者绝大多数来自农村（92.2%），其中出身农民家庭者占 89.1%，少量来自城镇的（7.8%）基本上都是工人家庭出身（10.9%）。这些人目前处于社会底层且基本没有机会获得上升的社会流动。

未升入初中者情况类似，主要来自农村（95.2%）和农民家庭（81.7%），少数来自城镇（4.8%）和工人家庭（11.1%），极个别的人来自办事人员和个体/自雇人员家庭（7.1%）。"80 后"接受初中教育时正是政府大力推进九年制义务教育的时期，初中教育的普及率提高很快，不断接近普及水平。但"80 后"人群中还有约 1/10 的人（11%）未能获得初中教育，这批人与未接受教育的人相似，也很可能长期停留于社会底层。

由初中进入高级中等教育阶段是当前教育机会分化的一个关键点。接受了初中教育的"80 后"中，接近半数（47.3%）（参见表1）未能通过这个关口，因此终止了受教育历程。他们当中有 89.8% 来自农村，66.7% 出生于农民家庭，还有 21.4% 来自工人家庭，其他阶层家庭子女只有很少比例的人未能获得高级中等教育机会。这一构成与未接受教育的人和未升入初中的人相类似,即绝大多数是农民子弟和少量工人子弟。

在高级中等教育升入大学的关口,又有大约半数的人(49.4%)出局,仅有不到1/4的"80后"(23.3%)通过各层关口成为优胜者,进入大学殿堂。比较每一级过关者的家庭背景分布比例——进入小学的人、由小学升入初中的人、由初中进入高级中等教育的人和由高级中等教育升入大学的人,可以发现,随着教育层次的提高,家庭背景的层次也逐级提高,白领家庭背景和城镇家庭背景的比例不断上升,而农民家庭背景和农村人的比例持续下降。表2右两栏列出"80后"总体的家庭背景比例分布及其与升入大学的人的家庭背景比例之比,显示管理人员和专业人员的子女在竞争大学教育机会中优势明显,他们在上大学的人中的比例约为在"80后"总体中比例的3倍;办事人员子女也有一些优势,他们在上大学的人中的比例接近其在80后总体中比例的2倍;工人和个体自雇人员子女上大学的比例则与其在总体中的比例接近,未显示明显优势或劣势;但农民和农村子弟的劣势突出,他们在上大学的人中的比例远低于其在80后总体中比例。

各阶段升学者与未升学者出身背景的比较显示,尽管"80后"的教育机会增长很快,但机会分配的不平等相当突出,城乡之间的教育鸿沟较深,管理人员阶层与专业人员阶层的教育机会优势明显,而农民阶层处于最为劣势的状态。2%的未接受教育的"80后"和11%的小学文化水平的"80后"来自社会底层家庭,他们目前也处于社会底层状态,而他们的下一代很可能仍停留于社会底层。这些人绝大多数是农村人。在初中进入高级中等教育阶段和高级中等教育升入大学阶段被淘汰出局的人也多数来自乡村。很明显,当前最突出的教育机会不平等是城乡之间的教育机会差异,教育机会的城乡差异既是城乡社会经济差距的后果,同时也进一步强化了城乡社会经济差距,并且通过代际传递使城乡差距得以长期维持。

四 升学路径选择与优质教育机会分配

《无声的革命》引发争论的焦点之一是精英大学教育机会是否比普通大学更加不平等,似乎越好的学校入学机会越为特权阶层占据,而寒门子弟获取这类机会的可能性越来越少。这意味着，即使在相同的教育阶段也存在等级分化。在高等教育阶段，不同大学的文凭含金量不同，在劳动力市场上的价值和回报差异较大；同样，在高级中等教育阶段，进入普通高中还是职业教育学校对于个人未来发展的意义也有所不同。表3列出了高等教育和高级中等教育阶段进入不同类型学校的人的家庭背景情况。

表3　接受不同类型高等教育和高级中等教育的"80后"出身背景比较

单位：%

16岁时父亲职业	进入大专		进入本科		进入高中		进入职高/技校/中专	
	比例	与在总体中相应比例之比	比例	与在总体中相应比例之比	比例	与在总体中相应比例之比	比例	与在总体中相应比例之比
管理人员	3.5	1.2	13.6	4.5	7.4	2.5	3.4	1.1
专业人员	7.4	1.1	10.6	3.9	6.9	2.1	5.6	1.7
办事人员	16.4	1.5	14.7	1.7	13.8	1.6	14.7	1.7
个体/自雇	10.3	1.4	10.2	1.4	10.5	1.4	8.7	1.2
工人	31.9	1.3	23.4	1.0	24.5	1.0	34.5	1.5
农民	30.5	0.6	27.5	0.5	36.9	0.7	33.1	0.6
合计	100	—	100	—	100	—	100	
16岁时父亲户口								
农业户口	35.9	0.5	27.4	0.4	52.0	0.7	41.3	0.6
非农户口	64.1	2.2	72.6	2.4	48.0	1.6	58.7	2.0
合计	100	—	100	—	100	—	100	

比较高级中等教育阶段两类学校的差异。在九年制义务教育接近普及的情况下，选择是否进入高级中等教育以及选择进入哪种类型的高级中等教育学校是当前中国教育分层的关键点，也是考察升学机会不平等的一个始点。在完成初中教育之后，这些人面临着很可能是影响个人未来发展的一个重要选择。他们面前有三个选择：放弃继续升学机会，升学进入普通高中，升学进入职高/技校/中专。47.3%的初中毕业生或初中辍学者放弃继续求学，他们当中89.8%来自农村，66.7%是农民子弟，21.4%是工人子弟，其他阶层的子女则较少（参见表2）。52.7%（参见表1）的初中毕业生继续升学，一部分进入普通高中，另一部分选择职业教育。表3比

较了这两部分人的家庭背景情况。管理人员和专业人员子女更多选择普通高中，他们在升入高中的人当中的比例是其在总体中比例的两倍多；与此同时，专业人员和办事人员子女选择职业教育的比例略高于总体比例；个体/目雇人员和工人子女对这两类教育的选择较接近总体比例；而农民子女在这两类教育中的比例都大大低于他们在总体中的比例。由此可以看出，在进入高级中等教育阶段，出现了三个层次的教育分化，不同的社会阶层选择了不同的个人教育发展路径：上层和中上阶层（管理人员和中高层专业人员）子女大多数进入普通高中，然后考入大学；中下阶层（办事人员、低层专业人员、农村专业技术人员等）子女在学业成绩不理想而考大学希望较小的情况下会选择职业教育，掌握一定的专业技能后再进入劳动力市场；农民子女在学业成绩不理想而考大学希望较小的情况下较倾向于放弃升学，直接进入劳动力市场，外出打工挣钱。

在高等教育阶段，大学本科与大学专科的阶层差异类似。表3数据显示，管理人员和专业人员子女考入本科高校的比例分别为其在总体中比例的4.5和3.9倍，表明这两个阶层在竞争本科大学教育机会方面具有明显优势；其他阶层（除农民阶层）子女竞争大专和大本入学机会没有显示明显优势或劣势，他们在大专和大本中的比例较为接近其在总体中的比例；而农民子女则在这两类高等教育机会的竞争中都处于较为劣势的地位。他们在大专和大本中的比例只有其在总体比例中的一半，在大专中的比例高于其在大本中的比例。

本文所采用的调查数据没有提供被调查者所上大学是否为精英大学的信息，因此无法分析精英大学教育机会的阶层不平等和城乡不平等是否比普通大学更为严重。但是，从大学本科教育机会的阶层差异明显大于大学专科这一事实推断，精英大学教育机会的阶层不平等很可能高于普通本科大学，管理人员和专业人员子女竞争精英大学教育机会的优势可能更明显。

五　城乡和阶层不平等趋势

《无声的革命》一文的重要观点是：1949年以后，中国精英教育体制日益开放，工农子弟有越来越多的机会接受教育，这也就是"无声的革命"的含义，改革开放以来这种态势仍得以保持。而持反对意见的学者，如罗立祝和刘云彬等人认为，至少在精英大学，城乡不平等没有下降反而上升了。上述作者都是基于部分高校学生的来源信息，比较了不同年份学生来源的城乡比例和父亲职业身份比例，以此判断教育机会的城乡和阶层不平等的变化趋势（Robert Denis Mare，1981，72 - 87）。正如本文所提到的，由于近年来城乡结构和阶层及职业结构变化较大，教育扩张速度很快，在这种情况下，单纯比较学生来源比例变化，不足以准确估计教育不平等的变化趋势。研究者需要综合分析结构变化与学生来源比例，才能获得较为可靠的结论。在教育社会学领域，研究者们通常采用美国社会学家罗伯特·梅尔提出的加入年代控制变量的 logit 模型，在控制不同年代的教育机会供应量变化和职业及阶层结构变化的情况下，通过交互效应项来准确估计不同社会人群的教育机会是上升了还是下降了，由此判断教育机会不平等的变化趋势。笔者曾采用此种方法，用2005 年1% 人口抽样调查数据，比较了1975～1979 年出生的人与1980～1985 年出生的人的教育机会状况，结果发现阶层之间的教育机会不平等没有发生显著变化，但城乡之间的教育不平等有所上升（李春玲，2010）。2005 年调查数据不能很好地反映目前的教育不平等状况。为此，笔者基于新的调查数据，用梅尔模型考察了"80 后"与"70 后"教育机会影响因素及其变化，以此判断城乡和阶层之间教育机会不平等是否下降。

表4　高等教育机会和高级中等教育机会的影响因素分析

自变量	是否上高中/职高/技校/中专		是否上大学	
	比率比	标准误	比率比	标准误
16 岁时父亲职业（参照组：农民）				
管理人员	2.914***	0.255	2.428***	0.294
专业人员	1.195	0.237	0.959	0.303
办事人员	1.449*	0.195	1.284	0.267
个体/自雇	1.717*	0.315	2.053*	0.402
工人	1.285	0.167	1.164	0.240
16 岁时父亲教育年限	1.185***	0.017	1.222***	0.024
16 岁时父亲户口（城镇户口）	4.732***	0.149	3.945***	0.210
80 后年龄组	2.263***	0.208	1.943**	0.321
80 后×管理人员	0.485	0.495	0.644	0.520

自变量	是否上高中/职高/技校/中专		是否上大学	
	比率比	标准误	比率比	标准误
80后×专业人员	1.133	0.469	1.270	0.515
80后×办事人员	0.778	0.339	0.687	0.434
80后×个体/自雇	0.890	0.406	0.511	0.524
80后×工人	0.715	0.247	0.645	0.359
80后×16岁时父亲教育年限	0.978	0.029	0.954	0.042
80后×16岁时父亲城镇户口	1.111	0.232	1.380	0.320
常数项	0.064***	0.114	0.016***	0.181
-2 loglikelihook	4132.792	2630.365		
自由度	15	15		
样本数	7225	7225		

注：显著水平：*** ≤0.01；** ≤0.05；* ≤0.1；标准误省略。

由于小学教育早已普及，初中教育也趋于普及，教育分层主要表现在高级中等教育和高等教育领域，因此笔者的模型重点分析这两个阶段的情况。表4列出了2个logit模型的比率比，一个模型分析进入高级中等教育者的城乡和阶层差异以及"80后"与"70后"之间是否存在差异；另一个模型分析考入大学者的城乡和阶层差异以及"80后"与"70后"之间是否存在差异，这两个模型都控制了不同年代的教育机会数量变化和职业结构变化。这两个模型中，父亲职业的比率比显示的是阶层之间的差异，父亲教育年限的比率比则体现了家庭文化资源对子女教育机会的影响程度，父亲户口身份的比率比则表明城乡教育不平等差距，年龄组比率比代表"80后"和"70后"两代人的教育机会差异，其后的自变量都是交互效应项，交互效应项则是检测"80后"与"70后"在上述差距方面的变化情况，即阶层之间的不平等和城乡之间的不平等是扩大了、缩小了还是没有变化。

在高级中等教育方面，表4数据显示，对于"70后"升入高中/职高/技校/中专的机会来说，管理人员子女是农民子女的2.9倍，办事人员子女是农民子女的1.4倍，个体/自雇人员子女是农民子女的1.7倍，工人子弟与农民子弟差异则不明显，专业人员子女与农民子女的升学机会也没有明显差异，但如果把城乡专业人员区分开，城市专业人员子女升学机会远高于农民子女，而乡村专业人员（如乡村教师、医生、农机技术人员等）子女的升学机会与农民则差异不大。父亲的教育水平对子女是否能进入高级中等教育有显著影响，平均而言，父亲多接受 1 年教育，其子女升学机会提高 19%。父亲户口的比率比显示城乡升学机会差异较大，城里人进入高级中等教育的机会是农村人的 4.7 倍。模型中所有交互效应项系数的显著水平都不显著，即"80 后"升入高中/职高/技校/中专机会的上述差异与"70 后"完全相同。这表明，在这一阶段的升学机会上，"80 后"与"70 后"相比，所遭遇的阶层之间和城乡之间的不平等并没有减少，但也没有增加。

在高等教育阶段，同等条件下，"70 后"父亲职业所导致的升学机会差异只体现在管理人员子女、个体/自雇人员子女与农民子女之间的差距上，管理人员子女上大学的机会是农民子女的 2.4 倍，个体/自雇人员子女的机会是农民子女的 2.1 倍，专业人员、办事人员和工人子女与农民子女的升学机会则没有明显差异。父亲的教育水平对子女上大学机会的影响显著，父亲多接受 1 年教育，其子女上大学的机会提升 22%。城乡（人）之间上大学机会的差异也很大，城镇人上大学的机会是农村人的 4 倍。这一模型中所有交互效应项系数的显著水平也都不显著，这说明，在高等教育阶段，"80 后"与"70 后"在上述几方面的不平等程度没有变化，阶层之间与城乡之间的不平等没有下降，但也没有增加。表 4 的两个模型分析结果表明，"80 后"群体中的教育机会不平等没有明显减少，前一代人的不平等在这一代延续，没有证据显示"无声的革命"在"80 后"这一代身上发生。

值得注意的是家庭的阶层背景（父亲职业）对教育机会的影响。比较表 4 数据分析结果与表 3 和表 2 的数据，可以发现不同。表 3 和表 2 的数据（百分比）所反映出的父亲职业身份对子女教育机会的影响似乎比表 4 两个模型所体现得更加明显。表 3 和表 2 数据显示出，父亲的职业地位越高，子女进入高级中等教育和高等教育的机会越大，管理人员和专业人员表现出最大优势，办事人员和个体/自雇人员略有优势，工人子弟的机会虽少于前面几个阶层，但明显多于农民子弟。然而，表 4 数据结果却表明，与农民阶层相比较，只有管理人员阶层具有较强的优势，办事人员和个体/自雇人员略有优势但显著水平较低,专业人员和工人则未显示出与农民的差异。导致两部分数据分析结果差异是因为表4的模型加入了父亲教育控制变量和城乡控制变量,如果没有加入这些控制变量,表4的数据结果将与表3和表2一致,但加入这些控制变量后,父亲职业对教育机会的影响极大弱化。即我们在现实社会中直接观察到的不同职业人群子女上大学机会、上高中机会的差异,主要由家庭文化资源(父母教育水平)[①]和城乡因素导致(郝大海,2007),比如,专业人员子女升学机会多于其他阶层,这主要是因为这一阶层的文化水平较高;工人子女升学机会比农民子女多,这主要是城乡差距所导致的后果。但是,在控制父亲教育作用和城乡差异的情况下,管理人员阶层仍显示出较强的优势,这表明权力的确干扰了教育机会分配。不过,这里所说的"权力",并非单指"官员"特权或政府公权力,本文数据分析中所界定的"管理人员"包括党政机关、事业单位的负责人、各类企业的中高层经理人员和企业主,该群体在社会分层中是社会经济地位最高的阶层,因拥有管理权而具有较大的社会影响力。在教育机会竞争中,他们具有较大的优势。

六 结论

《无声的革命》引发的媒体及相关学者的争论所关注的焦点是近十年以及当前的教育不平等变化状况,显然,《无声的革命》中的数据分析并未涉及这一时期。另外,《无声的革命》仅讨论了精英大学教育机会不平等的变化情况,但它所引发的社会争论并不局限于精英大学教育机会的分配,而是涉及更多层次的城乡和阶层之间的教育机会不平等以及由此导致的社会不平等。毫无疑问,人们关注的焦点是最近十年教育机会分配的变化趋势,特别是城乡不平等和阶层不平等的变化。为更深入了解教育机会不平等的最新变化趋势,本文采用较新的全国抽样调查数据,对"80 后"教育状况进行分析,可以得出下述结论。

1. 对"无声的革命"的反思。改革开放之前的 30 年里,我国政府推行的促进教育机会均等化和扩大基础教育规模的政策的确导致了教育领域

①　郝大海的研究结果也显示了文化资本对中国教育分层的影响。

的"无声的革命",带来教育机会分配平等化水平的提高,虽然它同时也导致教学质量——尤其是高等教育质量的下滑。改革开放的最初十年,由于市场经济的冲击,小学和中学教育成本上升(学费猛涨),农民家庭教育负担沉重,农村中小学学生大量辍学,从而导致教育机会分配的不平等程度有所提高(李春玲,2003)。最近十几年,政府普及九年制义务教育、扩大高等教育规模、减免中小学学费、增加大学助学金和奖学金数额等政策,为重新启动教育领域的"无声革命"、促进教育公平提供了良好契机,但是,从"80后"的教育经历来看,教育机会不平等程度没有明显下降。

2. 城乡教育差距明显。在"80后"群体中,城里人上大学的机会是农村人的 4 倍,城里人接受高级中等教育的机会是农村人的 4.7 倍;此外,在小学教育普及和初中教育趋于普及的情况下,有一些来自农村的"80后"没有接受小学和初中教育。从小学升入初中、初中进入高级中等教育、从高级中等教育升入大学等层层关口(加上初中阶段和高中阶段的辍学),有大批农民子弟被淘汰。多数最终突破层层关口的农村子弟进入的是二、三流大学,即使获得大学文凭,还面临着更难突破的关口——找到有发展前途和稳定保障的工作。

3. 教育路径选择的阶层分化。优势地位家庭的子女有更多机会获得优质教育机会,在初中毕业后,他们更多选择进入普通高中,为高考做准备;更可能进入比较好的大学获得高附加值的大学文凭,为获得较好的工作岗位奠定基础。中间及中间偏下阶层子女有较多机会考入二、三流大学,如果在中学阶段成绩太差而觉得考大学成功率较低,他们会选择中等职业教育,毕业后寻求一份技术工人岗位或低层白领工作。农民子女如果初中阶段成绩太差,而考大学希望不大,只有部分人会选择中等职业教育,而多数人则放弃升学机会,离开学校外出打工,或者停留在县城和集镇无所事事。教育路径选择显示出明显的阶层分化。

在高级中等教育和高等教育机会竞争中,管理人员显示出超越其他所有阶层的明显优势。不过,专业人员子女获得教育机会比率与管理人员子女相差不多(略低于管理人员子女),其背后的机制是家庭文化资本的作用。在排除家庭文化资本作用的情况下,管理人员仍表现出很大的优势。

4. 教育机会不平等现象有可能加剧。目前"80后"基本已完成学校教育过程,对"80后"教育机会不平等状况的分析,反映的是过去十年的教育机会分配情况；当下正在接受学校教育的是"90 后"。在"80 后"接受教育期间，民众对教育机会不平等的主要批评是针对高考录取分数线的地区差别以及由此导致的大学录入机会的地区不平等。但近几年人们对于教育机会不平等的感知要强烈得多，这是否表明"90 后"遭遇的教育机会不平等比"80 后"更严重？

5. 教育改革虽有巨大成效但需更加关注教育不平等问题。自 1977 年恢复高考以来，中国教育改革取得诸多成就。中国教育改革的一个重心是建立和完善一套制度体系——日益严格化的逐级考试制度和学校等级分类系统，这一制度选拔和培养了大批精英人才，但同时也带来一些不平等后果。严格的考试制度虽然提供了机会公平竞争的途径——"分数面前人人平等"，但实际上竞争的过程值得探究。拥有较多资源的优势群体会通过各种方式为其子女争取更多教育机会，帮助其在激烈竞争中获得成功；而弱势群体，特别是农民子弟则处于劣势地位，他们更可能在层层考试选拔过程中被淘汰。如此竞争的结果很可能导致父辈中的阶层不平等和城乡不平等在子辈身上得以延续甚至强化，从而导致更加不平等的社会结果。为了避免这样的后果，在实施严格竞争考试制度时，也需采取某些手段，扶助教育机会竞争中的弱势群体，降低其教育成本和失败风险，提高他们的教育回报率，激发这些人的教育进取心，从而控制和弱化考试竞争所导致的城乡和阶层教育机会差异，使教育发挥促进社会公平的功能。

参考文献

郝大海，2007，《中国城市教育分层研究（1949~2003）》，《中国社会科学》第 6 期。

梁晨等，2012，《无声的革命：北京大学与苏州大学学生社会来源研究（1952~2002）》，《中国社会科学》第 1 期。

李春玲，2003，《社会政治变迁与教育机会不平等——家庭背景及制度因素对教育获得的影响（1940~2001）》，《中国社会科学》第 3 期。

——，2005，《断裂与碎片——当代中国社会阶层分化趋势的实证分析》，北京：社会科学文献出版社。

——，2010，《高等教育扩张与教育机会不平等：高校扩招的平等化效应考察》，《社会学研究》第 3 期。

陆学艺主编，2010，《当代中国社会结构》，北京：社会科学文献出版社。

叶铁轿、田国垒，2012，《寒门学子为何离一流高校越来越远》，《中国青年报》。

Mare，Robert Denis 1980，"Social Background and School Continuation Decisions." *Journal of the American Statistical Association* 75.

——1981，"Change and Stability in Educational Stratification." *American Sociological Review* 46.

留守经历与新工人的工作流动
农民工生产体制如何使自身面临困境[*]

汪建华　黄斌欢

摘　要：本文批评了"农民工"和"留守儿童"两种研究问题意识割裂的现状。通过对"农民工权益保护理论与实践研究"调查数据的分析，本文试图在两种问题之间建立系统性的关联。研究发现，有留守经历的新工人相比其同辈群体更频繁地转换工作。对工种性质进行进一步划分后的统计模型表明，体力工种相对非体力工种、非熟练工种相对熟练/半熟练工种，有留守经历的新工人相比其同辈群体，表现出更高的工作流动性。这说明有留守经历的工人更难适应世界工厂高强度、异化的劳动方式。父母外出打工造成亲子分离，儿童家庭责任感淡薄，但也带来更优越的经济条件和更少的务农经历，由此共同导致了有留守经历的工人频繁的工作流动。留守经历是"拆分型农民工生产体制"的产物，但某种程度上它又加剧了这一体制持续运行所面临的困境。逐步赋予工人公民权，修复家庭生活，是解决系统性危机的基本立足点。

关键词：留守经历　农民工生产体制　新工人　工作流动

一　"留守儿童"与"农民工"研究：
问题意识的割裂

"留守儿童"问题是"拆分型农民工生产体制"[①] 下大规模劳动力迁

---

* 原文发表于《社会》2014年第5期。本文是教育部哲学社会科学研究重大课题攻关项目"农民工权益保护理论与实践研究"（09JZD0032）的成果之一。本文研究和写作思路的形成得益于与郭于华、沈原两位老师的讨论，匿名评审专家的修改建议促进了本文的完善，在此一并致谢。文责自负。

① 中国的农民工体制以"拆分型"的劳动力再生产模式为主要特征，即工人的（转下页）

移的伴生物。低廉的薪酬待遇和打工城市公民权利的缺失，导致流动人口实现了工业化却难以实现城市化，亲子分离乃是新工人[1]普遍面临的问题。第五、第六次全国人口普查和 2005 年 1% 人口抽样调查数据表明，2010 年全国流动人口约 2.6139 亿（其中，来源地为非市辖区的流动人口为 2.2143 亿），相比 2000 年增长 81.03%，较 2005 年增长 77.39%。[2] 21 世纪快速的工业化进程同样伴随着留守儿童数量的迅速增长。同样基于"五普""六普"和 2005 年 1% 人口抽样调查数据的人口学统计分析表明，2010 年我国农村留守儿童数量已达到 6102.55 万，占农村儿童总人口的 28.52%。虽然这一数据与 2005 年相比增长有限（241 万），不过相较 2000 年却整整增长了 1.5 倍（段成荣等，2013）。[3]

近年来两大群体规模的迅速增长引起国内学界对相关议题的广泛关注。以"农民工"为关键词对 CSSCI 期刊进行的主题检索结果显示相关论文数量已有近 5400 篇。以"留守儿童"为关键词也检索到 396 条记录。[4]

然而在问题意识层面，这两类研究却鲜有交集。纵观"留守儿童"问题的相关文献，研究者大多致力于考察留守经历对儿童学习成绩、受教育机会、身心健康、卫生营养状况、问题行为的养成等方面产生的影响。为了确证留守经历与上述问题的关系，除了将留守儿童与非留守儿童、流动儿童群体进行对比，相关研究还在留守儿童面临的微观个体环境上进行细分，这类划分变项包括：父亲外出或母亲外出抑或双方外出、留守时间的长短、父母外出的时机、家庭汇款额度、家庭环境等（范兴华等，2005；杨菊华、段成荣，2008；胡枫、李善同，2009；陈欣欣等，2009；陈在余，

（接上页注①）打工收入可以维持自身劳动力的简单再生产，且赡养老人、养育子女等活动只能在老家进行。布洛维（Burawoy，1976）最早阐述了这一体制，沈原（2006）和任焰、潘毅（2006）对中国农民工体制下的拆分模式有进一步的论述。

① 本文以"新工人"取代"农民工"。在以往的研究中，"新工人"是相对国企"老工人"而言的指改革开放后进入城市务工的群体，他们缺乏改革前的工厂集体生活经历和阶级话语。可参见沈原，2006；Le，2007。

② 参见：2005 年 1% 抽样调查主要数据公报；2010 年第六次全国人口普查主要数据公报（第 1 号）。"流动人口"在普查中是指"居住地与户口登记地所在的乡镇街道不一致且离开户口登记地半年以上的人口"。

③ 段成荣等（2013）的研究将"农村留守儿童"统一界定为"年龄在 17 周岁及以下，父母双方或一方从农村流动到其他地区，孩子留在户籍所在的农村地区，并因此不能和父母在一起共同生活的儿童"。

④ 检索日期：2013 年 10 月 24 日。

2009；宋月萍、张曙光，2009）。与上述文章对留守儿童个人家庭背景和家计安排的强调不同，另一些研究试图从更宏大的社会结构和制度安排层面解释"留守儿童"问题的产生，比如拆分型的家庭模式、农村社会的解体、二元分割下的乡村教育等（谭深，2011；江立华，2011）。但是，儿童的留守经历对更宏大的城乡社会结构和工业化进程所可能产生的进一步影响，鲜有研究展开实质性讨论。① 考虑到留守经历的普遍性②以及社会流动途径封闭、阶层固化背景下"农民工"身份的代际传递（孙立平，2003；熊易寒，2010；周潇，2011），留守儿童群体将成为世界工厂的主力，留守经历对农民工生产体制和世界工厂的可能影响不容忽视。

如果说对"留守儿童"问题的研究缺乏对更长远的结构性影响的洞察，对"农民工生产体制"下各种问题的分析则无一例外地忽视了留守经历对新生代工人的影响。新工人的社会融合、区域与职业流动、工资收入、身份认同、迁移意愿曾一度是相关研究反复探讨的主题（李强1999，2003；王春光，2001；蔡禾、王进，2007；刘林平、张春泥，2007）。近年来，新工人各种抗议事件（罢工、骚乱、跳楼）的频发和劳动力市场"短工化"趋势的加剧，促使越来越多的研究转向对农民工生产体制内在矛盾的反思。与老一代迥异的成长经历被认为从各方面引发了新生代工人与农民工体制的冲突：优越的成长环境，尤其是较少的务农经历，导致年轻工人很难适应世界工厂的异化劳动；受教育程度的提高改变了其身份认同和发展期望；信息技术的熟练使用和在学校生活中开放交往方式的养成为其集体抗争的形成提供了动员资源；消费主义生活方式的盛行也凸显了低人力成本发展模式的不合理（Pun and Lu，2010；郭于华等，2011；汪建华，

①　梁宏（2011）的研究是个例外。该文就留守、流动经历对新生代工人的影响进行了探讨。研究指出，流动、留守经历只是导致了工人模糊的身份认同，并未带来其经济地位、人力资本和对打工城市认同的提升。尽管该研究的结论只是基于列联表数据分析，但毕竟在问题意识层面有所拓展。

②　普查数据只能反映一个时间点的情况，但是在调查时间点儿童不在留守状态并不代表其曾经没有或以后不会有留守经历。因此，有留守经历的农村儿童的比例可能远高于28%（2005年的抽样调查和2010年的普查数据均为这一比例）。从理论上讲，子女留守在外出务工家庭中也有其必然性。拆分型体制下，父母将子女带到城市将要支付昂贵的养育成本，对子女的照看也是问题。在跨省流动的情况下，子女即便可以在打工地接受教育，其教育质量、应试技巧与老家省份高考的匹配性也很成问题。因此，在现阶段留守远比流动普遍。

2011；汪建华、孟泉，2013；清华大学社会学系课题组，2013）。代际生活经历的变化动摇了低人力成本发展模式和拆分型再生产体制存在的重要基础，但是，这种变化与新生代工人普遍的留守经历有何关联？留守经历是否进一步推动了上述生活经历的变化，抑或从其他路径激化了工人与世界工厂的冲突？要探讨新生代工人对农民工生产体制的挑战，还需回溯至其留守经历。留守现象作为拆分型农民工体制的基本表征，倘若反过来对体制本身构成挑战，那么对这类问题的探讨，将有助于我们进一步把握农民工体制运作的系统性矛盾，并为相关问题的解决寻找可能的切入点。

二 留守经历与工作流动：机制与假设

以往的研究已经充分探讨了新生代工人独特的成长环境引所发的与世界工厂各个层面的紧张关系：劳动过程的不适应、发展期望难以实现、工资收入与消费方式不匹配等。本文的核心关照点在于，新工人的留守经历是否加剧了这种紧张关系。大规模的集体行动、个体的法律维权、极端的自杀行动和比较常见的换工行为，都能反映新工人对世界工厂的不满。不过，集体行动的发生牵涉多方面的因素，并不是简单的基于对工作现状的不满；法律维权行动也只能是企业违法侵权下的产物，并不能反映一般性的紧张关系；自杀行动可以直观地反映工人与工厂体制之间的紧张，但是个体层面的大样本数据难以收集。以工人的工作流动为切入点，并不存在数据收集的问题，而且在反映工人与世界工厂的紧张关系方面也比较直观。虽然工人的工作流动也可能是主动寻求更好发展前景的行为，不过在分割的劳动力市场下，工人很难有上升的空间（Reich, et al., 1973）。在中国情境下对新工人工作流动的相关研究也揭示了类似的结果，工人流动越频繁，越难以获得工作境遇的改善（李强，1999；清华大学社会学系课题组，2013）。当然，新工人工作流动频率能否反映其在世界工厂的适应状况，本文还将展示其他方面的证据。

本文认为，新工人打工之前的留守经历将可能从三个方面影响其工作的稳定性：首先，父母外出打工意味着土地很有可能被转让或抛荒（Murphy，2002；严海蓉，2005），这将使留守儿童相比同辈群体有更少的务农经历，务农经历的减少会降低其在世界工厂中的适应能力，因此有留守经历者相对同辈群体会有更大的流动性。虽然以往的研究曾经指出，父母外出将使农业劳作的负担落在老人和小孩肩上，而且由于老人身体不好，小孩尤其是家中的长女将承担更多的家务活（Murphy，2002；叶敬忠等，2006）。不过，这些研究并没有提供大样本的数据。其次，研究显示，父母外出务工将带来更多的汇款和家计的改善（Rozele，et al.，1999；Murphy，2002；李强，2001），因此，留守儿童相比同辈群体的成长环境在总体上将更加优越。一方面，这将导致有留守经历者难以适应高强度和高重复性的简单劳动，另一方面，相对优越的家庭背景也降低了其通过认真工作来赚钱养家的压力。因此，父母努力打工带来的家计改善也可能对子女日后工作的稳定性产生负面影响。最后，留守经历会带来亲子关系的疏离和儿童的自我中心主义倾向，并可能进一步导致其家庭责任感的降低（岳天明、原明明，2008；唐有财、符平，2011），从而加剧了有留守经历者在工作中无根漂泊的状态。父母外出打工既带来留守儿童务农经历的减少、家计和成长环境的改善，也导致其与父母关系的疏离，相比同辈群体，他们将更加缺乏吃苦耐劳的韧性和家庭责任感，并进一步影响其工作稳定性。① 由此可提出：

假设1：有留守经历的新工人相比其同辈群体，会表现出更高的工作流动性。

如果说家庭责任感的降低对有留守经历者工作稳定性的影响是不分工种的，那么吃苦耐劳品质的丧失，则可能导致其从事高强度、简单重复或

---

① 有观点指出，父母外出打工也可能对留守儿童产生一些积极影响，如：形成产业工人的价值观、有更好的教育投入、形成独立自主的性格。本文认为：（1）以往研究（梁宏，2011）显示有留守经历的工人对工人身份确实有更强的认同，但对产业工人的认同只会增强其对工业公民权和城市公民权的诉求，从而与现存的农民工体制发生冲突（Le，2007）；（2）心理学的研究显示了留守经历对儿童人格发育的负面影响，可参考：范兴华等，2005；范方、桑标，2005；李晓敏等，2010；（3）确实有研究发现，父母的汇款有助于提高孩子的教育投入（胡枫、李善同，2009），但是，包括这篇文章在内的绝大多数文献都认为，父母在外打工本身带来孩童学习成绩的下降，外出汇款本身能否扭转这种趋势尚未可知。本文的数据对比表明，不管有无留守经历，新工人在受教育程度上的差别并不大。父母汇款真正能有多少用在改善教育上非常值得怀疑。一些乡村小学教师告诉笔者，祖父母只知道管小孩吃饱吃好，并不关心他们的学习成绩和教育投入。同时，笔者也观察到，留守儿童有较多余钱支配但又缺乏成人管束，很容易借消费而进入到乡镇中心复杂的社会结构中。随父母汇款而来的消费很可能是留守儿童认识乡村小混混甚至产生越轨行为的重要中介。当然，这些观点只是基于笔者的田野调查，尚有待大样本实证数据的证实。

缺乏发展前景的工种时，表现出更高的流动性。本文进一步对工种进行非体力与体力、熟练/半熟练与非熟练的区分，前者体现劳动的强度，后者体现劳动的异化程度，从而提出：

假设2a：有留守经历者相比其同辈群体，在体力工种上要比在非体力工种上表现出更高的工作流动性。

假设2b：有留守经历者相比其同辈群体，在非熟练工种上要比在熟练/半熟练工种上表现出更高的工作流动性。

三 数据说明与初步分析

中山大学"农民工权益保护理论与实践研究"项目主要以长三角和珠三角19个城市的"大专及以下学历、跨区县流动、被企业或单位正式雇佣的外来务工人员"为调查对象。问卷调查以2005年1%抽样调查数据中长三角和珠三角的流动人口数量为依据进行样本分配，控制性别、行业和区县分布，共收集样本4152份。本文对留守经历的讨论只涉及户口所在地来自农村的工人，因此剔除了老家在县级以上城市的外来务工人员样本，最后保留3536份样本。

表1显示精神健康处于高危状态的工人，其工作流动频率远高于非高危工人群体。这进一步说明，频繁的工作流动不是工人寻找更好的职位匹配和发展前景的指标，而是其难以适应世界工厂工作的重要表征。[①]

表1　精神健康状况与工作流动

	精神健康状况		显著性（p）
	高危人群	非高危人群	
平均每年工作份数（份）	0.96	0.68	0.000
初职持续时间（年）	2.74	3.73	0.000

---

① 本次调查采用GHQ-12（一般健康问卷）对外来工的精神健康状况进行测量。GHQ-12为总加量表，问卷通过12条陈述询问被访者最近两周精神状态与平时的差异，分"完全没有""与平时一样""比平时多一些""比平时多很多"四个选项，被访者总得分在0～12分。4分及以上为高危人群，2至3分为中危人群，0至1分为低危人群。有关该量表的详细介绍，可参见刘林平等，2011。

　　问卷对 1980 年及以后出生的新生代工人在各个成长阶段"主要与谁生活在一起"进行了询问。本文将"小学之前、小学、初中任一阶段主要与父母之外的亲友（祖父母、外祖父母、兄弟姐妹、其他亲友）生活在一起或独自生活"的新生代工人定义为有留守经历者，否则视为无留守经历。① 被访者中也包含一部分有流动经历的工人，但样本数量较少②，因此，为使研究主题更为集中，本文并不将有流动经历者单分一类进行比较。同时，在无留守经历的工人群体中也排除了有流动经历的样本。为了直观地表明留守经历如何加剧了新生代工人的问题，本文也将 1980 年前出生的老一代工人纳入分析样本中，将"老一代工人""无留守经历的工人"分别与"有留守经历的工人"进行对比。③ 本文选取了两个指标对工人的工作流动性进行测量，分别为工人外出以来"平均每年的工作份数"和"初职的平均持续时间"。④ 本文还将进一步对初职的工种性质（体力与非体力、非熟练与熟练/半熟练）进行划分，并分别建模分析。⑤ 性别、民族、年龄、受教育年限、职业资格证书获得情况、婚姻状况、区域以及初职收入、企业所有制、企业规模、工种，都将作为控制变量纳入模型。

　　从新生代工人的人口特征来看，被访者的受教育程度差别不大，不过有留守经历者相比其 80 后同辈群体，平均年龄小 1.79 岁，初职前已婚比例也略低。性别比重的差异值得注意：老一代工人相比新生代、无留守经历的工人相比有留守经历的同辈群体，男性所占比重相对较高。由于建筑工、司机、管理、技术等工种主要以中年男性为主，因此性别分布的代际差异是可以理解的，但是，为何样本中有留守经历的男性工人较少，却值

---

① 虽然无法确定新生代工人在初中及以前未与父母生活在一起，是因为父母外出打工还是其他原因，如双亲均已去世造成的，但是考虑到夫妻双方在青壮年时期均已去世的概率较小，因此，本文将初中及以前，任一阶段未与父母生活在一起的工人均视为有留守经历者。

② 1980 年后出生、老家在农村且有流动经历的样本数仅有 42 人。

③ 父母外出打工的选择可能本身就与家庭经济状况、农村地理环境有关，因此，考察留守经历对工人工作流动的影响效应可能存在选择性偏误，但由于二手数据的限制，本文尚难解决这一问题。

④ 问卷只对被访者第一份工作和目前工作的详细情况进行了询问。

⑤ "非熟练工种"包括流水线生产工、其他生产工、工厂后勤服务人员、质检员、服务员、保安、清洁工，其余为"熟练工种"。"体力工种"相比"非熟练工种"增加技工、司机、销售业务员、建筑工人四类，班组长、文员、领班、中低层管理人员为"非体力工种"。详细的工种分类参见中山大学 2010 年"外来务工人员调查问卷"中的问题 B 3.8。

得探讨。①

有关务农经历和家庭耕地面积的数据否认了之前研究者们基于定性研究的结论，本文发现：有留守经历的被访者，其家庭耕地面积更少，43.95%的被访者完全没有务农经历。由此看来，父母外出打工更可能伴随着土地的转让和子女务农负担的降低。同时，本文对被访者 2009 年家庭经济情况的比较也佐证了以往的研究发现，即父母外出对改善家庭经济有积极影响。有留守经历者的家庭总收入和打工收入相比同辈群体，分别多 205 元和 394 元，但其寄钱回家的数额却要比同辈群体少 65 元（见表 2）。②

表 2　留守经历与人口特征、成长经历差异比较

	代际与留守经历			显著性（p）
	有留守经历	无留守经历	老一代	
年龄（岁）	22.11	23.90	39.81	0.000
受教育年限（年）	9.15	9.02	8.58	0.000
性别（男性）（%）	44.47	50.78	60.74	0.027
婚姻（初职前已婚）（%）	3.42	5.01	55.15	0.000
有务农经历（%）	56.05	63.74	76.87	0.000
家庭耕地面积（亩）	3.46	4.25	3.76	0.016
2009 年家庭总收入（元）	46 944	44 588	39 299	0.036
2009 年家庭打工收入（元）	38 061	35 011	33 871	0.088
2009 年寄钱回家数（元）	4 417	5 121	8 295	0.000

有留守经历者较少的寄钱数额也从另一个侧面印证了本文的第三个机制推测，即留守经历导致其与父母关系的疏离，进而削弱其对家庭的责任感。这也可以从他们的外出打工动机中得到验证（见表 3）。相比同辈群体，他们外出打工更少地出于改善家计的朴素目的，更多的是为自己考虑，或者仅仅是在无所事事状态下权宜性的选择。上述数据表明，父母外

---

① 本次调查主要针对有正式工作的工人，是否由于相当一部分有留守经历的男性流动人口处在劳动力市场之外或者本身就是城市的边缘群体而导致其难以进入调查样本，有待进一步的实证研究。

② 2010 年的家庭耕地面积和 2009 年的家庭经济情况，可能会与新工人留守时期的实际情况有所不同，本文只是权宜性地使用这些数据对前人的研究结论和本文的机制推断进行佐证。

出打工，一方面给子女提供了一个经济相对优越、务农负担轻的环境，另一方面也影响了子女在劳动上的韧性，阻碍了子女与父母情感的培养，削弱了他们对家庭的责任感。

表3　留守经历与外出打工动机

单位：%

	代际与留守经历			显著性（p）
	有留守经历	无留守经历	老一代	
在家收入低，不得不出来打工	40.00	46.11	76.63	0.000
想出来赚更多的钱	63.16	69.68	85.10	0.000
在家里没事干	40.05	34.48	34.58	0.105
我外出打工主要是为了自己	38.79	36.01	32.19	0.016

四　模型与假设验证

表4显示了留守经历对新工人工作流动的总体影响。在工作流动频率模型中，由于被访者平均每年的工作份数呈左偏态分布，因而本文采用泊松回归模型进行估算。在初职流动模型中，由于部分被访者的第一份工作尚未结束，因此将第一份工作转换成详细的人月记录，即被访者是否在给定的两个月内离开第一份工作。被访者开始工作的第一个月为离职风险起始月，对于已经结束第一份工作的样本，离职即结束观察；未结束工作的样本，则一直观察到调查时点，然后采用 Logit 模型估算离职的离散时间风险模型。年龄作为影响工人流动性的重要因素被引入模型，但因其与代际存在非常强的共线性，因此，在比较有无留守经历的新工人与老一代工人的工作流动差异时（模型1a、模型2a），暂不引入年龄变量；在控制年龄变量后（模型1b、模型2b），舍弃老一代工人的样本，只在新生代工人内部就留守经历对工作流动的影响进行比较。

总体上，少数民族、珠三角、体力工种、非国企、初职收入低、年轻的工人表现出更高的流动性，其他控制变量对工作流动的影响趋势在模型中表现得不明朗。受教育程度高和职业资格证书的获得并不能提升新工人的工作稳定性，其中，受教育年限对工作流动频率和初职离职风险的影响表现为先降后升的型曲线，学历为初中的工人工作稳定性最高。[①] 这说明在次级劳动力市场中，后天的努力带来的只是期望值的提高而非境遇的实质性改善，这无疑加剧了工人对工作现状的不满和换工倾向。

表 4 留守经历与工作流动

	工作流动频率模型		初职流动模型	
	模型 1a	模型 1b	模型 2a	模型 2b
性别（女性 = 0）	0.0197	0.185 ***	− 0.0328	0.129 **
	(0.0433)	(0.0501)	(0.0459)	(0.0600)
民族（汉族 = 0）	0.148 *	0.158 *	− 0.0343	− 0.104
	(0.0811)	(0.0947)	(0.0910)	(0.120)
受教育年限	− 0.181 ***	− 0.216 ***	− 0.251 ***	− 0.201 ***
	(0.0504)	(0.0551)	(0.0552)	(0.0663)
受教育年限平方	0.0115 ***	0.0151 ***	0.0156 ***	0.0135 ***
	(0.00299)	(0.00329)	(0.00325)	(0.00396)
职业资格证书获得（未获得 = 0）	− 0.0644	0.0750	− 0.0129	0.155 **
	(0.0585)	(0.0656)	(0.0605)	(0.0767)
初职前婚姻状况（未婚 = 0）	0.366 ***	0.943 ***	− 0.132 **	− 0.375 **
	(0.0705)	(0.123)	(0.0636)	(0.188)
初职收入（对数）	− 0.0840 **	− 0.251 ***	− 0.403 ***	− 0.654 ***
	(0.0331)	(0.0456)	(0.0219)	(0.0421)
工种（非体力 = 0）	0.239 ***	0.0763	0.387 ***	0.214 **
	(0.0714)	(0.0779)	(0.0788)	(0.0974)
企业规模（100 人以下 = 0）100 – 999 人	− 0.0979 **	0.00713	− 0.0338	0.0465
	(0.0489)	(0.0577)	(0.0505)	(0.0690)
1000 人及以上	0.0261	0.137 **	− 0.0438	0.0985
	(0.0582)	(0.0669)	(0.0627)	(0.0822)
企业所有制（非国有 = 0）	− 0.147 *	− 0.0821	− 0.0503	− 0.0356
	(0.0875)	(0.109)	(0.0814)	(0.128)
区域（珠三角 = 0）	− 0.149 ***	− 0.0864 *	− 0.323 ***	− 0.137 **
	(0.0433)	(0.0504)	(0.0451)	(0.0601)

---

① 上述发现与以往研究结论比较一致，可参考：张春泥，2011；清华大学社会学系课题组2013。此外，性别和初职前婚姻状况对工作流动的影响效应值得注意：新生代工人群体中，男性的工作流动性更高；初职前已婚者，第一份工作离职概率相比未婚者要低，但总体上流动性更高。模型表现出来的矛盾结果值得挖掘，可能的解释是：未婚者初职会因婚姻事件而中断，但先工作后成家或许会使他们更成熟。

续表

	工作流动频率模型		初职流动模型	
	模型 1a	模型 1b	模型 2a	模型 2b
年龄	-0.140 *** (0.00836)	-0.109 *** (0.00931)		
留守经历（有留守经历 = 0）无留守经历	-0.361 *** (0.0555)	-0.150 *** (0.0568)	-0.418 *** (0.0724)	-0.274 *** (0.0742)
老一代	-1.342 *** (0.0783)	-1.377 *** (0.0804)		
常数	1.315 *** (0.328)	5.457 *** (0.478)	0.216 (0.292)	4.148 *** (0.501)
Loglikehliood	-3195.136	-2021.068	-10733.749	-5685.695
Chi-square	490.60	379.20	969.72	410.51
df	14	14	14	14
N	3 203	1 796	152 319	53 07

注: *** $p < 0.01$, ** $p < 0.05$, * $p < 0.1$。

本文进一步将问题聚焦于工人的留守经历对其工作流动的影响（表4模型 1a、模型 2a）。有留守经历的工人每年平均从事的工作份数是无留守经历的同辈群体的 1.435 倍（$e^{0.361}$），是老一代工人的 3.827 倍（$e^{1.342}$）。从第一份工作的离职风险看，有留守经历的工人的离职概率分别是无留守经历的同辈群体和老一代工人的 1.519 倍（$e^{0.418}$）、3963 倍（$e^{1.377}$）。可见，新生代工人的留守经历在某种程度上提高了这一群体在农民工生产体制下的流动性。

如前所述，由于留守现象是在改革开放后的工业化进程中逐渐增多的，有留守经历者的年龄相对较小，这也导致在控制年龄的新生代工人工作流动模型中（表4模型 1b、模型 2b），留守经历对工作流动频率和初职离职风险的影响效应有所降低。有留守经历的工人相比无留守经历的同辈群体平均每年要多从事 0.162（$e^{0.150} - 1$）份工作，初职离职概率是同辈群体的 1.315 倍（$e^{0.274}$）。总体而言，模型结果证实了假设 1，即留守经历导致新生代工人更高的工作流动性。

本文进一步围绕工种性质分别建模（仍然采用 Logit 模型估算初职离职的离散时间风险），结果显示，有留守经历者更高的流动性主要是因为他们更难适应高强度、异化的工作。这类工作在中国的低人力成本发展模式下非常普遍。有留守经历的工人在体力工种和非熟练工种中的离职概率分别是同辈群体的 1.297 倍（$e^{0.260}$）和 1.402 倍（$e^{0.338}$），但是在非体力和熟练/半熟练工种中，两者工作流动性的差异很小且不显著（见表 5）。假设 2a、假设 2b 得到证实。

表 5　留守经历与初职流动（区分工种）[①]

	初职流动模型			
	体力	非体力	非熟练	熟练/半熟练
无留守经历（有留守经历 = 0）	− 0.260 ***	− 0.101	− 0.338 ***	− 0.083
	(0.080)	(0.217)	(0.092)	(0.128)
个案总数 43 873	8 899	30 210	22 861	

注：*** $p < 0.01$，** $p < 0.05$，* $p < 0.1$。

五　透视农民工体制的系统性危机

本文对新工人工作流动问题的讨论，意在说明新生代工人与农民工生产体制的紧张关系在一定程度上与拆分型再生产模式下工人普遍的留守经历有关。这一观点在中山大学 2010 年外来工专项调查数据中找到了支持性证据。模型显示，有留守经历的新生代工人相比其同辈群体有着更高的换工频率，其初职离职概率也更大。父母外出一方面带来儿童成长环境的改善和务农经历的减少，但另一方面又阻碍了亲子关系的培养，这分别影响了留守儿童在未来的打工生涯中适应高强度、异化劳动的能力和对家庭的责任感，由此进一步导致其相对同辈群体频繁的工作流动。本文对工种进行体力与非体力、非熟练与熟练/半熟练的划分并分别建模后发现，有留守经历者相对同辈群体的高流动性更明显地体现在体力工种和非熟练工种上。这在一定程度上又反证了留守经历在进一步降低新生代工人劳动韧性方面的影响。从表面上看，新生代工人尤其是有留守经历者的频繁换工只是给世界工厂的生产管理、培训成本和产品品质带来一些麻烦，但是此类

---

① 为节省篇幅，表 5 的模型省略了控制变量、常数项的非标准回归系数和标准误。另外，模型引入了年龄变量，并舍弃了老一代工人的样本。如需详细模型数据，请联系作者。

现象却在更深的层面上反映了工人与繁重、异化的劳动过程间不可调和的紧张关系。这将是世界工厂继续运作要面临的最为尖锐的问题之一。

如果将视野从繁重、异化、低薪酬的工作场所转移到歧视性的城市社会，我们同样可以看到类似的紧张关系。有研究指出，有流动、留守经历的工人相比其同辈群体更少地认同自己的"农民"身份，对打工城市的"子女教育质量""政府管理""公共服务""社会公正"等维度的评价也更低（梁宏，2011）。自父辈开始的长期工业化经历和被歧视的体验，使得他们相比同辈群体，对城市公民权现状更为不满。我们尚难判断这种不满是否将导致争取公民权的积极行动，但是他们对城市社会另外一些形式的挑战，如越轨，已开始浮现。在田野调查过程中，留守子女在打工城市的犯罪、卖淫问题被珠三角的一些城市基层干警和混混头目反复提及，父母在子女成长过程中的缺席是他们给出的一般性解释。还有一位派出所所长告诉笔者，经常有一些外来打工者因子女在同一打工城市失踪而报案。当然，留守经历是否带来流动人口在城市更多的越轨行为还缺乏大样本数据的支持，但上述材料无疑为本文的基本观点，即留守经历加剧了工人与农民工体制的紧张关系提供了佐证。

在某种程度上，正是农民工生产体制使自身的持续运行面临困境。改革开放前农村的绝对贫困和城乡巨大差异背景下勤劳、廉价、驯服劳动力的大量供给，是农民工生产体制在改革开放前30年能够大体平稳运行（如果以2010年的罢工潮和富士康"连跳"事件为分界）的社会条件。户籍制度的持续存在强化了这一体制的运行。农民大量进城务工，在为代工工厂、品牌商和政府创造巨额利润的同时，也相对以前有限地反哺和改善了农村经济。但是，这种改善也在逐渐打破农民工生产体制存在的社会边界条件。改革开放后成长起来的新生代工人获得了更好的成长环境（主要表现在务农、教育和信息化经历上），他们怀揣更高的发展期望，但却丢弃了艰苦农业环境下吃苦耐劳的韧性。消费主义文化（某种程度上也可视为世界工厂持续扩展的产物）在新生代工人中的广泛渗透能力，又进一步使得拆分型再生产模式下廉价的薪酬待遇面临问题。有留守经历的工人在某些方面可能受到与同辈群体类似的影响（如都市消费主义），在某些方面面临着比同辈群体更尖锐的问题（如更优越的成长环境带来的劳动能力和韧性的下降），在另一些方面则有着与同辈群体截然不同的经历和体验，如亲子分离背景下父母在子女成长过程中的缺席及由此引发的亲情和家庭责任感的相对淡化。反讽的是，农民工生产体制一度通过廉价的拆分型再生产模式赢得竞争优势和利润积累，但它对新一代打工主体社会化历程产生的影响，不管是积极方面（如改善成长环境）还是消极方面（如亲子分离），却在某种程度上瓦解了这一体制存在的边界条件。

六　讨论

本文只是借助留守问题讨论农民工体制的系统性危机，并非意在将留守儿童或有留守经历的工人群体"问题化""污名化"。[①] 相反，抛弃个体主义的立场和就留守谈个人后果的实用主义问题意识，从结构层面寻求问题产生的根源和解决的立足点，才是本文的终极关怀所在。

与欧美国家甚至巴西、南非、韩国等新兴工业国家不同，中国的工业化历程并没有伴随着移民工人的举家迁移和核心家庭的出现。[②] 中国流动人口家庭的结构一方面表现为形式上的拆分，另一方面则表现为实质上的家庭经济的紧密联系。如果说拆分型的家庭模式和留守经历加剧了新生代工人与农民工体制原本就根深蒂固的紧张关系，那么来自家庭经济的支持则暂时缓解了新生代工人与体制可能产生的冲突。与老一代工人主要依靠老家父母进行儿童抚养（这种抚养也伴随着他们在经济上对父母的补助）不同，部分新生代工人在婚事操办、子女抚养、盖房买房等方面，都依赖父母的单向支持（汪永涛，2013）。可以说，这样一种家庭支持形式使得新生代工人与体制的冲突至少不会迅速爆发，从而为问题的解决赢得了时间和空间，但是又可能隐含着更强的危机。[③]

结构性问题的存在和进一步激化的可能亟须制度性的解决方案。逐步

---

① 本文强调留守问题的产生在于拆分型的农民工生产体制本身，而且在有留守经历的儿童或工人内部也存在各种可能性，我们并不能将这一群体等同于问题儿童或问题少年。对于将留守儿童"问题化"的批评，可参见谭深，2011。

② 卡兹尼尔森、具海根、塞德曼等人的著作反映了欧美国家和巴西、南非、韩国等国家工业化历程中的家庭迁移模式。可参见：Katznelson and Zolberg, 1986；Seidman, 1994；Ko, 2001。

③ 一方面是新生代工人父辈的逐渐老去和经济支持能力的减弱，另一方面是逐渐增加的生计压力，尤其是在新生代工人及其子女选择在城市生活的情况下。考虑到部分新生代工人在年轻时对父辈的过度依赖，这类问题可能会更加严峻。

废除农民工生产体制，赋予工人城市公民权和工业公民权，修复工人的家庭生活，应该是问题解决的基本立足点。就此而言，工业内迁为积极推进工人的城市公民权获取提供了很好的契机。相比珠三角、长三角等沿海工业城市，内地中小城市外来人口有限，因此，可以考虑将有意愿落户的人口就地城市化。但对于外来人口大量集中的沿海工业城市，公共服务资源相对更为紧张，外来人口的城市公民权更难保障。从根本上来讲，无论在哪一类城市，地方政府缺乏主动为外来人口提供公共服务的动力。要解决这一问题，应该进行体制层面的调整，主要的方向包括：在全国范围内进行统筹，打破区域壁垒；中央政府配套兜底基本公共服务，防止"洼地效应"；改变政绩考核方式，将新型城镇化相关内容作为重要考核指标；最后，面对开放的市场社会，应该以常住人口而非户籍人口为基础配置资源。① 赋予新工人城市公民权，修复其家庭生活，既可以促进他们在城市社会的整合，减少极端抗议或越轨行为，又能为其在企业的努力工作提供动力和希望，还能为他们下一代的成长提供相对公平、健康的环境，防止留守、流动问题的循环和代际传递。当然，问题的另一面在于劳资双方合理的利益分享与博弈机制的建立。工业公民权的实现尽管会受到来自企业层面更多的抵制，但是政府同样可以借助工人的抗议行为顺势而为，逐步推动常规议价机制的建立。不过，代工企业低技术、低附加值的现状，将是制约新工人工业公民权的重要结构性因素。自上而下调整产业结构，自下而上以行动压力调整全球资本体系利益分配格局，将是解开这一困局的可能方向。但无论如何，逐步赋予新工人以城市公民权和工业公民权，应该是化解问题的基本立足点。

参考文献

蔡禾、王进，2007，《"农民工"永久迁移意愿研究》，《社会学研究》第 6 期。

陈欣欣、张林秀、罗斯高、史耀疆，2009，《父母外出与留守子女的学习表现——来自陕西省和宁夏回族自治区的调查》，《中国人口科学》第 5 期。

陈在余，2009，《中国农村留守儿童营养与健康状况分析》，《中国人口科学》第 5 期。

---

① 相关政策思路的形成，得益于与张翼、王春光教授的讨论。

段成荣、吕利丹、郭静、王宗萍，2013，《我国留守儿童生存和发展基本状况——基于第六次人口普查数据的分析》，《人口学刊》第3期。

范兴华、方晓义、刘勤学、刘杨，2005，《流动儿童、留守儿童与一般儿童社会适应比较》，《北京师范大学学报（社会科学版）》第5期。

郭于华、沈原、潘毅、卢晖临，2011，《当代农民工的抗争与中国劳资关系转型》，《二十一世纪》第4期。

胡枫、李善同，2009，《父母外出务工对农村留守儿童教育的影响——基于城市农民工调查的实证分析》，《管理世界》第2期。

江立华，2011，《乡村文化的衰落与留守儿童的困境》，《江海学刊》第4期。

李强，1999，《中国大陆城市农民工的职业流动》，《社会学研究》第3期。

——，2001，《中国外出农民工及其汇款之研究》，《社会学研究》第4期。

——，2003，《影响中国城乡流动人口的推力与拉力因素分析》，《中国社会科学》第1期。

梁宏，2011，《生命历程视角下的"流动"与"留守"——第二代农民工的特征对比分析》，《人口研究》第4期。

刘林平、张春泥，2007，《农民工工资：人力资本、社会资本、企业制度还是社会环境——珠江三角洲农民工工资的决定模型》，《社会学研究》第6期。

刘林平、郑广怀、孙中伟，2011，《劳动权益与精神健康——基于对长三角和珠三角外来工的问卷调查》，《社会学研究》第4期。

清华大学社会学系课题组，2013，《"短工化"：农民工就业趋势研究》，沈原主编，《清华社会学评论》，北京：社会科学文献出版社。

任焰、潘毅，2006，《跨国劳动过程的空间政治：全球化时代的宿舍劳动体制》，《社会学研究》第4期。

沈原，2006，《社会转型与工人阶级的再形成》，《社会学研究》第2期。

宋月萍、张曙光，2009，《农村留守儿童的健康以及卫生服务利用状况的影响因素分析》，《人口研究》第5期。

孙立平，2003，《断裂：20世纪90年代以来的中国社会》，北京：社会科学文献出版社。

谭深，2011，《中国农村留守儿童研究述评》，《中国社会科学》第1期。

唐有财、符平，2011，《动态生命历程视角下的留守儿童及其社会化》，《中州学刊》第4期。

汪建华，2011，《互联网动员与代工厂工人集体抗争》，《开放时代》第11期。

汪建华、孟泉，2013，《新生代农民工的集体抗争模式——从生产政治到生活政治》，《开放时代》第1期。

汪永涛，2013，《城市化进程中农村代际关系的变迁》，《南方人口》第1期。

王春光，2001，《新生代农村流动人口的社会认同与城市融合的关系》，《社会学研究》第 3 期。

熊易寒，2010，《底层、学校与阶级再生产》，《开放时代》第 1 期。

严海蓉，2005，《虚空的农村和空虚的主体》，《读书》第 7 期。

杨菊华、段成荣，2008，《农村地区流动儿童、留守儿童和其他儿童教育机会比较》，《人口研究》第 1 期。

叶敬忠、王伊欢、张克云、陆继霞，2006，《父母外出务工对留守儿童生活的影响》，《中国农村经济》第 1 期。

岳天明、原明明，2008，《农村留守儿童社会化及其对策研究——以家庭功能的弱化为基本视角》，《西北人口》第 2 期。

张春泥，2011，《农民工为何频繁变换工作：户籍制度下农民工的工作流动研究》，《社会》第 6 期。

周潇，2010，《反学校文化与阶级再生产："小子"与"子弟"之比较》，《社会》第 5 期。

Burawoy, Michael 1976, "The Functions and Reproduction of Migrant Labor: Comparative Material from Southern Africa and the United States." *American Journal of Sociology* 81 (5).

Katznelson, Ira & Aristide Zolberg 1986, *Working Class Formation: The Nineteenth Century Patterns in Western Europe and the United States*. Princeton, NJ: Princeton University Press.

Koo, Hagen 2001, *Korean Workers: The Culture and Politics of Class Formation*. New York: Cornell University Press.

Lee, Ching Kwan 2007, *Against the Law: Labor Protests in China's Rustbelt and Sunbelt*. Berkeley, CA (a): University of California Press.

Murphy, Rachel 2002, *How Migrant Labor is Changing Rural China*. Cambridge: Cambridge University Press.

Pun, Ngai & Huilin Lu 2010, "Unfinished Proletarianization: Self, Anger and Class Action among the Second Generation of Peasant-Workers in Present-Day China." *Modern China* 36 (5).

Reich, Michael, David M. Gordon & Richard C. Edwards 1973, "Dual Labor Markets: A Theory of Labor Market Segmentation." *The American Economic Review* 63 (2).

Rozella, Scott, J. Edward Taylor & Alan de Brauw 1999, "Migration, Remittances and Agricultural Productivity in China." *The American Economic Review* 89 (2).

Seidman, Gay 1994, *Manufacturing Militance: Workers' Movements in Brazil and South Africa, 1970 – 1985*. Berkeley, CA: University of California Press.

自杀与现代人的境况

——涂尔干的"自杀类型学"及其人性基础[*]

赵立玮

摘　要：涂尔干在《自杀论》中提出的"自杀类型学"是他对自杀研究做出的一个重要的理论贡献。他通过对自杀的社会类型展开的广泛解释和论述，是和其著作中的一些实质问题密切相关的。本文检视了这个类型学的一些关键方面和存在的问题，并结合涂尔干的人性论进行了比较深入的分析，强调了涂尔干社会理论的人性基础；这种分析也表明，涂尔干的自杀类型学是他继《社会分工论》之后对个体与社会关系问题的进一步思考和推进。另外，涂尔干通过对作为社会事实的"自杀潮"的独特的社会病理学分析，深刻揭示了现代人的生存境况。因此，《自杀论》的经典意义在于其将理论图式与时代问题紧密结合起来的研究范式，这充分体现了古典社会理论的本质特征。

关键词：涂尔干　自杀类型学　人性两重性　道德教育　个体主义

加缪（Albert Camus）（2002：3）在其《西西弗的神话》开篇写道："真正严肃的哲学问题只有一个：自杀。判断生活是否值得经历，这本身就是在回答哲学的根本问题。"这种带有浓厚的存在主义或加缪所谓的"荒谬哲学"（philosophy of the absurd）的宣称虽然听起来不乏夸张，但也以一种引人注目的方式凸显出自杀问题本身的重要性。在西方思想的脉络中，对自杀问题的思考和探究长期以来基本上是在哲学、宗教、道德、法律、文学艺术以及后来的医学和心理学等语境中展开的。这种状况在19世纪发生了重大变化，"有关自杀意义的讨论取得了全新的广度和深度"（帕

---

*　原文发表于《社会》2014 年第 6 期。

佩尔诺，2003：27）。一般认为，涂尔干（Durkheim，1951）的《自杀论》是社会科学，尤其是社会学领域对自杀问题进行系统研究的第一部作品。[①]在社会学史的标准论述中，这部《自杀论》一直被视为社会学早期经验研究的一部经典，诸多相关研究主要关注的是该书对于统计资料和统计方法的使用问题，以及对相关命题或结论的经验验证或修正，一些研究运用20世纪以来快速发展的统计方法和技术，对涂尔干在该书中提出的诸命题或结论进行证实或证伪，但歧见纷纭。[②] 就此而言，除了其学科史上的意义外，对于已广泛运用并过分倚重复杂的社会统计技术的当今社会学研究来说，这部似乎已经过时的"经典"还有什么意义吗？

撤开这种解释途径，回到《自杀论》的文本本身，今天的读者依然会被其中的相关论述所触动，这不仅仅是因为自杀这种论题本身对读者所具有的现实意义，就其中涉及的诸多问题、含糊和矛盾，以及修正与拓展的可能性而言，也会自然而然地激发研究者的兴趣。可能正是因为《自杀论》中呈现的丰富的问题域和广阔的发展空间，吸引着后来者不断回到这项经典研究中。

在接触这项以自杀为研究对象的独特研究时，人们首先会想搞清楚一

[①] 　在涂尔干的《自杀论》出版之前，欧洲就已存在一个将自杀视为社会现象和社会问题，并用某些社会因素来解释自杀的研究传统，即道德统计学（moral statistics, Moralstatistik）。这是一个多少被遗忘的传统，但它对现代社会科学的兴起，尤其是在经验调查研究方面，曾经发挥过巨大作用。理解涂尔干的《自杀论》，这个传统是首先需要考虑和重视的脉络。从《自杀论》所引的参考文献看，涂尔干本人对这个传统显然极为熟悉，例如莫塞利（Enrico Morselli）对自杀的重要研究，以及《自杀论》（Durkheim，1951：300ff）中对凯特莱（Adolphe Quetelet）的"平均人"（average man）理论的批评等。许多研究者都注意到涂尔干的自杀研究与这个传统的重要关联（Halbwachs，1978；Giddens，1965；Douglas，1967；Lukes，1985；Taylor，1982；Turner，1996）。例如，卢克斯（Lukes，1985：192）认为，《自杀论》是这个传统发展的"一个顶峰"，是"对此前关于自杀的诸多观念和发现进行一种理论综合的尝试"；道格拉斯（Douglas，1967：15）也有类似的说法；特纳（Turner，1996）则分析了涂尔干的自杀研究与这个传统的某些重要区别，比如涂尔干对统计方法的运用强调的是平行或对应关系（parallelism），而非后者所强调的因果关系；泰勒（Taylor，1982：7）则明确指出，涂尔干的自杀研究（尤其是其理论解释方面）是对道德统计学的相关研究的重大超越。

[②] 　具体可参见泰勒（Taylor，1982）的相关评述，或布罗（Breault，1994）在《自杀论》出版近一个世纪后对相关经验研究文献的一个述评。也可参见帕森斯（Parsons，1968：329）在这个方面为涂尔干所做的一个简单但并非没有道理的辩护，以及泰勒（Taylor，1982：161ff）提醒的《自杀论》中对"理论与资料"之关系的不同于经验主义（实证主义）的处理方法。

个问题：涂尔干为何要进行自杀研究？除了某些个人因素，[1] 我们大致上可以从三个方面来解答这个问题。第一，是欧洲对自杀问题的研究传统及其在 19 世纪的转变，亦即从自杀作为一种"道德问题"转变为一种迫切需要解释的"社会问题"（Lukes，1985：191），这主要涉及前文提及的"道德统计学"研究传统以及涂尔干与这个传统的关系；第二个方面，与涂尔干一心要确立独立的社会学学科的努力有关，这一点在《自杀论》的简短"序言"（Durkheim，1951：36 – 39）中已有明确表述。他认为，这种研究有利于进一步明确社会学的研究对象或领域："没有多少论题（比自杀）更准确地确定，它对我们来说是特别适宜的"。同时，"通过对自杀的集中研究，我们可以发现一些现实的法则，而这将证明社会学优于任何辩证论证的可能性"。另一方面，这项经验研究可以检验和运用他在《社会学方法准则》（Durkheim，1982）中提出的社会学研究的诸原则（Durkheim，1951：37 – 38）。因此，通过对看似最具私人性的自杀问题的研究，社会学可以揭示影响"社会生活节奏"的诸因素的法则，可以让人们体会到那些既独立于又支配着个体的"实实在在的、活生生的活跃力量"，从而有助于人们比较明确地理解"社会学能够而且必定是客观的"（Durkheim，1951：39）。[2] 第三个方面涉及涂尔干对其时代问题的诊断："当今存在的自杀，恰恰是我们所遭受的集体疾患（collective affection）的传递形式之一；因此，它将有助于我们理解这种疾患"（Durkheim，1951：37）。涂尔干（Durkheim，1951）相信，其自杀研究将会得出"一些关于欧洲社会正在经受的普遍的当代失调（maladjustment）的原因，以及可以缓解这种失调之疗法的建议"。[3]

---

[1] 例如，卢克斯（Lukes，1985：49 – 51、191）指出，涂尔干在巴黎高师的同窗密友奥梅（Victor Hommay）的自杀（1886 年）与其自杀研究之间具有某种关联性，尤其是他对"自我主义的自杀"的理解和解释。当然，这种自杀案例对涂尔干来说并非仅仅具有私人意义，它映射的是其时代的某种"自杀潮"，而且，好友的自杀很可能是触发涂尔干后来研究自杀的一个"引线"。

[2] 泰勒（Taylor，1982：8）认为，涂尔干借助自杀研究想要证明的不仅仅是一般意义上的社会学研究的重要性，更重要的是要证明"涂尔干式的社会学的真理"。换言之，涂尔干的自杀研究体现的是涂尔干的社会理论。

[3] 在涂尔干的社会理论中，始终存在着一个所谓的"社会病理学"（social pathology）维度。在方法论层次上，他提出了区分"正常"（the normal）和"病态"（the pathological）的准则（Durkheim，1982：85ff）。就自杀研究而言，他认为自杀虽然是一种正常 （转下页注）

本文是重返这部经典文本的一次尝试，但无意对《自杀论》及后续的相关研究进行全面评述（虽然这项工作十分必要和重要），笔者的关注点主要是《自杀论》的理论贡献，即涂尔干在本书中提出的作为解释框架的"自杀类型学"，本文还将结合后来的一些批评和修正来阐发其理论意义；另外，笔者感兴趣的是涂尔干对自杀所做的诸多解释以及其中蕴含的实质问题，并将结合其相关著作，尤其是其人性论来深入理解这些问题；最后，结合以上讨论，笔者希望能够从某些方面来彰显这部在许多研究者眼中已过时的"经典"的当代意义。

一　涂尔干的"自杀类型学"

在《自杀论》的核心部分，即第二卷中，涂尔干提出了由四种自杀类型构成的"自杀类型学"。从形式和逻辑上看，这种类型学似乎是自洽的，但若细致考察涂尔干的相关论述，就会发现其中蕴含着诸多可以讨论和展开的问题。

（一）自杀潮与自杀的病原学分类

实际上，《自杀论》提出了不止一种的自杀分类。例如，在第一卷评述"自杀与精神变态"的关系时，涂尔干就依据自杀者的精神病症状提出了四种自杀类型（Durkheim，1951：63 – 66）；在论及导致自杀的"社会原因"时，他提出了两种分类方法，即"形态学分类"（morphologicsal classification）和"病原学分类"（aetiological classification）（Durkheim，1951：

（接上页注③）的社会现象（Durkheim，1951：361ff），但和他此前研究的"社会分工"（涂尔干，2000）一样，也会呈现出其"不正常"的一面，但这是一种"社会病"。这就涉及自杀研究中另外一个重要的传统：自杀的精神病学（psychiatry）研究，这是理解涂尔干的自杀研究的另外一个重要脉络。实际上，这个传统是19世纪的自杀研究中侧重个体自杀行为研究（自杀个案研究）的主要进路，其主要观点是：自杀行为主要是自杀者所患精神病所致。涂尔干基于其社会学研究立场而对此传统基本持否定态度：例如他对自杀的定义排除了因精神病而导致的自杀，他在《自杀论》开篇批评的就是对自杀的精神病学解释，他的方法论立场反对用个体心理来解释作为一种社会事实的自杀。不过，正如一些研究指出的，他对这个传统的批评和拒斥是不准确的、有选择性的或策略性的（Berrios and Mohanna，1990）。涂尔干的这种做法遭到许多研究的批评和修正，如哈布瓦赫（Halbwchs，1978：262ff）就提出了补充性的"精神病论题"（psychiatric thesis）。

145－148）。人们通常提及的是后一种分类。涂尔干（Durkheim，1951：146）指出，由于对自杀者的研究面临着独特的困难，无法得到形态学分类所需要的充分的资料，因此，只能从导致自杀的原因入手，才有可能对自杀予以分类："只有引起（自杀）的实际原因不同，才会存在不同的自杀类型"。① 但涂尔干并未放弃前一种分类，在《自杀论》第二卷最后一章，涂尔干重拾"形态学分类"，并力图将这两种分类综合起来。

关于自杀的病原学分类，涂尔干首先涉及卢克斯（Lukes，1985：199－202）所谓的"待解释项"（explanandum）问题，他在"导论"部分对此有明确交代（Durkheim，1951：46）。涂尔干虽然给出了关于"自杀"的界定，② 但其方法论立场决定了不能将自杀仅仅视为"分散的、无关联的事件"，应当将"既定社会在既定时期发生的自杀视为一个整体"，而且这种整体不是由诸"独立的单位"构成的"集合体"（collective total），其本身是"自成一类的新的事实"，并具有"显然的社会属性"。如何理解和解释这种似乎很难把握的总体性事实？涂尔干（2000：27）再次采取了他在《社会分工论》中通过分析法律规范来探究社会团结的类似方式，将"自杀死亡率"或"自杀率"（suicide-rate）③ 作为一个社会的整体性自杀事实的"表象"（representation），以此表征"作为总体性社会事实的自杀"，而统计调查提供的资料使得对自杀率或依据自杀率的研究成为可能。④ 涂尔干（Durkheim，1951：51）认为，自杀率是"一种事实秩序（factual order），其持久性与可变性都表明了它是统一的和确定的"，表现了"每一

---

① 卢克斯（Lukes，1985：201－202）认为，涂尔干的这种研究进路涉嫌"预期理由"（petitio principii）问题："涂尔干所谓的自杀的'病原学分类'，已经预设了他对自杀的研究是正确的……他通过这些类型的所谓原因来确定自杀类型。"泰勒（Taylor，1982：161－166）则主张一种（不同于实证主义和主观主义的）"自杀的结构性研究进路"，并将涂尔干的自杀研究归诸其中。应该说，这是一种更接近涂尔干研究意图和研究意义的理解途径。

② 涂尔干（Durkheim，1951：44）给出的"自杀"定义是："所有由受害者本人的某种积极或消极行动直接或间接导致的、其本人也知道会导致的死亡。"哈布瓦赫（Halbwachs，1978：291ff）曾经对涂尔干的自杀概念有过比较细致的讨论，并将"自杀"与"牺牲"（sacrifice）区分开来。

③ 有时，他直接称之为"社会自杀率"（social suicide-rate）（Durkheim，1951：51、147－148、299，etc.）。

④ 《自杀论》中对官方统计资料的使用也是后来研究者批评的一个主要问题，例如，道格拉斯（Douglas，1967）和泰勒（Taylor，1982）对此问题的批评。哈布瓦赫（Halbwachs，1978）在《自杀论》出版30多年后对其中涉及的统计数据重新进行了细致的考察。

个社会都会集体烦恼的自杀趋势（suicide tendency）"。

其次，依据涂尔干（Durkheim, 1982：134）的"社会学方法准则"，只能用社会事实来解释社会事实。

> 社会自杀率只能从社会学的角度来解释。在任何既定时刻，确定自愿死亡之意外事件的是社会的道德构成（moral constitution）。因此，每个民族都有一种具有一定能量的集体力量驱使人们自我毁灭……每个社会群体确实都有一种自杀的集体倾向（完全是自身具有的），它是所有个体倾向的根源而非其结果。这种倾向由自我主义、利他主义或失范这些广泛存在于所论及社会的潮流组成，倦怠的忧郁、积极的弃绝或恼怒的厌倦倾向就源自这些潮流。整个社会体（social body）所具有的这些倾向，通过对个体的影响而导致他们自杀。（Durkheim, 1951：299–300）

在《自杀论》中那广为人知的自杀分类就是依据涂尔干所谓的这些"自杀潮"（suicidogenic currents）① 划分的，四种自杀类型包括自我主义的自杀（egoistic suicide）、利他主义的自杀（altruistic suicide）、失范性自杀（anomic suicide）和宿命性自杀（fatalistic suicide）。② 因此，准确地说，这

---

① 显然，这种"自杀潮"属于涂尔干（Durkheim, 1982：52）界定的"社会事实"中的一类，即"社会潮流"（social currents）。不同于法律与道德规则、宗教教义等"已经完全确立的信仰和仪轨"，这些潮流还未呈现出"已定型的形式"。涂尔干（Durkheim, 1982：55）认为，"某些舆论潮流的强度是随着其产生的时代和国度而变化的，它们迫使我们（例如）结婚或自杀，导致出生率升高或降低，等等……初看之下，它们似乎与个别情形中呈现出的形式难以分离开来。但统计学为我们提供了一种将它们分离开来的方法。"他认为，统计学上的出生率、结婚率、自杀率等数据"表达的是集体精神（collective mind）的某种状态"。这是涂尔干在《自杀论》与《社会分工论》中选择不同的研究方法的一个重要的方法论考虑。

② 第一种自杀类型一般译为"利己主义的自杀"，这种译法似与"利他主义的自杀"形成对应，但在中文里，"利己"与"自杀"相连的表述是矛盾的。更重要的是，这种译法也与涂尔干对该术语的用法不符。涂尔干（Durkheim, 1951：209）指出，自我主义是"个体自我在面对社会自我时过度维护自己并不惜以后者为代价"的状态，以此命名的自杀类型源自"过度的个体主义"（excessive individualism）。在和"利他主义的自杀"进行比较时，涂尔干（Durkheim, 1951：221）说得更明白："我们已经用自我主义来命名自我独自生活并只是服从自己的状态，而利他主义则充分表达了相反的状态，其中，自我并不归属于自己，它与自身之外的某种东西融合在一起，行动的目标是外在于自身的，也就是说，他身处一个他所参与的群体之中"。通俗地讲，这两种自杀一是为我，一是为他（他人、群体、国家、理想等等），这与人们通常使用的"自我"（ego）—"他我"［alter（ego）］具有同源性。因"altruism"一般都译为"利他主义"，本文暂从之，但 egoism 在这个语境中皆译为"自我主义"。

个类型学是"自杀的社会原因类型学"。

根据涂尔干在《自杀论》中的相关论述（他并未对这个所谓的"自杀类型学"给予详细和明确的阐发），我们可以先对此自杀类型学做如下概括：四种自杀类型被分成两组，"自我主义—利他主义自杀"和"失范性—宿命性自杀"。解释这两组自杀的核心概念分别是社会整合（social integration）与社会规制（social regulation）。[①] 这一对概念可以进行程度上的描述乃至度量，上述两组类型分别处于这两个概念的两端，即整合或规制的不足或过度都容易形成个体自杀的社会环境，用涂尔干（Durkheim，1951：217、276）的话说，第一组类型分别对应的是"过度的个体化"（excessive individuation）和"不足的个体化"（insufficient individuation），或者"不充分的整合"（under-integration）与"过度的整合"（over-integration）；第二组类型分别对应的是"不充分的规制"（insufficient regulation）和"过度规制"（excessive regulation）。

（二）社会整合与社会规制

我们不妨先来考察涂尔干选择的"社会整合"与"社会规制"这对解释性或分析性概念。这涉及两个基本问题：涂尔干选择这对概念的依据是什么？他又是如何界定这对概念的？关于第一个问题，从涂尔干的论述看，基本上可以认为是基于个体与社会的关系来考虑的，而这是涂尔干的社会理论始终要处理的一个核心论题。[②] 但这只能说回答了一半问题，因为我们还可以继续提问：为何选择这对概念来表达个体与社会的关系？卢克斯（Lukes，1985：206）认为，涂尔干将自杀视为"个体对社会团结的反对"，是对"社会纽带"的削弱，而"社会纽带"实际上是以"两种方式"将个体与群体或社会联系在一起的，即"使其依附于社会给定的目的和理想，以及规制其个体的欲望和渴求"。下文将结合涂尔干对人性和道

---

① 对此概念的中译并不明确和统一。"regulation"具有规则、规范、管理、控制、调节等诸多含义，本文暂且译为"规制"，大致符合涂尔干对此概念的基本用法，即以社会规则来控制和调节个体的激情和欲望。

② 这似乎是一个无须证明的观点，因为涂尔干本人的相关表述在其著作中随处可见。例如，他在《社会分工论》（涂尔干，2000：11）"序言"中提及的作为其"研究起点"的"个人人格与社会团结的关系问题"。另外也可参见莫斯为涂尔干的《社会主义与圣西门》（涂尔干，2003a：125）撰写的"序言"中对此问题的说明。

德教育的论述，对此问题进行更深入的分析。[①]

第二个方面的问题，即这对概念的含义一直是许多研究者批评和争议的一个主要问题，涂尔干对此并无明确界定，我们只能通过《自杀论》中的各种解释来大致把握这对概念的含义。

贝纳尔（Besnard，1993：49）认为，《自杀论》中的"整合理论"是一致和完备的，社会或群体对其成员的整合包括三个方面：拥有共同意识和共享共同情感、信仰和仪轨，成员之间的互动，以及有共同追求的目标。这三个方面和涂尔干分析的宗教、家庭和政治群体正好是对应的。涂尔干（Durkheim，1951：209 - 210）认为，"当社会被牢固地整合在一起，它就会使个体成员处于其控制之下，认为他们是为其服务的，并因此禁止他们任意地将自己处理掉"。在整合性社会中，"用共同的事业将社会成员联合起来的纽带使他们依恋生命，而他们所设想的崇高目标也会防止他们去强烈感受个人的烦恼"。在他所设想的"既具有凝聚力又生机勃勃的社会中，每个人与全体之间存在着一种不断的观念与情感的交流，这就像一种相互的道德支持，不会将个体成员独自去排忧解难，而是引导他去分享集体的能量，并在他自己的能量耗尽时给予支持"。反过来，当个体不再依恋集体而是越来越依靠自己和不再以集体利益为重而是将私人利益凌驾其上时，就出现了涂尔干（Durkheim，1951：209）所谓的"自我主义"或"过度的个体主义"。[②] 正如帕森斯（Parsons，1968：327ff）所强调的，涂尔干所谓的"社会整合"的含义与其"集体良知"（collective conscience）密切相关。不过，和《社会分工论》不同，涂尔干在此还强调了"社会整合"的另一面——"过度整合"。虽然它和"机械团结"在经验上都指涉"低级社会"，但侧重点已完全改变：个体无个性地过度融入社会或群体（"极端利他主义"）易于导致自杀。尽管在自杀的具体原因或性质方面存在某些差异，但无论是"义务性的利他主义自杀"（obligatory altruistic suicide）、"非强制性的利他主义自杀"（optional altruistic suicide），

---

① 泰勒（Taylor，1982：13）继承了这种说法，认为依据涂尔干的观点，"社会是以两种方式来制约个体的：一是使他们依附于社会给定的目的和理想（整合）；二是节制他们（潜在无限的）欲望和渴望（规制）"。

② "个体主义"在涂尔干那里是一个很复杂的概念，下文会涉及，但需要指出的是，他对"个体"（individual）或"个体化"与"个人"（person）或"人格"的用法是不同的，例如涂尔干（1999：546 - 548）对两者关系的一个讨论。

还是"剧烈的利他主义自杀"（acute altruistic suicide）（Durkheim，1951：227），不重视个体生命和泯灭自我是其共同的特征："在利他主义自杀盛行的地方，人们时刻准备献出其生命；但与此同时，他也不会珍惜他人的生命"（Durkheim，1951：240）。

　　与"社会整合"相比，涂尔干对"社会规制"的界定似乎更简单，但并非更明确。① 涂尔干（Durkheim，1951：241）指出，社会力不仅以共同的信仰和情感、更高的目标来"吸引"个体，并将他们整合起来，而且对个体的"情感和行动"进行"控制"。如果将个体与社会的这种关系理解为后者对前者的控制和调节，那么它主要控制和调节什么？通过什么手段或方式来控制和调节？与对前一个概念的论述相比，涂尔干的侧重点转到个体的"激情"（passions）和"欲望"方面，这也是社会所要控制和调节的对象。其控制手段主要是"只有社会才有权力规定的法律"或"生活规则"（regiment）（Durkheim，1951：249）。② 为什么要进行这样的控制和调节？涂尔干对第三种自杀类型的论述将人带入现代社会生活的一个典型场域：现代经济领域或涂尔干所谓的"工商界"。这是一个充满变化与活力的领域，③ 一个不断"刺激"人们的激情和欲望的领域。因为"在整个世纪里，经济进步主要就在于使各种工业关系摆脱一切规制"，所以，工业所"激发的种种欲望也开始摆脱任何限制性的权威"。涂尔干（Durkheim，1951：255）认为，这种"对欲望的神圣化"或"对福祉的美化"（apotheosis of well-being）会使人们的欲望"高于人类的一切法律"。但这只是一个方面，另一方面，因为人的本性使然，"如果自以为有理由超越给其欲望指定的界限，人们从来就不会赞同去克制其欲望"（这背后蕴含的人性论，本文第二部分再予以讨论）。因此，涂尔干（Durkheim，1951：249）

---

① 贝纳尔（Besnard，1993：49）认为，《自杀论》中对"社会规制"理论的论述是很不系统的，因此，"重构涂尔干的规制理论是解释《自杀论》最困难的方面"。

② 涂尔干指出，"存在着一种真正的生活规则（或饮食起居制度），尽管并非总是以法律的形式表达，但它却以相对的精确性来确定每个社会阶级可以合理欲求的最大限度地舒适生活。不过，这种尺度绝非是不变的。它集体收益的增减随着社会的道德观念的变化而变化。"帕森斯（Parsons，1968：336）称之为"与生活标准相关的规范"。

③ 海因斯（Hynes，1975：97）认为，涂尔干分析"社会整合"的指标（如宗教、家庭处境和政治社会的稳定性等）说明这个维度标明的是"社会的状态"，而他分析"社会规制"的指标（如经济繁荣或崩溃、丧偶危机、离婚等）说明这个维度标明的是"社会的变化状态"。

认为，"只有社会——不论是直接作为一个整体，还是通过其某个代理机构——才能起到这种节制作用；因为社会是高于个体的唯一道德力量，拥有个体认可的权威。只有社会才拥有制定法律以及为（个体的）激情设定不可逾越的界限所必需的权力"。不过，在变迁已为常态的现代社会，经常会出现涂尔干（Durkheim，1951：258）所谓的"社会在个体中的不充分在场"的情形，导致"人们的活动缺乏规制"，他用"失范"（anomie）[1]这个概念来描述这种状态，当然，这也是一种"不充分的规制"状态。[2]

另外，涂尔干对这几种自杀类型的简单比较，也可以使我们更加清晰地把握"整合"与"规制"的含义。涂尔干（Durkheim，1951：258）指出，"失范性自杀"不同于"自我主义—利他主义自杀"，它取决于"社会如何规制个体的方式"，而后者取决于"个体依附于社会的方式"——"自我主义的自杀产生于人再也找不到生命存在的基础；利他主义的自杀则是因为这种存在基础对人而言超越了生命本身；而失范性自杀源自人的活动缺乏规制及其随后的痛苦"。在《自杀论》第二卷的最后一章，涂尔干（Durkheim，1951：277）回到"不同自杀类型的个体形式"，亦即从自杀的"病原学分类"回到其"形态学分类"。他讨论了各种自杀类型相对应的"心理特征"（Durkheim，1951：278－290）。例如，在"自我主义的自杀"的个体形式中，既有"斯多葛式自杀"（Stoic suicide）——以拉马丁（Lamartine）笔下的拉斐尔（Raphael）为理想型——体现出的"泰然自若的、空想的忧郁"，也有"伊壁鸠鲁式自杀"（Epicurean suicide）体现出的"怀疑的、幻灭的冷漠"。与"自我主义的自杀"体现出的"一般性的抑郁"不同，"利他主义的自杀"的个体形式——加图（Cato）的自杀就是其历史上的典型——则涉及"能量的消耗"，因为"其根源是某种强烈的情感"。如果说前者是一种"抑郁性自杀"（depressive suicide），后者则

---

[1] 众所周知，是涂尔干将这个著名概念引入社会学分析的。除了下文的相关论述，本文无意对此歧见纷纭的概念展开讨论。关于这个概念在西方思想脉络中的发展简史可参见：奥鲁（Orru，1987）；国内关于这个概念的比较深入的研究可参见：渠敬东（1999）。

[2] 除了"经济失范"（economic anomie）外，涂尔干（Durkheim，1951：259－276）还分析了深受社会变迁影响的现代家庭婚姻领域里的几种失范情形：因丧偶而导致的"家庭失范"（domestic anomie）、因离婚引发的"婚姻失范"（conjugal anomie）——这个领域最重要的一种失范，以及和独身相关的"性失范"（sexual anomie）。限于篇幅，本文在此不再展开讨论。

是一种"积极的自杀"（active suicide）。"失范性自杀"的个体形式——夏多布里昂（Chateaubriand）笔下的勒内（Rene）是其典型体现——也表现出激情的特征，这是和"自我主义的自杀"的不同之处，但这种激情的性质又异于利他主义的情感："它既不是热忱、宗教、道德或政治信仰，也不是军人的美德；它是愤怒，是通常与失望关联在一起的一切情绪"。需要指出的是，涂尔干的社会学并不排斥心理学的解释，他反对的是"个体主义的解释，亦即将解释还原到个体意识状态"（Taylor，1982：17）。他试图将自杀的两种分类综合起来的做法（Durkheim，1951：293）足以反驳相关的误解和批评。

（三）失范—宿命论与异化

涂尔干对四种自杀类型的论述存在很大的不均衡性。他用两章的篇幅论述"自我主义的自杀""利他主义的自杀"和"失范性自杀"则各占一章，篇幅相当，但对"宿命性自杀"的论述仅仅出现在一个不起眼的注释中，这也直接给很多读者，乃至一些研究者涂尔干只提出了三种自杀类型的错觉。这还只是一个表面现象，实际上，涂尔干对这些类型涉及的实质问题的判断和处理也显然是轻重有别的。总体而言，涂尔干对第一组自杀类型，即"自我主义—利他主义自杀"的论述相对明确和有力，但在第二组自杀类型，即"失范性—宿命性自杀"的论述方面，却显得很含糊和不充分。另外，他认为现代社会中的自杀主要表现为"自我主义的自杀"和"失范性自杀"。

涂尔干的"自杀类型学"吸引了一些后来者的探究，有批评，也有修正，还有一些令人感兴趣的拓展。其中，有少数比较极端的批评和修正，比如，约翰逊（Johnson，1965）认为，可以将涂尔干提出的四种自杀原因还原为一种，他的结论是："一个社会、群体或社会条件越是整合（规制），其自杀率就越低"（Johnson，1965：48）。[①] 这种对涂尔干的"自杀类型学"的曲解和简化固然不足取，但它也提出了一些可以进一步讨论的

----

① 为此，约翰逊（Johnson，1965：41-42）进行了两步修正：首先，排除"利他主义的自杀"和"宿命性自杀"（因为"除军队这个例外，他援引的所有例证要么缺乏证据，要么不是以纯粹的社会术语来解释"）；其次，将自我主义和失范合并（因为"这两者不过是同一事物的两个不同名称而已"）。

问题。例如，既然我们主要关注的是现代社会的自杀问题，是否可以排除主要存在于早期社会中的"利他主义的自杀"（和"宿命性自杀"）类型？哈布瓦赫（Halbwachs，1978）在对 20 世纪 30 年代的相关研究中，就通过在概念上将"自杀"与"牺牲"区分开来的方式，实际上排除了"利他主义的自杀"类型。不过，在现代社会中，除了军队这种特殊团体外，利他主义这种"自杀潮"是否真的不存在或不再发挥作用？就像涂尔干后来认识到现代社会团结仍然需要"机械团结"维度一样，他也意识到"利他主义"在现代社会依然具有强大的力量，比如他对"爱国主义"的论述（涂尔干，2001），尤其是他晚年写的一些关于第一次世界大战的小册子（Durkheim，1915）。看看 20 世纪以来的世界历史，谁还会否认这种"潮流"在现代社会中的巨大破坏力呢？

　　另外一个问题是，自我主义和失范这两种导致自杀的社会原因是否是同一的？这实际上也是许多研究争论的一个问题，其根源自然在于涂尔干的相关论述。涂尔干（Durkheim，1951：258）认为，这两种自杀"具有同源关系（kindred ties），两者都源自社会在个体身上的不充分在场"；不过，他同时强调了两者的实质差异："在自我主义的自杀者中，缺乏的是真正的集体活动，由此剥夺了其（生存的）目的和意义。在失范性自杀者中，社会缺乏对基本的个体激情的影响力，由此放任自流。"另外，这两种类型的自杀"并不来自相同的社会环境"，前者主要来自"知识界，即思想世界"，后者则主要来自"工商界"。因此，它们虽然相关，但又是"彼此独立的类型"。在论及这些自杀类型的"个体形式"时，涂尔干再次比较了两者的异同：

　　　　这两种类型的自杀者都患上了所谓的无限病（disease of the infinite）。但这种病在两种情形中的表现形式不同。在一种情况下，反思性智识受到侵害并被过度培育（overnourished）；在另一种情况下，情感被过度刺激并摆脱一些限制。在前者，思想由于依赖自身而丧失目标；在后者，激情因不再承认界限而丧失目标。前者迷失在梦想的无限之中，后者则陷入欲望的无限之中。（Durkheim，1951：287 – 288）

涂尔干（Durkheim，1951：288）认为，这两者"实际上不过是同一种社会状态的两个不同方面"，所以成为他所谓的"混合型自杀"（mixed suicide）的主要形式之一——"自我—失范性自杀"（ego-anomic suicide）。虽然如此，通过上文对社会整合与社会规制这对概念的分析，它们之间的实质差别还是很明显的，体现的是个体—社会关系的两个不同维度。如果说它们之间具有"同源关系"或表征"同一社会状态"，这实际上指涉的是现代人共同面对的境况。

在对涂尔干的"自杀类型学"的后续讨论中，最有意义的莫过于对他所忽略的第四种自杀类型——"失范性自杀"的重新阐述。虽然诸多研究者，如帕森斯（Parsons，1968：327），因为涂尔干对类型的忽略也对其存而不论，但也有一些研究者认为，这是涂尔干的"自杀类型学"的一个重要问题，甚至是一个重大缺陷，当然其中也蕴含着修正或推进这种解释框架的巨大可能性（Dohrenwend，1959；Douglas，1967；LaCapra，1972；Taylor，1982；Pearce，2001；Lockwood，1992；Besnard，1993，2005；Acevedo，2005）。为了更好地理解这个问题，我们不妨先看看涂尔干对"宿命性自杀"的简短论述；在讨论"失范性自杀"一章中最后论及现代婚姻对男性和女性的不同影响时，涂尔干指出：

> 存在一种与失范性自杀相对立的自杀类型，这种对立恰似自我主义的自杀与利他主义的自杀之间的对立。这种自杀源自过度规制，其中，自杀者的前途被无情地阻塞，其激情受到严苛纪律的强烈压制。非常年轻的丈夫和没有孩子的已婚妇女的自杀就属于此类自杀。因此，出于（逻辑）完整性（completeness）的考虑，我们应当确立这第四种自杀类型。不过，这种自杀在当代社会并没有多大的意义，除了我们刚刚提及的两个例子，这方面的案例也很难寻找，所以，似乎无须对其再费周章。但这种自杀可能具有历史意义。奴隶的自杀——据说在某些条件下，这种自杀经常发生（参见科尔，《克雷奥尔地区的犯罪》，第48页）——不就属于这种自杀类型吗？或者说，所有可归诸过度的身体上或道德上的专制（physical or moral despotism）的自杀不都是属于这种类型吗？为了彰显某种规则的不可避免的和不可更改的性质（违背它将求助无门），以及为了和我们刚刚使用过

的"失范"这种表达形成对照,我们也许可以称之为宿命性自杀。
(Durkheim,1951:276)

从这种论述中我们可以明确的是,第一,它是与"失范性自杀"在逻辑上相对立的类型;第二,这种自杀源自"过度规制",也恰好与导致"失范性自杀"的"不充分的规制"形成对照;第三,这种自杀主要发生在早期传统社会,在现代社会的意义不大;第四,因为第三个原因,所以很难在现代社会找到合适的例证(他仅仅提及三个例子:奴隶的自杀和现代婚姻中的两个例子)。

如果说第二组自杀类型主要涉及激情和欲望问题,那么,现代人不仅面临欲望的过度和无限性问题,其欲望的难以满足和被压制问题同样是显著的。现代经济活动的快速扩张一方面极大地刺激了人们的欲望,另一方面又无法形成保证大多数人或所有人满足这种欲望的社会条件或制度。因此,在这个方面的后继研究中,最有意义的就是将分别代表涂尔干和马克思对其时代问题诊断的一对概念——"失范"与"异化"(alienation)进行比较论述。卢克斯(Lukes,1967)论"异化和失范"的文章可谓这种研究的一个早期代表。他将这对概念界定为"社会—心理概念",认为它们分别体现了马克思和涂尔干对于其时代境况和人性的不同预设,令人遗憾的是,他并未将涂尔干的"宿命性自杀"引入这种讨论。洛克伍德(Lockwood,1992:38-66)在论述马克思和涂尔干开创的两大社会学传统中的"秩序问题"时注意到涂尔干的"宿命论"概念,并阐发了一种"宿命论的伦理学"(ethics of fatalism)。他尤其强调涂尔干所谓的"身体上或道德上的专制",提出了"宿命性秩序"(fatalistic order)概念。因此,涂尔干的"宿命论"概念与马克思对资本主义社会的批判很容易结合起来。贝纳尔(Besnard,1993,2005)对涂尔干的"失范性—宿命性自杀"多有论述,在很大程度上推进和拓展了涂尔干的相关论述。例如,他通过对《自杀论》中的"失范"概念的细致分析,提炼出"急性—慢性失范"(acute/chronic anomie)和"退步性—进步性失范"(regressive/progressive anomie)。这对区分性概念,将"退步性失范"归于宿命论,试图提出一种完整的"规制类型学"(Besnard,

1993：58 - 65）。① 阿塞维多（Acevedo，2005：75）吸取了上述研究传统中的一些关键要素，大胆地"将失范倒置"，提出"宿命论作为涂尔干隐秘的和多维的异化理论"的观点。他用马克思的异化理论来阐明涂尔干的宿命论，认为涂尔干实际提出了一种比马克思的异化理论更加全面的关于现代境况的多维理论。以上论述都说明，涂尔干描述的"宿命性自杀"绝非"在现代社会并没有多大意义"，相反，它构成了现代人的生存境况中一个极其重要的维度。

二　人性与自杀

贝拉（Bellah，1973：xiii）认为，"涂尔干属于那些实质上只写一部著作（尽管这部著作存在着许多版本）的人"。当然，"这部著作"可以从不同的角度或主题来理解。譬如，"个体与社会"就是在涂尔干的著作中反复出现，也成为诸多后来者广泛认同的一个核心论题。就此而言，涂尔干的《社会分工论》与《自杀论》形成了针对这个主题的鲜明的正反论述，前者围绕"社会团结"（social solidarity）论题从正面阐述了个体与社会的关联，后者则围绕"社会解体"（social dissolution）论题（Lukes，1985：195 - 199）从反面论述了这种关联。在帕森斯（Parsons，1968）看来，涂尔干包括《社会分工论》和《自杀论》在内的前期著作因秉持实证主义的立场，所以无法在理论上令人满意地阐述个体与社会的关系，只有到涂尔干后期完成"观念论转向"后，这个理论难题才得以解决。不过，帕森斯

---

① 贝纳尔（Besnard，2005）曾经做过一种很有意思的理论尝试，即揭示涂尔干著作中常见的"三分法"或"三重/元修辞学"背后的"四分法"或他所谓的"四方形"。他认为，涂尔干对"不正常的分工"的分类和自杀的分类实际上都是"四分法"。后一种分类显然没什么问题，而在前一种分类中，他在涂尔干提出的失范的、强制的和官僚制的（即《社会分工论》中的分工的"另一种反常形式"）分工之外，加上"异化的"分工 [即涂尔干（2000：331）在论及失范的分工时提及的"分工使个人变成了机器……变成了一种毫无生机的零部件"的情形]；而且，他试图将这两种"四分法"对应和结合起来。贝尔纳的这种做法，包括他此前对"失范—宿命论自杀"在概念上的修正（Besnard，1993），虽然不乏其理论意义，但其中也存在诸多问题。比如，涂尔干在论及"强制的分工"时，特别强调了"不公正"或"不平等"的因素，这实际上更近似他对"宿命性自杀"的论述，也更适合与马克思关于"异化"的论述相结合。限于篇幅，本文在此不再展开详细分析。

似乎忽略了涂尔干（尤其是后期）阐述个体与社会之关系的一个极其重要的基础或预设——人性论。实际上，《自杀论》中的诸多论述都必须结合其人性论才能得到深入和充分的理解。

（一）人性的两重性与自杀分类

众所周知，在以霍布斯、洛克和卢梭等为主要代表的现代自然法传统的政治哲学中，对人性或人的自然（human nature）的探讨构成了其重要的理论和逻辑基础。涂尔干对这个传统显然是极为熟悉的。但他提出了一种不同于这些前辈思想家的"人性论"，而基于这种人性论的社会理论也不同于前者的政治哲学。①

涂尔干对人性的论述实际上是其整个著述中的一条内在脉络，他对个体与社会之关系的探讨可以说是随着这条脉络的发展而发展的。这个论述承续的是西方思想史上一个历久弥新的哲学—人类学论题：肉体与灵魂的关系（身心关系）。大学毕业后在中学教授哲学时，涂尔干（2012：267 - 282）就比较细致地梳理和思考过这个古老的论题，并将其作为形而上学的主要问题之一讲授。不过，他当时认为"灵魂和身体之间的关系这一问题似乎是不可解决的"，但在其随后的一系列社会学著作中，我们都能看到涂尔干对这个问题的思考。到《宗教生活的基本形式》出版时，尤其是其中关于"图腾信仰"和"灵魂观念"的讨论，他对这个问题的论述已经比较成熟和定型。此后发表的两篇比较集中地讨论这个问题的文献（Durkheim，1984；涂尔干，2003b），更是比较系统而明确地提出了他的以"人性的两重性"（duality of human nature，*homo duplex*）为核心的人性论。这种 *homo duplex* 的观念也是其《宗教生活的基本形式》中的"两种最重要的主导观念"之一（Durkheim，1984：1 - 2）。

涂尔干（2003b：231 - 246）的人性论实际上是围绕一系列两分法（dichotomy）或两重性来论述的，从"身体和灵魂"这种"人性构造上的两重性"开始，到心智（intellectual）的两重形式（感觉与感觉倾向、概念思维与道德活动），再到世界的"圣—俗"（sacred/profane）之分，等

---

① 涂尔干对这些思想家都有论述，尤其是卢梭，此处就不详细列举了。国内关于涂尔干与这个传统的论述可参见：陈涛（2013）。

等，当然，也包括像个体与社会、（个体）心理学与社会学这样的区分。①
涂尔干（2003b：244）认为，"这种两重性对应于我们同时引向的双重存在：一个是扎根于我们有机体之内的纯粹个体存在，另一个是社会存在，它只是社会的扩展"。实际上，在涂尔干的著述中，我们总会看到他借助相应的二分法而展开的论述。基于其早年系统的哲学训练，涂尔干一方面强调人性中的这种二分之间的冲突和张力，另一方面，又试图运用其"社会学一元论"（sociological monism），来解决西方思想史上无论是"经验论的一元论"还是"观念论的一元论"都未能解决的这个古老的难题。但这仅仅是理论上的解决，涂尔干（2003b：245）清楚地看到，"我们在这两种存在的斗争中所付出的努力，会随着文明的进步而持续增长"。

现代社会中自杀率的增长无疑是这种"存在的斗争"的一个重要表征，所以在《自杀论》中，我们看到许多关于人性的论述。海因斯（Hynes，1975）较早发现了涂尔干对自杀的解释中存在一个人性论的基础。他认为，涂尔干提出"整合"与"规制"作为其"自杀类型学"的解释概念，依据就在于人性两重性学说。因为人要实现其本质，就必须成为社会人，培育和增强身上的社会力量，节制生物本能和欲望，这是一个"社会化"的过程。涂尔干的自杀类型"在逻辑上就是从社会化过程中推出的"，因为人要被"社会化"，一是要抑制"与其本性的动物部分相关的难以满足的、自私的欲望"，二是"必须在某种最低程度上为社会目的服务，亦即，其人格的一部分必须是由社会形成的"。规制和整合这对概念正好与这两个方面相对应，它们在程度上的不足与过度就成为导致自杀的四种原因（Hynes，1975：89）。这种解释与前文提及的卢克斯、泰勒等人的解释是完全一致的，只是海因斯特别强调了涂尔干提出这对概念背后的人性论依据。

在论及"自我主义的自杀"部分时，涂尔干（Durkheim，1951：213）写道："如果像人们通常所说的那样，人是双重的，那是因为社会人（social man）将自己置于自然人（physical man）之上。社会人必然预设了一个他要表达和服务的社会。如果这个社会解体了……不论我们身上的社会性是什么，都会丧失一切的客观基础……没有什么东西可以作为我们行动

---

① 卢克斯（Lukes，1985：16-30）比较详细地列举和论述了涂尔干思想中一系列的二分法。

的目标。"在另一个地方，他更加明确地指出，受制于时空的个体太过渺小，其本身难以成为其活动的充分目标，因为当其自身消逝时，他的努力也将化为虚无。因此，涂尔干强调，"自我主义的状态被认为是与人的本性相矛盾的"（Durkheim，1951：210）。

在"失范性自杀"部分，涂尔干比较了人和动物在其"自然"（nature）的层次上的不同，认为动物依靠自身机能就可实现其需求的均衡，但人自身的"生理构成和心理构成"都不能为其欲望设定界限，即，"人的自然不能给我们的需求指定必要的可变限度"，相反，"人的活动会自然地渴望超越那些可以指定的界限，并为自身设定无法实现的目标"（Durkheim，1951：247 - 248）。既然个体自身无法限制其激情和欲望，就必须在其自身之外去寻找这种力量。涂尔干认为，"这种力量只能是道德的力量"，是个体"尊敬的权威"（Durkheim，1951：248 - 249）。①

通过上面的论述，我们一方面可以看到涂尔干在其人性论尚未形成成熟和完整的表述时的一些思考，另一方面，结合他后来对人性的程式化表述，也可进一步理解他对诸如自杀这样的经验问题的探究。

（二）个体主义、人性宗教与现代自杀

如果说涂尔干的"人性两重性"学说体现了其人性论的（哲学）人类学维度，即对人的构成及其本质的探究，那么，他的"人性宗教"（religion of humanity）则体现了其人性论的历史哲学维度，这个维度也是我们理解其围绕"自杀类型学"的论述的重要脉络。

人们通常给涂尔干贴上实证主义者、社会实在论者或社会学主义者等标签，仿佛其理论立场（且不说意识形态立场）完全站在与个体相对的"社会"一边，完全无视个体的自由、权利，等等。但是，如果检视（甚至不需要太细致）涂尔干的文本，我们就会发现诸如个体主义、自由、人格、自主之类的概念随处可见。从某种意义上说，涂尔干是古典社会理论

---

① 海因斯（Hynes，1975：90 - 91）认为，涂尔干对"自我主义的自杀"和"失范性自杀"的区分，是和他对"理智—情感"的（intellect/emotion）区分相关联的，而且前者源自后者。另外，他还认为，理智属于涂尔干的 *homo duplex* 的社会或道德一维，而情感或激情则属于生物的或个体的一维。对比涂尔干的复杂（有时显得模糊）的论述，这种看法显得过于机械和简单。

家中最重视"个体"或"个人"价值的理论家之一，只是他采取的方式往往不易为人理解。

例如，涂尔干学派的重要成员福孔内对《社会分工论》有一个十分精到的评论：

> 涂尔干在他的第一部著作《社会分工论》中，提出了一种完整的历史哲学，其中，个体的起源、分化和自由体现为文明进步的首要特征，也是人作为其实际限度的升华。这种历史哲学最终产生了一种道德规范：即一种独特的人格。（涂尔干，2001b：278）

当 20 世纪的一些历史学家在中世纪寻找"个体的发现"（the discovery of the individual）（Morris，1972；Gurevich，1995）时，当时身处"世纪末"的涂尔干就这样写道：

> 个人主义和自由思想实际上也不是晚近的产物，它的起点既不是1789 年，也不是宗教改革运动，既不是经院学派，也不是希腊—拉丁多神教和东方神权政治的衰落时期。这种现象是没有起点的，它的发展也不是直线的，它贯穿于这个历史进程的始终。（涂尔干，2000：132）

类似的段落在《社会分工论》中并不少见。因此，如果说《社会分工论》是对"社会"的一种自然史考察，那么它也称得上是对"个体"的一种自然史考察。福孔内所谓的涂尔干的这种"历史哲学"，实际上构成了他此后诸多著述的或明或暗的背景。他在"德雷福斯事件"之后发表的重要文章《个人主义与知识分子》（涂尔干，2003：203）中，再次凸显出这个脉络，涂尔干不仅对西方个体主义的主要脉络进行了批判性考察，而且还提出了"人性宗教"的概念。他认为，在现时代，"不管是谁，只要他攻击人的生活、人的自由、人的荣誉，那么他必然会在我们的心中激起一种恐惧感，从各方面来说，这种感觉都很类似于信徒发觉偶像遭到亵渎的时候所体验到的那种恐惧感……它是一种既作为信徒又作为上帝的宗教"。因此，当我们论及现代社会或现代性问题时，不仅有社会、国家、结构、制度等所谓的宏观层次，还有现代自我或现代个体这个所谓的微观层次。它们都是现代的产物，是历史上新出现的现象和事物。任何对现代性问题的诊断和论述都必须考虑到这个层面。

由此，我们也就可以理解《自杀论》中的"自杀类型学"为何将侧重点放在"自我主义的自杀"和"失范性自杀"上，而且强调两者具有"同源关系"。在解释"新教徒的自杀率高于天主教徒的自杀率"这一问题时，涂尔干（Durkheim，1951：158）明确将其归于新教所持的"宗教个人主义"（religious individualism），认为"新教的自杀倾向必定与赋予这种宗教以活力的自由探究精神（spirit of free inquiry）有关"。① 再如，涂尔干在论及"失范性自杀"时，提到极其重要的"生活规则（饮食起居规则）"，这种规则在传统社会中是维持社会秩序的重要保障，它会让各阶层、各行各业的人各居其位、各安其业、各守其命。但在现代社会中，这种状况之所以难以为继，除社会变迁的原因外，还有一个关键点是，现代人不同于传统社会的人，"平等""自由""权利"等塑造现代人的观念已不可能再让现代人安心地去恪守那些"生活规则"了，所以我们会看到涂尔干那段著名的描述："从阶梯的顶端到底层，贪婪被唤醒，没人知道在何处才能找到最终的落脚点……仅仅疲倦自己就足以导致幻灭，因为他最终也难以逃避那无尽的追求不过是一场空的下场"（Durkheim，1951：256）。显然，他刻画的是一幅活生生的现代个体画像。也正是基于这种考虑，我们会更加明白涂尔干所谓的"自我主义的自杀"和"失范性自杀"之间的"同源关系"：某种意义上，这两种自杀都是"个体主义"过度发展的结果，尽管其在表现形式上存在着差异。

（三）道德教育与自杀类型学

在《自杀论》中论及针对自杀的解决之道时，涂尔干（Durkheim，1951：372）提及教育手段，但并不认为它是一种根本有效的方法。② 不

---

① 韦伯（2012）关于"新教伦理与资本主义精神"的经典研究，对以新教徒为代表的"现代自我"进行了深刻探究，虽然其关注点和涂尔干不同，但却有助于我们理解后者的相关论断。

② 他认为莫塞利提出的以教育来消除自杀是"赋予教育一种它不具备的力量。教育只是社会的映像和反映。它以一种简略的方式来模仿和复制社会；它并不创造社会。当民族本身处于一种健康状态时，教育也是健康的；但它会与民族一起腐化，因为它无法改造自身……只有社会自身改良后，教育才能改进"（Durkheim，1951：372–373）。

过，如果联系到他后来的一些关于教育的论述，很难说其观点没有发生变化。例如，涂尔干（2001b）在论述"道德教育"时，提出了道德三要素的观点，如果联系《自杀论》中的自杀类型，很容易发现两者之间存在某种隐约的对应关系。实际上，涂尔干的教育理论就是建立在其人性论的基础上的，或者说，教育是实现人性、培育人格的一个基本手段。在这个意义上，我们也可以说涂尔干的人性论还存在着一个教育哲学的维度。例如，涂尔干（2001b：309 – 310、313）在论及教育的定义和教育的社会性质时，就明确指涉人性的两重性和人的双重存在观念，认为"教育的目的，就是在每个人身上形成社会存在"。而且，这是"教育在人身上创造的一种新的存在"，不是发展"有机体本性"或人的"潜能"，这种新的存在"代表着我们身上最好的部分"，也即，它是社会在我们身上的具体化。虽然如此，它依然是我们身上的"自然"。

涂尔干的教育理论的核心是"道德教育"。因为人的社会存在是一种道德存在，所以真正的教育实质上就是道德教育。如果联系《自杀论》中的相关论述，涂尔干提出的道德教育所要培育的要素，仿佛指的就是消除或缓解自杀的方法。这种说法似乎有些绝对，但是，在"纪律精神"（spirit of discipline）和"失范性自杀""对社会群体的依恋"（attachment to social group）与"自我主义的自杀""自主"（autonomy）或"自决"（self-determination）与"利他主义的自杀"及"宿命性自杀"之间，我们的确很容易就能确立起某种对应关系。

在论及道德的首要要素——"纪律精神"时，涂尔干（2001b：29、33）认为，"道德的功能首先是确定行为，固定行为，消除个人随意性的因素"，而"纪律就是使行为符合规范"。他进一步指出，"道德规定的总体对每个人来说都构成了一堵想象出来的墙，在墙脚处，大量的人类激情简直都死光了，再也不能前进了。同样，正因为这些激情受到了抑制，所以才会有可能满足它们"（涂尔干，2001b：44）。因此，"通过纪律这种手段，我们可以学会对欲望进行控制，没有这种控制，人类就不可能获得幸福"（涂尔干，2001b：50）。虽然不能说这样的论述直接就是针对"失范性自杀"的，但当我们将失范视为其时代的一个主要问题或病症时，这种关联性就难以否认。

当涂尔干（2001b：59、66）转向对道德的第二个要素——"对社会群体的依恋"的论述时，其侧重点转向人们追求的"目的"方面："由道德规范规定的行为，总是追求非个人目的的行为"，而能够为道德行为提供目的的，只有社会。所以，涂尔干（2001b：65）认为，"真正意义上的道德生活领域的起点，就是集体生活的起点，换言之，只有在作为社会存在的意义上，我们才是道德存在"。依据其人性两重性理论，他认为，"当一个人只拥有自我时，他所拥有的不过是一个不完整的自我"（涂尔干，2001b：69）。个体存在的意义和需要的情感只有到社会和群体中寻找，而道德"把我们引入滋养我们的社会环境，同时又恰好使我们能够发展我们的个性"（涂尔干，2001b：73）。诸如此类的论述和他在论述"自我主义的自杀"时得出的那些"命题"，即自杀与宗教团体、家庭群体以及政治社会的整合程度成反比（Durkheim，1951：208），可以说是高度一致。①

最后，在论及道德的第三个，也是"最重要的"要素——"自主性"时，涂尔干（2001b：118）指出："要合乎道德地行动，光靠遵守纪律和效忠群体是不够的，不再是足够的了。除此之外，不管是出于遵从规范还是忠于集体理想，我们还必须对我们行为的理由有所了解，尽可能清晰完整地说明这些理由。这种自觉意识为我们的行为赋予了自主性，从此时起，公共良知要求所有真正的、完整的道德存在都具备这种自主性"，他称之为"道德的知性"（understanding of morality）。而涂尔干在论及"利他主义的自杀"时，强调的是自杀者对群体、理想、希望等无自我的融入或投入和没有理性的认知，更谈不上自主性。而在"宿命性自杀"中，自杀者受到严苛的规制，欲望被无情压制，未来毫无希望可言。在这种情形下，他们与理性、自主和自决等因素显然无缘。就此而言，虽然相应的社会条件也是不可或缺的，但在个体身上培育这种自主性要素，无疑是摆脱或走出极端利他主义或宿命论困境的重要途径。进一步讲，对于这种最重要的道德要素的培育，实际上也是针对自我主义和失范的一剂良方，因为"道德是一种具有明显人性的东西，因为在促使人们超越自身时，道德不过是激励人们去实现他自己作为一个人的本性而已"（涂尔干，2001b：122）。

---

① 比较有意思的是，前文曾指出涂尔干认为"自我主义的自杀"和"失范性自杀"具有"同源关系"，是"同一社会状况的不同方面"，而他在《道德教育》中也有类似说法，比如，纪律和集体理想"不过是同一实在的两个方面而已"（涂尔干，2000：84）。这也从一个方面说明，这两个文本之间存在着明显的互文性。

三 结论与讨论：自杀与现代人的境况

今天，对《自杀论》的真正有意义的研究大多已不再拘泥于将其视为现代统计调查研究意义上的"经验研究"，而是更加关注涂尔干就自杀作为一种社会事实所做的大量解释和阐发，意在从不同维度揭橥这部经典所蕴含的实质问题。[①] 而"自杀类型学"作为《自杀论》的一个主要的理论贡献，自然成为研究者探究的焦点，其中的问题和意义也得到多方面的揭示，虽然系统的、实质性的探讨依然缺乏。除了前文提出的一些问题和讨论，下面再提出两个有待深入研究的问题作为本文结语。

如果将《自杀论》放到涂尔干思想的演变脉络中看，它和《社会分工论》的论题可谓一脉相承，都是探究"个体与社会的关系"，只是角度和侧重点不同而已。常有论者批评《社会分工论》第三卷对分工"反常形式"的讨论不充分，而《自杀论》在某种意义上正是对此讨论的继续，像贝纳尔（Besnard，2005）这样的研究者已经明确指出了这两者之间的关联性。《社会分工论》从"正面"论述了个体与社会的关系及其历史演变，《自杀论》则从"反面"揭示了这种关系的"反常的"或"病理学的"一面。两者都是基于涂尔干对于人性的基本设定——人性的二重性。前者论述的是人性或人格实现的条件和状态，后者则强调其不能实现的条件和状态。如果我们进一步拓展这个问题，无论是个体与社会的关系，还是人性的两重性，其背后都指涉西方近现代以来的一个强大而复杂的研究传统——一般人类学，或"人的科学"（science of man），这与现代自然科学和社会科学的兴起有直接关联，因为这些"新科学致力于创造一个新的、实证的知识模式和人的新模式。'新人类'必须动摇以上帝的形象和喜好而创造的'旧亚当'"（帕佩尔诺，2003：30）。因此，在医学（精神病学）和道德统计学对自杀问题的研究中，都涉及"解剖"与"身体"的隐喻，前者是"个人的身体"，后者是"集体的身体"，这与"基督之体"（corpus christi）、中世纪的"国王的双重身体"的隐喻直接相关。近现代以来的

---

① 参见为纪念《自杀论》面世百年而出版的两部文集（Lester，1994；Pickering and Walford，2000）和贝纳尔（Besnard，2000）编辑的一组相关论文。

"神秘的集体身体的世俗化"使"政治体"（the body politic）和"社会体"（the body social）这样的表述日益盛行（帕佩尔诺，2003：32ff）。另一方面，现代自然科学提出的原子、元素、细胞和化合物等一系列的概念和理论对社会科学，尤其是社会学关于个体与社会关系的构想有直接影响，这种影响的痕迹在涂尔干的著作中比比皆是。在这个大脉络中，有人看到"《自杀论》的每一页都浮现出一个特别的社会形象：作为一个'集体人格'、一个充满'社会机构'及'集体道德心'的'社会有机体'的社会"（帕佩尔诺，2003：50）。① 如果我们认可这个脉络，就可以从另一个角度来解释和理解涂尔干的"自杀类型学"，即，如果个体与社会之间是一种有机关系，那么，离开母体的个体、过度膨胀的个体、被母体吞噬的个体或为母体而牺牲的个体显然都难以生存。

理解《自杀论》，还有一个不容忽视的时代背景——"世纪末"（fin-de-siècle）。可以说，涂尔干的《自杀论》是"世纪末"社会理论的一部代表性著作。② 在那个"世纪末忧郁症"（Melancholia）盛行的年代，"自杀"是一种时代病。涂尔干运用其社会学的理论和方法，对这种看似个体所患的"集体病"进行了独特的分析和诊断，并开出了涂尔干式的"处方"。这里有两个问题值得进一步讨论。众所周知，19世纪是一个激荡着各种社会思潮的时代，这些思潮左右着人们的思维和行动，进而影响着历史的进程。这当然也是世纪末的一种境况。涂尔干显然注意到这种境况，并将其视为一种重要的"社会事实"。例如，据莫斯所说，涂尔干最初的博士论文选题就是"个人主义与社会主义之关系"（涂尔干，2003a：126），这个背景也许有助于我们理解涂尔干为何提出自我主义、利他主义、失范等"自杀潮"来解释自杀现象。这实际上可以和我们此处要提及的第二个问题，即涂尔干提出的解决自杀问题的方法一起讨论。他在本书"结论"部分（Durkheim，1951：378ff）首次提出"职业群体"（occupational group）或"法团"（corporation）的概念，并以此作为针对自杀问题的主要解决之

---

① 关于涂尔干所谓"社会实在论"和"社会"概念的诸多争论和误解，实际上都与这个大脉络有关。国内关于涂尔干的"社会体"的一个简要讨论，可参见：李英飞（2013）。

② 以往对以所谓的"1890一代"为代表的"古典社会理论"的研究，常常忽略了这一代研究者的处境，从而导致对这个时期的社会理论的诸多误读。关于涂尔干及其社会理论与"世纪末"的关系，可参见：莫斯初维克（Mestrovic，1991）和富尼（Fournier，2005）。

道。如果联系到他后来为《社会分工论》写的"第二版序言"（涂尔干，
2000）和《职业伦理与公民道德》（涂尔干，2001a）中的相关论述，我们
可以认为，作为涂尔干社会理论的一个标志性概念，"职业群体"的构想
或方案实际上表明了他针对现代性问题的一种实质性立场：既不同于个体
主义、也不同于社会主义的"第三条道路"。[①] 在《自杀论》中，我们在
"自我主义—失范"与"利他主义—宿命论"的区分中，隐约可见"个体
主义"与"社会主义"的对张。[②] 这也有助于理解涂尔干为何选择构建
"中介性"的群体来平衡个体与社会的关系，从而意欲在根本上缓解或消
除自杀。

和韦伯、齐美尔、滕尼斯这些对现代性持比较悲观的态度的德国社会
理论家相比，反倒是"不太悲观"的涂尔干系统地探讨了"自杀"这一人
类的悲惨事实。如果对涂尔干的"自杀类型学"进行细致阐发，就会发现
它实际上可以成为分析现代性问题的一个多维框架。涂尔干对自杀问题的
探讨已经涉及人类生存的诸层次：从作为终极价值的"人性宗教"到生物
性欲望乃至无机环境。在这个意义上，我们完全可以说，涂尔干对作为总
体性社会事实的自杀的探究，揭示的是帕森斯意义上的现代"人的境况"
（human condition）（Parsons，1978：355ff）。

参考文献

陈涛，2013，《人造社会还是自然社会——涂尔干对社会契约论的批判》，《社会学研
　　究》第 3 期。

加缪，2002，《西西弗的神话》，杜小真译，桂林：广西师范大学出版社。

李英飞，2013，《涂尔干早期社会理论中的"社会"概念》，《社会》第 6 期。

---

① 当然，这是一个需要细致论述的观点。例如，他在《职业伦理与公民道德》（涂尔干，
2001a）中，明确将"职业群体"置于个体与国家之间。

② 虽然涂尔干在论及"宿命性自杀"时提到"身体和道德上的专制"，但只有少数研究者
对此给予足够的重视。除前文提及的洛克伍德（Lockwood，1992）外，拉卡普拉（LaCa-
pra，1972：171 - 176）明确地将这种自杀类型与"独裁主义"（authoritarianism）以及
"纳粹集中营"这样的具体例证联系起来。涂尔干虽然囿于其社会演进的历史哲学而对此
重视不够，但在一个依然广泛存在着各种专制、独裁制度的现代社会，这种自杀类型的
现代意义无疑是不能低估的。

帕佩尔诺，伊琳娜，2003，《陀思妥耶夫斯基论作为文化机制的俄国自杀问题》，杜文娟、彭卫红译，长春：吉林人民出版社。

渠敬东，1999，《缺席与断裂：对失范的社会学研究》，上海：上海人民出版社。

涂尔干，埃米尔，1999，《宗教生活的基本形式》，渠东、汲喆译，上海：上海人民出版社。

——，2000，《社会分工论》，渠东译，北京：生活·读书·新知三联书店。

——，2001a，《职业伦理与公民道德》，渠东、付德根译，上海：上海人民出版社。

——，2001b，《道德教育》，陈光金、沈杰、朱谐汉译，上海：上海人民出版社。

——，2003a，《孟德斯鸠与卢梭》，李鲁宁等译，上海：上海人民出版社。

——，2003b，《乱伦禁忌及其起源》，汲喆等译，上海：上海人民出版社。

——，2012，《哲学讲稿》，渠敬东、杜月译，北京：商务印书馆。

韦伯，马克斯，2012，《新教伦理与资本主义精神》，苏国勋、覃方明、赵立玮、秦明瑞译，北京：社会科学文献出版社。

Acevedo, Gabriel A. 2005, "Turning Anomie on Its Head: Fatalism as Durkheim's Concealed and Multidimensional Alienation Theory." *Sociological Theory* 23 (1).

Bellah, Robert N. 1973, "Introduction." In Robert N. Bellah (ed.), *Emile Durkheim on Morality and Society*. Chicago : The University of Chicago Press.

Besnard, Philippe 1993, "Anomie and Fatalism in Durkheim's Theory of Regulation." In Stephen P. Turner (ed.), *Emile Durkheim, Sociologist and Moralist*. London: Routledge.

——2000, "Suicide and Anomie." In W. S. F. Pickering (ed.), *Emile Durkheim, Critical Assessments of Leading Sociologists* (Volume III). London: Routledge, 2001.

——2005, "Durkheim's Squares : Types of Social Pathology and Types of Suicide." In Jeffery C. Alexander & Philip Smith (ed.), *The Cambridge Companion to Durkheim*. Cambridge: Cambridge University Press: 70 – 79.

Breault, K. D. 1994, "Was Durkheim Right? A Critical Survey of the Empirical Literature of Le Suicide." In Jeffery C. Alexander & Philip Smith (ed.), *The Cambridge Companion to Durkheim*. Cambridge: Cambridge University Press: 7 – 25.

Dohrenwend, Bruce P. 1959, "Egoism, Altruism, Anomie, and Fatalism: A Conceptual Analysis of Durkheim's Types." In Peter Hamilton (ed.), *Emile Durkheim : Critical Assessments*, volume III. London: Routledge, 1990: 22 – 33.

Douglas, Jack D. 1967, The *Social Meaning of Suicide*. Princeton: Princeton University Press.

Durkheim, Emile 1915, "*Germany Above All*": *German Mentality & War*. Paris: Librairie Armand Colin.

——1951, *Suicide: A Study in Sociology*, translated by John A. Spaulding & George Simpson. New York: The Free Press.

——1982, *The Rules of Sociological Method and Selected Texts on Sociology and Its Method*, Steven Lukes (ed.), translated by W. D. Halls. New York: The Free Press.

——1984, "The Problem of Religion and the Duality of Human Nature." *Knowledge and Society: Studies in the Sociology of Culture Past and Present* 5.

Fournier, Marcel 2005, "Durkheim's Life and Context: Something New about Durkheim?" In Jeffery C. Alexander & Philip Smith (ed.), *The Cambridge Companion to Durkheim*. Cambridge: Cambridge University Press.

Giddens, Anthony 1965, "The Suicide Problem in French Sociology." In Peter Hamilton (ed.), *Emile Durkheim: Critical Assessments* (Volume II). London: Routledge, 1990.

Gurevich, Aaron 1995, *The Origins of European Individualism*. Oxford: Blackwell.

Halbwachs, Maurice 1978, *The Causes of Suicide*, translated by Harold Goldblatt. London: Routledge &Kegan Paul.

Hynes, E. 1975, "Suicide and Homo Duplex: An Interpretation of Durkheim's Typology of Suicide." *The Sociological Quarterly* 16.

LaCapra, Dominick 1972, *Emile Durkheim: Sociologist and Philosopher*. Ithaca: Cornell University Press.

Lester, David (ed.), 1994, *Emile Durkheim: Le Suicide One Hundred Years Later*. Philadelphia: The Charles Press.

Lockwood, David 1992, *Solidarity and Schism : The Problem of Disorder in Durkheimian and Marxist Sociology*. Oxford : Oxford University Press.

Lukes, Steven 1967, "Alienation and Anomie." In Peter Hamilton (ed.), *Emile Durkheim: Critical Assessments* (Volume II). London: Routledge, 1990.

——1985, *Emile Durkheim : His Life and Work*. Stanford, California : Stanford University Press.

Mestrovic, Stjepan G. 1991, *The Coming Fin de Siècle : An Application of Durkheim's Sociology to Modernity and Postmodernism*. London : Routlegde.

Orru, Marco 1987, *Anomie: History and Meanings*. Boston: Allen &Unwin.

Parsons, Talcott 1968, *The Structure of Social Action*. New York: The Free Press.

Parsons, Talcott 1978, "A Paradigm of the Human Condition." In *Action Theory and the Human Condition*. New York: The Free Press.

Pearce, Frank 2001, *The Radical Durkheim*, 2nd Edition. Toronto: Canadian Scholars' Press Inc.

Pickering, W. S. F. & Geoffrey Walford (ed.), 2000, *Durkheim's Suicide* : *A Century of Research and Debate*. London : Routledge.

Taylor, Steven 1982, *Durkheim and the Study of Suicide*. London : The Macmillan Press Ltd.

Turner, Stephen 1996, "Durkheim Among the Statisticians. " In W. S. F. Pickering (ed.), *Emile Durkheim* : *Critical Assessments of Leading Sociologists* (Volume III) . London: Routledge.

增长与道义：城市开发的双重逻辑[*]

——以 B 市 C 城区 "开发带危改" 阶段为例

施芸卿

摘　要： 中国的 "城市奇迹" 举世瞩目，该奇迹何以如此持久和高效，成为一个令人着迷的问题。本文以 20 世纪 90 年代国家构造房地产市场之初的 "开发带危改" 阶段为例，辨析了其中的增长逻辑与道义逻辑的产生与运作。由于社会心理结构转型较之社会结构转型的滞后，市场转型带来的增长逻辑在总体性社会尚未变化的道义逻辑下错位互嵌：发展被简单化为经济增长，而增长又被道义化为全面利益，这就为都市政府借用国家权力和市场资源、实现区域经济增长提供了合法性；同时，也对普通市民捍卫自身日常生活空间产生了行政的和道德的压力。两者间的高度不均衡，既造就了城市开发的持续和高效，也导致了 "发展" 的道义悖论：以道义为名的增长（为国家/全民利益），在增长的过程中，模糊了实质上的道义（让市民参与）。

关键词： 开发带危改　增长逻辑　道义逻辑

自 20 世纪 90 年代开始，中国进入一个以全面城市化带动经济增长的时代。都市政府通过行政手段使居民大规模外迁，置换出内城的居住用地，再用 "以地招商" 的形式引入私有部门及民间资本，大规模兴建商业及市政基础设施，实现土地利益和空间效益的最大化。旧城面貌由此被彻底改变。据统计，B 市[①]在 1990～2000 年间共搬迁居民 28.12 万户、87.86

---

[*]　原文发表于《社会学研究》2014 年第 6 期。感谢清华大学社会学系沈原教授及中国社会科学院社会学所杨宜音研究员数年来对笔者从事该项研究的指导和支持；感谢三位匿名评审人的批评和指正；尤其感谢肖林博士给予的无私帮助，他不仅毫无保留地提供了珍贵的田野材料，还对本文提出详细的修改意见。文责自负。

[①]　按照学术惯例，本文对案例中涉及的地名、人名、企业或机构名都做了技术处理。

万人，拆除房屋 64.78 万间，拆除建筑面积 915.53 万平方米。① 这 10 年在 B 市城市开发史上被称为"开发带危改"阶段，清楚地展现了房地产市场在国家主导下诞生的最初形态。

"开发"与"危改"双管齐下，激活了内城土地的市场价值，达到了都市政府预设的经济增长目标，但也使广大市民失去了祖辈生活的家园以及居于内城所享受到的"空间福利"（肖林，2009：185）。与此同时，这种模式下，城市开发中的商业性与公益性相互纠缠，受发展驱动的增长逻辑与由传统文化延续、受意识形态建构的道义逻辑在其中交织，使城市开发中的国家、市场、社会（个人）三方结成极度不均衡的关系，成为我们解释中国的城市奇迹时不可忽视的一个方面。

一 理论、问题、方法

（一）发展话语及公私观：被道义化的增长

十一届三中全会以后，国家提出"以经济建设为中心"的发展方针；1992 年邓小平南方谈话以后，改革进一步深化，"发展"与"稳定"成为意识形态的主导话语。正如已有研究指出，不同于休克疗法，被称为"渐进式"的中国改革，在策略上更强调诸改革领域的先后次序，更强调经济改革相对于其他改革的优先性（渠敬东等，2009）。从更深刻的意义上看，"发展"是作为"现代化"的一个目标而被纳入历史进程的。陈映芳（2012）指出，现代化不仅是近代中国最具历史重要性的"社会过程"，还是近代以来被民众广泛共享的价值理想，包括民族独立、国家富强、科学、平等、自由、共和、民主等，但是在 20 世纪 90 年代末以来的转型过程中，这一"现代化价值目标"仅被片面地激活，其所蕴含的价值理想在"转型"、"发展"话语中淡化。这一切都导致了发展在实践过程中被简化，很大程度上被等同于经济增长。

与此同时，不容忽视的是，与构建发展话语并行的，还有另一套有关"公私观"的中国传统文化心理脉络，使发展作为"举国梦想""公共利

---

① 根据《B 市房地产年鉴》相关年份统计加总得出。

益"被道义化，在中国文化中，"公"的概念从先秦出现起，经历千年，不仅形成了社会的价值理念（例如公道、公理、公器、公正等），而且形成了与"国""官"相联系的"以国为公""国家至上"的含义。这种公私观不是围绕财产权所有制来争论的，而是从政治文化角度进行价值判断，以"大公无私""以公灭私"为基本内容（刘泽华、张朋荣，2003）。因此，个人对国家或群体事务的参与或贡献，其含义就会有"牺牲小我、完成大我"的道德意义和服从上级、国家至上的政治含义（杨宜音，2008）。这种公私观是中国人特有的边界渗透的自我在垂直方向的表现，①与之相应的是吸纳式的国家—个人关系（施芸卿，2012），其本质是至高无上的国家权力与缺失主体性的个人之间——以国家对个人的庇护以及个人对国家的服从相互呼应——达成的包容合一关系，对应于转型之前大一统的国家，此时，国家与个人之间处于尚未分化、利益一致的状态。

随着市场机制的逐步引入和中央的逐步放权，地方政府谋求增长的主体性被激活，其原先作为国家代理人时所履行的庇护职责也随之弱化，大一统的国家逐步分化。但是，相应的社会心理结构尚未转型，在"国家建设""公共利益"名目下的"公"，仍然可以对个体施加强大的道德压力，并为相应的行政权力的介入提供合法性，要求个体对其服从。由此导致吸纳式国家—个人关系中原有的包容合一被破坏，片面强调个人对国家的自下而上的呼应，而忽略了国家对个人自上而下的庇护。这种失衡放大了权力的任意性，使拥有实际支配国家机器能力、且能调用道义资源的都市政府，与仍处于主体性缺失状态的市民，在城市开发中处于力量对比悬殊的两端。由此，发展被简化为经济增长，经济增长则被作为国家利益而道义化，增长逻辑与道义逻辑错位互嵌在一起。

因此，本文借用道义逻辑，希望强调的是对尚未转型的社会心理结构

---

① 杨宜音等人的研究认为，基于差序格局的、具有伸缩、通透特性的渗透式边界是中国人自我构念（boundary-permeated self）的最主要特征。自我边界的伸缩同时包含着水平和垂直两个方向，伴随着自我边界从个人自我向家庭我、国家我、世界我的水平扩展，同时达成的是从"私我"过渡到"公我"的纵向道德提升（Yang et al.，2010）。换言之，以"修身、齐家、治国、平天下"几个层次为例，自我所涵盖的范围越大（如国、天下），相对于之前的数层（如身、家等），就更有道义上的优势。此外，从与国家的关系来说，这种边界渗透的个体同时也是缺乏独立性和主体性的，需要借助于与外界的关系来定义，被吸纳于国家权力之下。

的一种继承，其本质是仍处于主体性缺失状态的个人，对国家至高无上的权力的内化和服从。在本文所讨论的转型初期，已然与大一统的国家有所分化的都市政府，仍然持续建构自身作为国家代理人的身份，以此来更自由地借用国家权力，实现区域经济增长。通过强调城市土地国有制、将城市建设上升到国家利益的高度、强调危改和市政工程作为"公共利益"的性质等方式，都市政府将城市开发的增长逻辑嵌入于具有道义优先性和行政合法性的国家／全民／公共利益下，削弱市民反抗的正当性，获得造就城市奇迹的强大执行力。

（二）城市开发：作为主体的都市政府及被排除的市民

市场转型过程中地方政府的角色备受研究者关注，但经典研究多以村镇政府、乡镇企业为分析对象，[①] 很少涉及都市政府经营城市空间的案例。20 世纪 90 年代以来，在多方因素作用下，土地财政兴起，由绩效驱动的主体性同样在都市政府身上凸显出来，进入研究者的视野。

邢幼田提出"国家权力的地域化"，认为以城市化为重要内容的经营空间本身，就是都市政府相对于中央政府的分化的体现，由此，城市化进程所塑造的都市政府不再是中央的代理人，而是行动的主体。而用以实现内城级差地租最大化的都市理性策略和都市现代化策略，则是都市政府借以巩固自己对城市土地的控制权的两大策略（Hsing，2010）。何深静等则以上海新天地的改造为个案，解释了这类以房地产为导向的开发（property-led redevelopment）是如何运作的，认为与西方以精英团体为主导、民间活跃参与不同，中国的增长联盟，是以都市政府为核心，私有部门参与并受到政府调控规制，而市民则是被完全排除在外的（He & Wu，2005）。针对如此大规模的城市开发何以可能的问题，陈映芳（2008）指出，凭借强大的操作政策技巧和开拓合理性空间的能力，都市政府能够不断地生产出都市开发的价值、制度和行动空间，赋予这种以土地利益和空间效益为指向的旧城改造、城市更新和土地开发运动正当性。

这些研究都对都市政府在转型过程中的主体性的凸显达成了共识，并

---

① 地方政府在转型中的角色被视为解释中国经济奇迹的谜底之一，丘海雄、徐建牛（2004）将其归结为四种主要的观点：财政激励论、产权约束论、体制断裂论和社会结构论。

对其主体性如何实现做出了解释，这一点与杨善华、苏红（2002）提出的改革后乡镇政权应对财政压力的同时也获得了更大的自主活动空间，从而发生从"代理型政权经营者"向"谋利型政权经营者"转变的判断是异曲同工的。但与远离国家权力中心的乡镇政权不同，都市政府与国家政权的距离更近，尤其是本文案例中的 B 市，这也就导致较之乡镇政府，其自主活动的机会和空间理应更小。那么，位于权力中心的都市政府是如何应对财政压力、营造自主活动的空间的呢？本文的案例表明，较之乡镇政府，都市政府在城市开发和土地经营中体现了"代理型"和"谋利型"两种角色并存的局面，借用道义和增长这两套逻辑，都市政府在面对市民（"代理型"）和面对开发商（"谋利型"）时切换到不同的角色。城市土地国有制是两套逻辑交叠潜在的基础，而社会心理结构较之社会结构转型的滞后成为两套逻辑交叠的深层根源。通过将增长逻辑嵌套于道义逻辑之中，都市政府将其"谋利型"的动机隐藏于"代理型"的形象之后，展示了房地产市场在大一统的国家下诞生之初的情形。

具体来说，本研究提出城市开发的双重逻辑（如图 1 所示）：道义逻辑沿承尚未转型的社会心理结构，强调主体性缺失的市民对强大的国家权力的内化与服从，在此逻辑下，都市政府借国家之名获得对城市国有土地的实际控制权以及城市开发的合法性；增长逻辑则是转型后新增的部分，都市政府将下属机构改制为企业，通过"以地招商"吸引外资合作，从而实现内城土地功能的置换，满足其短期和长期经济增长的需求。两套逻辑通过传统文化中特有的"公私观"联结——即发展被简单化为经济增长，而增长又被视为全民利益而道义化——为都市政府谋求自身增长的行为提供合法性的同时也对普通市民捍卫自身日常生活空间产生道德压力。这两套逻辑并存，以权力为核心组合，实现了都市政府主体性的最大化，最终导致了增长的"道义悖论"：为何旨在改善居民生活的拆迁没有得到某些居民的认可？[①]

---

① 笔者在田野中收集到的一封落款为"C 大街迁往 DX 供销社 JX 四队宿舍楼的拆迁居民"的上访信中有一段话集中表达了这一悖论："社会在进步，B 市城市建设在加快，居住区的标准在不断提高，人们的生活水平、居住条件、环境正在得到改善。'危改'拆迁的目的之一就是改善居民的各方面条件。可开发商为什么不把居民安置到较好条件、较好环境的小区？偏偏哪里差，往哪里安置，安的是什么心？"

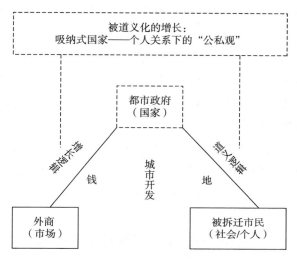

图1　城市开发中的双重逻辑

本文引用的田野材料源于笔者2004～2008年间对B市一起因旧城改造引发的被拆迁居民行政集团诉讼的个案研究，及同事肖林同期参与C城区发展与改革委员会委托的相关课题时所收集到的材料。① 这两个来源的材料互为补充，展示了被拆迁市民和都市政府在"开发带危改"中的不同考量。此外，之所以选取B市C城区作为分析的对象，有多方面的考虑：第一，C城区是B市中心城区之一，较之其他城区，C区的土地面积小、空间开发限制多、基础设施差、危旧房比例高，在计划经济时代各项资源分配就处于劣势地位，引入市场机制以来差距更有加大的趋势，致使都市政府对发展经济有非常强烈的渴望。第二，出于B市历史上形成的居住分层，C城区的居民更有社会底层的特征，因危改引发的矛盾更为突出。第三，C大街的改造以"一街带八片"的模式结合了市政重点工程建设与房地产开发，是B市"开发带危改"阶段的一个标志性范本。第四，围绕着C大街的改造以及政府与外资SD集团的合作开发，上述两个渠道的田野

---

① 严格说来，两份材料之间有5年的时差，集团诉讼的居民大多是"九五"期间被拆迁的，正是"开发带危改"阶段，而C城区所提供的材料为"十五"和"十一五"规划前期调研报告。不过，之所以在本文中对应采信，一方面，"十五"报告中有多处对"九五"期间的总结，恰能与被拆迁市民的经历相互印证；另一方面，有关城建公司（危改开发商）的筹建、以地招商、经营城市的一些做法，在20世纪90年代的城市开发中就已经试行，"十五"报告只是以更清晰的话语将其表达出来，体现了都市政府在城市开发中延续的思路。

材料恰能衔接对应，更能客观地展现这一阶段政府、开发商和市民之间的复杂互动。

后文的结构安排如下：第二部分先以 C 城区政府为主，论述增长逻辑是如何在土地商品化、中央放权的背景下被引入，并在城市开发的实践中嵌套进原有的道义逻辑之下的。随后第三部分以"开发带危改"的两个关键步骤——土地和资金着手，论述双重逻辑下，都市政府是如何成功实现其自身主体性的最大化，市民又是如何被动地被卷入这个过程的。最后将简述面对双重逻辑的挤压时，部分市民的积极应对，并对这一过程中展现的市场在体制框架内诞生的情况做一个简短的小结。

二 城市开发：双重逻辑的产生

（一） 都市政府的转型：增长逻辑的引入

新中国成立的第一个 30 年，是一个国家聚集有限资源，开展全民动员，迅速实现社会主义工业化的阶段。这一阶段的基本特征是以"单位制"为基本治理结构的"总体性社会"（孙立平等，1994），国家以此实现对资源的全面整合和对个人的全面控制。在城市住房问题上，经过数次运动，国家形成了以房管所和单位为核心的两套住房管理体系。作为与单位制配套的设施，城市住房代表了个人享有的社会权利，是国家履行庇护职责的一个表现，相应地，个人也必须服从于国家安排。在这种模式下，70年代和 80 年代进行的危房改造全权由国家负责，表现为财政拨款、房管局施工、以单一的危房改造为目的，居民几乎整体回迁，不涉及土地用途的置换。此时，土地和房屋以服务于日常生活的使用价值存在，市民的利益与都市更新的步调一致，但进展慢、规模小、效益差；面对着大片亟须改善的区域，政府的财力捉襟见肘，城市发展面临无米之炊的困境。

1990 年，中央颁布实施《中华人民共和国城镇国有土地使用权出让和转让暂行条例》，推行城市土地的有偿使用政策，鼓励各城市发掘土地的经济效益，并大力推进房地产业和房地产市场。1992 年邓小平南方谈话后，经济增长成为全面深化改革的一个目标（并进而成为指标），招商引资成为热潮，至今方兴未艾。1994 年，住房制度改革出台，为住房商品化市场奠定了基础；同年的分税制改革，也在意外中促成了都市政府逐渐走向以土地征用、开发和出让为主的发展模式（孙秀林、周飞舟，2013）。

1. 房地产市场的诞生

就 B 市而言，"开发带危改"标志着城市开发的最初 10 年，展现了以国家力量构造房地产市场的最初阶段，这一阶段经历了几个关键事件（参见表 1）。

表 1　B 市 "开发带危改" 阶段大事记

时间	事件及政策	影响
1990.4	B 市政府第八次常务会议	确定"一个转移"、"一个为主"、"四个结合"的改造方针，① 标志"开发带危改"的开始
1991.4	《关于危旧房改造现场办公会会议纪要》	要求各部门支持危改工程
1991.11	《B 市人民政府关于外商投资开发经营房地产的若干规定》	允许外商在科技、工业、交通、旅游、商业、金融、高档住宅、办公楼等领域进行房地产开发和经营
1992.6	《B 市实施〈中华人民共和国城镇国有土地使用权出让和转让暂行条例〉》	标志着 B 市房地产市场正式启动
1992~1993	B 市政府连续两年组织赴我国香港、新加坡招商引资	40% 以上协议投资额投向与旧城区改造有关的房地产开发
1994.6	《关于进一步加快城市危旧房改造若干问题的通知》	危改项目审批权下放到区
1992~1995	危改的快速发展阶段	危旧房改造规模扩大，向以"街"带"片"整体改造发展；由以住宅为主的居民区建设转向以商业、办公等公建为主的商业区、商业街建设
1997	确立 67 项"迎国庆"重点工程	将市政重点工程与危改结合
1998	《B 市城市房屋拆迁管理办法》	将拆迁安置从实物安置改为货币安置
2000	《B 市加快城市危旧房改造实施办法（试行）》	进入"开发带危改"的第二阶段

资料来源：根据肖林（2009：90~92）整理而成。

"开发带危改"是在城市建设资金匮乏的背景下，在国有土地有偿使

---

① 该方针的具体内容为：城市建设的重点由新区开发为主转移到新区开发与危旧房改造并重上来；危旧房改造以以为主；危旧房改造与新区开发相结合、与住房制度改革相结合、与房地产经营相结合、与保护古都风貌相结合。

用制度推行和中央权力下放这两个基本条件下应运而生的。被商品化的土地成为都市政府的第一笔资源，以此为资本继而吸纳外资成为解决城市发展困境的有效策略。允许外资进入（但是要以与直属于政府的危改开发商合作的形式），以及将危改项目审批权下放到区是这一时期的两个关键事件，使90年代的危改与70年代和80年代的危改有了本质的区别。伴随着"危改"向"危旧房改造"乃至"城改"的扩张，改造的本质也从"人"变成"土地"，先前不曾有过的增长逻辑被引入。将土地视为资本、以城市开发谋求经济增长的都市政府，无可避免地与将土地视为日常生活空间、以大杂院及便利的内城环境承载邻里关系、谋生手段、求学就医条件的市民发生冲突。光鲜亮丽的内城士绅化的另一面，是对普通市民看似落后的日常生活和社会支持网络的挤压和损毁。都市更新与市民的利益不再统一，突出体现在土地功能置换与人口结构调整两个方面。

2. 土地置换与人口调整

土地空间的商品化最主要的合法性来源是都市理性策略，该策略源自对西方规划理论的引进，认为城市规划的核心要旨在最大化实现土地的交换价值，以最有效率的模式在市场中分配土地。在这种理念下，居住用地成为制约土地效益充分发挥的主要因素。

> 1984年到1995年，C城区居住用地从462公顷增加到815公顷，占全区用地比重从29%增加到49%，规模不断扩大……总之，由于历史原因，C城区的居住用地中平房多质量差……这些平房占用着大量黄金地段。这种不合理的利用形式极大地影响了当前土地效益的发挥，从另一个角度，这也为C城区今后的土地置换和增值提供了大量的空间。（C城区发展计划委员会编，2001a：215）

与居住用地所占面积过多相应的，是商业用地不足。以位于B市正中心的Q街道为例，报告指出，该街道75.56%的土地用作居住用地，旅馆服务为第二功能，第三是商业金融功能，分别占4.99%和3.62%，存在"明显不合理和不经济的现象"，"大片黄金之地无法实现其应有的区位价值"（C城区发展计划委员会编，2001a：220）。所以，将土地从居住用地向商业金融用地转换成为城市开发的实质目标。C城区的数据显示，在

"九五""十五""十一五"规划期间，居住用地比例逐期减少，商业金融用地比例稳步增加，如表2所示。

表2　C城区居住及商业金融用地"九五""十五"及"十一五"期间变化趋势

时间 类型	1984 年		1995 年		2004 年		2009 年	
	面积 （ha）	比重 （%）	面积 （ha）	比重 （%）	面积 （ha）	比重 （%）	面积 （ha）	比重 （%）
居住用地	462	29	815	49	753.94	45.80	623.8	37.9
商业金融用地	60.7	3.8	54.7	3.2	64.96	3.95	93.98	5.71

数据来源：C城区"十五"、"十一五"规划前期调研报告汇编（C城区发展计划委员会编，2001a：215－217；C城区发展和改革委员会编，2006：200）。

伴随着土地功能从居住向商业的转换，是旧城区人口结构的调整，大量本地居民外迁，报告显示：

> 1990～1998年间，C城区因旧城改造动迁居民约2万户，主要采取了区外安置，如按10%的平均回迁率，户均人口2.7人计算，8年间约有1.8万户，近5万人口迁出C城区，约占该区常住人口的12%。目前C区已立项的29个危改项目共需动迁居民5.5万户，按10%的回迁率，这些项目全部完成以后，C区将会有近1/3的原有居民迁出。（C城区发展计划委员会编，2001a：227）

与此同时，房地产业被迅速构建成促进区域增长的龙头产业：

> 房地产业是伴随着近年来C区城市建设和旧城改造迅速发展起来的一个新兴行业。截至1998年底，全区共有各类房地产企业132家，其中开发企业11家，房地产中介企业20家，物业管理企业21家，建筑与装饰装修企业80家。1998年，11家房地产开发企业累计完成各类房地产物业开发投资约14.41亿元，占全区固定资产总投资的67.49%，实现利税6545.2万元，上缴税收4850.9万元……房地产业目前实质上已经成为C城区重要的主导行业和支柱产业部门。（C城区发展计划委员会编，2001a：76～77）

由此可见，"开发带危改"的方式从一开始就忽略了土地作为人们日常生活空间这一最具体和实在的含义，土地及空间被抽象化，它们的使用价值被交换价值所取代，拥有市场交换最高效率的内城土地和空间成为城市政府的重要资源，而附着于其上、祖祖辈辈在此生活的低收入人群则成为城市发展的"剩余人口"——他们既不能投资办企业促进地方经济发展，本身素质不符合发展新兴第三产业的要求，又不具有高消费能力，反而还要政府为其提供就业机会和社会保障，成为政府的一项负担，需要被置换出去（肖林，2009：189）。至此，原本具有多重含义的"发展"，在城市政府的实际操作中被简单化为经济增长，而以"解决人民群众住房问题"为出发点的危改，则成为一种商业开发。①

（二）以危改促发展：被道义化的增长

若将城市化进程置于整个中国转型的过程来看，它是一个以大一统的国家为起点，有计划地在土地和住房领域引入市场机制的过程。虽然上述研究表明，在深化经济体制改革、推行土地有偿使用等条件下，与市场相伴而生的增长逻辑被引入，都市政府逐利的主体性被激活，但在更深层上，与大一统的国家相应的道义逻辑仍是全社会默认的规则，因此，这一阶段的独特性在于，增长逻辑是被嵌套于先前的道义逻辑下推行的，体现在都市政府对危改的合法性建构及对"开发带危改"这种独特形式的创造上。

1. 危改的合法性建构

20世纪90年代危改的提出，是以"关系广大人民群众切身利益的大事"为起点的，以《B市人民政府办公厅印发〈关于危旧房改造现场办公会会议纪要〉的通知》（B政办发〔1991〕19号）为例，文件开篇便指出：

> 改造危旧房，是市委、市政府落实中央提出的到21世纪末实现小

---

① 方可认为，1990年开始的大规模"危旧房改造"不仅是对城市已建成地区的一种大规模的"房地产开发行为"，而且实际上是一种大规模的以营利为目的的商业性房地产开发，其"商业性"特征主要表现在以下几个方面：1）开发经营的主体是以营利为目的的房地产开发公司；2）改造资金主要来自以追求高额回报为目的的商业性房地产投资；3）有关部门未对危改项目的商业性开发做出明确的限制性规定；4）开发过程和运作方式与一般商业性房地产开发项目基本相同（方可，2000：68～72）。

康，明显改善居住条件这一要求所做出的重大部署，既关系到广大人民群众切身利益，也是 B 市城市规划建设和住房建设的重大转折。

同时，伴随着危改的推行，与城市建设、经济发展相关的话语日益被建构出来。危改后内城的基础设施、产业结构和都市形象的升级成为媒体报道中的一个重点（如 "3 年修好 21 条路 打造'王'字型磁场""一条大道贯东西 C 城经济要腾飞""C 城崛起'大都市'""打造都市文化休闲区"①），"把危改和调整经济结构结合起来"，实现 "城市建设和经济建设紧密结合"，成为新时期的新指导精神。

因此，通过建构危改与人民利益的合一、危改带来的经济发展与国家利益的合一，都市政府在官方话语中创造出一个国家、市场与个人在危改中可以共赢的局面，掩盖了其自身日益分化的主体性，获得推行危改的道义资源。以 C 城区为例，危改的指导思想是："通过危改，让百姓改善居住环境和条件；通过危改，加强市政基础设施建设，进一步改善我区的环境质量。同时，结合保护 B 市古都风貌，调整全区经济和社会各项事业布局，从而提升现代城区的水平。"（鲍玉慧，2001）

2. "开发"与"危改"的结合

增长与道义逻辑之间的嵌套更本质地体现为 "开发带危改" 这种形式本身，这是一种非常独特的"商业性"与"公益性"的结合，两类用地本是不同目的，应遵循不同规则，但在 90 年代城市开发的实践中互嵌合一，最终导致以"公益"之名行"商业"之实，道义为增长铺平道路。

首先，以危改或市政建设这类"公共利益"为名立项，在实现土地置换时具有经济和行政上的双重便利。为了"公共利益"的需要，不仅可以以划拨的方式无偿获得国有土地使用权，而且宪法第十条还规定，国家为了公共利益的需要，可以按照法律规定对土地实行征用。这意味着都市政府作为国家代理人，因为"公共利益"需要获得某块土地使用权时，具有实施行政强制的合法性。其次，在中国传统文化心理下，"公共利益"使道义逻辑得到彰显，市民们常被要求"顾全大局，尽快搬迁"，他们反抗

---

① 这些报道出自《记录 C 城》一书，由 C 城区宣传部和新闻中心从 2000 年至 2005 年期间中央和市属新闻媒体刊登的关于 C 城区的新闻报道中择取 270 篇汇编而成。

的意识和合法性被削弱。因此，在这种结合下，大片土地的使用权以透明度极低的划拨或协议出让的方式转移。"中外（商）合作、外商投资、路房结合、土地协议出让、优惠地价、居民外迁、实物安置"的 C 大街改造①成为这种模式在 B 市的一个样板，"修一条路、兴一条街、带来一片繁荣"则成为这种模式广为流传的口号。

通过将增长逻辑嵌入于道义逻辑之下，地方政府不仅获得了推行危改的合法性，而且还掩盖了自身分化的主体性。在发展被建构成举国梦想的时刻，关乎发展正义的"谁的增长"的问题则被忽略。下文就以"开发带危改"模式为例，具体阐述双重逻辑是如何便利于城市政府主体性的发挥，最终达到区域经济增长最大化的目标的。

三 "开发带危改"：双重逻辑的运作

在"开发带危改"模式下，城市发展有两个核心要素，一是土地，二是资本。都市政府通过危改获得土地，继而以地招商、吸引外资，进行大规模的城市开发。值得注意的是，以都市政府为主导，面对市民获得土地和面对私有部门引入资本的这两个过程，遵循的是两套不同的逻辑。前者借用道义逻辑，利用市民对国家权力的内化和服从，都市政府得以在城市开发中排除市民所可能拥有的土地权利，扩大自身划拨土地的权限和范围，并削弱市民反抗的意识；后者以互惠合作为主，以实现共同增长为最终目标。由原先城市建设部门改制而成的区属开发企业，兼具行政和市场之便，成为连接两个环节的实践载体。市场在此并非平等、自由、等价有偿的交易规则和资源配置机制，而是被拆分成零散的资源要素，围绕着权力之便，重新拼贴起来。

---

① 1992 年 6 月，C 城区政府提出"一环带五片，八片促一街"的方针，将 C 大街两侧 2.8 平方公里地域分成 8 片，做出控制性总体规划，为大街两侧大规模"危改"埋下伏笔。《"十五"期间 C 城区土地资源开发、利用与管理研究》总结了这种模式："C 大街及两侧危旧房改造的运作方式是由 SD 集团和 C 城区城建开发企业合作成立 SD 房地产发展有限公司；由 SD 集团投资，对 C 大街北段的道路及地下设施进行改造，并通过协议土地出让获得 C 大街北段沿街及两侧的土地使用权；在地价上给予政策优惠（具体办法和数据不详）；出让土地主要用于商业、办公及高档住宅建设，原有居民外迁，实物安置。这种模式，主要以土地功能置换的级差收益平衡高密度居民的拆迁费用，以优惠地价出让大面积土地补偿大市政开发费用和预期风险"（C 城区发展计划委员会编，2001a：223）。

（一）土地的获得：道义逻辑下的行政介入

获得国有土地的实际控制权，是地方政府进行城市开发的前提。被地方政府视作可用于经营的资产性质的土地，不是地图上可用尺笔划定的抽象面积，而是承载着市民日常生活的具体空间。在获得土地的过程中，都市政府和市民正面交锋，个人没有作为城市建设的主体参与这个过程，却作为政策执行的对象被动地卷入这个过程。通过对土地国有制和城市建设效率的强调，都市政府激活了道义逻辑，赋予自身调用行政力量搬迁居民、清空土地的行为合法性。在这个意义上，看似市场化的中国城市开发，恰恰是在社会主义制度遗产的基础上形成的（陈映芳，2008）。道义逻辑在此演化为一种事实上的权力逻辑。

1. 城市土地国有制：排除个人可能拥有的土地权利

1982年宪法确立的城市土地国有制可以被理解为确立意识形态上的社会主义性质的必要，是我国城市化区别于其他国家的独特起点，对随后开展的"造城运动"而言至少有两层含义：第一，土地国有制确立了一个权力的高点，地方政府通过代言国家，获得国家在名义上拥有的对城市土地的所有权，也由此获得以行政强力推进土地置换的合法性；第二，土地国有制确立了一个道德的高点，有关城市建设、现代化等的发展话语很容易与"公共利益"相关联，在土地国有制下，国家具备以此为名目划拨土地的天然正当性，并生产出使市民必须服从的道德压力。

但事实上，已有学者表明，中国的土地产权制度存在一种"人为创设的制度模糊"（Ho，2001）。在拆迁过程中，也确实有市民对自家购于新中国成立前、世代居住的私有房屋院落的土地使用权提出了争议，认为1982年宪法确立的土地国有制只是土地所有权的国有化，而不是以土地使用权为具体内容的土地财产权的国有化。换言之，市民可以通过履行法律规定的确权手续，[①] 将私房的土地使用权从原先通过购买获得的土地所有权中

---

① 有两份法律文本对确权手续做出了规定：第一，原国土局《关于确定土地权属问题的若干意见》〔1989〕国土（籍）字第73号第十五条规定："凡依法经国家征用、划拨、解放初期接收或通过继承、接受地上建筑物等方式合法使用国有土地的，可以依照规定确定其国有土地使用权。"第二，原国土局《确定土地所有权和使用权的若干规定》〔1995〕国土（籍）第26号第28条："土地公有制之前，通过购买房屋或土地及租赁土地方式使用私有的土地，土地转为国有后迄今仍继续使用的，可确定现使用者国有土地使用权。"

剥离出来，作为产权人继续享有合法权利，包括像其他商品一样进入市场，与开发商进行等价交换的权利（详见方可，2000：179；施芸卿，2007，2012；华新民，2009）。

面对这种分歧，B 市房地局 1995 年 7 月 21 日签发的《关于拆迁城市私有房屋国有土地使用权是否补偿问题的请示》（B 房地字〔1995〕第 434 号）认为："城市国有土地使用制度为有偿和无偿两种，现城市私有房屋所有人拥有的国有土地使用权不是通过出让（即有偿、有期限）方式取得，当属国家无偿划拨，当城市建设需要时，国家有权对上述国有土地使用权无偿收回"，"综上所述，我局认为，在城市建设拆迁私有房屋时，只对私房主的正式房屋及其附属物予以补偿，对私有房屋国有土地使用权不能给予补偿"。地方媒体上也随之出现相关内容：

> 新中国成立前私人购得的土地其现在的使用权依法应属无偿划拨取得，对于无偿划拨取得的土地使用权，国家有权行使所有者的权利——无偿收回……
>
> 开发商开发房地产，依法都是从国家手里"拿"土地，开发商无权也不可直接从老百姓手里"拿"土地使用权，老百姓更无权将自己无偿使用的国有土地与开发商交换补偿。在任何房地产开发中，国家始终是"拿"出土地的一方。（吕晓晶，1998）

可见，在城市开发的实践中，大一统的国家对土地的至高、抽象的所有权，在道义逻辑下被悄然转变为地方政府可用于经营的、具体的使用权，而市民（私房主）在其中可能存在的权利则被排除在外。通过将土地供应的主体单一限定为国家，地方政府为日后建立土地一级市场垄断供应机制做好了准备。

2. 效率优先：扩大土地划拨范围，扫清拆迁障碍

在将土地供应方单一限定为国家之后，地方政府又进一步在土地供应方式上做文章。如前所述，一旦地块被以"危改"或"市政工程"名义立项，就能以划拨的形式无偿取得土地使用权；1993 年 9 月，B 市出台房地字〔93〕第 524 号文，以"不影响旧城区改造的速度"为由，对"既有划拨用地，又有出让用地的危旧房改建区和大面积开发的建设用地"实行所

谓的"先划拨、后出让"政策，① 进一步扩大了开发商以低价获得土地使用权的范围，加快了改造速度。

效率优先的原则为开发商提供便利的同时，对拆迁中的市民则形成道义压力，并为行政力量的介入提供合法性。1999 年 7 月 23 日《精品购物指南》在"危改为城市发展让路"的一则大标题下刊出四幅照片，报道了 C 大街危改 2 号地居民 X 先生一家（四户）被强迁的经过：

> 7 月 20 日上午，C 城区法院对拒不履行拆迁协议的四家"钉子"户依法进行强制执行。C 大街危房改造工程系 C 城区的重点工程，被执行人在此拆迁范围各有私房一间……据现场的工作人员介绍，这四户人家一年前就应该搬迁。他们的拖延使 C 大街危改工程也受到了延误。C 城区建委的 L 先生对记者说："C 城区是从 1993 年开始进行危改的……我希望大家能从大处着眼，看到危改到底对谁有利。城市发展的脚步是不会因为某些人的抱怨而停滞的。"

以上一例绝非仅有，"1992 年，B 市一位主管城建的副市长曾明确提出'以拆促迁，以迁促建'的方针，允许房地产开发公司在安置用房和资金未落实的情况下开始拆迁，而一旦出现纠纷，各区政府也往往为开发商保驾护航。例如：以'加快旧城改造'和'吸引外资进行经济建设'为依据，组织相关部门（包括执法部门）对居民实施'强制拆迁'"（方可，2000：73）。当被拆迁市民寻求法律保护时，相关法律又明文规定，"诉讼期间不停止拆迁的执行"、②"因拆迁引起的诉讼不予受理"。③

通过对城市土地国有制和"城市发展""国家建设"的强调，地方政府将自身的增长目标嵌入于以国家权力为起点、以国家利益（在此等同于

---

① 该政策允许承担危改的房地产开发公司（下文的"危改开发商"）通过行政划拨获得位于城市中心区的大片"危改区"用地（商业开发与住宅用地均包括在内），待完成房屋拆迁后再补办出让手续。但事实上，完成拆迁后，开发商已经成为土地使用权的实际占有人，此时即使开发商愿意补办土地出让手续，政府部门也只能采取协议出让，而不可能按照国家规定采取招标或拍卖的方式，这样就使土地成交价格普遍低于基准地价（国家规定的土地出让的最低价格）（方可，2000：73）。
② 详见国务院《城市房屋拆迁管理条例》（1991）第十四条第二款。
③ 详见《关于审理和执行房屋拆迁行政案件若干问题的意见（试行）》（B 高法发〔1995〕106 号文件）。

发展效率）为优先的道义逻辑下，获得了城市国有土地的实际控制权，与此同时，市民在城市开发中的主体资格则被忽视，大规模造城运动蓄势待发。

（二）资本的引入：增长逻辑下的互惠合作

土地是都市政府拥有的最主要的资源，"以地招商"成为各地政府吸引外资的最重要策略。在这个过程中，以组建合作公司的形式，都市政府与外资开发商形成盘根错节的互惠①关系：一方面，都市政府承诺优惠提供土地，并完成拆迁；另一方面，开发商则需要在进行开发时直接提供城市基础设施，并且将开发后建成的商业面积按一定比例返还给都市政府经营，从而加大该区域的投资潜力，实现区域内的产业升级。

1. 以地招商：解燃眉之急

在城市开发初期，都市政府面临着城市建设资金短缺的问题，"以地招商"成为筹集资金的主要策略。这一时期土地多以"划拨"和"协议出让"这两种最不透明的形式流转。据统计，1992～2001年的10年间，B市共办理划拨城市建设用地371宗，总用地面积2068.39公顷（肖林，2009：98）。1992～2002年的11年间，B市共计出让建设用地4286宗，其中协议出让4201宗、招标57宗、拍卖4宗、挂牌6宗，平均价格是890万元/公顷（肖林，2009：100）。

土地的低价供应造成国有资产大幅度的流失，造成事实上的"效率悖论"，但在当时急于发展的都市政府看来，却解决了都市更新面临无米之炊的燃眉之急：

> C大街的改造，是C城区有效吸引、利用外资，参与城市建设的有益尝试和探索，意义深远。C大街的改造是以SD中心项目为依托进行的，是C城区政府与SD集团以合作方式共同开发建设的，中方出土地，外方出全部资金，在外方投资本息回收的基础上，利润由中

---

① 肖林（2009：304～305）将这种互惠视为国家和市场"互嵌"的增长联盟，"互嵌"体现在三个方面：一致的发展（增长）意识形态和教义（观念基础）；都市政府与开发企业在组织和制度上的伙伴关系（经济和组织基础）；都市政府本身存在着"企业化"的倾向（增长联盟的另一种表现形式）。

外双方三、七分成。这种方式虽说难以保证中方利润所得，但却解决了区财政资金不足、基础设施无力改造、道路无法建设的燃眉之急。（C城区发展计划委员会编，2001a：288）

如果说此时还只是这种模式的试行，那么在后续数年间，都市政府进一步完善了将土地收益作为城市建设融资渠道的合理性论述，将其建构成为了资金短缺情况下中国城市开发的普遍模式：

> 土地收益是城市基础设施建设的一个稳定、可靠的资金来源。世界上许多城市财政收入来自土地收益，都市政府将土地收益的绝大部分投入城市基础设施建设，或者要求开发商在进行开发时，直接提供城市基础设施。政府应积极利用市场来配置土地资源，经营好城市土地，最大限度地获得土地收益，使其成为城市建设重要的融资渠道。（C城区发展计划委员会编，2001a：189）

2. 产业升级：保长期发展

利用外资不仅在于"弥补投资资金的缺口"，还被视为提升"对外开放度和企业管理水平"的契机（C城区发展计划委员会编，2001a：118），发展房地产业则是改善产业布局、优化税源结构、增加财政收入的有效途径：

> 我区财政收入与B市其他城区相比还存在一定差距……发展房地产业将是改变这一状况的有效途径，在大规模进行旧城改造的同时，通过拆迁安置，对区属企业的房产和资金实行优化组合，"变旧为新，集零为整"，促进企业存量资产的盘活和发展，实现产业的升级换代。如C大街改造后，区开发公司返还给商委7000平方米的统一经营的面积和经委4000平方米统一经营的面积……真正做到全区一盘棋，将产业布局重新安排，促进产业结构的升级，从而达到优化税源结构，增加财政收入的目的。（C城区发展计划委员会编，2001b：8）

"解政府之急，借政府之力"的经验之谈明确地道出了政府与外资开发商之间的这种"战略合作伙伴关系"：

> SD 选择从旧城改造进入内地房地产市场是有其战略考虑的：政府的职能是服务百姓，但由于经济条件的制约，政府只能将有限的资金投向城市基础设施建设，解决当地政府工程投资的燃眉之急，有可能拿到廉价或不易得到的地皮……SD 中国地产高层则表示，与政府的密切合作基于两方面的考虑，一是可以在最短时间里把握政府对于城市区域规划和建设的设想，以便及时调整有关经营策略；二是可以全方位地提升企业在某个地区的美誉度，而且自身的投资项目将更加适合当地的发展规划。（甄蓁，2002）

（三）危改开发商：双重逻辑的实践载体

20 世纪 90 年代初期，一类名为"某某城市建设投资公司"的机构迅速兴起，成为危改中的主要操作者，即坊间所谓的"危改开发商"。城建公司由原计划经济时代的统建办公室改组而成，分为市区两级，与各自原属的行政级别相应，却又属于企业法人，是一类性质非常特殊、模糊的机构，成为上述两套逻辑交汇的载体。

无论从渊源还是职能上，城建公司都与都市政府密不可分，是为了"集中实施区属城市基础设施投融资、建设和经营"而组建的，其运作的一个重要目的就是"为城市建设筹建更多的城建资金"。

> 区城市建设投资公司是集城市基础设施融资、建设和经营为一体的经济实体，区政府与公司之间是委托投资建设、代理经营（含资产经营）的关系……以城市建设投资公司为基础，进一步组建城市建设投资股份有限公司，采取政府整体划拨国有资产的办法，将区公用企业和建委直属房产、市政设施等资产整体划拨到城市建设投资股份有限公司，壮大公司实力，使之成为一个能够面向国内外金融市场，组织大投入、高产出的融资、投资运筹中心，由其充分利用国内外资金，积极争取信贷指标，为城市建设筹建更多的城建资金。（C 城区发展计划委员会编，2001a：199）

在实践中，城建公司的另一个职能是专门负责拆迁，将腾空之后的熟地交付给外资开发商。这种方式既保证了都市政府对城市国有土地的实际控制权，又为开发商在政府主导下的进入提高了效率，成为都市政府吸引外资的又一策略：

> 建立我区的土地开发公司或房屋拆迁公司，专做我区的土地一级开发工作或对我区旧城改造项目的拆迁工作进行承包，解决我区现有的因拆迁工作延误而给开发企业带来的种种难题。（C城区发展计划委员会编，2001b：14）

本文在调查被拆迁市民时收集到一份《B市C城区城市建设开发公司关于申请在C城区5#地区进行危旧房改造申请划拨国有土地使用权的请示》（C开请〔1995〕第17号）为此提供了佐证。请示由C城区城市建设开发公司向B市房地局提交，正文如下：

> B市C区城市建设开发公司（甲方）与SD发展（中国）有限公司（乙方）及TV有限公司（丙方）合作成立的B市C城·SD房地产发展有限公司拟在C城区5#地进行危旧房改造……规划总占地面积287250平方米，其中建设用地218750平方米，市政代征地68500平方米……合作公司于1995年7月按50元/平方米的标准缴纳了土地出让预订金1094万元……为了落实市、区政府关于吸引外资，加快C城区危旧房改造的指示精神，按照外经贸B作字〔1993〕150号外资企业批准证书中"甲方负责征地拆迁手续"规定，现我公司向市房地产管理局申请将C城区5#地国有土地使用权划拨给B市C城·SD房地产发展有限公司的合作甲方C城区城市建设开发公司，以便办理此合作项目的其他手续，并由C城·SD房地产发展有限公司继续与贵局洽谈有关土地出让问题。

这份文件为我们提供了"开发带危改"阶段的很多重要细节。请示的公文样式本身就暗示着城建公司仍然以体制内的身份面对政府，并没有被完全市场化。在发展话语对于吸引外资、加快改造的强调下，"先划拨、后出让"的供地方式在用地申请人（城建公司）和房屋土地主管部门之间完成，不考虑市民个人可能拥有的土地权利。城建公司以极低廉的价格获得土地，并以地入股至中外双方的合作公司，由合作公司进行该地块的市政和商业开发。因此，在实践中，1）城建公司是危改区域土地使用权的实际拥有者，它与各政府部门在土地审批流程上发生联系，以划拨的形式获取土地使用权，随后由合作公司补办（协议）出让手续。2）城建公司是外资的中方合作者，依据上述引文中相关文件规定，外资企业必须委托其进行征地拆迁。拆迁的实质是将内城空间中的居民和土地分离，为土地从承载市民生活的居住空间到等待开发的商业空间的转变做好准备。由城建公司执行拆迁，意味着拆迁成为一个强大国家权力下的行政强制过程，而不是与市场经济相对应的土地使用权在平等主体之间转移的过程。3）在面对市民时，城建公司还是拆迁的具体实施者，以及远郊安置小区的建造者。以 C 大街 5 号地的拆迁为例，城建公司位于如图 2 所示的"开发带危改"各类关系的核心。

事实上，以城建公司为代表的危改开发商不仅是危改中的核心，它在面对城市建设中涉及的其他两方——外商和市民——时还扮演了不同的角色。它以企业法人资质与外商组建合作公司，是都市政府以地招商策略的具体执行者。而在面对市民实施拆迁时，它又多以政府机构的名义出现，甚至连人员与政府官员都多有同构，给市民造成"国家用地"的印象，极大地削弱了市民的反抗意识：

> 前期拆迁特别快，在我们南边，两个礼拜呼噜呼噜就完了，一户没剩，全走了。银行街拆迁开始的时候，没有一户提出异议，都不提这个事儿，全很快就走了。有私产也就这么着都走了。因为老百姓他不懂。再一个，他打的旗号都是拆迁是法院下来的，这个拆迁公司的经理是区法院的副院长，穿着法官的衣服，直接入户拆去，你想他能不害怕吗？他认为是政府的行为，老百姓认为是国家用地，他什么也不知道，没人提这个事儿（城市私有房屋的国有土地使用权）。（访谈材料：LT20050123）

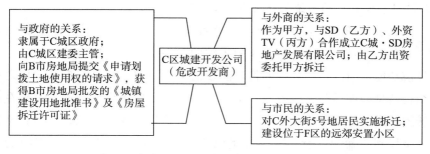

图 2　危改开发商位于"开发带危改"中各类关系的中心

此外，危改开发商还拥有建设外迁安置社区的优先权，这在官方是作为一项以低价体恤百姓、以创造市场拉动内需的行为来表述的，增长和道义再一次被统一在发展话语之下，如《新 B 市报》所报道的：

新 B 市报：能具体解释怎么"加快危改拉动发展"吗？

N 某：安置危改搬迁居民需要大量房源。C 城区已由政府出资直接从（区属）开发商那收购了几千套房子，都在三环、四环，都是用于危改的。价格降了至少15%。这既解决了房源问题，又帮助开发商解决了周转资金问题。居民住到新房，肯定需要安装家电什么的，又拉动了消费。这些房子，危改安置居民可以买，可以租，也可以和政府共同拥有产权。（吴狄，2009）

可见，在带有政府和企业双重属性的危改开发商身上，双重逻辑也最终交叠在一起，最大化地拓展了都市政府在城市开发中的操作空间。"开发带危改"成为一种以政府（权力）为主导、与外商（资本）目标一致的增长，而世代在此居住的市民则被排除在决策流程之外，只能作为政策的被执行者（"被拆迁人""被安置对象"），体现在：1）市民们进入危改的时点被推迟。无论他们是否享有自己住所的土地使用权，他们都只能在拆迁开始前很短的时间凭一纸拆迁通告得知，此时一切与土地有关的财产转移已在都市政府和危改开发商之间完成。2）他们只有服从的选择，一旦他们提出异议，就必须面对各类行政关系，例如房地局的行政裁决、区政府的责令限期搬迁，以及单位、街道、派出所执行的"排查"等等。3）他们的个人命运被笼罩在国家发展的宏大话语之下，在"以国为公""国家至上"的传统公私观下，承受着巨大道义压力。

国家、市场、社会（个人）三者间这种不平衡的关系，正是转型之初，垄断一切资源、延承对个体的吸纳的大一统国家，以政策为缺口、释放经济功能、引入市场要素的特定阶段的生动写照。社会心理结构较之社会结构转型的滞后是该阶段的一个突出特点，致使新出现的增长逻辑在尚未转型的道义逻辑下错位互嵌——发展被简单化为经济增长，而增长又被视为全民利益而道义化——为都市政府提供增长动机及合法性资源的同时，也对普通市民捍卫自身日常生活空间产生行政的和道德的压力，两者间的这种极度不均衡，既造就了城市开发的持续和高效，也导致了增长中出现的道义悖论。

四 小结

对于被拆迁市民而言，种种遭遇的根源在于他们在城市开发中主体地位的缺失，这又是与传统吸纳（服从）型国家—个人关系下，以自我边界伸缩、通透为特征的个体本身就不具备相对于国家的平等、独立的地位直接相关。[①] 因此，部分市民[②]在拆迁维权中，努力赋予自身权利主体的资格，试图进入城市更新的实质流程。例如，首先，他们辨析自身在土地权利上的主体性，提出自己是房地产权利人，而不是被拆迁人；其次，他们提出区分商业和公益这两种不同的开发行为，并要求两种模式下，自身作为房地产权利人的不同权利；再次，他们要求更早地进入危改流程，认为政府与其商议安置补偿应该在划拨土地之前。从本文所述的增长和道义这两种逻辑上来说，他们的这些尝试，本质上是要使这两套交织、互嵌的逻辑相互剥离，并且根据新引入的增长逻辑，相应发展出一套边界紧实、独立的自我，以之与转型后、功能逐渐分化的国家之间形成平等、独立的关

---

① 在以前的研究中，笔者曾区分出两种国家—个人关系的基本类型：以包容性自我为基础，个体自我边界通透、弹性，国家与个人之间形成吸纳—服从的关系，对应于以差序格局为原型的中国传统社会；以自足性自我为基础，个体自我边界封闭、固化，国家与个人之间形成平等独立的关系，对应于以团体格局为原型的西方现代社会（施芸卿，2012）。

② 这里主要引用了被拆迁市民中私房主的部分观点，是其中较为理性的几种说法，与本研究所阐述的地方政府行为能形成较好的对话。此外，还有大量的被拆迁市民存在其他的维权方式和表达，可参见毕向阳，2006。

系，以更适应市场经济下的状况（详见施芸卿，2012）。但事实上，这么做的市民是非常少的，而且这种努力是举步维艰的，所遇到的阻力中不仅有资本的强大力量，也有地方政府的宏大叙事和百姓的日常言说之间的极度不对等，以及发展话语所形成的难以辩驳的道义压力和文化霸权。因而，双方博弈的结果也正如我们所见，中国城市的增长依旧迅猛高效。

本研究从转型的过程出发，在尝试回答中国城市奇迹何以可能的同时，也试图展现转型之初这种多方牵扯的厚重局面，其中不仅有国家—市场—社会（个人）各部分力量强弱的对比，也存在社会各要素在转型变迁中次序先后的问题。社会心理结构作为牵连着更深厚历史根基的一端，变化更为滞后缓慢，为国家构造市场之初带来了一个特殊的模糊地带，在文中体现为"开发带危改"模式下，道义逻辑和增长逻辑并存的局面。双重逻辑的并存及嵌套，最大化了都市政府转型后的主体性，同时也导致了市民在城市开发中被动、受制的局面，因而，中国的"城市奇迹"与拆迁中的"道义悖论"恰恰有着同一个根源。

事实上，本文还涉及另一个关键议题，就是市场是如何在既有的再分配经济体制及总体性社会架构下诞生的？作为新增的部分，市场与既有权力是如何结合的？正如沈原在《市场、阶级与社会》一书中所言，"对我们来说，市场绝不仅仅是学者们在书斋里争论的课题。毋宁说，在转型期，市场更是一个实践的对象。我们正在生产市场"（沈原，2007：18）。从本文提供的案例来看，一个值得关注的发现是，转型初期被引入的市场更像是一个资源库，而不是一种规范的交易规则或者资源分配机制，其所提供的资源主要是"自由流动"的经济资本和与增长有关的意识形态，这些资源被作为一个个要素割裂、抽取出来，围绕着权力的逻辑重新拼贴。这也提示我们，转型历程似乎不仅是有控制地放开各个领域（渠敬东等，2009），而且在具体的领域（如本文的房地产市场），政府还选择性地收紧（土地）或放开某些部分（资本），以在有限的基础上得到更多的积累。

出于篇幅所限，本文只是展现转型之初的一个有限片段，从近些年的变化来看，在 B 市的发展中，"开发带危改"阶段之后，又出现了"房改带危改"、"危改与古都风貌保护结合"几个阶段，国家本身也在不断调试，以平衡转型之后的增长压力与保障民生的道义责任。与此同时，市场带来的不仅是"自由流动的资源"，同时也有自由、平等的契约理念和法治精神，这些精神正进一步地深入到民众的日常生活，为三者间力量的博弈带来新的变化。

参考文献

B 市建设委员会、B 市国土资源局编，2004，《B 市房地产年鉴 2004》，北京：中国计量出版社。

鲍玉慧，2001，《以危改带动全区发展：访 C 城区区长 L》，《B 市建设报》4 月 6 日。

C 城区发展计划委员会编，2001a，《C 城区国民经济和社会发展"十五"计划前期调研报告汇编》（上册），未刊稿。

C 城区发展计划委员会编，2001b，《C 城区国民经济和社会发展"十五"计划前期调研报告汇编》（下册），未刊稿。

C 城区发展和改革委员会编，2006，《C 城区国民经济和社会发展"十一五"规划前期调研报告汇编》，未刊稿。

陈映芳，2008，《城市开发的正当性危机与合理性空间》，《社会学研究》第 3 期。

——，2012，《"转型"、"发展"与"现代化"：现实批判与理论反思》，《南京社会科学》第 7 期。

毕向阳，2006，《从"草民"到"公民"——当代 B 市都市运动调查报告》，清华大学博士论文。

方可，2000，《当代 B 市旧城更新：调查·研究·探索》，北京：中国建筑工业出版社。

华新民，2009，《为了不能失去的故乡：一个蓝眼睛 B 市人的十年胡同保卫战》，北京：法律出版社。

刘泽华、张荣朋，2003，《公私观念与中国社会》，北京：中国人民大学出版社。

吕晓晶，1998，《历史遗留的个人私有房屋的土地使用权依法不应获得经济补偿》，《B 市日报》11 月 4 日。

丘海雄、徐建牛，2004，《市场转型过程中地方政府角色研究述评》，《社会学研究》第 4 期。

渠敬东、周飞舟、应星，2009，《从总体支配到技术治理》，《中国社会科学》第 6 期。

沈原，2007，《市场、阶级与社会：转型社会学的关键议题》，北京：社会科学文献出版社。

施芸卿，2007，《机会空间的营造——以 B 市被拆迁居民集团行政诉讼为例》，《社会学研究》第 2 期。

——，2012，《自我边界的"选择性固化"：公民运动与转型期国家—个人关系的重塑》，《社会学研究》第 2 期。

孙立平、王汉生、王思斌、林彬、杨善华，1994，《改革以来中国社会结构的变迁》，《中国社会科学》第 2 期。

孙秀林、周飞舟，2013，《土地财政与分税制：一个实证解释》，《中国社会科学》第 4 期。

吴狄，2009，《C 城区购房数千套用于危改安置》，《新 B 市报》1 月 1 日。

肖林，2009，《土地价值与社会约束：以 B 市 C 城区旧城改造为例》，清华大学博士论文。

杨善华、苏红，2002，《从"代理型政权经营者"到"谋利型政权经营者"—向市场经济转型背景下的乡镇政权》，《社会学研究》第 1 期。

杨宜音，2008，《当代中国人公民意识的测量初探》，《社会学研究》第 2 期。

甄蓁，2002，《B 市旧城改造利诱香港地产大鳄》，《B 市青年报》4 月 29 日。

He, S. J. & F. L. Wu 2005, "Property-led Redevelopment in Post-reform China: A Case Study of Xintiandi Redevelopment Project in Shanghai." *Journal of Urban Affair* 27 (1).

Ho, Peter 2001, "Who Owns China's land? Policies, Property Rights and Deliberate Institutional Ambiguity." *The China Quarterly* 166.

Hsing, You-tien 2010, *The Great Urban Transformation: Politics of Land and Property in China*. Cambridge: Oxford University Press.

Yang, Y. Y., M. Q. Chen, X. P. Ying, B. Wang, J. X. Wang & A. Kolstad 2010, "Effects of Boundary-permeated Self and Patriotism on Social Participation in the Beijing Olympic Games." *Asian Journal of Social Psychology* 13.

嵌入在资本体制中的信用卡消费[*]

赵 锋

摘 要：已有的研究表明：信用卡消费可能会对一个社会的社会结构和文化伦理产生深远的影响。然而，信用卡消费一直没有被作为一个独立的社会学议题而予以研究。现有文献对信用卡消费的社会学特质的判定有两种不同的理论视角，消费文化的视角和社会理性化的视角。本文作者认为这两种视角都只是将信用卡消费作为一种特定类型的消费模式而予以认识，从而忽略了信用卡消费现象中的两个基本事实，即消费者生活风格的内在关联性和资本体制的现实性。本文从哈贝马斯关于生活世界和系统两分的视角出发，论证了信用卡消费具有原型特征：一方面，消费者在其生活世界中遵循消费实践的逻辑，另一方面，信用卡体制的战略实践则服从于资本逻辑，而消费者的消费逻辑则受到信用卡体制的资本逻辑的引导和操控，形成了新的嵌入模式，即消费实践嵌入在资本体制的战略实践之中。

关键词：信用卡消费 信用卡体制 生活世界和系统 嵌入

一 导论

自 1987 年中国银行成为"万事达国际"（Master International）和"维萨国际"（Visa International）成员，并发行了第一张国际"长城卡"以来，信用卡消费已经成为当前中国"消费革命"的一个重要组成部分，然而，对信用卡同消费的联系的研究还主要集中在经济学、金融学、银行学、市

---

* 原文发表于《社会学研究》2014 年第 6 期。

场营销学和管理学等领域（程翔，2009；王利民，2009；吴洪涛，2003）。在这些领域中，信用卡消费主要被视作一种经济现象和市场行为。大陆学者还没有将信用卡消费作为一个特别值得研究的社会现象，从社会学的角度，探讨其可能引起的社会生活趋向、社会生活的文化意义，以及社会结构的变化。如瑞泽尔所言，社会学家一直以来倾向于假定信用不属于社会学的主题，从而习惯性地将其让渡给其他学科进行研究（Calder，2001；Ritzer，2011）。本文作者则认为，信用卡消费现象具有独特的社会学意涵，值得将其作为一个独立的、特定的社会学议题加以研究。本文即希望在这一领域中做出一些先期探索。

美国是信用卡的诞生地，也是信用卡体制和信用卡文化最发达的国家。自20世纪80年代初，美国学者就开始研究信用卡消费对美国社会的影响。1980年，美国新闻记者兼作家格拉诺依探讨了美国信用卡消费的流行文化，揭露信用卡产业及其产品已经"侵入、腐蚀和永久地改变了我们的生活"（Galanoy，1980：15）。而随着信用卡消费在美国社会更全面的发展，美国社会学者曼宁将美国命名为一个"信用卡国家"（credit card nation）（Manning，2001）。曼宁从美国社会结构的变化和文化伦理两个方面分析了信用卡消费对美国社会全面而深远的影响。一方面，信用卡消费虽然在表面上造就了一个统一的信用消费群体，实则加剧了消费者内部的贫富分化和身份等级（Manning，2001：2-7）；另一方面，曼宁认为信用卡消费瓦解了美国上一代人所坚持的工作与消费、赚钱与生活之间的认知联系（cognitive connect）（Manning，2001：291-299）。曼宁等人的研究已经充分表明信用卡消费的发展可能给一个社会的结构和文化带来巨大而深远的影响，由此提请社会学家将其视为一个独立而特殊的社会学主题而予以关注。虽然，曼宁等人从社会学角度向我们系统地展示了信用卡消费可能带来的种种社会问题，以及可能产生的深远的社会—文化变迁，但是他们没有指明信用卡消费的社会学特质是什么，即从社会学的视角回答信用卡消费是什么的问题。而只有在理论上指明信用卡消费的社会学特质之后，我们才能说明信用卡消费所可能产生的深刻的社会变迁的动力机制是什么，进而回答为什么信用卡消费必然会带来深刻的社会变迁这一问题。

现有文献对信用卡消费的社会学特质的判定有两种不同的理论视角，一种是消费文化的视角，一种是社会理性化的视角。

从消费文化的视角而言，信用卡被视作促成消费者实现某种由消费确定的生活风格之辅助工具，即生活风格的促成技术（credit cards as lifestyle facilitators）（Bernthal et al.，2005）。这种理论认为社会行动者作为消费者在特定的市场环境中，由于其消费模式不同而处于具有质性差别的生活风格空间。在信用卡市场中，消费者的生活风格空间主要由两类生活风格构成，一类可称作"实现生活风格"，即通过该市场而取得各种由消费文化所确定的生活风格的目的物（名牌包、体面的穿着等）；另一类则被喻作"债务牢笼"，由于信用卡债务的积累而丧失市场权利、暂时或较为永久角逐生活风格的能力。信用卡就是这样一种工具，时而促成消费者实现特定的生活风格，时而将消费者陷入债务牢笼，而消费者则需要努力实现某种程度的自我控制，避免从空间中"自由"的一端，转向空间中"受限"的一端，或者努力摆脱"受限"的状态，重新实现自己所追求的生活风格。在整个的实现、控制和转移的理论模型中隐含着的是布迪厄的社会再生产理论，即假定社会行动者总是通过占有、利用、争夺各种资本品（经济资本、社会资本和文化资本）来实现社会阶级和身份等级的再生产。

瑞泽尔从韦伯的理性化视角出发，通过综合马克思的阶级剥削理论、齐美尔（G. Simmel）的货币哲学和米尔斯（C. W. Mills）关于私人困境和公共问题的理论，认为信用卡如同快餐店，不仅是社会麦当劳化的组成部分，还是社会麦当劳化展开和传播的重要推力（Ritzer，1998：95 – 116）。瑞泽尔从麦当劳化的六个维度论证了信用卡消费在社会麦当劳化进程中所扮演的角色：（1）计算性。信用卡的额度、利息率、年费还有信用卡的评分系统都加强了消费者和商家的计算性，突出了社会生活中量的特性，忽略了质的要求。（2）效率。信用卡是一种非常高效的获取和扩展个人和家庭债务的工具，同时也是提高购物效率的工具。（3）预测性和控制。信用卡使消费者可以容易地预计自己能够获得债务的时间和数量，也可更容易地预测整个债务的增加和风险的增加，而随着预测性的增加，消费者的行为也变得更加易于控制。（4）技术的非人性特征。信用卡作为一种非人的技术，中介了购买者和售卖者间的互动，从而控制了双方的行为。（5）理性的非理性后果。信用卡作为一种获取个人和家庭债务的理性工具，往往给个人、家庭和社会带来不可预期的非理性的后果，突出表现在个人和家庭因使用信用卡而陷入债务陷阱的可能性，以及个人和家庭因"卡债"积聚发展成社会问题的可能性。（6）全球化的美国化。信用卡代表了美国工业的力量和美国文化在世界范围的传播及对他国工业和文化的入侵。

上述两种理论视角都将信用卡消费视作消费社会中的一种特定类型的消费模式，将信用卡视作一种工具，虽然都在一定程度上指明了信用卡消费的某些基本事实，但是由于各自视角的限制而忽略了信用卡消费者中更为重要的基本事实，包括：（1）生活风格的内在关联性。信用卡消费者之间确实存在着生活风格上的差异，比如，精英消费者更多地将信用卡作为身份符号，利用其象征作用；中产阶级消费者更可能将信用卡作为个人或家庭生活风格实现的工具，暂时或较为长久地追求或维持表现特定生活风格的生活水平；而中低收入人群则更可能陷入"卡债"的短期或长期的陷阱之中。然而，无论将信用卡作为符号还是工具，抑或私人困境的陷阱，这些不同类型的信用卡消费实践却是内在关联的。精英和中产阶级的符号式消费、生活风格的工具式消费都需要依赖中低收入人群的"卡债"式消费，否则前两者的消费是不可能实现的。正是信用卡消费实践中不理性的、不讲求信用的或"道德败坏"的一面支撑着其实践中理性的、信用至上的另一面。从某种意义上说，符号和工具型消费者正是通过"剥削"另一部分消费者而维持其消费的，虽然这种"剥削"并非有意识的，而且被生活风格的外在差异系统地隐藏了起来。（2）资本体制的现实性。与信用卡消费的实践相对应的是系统地生产出信用卡消费实践的资本体制的存在和扩展的现实性。信用卡并非如瑞泽尔所言仅仅是一种理性化的工具，促进了消费者对于债务、购买和消费等社会行动的理性计算，抑或，作为非人的工具中介了购买者和售卖者之间的社会互动，这里必须认识到支撑起整个信用卡消费实践的是具有现实性的资本体制——信用卡组织、银行、特约商户——所构筑起来的金融资本和商业资本的垄断联盟。

本文认为信用卡消费在当代消费实践中具有"原型"特征，即其并非像快餐店、购物中心或网络购物那样只是反映普遍消费文化的一种特定类型的消费模式，其本身就是一种可能的普遍模式，就构成一种具有普遍意义的消费文化，从而成为其他消费类型参照和模仿的对象。若要系统认识信用卡消费的原型特征，研究者需采用新的视角。本文将通过采用哈贝马斯关于生活世界和系统两分的视角，来系统分析信用卡消费实践所呈现的两种逻辑：消费者在生活世界中的消费逻辑和市场体系中的资本逻辑。信用卡是关联两种实践逻辑的工具，正是通过信用卡，资本的逻辑得以深入消费者的日常生活世界，而消费者的日常消费生活则由于信用卡的作用嵌入到资本体制的存续和扩张进程之中。

二　理论视角与方法

（一）哈贝马斯的生活世界与系统两分的视角

哈贝马斯将社会看作以价值、目标、规范、规则、功能和后果把个体行动者的行动整合在一起的结构和过程，而个体行动者的行动整合又可能有两种不同的方式。一种称作社会整合，即从一个社会行动者的内在视角来看，个体行动者可以作为社会群体的成员，根据既有的文化价值、群体规范和规则，通过日常语言沟通实践，在对所处的情景的共同理解上，实现共同的行动。另一种则可称作系统整合，即从一个外在的社会观察者的视角看，个体行动者可以通过一般化的沟通媒介，根据组织的目标和制度，作为组织的战略行动的一个功能组成部分，从而实现个体行动在功能上的相互啮合（Habermas，1984：113 - 118）。

由上述两种整合方式出发，哈贝马斯认为，社会可以同时被设想成生活世界和系统（Habermas，1984：152）。

生活世界就是使社会整合得以可能的整个环境，或者从一个社会行动者的主观视角看，是她（他）的整个现实的和可能的境遇。生活世界是多重的：首先是一个物的世界，社会整合中的行动者行动的对象的总和；其次是一个社会世界，包含个体行动者之间所有现实的和可能的合法化关系，以及调节这些关系的文化价值、伦理规范和传统习俗；最后它还是一个主体的世界，即个体行动者已经和可能遭遇的经验总和。

系统则可以被定义为使系统整合可能实现的整个结构和过程。从结构的角度看，系统的结构可以分做系统和将其与环境相区分的边界结构，以及系统内部实现其功能分化的功能组成部分和自上而下的等级化结构。系统的过程主要是处于系统内部的不同功能部分和层级结构上的行动单位，通过一般化的沟通媒介来确定各自行动的方向，使各种非意图的行动后果在功能上相互啮合，进而实现系统同环境之边界的维续，以及系统内部模式的维续。

哈贝马斯认为在社会的原始阶段，亲属制度构成了氏族公社的整个文化，构成社会和个体生产与再生产的基础，这时，氏族成员的生活世界和系统的区分还没有明显显现。随着社会的进化，一方面生活世界变得愈加的理性化，同时，社会的功能也越来越分化，系统变得愈加复杂；另一方面系统也逐渐从生活世界中分离出来，成为相对自主的领域。在现代社会中，系统同生活世界的脱离主要表现在：（1）现代民族—国家的兴起，资本主义市场体系从一般的生活中分离出来，成为相对独立和自主的经济生活领域；（2）家庭成为生活世界最重要的领地，即家庭成为家庭成员生活和消费的场所，家庭生活作为日常的私人生活实践与公共的政治生活和经济生活相分离。然而，系统同生活世界脱离的一个主要后果是，主导系统运作的功能理性和一般化的沟通媒介（货币和权力）也逐渐侵入人们的生活世界，即人们在生活世界中通过语言沟通，达至共同理解的沟通实践逐渐让位于由一般化沟通媒介主导的手段和效率的理性活动。哈贝马斯认为，系统同生活世界的脱离，在高级资本主义社会中表现为社会的危机，即系统对生活世界的殖民（Habermas，1984：196）。

简言之，哈贝马斯的系统和生活世界两分的理论要点有三：（1）社会可以被同时设想为生活世界和系统；（2）社会进化是系统同生活世界相脱离的二阶过程；（3）系统对生活世界的殖民是系统同生活世界相脱离难以避免的危机后果。

当然，哈贝马斯关于生活世界与系统两分的概念处于社会理论概念抽象的最高等级，并不能直接应用于我们的经验观察和经验分析。但是，这种生活世界与系统两分的视角给了我们透视具体经验现象以新的可能，即在当前的日常生活中，我们可以比较明确地区分开两类不同的实践活动。一类是发生在家庭、亲属、朋友、社区之中，按照传统伦理规范和习俗所确定的社会交往实践。用哈贝马斯的术语，可将其称作生活世界中的日常实践。在这类实践中，消费活动是重要的组成部分。发生在生活世界中的日常消费实践有自身的逻辑，其作用在于帮助人们结构和再结构他们的社会整合（也就是社会群体的团结），同时实现文化、社会和个性再生产的目的。另一类实践体现为国家、市场、公司、跨国公司，以及企业联盟等法人团体或超法人团体的实践活动，可以被称作系统（或体制）实践或所谓的"战略实践"。在当下的日常生活中，商品的生产和销售、货币的发行和控制，以及资本的形成、资本利润的形成、积累、积聚等都主要是公司或公司联盟的战略实践。这类战略实践服从的是资本的逻辑，其作用在于某个资本形态的维续，以及某种资本—利润模式的维续和扩张。基于以上论述，我们认为对于信用卡消费，需要从信用卡消费者在生活世界中的日常消费实践和公司及公司联盟通过信用卡谋取资本利润的战略实践两个方面予以经验观察和理论分析，不能仅从消费者在生活世界中的消费文化传承、创新和再生产的单一视角，或混淆生活世界的社会行动与系统的战略行动的单一视角来进行理论建构。

（二）深度访谈与文本分析

根据生活世界与系统两分的理论视角，本文使用深度访谈的方法来考察和分析信用卡消费者在其生活世界中，如何使用信用卡进行日常消费实践，并作为群体生活的成员，组织起自身的社会生活；另一方面，使用批判的话语分析（文本分析）来揭示信用卡公司联盟通过信用卡谋取资本利润的战略实践。深度访谈法是较为传统的研究个体行动者在日常实践中体现的意义、价值、规范、规则的方法，也是研究群体结构等内容的有效范式，常常被用于关于消费文化的经验分析。批判的话语分析则是20世纪90年代发展起来的通过对具体形式的话语材料（报纸、电视等媒体文本）的批判性分析，来揭示文本背后所体现的权力、不平等和意识形态结构与实践，特别适用于某种社会系统的战略实践的经验考察和分析（Blommaert & Bulcaen，2000；Van Dijk，1993）。

本文中信用卡消费者在生活世界中使用信用卡组织其日常消费实践的经验材料主要来源于对12位消费者的深度访谈，平均每位消费者的访谈时间在2个小时左右。访谈的目的不在于通过规模调查建构类目清晰的行为类型，而是希望通过被访者对自身行为的陈述，了解其行为的价值、意义和目的，从而构建起相应实践的内在逻辑。访谈的主要内容包括：（1）被访者的基本信息；（2）被访者的生活经历和消费史；（3）被访者目前的工作生活和消费情况；（4）被访者使用信用卡的情况；（5）被访者的消费观和社会主体感。被访者包括6名女性和6名男性，其中6名年龄在20~35

岁之间，另 6 名的年龄在 35 ～50 岁之间。

批判的话语分析认为文本作为话语实践的结果，是社会权力和不平等运作的内在组成部分，通过对文本的结构、内容、意义、风格，以及语法和语义的分析可以揭示社会支配和不平等的再生产过程。因此，本文使用文本分析方法来探究和分析信用卡公司联盟通过信用卡组织和获取资本利润的主要战略实践。相应的资料来源于 2003 ～2011 年《中国信用卡》期刊上的文章、信用卡发卡机构网站的资料，及相关书籍和文献。《中国信用卡》创刊于 1995 年，系银行卡领域颇具影响力的专业期刊，它记录了中国银行卡和信用卡发展的整个历程，特别是从 2003 年开始（中国信用卡元年），该刊从多个角度介绍和推进信用卡在中国的发展。撰稿者既包括该刊专业记者，也包括信用卡发卡机构的从业人员、研究信用卡发展状况的学者。在一定程度上，这些资料可被视作信用卡公司联盟的公开的自我认知和自我描述。我们并不是将期刊中的文章当作真实描述事实的材料，通过引证而建构相应的现实，而是将其视作信用卡公司联盟的话语实践，从而通过对文本的分析，揭示其中所隐藏的意识形态、权力结构以及相应的战略实践。

三　日常生活世界中的信用卡消费

（一）现金购买约束的解除

在日常消费生活中，信用卡使用首要的作用是解除了消费者购买的现金约束。生活世界中的社会行动者作为消费者，在使用现金购物时总是面临着各种各样客观的限制条件，这些限制条件可能是物理的、个体心理的、社会心理的或社会群体的，但是它们作为客观的限制条件总是构成了消费者在购买商品的质（符号性的、风格化的、抑或实用性的）、量（多少、大小、满足或快感的程度），以及节奏（在时空中发生的频率）上实现的可能性的物质条件。具体而言，现金购买约束可能包括这样几类。

1. 现金的物理约束

在日常生活中，人们可以随身携带的现金量总是有限的。大量随身携带现金不仅会有丢失的风险，还可能带来其他安全隐患，比如抢劫。相比之下，一张小小的塑料卡就可以使得持卡者拥有几万、几十万，甚至上百万的消费能力。因此，现金携带的约束构成了对人们在日常生活中流动消费的限制。

> 比如说有时候出门，不愿意带很多钱，揣在兜子里面可能也用起来不是很方便。万一钱丢了，就损失了，对不对？如果信用卡丢了，可以挽回，对不对？有一次一个朋友挺搞笑的，包被偷了，里面的5千多块钱现金也就丢了嘛！（吴女士访谈资料）

与携带现金相比，消费者在日常生活中携带信用卡更加方便、隐蔽和安全，同时，其提供的可能的购买力一般来说也更大。

与现金的携带约束对应的是现金的支付约束。在日常购物活动中，现金支付，特别是大额现金的支付常常需要清点、验钞、记账、找零等一系列人工程序，以及由此所耗费的时间。信用卡支付将人与人之间的互动变为人与计算机的互动，变为以计算机为中介的互动，从而改变了整个支付流程，大大缩短了支付所需用的时间。

> 那节省很多时间啊！你比如说像超市，如果你付现金的话，你首先你得数数，有的人家购物1000多、2000多，甚至3000、5000的，你得数完了，给他，他也得数，数完了还得啪啪啪再数。你刷信用卡，啪一刷，签字走了，很方便。（吴女士访谈资料）

2. 现金的心理约束

在使用现金支付的时候，由于在支付前人们对现金有获取、占有和积蓄的活动，在支付时有点算和转手的过程，于是就形成了一种对自己所占有的现金的一种"我"的和"现实"的感觉。然而，在信用卡支付中，人们支付的仅是银行授予的信用，感受不到具体现金的大小、新旧、厚薄等切实的形式，从而丧失了支付活动中的"我"感和"现实感"，被一种"非我"的感觉和"虚幻"的感觉所支配。

　　第一次刷卡，记得跟我老公去超市购物，买一些家庭的生活用品。就觉得像不花自己的钱一样，结账的时候就拿出信用卡一刷，感觉挺轻松的。如果花现金的，就哎哟，你看，一下又花了四五百块钱，还挺心疼的。但是还信用卡的时候就特别难受。你看，今天去超市，花个一二百，不觉得，明天去吃饭，花个一二百，也不觉得。但是每次跟我老公聊天的时候，我老公就说，明天要还信用卡了，感觉也没怎么花钱，好家伙，每个月都得五六千。（吴女士访谈资料）

在信用卡支付时，"我"感和"现实"感的丧失，或者说"非我"感和"虚幻"感的支配只存在于刷卡的刹那，无法延续到永远；到了每月的账单日，到了需要用真金白银去补偿信用支出的时候，"特别难受"的心理感受会重新将"我"拉回到"现实"之中。

3. 消费的计划性

由于现金携带的不方便，特别是在买大件商品或外出旅行的时候，消费者必须对可能使用的现金量提前做好规划或预算。而随身携带的信用卡允许消费者从容地进行无计划、无预期的"冲动"购买。

　　周六、周日带孩子出去玩嘛，有的时候拿着包就走了。可能没想着说去超市购物，或者去哪个餐厅吃饭啊。玩完了，累了，就不想回家做饭了。这有个餐厅，就在外面吃点吧，然后一行人又没带钱，但是有带着信用卡，走到哪，想干吗就干吗，可以消费。（吴女士访谈资料）

4. 国际流动的限制

现金始终是一个国家或地区内通行的货币，很少具备国际国币的性质。这就给消费者的国际流动带来了限制。消费者必须提前将本国货币兑换为外币，才能在国外旅行或购物。信用卡，特别是那些具有世界货币性质的信用卡解除了消费者在国际流动中使用现金带来的约束。许多人办卡、用卡和提高信用卡的额度正是为了方便国际的流动。

　　我最早一个信用卡并不是我自己办的，因为我当时在澳大利亚那个公司，最早那个信用卡是公司给办的。当时也是因为要出国，公司给我办的。然后，我就拿了信用卡去了美国。我第一次去英国没有信用卡，拿的全是现金，第二次我去美国，公司给我办的信用卡……（陈先生访谈资料）

5. 积蓄的必要性

在现金的消费实践中，购买大件商品往往需要比较长的积蓄期。积蓄－购买－再积蓄－再购买形成了一种循环。在这个过程中，积蓄是隐忍和压抑；购买则是隐忍和压抑的释放。购买所需要的积蓄期越长，所付出的隐忍和压抑就愈加痛苦。信用卡购买使得购买前的积蓄成为不必要的环节，并将现金购买中的积蓄－购买－消费的模式变为购买－消费－偿还的模式。在后一模式下，对商品的占有和享乐先于为购买商品所付出的辛勤、隐忍和压抑。同样由于购买模式的转换，现金购买模式下积蓄期的隐忍和压抑变成了信用卡购买模式下偿还期的享乐和焦虑。黄女士就报告了她的信用卡分期模式和消费理论：

> 就是可以提前消费啊！因为就是靠挣的这点工资，你可能很难，有些东西你可能很难当下就买得到。但是有了信用卡，可以分期啊！我的消费观念就是提前享受，宁可我多付银行点利息，但是我提前享受了这个东西。你提前享受了这个东西，自然就要给人银行一定的回馈，我觉得这是合理的。（黄女士访谈资料）

6. 债务的人情约束

在日常生活世界中，人际借贷是解决家庭、社会群体，以及个人一时经济匮乏最常用的手段。这种依赖亲属、朋友、同事、同学，乃至社区关系所形成的不仅是人与人之间的借贷关系，还形成和强化人与人之间的情感关系，并构成了践行出借和归还的伦理义务的基础。

> 长辈为你建立起来的这样一个从社会学角度来说是支撑系统，就是在关键时刻会有人帮你什么的。如果没有他们的帮助的话，这个房子就会买不了。那以后他们找帮忙啊什么的，比如说他们的孩子啊或者说需要帮忙的事，肯定得去做的。（贾先生访谈资料）

信用卡消费使得人际间的借贷不再是必要的。它一方面解除了由于人际间的借贷带给借入者和借出者的困扰，另一方面也使得基于人际间的良好借贷关系所形成的情感关系和义务伦理成为不可能。

（二）消费实践的新可能

信用卡在日常消费生活中的使用不仅替代了现金支付和人际间债务关系，作为一种新的消费工具还为新的消费实践创造了条件。

1. 区别的新手段

在日常生活中，信用卡不仅被用来购物，还被用来作为与他人相区别的手段。所显示的区别可能是由有无财富或权力所构筑的、由有无稳定的职业所构筑的、由是否拥有私人财产所构筑的、由是否城市户籍所构筑的，或者，由所谓传统生活和现代生活所构筑的。

前两天我还挺美，我跟我身边的朋友说，信用卡还真好的，说买房子一下刷了 5 万。然后，我们有个朋友，也是买了一辆面包车，没有钱，就拿信用卡刷的，然后说，你们信用卡额度怎么这么高啊！像咱们，家里养个孩子，在北京，费用很高，又自己做生意的话，资金周转的话，肯定额度越高越好，100 万那更好了。对不对？就是对于有魄力，敢做事的人，你可以拿，但是对于一个你承受不了的人，你刷出去，你还不上，可能还要牵扯上法律的责任了。（吴女士访谈资料）

2. 个人或家庭消费基金的增加

在现代社会中，货币总是处于循环流转的状态。然而，货币的循环流转并不只是从一个人的手中转到另一个人的手中，更重要的是货币从货币资本变为消费基金，再从消费基金变为货币资本的运动。在这个运动中，货币资本或者通过工资、奖金、福利等形式成为日常生活的消费基金，或者通过剩余价值的分配而成为消费基金。同样，驻留在个人或家庭中的货币，既可以通过积累而成为私人资本，也可以通过储蓄、投资理财等形式成为社会资本。信用卡作为一种消费的信用货币，客观地增加了个人或家庭消费基金的量，从而使人们可以将多余的消费基金作为投资基金，作为家庭财富的创造工具来使用。① 例如，黄女士就是一个具有投资意识的人，她一面用信用卡提供的分期服务去买车，另一方面将自己积攒的钱用于投资理财。

> 实际上我手里面的钱是够买这个车的，但是呢，我大致地算了一下，银行可以给你贷一些款，做了 2 年分期以后呢，你每个月就还很少的一点钱，这样的话，我可以把贷款的这些钱，我拿去做别的投资，或者说拿去买基金，挣得这些钱，比给银行的利息要高，那我就觉得是划算的，我宁可找银行贷这个钱，所以我就找银行做这个分期。（黄女士访谈资料）

3. 虚幻的消费平等

在现代日常生活中，人与人既是陌生的，又是平等的。然而，这种平等只是权利的平等，是商品消费权的平等——陌生人之间的平等反映在消费相同或相似的商品上，不平等也反映在商品消费的质和量的区别上。信用卡的使用为那些在生活中无法依靠自身的力量和幸运取得商品的人们提供了一个实现消费平等的新机会。现实的生活越是不平等，这种实现平等的企望越是强烈，信用卡用以实现平等的功能也就越会在日常消费生活中发挥出来。然而，用信用卡实现的消费平等只是虚幻的平等，既短暂又不牢靠。

（三）信用卡消费的新约束

在日常生活世界中，信用卡在解除了消费者使用现金购买商品和服务的约束，并给予其新的消费实践可能性的同时，客观上，构成了对消费者购买的新约束。

1. 对于购买的新的时空限制

与使用现金购买商品和服务不同，使用信用卡的消费者必须在信用卡

---

① 传统上，家庭经济主要集中在储蓄和消费（支出）两个方面，储蓄中的投资只是不甚重要的方面。储蓄的主要方面还是为了未来可能的支出，如不时之需或婚丧嫁娶、盖房等重大事项的支出。而在现在家庭中，投资成为家庭经济的一个重要组成，即在家庭总收入中，其中一部分已经归类为投资，而家庭总收入也将投资收入作为其来源。这是一个非常重要的变化，信用卡在促成这个变化上是有作用的。可惜关于这方面的研究还太少。

的特约商户那里才能实现购买，因此，信用卡特约商户经营的空间和时间属性就构成了对信用卡消费者的新的购买限制。换言之，信用卡消费的消费节奏必须同信用卡特约商户的销售节奏相适应。比如，当特约商户的刷卡机出现问题时，信用卡消费者即便有非常强烈的购买愿望，也不能实现，只能重新求助于现金或另换一家特约商户。另一方面，与城市的信用卡消费者相比，身处农村或城市边缘的信用卡消费者更难以使用信用卡进行购买，因为信用卡的特约商户更多集中于城市的中心地带。

2. 对于购买量的新限制

随身携带信用卡的消费者虽然免于携带现金的物理的量和计划的量的限制，但是不得不受到被给予的信用卡当前可使用额度的限制，即当前授信额度的限制。如果一位消费者的信用卡最大授信额度为 5 万元人民币，但是，她（他）当期（信用卡债务的循环周期）已经使用了 4 万元，那么目前她（他）能够支配的购买力的量就只有 1 万元。这种量的限制首先取决于信用卡消费者的身份特征，即富有还是贫穷、有工作还是失业、年轻还是年长、有家庭还是无家庭。富有的、有工作的、工资高的、年轻的、有家庭的总比其他人更"可信"，通常也会被授予更高的信用额度；而穷人、失业的、年长的、单身的意味着更"不可信"，只能给予基础的、较少的授信额度。所以对那些更需要信用卡解除其购买约束的穷人而言，信用卡的量的限制也总是更强烈的。

3. 债务平衡的限制

信用卡消费者的每一次购买都同时是一次债务的购买，购买的量越大，债务的额度也越大，这些由信用卡支付购买所产生的债务都需要消费者在信用的循环期间偿还掉，或者当期偿还全部，或者当期偿还部分。总之，无论信用卡消费者偿还额度有多少，她（他）都必须保持一定的债务平衡，以便在下一个信用周期可以重新使用授信额度进行消费，而为了平衡每一授信循环周期的债务，信用卡消费者都必须约制自己的消费行为（无论是出于道德自律、理性考量还是亲友的劝导），使每一期的债务保持在可控范围之内。根据对自身债务平衡或控制的能力，消费者可以简单地被分作三类：（1）即期平衡的消费者，即在信用卡消费的每一新循环周期之前都会偿还掉所有的卡债，从不使用循环信用，也不支付任何由信用产生的利息；（2）动态平衡的消费者，即在信用卡消费的每一新的循环周期之前会部分偿还所欠的卡债，从而不得不在一个较长的时期内持续平衡卡债的行为，并为此支付相应的利息；（3）不平衡的消费者，即所积累的卡债额度和相应利息的偿还要求已经超出其每一循环周期的平衡能力，连每一信用循环周期所要求的最低还款额都不能偿还的，已经陷入所谓"卡奴"境地的消费者。在日常生活世界中，不同的人群根据其社会经济地位、消费文化偏好、经济审慎的理性能力以及可能遇到的不幸，落入三种不同债务平衡类型的概率是有差别的。通常，经济资本充裕的符号型消费者习惯于将信用卡仅当作身份符号和方便的支付工具来使用，一般都会保持债务的即期平衡，从不支付任何信用利息；另一些中下层的消费者，或者习惯于传统的量入为出和节约的消费文化偏好，或者有高度的经济审慎的理性控制，并不过度地依赖信用的消费者，也可能保持债务的即期平衡。而经济资本并不宽裕，又陷入炫耀消费和享乐消费主义文化的消费者，更可能使用循环信用，为此长期支付利息，从而维持债务的动态平衡；同样经济资本匮乏的消费者，即便有很强的经济审慎的意识，也可能由于一时的紧迫需要或生活不幸的降临，而不情愿地落入动态平衡类型中。最后，中等或中等以下收入的消费者可能因为过度追随享乐主义的消费文化，经济审慎理性一时丧失，或是更大、更频繁不幸的降临而陷入不可平衡的卡债陷阱之中，进而不得不支付最多的债务利息。

4. 风险和困境的限制

当因使用信用卡支付购买而产生的卡债积累到必须维持动态平衡，或不能维持平衡的程度时，消费者的日常消费活动就不得不全面受到卡债所带来的风险和困境的限制，再也不能处于一种"正常"的水平了。对于那些维持动态平衡的中低收入人群而言，他们必须一面小心地维持外在的"体面"消费，以更大的理性控制力来压制已经内化的生活标准和生活风格，同时，还需要避免偶然的不幸事件的发生，比如一场大病、失业、某项投资的失败等等，可能避免陷入更加麻烦的经济困境之中。对于那些已经陷入不能平衡卡债的消费者而言，则必须整个地抑制已有的消费水平和降低生活风格的追求，甚至必须通过整个家庭在此方向上的集体努力才能避免连带困境（比如父母同子女关系的僵化、夫妻关系的瓦解、朋友反目成仇或犯罪的发生），进而从个人或家庭的困境中走出来，开始新的、正常的日常消费生活。

在日常生活世界中，由于经济资本、文化资本占有不同，置身于的消费文化类型不同，个人或家庭的经济审慎理性能力不同，消费者所感受到的现金购买约束解除的吸引力、信用卡消费给个体或家庭带来的新的可能的利益，以及可能受到的新的消费约束的类型和程度也是有差异的。比如，高经济资本、高文化资本的消费者可能更多受到现金的物理限制和消费的计划性限制，更可能使用信用卡作为符号性的支付手段，来实现新的社会区分，也最少受信用卡的信用额度的限制，并维持债务的即期平衡，从不支付任何利息。另一方面，低经济资本、低文化资本的消费者，可能更强烈地感受到积蓄的必要性和债务的人情约束的消费限制，也更可能用信用卡来追求虚幻的消费平等，并更可能支付长期的卡债利息，更难以经受偶然不幸的打击，从而更容易陷入卡债困境和其他生活困境。

四　信用卡体制及其战略实践

信用卡消费是社会行动者在其生活世界之内的消费实践活动，服从上文所描述的消费逻辑，即寻求现金约束的解除，实现新的消费实践的可能性，并不得不受到新形式的实践约束。然而，对生活世界中信用卡的消费实践，还需要从整个实践何以可能，即信用卡体制实践（战略实践）的视角予以考察。这样我们才能更深刻地理解，信用卡消费的实践何以会呈现出特殊的逻辑。

体制，或系统，可以简单地定义为组织或组织的联盟，它是某种或某些战略实践得以实施的制度、结构和组织的基础。比如，麦当劳这种全球连锁经营的快餐店就可以被称为麦当劳体制，它的战略实践既包括资本经营，也包括快餐业的市场垄断，乃至全球范围的品牌经营。

信用卡消费实践得以可能的先决条件是具有一定全球化水平的信用卡体制的存在。[①] 简单地说，信用卡体制是以卡组织为中心，由发卡机构和特

---

① 信用卡体制最初是在美国国内发展起来的，但它的真正成功却是从它具有跨国交易和跨国结算功能之后才开始的。从理论上说，信用卡也具有全球化的内在动力。第一，信用卡作为一种信用货币，具有成为世界货币的内在要求；第二，信用卡消费实践的基础是现代消费革命在全球范围的展开，也就是全球消费社会的兴起。由于篇幅的关系，本文不拟展开论述信用卡消费同全球化之间的内在关系，但可以作为今后的研究课题。

约商户共同构成的，由金融资本组织、商业资本参与的全球性的垄断联盟。

信用卡体制在本质上是资本的垄断联盟，其战略目标在于追求整个体制的资本利润和垄断利润。这两方面的利润都来源于信用卡消费总量的增加和信用卡债务利息的增加，即信用卡持卡者数量的绝对增加、持卡者可用信用额度的增长、持卡者持卡消费量的绝对和相对的增加、持卡者需支付利息的透支信用量的增加和需支付利息的透支信用期的延长。为实现上述战略目标，信用卡体制不断创新和实施影响消费者日常消费实践的策略（或手段）。下面，我们通过对《中国信用卡》中相关文本的批判式话语分析来揭示其策略手段。

（一）策略一：诱惑

诱惑是现代消费品市场吸引顾客的最主要手段和策略，为了吸引消费者持卡和用卡，各种发卡机构尽其所能发明和制造各种情境诱使消费者办卡和用卡。具体的诱惑策略可以归纳为如下几种。

1. 方便作为诱惑

信用卡给现代消费者提供了方便，而方便无疑是现代人在生活中所追求的最重要的目标之一。现代社会有时甚至将方便与人性直接联系在一起，从而造成一种趋向——即人性的必须是方便的，而方便的也是符合人性的。信用卡方便的第一层意义在于免除消费生活中的不可预期；第二层意义在于放宽约束。现金是有约束性的，既有物理的约束，又有心理的约束，还有时间和空间的约束。方便的第三层意义在于"钱"的文化意义的转换。文明人一方面喜欢在观念上占有和支配金钱，另一方面又试图避免同金钱的实际碰触，特别是在支付过程中对金钱的点数和找零的斤斤计较——这一切都代表了市侩的商人气质，与文明人的身份大相矛盾。信用卡的使用割断了金钱同消费的直接联系，省却了点钞和找零的过程，免去了计算分与厘所带来的苦恼；还将人们的身份、信用、名誉同商品购买过程直接联系在一起。人们用于购物的似乎不再是金钱，而是一个人的声望、名誉和信用，是消费者的尊严。方便的第四层意义是"快"。"快"是一种典型的现代生活哲学。快意味着时间的节省，意味着避免等待，意味着自由可支配时间的增加，也意味着整个生命的延长。现代生活似乎逼迫着人们在每一环节上加快节奏，从而使生命在有限的时间内在活动的数量上、在生命的形式多样性上呈几何方式增长。

2. 便宜作为诱惑

这里便宜是指人们对于意外或额外好处的不可抵制的向往与求取。信用卡体制最善于运用这种策略来诱使每一个潜在的消费者办卡和用卡。技术一是免费礼品。比如各种各样"开卡有好礼"的宣传和活动都是这一技术的具体展现。技术二是免息期激励。每一个信用卡体制在发行信用卡时几乎都会宣传说使用信用卡消费的顾客可以"先消费，后还款"，并享受"最短20日，最长50天"的免息优惠。技术三是免年费激励。"开卡免年费"和"刷卡免年费"都是信用卡体制为鼓励消费者持有和使用信用卡而发展出来的激励策略。技术四是消费积分激励。信用卡体制为了鼓励持卡者在购买商品和服务时多使用信用卡少使用现金，设立了消费积分激励系统。该系统将持卡者购买商品和服务时所花费的信用卡货币的数量换算成消费积分，比如招商银行信用卡"消费人民币单笔交易每20元可获得1分，美元单笔交易每2元可获得1分"。[①] 信用卡消费的越多、越频繁，持卡者获得的积分也就越高。消费积分本身不仅构成了一种心理激励（人们似乎常有将某种数量的增长和对他人的优胜看作一种人生成就的内在倾向），还是各种各样实惠的来源，比如用积分兑换各种实用或不实用的商品，用积分兑换航空飞行的里程等等。

3. 机会作为诱惑

理财完全是一种现代精神。资本主义发展早期，理财的主要精神是节约、节约、再节约；而今日，理财专家们向世人兜售一种新的理财精神，即寻找和把握投资机会的精神——投机精神。于是，信用卡成为所有具有现代理财精神的人需要把握的一个机会。例如，在韩国卡债风暴爆发之前，韩国人通过信用卡大量预借现金，其中一部分即用于证券投资（虞月君，2004）。

4. 认同作为诱惑

按照现代社会理论家的说法，认同危机是一种现代病。如鲍曼所言，"认同的观念产自归属的危机，产自一种努力，而此种努力激发生命去填

---

① 此处资料来源于"招商银行信用卡积分规则及条款"（http://ccclub.cmbchina.com/ccclub-new/ContentDetail.aspx? gid = 3869f 2d4 – 38d5 – 4e22 – 822d – e Odeda 674f4d，2011 年 8 月 29 日）。

补'应是'与'实是'间的鸿沟，努力提升现实以符合理想（即在理念的想象中修正现实）所设定的标准"（Bauman，2013：21）。信用卡体制相对于其他消费市场体制而言更善于帮助现代消费者治愈他们的认同病。治疗的方式有两种：一是现有认同的对象化，二是潜在认同的形式化。所谓现有认同的对象化是指发卡机构联合已有的社群向社群成员发行认同卡来帮助强化社群成员同社群之间，以及社群成员之间的关系。例如，中银交大校友认同卡的卡面"采用了一张目前仅存最早的交通大学的老校门黑白照片，即 1922 年时'交通部南洋大学'大门，展示了交通大学源远流长的历史；左下角两方'饮水思源'、'爱国荣校'的印鉴，与右上角上海交通大学红色的校徽交相辉映，整个设计完整地体现了交大的特色"。① 信用卡体制帮助构建认同的第二种方式是帮助那些具有潜在认同特性的群体，比如青年群体和女性群体，设计风格独特的信用卡，以便他们能从风格形式上同他人区别开来。例如，2004 年 Visa 与招商银行共同发行了一款 Visa Mini 信用卡。此卡针对的是年龄在 20～35 岁之间，"有一定消费能力、有一定理财观念、有良好信用的"年轻消费族群（王辰，2004）。

（二）策略二：操控

1. 制造身份区分

在现代社会中，个体的身份需要通过对符号和分类的占有，以及合法性的斗争而获得。因此，消费者生活风格的建构也成为身份区分的一种主要方式。信用卡体制以一种积极的、系统的方式制造了一个身份区分的体系。其中包括：（1）否定式的身份区分。信用卡体制将所有的人群分作两个基本类别，即有资格拥有信用卡和不具备使用信用卡资格的人；同时，信用卡体制还将这两类人同他们的信用联系在一起，前一类人等价于有信用的人，而后一类人等价于无信用的人。简要地说，信用卡体制将信用卡的持有等同于一种资格，并将持卡的资格等同于信用本身，从而建立了一个简单的等式，即有信用卡等于有信用，没有信用卡等于没有信用。（2）量化的身份区分。信用卡体制以信用额度来量化持卡者的身份等级。

---

① 资料来源："'中银交大校友认同卡'现场办理通知"（http://topics.sjtu.edu.cn/news/shownews.php？id＝10428，2006 年 11 月 30 日）。

信用额度越高表示持卡者的个人信用等级越高，进而表明持卡者的身份越高。各个卡组织还按照持卡者的信用等级设置了相对固定的卡的等级系列，并冠以不同的名称。比如，Visa 卡的等级系列为：Visa 卡、Visa 金卡、Visa 白金卡、Visa 无限卡。当然，信用卡体制造成的身份区分绝不仅仅是形式上的或名义上的。任何符号式身份区分都必须兑现为现实的尊荣和特权。例如，在信用卡金字塔顶端有一种产品，如美国运通的百夫长卡（也称黑卡）、Visa 的无限卡、万事达的世界卡。而持有该产品的消费者可以专享的范围包括"商旅、医疗、理财、社交等，内容涉及航空里程兑换计划、机场贵宾服务、3000 万元最高航空意外险、全球医疗救援、顶级医疗机构免费检查、肿瘤筛检、免费理财服务咨询、私人银行上门服务、顶级会所 VIP 礼遇、派对沙龙以及高品质高尔夫专属联谊赛等"（张争，2008）。

2. 习性培育

欲增加信用卡体制利润，仅仅获得持卡客户是不够的，还要通过培养持卡客户用卡和刷卡的良好习惯来实现。信用卡体制将培养持卡者具备良好用卡习惯的程序称作客户培育。按照发卡机构的说法，"根据一般的经验，在其特定的客户群内，一个新的客户在经过了 16 ~ 18 个月的培育之后才会去使用他的循环信用"（张劲松，2003）。培育持卡客户养成良好用卡习惯的具体方式包括：（1）从小培育。信用卡体制为了获得终身的客户、习惯使用循环信用的客户，还专门为儿童、青少年和大学生设计信用卡产品。例如，"2003 年 10 月，东亚银行在上海全面推出了一种名为'聪明小当家'的个人银行产品，这个儿童储蓄账户是一种面向年龄在 16 周岁以下的国内客户的存款服务"（周明，2004）。培养大学生刷卡消费也是一种积极的习性培育策略，这种策略常常行之有效。信用卡市场推广的研究者直言，"发卡行希望通过大学生信用卡的推广，使大学生提前了解并接触信用卡。尽管发卡行不能从目前的大学生信用卡业务中获取应有的回报，但从长远发展来看，开展大学生信用卡业务却可缩短并降低日后推广信用卡的时间和难度"（王忻，2006）。（2）积分制培育。用交通银行信用卡中心研究者的话讲，"信用卡积分是信用卡业务经营中维持客户忠诚度的重要手段。由于能够稳定现有客户资源，培养客户忠诚度，促进刷卡消费额的增长，吸引非本行持卡人加入，因此，信用卡积分成为各家发卡机构普遍采用的一种客户忠诚计划"（姚琦，2009）。（3）分期付款培育。如果说积分可以有效地养成持卡者刷卡消费的良好习惯，那么信用卡分期业务则是培养消费者使用循环信用、借贷消费的最佳策略。根据银行内部调查报告显示，"消费潜力颇大的68%的在校大学生和76.2%的公司白领对分期付款业务感兴趣，并愿意尝试"（杨长红，2008）。

3. 意识形态控制

在现实的生活实践中，人们特定的消费活动总是与某种意识形态密切地联系在一起，比如节约的消费要肯定节俭的价值，否定奢侈的价值，赞赏节约的美德，谴责浪费的恶习。为了促进消费者使用信用卡作为支付手段，使用透支方式消费，信用卡体制还向消费者输出刷卡消费的观念体系。对于信用卡体制而言，传统的消费观念是发展信用卡消费的主要障碍之一。按照深圳发展银行信用卡中心副总经理田卓雅的话说就是"在观念上，国内人们传统的消费观念是银行卡特别是信用卡的发展障碍之一，'量入为出'的传统消费理念阻碍了'先消费后还款'的信用卡功能的发挥"（陈静，2003）。而促进信用卡消费就需要解除消费者头脑中"传统的消费观念"的束缚，同时在他们的心中培植现代的"成熟的信用消费文化"。

当然，信用卡消费的意识形态绝不是非理性的，而是一种信用消费或冒险消费的理性，是一种基于当前享乐满足和利息成本计算的理性，是一种勇于冒险和从不逃避还款义务的理性。对于信用卡体制而言，好的客户有两种，一种是经常出入高档消费场所，经常刷卡的高消费客户，另一种是经常使用循环信用，透支消费的客户。前者为信用卡体制提供丰厚的商户回佣，后者则为发卡机构提供丰厚的利息收入。而那些虽然持有金卡、白金卡等高端卡却经常出入低端消费场所，从来都按时还款的客户绝称不上好客户。例如，中国光大银行副行长单建保也不认为自己是信用卡体制的好客户。他说：

> 我是光大银行副行长，是不是信用卡的高端客户？按传统定义，根据收入、个人资产、阅历、职务、社会地位看我肯定是。但从产品利润贡献度讲我认为我不是……我是不可能支付透支利息的，每月会全额付清余额，银行从我身上很难赚到钱……从利润贡献度讲就不是好客户……一些刚刚从业的年轻人，大学毕业，消费欲望非常强烈，未来收入预期很好，有偿还能力，因此始终保持透支余额，但并不会

形成坏账，可以给银行带来源源不断的收入……应列为高端客户。（周明、谢建华，2003）

显然，信用卡体制输出的意识形态必然包含着道德悖论。因为富有者的诚实守信不能产生利润，只有穷人的诚实守信才能为整个体制的生存和扩张带来动力。所有诚实的穷人一方面帮助富有者承担免息期的优惠和年费的优惠；另一方面帮助那些同样贫穷的、不诚实、不道德的"骗子"消化他们带来的风险。这就是信用卡体制的道德悖论。为了利润，信用卡体制必须鼓励每一个富裕的消费者培养起"拖欠"的品德；同时鼓励每个贫穷的人消费、享乐和诚实守信。

4. 信息操纵

在现代社会中，生产、控制和处理信息已经成为任何成功的组织实践和体制实践所必不可少的基本条件（Giddens，1985：178）。信用卡体制同其他面向日常消费的商业体制相比有着不同凡响的信息操纵能力。从信用卡体制诞生的那一刻起，它就依赖于对消费者信息的监控、记录、储存、传播和处理。伴随着大型计算机的使用、因特网的普及，以及现代数据记录和储存技术、数据处理技术的发展，信用卡体制的信息操纵能力呈现出超速发展的态势。信用卡体制实施的信息操纵主要包括：（1）信息监控。信用卡体制的信息监控既包括采集和存储持卡者和潜在持卡者的信息，也包括特约商户的商品和服务信息。就前者而言，所采集的信息包括个人的身份信息、个人的信用信息，还有持卡者的消费信息。个人信息的首要采集者是各大卡组织和发卡机构。据 MBNA 资深副总裁李立航报道，"我们拥有几千万持卡人的历史记录，典型的 MBNA 顾客平均年薪为 71000 美元，MBNA 拥有他们 11 年的工作经历和 18 年按时付款的记录"（周明，2004）。（2）信息利用。信用卡体制以信息监控所形成的海量数据库为基础，运用强大的多处理器计算机以及基于现代数理统计、人工智能和机器学习理论的数据挖掘技术建构了各种信息处理模型，既用于持卡者的发展（发展新的持卡者和发展能带来盈利潜力的持卡者）和发现（发现没有资格的持卡者、发现能够带来利润的持卡者、发现可能带来风险的持卡者、发现持卡者身上的各种商机），也用于持卡者的管理（管理持卡者的信用额度和还款进度）和控制（通过将持卡者分类以便联合特约商户运用不同的策略促进持卡者持卡消费和透支消费）。例如，Firstar 银行使用 Marksman 数据挖掘工具，读取 800 到 1000 个变量并且给它们赋值，从而根据消费者是否有贷款、信用卡、存款或其他储蓄、投资产品，将其分成若干组以预测何时向消费者提供哪种产品（李平，2008）。随着信用卡信息技术的升级，信用卡将不仅用于特约商户的商品和服务，还将进一步取代现金支付，用在日常生活的各个方面（公共交通、医疗、GPS 定位等），由此而成为一种全新的和全方位的监控工具。

五　讨论：信用卡消费与体制嵌入

通过上面的分析和论述，我们已经发现，消费者在生活世界中使用信用卡的消费实践与信用卡体制追求垄断资本利润而诱惑和控制信用卡消费实践的战略实践之间有着不可分割的内在联系。一方面，信用卡体制的存在给消费者的信用卡消费实践提供了前提条件和物质基础。信用卡体制提供的信用卡、授信额度、循环授信等制度设计，以及全球范围内的特许商户，使得消费者有可能摆脱现金消费带来的约束，实现消费实践新的可能。另一方面，消费者在其生活世界中的信用卡消费实践作为信用卡体制的利润源泉，构成了信用卡体制的战略目标。信用卡体制不断创新和实施新的策略，首先它通过各种诱惑手段促使消费者使用信用卡消费，使用信用卡提供的循环信用进行消费，同时，还通过各种控制手段，迫使消费者按照它所提供的行为模式、意识形态、时间节奏、空间组织和信息引导等来实施消费。而正是信用卡体制的各种控制手段，使得消费者在使用信用卡实现消费实践的新可能性的同时，不得不面对新形势的约束。因此，我们可以有理由地将信用卡消费实践称作嵌入在信用卡体制中的消费实践。嵌入，在本文中指的正是在生活世界中的社会行动者的实践活动，一方面依赖于某种体制的存在和运作，另一方面又受体制的战略实践的引导和控制。

基于以上的经验分析和理论探讨，我们可以发现，信用卡消费看似同麦当劳快餐店、迪士尼乐园以及购物中心非常同质，代表了新型的消费工具，但它在本质上不同于这些由商业资本发明的商品和服务售卖的新模式，它售卖的不是商品和与之相应的消费文化。信用卡消费具有原型特征，其本身代表了一种商品和控制的新形式。

在生活世界中，不同的消费者似乎遵循着各自独立的解除约束－新的消费实践－新的消费约束的逻辑，各不相关。然而，这仅是事实的一个面向，我们还必须进入事实的另一个面向，即从系统的角度去分析信用卡体制的战略实践。从系统的视角看，信用卡消费的实践是以信用卡体制的存续和运行为基础的。信用卡体制在本质上是金融资本和商业资本的国际垄断联盟，其战略目标在于获取国际垄断利润。它们的策略手段是通过诱惑使更多的消费者抛弃现金，进入到信用卡的消费实践之中，诱惑消费者更多地进入到个体的、享乐的消费文化之中，诱惑他们建立起一种面向未来的消费伦理（当下的满足胜于未来的风险和付出）。然而，诱惑仅是其策略手段的一个方面，另一方面是控制，因为就像钓鱼一样，鱼饵只能吸引鱼，而不能获得鱼，要想将可能的利润变为现实，就必须采用各种控制策略。从意识形态的控制，到消费空间的控制，再到个体身份和购物经历的整个数据控制都是为垄断利润的实现服务的。

信用卡消费作为一种原型消费的意义即在于信用卡作为一种以个人身份特征的商品化为基础的消费型债务货币，将社会行动者在生活世界中的消费实践嵌入到了金融资本和商业资本的利润实践之中。

最后，我们不得不同意哈贝马斯的某些判断：当下的世界是一个两分的世界，一方面人们在其生活世界中实现各自的文化意义和价值规范，同时再生产他们之间的群体关系；另一方面人们又作为社会系统（体制）的一个组成部分同自己相对立，即人们的生活世界愈益受到其系统的战略实践的控制。信用卡消费的实践即突出地表现了信用卡体制对消费者消费实践的引导和控制。如果说麦当劳和购物中心还只是表现为一种诱惑，还给与消费者的生活世界以相当大的独立性，允许不同消费者追求和展示各自的生活风格，那么信用卡则侵入到消费者的生活世界，努力将消费者在生活风格上的差异本身当作自身利润的来源。这里我们不得不面临的理论和实践问题是，这种系统对生活世界的关系是必须的吗？在多大程度上是必须的？作为生活世界的社会行动者，我们在多大程度上可以限制系统对我们生活的侵蚀和控制？

参考文献

陈静，2003，《欣见朝阳升起共谋发展大计》，《中国信用卡》第 9 期。

程翔，2009，《中国信用卡业的经济学分析》，武汉大学博士学位论文。

李平，2008，《信用卡业务数据挖掘应用初探》，《中国信用卡》第 4 期。

王辰，2004，《从 72 变到 36 计》，《中国信用卡》第 4 期。

王利民，2009，《我国银行卡产业发展的经济学研究》，复旦大学博士学位论文。

王忻，2006，《我国大学生信用卡市场状况分析》，《中国信用卡》第 7 期。

吴洪涛，2003，《商业银行信用卡业务研究》，华东师范大学博士学位论文。

杨长红，2008，《信用卡分期付款——享受财富新生活》，《中国信用卡》第 11 期。

姚琦，2009，《信用卡积分拨备的精细化管理研究》，《中国信用卡》第 2 期。

虞月君，2004，《世界主要国家和地区信用卡产业发展模式比较》，《中国信用卡》第
7 期。

张劲松，2003，《莫道君行早——招商银行信用卡中心总经理梁瑶兰访谈录》，《中国信
用卡》第 1 期。

张争，2008，《无限生活、无限卡》，《中国信用卡》第 6 期。

——，2004，《透析中国零售银行业务之六大现象》，《中国信用卡》第 1 期。

周明，2004，《MBNA 探路中国市场》，《中国信用卡》第 5 期。

周明、谢建华，2003，《慎于言而敏于行——访中国光大银行副行长单建保》，《中国信
用卡》第 11 期。

Bauman，Z. 2013，*Identity：Conversations With Benedetto Vecchi.* New York：Wiley.

Bernthal，M. J.，D. Crockett & R. L. Rose 2005，"Credit Cards as Lifestyle Facilitators."
Journal of Consumer Research 32（1）.

Blommaert，J. & C. Bulcaen 2000，"Critical Discourse Analysis." *Annual Review of Anthro-
pology* 29.

Calder，L. 2001，*Financing the American Dream.* Princeton：Princeton University Press.

Galanoy，T. 1980，*Charge It：inside the Credit Card Conspiracy.* New York：Putnam.

Giddens，A. 1985，*The Nation-state and Violence.* Berkeley：University of California Press.

Habermas，J. 1984，*The Theory of Communicative Action：Lifeworld and System.* Boston：
Beacon Press.

Manning，R. D. 2001，*Credit Card Nation.* New York：Perseus Books Group.

Ritzer，G. 1998，*The McDonaldization Thesis：Explorations and Extensions.* London：Sage.

——2011，"Ignoring Credit and Consumption Discredits Sociology." *Contemporary Sociolo-
gy：A Journal of Reviews* 40（4）.

Van Dijk，T. A. 1993，"Principles of Critical DiscourseAnalysis." *Discourse and Society* 4（2）.

2015 年

努力形成橄榄型分配格局[*]

——基于 2006~2013 年中国社会状况调查数据的分析

李培林　朱　迪

摘　要：扩大中等收入者比重是我国缩小收入差距、形成橄榄型分配格局的关键所在。通过分析 2006~2013 年的中国社会状况调查数据，本文发现中等收入者的规模近年来在 27%~28% 之间摆动。根据测算，到 2020年，如果低收入者和中低收入者的平均收入翻两番，中等收入者和高收入者的平均收入翻一番，可以初步实现中间大、两头小的"橄榄型分配格局"。为此，需要确保居民收入增长快于 GDP 的增长，继续大规模减少贫困，着力解决和改善大学毕业生和新生代农民工的就业状况，同时也应完善社会保障体系、稳定物价和房价，缓解中低收入者的生活压力。

关键词：收入分配　中等收入者　橄榄型分配格局

党的十八大报告提出，到 2020 年我国在收入分配领域要实现的目标是："收入分配差距缩小，中等收入群体持续扩大，扶贫对象大幅减少"（胡锦涛，2012：18）。党的十八届三中全会的决定进一步提出，要"扩大中等收入者比重，努力缩小城乡、区域、行业收入分配差距，逐步形成橄榄型分配格局"（中共中央编写组，2013）。这是我国第一次把形成"橄榄型分配格局"作为改革和发展的目标写入党的文件。

究竟什么是"中等收入者"的标准？这个群体在目前我国收入分配格局中占多大比重？通过什么途径才能实现中等收入者占多数的"橄榄型分配格局"？这些问题在目前学术界的研究中还没有完全厘清。

* 原文发表于《中国社会科学》2015 年第 1 期。感谢"中国社会状况综合调查"课题组成员李炜、张丽萍和崔岩提供数据使用方面的技术支持和建议。感谢《中国社会科学》匿名评审专家的宝贵意见，文责自负。

一 中等收入者的概念和界定

"橄榄型分配格局"或"橄榄型社会"是学术界关于中等收入者占多数的分配格局或中产阶层为主的社会的一种形象描述。在国内外社会学界和经济学界，很多学者都习惯于用一些物品的形象来描述社会结构，如橄榄型、金字塔型、哑铃型、纺锤型、钻石型、洋葱型、倒丁字型等。这些描述基本上是在讨论两种典型的社会结构，一种是收入差距较大、穷人占绝大多数的金字塔型，另一种是中等收入者占多数的橄榄型，其他都是这两种典型类型的变形。这种讨论背后的基本假设，是从传统社会向现代社会的转型，也是在收入分配方面从金字塔型向橄榄型的转变。

美国社会学家布劳认为，"一些社会结构是金字塔，底端分布着最多的人口，越往上人口数量越少。组织权威和社会财富都典型地以这种形态分布。还有一些社会结构则类似钻石型，底端往上人口数量先是增加然后再减少。西方社会的收入分配结构属于这种情况"（Peter M. Blau，1977：26 - 54）。布劳强调，收入不平等既是群体内部收入不平等的结果，也是群体之间收入不平等的结果。英国社会学家帕尔总结了一些发达国家20世纪70~80年代收入分配结构的不同发展趋势，认为英国的收入结构可能从金字塔型向洋葱型转变，生活舒适、拥有自己房产的中产大众（middle mass）逐步扩大；而美国的收入结构可能会从金字塔型转变为"哑铃型"，穷人和富人都变多了，但中间群体越来越少，这是另一形态的收入两极化，如1986年时美国5%最富裕家庭占有43%的家庭收入，5%最贫困家庭仅拥有4.7%的家庭收入（R. E. Pahl，1988：247 - 267）。

美国经济学家库兹涅茨在1955年美国经济协会的演讲中提出体现收入分配变化趋势的"倒U型曲线"，又称"库兹涅茨曲线"（Kuznets curve）。他基于对18个国家经济增长与收入差距实证资料的分析，得出收入分配的长期变动轨迹是"先恶化，后改进"，收入差距"在前工业文明向工业文明过渡的经济增长早期阶段迅速扩大，尔后是短暂的稳定，然后在增长的后期阶段逐渐缩小"，处于发展早期阶段的发展中国家比处于发展后期阶段的发达国家有更高的收入不平等（Simon Kuznets，1955：1 - 28）。这一研究成果得到多国经验资料的支持，但也并非所有国家收入分配变化趋势都呈现这种轨迹。

法国经济学家皮凯蒂在《21世纪资本论》中，通过研究西方社会300多年来收入分配的长期变动趋势，得出与库兹涅茨完全不同的结论。他认为资本的规律就是贫富差距扩大的规律，如果GDP的增速没有投资回报率高，就会富者更富、穷者更穷。但根据对可以观察到的300多年数据的分析，投资回报率维持在年均4%～5%，而GDP年均增长只有1%～2%（Thomas Piketty，2013）。

我国自改革开放以来，经济快速发展，人民生活水平和资源配置效率大幅度提高，整个社会充满活力。但与此同时，收入差距也不断扩大，1982～2013年，全国年人均收入的基尼系数从0.288上升到0.473，2008年达到最高点0.491，随后逐年微弱回落（见图1）。在这种背景下，调整收入分配格局，缩小收入差距，扩大中等收入者的比重，建立公平合理的收入分配秩序，减少贫困，形成橄榄型分配格局，扩大国内消费，促进社会和谐和经济持续增长，成为我国在收入分配方面的主要政策取向。

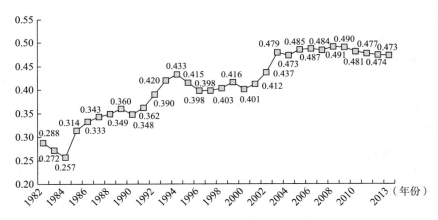

图1 1982～2013年我国人均年收入基尼系数变化

注：关于我国收入分配的基尼系数，我国学者、世界银行、联合国开发计划署都有基于国家统计局收入数据或学界调查收入数据的多种估算，结果不尽一致，有时还有较大差别，这里尽可能采用比较有共识的测算结果。

资料来源：1982～1999年数据来自毕先萍、简新华：《论中国经济结构变动与收入分配差距的关系》，《经济评论》2002年第4期；2000～2002年数据来自胡志军、刘宗明、龚志民：《中国总体收入基尼系数的估计：1985～2008》《经济学（季刊）》2011年第4期；2003～2013年数据来自国家统计局公布数据。

　　中等收入者一般是指在一个国家和社会中，生活比较宽裕，相对于高收入者和收入较低的贫困人口来说，收入处于中等水平的群体。中等收入者的概念与学界广泛使用的中产阶层（middle class）的概念有很大区别，尽管二者都是指一个国家或社会中属于中层的群体。中等收入者主要是反映收入分配格局变化，使用收入单一指标来测量；而中产阶层的发展伴随着经济、社会和科学技术的发展进步，更多地反映职业结构和社会结构的变动，即劳动者群体中白领劳动者大量增加、蓝领劳动者大量减少的趋势，因而使用以职业指标为主的多种指标测量，所以中产阶层也往往被称为"白领阶层"（C. 莱特·米尔斯，2006）。本文主要关注收入分配格局的改善，因而，以"中等收入者"为核心概念。

　　对扩大中等收入者比重，学术界一般从发展水平和收入结构两种意义上理解（李培林，2007）。也就是说，中等收入者的标准，就像贫困人口的标准一样，有绝对标准，也有相对标准。绝对标准是从发展水平的意义上理解中等收入者，也就是说我们设定一个中等收入者的收入线，随着收入和生活水平的普遍提高，中等收入者群体的比重也会逐步扩大。比如国家统计局课题组以城市居民家庭年收入为口径，参照全面建设小康社会的相关指标、国际中等收入标准以及地区间收入差距，把年收入在 6 万～50 万元的城市家庭定义为中等收入者家庭，根据 2004 年全国城市住户调查数据，测算出 2004 年我国中等收入者家庭约占城市家庭总数的 5%（国家发改委社会发展研究所课题组，2012）。国家发改委课题组以 2020 年全面建成小康社会时的城乡人均收入预测值作为中等收入者的收入标准，把家庭人均年收入在 22000～65000 元之间定义为中等收入者，使用国家统计局数据和外推预测法，估算 1995～2010 年我国城乡中等收入者的比例，得出 1995 年城镇中等收入者只占 0.86%，2000 年增长至 4.34%，到 2010 年达到 37%。

　　相对标准是从收入结构的意义上理解中等收入者，也就是说，决定中等收入者比重的因素，不仅是普遍的收入水平的提高，更主要的是收入分配结构的变化，如果随着普遍收入水平的增长，收入差距也不断扩大，中等收入者的比重不但不会扩大，还可能减少。比如，李培林将家庭人均收入在平均线至平均线 2.5 倍的人群定义为中等收入者，使用 2006 年中国社会状况综合调查数据得到中等收入者在全国占 13%（李培林，2007）。徐建华等人把收入中值以下和以上各六分之一的人群定义为中等收入者，认为该群体的成长壮大代表着收入分配的合理化（徐建华、陈承明、安翔，2003）。

国外学术界关于"中等收入家庭（户）"（middle income family/household）和"中等收入群体（人口）"（middle income group/population）的研究中，对中等收入者也主要有两类界定方法，分别使用绝对标准和相对标准，但大多数研究使用相对标准。

布鲁金斯学会高级研究员、经济学家霍米·卡拉斯认为，在当代社会，中产阶层通过消费为全球的经济增长做出了重要贡献，特别是亚洲的中产阶层，将快速增长并壮大，从而取代美国，成为驱动全球经济增长的主要力量（Homi Kharas，2010）。为了测量这一"消费阶层"（the consumer class）并进行全球性比较，卡拉斯使用绝对指标来定义中产阶层，认为每人每天支出 10 美元至 100 美元（购买力平价指标）之间的家庭为中产阶层（Homi Kharas，2010）。这个支出范围的下限参考了两个贫困线最低的欧洲发达国家——葡萄牙和意大利的平均贫困线，上限为最富裕的发达国家卢森堡的收入中位值，由此排除了最贫穷的发达国家中的穷人和最富裕的发达国家中的富人。

相对标准有两类：一类以贫困收入线作为参照标准，另一类使用收入中位值作为参照标准。在以贫困线作为参照标准的方法中，埃文斯和马斯尼塞依将收入处于贫困收入线及以下的家庭定义为低收入家庭，将收入处于贫困收入线以上但等于或低于 4 倍贫困收入线的家庭定义为中等收入家庭（Gary W. Evans & Lyscha A. Marcyny Szyn，2004：1942 - 1944）。美国卫生和公共服务部每年公布贫困收入线，作为社会救济和保障申请的标准。[①]贫困收入线以家庭为单位，根据不同的家庭人口数，设置了不同的家庭收入贫困线，这些贫困标准也有地域差异。以美国 48 个相邻州为例，在 2013 年的贫困收入标准中，一人户家庭的贫困收入线为 11490 美元，三人户家庭的贫困收入线为 19530 美元。阿莱莫等人的研究，则将收入处于贫困收入线 1.3 倍及以下的家庭定义为低收入家庭，将收入处于贫困收入线 1.3 倍以上但等于或低于 3 倍贫困收入线的家庭定义为中等收入家庭，将

---

① 美国卫生和公共服务部：http://aspe. hhs. gov/poverty/l3poverty，cfm，2013 年 11 月 15 日。

收入高于 3 倍贫困收入线的家庭定义为高收入家庭（Katherine Alaimo, Christine M. Olson & Edward A. Frongillo, 2001：1161 - 1167）。这种对不同收入家庭的界定方法也是为了与社会保障政策保持一致，基本的医疗、失业等社会保障一般针对的是低收入家庭和中等收入家庭。按照埃文斯和马斯尼塞依的定义，参照 2013 年贫困收入标准，美国中等收入者为家庭收入 11490 ~ 45960 美元（1 人户）或者 19530 ~ 78120 美元（3 人户）的人群（Gary W. Evans & Lyscha A. Marcyny szyn, 2004：1942 - 1944）。根据托马森和海凯的研究，典型的美国中下阶层（lower middle class）家庭收入大致在 35000 ~ 75000 美元之间（William Thompson & doseph Hickey, 2005）。也就是说，这种定义下的中等收入者仍然类似"夹心层"的概念，包括了中下阶层和一部分底层人群。

在以收入中位值作为界定标准的方法中，沃福森（Michael C. Wolfson, 1994：353 - 358）以及金肯斯和樊可姆等人（Stephen P. Jenkins & Philippe Van Kerm, 2009）较系统地梳理了收入不平等的测量指标，其中一个较有意义的指标是将收入处于中位值的 75% ~ 150% 的人群（家庭）或 60% ~ 225% 的人群（家庭）定义为"中等收入者"，但到底使用哪种比例区间也存在争议。

美国和英国的政府统计，都使用简单的五分法来定义中等收入者，通过中间 20% 家庭的平均收入及其占全部收入的份额，以及不同百分位的收入比率等指标考察收入分配和收入不平等情况。根据英国国家统计局报告，2010 年英国中间 20% 家庭的平均收入为（扣除价格上涨因素后的可支配收入）24400 英镑，65% 拥有自有产权的住房（Office for National Statistics, 2013）。根据美国人口普查局报告，1967 ~ 1998 年间，美国中间 20% 家庭的收入占全部收入的比重由 17.3% 降至 15%，而最富裕的 5% 家庭的收入占全部收入的比重由 17.5% 上升到 21.4%（United States Census Burean, 2013）。2010 年，美国中间 20% 家庭的平均收入为 49842 美元，是近十年来的最低值。

根据美国人口普查局数据，2012 年美国家庭（户）收入中位值为 51017 美元。按收入等级将家庭户进行五等分，最低 20% 家庭户收入在 20599 美元及以下，中低 20% 家庭户收入为 20600 ~ 39764 美元，中间 20% 家庭户收入在 39765 ~ 64582 美元——低于家庭户收入的均值 71274 美元，中高 20% 家庭户收入在 64583 ~ 104096 美元，最高 20% 家庭户收入在 104097 美元及以上，最高 5% 的家庭户收入在 191157 美元及以上（Carmen DeNavas-Wolt，Bernadette D. Proctor & Jessica C. Smith，2014）。

在英国和美国的政府统计中，中间 20% 家庭所定义的中等收入者并非生活优裕的中产阶层群体，而是类似"夹心层"。并且，学术界对于以中间 20% 家庭为中等收入者的界定方法大都持异议，认为难以反映收入分配格局的变化，从而不能恰当测量收入不平等。

综合以上，我们认为使用相对标准来定义中等收入者较为恰当，既考虑了收入差距，也能够衡量中等收入者的比重及其发展趋势，并且排除了货币购买力差异带来的干扰，因而能够从收入水平和人口比重两个维度来分析中等收入者。由于城乡居民收入差距较大，农村居民同城市居民在收入的构成和收入的影响机制上也有较大差异，本研究暂时只针对城镇居民。

但国内外现有的使用相对标准的测量方法均存在一些不足，参照贫困线、收入中位值的方法也并不适合我国，因为我国的贫困线以及城市居民最低生活保障标准都相对较低，收入中位值也远远低于收入均值，不适合描述中等收入者的收入和生活水平。在有关收入的统计指标中，比较适合测量差异的是收入分位值，这也是国内外政府统计中常用的测量收入分配结构的指标，本文在此基础上构建中等收入者的操作定义。

前文提到，中等收入者应该是收入处于中等水平、生活较宽裕的人群。借鉴卡拉斯的思路，我们使用"排除法"定义这部分中等收入者的收入范围——排除最富裕和生活较困难的人群。如果将城镇居民的收入进行由低到高的排序，根据所使用数据的收入分布，处于收入分布中第 95 百分位以上的应当属于最富裕的人群，本文称之为"高收入者"，处于收入分布中第 25 百分位及以下的应当属于生活较困难的人群（包括贫困人口）。排除这两部分人群，其余的即为中等收入者，其收入上限为城镇居民收入的第 95 百分位（含），收入下限为城镇居民收入的第 25 百分位。我们将生活较困难的人群进一步分为"中低收入者"——处于城镇居民收入第 5 至第 25 百分位（含）之间的人群，和"低收入者"——处于城镇居民收入第 5 百分位及以下的人群。本文从收入结构的意义来理解中等收入者，需要考察收入结构及其发展趋势，所以也关心其他收入阶层，包括低收入者、中低收入者和高收入者。

本文所定义的中等收入者的收入范围的计算方法为：

上限 = 中值 +（全距/20）×9

下限 = 中值 −（全距/20）×5

以此类推，中低收入者的收入范围的计算方法为：

上限 = 中值 −（全距/20）×5

下限 = 中值 −（全距/20）×9

全距指最高收入水平与最低收入水平之差，中值指最高收入水平与最低收入水平之和的二分之一。其中，最高收入水平定义为 10% 最高收入家庭的人均年收入，最低收入水平定义为 10% 最低收入家庭的人均年收入。

虽然这种通过收入分布来定义的方法存在一定局限性，比如不同收入阶层边界的设置以及最高和最低收入水平的定义可能有一定随意性，但是基于研究者对我国居民收入的经验认识及对现有研究的参照，这一定义具有理论依据，因而能够很大程度保证测量的精度和效度。相比现有的使用相对标准的测量方法，本文使用的定义和计算方法更科学，操作上简单易行，应用范围也较广泛，既能应用于原始数据，也能使用于聚合数据。

本研究使用家庭人均年收入，而非被访者汇报的个人收入，作为收入的测量指标，因为一个人的生活机会不仅受到个人收入的影响，很大程度上也受到共同生活的家庭成员收入的影响。基于这样的假设和收入定义，根据在文中所起到的作用，"中等收入者"可以在家庭或个人的层次上理解。当计算所占比重和发展趋势时，强调其统计学意义，"中等收入者"指涉的是家庭层次的概念，"中等收入者"的规模和发展趋势实质上测量的是"中等收入家庭"的规模和发展趋势。同时，"中等收入家庭"的成员当然也可以从个人层次被理解为"中等收入者"；当与中产阶层的概念进行类比、讨论阶层认同以及主观生活预期时，"中等收入者"指涉的是个人层次的概念，因而可以用个人层次的变量来理解。

二　我国城镇中等收入者的规模估计

在数据来源方面，现有研究有的使用国家统计数据，有的使用学界调查数据，这可能也是造成研究发现存在分歧的原因之一。国家统计数据通过抽样调查户的簿记收集收入数据，较为可靠，但样本户中最富裕的群体难以抽到，学者也难以获得原始数据；学界调查数据依靠被访者的回忆获得收入数据，较易出现漏报、错报，但数据公开，可以验证。本文使用的数据来源于中国社会科学院社会学研究所主持的中国社会状况调查2006 年、2008 年、2011 年和 2013 年调查数据（文中简称 "CSS2006"、"CSS2008"、"CSS2011"、"CSS2013"）。该调查使用多阶随机抽样法，范围覆盖全国各省/自治区的城乡区域，抽样设计基本保证数据能够分别代表城镇和农村地区，调查对象为 18 周岁及以上的中国公民。2013 年数据的有效样本约 10206，2011 年为 7036，2008 年为 7139，2006 年为 7061。

CSS 系列调查收集的是被访者前一年的家庭收入数据，也即 CSS2006、CSS2008、CSS2011、CSS2013 分别收集的是 2005 年、2007 年、2010 年和 2012 年的家庭收入数据，但为了便于同其他变量一起分析，本文统称为当年的数据。本研究针对城镇地区，因此数据分析只保留了城市样本。由于收入是主要分析变量，也去掉了家庭人均年收入缺失的样本以及收入的极端值。[①] 处理之后，CSS2013、CSS2011、CSS2008 和 CSS2006 进入分析的样本分别为 5162、3990、3658 和 3421。

按照调查经验，学界调查数据的收入指标在回答时容易被低估（李培林，张翼，2008），为此我们参照国家收入统计数据，按照 1.3～1.5 的系数对数据进行了调整。调整后的各年城镇家庭人均收入为 2013 年 27081元，2011 年 21263 元，2008 年 16347 元，2006 年 12872 元。

表1　城镇各收入群体的家庭人均年收入下限

单位：元

	2006 年	2008 年	2011 年	2013 年
低收入者	—	—	—	—
中低收入者	4014	5276	6783	8536
中等收入者	13178	16788	23211	28760
高收入者	45252	57080	80709	99544

---

① CSS2013 去掉的是家庭人均年收入为 0 的样本。CSS2011 去掉的是家庭人均年收入小于 240 和等于 2000000 的样本。CSS2008 去掉的是家庭人均年收入小于 100 的样本。CSS2006 去掉的是家庭人均年收入小于 100 和等于 1500000 的样本。

　　根据前文定义，2013 年，中等收入者的收入范围为家庭人均年收入
28760 ~ 99544 元之间，中低收入者的收入范围为家庭人均年收入 8536 ~
28760 元之间，低收入者和高收入者的收入范围分别为家庭人均年收入
8536 元及以下和 99544 元以上。2011 年，中等收入者的收入范围为家庭人
均年收入 23211 ~ 80709 元之间，中低收入者的收入范围为家庭人均年收入
6783 ~ 23211 元，低收入者和高收入者的收入范围分别为家庭人均年收入
6783 元及以下和 80709 元以上。2008 年中等收入者的收入范围为家庭人均
年收入 16788 ~ 57080 元。2006 年中等收入者的收入范围为家庭人均年收
入 13178 ~ 45252 元。这四年各收入群体的收入范围如表 1 所示。虽然各收
入群体的收入都有所增长，但是高收入者的收入下限增长更快，而低收入
者的收入上限和中低收入者的收入上限都增长较慢，因而城镇地区的收入
差距在逐渐扩大。

表 2　城镇各收入群体的规模

单位：%

	2006 年	2008 年	2011 年	2013 年
低收入者	20	20	22	18
中低收入者	50	49	51	55
中等收入者	27	28	24	25
高收入者	3	3	3	3

注：统计的单位为家庭。

　　表 2 列出了 2006 ~ 2013 年城镇各收入群体的规模，总体来看，各收入
群体所占人口比例变动不大，中等收入者在 27% 附近摆动，中低收入者在
49% ~ 55% 之间，低收入者在 20% 左右，高收入者在 3% 左右。本质上可
能反映了收入分配改革的艰难，既有利益格局难以突破，高收入者的利益
垄断已经形成，低收入者和中低收入者缺乏向上流动的通道和机会。较积
极的信号是，2013 年部分低收入者的生活有所改善，上升为中低收入者，
低收入者的比重降低至 18%，中低收入者增长至 55%，但是中等收入者的
规模发展仍处于停滞状态。后文将对此研究发现做详细分析。

　　本文也将上述估算同卡拉斯的定义进行比较，结果显示，按照相对标
准估算的中国中等收入者规模，比按照卡拉斯使用的绝对标准估算的规模

要小一些。卡拉斯使用2005年国际购买力平价（2005 International Comparison Program），1美元相当于3.45元人民币，[①] 那么每人每天支出10～100美元相当于人民币34.5～345元，符合此标准的人群为中等收入者。按照每年365天计算，家庭人均年支出在12592.5～125925元之间的人为中等收入者。以2011年为例，国家统计局报告城镇居民平均消费倾向为70.5%。如果将卡拉斯的定义应用于CSS2011数据，换算得到城镇家庭人均年收入在17862～178617元的城镇居民为中等收入者，城镇中等收入者占城镇人口的38%，远高于按相对标准测算的24%。

2006～2013年间，各个收入群体的平均收入都在增长，但高收入者的收入增长显然更快（如图2）。以2006年收入为基准，2013年低收入者的家庭人均年收入为198%，中低收入者的家庭人均年收入为216%，中等收入者的家庭人均年收入为204%，而高收入者的家庭人均年收入为292%。尤其在2008年至2013年间，在其他收入群体的平均收入增长1万多元、几千元甚至几百元的情况下，高收入者的家庭人均年收入增长了14万多元，五年间增长了147%。

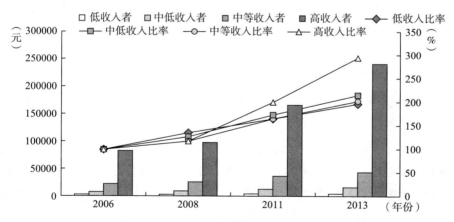

图2　城镇各收入群体的家庭人均年收入和以
2006年为参考的家庭人均年收入比率

收入所占份额（该群体收入总和/总体收入总和）是反映收入结构的一个指标。图3比较了城镇各收入群体的人口所占比重和收入所占份额。2013年，占2%城镇人口的高收入者占20%的收入份额，18%生活困难的

① http://siteresources.worldbank.org/ICPINT/Resources/icp-final-tables.pdf，2013年12月10日。

低收入者却仅占3%的收入份额。2006年至今，中等收入者所占收入份额呈下降趋势，从2006年的48%、2008年的46%、2011年的43%降至2013年的42%，而高收入者所占收入份额呈现微弱上升趋势，从2006年的18%、2008年的19%增长至2011年和2013年的20%，这反映了收入差距的拉大。2006年以来，中低收入者的收入份额微弱增长，并且这一增长的态势在2013年得到进一步强化，同该群体的人口比重逐年扩大有关。

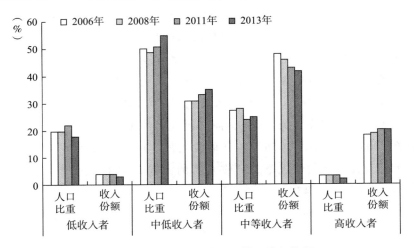

图3　城镇各收入群体的规模和收入份额

注：统计的单位为家庭。

综观2006～2013年城镇居民的收入结构，收入差距的状况仍较严峻，尤其体现在收入分配结构的两端——高收入者和低收入者，并且中等收入者仍处于非常弱势的地位，无论从人口比重还是从收入所占份额来讲都是如此。但是，中低收入者收入水平的上升和发展释放了一个积极的信号，可能成为收入分配结构调整的突破点，当然，收入分配结构是否朝着健康的趋势发展还需要未来几年数据的监测。

表3　2012年中国城镇居民和美国居民收入比率的比较

收入比率	中国（家庭人均收入）	中国（家庭收入）	美国（家庭收入）
90th/10th	8.52	7.22	11.93
95th/20th	7.32	6.45	9.28
95th/50th	3.57	3.84	3.75

收入比率	中国（家庭人均收入）	中国（家庭收入）	美国（家庭收入）
80th/50th	1.90	2.00	2.04
80th/20th	3.90	3.36	5.05
20th/50th	0.49	0.60	0.41

美国数据来源：U. S. Census Bureau, *Current Population Survey, 2013 Annual Social and Economic Supplement.*

为了与欧美国家的收入结构进行比较，本文也用收入分位值比率的指标来比较收入差距，分析结果表明，中国城镇地区的收入差距比较突出，但是相对来讲，收入差距小于美国。最高和最低收入分位值之间的比率显著低于美国，比如第 90 百分位与第 10 百分位、第 95 百分位与第 20 百分位、第 80 百分位与第 20 百分位的收入比率，说明最富裕和最贫困群体之间的收入差距小于美国（见表 3）。为了与美国的收入比率指标一致，我们使用家庭收入来计算不同收入分位值的比率，结果也是如此。同美国的收入结构类似，我国城镇的收入差距主要存在于高收入与低收入之间，而中等收入与中低收入、中低收入与低收入之间的收入差距较小。

从收入的构成来看，城镇各收入群体间差异显著。在高收入家庭中，高回报的收入来源明显较丰富，经营利润分红占家庭收入比例最高，为 61%，此外，金融投资收入占 3%，出租房屋和土地收入占 2%，而工资收入只占家庭收入的 31%。但在其他群体的家庭收入构成中，收入来源明显较单一，工资收入都是最大的一块，分别占中等收入家庭收入的 67%，中低收入家庭收入的 71% 和低收入家庭收入的 59%（低收入家庭的社会救助福利收入和社保收入等的比例较高）；此外，经营收入所占份额最高的为中等收入家庭，占 16%，但是中等收入家庭、中低收入家庭和低收入家庭中金融投资和出租房屋土地的收入所占比例都不足 3%。因此，收入来源主要是劳动所得、缺乏多样化的收入渠道是中等收入家庭、中低收入家庭和低收入家庭的收入较低、增长幅度较小的主要原因之一。

除了微观层面的收入来源因素之外，宏观层面的收入分配制度对收入结构也产生重要影响。一般来说，劳动者报酬总额占 GDP 的比重越高，国民收入初次分配越公平，但我国的劳动报酬增长缓慢，该比重低于大多数发达国家（孙慧，2012）；上文分析可见，劳动报酬是中等收入及以下家庭的主要收入来源，因而可以解释这些家庭同高收入家庭之间的收入差距。其次，收入分配向资源性和垄断性行业倾斜，使得这些行业的从业人员（尤其高管）收入过高（王小鲁，2010）。第三，由腐败、逃税、管理漏洞而获得的灰色收入是高收入阶层收入快速增长的重要原因（王小鲁，2007）。高收入阶层通过各种非正常手段使其收入比低收入阶层以更快速度增长，是导致我国居民收入差距非正常扩大的最主要原因（陈宗胜、周云波，2001）。21世纪初以来，我国经济持续增长，但这种增长更多依赖大规模投资，在很大程度上给灰色收入和垄断收入提供了机会，这些因素促成稳定坚固、错综复杂的利益集团的形成，若要打破这种"收入关系网"，需要我国经济发展方式的转型以及多项制度改革和监管措施的配合。

此外，城镇化对于收入结构变动也产生一定影响。城镇化进程吸收了农村的剩余劳动力，但对于劳动力的选择性进一步加大了收入差距（李实，2012）。高技术、高学历人才将会更受欢迎，带动这些人群的工资水平快速上升，同时也加剧了农村贫困问题和失业问题，年龄较大、缺乏技术的劳动力收入增加的空间越来越小。每年约800万～900万的大学毕业生同样面临劳动力竞争问题，学历技能、就业方向符合市场需求的毕业生更有竞争力，而自身规划不合理或被动就业的毕业生则面临更少的机会，城镇化和经济发展推动的市场竞争也会拉大这部分较高层次劳动力之间的收入差距（李春玲，2012）。因此需要采取措施推进农村的扶贫、减贫，加强对农民工尤其新生代农民工的技术培训，促进大学生合理就业，由此提高低收入者的收入水平，使有技术和有知识的劳动力成长为中等收入者。

三　中等收入者的阶层认同和生活预期

为更深刻理解收入分配格局变化与社会结构变动的关系，有必要考察中等收入者与中产阶层的关系，从而阐明中等收入者的发展前景和意义。

按照国际社会学界的通常标准，从职业、受教育程度和收入三个维度定义中产阶层。把职业上属于国家机关、党群组织、企事业单位负责人，专业技术人员以及收入（家庭人均年收入）高于城镇居民平均水平的办事人员、商业服务业职员等非体力劳动者统称为中产阶层。

表 4 中产阶层与中等收入者的交互分析 （CSS2011）

	中等收入者	中低收入者	合计
中产阶层	70%	11%	27%
非中产阶层	30%	89%	73%
合计	100%	100%	100%
总样本	803	2142	2945

注：1. 去掉了家庭人均年收入小于 240 元和等于 2000000 元的样本、中产阶层相关变量的缺失样本以及年龄大于 60 岁的样本，因而样本量比前面只估算中等收入者的样本量要小。

2. 表中"中等收入者"包括了本文的中等收入者和高收入者，"中低收入者"包括了本文的中低收入者和低收入者。

我们使用 CSS2011 数据，分析了中产阶层与中等收入者的交互情况（见表 4）。分析结果显示，有 70% 的中等收入者属于中产阶层，另有 30% 的中等收入者虽然收入较优越但在职业或者受教育程度上不符合中产阶层的标准，属于非中产阶层。进一步的分析显示，这部分属于非中产阶层的中等收入者，主要由蓝领高技术工人和个体户构成。由表 4 也可看到，11% 的中低收入者属于中产阶层，说明部分白领或者接受过高等教育的人群虽然职业地位较高，但实际收入并未达到中等收入者。进一步的比较显示，"中等收入者"的家庭人均年收入 52639 元，高于中产阶层的家庭人均年收入 42976 元，而中产阶层的受教育程度显著较高（中等收入者和中产阶层的本科及以上学历的比例分别为 29% 和 37%），同时中产阶层的职业地位较高（中产阶层全部为脑力和半体力职业，而中等收入者只有 70% 为脑力和半体力职业）。所以，相较中产阶层，中等收入者的经济地位较高，但文化资本和职业地位较低；从社会发展的层面来讲，社会结构的发展和调整，不仅需要收入分配格局的改善，也需要职业结构的变动和受教育水平的普遍提高。

在不同发展阶段，人们对收入分配格局的感受差异很大。在经济发展鼎盛时期的日本，认为自己经济社会地位属于"中层"的人群曾达到绝大多数，号称"1 亿皆中流"。一般认为，在分配制度稳定的情况下，大多数国家社会经济地位认同属于"中层"的人群，都远高于中等收入者的比重和中产阶层的比重。这个指标在社会分析中具有重要意义，社会经济地位认同普遍较高，人们会有积极的社会态度和较好的社会预期；社会经济地位认同普遍较低，则反映了人们对分配格局和地位结构的不满及求变心理。

在我国当前的发展阶段，各收入群体的主观阶层认同一定程度反映了客观的经济地位，但是也不尽一致（见表5）。二者之间的差异主要在于主观的阶层认同不仅依赖于个人和家庭当下的社会经济地位，还依赖于比较参照体系以及对未来的预期。具体来说，高收入者倾向认同"中上层"和"中层"，分别占25%和48%；中等收入者倾向认同"中层"，占到近一半的比例；中低收入者倾向认同"中层"和"中下层"，分别占38%和35%；而低收入者倾向认同"中下层"和"下层"，分别占32%和35%。认同自己的社会经济地位属于"中层"的居民只占城镇居民的39%，其中高收入者和中等收入者的比例较高，也包括了一定比例的中低收入者。

表5　2013年城镇各收入群体的主观阶层认同

	高收入者	中等收入者	中低收入者	低收入者	合计
上层	4%	0	0	0	0
中上层	25%	13%	5%	4%	7%
中层	48%	49%	38%	27%	39%
中下层	19%	27%	35%	32%	32%
下层	4%	9%	21%	35%	20%
不好说	0	1%	1%	2%	1%
合计	100%	100%	100%	100%	100%
总样本	113	1300	2814	934	5161

从国际比较来看，我国居民在目前发展阶段存在着主观阶层认同普遍偏下的现象，不仅城镇居民中认同"中层"的比例较低，城乡全部居民中认为自己属于"中层"的比例也仅为41%，大大低于国际上大多数国家一般在近60%的常规比例。这反映了很大一部分人群对生活现状不甚满意及其对改变现状的期冀。某些不合理、不公平的收入分配现象也是人们主观阶层认同普遍偏低的重要影响因素，2013年调查数据显示，中等收入者和中低收入者认为当前的财富和收入分配"不太公平"的比例最高，分别占46%和47%；但具体到不同地区、行业之间的待遇，高收入者对不公平的感受更深，70%的高收入者认为"非常不公平"或者"不太公平"，持此想法的中等收入者占65%、中低收入者占61%，而低收入者只占51%。因此，调整收入分配结构，不仅需要调整收入分配的结果，还要

下大力气理顺收入分配的秩序，提高人们对于收入分配制度公正性的认同。

人们对收入分配现状的感受，在很大程度上也受人们的生活满意度以及对未来生活预期的影响。根据 CSS2011，本文以人们对生活水平的预期作为模型的因变量。CSS2011 询问了被访者"感觉在未来的 5 年中，您的生活水平将会怎样变化"，可以选择"上升很多、略有上升、没变化、略有下降、下降很多"。本文将选项分为三类序列："略有下降或下降很多"定义为相对悲观，"没变化"定义为一般，"上升很多或略有上升"定义为相对乐观。根据调查结果，预测生活水平"上升很多或略有上升"的城镇居民占主流，为 74%，预测"没变化"的占 18%，预测生活水平"略有下降或下降很多"的居民占 8%。高收入者、中等收入者和中低收入者预测生活水平将上升的比例都在 75% 左右，低收入者预测生活水平将上升的比例较低，为 67%，体现城镇居民对未来生活总体乐观，但低收入者相对不那么乐观。有 23% 的低收入者预测生活水平没变化，该比例高于高收入者、中等收入者、中低收入者。各收入群体对未来生活水平较悲观的比例都在 10% 或以下；相对而言，收入越低，悲观的比例越高。

表 6　模型所涉及自变量的描述统计（CSS2011）

变量	样本量	均值	标准差
18～25 岁	3376	0.093	0.291
26～35 岁	3376	0.175	0.380
36～45 岁	3376	0.222	0.416
46～60 岁	3376	0.300	0.458
高收入者	3376	0.028	0.165
中等收入者	3376	0.247	0.431
中低收入者	3376	0.516	0.500
有医疗保险	3376	0.838	0.369
有买不起房的压力	3376	0.354	0.478
有子女教育费用高的压力	3376	0.188	0.391
有家人失业的压力	3376	0.214	0.411
居住在一线城市	3376	0.170	0.375

注：各变量的取值范围均为 0～1。

　　该模型的自变量包括收入水平、社会保障状况、生活压力和生活成本，控制变量为年龄。在操作定义上，我们以收入地位的分层代表收入水平，以有无医疗保险代表社会保障状况，[①] 以"是否有买不起房的压力"、"是否有子女教育费用高的压力"、"是否有家人失业的压力"代表生活压力大小，以是否居住北上广深一线城市表示生活成本高低。表6是模型中各自变量的描述统计。

　　表7显示了定序回归模型的结果，总体显著。在控制其他因素的情况下，高收入者对未来生活水平的预期显著乐观，相比之下，其他收入群体的乐观情绪则不那么明显。有医疗保险的人对生活的预期更乐观，但差异不显著；买不起房、子女教育费用高、家人失业无业这些生活压力都使得生活水平的预测更悲观，而且有无这些压力带来的差异显著。这些发现反映了目前城镇地区不甚完善的社会保障和公共服务对人们的未来生活预期产生了一定负面影响。此外，居住在一线城市对生活水平的预期也有显著负面影响，反映一线城市居民的生活和工作压力较大，虽然收入水平较高，但是购买力受到很大限制。模型也显示，年龄对于未来生活的预期有显著正面的影响，越年轻的人群，生活预期越乐观。年轻人的未来有多种可能性，向上流动的机会更多，这对于缩小收入差距、调节收入分配结构有一定政策启示。

表7　生活水平主观预测的定序回归模型

自变量	因变量：生活水平预期（悲观＝0，没变化＝1，乐观＝2）	
	Odds Ratio	Std. Err.
年龄（60岁以上为参照）		
18~25岁	3.904 ***	0.695
26~35岁	2.560 ***	0.330
36~45岁	1.764 ***	0.202
46~60岁	1.264 **	0.128
收入阶层（低收入者为参照）		
高收入者	2.117 **	0.641

---

① 在相关研究的数据分析中，我们发现在养老、医疗、失业、工伤等各类社会保险中，有无医疗保险对人们的社会态度影响最为显著。

	因变量：生活水平预期（悲观 = 0，没变化 = 1，乐观 = 2）	
中等收入者	0.913	0.111
中低收入者	1.014	0.100
有医疗保险	1.110	0.116
有买不起房的压力	0.819 **	0.067
有子女教育费用高的压力	0.538 ***	0.052
有家人失业的压力	0.771 ***	0.073
居住在一线城市	0.466 ***	0.047
Observations	3376	

注：$^{***} p < 0.01$，$^{**} p < 0.05$，$^{*} p < 0.1$。

四 中等收入者的发展趋势

中等收入者比重的扩大，主要依赖于中低收入者改变收入地位，进入中等收入者行列。我国目前的中低收入者，主要由年龄较大、学历较低的体力劳动者构成，虽然其基本生活有保障，但缺乏改变自身经济地位的能力，家庭生活也面临各种风险。

图 4 显示了 2006～2013 年我国城乡居民的收入结构。在这里，城乡居民和家庭是按照常住人口定义。由图 4 可见，城乡居民的收入结构整体上仍呈现金字塔结构，从中等收入者开始呈现两极式连接方式。低收入者和中低收入者占据了整个金字塔的底端，而从中等收入者开始人口逐渐减少，到了金字塔顶端人口迅速减少，但收入非常高的高收入者又形成了一个波峰，这种长尾效应体现了明显的收入差距。农村居民收入的金字塔分布更加明显，整体收入水平比城镇居民明显偏低，底端的低收入组集中了更高比例的农村家庭；2011 年和 2013 年的农村居民收入结构有明显改善，但人均收入 2000 元以下的农村家庭还占到 10% 左右，这部分人口生活在贫困线以下。

图 4 所设立的收入分组以 2000 元为单位，分组单位越大，人口数量越往底部集中，收入结构则从"金字塔型"趋向"倒丁字型"，这是因为较大的分组单位放大了收入差距。而在控制了收入分组、人口频次的情况

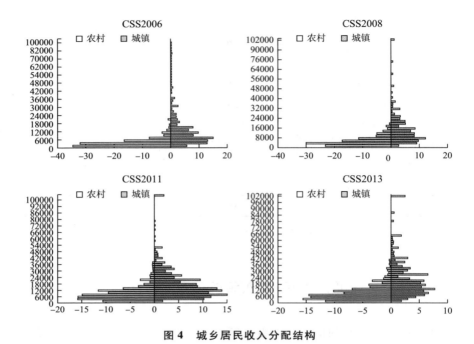

图4　城乡居民收入分配结构

注：1. 数据为家庭人均年收入，缺失值和极端值做了同前文一样的处理，并进行了年龄、性别、城乡的加权。

2. 收入的分组单位为2000，纵轴的"0"代表2000元以下，"102000"代表"102000元及以上"。统计的单位为家庭，横轴数字前面的负号无意义，指该收入分组的家庭所占比例。

下，2013年居民收入金字塔的中部和中低部比2006年、2008年和2011年的金字塔更丰满，说明在2013年，中等和中低收入水平的家庭比例有所增加，而金字塔最底端的低收入家庭的比例有所减少，这是收入差距趋于缓和的一个信号。

2006年以来的城乡居民收入结构变化可以更清晰地由图5呈现。不论城镇还是农村地区，最左侧的低收入者（家庭人均年收入8000元及以下）所占比例从2006年开始都在逐年减少，这一趋势在城镇地区更为明显。中等及以上收入水平的家庭所占比例则基本呈逐年增长的态势；相对于2006~2011年，城镇地区中间收入水平（家庭人均年收入约在30000~50000元）的家庭所占比例在2013年增长最为显著，但相对于高收入家庭，中等收入家庭的收入增长速度仍较缓慢，因而其所占比重的增长并不明显。

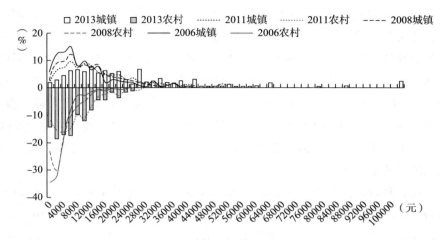

图5 城乡居民收入分配结构（叠加）

注：1. 数据为家庭人均年收入，缺失值和极端值做了同前文一样的处理，并进行了年龄、性别、城乡的加权。

2. 收入的分组单位为2000，横轴的"0"代表2000元以下，"100000"代表"100000元及以上"。统计的单位为家庭，纵轴数字前面的负号无意义，指该收入分组的家庭所占比例。

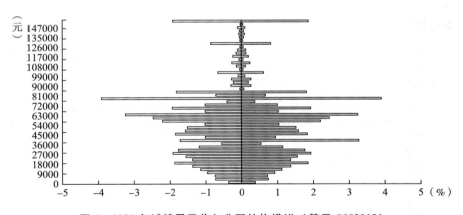

图6 2020年城镇居民收入分配结构模拟（基于CSS2013）

注：1. 数据为家庭人均年收入。

2. 收入的分组单位为3000，纵轴的"0"代表3000元以下，"147000"代表"147000元及以上"。统计的单位为家庭。为了达到橄榄型的显示效果，纵轴两侧的图完全对称，横轴数字前面的负号无意义，该收入分组的家庭所占比例为纵轴两侧比例的绝对值之和。

　　形成"橄榄型分配格局"，关键在于扩大中等收入者的比重。必须通过大幅度增加低收入者和中低收入者的收入，使得更多的低收入者和中低收入者实现向上流动。在 CSS2013 家庭人均年收入数据的基础上，根据经过努力可能达到的收入增长条件，通过多次模拟，本文预测了到 2020 年我国城镇地区可能达到的收入分配格局（见图 6）。模拟的假设是在各阶层收入水平普遍提高的情况下，收入分配结构更加合理；具体来讲，从 2012 年到 2020 年，中等收入者的平均收入翻一番，高收入者的平均收入翻一番，同时低收入者和中低收入者的收入增长更快一些，平均收入翻两番。在这种格局中，中等收入者的比重可达到 42%，可以说是一种中等收入者占高比例的橄榄型收入分配格局。

在这种收入结构中，城镇家庭人均年收入平均为 64488 元，中位值为 54600 元。而 CSS2013 中城镇人口的家庭人均年收入的均值为 27081 元，因此这种模型下的 2020 年城镇居民平均收入比 2012 年提高了约 138.1%，年均增长约 11.5%。这个增长率大体上是 21 世纪初以来我国城镇居民收入年增长率的中间水平（如图 7）。因此就收入水平而言，到 2020 年，实现城镇家庭人均年收入增长至 65000 元左右的目标并非遥不可及。考虑到农村经济发展水平较低，农民收入大幅度增长的难度较大，那么城镇居民收入增长 138.1% 更有利于实现 2020 年城乡居民人均收入比 2010 年翻一番的目标。

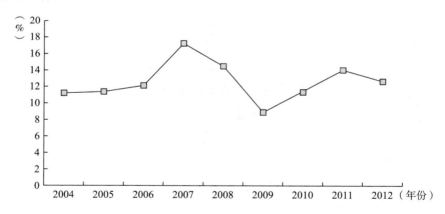

图 7　城镇居民家庭人均可支配收入年均增长率

数据来源：国家统计局历年统计年鉴，http://data. stats. gov. cn/workspace/index；jsessionid = 4CD8DF8761E4759C4EE20A696B217EF5？ m = hgnd，2013 年 11 月 10 日。

居民人均收入到 2020 年翻一番的目标或许不难实现，但更大的挑战来自收入分配结构的调整。诚然，中低收入者和低收入者比高收入者和中等收入者的收入增长更快能够使得收入结构趋近橄榄型，但这只是一种理想假设，高收入者由于经济资本和收入渠道较丰富，在收入增长方面仍很强势，而中低收入者和低收入者由于自身经济资本和文化资本的贫乏，收入很难实现较快增长。

在这种趋近"橄榄型"的收入分配结构中（如图 6），低收入者（收入在城镇居民收入第 5 百分位及以下）的收入范围为家庭人均年收入 20389 元及以下，中低收入者（收入在城镇居民收入第 5 至第 25 百分位之间）的收入范围为家庭人均年收入 20389～60137 元，中等收入者（收入在城镇居民收入第 25 至第 95 百分位之间）的收入范围为家庭人均年收入 60137～199255 元，高收入者（收入在城镇居民收入第 95 百分位以上）的收入范围为家庭人均年收入 199255 元以上。在这个收入模型中，低收入者占 14%，中低收入者占 42%，中等收入者占 42%，高收入者占 2%。要想到 2020 年收入分配结构实现这种模拟的"橄榄型"，还需要着力大幅度提高低收入和中低收入者的收入水平，扩大中等收入者的比重，任务相当艰巨。

五 实现橄榄型分配格局的政策建议

分析结果显示，我国城镇居民的收入结构有两个主要特征：一是庞大的低收入者和中低收入者，所占人口比重为 70%；二是显著的收入差距，高收入者的平均收入水平和增长速度都远远高于其他群体，中等收入者、中低收入者和低收入者的收入水平都偏低。因此，调整收入分配结构的关键在于大幅度增加低收入者和中低收入者的收入，扩大中等收入者的比重。分析也发现，只有高收入者对未来生活的预期显著乐观，中等收入者并没有表现出明显的乐观预期，居住在一线城市的居民也表现出一定程度的悲观预期。这说明，城镇居民中普遍存在各种生活压力，仅增加收入不一定带来生活水平的提高和乐观的预期，还必须采取扩大社会保障覆盖面、促进公共服务均等化等各种措施。

为了实现"橄榄型分配格局"、构建公平合理的收入分配秩序，建议从以下几方面入手调整收入分配格局。

第一，确保实现全面建成小康社会的收入增长目标。党的十八大报告要求，到 2020 年我国 GDP 总量和城乡居民人均收入要比 2010 年翻一番。

改革开放以来的多数年份，城乡居民收入增长慢于 GDP 增长，但近年已经有了转变，特别是农民人均纯收入增长已连续四年快于 GDP 和城镇居民人均可支配收入的增长。但这一形势还不稳定，2013 年城乡居民收入合计跑赢了 GDP，但分城乡来看，城镇居民人均可支配收入的增长又出现了慢于 GDP 增长的情况。深层次的原因主要是劳动报酬在 GDP 中的比重偏低，而再分配的机制不够完善，影响了居民收入水平和收入分配的公平性。所以，各地都需要采取措施，确保 2014~2020 年的七年中，城乡居民人均收入的增长与经济发展同步。

第二，继续实施大规模减少农村扶贫对象的政策。我国的农村扶贫标准 2011 年大幅度提高到农民年人均纯收入 2300 元（2010 年不变价格），这大体相当于每人每天收入按购买力平价计算 2 美元的中等国际贫困标准。按照这一标准，2011 年我国农村还有 1.22 亿扶贫对象，2012 年扶贫对象减少到 9899 万人，但仍占农村户籍人口的 10.2%。按照国际减贫经验，贫困发生率下降到 10% 时，会遇到减贫瓶颈，进一步减贫会变得更加困难。中国目前农村的扶贫对象大部分分布在 14 个集中连片特殊困难地区，我们要下决心采取更加有力的减贫措施，片区攻坚与精准扶贫相结合，争取从现在到 2020 年，每年仍能减少扶贫对象 1000 多万人，让全面建成小康社会的成果能够惠及更多的人。

第三，开展普遍的职业培训，让更多的新生代农民工成为中等收入者。中等收入群体的扩大，在很大程度上依赖于能否把我国约 2.6 亿农民工、特别是新生代农民工转变为中等收入者。从已有的经验研究成果看，影响农民工收入水平的最主要因素是农民工的人力资本，也就是其受教育水平和职业技能。要完善职业教育和技术培训体系，实施大规模的职业培训计划，采取各种激励措施，鼓励农民工通过提高生产技能增加收入，使 80% 的新生代农民工在未来能够进入中等收入者的行列。

第四，进一步促进大学毕业生就业创业，保证绝大多数大学毕业生成为中等收入者。高校教育课程应当以就业和为经济社会发展服务为导向，进一步加大调整力度，加强就业指导。要抓住我国产业结构调整和服务业快速发展的有利时机，创造更多的适合大学生就业的岗位和机会。要引导大学毕业生合理选择职业、行业、单位和就业地区，鼓励大学生自主创业，保证今后每年 800~900 万大学毕业生的绝大多数最终能够跻身中等收入者行列。

第五，研究采取与消费挂钩的税收政策，缓解中低收入者的生活压力。研究表明，即便是中等收入人群，过大的生活压力也会影响其对未来生活的良好预期和社会态度。缓解中低收入人群的生活压力，除了完善社会保障体系、稳定物价，特别是房价，更直接的办法就是采取个人所得税与家庭消费挂钩的措施，这也是世界各国调整收入分配普遍采取的办法。我国经济增长的动力，将从主要依赖投资和出口转向更多依赖国内消费，我国的发展阶段也已经进入大众消费时代，家庭消费的规律是家庭消费随收入的增加而递减，通常来讲，中等收入家庭由于购买力和需求都比较强，因而消费率较高，但是随着收入增长，进入高收入家庭，需求趋于饱和，因而消费率较低，采取与家庭消费挂钩的个人所得税政策势在必行。

第六，注重理顺收入分配秩序。收入分配的公平涉及机会公平、权利公平、过程公平和结果公平，如果收入分配的秩序不理顺，仅靠调整分配结果难以实现分配公平。经验调查的结果也显示，民众对收入分配问题的不满，主要不是来自"不平"，而是来自"不公"。居民收入水平与对收入分配问题不满意程度的相关分析也表明，目前还不是收入越低的居民对收入分配越不满意，而是很多中等收入以上的人群，包括干部队伍中相当的比例，都对收入分配的状况不满意。因此，一方面要调整分配结果，保护合法收入，调节过高收入，清理、规范隐性收入，取缔非法收入，增加低收入者收入，扩大中等收入者比重，尤其对灰色收入和非法收入加强依法监管和打击。另一方面也要注重理顺收入分配的秩序，完善收入分配调控体制机制和政策体系，探索建立个人收入和财产申报制度。

参考文献

陈宗胜、周云波，2001，《非法非正常收入对居民收入差别的影响及其经济学解释》，《经济研究》第 4 期。

国家发改委社会发展研究所课题组，2012，《扩大中等收入者比重的实证分析和政策建议》，《经济学动态》第 5 期。

国家统计局，2011，《全国城镇居民收支持续增长 生活质量显著改善——"十一五"经济社会发展成就系列报告之九》，http://www.stats.gov.cn/ztjc/ztix/sywcj/201103/

2011030771321. html，2013 年 12 月 10 日。

国家统计局城调总队课题组，2005，《6 万～50 万元：中国城市中等收入者探究》，《数据》第 6 期。

胡锦涛，2012，《坚定不移沿着中国特色社会主义道路前进 为全面建成小康社会而奋斗——在中国共产党第十八次全国代表大会上的报告》，北京：人民出版社。

李春玲，2012，《80 后大学毕业生就业状况及影响因素分析——基于 6 所 985 高校毕业生的调查》，《江苏社会科学》第 3 期。

李培林，2007，《扩大中等收入者比重的对策思路》，《中国人口科学》第 5 期。

李培林、张翼，2008，《中国中产阶级的规模、认同和社会态度》，《社会》第 2 期。

李实，2012，《理性判断我国收入差距的变化趋势》，《探索与争鸣》第 8 期。

米尔斯，C. 莱特，2006，《白领——美国的中产阶级》，周晓虹译，南京：南京大学出版社。

孙慧，2012，《城镇居民收入结构转型实证研究》，《统计研究》第 10 期。

王小鲁，2007，《灰色收入与居民收入差距》，《比较》第 31 期。

——，2010，《我国国民收入分配现状、问题及对策》，《国家行政学院学报》第 3 期。

徐建华、陈承明、安翔，2003，《对中等收入的界定研究》，《上海统计》第 8 期。

中共中央编写组，2013，《中共中央关于全面深化改革若干重大问题的决定》，北京：人民出版社。

Alaimo，Katherine，Christine M. Olson & Edward A. Frongillo 2001，"Low Family Income and Food Insufficiency in Relation to Overweight in US Children：Is There a Paradox?" *Arch Pediatr Adolesc Med*155.

Blau，Peter M. 1977，"A Macrosociological Theory of Social Structure." *American Journal of Sociology*83.

Evans，Gary W. & Lyscha A. Marcynyszyn 2004，"Environmental Justice，Cumulative Environmental Risk，and Health Among Low-and-Middle-Income Children in Upstate New York." *American Journal of Public Health*94.

Jenkins，Stephen P. & Philippe Van Kerm 2009，"The Measurement of Economic Inequality." In Wiermer Salverda，Brian Nolan & Timothy Smeeding（ed.），*The Oxford Handbook on Economic Inequality*. Oxford：Oxford University Press.

Kharas，Homi 2010，"The Emerging Middle Class in Developing Countries." OECD Development Centre Working Paper，No. 285.

Kuznets，Simon 1955，"Economic Growth and Income Inequality." *American Economic Review*45.

Office for National Statistics，"Middle Income Households，1977 - 2010." http：//www. ons.

gov. uk/ons/rel/household-income/middle-income-households/1977 – 2010 – 11/rpt-middle-income-households. html，2013 年 11 月 15 日。

Paul，R. E. 1988，"Some Remarks on Informal Work. Social Polarization and the Social Structure." *International Journal of Urban and Regional Research*12.

Piketty，Thomas 2013，*Le Capital au XXIe Siècle*. Paris：Seuil.

Thompson，William & Joseph Hickey 2005，*Society in Focus：An Introduction to Sociology*. Boston，MA：Pearson.

United States Census Bureau，"The Changing Shape of the Nations Income Distribution，1947 – 1998." http://www. census，gov/prod/2000pubs/p60 – 204. pdf，2013 年 11 月 15 日。

Walt，Carmen De Navas，Bernadette D. Proctor & Jessica C. Smith 2012，"Income，Poverty，and Health Insurance Coverage in the United States." http://www. census，gov/prod/2013pubs/p60 – 245. pdf，2014 年 1 月 10 日。

Wolfson，Michael C. 1994，"When Inequalities Diverge." *The American Economic Review*84.

道德的起源与变迁[*]

——涂尔干宗教研究的意图

陈 涛

摘 要：涂尔干始终致力于借助实证科学的方法来研究道德事实，创建一门道德科学。在他那里，道德科学就是社会学的别名。早期社会形态学研究仅仅根据社会环境的变迁无法充分解释道德的起源和变迁；后期集体表象理论指导下的宗教研究旨在回应这一困境。宗教生活中的神圣性就相当于社会生活中道德理想的位置，后者表达的是特定群体对其自身的自我意识。在集体欢腾之际，道德理想具体化为物质化的制度，构成了道德变迁和社会重组的源头。社会学的任务在于如何透过这些制度框架抓住它们所体现的道德理想或社会意识。

关键词：道德科学 社会形态学 集体表象 道德理想 社会存在论

一 导言：社会学的道德兴趣

（一） 道德科学与社会学

终其一生，涂尔干都致力于借助实证科学的方法来研究道德事实，建立一门"道德科学"（la science de la morale）或"风俗物理学"（de physique des moeurs）。在他那里，"道德科学"就是"社会学"的别名。

今天，社会学自身的分化、各种研究传统之间的隔阂和对立，使大多数从业者已经遗忘了社会学与道德科学的这种关联或社会学的道德兴趣。所谓道德兴趣，在此是指社会科学力图通过研究社会生活本身来为人们的

---

* 原文发表于《社会学研究》2015 年第 3 期。

道德实践提供规范基础，而不是像传统伦理学那样，从某个公设出发仿照几何学式的推演来建立道德法则（Levy-Bruhl，1905；Deploige，1938）。对于19世纪的英法社会学家，特别是孔多塞、孔德、密尔、列维－布留尔、涂尔干等人所共享的传统，道德科学、伦理科学、政治科学和社会科学等词汇经常是可以替换使用的。道德科学被界定为借助实证科学的方法来研究社会法则的学科。道德规范和法律是或应该是对社会法则的一种人为表达。因此，一门社会科学同时也是一门道德科学、伦理科学，它将取代建立在特定公设和演绎之上的哲学伦理学。

早在学术生涯伊始，涂尔干就流露出对道德科学的浓厚兴趣。1885～1886年，他前往德国考察哲学和社会科学的发展状况，并据此于1887年发表了《德国的道德实证科学》，详细评介了德国国民经济学、法学和心理学等领域中所存在的"伦理运动"（lemovementéthique），提出要让伦理学从形而上学和一般哲学中摆脱出来，提升为一门道德科学（涂尔干，2006a）。同年，他在其开设的第一门社会学课程的首讲中特别指出，法律和道德不仅是理解特定社会的入手点，而且也是社会学从孔德等人所停留的一般化阶段走向专业化阶段的途径（Durkheim，1978/1888：67）。次年，他发表了有关自杀的"道德统计学"研究（Durkheim，1888）。法语博士论文《社会分工论》（以下简称《分工论》）开宗明义地指出，"这本书是根据实证科学方法来考察道德生活事实的一个尝试"（涂尔干，2000：6）。劳动分工具有道德功能，它所带来的有机团结首先是一种新的道德秩序，而不只是一种新的社会结构（Mtiller，1994：79）。在《社会学方法的准则》（以下简称《准则》）中，道德的特征构成了他刻画"社会事实"特征的参照。《自杀论》如果不是对其时代的道德状况的病理学诊断，又是什么？特定类型的自杀对应于特定的道德构造。"自杀是真正的德行的近亲，只是过分了"（Durkheim，1951a/1897：371）。《社会学年鉴》创建之后，他更是承担了绝大多数有关"道德社会学"著述的评介工作，一方面，批判当时在法国占据优势的康德主义和功利主义的道德哲学，另一方面则积极推进道德科学的建立。1917年，在时日无多之际，他仍在筹划三卷本的《论道德》，试图以此书来为自己一生的事业做一个总结，但最终只完成了导论（Durkheim，2006b/1920）。涂尔干从对道德事实的关注开始其社会学之旅，也是以对道德事实的关注结束这场旅程。从他去世后所发表的一系列课程讲稿中可以看到，道德科学在其教学工作中占据了重要的分量。《社会学教程：风俗和法律物理学》（*Lecons de sociologie：physique desmoeurs et du droit*）中对公民道德、职业伦理和法律的讨论（涂尔干，2006a），《道德教育》中关于道德三要素的考察、对道德实践理论的探讨（涂尔干，2006b），无不表明他对道德问题的兴趣。

上述判断得到了涂尔干同时代人及其学生们的相关著作和评论的印证。列维－布留尔很早就指出："涂尔干先生在他的《社会分工论》和《社会学方法的准则》中，试图根据实证科学中的方法来处理道德生活的事实，也就是说，不仅仔细地观察它们、对它们加以描述和分类，而且试图发现在何种方式上它们能够变成科学研究的对象"（Levy-Bruhl，1899：464）。据说，柏格森的《道德与宗教的两个来源》就是为了回应涂尔干的道德理论（Lefebvre&White，2010：459）。在他看来，涂尔干只看到了道德静态的一面，即社会借助习惯和本能对个人施加义务，而没有看到道德动态的一面，即某些个人典范能够超越习惯和本能的束缚，借助情感的力量奔向一种新的道德（柏格森，2011：1~77，特别参看75~76）。理查德曾是涂尔干学派的一分子，后又变为涂尔干最为严厉的批评者，他则指出正是对于道德问题的关注将涂尔干的社会学引入歧途（Richard，1975）。莫斯（2003）、布格勒（BoUglé，2010）、福孔奈（Fauconnet，1927：16、19－20），以及涂尔干学派的第三代，如古尔维奇（Gurvitch，1943，1961）等人不仅非常清楚涂尔干工作的核心主题，而且也继承了他对道德问题的关注。

（二）道德的起源和变迁问题

1898 年，《乱伦禁忌及其起源》的发表，标志着涂尔干学术生涯的新起点：他从道德病理学研究转向了原始宗教研究。这在《宗教生活的基本形式》中达到了高峰。如何理解这一调整？

本文试图澄清，涂尔干的宗教研究同样服务于道德兴趣。他研究原始宗教的基本动机，并不是想要去复兴宗教，或建立一种新的宗教，而是试图借此来理解道德，并为重建新的"世俗道德"（la morale laique）（涂尔干，2006b：8~12、47、80）提供借鉴。针对那些试图通过简单排斥旧有的宗教观念来确立世俗道德的做法，他指出，宗教符号并不是简单地添加在道德实在之上的，宗教信仰和道德实践在悠久的历史中融合成单一的体系，如果仅仅把所有的宗教因素从道德中剔除出去，那就很可能把真正意义上的道德要素也一并剔除。可行的路径是借助科学语言将原本由宗教语言所表述的那些真正的道德要素转译出来，使其不至于因为社会变迁而被人们所抛弃。"一句话，我们必须发现那些长期承载着最根本的道德观念的宗教观念的理性替代物"（涂尔干，2006b：10）。因此，研究主题的调整基于他一贯的道德兴趣，但重心却从对当代道德状况的病理学剖析转向了有关道德的起源和变迁。有关道德起源的研究，旨在通过研究原始宗教来把握今天道德准则中的那些最为本质的要素。"起源"首先意味着道德准则的某个事实上可以追溯到的历史性的"开端"。这个开端支配着此后道德的演变。因此，要理解后来的道德，特别是今天的道德，就必须尽可能地把握住在这个开端所展现出来的那些"恒久的要素"（涂尔干，1999：5）。在涂尔干那里，这个"开端"特指澳洲社会的原始宗教。有关这种设想，他说得非常明白："要想妥善地理解一种实践或一种制度，一种法律准则或道德准则，就必须尽可能地揭示出它的最初起源；因为在现实与过去之间，存在着密不可分的关联"（涂尔干，2003a：3）。今天的乱伦禁忌这一道德准则起源于原始氏族的外婚制，后者又源于人们对女性经血的敬畏，而血的神圣性则源于图腾的神圣性，图腾乃是社会的集体表象。因此，在当前的"乱伦禁忌"与原始社会的图腾制之间这个"密不可分的关联"，就是社会的神圣性这一要素。要想去重建道德生活，就必须以理性或科学的方式揭示并保持住它们。而揭示这些道德要素的最佳之处就是澳洲的原始宗教。因为这种社会的组织最为简单，且不需要依赖于先前宗教的任何要素去解释它（涂尔干，1999：1）。因为它处于道德或宗教进化等级的最初阶段。因此，从这种原始宗教中揭示的就是最原始、最本质的道德要素。其次，道德或宗教的"起源"还意味着它们的"原因"。"我们所要做的就是要找到某种方法，将宗教思想和宗教仪轨的最基本形式所赖以为基础的、并始终存在着的原因辨别出来……我们所考察的社会越不复杂，这些原因就越容易被察觉。这就是为什么要竭力接近宗教起源的道理"（涂尔干，1999：9）。探究原因，就等于说是以科学语言来重新理解宗教，尤其是宗教中最为本质的要素，并把这些要素以理性的方式重新表述出来，服务于重建世俗道德的任务（涂尔干，2006b：7）。在涂尔干那里，这个原因的链条最终指向社会。社会是宗教的起源，即原因。

　　在何种意义上，有关原始宗教的研究有助于我们理解道德变迁问题呢？要澄清这一点，就必须把握涂尔干早期宗教研究的困境。

二 早期宗教研究（1885～1897）

（一）宗教问题的浮现

早在 1886 年针对斯宾塞的《教会制度：社会学原理》（第六部分）所做的书评中，涂尔干就表现出对宗教的兴趣。尽管他还没有对宗教做出明确定义，但却把它看作是集体良知或集体情感的一种表现形式，并且反映的是社会有机体的状况（涂尔干，2003a：128，2000：131）。

在人类社会的早期阶段，道德、法律和宗教都属于风俗（moeurs）的一部分，密不可分，共同发挥着社会规制功能（涂尔干，2003a：127、145，2006a：203）。正是宗教与道德的密切关联，以及它们共同具有的强制性特征（le carectfere obligateire）和社会规制功能使宗教现象落入涂尔干的道德科学视野之中。因此，通过经验性地研究宗教这一社会事实来理解道德这一社会事实，就成了取代传统伦理学基于人性学说来推演道德的可行之路。具体来说，社会学可以通过研究宗教的起源以及演化来理解道德。他特别赞赏以冯特为代表的德国道德哲学家的研究工作。不过，冯特的研究仍存在几个问题。首先，冯特把自己的研究限定在文明社会，拒绝考察原始社会的宗教。在原始社会，宗教与其他现象混在一起，导致大多数研究者误把宗教当成无所不包的现象。考察开化民族的宗教则可以将原本与宗教混合在一起的偶然因素隔离开。但在涂尔干看来，只有返回原始宗教，才能看清宗教的本质，辨别出当下各种情感和观念的种子。因为原始宗教中的那些本质要素依然存在于今天的道德之中。不过，这个设想在很长时间内都没有落实，《分工论》和《自杀论》仍限于处理高级宗教。

其次，冯特仍然试图从某种普遍人性出发解释宗教事实（涂尔干，2006a：211、225）。这种人性论使宗教的强制性特征不可解释。涂尔干指出，宗教情感实际上来源于个人对社会的情感，是对社会情感的"集体表象"（涂尔干，2003a：146）。只有据此才能解释宗教的强制性特征。值得注意的是，并不像卢克斯认为的那样，"集体表象"是 1895 年之后才出现的概念（Lukes，1981：6-7），它早在 1887 年涂尔干评论居约的宗教研究时就出现了。

最后，谈到宗教的未来，涂尔干指出："社会依然需要宗教信仰"（涂尔干，2003a：147）。只要个人对社会的这种情感还存在，宗教就会存在。宗教面对科学的攻击将做出修正和改变，而不是被科学所取代。不过，他明确否认诉诸宗教来治疗社会问题。宗教演化的过程证明了"宗教情感的退化法则"（涂尔干，2000：131；Durkheim，1951a/1897：169、334）。无论是传统宗教，还是人格崇拜，都无法在现代社会承担社会团结的功能（涂尔干，2000：133）。在《自杀论》中，他特别排除了宗教抑制自杀的可能性，因为宗教是通过压制思想自由来抑制自杀的（Durkheim，1951a/1897：374 – 376），这在今天已不可能。

（二）社会形态学视角及其困境

要理解涂尔干前后期思想的变化，就不能忽略他在社会形态学研究上的困难。社会形态学（morphologie sociale）以研究社会基质为对象。这些社会基质（substrat social）包括：人口数量、人口密度、人口居住方式、建筑方式和交通等等。早期涂尔干也用社会环境（milieu social）来统称这些社会基质。这并不只是一种描述性的地理学研究，而是寻求解释这些基质对社会现象产生影响的方式（涂尔干，2003a：289～290，300～301）。

社会形态学研究在涂尔干早期研究中发挥着重要的作用。在对分工进行因果分析时，他首先批评了政治经济学的目的论解释，即把个人对幸福的需要或扩大生产的目的作为劳动分工的原因。在他看来，社会学必须摒弃传统的目的论的因果概念，只接受机械论意义上的因果概念。也就是说，只承认能够产生特定效果的效力因这一种原因的合法性，不接受"为了什么"这样的"目的"能够作为原因。[①] "只有在社会环境的某些变化

---

① 机械论和目的论的对立构成下文讨论的基本语境，这里只能简要交代一下。传统伦理学基于一个目的论的自然秩序图景。人根据其本性（nature）在自然等级制上占据一个位置。这个本性构成了他应该实现的目的。传统伦理学的基本思路是从这个目的或本性出发去推演道德法则，而道德法则构成了指导人们借助过有德性的生活来实现其自然—目的的框架。17 世纪以降，伴随着新科学的胜利，机械论的自然秩序图景取代了目的论的自然秩序图景。其中的一个结果是，对于传统上的四因（目的因、效力因、形式因、质料因），人们只承认效力因的合法性。这随之带来几个问题：第一，如何在机械论的自然秩序图景上重建一门新的道德哲学或道德科学？第二，如何把机械论的因果解释原则贯彻到对社会现象和心理现象的解释上？第三，把机械论挪用到社会世界是否合法？拒斥目的论因果解释，只认可机械论因果解释，构成了涂尔干社会学方法论的核心（参见 Durkheim，1982a/1895：121 – 134）。

里，才能找到解释分工发展的真正原因"（涂尔干，2000：213）。构成分工发展的直接原因乃是社会密度和社会容量的增加。社会密度包括物质密度和道德密度。物质密度主要指人口密度、城镇化、沟通和传播手段，道德密度则指人与人的联系。除了个别例外情况，二者是同步发展的，因此可以用社会密度来统称二者。社会容量指一个社会所包含的人口总数。社会容量和社会密度的增加带来了人口压力和生存竞争。为了缓解这种压力，人们发展了劳动分工。

《分工论》包含这样的观点，宗教变迁取决于社会环境变迁。这尤其可从他对古朗治根据宗教观念来解释社会制度的一段批评中看到（涂尔干，2000：140）。《准则》则明确强调要根据社会环境来解释宗教现象：宗教情感的淡漠是因为社会环境的结构变迁（Durkheim，1982a/1895：95 - 96、106；涂尔干，2003a：128）。

这种形态学解释面临两个批评。首先，不论是《分工论》的支持者还是批评者，都倾向于把它理解为与唯物主义，特别是马克思的历史唯物主义相近的"社会学唯物主义"（参见莫斯，2003：127 - 128；Benott Smullyan，1948：503、529note16；Alexander，2005：143 - 146）。在道德变迁中，人似乎只是在被动地承受社会环境的机械作用，就像是人们只能被动地承受外界自然环境或经济技术变革的压力一样。社会容量和社会密度更像是唯物主义的"社会学"翻版。对此，涂尔干在《准则》中辩解道，他的方法不是唯物主义的（Durkheim，1982a/1895：136 - 137. 163note1），并特别澄清了动力密度或社会密度并不等同于"物质密度"："应当把动力密度理解为集合体的纯精神的凝聚力，而不应当把它理解为集合体的纯物质的凝聚力"（Durkheim，1982a/1895：136）。这个回应很难让批评者们满意。把道德现象或宗教现象归因为社会环境的变迁，归因于人与人的交往，与把它们归因为经济因素，看起来都是一种还原论。甚至"把社会事实当作物"的方法论要求，看起来也更像是坐实了人们对他的"唯物主义"印象。总之，在《准则》中，涂尔干尽管已经清楚地意识到自己研究的问题，但仍没有能充分地将社会形态学与"唯物主义"明确区分开。

另一个困难在于，仅仅根据社会环境的变化并不足以解释道德是如何变迁的。批评来自涂尔干的老师布特鲁。《分工论》一书正是题献给他的。布特鲁指出，孔德以降的法国社会学是一种"自然主义者的社会学"，它

"通过排除人来解释社会事实"，"拒绝诉诸严格的人类能力，诉诸有意识的、反思性的目的（reflective finality）。它声称，解释现象就是把它们置于效力因的法则之下。如果社会学要像其他科学一样成为一门科学，它就必须把事实与条件（condition），而不是与目的关联起来"（Boutroux，1914：194）。因此，社会学所寻求的社会法则类似于物理法则，是通过把社会事实与可观察、可测量的外在条件（如地理环境、人口密度和食物数量）等联系在一起构建出来的。在他看来，有必要区分人口密度、食物数量和地理环境。因为由于人的介入，人口密度已经不是纯粹的物理事实，而是社会事实。用这些社会事实去解释其他社会事实达不到严格的物理法则的要求，因为它通常会隐含着某些目的论解释。为了说明这一点，布特鲁不指名道姓地拿涂尔干对分工的因果分析作例证。即便我们承认分工是达尔文意义上的生存竞争的结果，那么生存竞争又如何带来这种结果呢？劳动分工的必然性并不是机械的、不可避免的必然性，而更像是一种不可或缺性（indispensable）。因为解决生存竞争也可以有其他的方法，如人吃人。分工只是一种更可取的方法，"更符合人道的观念，更符合人身上存在的对弱者的同情。正像亚里士多德所说的，我们不仅欲求 zen（活着），而且欲求 heu zen（活得好）。劳动分工是实现这一理想的理智构想的手段"（Boutroux，1914：200）。也就是说，涂尔干关于分工的因果解释，隐藏了某种目的论在其中（为了"活得好"），因为他暗中诉诸人的理智和意志（"欲求"）来解释分工的产生。

此书原是布特鲁 1892～1893 学年度的课程讲稿。当时，他应该刚读过涂尔干博士论文的初稿，而后者或许也清楚老师提出的这个批评。因此，布特鲁的这个批评有可能直接影响到涂尔干此后思想的发展。

社会形态学的困难也不只是暴露在这一点上。每一个读者在读到"反常形式的分工"时都会惊讶，原来第一卷所预告的分工的道德特征，与第三卷所处理的、实际存在的病态形式的社会分工之间存在着距离。在社会环境的自发展开（第二卷）与理想的、正常的、能够发挥道德功能的分工之间也存在距离。它们表明道德事实并不能被仅仅还原为社会环境来解释。第三卷试图以阻碍分工的各种社会条件来解释掉这个距离，反倒是证明了，要使社会环境发展出正常的分工形式，仅仅依靠社会环境的自发展开并不够，它至少还需要某种人为设定的目标和引导（Joas，1993：231 –

232；Miller，1994：111 – 112；Midler，1994：81 – 83）。《分工论》第二版序言引入的重建职业群体的道德理想，和《社会学教程》中对于职业群体和国家在现代分工社会中的道德规制作用的肯定，都旨在应对这一困境。不过，一旦引入职业群体和国家来承担社会团结功能，分工的机械效果就退居其次了。

值得注意的是，《分工论》第二卷末尾对集体理想的引入，已经有意针对布特鲁的批评进行了辩护："机械论意义上的社会概念并不排斥理想……如果说任何事物都遵循着一定的法则，那么也不意味着我们无事可做"（涂尔干，2000：299）。

因此，在涂尔干看来，奉行机械论因果解释原则的社会学并不排斥人的理想在解释社会现象中的作用。但是，这是否就像布特鲁所说的那样，引入理想，也就必然引入了人为的目的呢？似乎有意针对布特鲁的批评，涂尔干在此添加了一个小注："我们用不着去追究这样的问题：社会容量和社会密度的增加是否是决定分工进步和文明进步的最终事实"，"任何时候，在根本上都不存在一种目的论的解释"，只需要"设定一种社会世界的万有引力定律就足够了"（涂尔干，2000：298 注 1）。不过，他从未解释过这种奇怪的"社会世界的万有引力定律"是什么，因此无法澄清对于道德理想的这种强调仍然符合机械论的因果解释。引入这种人为性因素与传统道德理论和政治哲学对于立法者或伟人等在道德变迁中的作用的强调又有什么区别呢？《分工论》终究是不可修复的，它所倚靠的社会形态学方法是存在欠缺的。涂尔干面临着一个两难：诉诸社会环境来分析道德现象是不够的，因此必须引入集体理想。但是引入集体理想对道德变迁的介入，又危及社会学的机械论的因果解释要求。明了这一理论困难，直接关系到我们如何把握他后期宗教研究上的理论推进。

三 集体表象与宗教研究（1897 ~ 1912）

（一）1895 年的"启示"

到了 1901 年，涂尔干已经可以明确地将自己的研究方法与唯物主义区分开来。社会事实这种"物"的基质是集体表象。集体表象的约束力不同于物质环境的约束力：社会现象具有威望（Durkheim，1982b/1901：40，44）。威望强调的是社会现象能够获得个人发自内在的承认，与物理现象纯然的外在必然性相区别。相关澄清早在《自杀论》中就出现了（Durkheim，1951a/1897：320）。

这些修正仍不足以回应社会形态学方法的困境。关键性的转折在于集体表象理论。《自杀论》中，集体表象概念仅出现两次（Durkheim，1951a/1897：226－227、312）。但在《准则》的第二版序言中，他已经基于对宗教的新理解来阐述集体表象理论。可以推断，这段时间的宗教研究对于理解他从社会形态学到集体表象理论的转变至关重要。据涂尔干回顾，转变发生在1895年。"正是在那一年，我第一次发现了社会学式地处理宗教研究的方法。那对我来说是一个启示。1895年的课程标志着我思想上的一个分水岭，以至于我之前的研究全部需要重新开始以便与这些新的观点相协调"（Durkheim，1982c/1907：259－260）。[①]

1894～1895年度的课程，即"社会学教程：论宗教"的手稿毁于纳粹之手，具体内容无从得知。《准则》最初发表于1894年，1895年修改后结集出版。从书中屡屡以自杀研究作为阐述方法论的例证，可以推断他此时正在创作《自杀论》。由于集中写作《自杀论》和筹备《社会学年鉴》的出版，他在1896年只发表了一篇书信。总之，很难从1894～1896年发表的各种文章中看到这种转变。1895～1896年度，他还开设了"社会学教程：社会主义史"。无独有偶，1897年他发表了两篇评论马克思主义的文章，即《书评安东尼·拉布里奥拉，〈论唯物主义的历史概念〉》，《书评加斯顿·理查德，〈社会主义与社会科学〉》（涂尔干，2003a：337～345、346～354）。可以推断，他想借此来澄清自己的观点和方法与历史唯物主义的区别。有关宗教和集体表象的讨论恰恰出现在这些作品中。

涂尔干指出，就在解释集体表象时，根据人们意识不到的、外在于个人的社会原因，而不是根据个人意志、动机和目的来说，这是他与历史唯物主义共享的方法论准则。但是，该方法不是来自马克思，而是归功于19世纪历史学和心理学的发展（涂尔干，2003a：342～343）。进一步说，经

---

① 如何理解"1895年的启示"在涂尔干思想上的位置，一直是涂尔干研究领域中聚讼不休的问题（参见 Lukes，1981：239；Meštrović，1988：27－37；Joas，1993：212、234；Alexander，2005：147；Miller，1994，2012：76）。

济还原论是他所不能接受的。"相反，难道不是经济取决于宗教吗？"这并不是说经济因素只是一种附带现象（épiphénomene），而是说集体活动是"自成一类的、自主的实在"，既不能被还原为心—生理上的有机基质（substrat），也不能被还原为经济因素。"尽管集体活动的不同形式具有各自不同的基质，尽管它们最终是由此产生的，但是，一旦它们存在了，就会反过来成为行动的创造之源，具有自身的所有效力，并反作用于它们所依赖的原因"（涂尔干，2003a：344）。涂尔干在此强调宗教作为自成一类的实在，不能被还原为经济因素或个人的有机体特性。单就此来说并没有什么稀奇。《分工论》中也有这样的表述。差别在于，他在此特别强调的是集体表象的创造性。有必要借助他于次年发表的《个体表象与集体表象》以及《乱伦禁忌及其起源》等文章来放大这一变化。

《个体表象与集体表象》构成了涂尔干学派的奠基性文献（Meštrović，1988：13 - 14）。它简要地论述了涂尔干社会学的形而上学基础。此处仅限于给出其结论：（1）有机体事实、个体心理事实（个体表象）和社会事实（集体表象）构成了实在的由低到高的等级。（2）高级实在是从较低实在中发展出来的，后者构成了前者的基质。但是，从低级实在的综合中产生的高级实在具有前者所没有的自成一类性，因而也具有相对的自主性、更大的不确定性和可变性。换句话说，高级实在不是由低级实在直接决定的，不是从低级实在中派生出来的附带现象。（3）高级实在一旦形成，反过来还会影响到低级实在。例如，社会事实反过来会影响到个体的心理事实和有机体。（4）实在的各个等级之间的关联，以及各级实在的自成一类性，在解释上要求，个体的心理事实（意识、观念、感觉等）不能被还原为有机体的物质属性来解释，同样，社会生活也不能被还原至个体生活来解释。"我们必须借助整体专有的特性来解释作为整体产物的那些现象，借助复杂来解释复杂，借助社会来解释社会事实；借助生命事实和心智事实所产生的自成一类的结合来解释生命事实和心智事实"（涂尔干，2002：9）。（5）"社会学自然主义"既反对唯物主义把精神生活还原为物质自然来解释，也反对唯心主义把精神领域划在自然领域之外。无论是心理生活中的观念和意识之间的各种关联还是集体表象，都可以根据机械论的因果关系来解释。它们也像物理现象一样是能够"用自然原因来解释的自然事实"。

从这种立场来看，把宗教等集体表象还原为社会环境来解释就是成问题的。因为集体表象是自成一类的、相对自主的实在。表象之间的因果关系，比表象与基质之间的因果关系要更为直接：

> 一旦表象被构成，它们出于我们所解释过的原因，就变成了部分上自主的实在，拥有它们自己的生命……宗教的演化为我们提供了有关这一现象的最显著的例子……从宗教思想中发展出来的神话和传说，神谱和宇宙系统等的繁荣，并不直接与社会形态学的特殊规定相关。（Durkheim，1951b/1898：43－44；涂尔干，2002：30～31）

探寻集体表象的机械论意义上的必然关联是可能的。如果集体理想也是一种集体表象，那么引入它来分析道德的变迁就不仅不会导致目的论，反而可以遵循机械论的因果解释。先前的两难困境便迎刃解决。这一理论构想的充分展开要等到《宗教生活的基本形式》完成。

与此相伴随的是对社会形态学的重新定位。在《乱伦禁忌及其起源》中，在谈到集体表象是如何通过分类、组合而结合成新的状态时，涂尔干特意补充说，"新的状态也可以归因于在社会基质中发生的变化，如地域扩大、人口的增加和人口密度的加大，等等。对于这些显而易见、备受关注的更新原因，我们暂不讨论"（涂尔干，2003a：82注132、289、300～302）。同年，针对拉策尔的《政治地理学》，他在指出"政治地理学似乎是我们所说的社会形态学的一个分支"（涂尔干，2003b：442）的同时，却又强调它并不是社会科学的最基本的学科。此时"基本学科"的位置已经留给了集体表象研究。5年之后发表的《分类的几种原始形式：集体表象之研究》表明，涂尔干并未抛弃社会形态学研究，而是力图将社会形态学考察与对集体表象的分析结合起来。对澳洲原始部落的考察表明，原始人最初的表象体系（分类体系）再现了（reproduit）他们的社会关系。不过，即便如此，集体表象也表现出其自主性和创造性的一面。表象体系还能反作月于社会组织。原始人的分类原则也构成了他们分裂氏族、形成独立氏族的依据（涂尔干、莫斯，2012：27～30）。

综上，1895年之后，涂尔干的研究重心从社会形态学转向了集体表象研究。这见于他在1897年之后，特别是1898年之后在《社会学年鉴》上所发表的一系列宗教研究文章中。针对社会形态学借助社会环境来分析道德现象所存在的问题，他转而诉诸集体表象的自主性和创造性。宗教，作为社会情感的集体表象，对于理解这一点至关重要。

（二）集体表象的自主性与创造性

涂尔干早期在使用"表象"这个术语时，只是沿用了它最通常的含义：意识对其他东西的反映或再现。表象与行动相对，泛指个人的感情、观念和信仰等，它反映的是个人有机体的心理现象（涂尔干，2000：43、59、157、211）。"集体表象"与"个人表象"相对，指的是集体感情和集体信仰（涂尔干，2000：59~63；Durkheim，1982a/1895：52）。与社会形态学诉诸社会环境来解释其他社会现象相一致，集体表象被视为社会环境或社会情感的反映。"就像个人良知一样，集体意识只记录（constater）事实，而不生产（produire）事实。它能够或多或少忠实地反映有机体最深处所发生的一切，它只能做到这一点"（Durkheim，2010b/1886：195；涂尔干，2003a：128）。在《分工论》中，宗教、法律和道德等作为外在事实，是对内在事实即社会团结的表象（涂尔干，2000：27~31、63、131~132）。压制型法律表象的是机械团结，而恢复性法律表象的是有机团结。

1897年之后，涂尔干却越来越强调集体表象的自主性和创造性。有关这一点的集中论证出现在《宗教生活的基本形式》中有关集体表象的实在性和创造性的讨论中。他是通过对比个体表象与集体表象来阐明这一点的。个体表象在表象外物时所添加的诸如颜色、气味等特性，始终被它所表象的事物的客观状态决定。

> 但是，集体表象经常附加给事物的特性，却不以任何形式或任何程度存在。它能够从最鄙俗的对象中，制造出（faire）最为有力、最为神圣的存在。这样形成的力量，虽然纯粹是观念的，但却像实在的一样起作用；它们像物理力量的必然性一样决定人的举止……在这里，观念就是实在……（Durkheim，1912：326；涂尔干，1999：299）

再普通不过的动植物，在氏族成员眼中，却是一件神圣之物，就像在一个基督徒眼中，面包和酒变成了基督的身体和血。集体表象转化了它所依托的自然事物，并创造了一个不同的世界。尽管宗教世界要借用自然世界来表达自身，但它并不是自然世界的反映，它是被添加在经验的、世俗的自然世界之上的、超验的神圣世界，并且，它还能够转化这个自然世界。尽管涂尔干在此使用了"faire"一词来表述集体表象的创造性，但其含义却等同于"créer"。① 他还特别在这里添加了一个小注，表明自己的立场与唯物主义或其他还原论的差别：

> 这样，我们就明白了像拉策尔地理物质论那样的理论何其荒谬的原因了（特别参见《政治地理学》）……他们力图要把群体的全部心理生活归结为群体的物理基础。但是他们忘记了观念就是实在，就是力量，忘记了集体表象是比个体表象远为强大和主动的力量。关于这一点，见拙著《个体表象与集体表象》……（涂尔干，1999：314~315）

这段论述指向了 1898 年的两篇文章，也印证了上文的分析。到了1912 年，涂尔干还念念不忘将自己与唯物主义区分开来！区分的关键在于集体表象的创造性上：宗教生活中那些可见的、物质性的图腾标记，作为集体表象，不仅仅反映社会实在，它们就是社会实在本身。"集体表象以心智的相互作用与反作用为前提条件，是这些只有通过物质媒介才可能的作用与反作用的产物。物质媒介不仅限于揭示出与之相联系的心智状态，而且有助于制造（faire）这种心智状态"（Durkheim，1912：330；涂尔干，1999：302）。集体表象不仅构成了社会向个人呈现自身、人与人交往的媒介，而且也构成了社会制造自身的凭借。它不仅反映群体成员对社会的情感，而且还创造这种情感。

集体表象的这种创造性构成社会生活的自主性和实在性的最高表现，产生了一个不同于直接感觉经验的、神圣而又超越的观念世界。社会世界不再直接受制于个人心理事实和物质世界，而是自成一类。

---

① 关于这两个概念的互释，可以参见涂尔干的《实用主义与社会学》（2005：148）："最终，正是思维创造了（créer）实在；集体表象的显著作用就是'制造'（faire）更高级的实在，即社会本身。"

（三） 道德理想及其创造性

在何种意义上，有关宗教生活的研究有助于我们理解道德的起源和变迁呢？

在《宗教生活的基本形式》临近结尾之处，涂尔干看起来非常突兀地转向讨论人的理想化能力来自何处。不过，联系到他多次强调在他那个时代，人们"创造道德理想的能力弱化了"（涂尔干，2003a：170），就不难理解此处的意图了。通过考察原始宗教中人们是如何通过参与宗教生活去创造和表达他们的集体理想，就能够间接地帮助我们理解道德理想生成和作用的方式，以便为克服当前的道德冷漠状态提供某种借鉴。

这正是《宗教生活的基本形式》试图回答的问题："我们所定义的神圣，恰恰是某种加之于现实或高出于现实的东西，而理想恰好也符合这个定义"（涂尔干，1999：556）。因此，只要能够解释人们是如何创造了一个不同于凡俗生活的神圣世界，也就回答了人们如何能够在社会生活中创造一种新的理想。

集体欢腾之际，人们相互交流观念，彼此强化着共同的集体情感，由此所爆发出来的强烈力量将人们从经验凡俗的世界提升到了另一个超越而又神圣的"理想的世界"（涂尔干，1999：556）。不过，道德理想并不是人为添加在现实社会之上的一个目的，而是从集体生活中自发产生的一种实在，是"社会生活的自然产物"（涂尔干，1999：556）。

> 为了使社会意识到自身的存在，为了使它获得的情感维持在必要的强度上，社会必须将自己聚拢和集中起来。而这种集中所带来的精神生活的提升又体现为一系列的理想概念，这些理想概念反映了由此焕发出来的新生活，对应着某些新的精神力量，为我们挑起日常生存的重担增添了勇气。社会在创造或再创造自身的过程中，同时必然也创造了理想。对社会来说，这种创造并不是一种额外工作。因为在社会形成以后，这种创造会使社会变得更加完善，使社会得到循序渐进的组建。（涂尔干，1999：556~557）

道德理想表达的是社会的自我意识，是生活在特定社会中的人们那些神圣不可侵犯的情感和观念。正是在这个意义上'道德理想在社会生活中的位置，相当于宗教生活中的神圣性。因此，引入道德理想来分析道德事实，并不违背机械论的因果解释承诺。在《分工论》等早期著作中，涂尔干主要借助有机体类比来理解社会。这个类比尽管可以反驳契约论的"人造社会"的观念，却无法讲出物理有机体和社会有机体的差别。因此，他的理论一度被贴上唯物主义的标签。通过澄清集体表象的自主性和创造性，他得以讲出社会有机体的自成一类性：社会是有意识（consciences）、有生命的，而不只是一个"组织化的存在"（êtresorganisés），集体表象就是"社会的意识"（Durkheim，2010c/1900：131，1973/1900：14），是社会对其自身所形成的观念。这种意识不只反映社会组织状态或社会环境，而且还能够作用并改变后者。

剩下的问题是如何解释道德理想的创造性，以及它在道德和社会变迁中的作用。同一社会秩序存在两个层面：神圣世界和凡俗世界，或者说，超越性的、神圣性的道德理想和经验上可见可触的、凡俗的日常生活。在原始氏族那里，前者表现为宗教生活，在此人们聚集起来，表达他们共同的、具有神圣性的宗教信仰和集体情感。后者则是日常生活，这是一种"社会的分散状态"（涂尔干，1999：285），因为每个人首要关心的是自己的个人事务，满足的是自己的物质生活的迫切需要和私人利益。二者相互排斥，不能同时并存。

只有在集体欢腾之际，神圣性或道德理想才具体化为现实、改造现实。"在集体欢腾的时刻产生的伟大理想构成了文明的基础……在这样的时代，理想倾向于与实在合二为一，由于这个原因，人们产生了这种印象：时代正在终结，理想将在事实上得以实现，上帝之国将在地上实现"（Durkheim，2010a/1911：48；涂尔干，2002：99～100）。一旦人们从集体生活返回到日常生活，每个人就会倾向于去关注自己的私人生活，共同的社会情感和道德理想便会淡化（涂尔干，1999：302、402～404）。因此，只有定期地再现这一共同情感，才能维持社会的统一，或者重组社会。而图腾标记和仪式则构成唤醒和重现这种社会情感或社会意识的媒介（涂尔干，1999：302）。这样，在非宗教时期的日常生活中，也有了一些具有神圣性的制度安排，它们是对神圣性的物质化和具体化（涂尔干，1999：276；Durkheim，1951a/1897：315）。

但是，图腾标记和仪式不仅不能完全表达社会的自我意识，而且也不能完全保留住这种情感。同样，日常生活中那些象征性的符号、成文的道德规制和法律也不能完全保持住人们的道德情感和道德理想。

> 这些理想如果不能定期复活的话，就不可能存活下去。宗教、世俗节日和庆典、所有教会或学校中的布道、戏剧、表演和艺术展示的作用就是为了这种复活。简言之，凡是能把人们带入理智和道德交流中的东西。这些时刻可以说是大规模的创造性活动的微型翻版。但是，这些方式只有短暂的效果。理想短期之内回到生活，接近实在，很快便与之分离。（涂尔干，2002：99~100）

因此，这两种社会秩序之间的距离必然伴随着时光的流逝而愈益拉大。曾经令人振奋、赋予社会生活以生机和活力的道德理想逐渐从日常生活中退隐。与此同时，凡俗的社会秩序也发生了剧烈的变迁，昔日保持和体现那些道德理想的、制度化的道德规制和法律等等也已经不能反映社会的道德理想，而新的道德理想以及根据这种道德理想组织起来的社会制度又未曾出现。这就带来了失范状态或过度规制，即强制状态。前者是因为既有社会制度已经不能发挥道德约束作用，后者则是因为既有的社会制度仅仅借助强制手段来组织社会秩序。这两种反常状态都试图仅仅凭借人为的制度安排来解决道德危机，而忽略了制度只是对群体自发生成的道德理想的具体化和物质化，它只能从道德理想那里获得生机和活力。人为制度的力量只能来自人们自发生成的东西，来自社会的自我意识，即道德理想。

这意味着，要重建道德，恢复社会的生机，仅仅依靠那些由立法者所颁布的人为的制度化的手段并不足够，关键还在于赋予这些制度以一种新的道德理想，或者说，根据新的道德理想来重新组织制度安排。"只有在法令法规得到信念的支撑时，才能与现实取得关联"。而"理想是不能通过立法的形式就变成现实的"——那无疑是本末倒置，"它们必须由那些担负着实现理想的职责的人去理解，去珍视，去追求"（涂尔干，2006c：13）。

四　进一步的讨论

（一）社会的灵魂与身体

借助集体欢腾研究，涂尔干得以解释道德理想在道德的起源和变迁中的作用。因为宗教生活中的神圣性就相当于道德理想在社会生活中的位置。道德理想并不是个人意志或人为安排的产物，而是从集体生活中生成的。道德理想作为集体表象，表达的是特定社会对其自身的自我意识，是该社会的成员对支配其共同生活的那些至高无上的、神圣不可侵犯的东西的认同。也正是道德理想的存在标示出社会生活的自主性或自成一类。"一个社会不创造理想就不可能被构成。这些理想就是社会据以看待其自身的观念，作为它发展的终点。把社会仅仅看作一个具有维持生命功能的有机体，就是贬低它。因为这个身体拥有一个由集体理想所构成的灵魂"（涂尔干，2002：100~101）。与此同时，神圣性外化为图腾标记，道德理想物质化为具体的社会制度，构成了道德变迁和社会重组的重要环节。社会的制度框架构成了沟通道德理想与个人生活、神圣世界与凡俗世界的中介。一方面，社会制度以物质化的形式将具有神圣性的道德理想保留在凡俗世界；另一方面，这些制度也构成了凡俗世界中个人活动的准则。不过，随着时间的推移，制度的神圣性将逐渐褪去。最终，它将不再能够体现或复活道德理想。

借用涂尔干在此的比喻，道德理想构成了社会的灵魂，而制度框架则构成了社会的身体。社会的身体只是对社会的灵魂的一种外在化、物质化的表达，但正是灵魂赋予身体以活力，正是道德理想支撑着既存制度的运作。有关社会生活的两个层面的区分早在宗教生活的圣俗二分之前就提出来了。在《分工论》中，社会团结是内在事实，而法律、道德准则等则是表达这种内在事实的外在"表象"。同样，在《自杀论》中，一方是"社会潮流"或"社会意识"，另一方则是法律和道德准则对它们的"外在化和物质化"（Durkheim，1951a/1897：315；参见涂尔干，1999：276）。

所有这些潮流，所有这些潮流的高涨和低落并不受到主流的法律和道德训诫的限制，这些法律和道德训诫已经固着在其神圣不可侵犯的形式下。而且，这些训诫仅仅表达了它们所参与的整个基袖性的（sous-jacente）生活；它们产生于这种生活，但并未取代这种生活。在这些规则之下是现实的、活生生的感情，后者被这些公式所总结，但只是它们的表面。如果这些公式不符合散布于社会中的明确的情绪和印象，就不会引起任何共鸣。因此，如果我们把这些公式归结为某种实在，那么我们不想把它们视为道德实在的全部。否则，就是把标记当作被标记的事物。（Durkheim，1951a/1897：315）

这段话对于理解涂尔干社会学研究的意图至关重要。首先，社会学所要把握的首要社会事实是"外在于个体的行为方式、思维和感觉方式"，或从个人意识中结合或化合而来的"新的心理个性"（Durkheim，1982a/1895：52、129），是"社会意识"、社会的灵魂。但是，由于它们不可被直接观察，所以只能借助社会意识的物质表现，即建筑类型、交通工具、成文的法律和道德准则等来理解它们。其次，在社会生活的两个层面中，内在事实、社会意识、道德理想或社会灵魂构成了整个社会生活的"基础"，而具体的法律、道德、宗教制度，以及风俗等，也即社会身体的有效性则植根于社会的灵魂。《宗教生活的基本形式》通过考察神圣性，并将其与社会生活中的道德理想的位置相等同，使我们得以理解这两个层面在生成上的关联。再次，道德科学或社会学力图达到的，是如何透过那些成文的法律、道德、宗教制度和风俗，抓住群体的自我意识或道德理想，透过社会的身体捕获到社会的灵魂。也只有抓住社会的灵魂，特别是道德理想，社会学才能为人们的道德实践提供一个规范基础。

对于先前的道德哲学（科学）家而言，对规范（normal）意义上的道德标准的界定通常是从有关人的灵魂或心智能力的认识论或心理学分析出发的。"灵魂学，或曰心智的物质史，是道德哲学的基础"，因为"在确定人类的道德准则之前，应知晓人的自然的历史，他的性情倾向，他特有的快乐和痛苦，当下的状况和前景"（弗格森，2005：4）。又比如，同样把风俗作为研究对象的休谟，就是通过分析人的感觉、记忆、想象等能力是如何塑造观念，来区分理性的、自然的习俗和非理性的、非自然的习俗，如偏见、迷信、轻信等等（Baker，1975：144－153）。但是，对于涂尔干来说，传统伦理学把灵魂或心智学说作为自己的基础，是一种心理学还原论。"用社会事实解释社会事实"的方法论要求自始至终都拒绝这种解释策略。这迫使他另辟蹊径。前期他是通过在风俗内部区分正常现象和反常现象来解决这个问题；后期，他则明确地把道德理想与整个风俗明确区分开，并把前者作为研究对象。

> 我们目前赋予这门科学的名字是风俗科学或风俗物理学。风俗（moeurs）这个词……指的是在历史的某个时刻被人们有效地观察到的道德（morale），它拥有传统的权威，与道德学家构想的未来的道德相对……当然，我们是在一个时代的风俗中发现其道德的，尽管是以退化的方式，因为风俗传达的是平均人（l'homme moyen）应用道德准则的方式，而他在应用它们时，从来不是没有妥协和保留的。他服从的动机是混合的：某些是高贵的、纯粹的，另一些则是鄙俗的、卑贱的。相反，我们刚才概述的科学却打算去发现纯粹和非人格化的道德规制。它把道德本身，即处于人类行为之上的理想化的道德（lamoraleidéale）作为自己的对象。它并不关心道德在具体化到当下的实践过程中所遭受的扭曲，这种当下的实践只能不完满地转译它……因此，我们称它为"道德科学"或"道德事实科学"，借此理解到它处理的不管是过去还是现在呈现给观察的那些道德现象或道德实在。正像物理学或心理学处理它们所研究的事实那样。（Durkheim，1975/1920：330 - 331，2006b/1920：92）

社会学力图捕捉的是"理想化的道德"，是集体的道德理想，而不只是既有的法律制度、道德准则和习俗（风俗）。尽管它们是对该理想的外在化和物质化，但只是"以退化的方式"传达了"平均人"对道德理想的应用和实践。因此，即便必须经由习俗来了解它所反映的道德理想，社会学也不能停留在这些退化的、表面的东西之上，而是必须前进到对道德理想的考察上，深入到这些道德理想所表达的社会本性上。

今天的社会学，在更多的时候，仅仅局限在"社会生活的外在框架"（Durkheim，1973/1900：13 - 14），即对社会身体的各种解剖上，而忽略了社会的灵魂。我们有对各种社会制度和社会结构的量化处理，对组织如何运作的权力分析，但却很少触及它们所体现的道德理想或精神。然而，社会并不仅仅是一个依靠各种权力关系建构起来的科层组织，也不只是可供统计分析的数学结构或系统。所有这些有关社会的想象，在涂尔干看来，都贬低了社会，没有看到真正支撑起组织和结构的是道德理想。社会首先是一个道德统一体。社会成员围绕着某种共同的信仰、观念和情感而结合在一起。社会制度、社会结构或社会组织仅仅是这种理想的具体化、外在化和物质化。它们合起来构成社会这个总体。要抓住社会的这种"总体性"，我们就不能仅仅专注于解剖社会的身体。即便把这个身体剖析到构成它的要素，我们也看不到灵魂，更看不到总体。因为，赋予社会以总体性的正是社会的灵魂，是社会感知自身、规定自身、引导自身的道德理想。

鉴此，有必要重申社会学这门学科的道德兴趣。这正是本文澄清涂尔干宗教研究的意图之一。在早期的社会形态学研究中，涂尔干主要从社会环境出发去解释道德变迁，换句话说，只是从社会的身体去解释社会的灵魂，用低级的实在去解释高级的实在，不仅没有办法充分讲出道德理想的自主性和创造性，而且也无法理解社会生活两个层面之间的具体关联。后期的宗教研究，特别是有关集体欢腾的研究则提供了一条更为直接地考察道德理想发生和变迁的途径，并得以解释社会的灵魂如何外在化为社会的身体，道德理想如何物质化为社会制度。

（二）社会存在论的奠基意图及其内在缺陷

从道德科学传统中孕育出来的社会学，自诞生之日起，就抱有强烈的道德兴趣。不过，区别于伦理学从人性学说出发，基于自然正当对道德法则进行逻辑推演，涂尔干的社会学要求基于社会生活中那些必不可少的"基本形式"，来为人们的道德实践提供某种规范基础。道德或法律是或应该是对"内在于（社会）实在之中的客观理性"（Durkheim，2006a/1908：54）的有意识的人为表达。从原始宗教生活中展现出来的那些"基本形式"正是内在于社会生活的客观理性。社会的"基本形式"，而不是人的自然，才应该作为道德或法律的基础。就此来说，社会学又与传统的伦理学一样，仍然把对道德问题的讨论最终奠定在某种存在论之上。只是，在目的论自然秩序图景瓦解之后，自然秩序，包括人的自然，不再对人的道德实践具有规范意义。相应地，自然哲学不再能够为伦理学奠基，而存在论或第一哲学也不再能够去探讨某种普遍存在或最高存在，来为自然秩序和社会秩序奠基。在孔德、涂尔干有关存在的理解中，社会存在（实在）构成了最高存在，它的自成一类性拒绝诉诸其他存在来理解自身。研究社会存在的社会学试图取代传统的存在论为伦理或道德奠基。《宗教生活的基本形式》最深层次的理论动机正在于借助研究原始宗教生活来提供某种"社会存在论"，从而为人们的道德实践提供可供参照的规范基础。集体欢腾研究不仅使我们更为直观地看到道德的起源和变迁，而且也让我们得以把握究竟哪些"基本形式"构成了历代延续的社会生活的基础。这就是集体的道德理想之于共同生活的基础性位置。这些理想被视为群体对自身生活中那些最基本，也最神圣的东西的一种自我表达。它们以物质化的形式表现在图腾标记上，以更为鲜活的形式具体化在参与仪式的人群之中。

对涂尔干宗教研究的理论意图的澄清，有助于我们理解他对于宗教，特别是集体欢腾的模棱两可的态度（参见 Shilling&MeUor1998 中的介绍，另见 Miller，2012：88－95）。他并不是为了复兴宗教或创造某种新的人性宗教来解决现时代的道德冷漠，而是为了借助对原始宗教生活的研究来把握人与人、人与社会之间最为基本的关系。是宗教生活中所展现出来的基本要素（elements），而不是宗教或集体欢腾本身能够为道德重建和社会重组提供参照。

社会存在论的这种奠基意图，以隐蔽的、未加反思的方式，构成了今天文化人类学田野调查的内在动机，且以更为自觉的方式呈现在早期海德格尔借助原初此在的生存论分析对传统形而上学的批判中，呈现在哈贝马斯借助分析前理论的生活世界来为批判理论奠基的理论诉求上。这些理论的基本思路是借助展现更为原初的社会生活是如何展开的，确立社会生活中最为基础性的要素，间接地取消另一些要素的基础位置——特别是西方传统思想赋予理论生活在人类生活中的优先位置。

但是，一种以探究原初的社会存在为目标的理论，是否具有为当前社会的道德实践提供规范基础的资格并不是不言自明的。非常有可能存在某些要素，它们对于现代社会生活来说是必不可少的，但却无法借助这种有关原初社会生活的分析揭示出来。在此，我们仅借助涂尔干的宗教研究所存在的盲点对此管窥一二。

研究者普遍感到涂尔干早期有关现代社会的病理学诊断与其后期的宗教研究之间存在张力。社会病理学根据反常的现代社会生活反推出来的正常社会状态与原始宗教生活所揭示的基础社会生活状态并不是非常契合。这种冲突从一个侧面折射出两种思想进路的差异。社会病理学尽管反对现代早期自然法传统下诉诸人的自然来为道德和法律奠基的思路，但仍然试图找到某种社会的"正常状态"，或社会的自然。就此来说，它仍然延续了"自然正当"的论证方式，只不过以社会的自然取代了人的自然。但是，有关社会生活的"基本形式"的探询却预设了"原初的"更具有正当性。

当然，涂尔干自始至终都强调人们对于社会的依恋和尊崇，强调社会整合和社会规制。但是，《道德教育》所勾勒的现代世俗道德最为关键的第三要素，即个人人格的"自主性"或"自由"，在原始宗教生活中是付之阙如的。对此，早期涂尔干说得非常清楚：在宗教生活占优势的社会中，集体意识压制了个人自由，"个人人格淹没于社会大众的深处"（涂尔干，2006a：46，2000：68~69）。上文也指出，在《自杀论》的结尾，他认为宗教的社会规制功能与现代社会所推崇的思想自由这一理想是无法相容的（Durkheim，1951a/1897：377）。然而，对于现代人来说，个人人格自主性的必要条件之一恰恰是思想自由。只有科学思维与他所设想的自主人格的理想（涂尔干，2000：11、358）或"道德个人主义"相符合（涂尔干，2003a：202，2005：152）。也只有凭借反思，才能帮助我们应对现时代的道德困境："一旦已经确立的信仰被事态的潮流所卷走，它们就不能被人为地再确立起来。在此之后，只有反思能在生活中引导我们。一旦社会本能迟钝了，理智就是唯一留下来引导我们的东西，而我们不得不借助它来重建意识"（涂尔干，2005：169）。这个洞察，在他有关原始宗教生活的考察中，预先就被排斥在外。以研究原始宗教生活中的"基本形式"为目的的社会存在论，缺乏对理智或思想在社会生活中所扮演的角色的公正评价。这并非无关紧要，而是关系到如何理解道德的自主性和创造性。

首先，生活于特定社会的风俗之中，我们获得了生物本能之外的社会本能，即习惯。通常，我们无须去询问风俗自身的道理，就可以从容地、直接地遵循风俗去处理日常问题。但在某些情况下，尤其是当各种风俗之间存在龃龉甚至冲突之时，仅仅依靠社会本能并不足以应对日常生活。因为社会本能的效力基于人对风俗本身的承认和熟悉，它的失效则源于这种承认和熟悉发生危机之时。如涂尔干所说，在社会本能与风俗不匹配之际，人们便不得不诉诸思考。但是，探究社会生活的基本形式的社会存在论并不考虑这样的危机时刻，因而也无法公正地评价思维活动在社会生活中的位置。即便是涂尔干所描述的集体欢腾，也更多的是一种例行化的宗教庆典，而非真正意义上的危机时刻。①

其次，当人从事思维活动时，他拥有暂时跳脱出特定风俗的束缚的自由，不管这种自由是否犹如笛卡尔的每一个沉思那样短暂，也不管这种思维活动在多大程度上如伽达默尔所说仍然栖身于传统和风俗的视域之内。但社会性的思考毕竟不同于社会本能。后者是把自己完全托付给既有的社会习俗。对于习俗自身的承认和运用卸去了思考的重负和艰辛。而思考则要求每个人自己去运用理性，去追问风俗的基础和界限，甚至逾越这种界限。因为，无论是激进地批判现有的道德生活，还是为其提供辩护，思维活动在对既有的界限展开分析和反思的同时，都会触及界限之外的领域或某种新的可能性。简言之，正是思想对道德基础的检讨，使得道德规范或社会生活向新的可能性开放。如果说道德生活构成了自成一类的实在，特别是具有不依赖于社会环境或有机体的基质的自主性和创造性，那么这种特征和力量的源头不只在于群体生活中人与人的结合和互动，更在于人类社会向各种可能性的开放。后者正是归功于思想本身的自主性和创造性。

再者，思维活动不只以社会层面的道德实践或劳作活动为目的，它还有其自身的目的：思想追随着自身的逻辑，并欲求自身的完善。这构成了思想在更高层次上的自主性和创造性。具体来说，思想无须总是汲汲于社会实践的紧迫性和功用性，它的范围也不只限于道德，而是涉及其他领域。由此，我们看到了"无用"的哲学、文学、诗歌、音乐和绘画等等。惟有人能够去思想，能够去创造一个不同于日常实践和操劳的精神生活。这样的思维领域也为人们提供了一个暂时跳脱出社会层面上的道德压力和功利计算的出口。当思维为了其自身时，它指向的是人类所能实现的最高可能性和自由。思想与社会生活或道德生活之间并不是手段与目的的关系。这并不是否定理智活动能够具备道德实践上的效果，而是说，它并不只有用处。

---

① 研究者注意到，《宗教生活的基本形式》在处理斯宾塞和吉伦的民族志材料时，刻意把原本例行化、制度化的宗教仪式夸大为一个例外的、独特的事件。实际上，斯宾塞和吉伦的民族志并不支持"集体欢腾"的描述（Nérnedi，2002：167-168；Miller，2012：90-91）。

但是，涂尔干却根据道德上的功用来衡量思维活动。在《教育思想的演进》中，他指责文学和艺术审美脱离实在，"蕴含着不道德的萌芽，或者至少是低级道德的萌芽"（涂尔干，2006c：222），并据此批评人文主义的教育理想，提倡现实主义的教育理想。他似乎也承认"为真理而追寻真理"（涂尔干，2005：138），并根据思想自身的思辨价值来批评实用主义以实践层面上的有用性（"真理即有用"）来衡量思想的还原论做法。他指出，从感觉到想象，再到概念，思维形式越是高级，就越是疏离于（isolés）行动，从而具有了专门的特征。不过，他并没有澄清自己的立场与实用主义的本质区别。"意识的作用远不是引导存在者的运动，而是为了创造存在者而存在"（涂尔干，2005：144）。思维的"用处"仍然在于创造道德理想和社会实在。道德问题成为压倒一切的核心，一切都围绕它来旋转。甚至，逻辑一致性也被还原为道德一致性来解释："这是一种特殊的道德必然性，它对智识生活的影响，就像道德强制对意志产生的作用一样"（涂尔干，1999：19）。这不仅没有能够解释人的思维活动的独特性，而且还有取消思维活动的自主性的危险。

因此，以考察原始宗教生活来探究社会生活的基本要素，存在某种内在缺陷：它要么预先排除了那种暂时疏离于社会生活的思维活动本身对于社会、对于道德的特殊意义，要么对思维活动进行还原论解释，以社会生活层面的功用来衡量思维活动。因此，它就无法看到，社会生活本身的自主性和创造性，不只归功于人与人之间的交往所产生出来的群体生活，而且也归因于思想本身的自主性和创造性。构成社会生活之基础的也不只有人们对于社会的尊崇和依恋，不只有对于道德理想的热爱，而且还有暂时疏离于社会，去探究社会生活背后的道理的思想。即便思想活动也是一种社会活动，但是它区别于通常的集体活动，忽略二者的差异，单纯以"社会性"或"集体性"来衡量思想活动，不仅忽略了思想活动自身的特殊性，而且还会取消思想活动的独立性和自主性，进而也将取消了道德理想的自主性。涂尔干前后期研究思路上的转变，特别是借助集体欢腾来考察基础性的社会生活的努力，已经体现了他力图摆脱还原论去理解集体表象或观念自身的创造性和自主性，但他最终仍然陷入还原论之中。这个局限不仅标示出了社会学这门学科，而且也标示出那些在更广泛层面上的社会存在论，在处理道德事实上的界限：仅仅诉诸基础性的社会生活并不足以为社会学或道德科学提供一个充分的规范基础。我们还需要去研究思想自身及其在历史——社会之中的展开。

参考文献

柏格森，亨利，2011，《道德与宗教的两个来源》，王作虹译，贵阳：贵州人民出版社。

陈涛，2013，《人造社会还是自然社会——涂尔干对社会契约论的批判》，《社会学研究》第 3 期。

弗格森，亚当，2005，《道德哲学原理》，孙飞宇、田耕译，上海：上海人民出版社。

莫斯，2003，《〈社会主义与圣西门〉初版序言》，涂尔干《孟德斯鸠与卢梭》，李鲁宁、赵立玮、付德根译，上海：上海人民出版社。

涂尔干，埃弥尔，1999，《宗教生活的基本形式》，渠东、汲喆译，上海：上海人民出版社。

——，2000，《社会分工论》，渠东译，北京：三联书店。

——，2002，《社会学与哲学》，梁栋译，上海：上海人民出版社。

——，2003a，《乱伦禁忌及其起源》，汲喆、付德根、渠东译，上海：上海人民出版社。

——，2003b，《孟德斯鸠与卢梭》，李鲁宁、赵立玮、付德根译，上海：上海人民出版社。

——，2005，《实用主义与社会学》，渠东译，上海：上海人民出版社。

——，2006a，《职业伦理与公民道德》，渠东、付德根译，上海：上海人民出版社。

——，2006b，《道德教育》，陈光金、沈杰、朱谐汉译，上海：上海人民出版社。

——，2006e《教育思想的演进》，李康译，上海：上海人民出版社。

涂尔干，爱弥尔、马塞尔·莫斯，2012，《原始分类》，汲喆译，北京：商务印书馆。

Alexander, Jeffrey C. 2005, "The Inner Development of Durkheim's Sociological Theory: From Early Writings to Maturity." In Jeffrey C. Alexander & Philip Smith (ed.), *The Cambridge Companion to Durkheim*. Cambridge: Cambridge University Press.

Baker, K. M. 1975, *Condorcet: From Natural Philosophy to Social Mathematics*. Chicago and London: The University of Chicago Press.

Benott-Smullyan, Emile 1948, "The Sociologism of Emile Durkheim and His School." In Harry Barnes (ed.), *An Introduction to the History of Sociology*. Chicago: The University of Chicago Press.

Bouglé, C. 2010, "Preface to Original Edition." In E. Durkheim, *Sociology and Philosophy*, trans. by D. F. Pocock. New York: Routledge.

Boutroux, E. 1914, *Natural Law in Science aced Philosophy*, trans. by Fred Rothwell. New York: The Macmillan Company.

Deploige, Simon 1938, *The Conflict Between Ethics and Sociology*, trans. by Charles C. Miltner. London: B. Herder Book.

Durkheim, E. 1888, "Suicide et natalite: étude de statistique morale. " *Revue philosophique* 26.

——1912 *Les Formes elementaires de la vie religieuse: 1e systems totémique en Australie*. Paris: Alcan.

——1951a/1897, *Suicide: A Study in Sociology*, trans. By John A. Spaulding & George Simpson. Glencoe, Illinois: The Free Press of Glencoe.

——1951b/1898, *Sociologic et philosophic*. Paris: Presses Universitaires de France.

——1973/1900, "Sociology in France in the Nineteenth Century. " *In Emile Durkheim: On Morality and Society*, trans. by Mark Traugott. Chicago and London: University of Chicago Press.

——1975/1920, "Introduction á la morale. " In V. Karady (ed.) *Texts*, vol. 2. Paris: Minuit.

——1978/1888, "Course in Sociology: Opening Lecture. " In Mark Traugott (ed.), *Emile Durkheim On Institutional Analysts*. Chicago and London: The University of Chicago Press.

——1982a/1895, "The Rules of Sociological Method. " In *The Rules of Sociological Method and Selected Texts on Sociology and its Method*, trans. by W. D. Halls. London and Basingstoke: Macmillan.

——1982b/1901, " Preface to the Second Edition. " In *The Rules of Sociological Method and Selected Texts on Sociology and its Method*, trans. by W. D. Halls. London and Basingstoke: Macmillan.

——1982c/1907, "Influences upon Durkheim's View of Sociology. " In *The Rules of Sociological Method and Selected Texts on Sociology and its Method*, trans. by W. D. Halls. London and Basingstoke: Macmillan.

——2006a/1908, " A Discussion on Positive Morality: The Issue of Rationality in Ethics. " In W. S. F. Pickering (ed.), *Durkheim: Essays on Morals and Education*, trans. by H. L. Sutcliffe. London and Boston: Routledge and Kegan Paul.

——2006b/1920, "Introduction to Ethics. " In W. S. F. Pickering (ed.), Durkheim: *Essays on, morals and Education*, trans. by H. L. Sutcliffe. London and Boston: Routledge and Kegan Paul.

——2010a/1911, "Value Judgements and Judgements of Reality. " In *Sociology and Philosophy*, trans. by D. F. Pocock. New York: Routledge.

——2010b/1886，"Les études de science sociale."In *La Science sociale et l'acaion*. Introduction et presentation by J. C. Filloux. Paris：Presses Universitaires de France.

——2010c/1900，"La Sociologic en France au XIXe siècle."In *La Science sociale et l'action*. Introduction et presentation by J. C. Filloux. Paris：Presses Universitaire France.

Fauconnet，P. 1927，"The Durkheim School in France."*The Sociological Review* 19（1）.

Gurvitch，G. 1943，"Is Moral Philosophy a Normative Theory?"*The Journal of Philosophy* 40（6）.

——1961，*Morale théorique et science des moeurs*，3rd edn. Paris：Presses Universitaires de rance.

Joas，H. 1993，"Durieheim's Intellectual Development."In Stephen Turner（ed.），*Emile Durkheim：Sociologist and Moralist*. London：Routledge.

Lefebfvre，Alexandre & Melanie White 2010，"Bergson on Durkheim：Society Sui Generis."*Journal of Classical Sociology* 10（4）.

Levy-Bruhl，L. 1899，*History of Modern Philosophy in France*. Chicago：Hie Open Court Publishing Company.

——1905，*Ethics and Moral Science*. London：Constable.

Lukes，S. 1981，*Emile Durkheim：His life and Work*. New York：Penguin Books.

Meštrović，Stjepan G. 1988，*Durkheim and the Reformation of Sociology*. Totowa，NJ：Rowman and Littlefield.

Miller，W. Watts 1994，"Durkheim：The Modem Era and Evolutionary Ethics."In W. S. F Pickering & H. Martins（eds.），*Debating Durkheim*. London：Routledge.

——2012，*A Durkheimian Quest：Solidarity and the Sacred*. New York：Berghahn Books.

Müiller，Hans Peter 1994，"Social Differentiation and Organic Solidarity：The 'Division of Labor' Revisited."*Sociological Forum* 9（1）.

Némedi，Dénes 2002，"Change，Innovation，Creation：Durkheim's Ambivalence."In N. J. Allen，W. S. F. Pickering & W. Watts Miller（ed.），*On Dwkheim's Elementary Forms of Religious Life*. NewYoric：Routledge.

Richard，G. 1975，"Dogmatic Atheism in the Sociology of Religion."In E. Duricheim，*Durkheim on Religion：A Selection of Readings with Bibliographies*，trans. by J. Redding & W. S. F. Pickering. London and Boston：Routledge and Kegan Paal.

Shilling，Chris&Philip Mellor 1998，"Durkheim，Morality and Modernity：Collective Effervescence，Homo Duplex and the Sources of Moral Action."*British Journal of Sociology* 49（2）.

作为礼物的现代公益[*]

——由某公益组织的乡土实践引起的思考

李荣荣

　　摘　要：本文关注公益与民情的关系，旨在以人类学意义上的礼物来理解现代公益以及公益施受双方的相互关系，进而丰富礼物的现代蕴涵。文章以公益组织"乡村阅读"在乡土社会的志愿项目为切入点，在参与观察的基础上以乡土社会的互惠原则为镜，思考现代公益的相互性问题。互惠原则突出了讨论公益双方相互关系的必要性，"混融"及公民的"礼"与"义"则为理解现代公益施受双方的相互关系提供了可能。现代公益与乡土社会的相遇既呈现了当代中国社会多重的道德图景，亦体现出社会变迁过程中民情存续与变化的轨迹。超越共同体的边界及简单互惠的逻辑来理解人与人、人与社会的现代关系，是公益成为链合传统共同体与现代公共性社会之可能途径必需的观念前提。

　　关键词：礼物　公益　互惠性　相互性　民情

一　引言与问题

（一）问题的缘起

　　现代公益是个人或组织基于价值观来实现公共利益的志愿行动。在现

---

　　* 原文发表于《社会学研究》2015 年第 4 期。本文的完成得益于匿名审稿专家及赖立里、高丙中、何蓉、黄静华、张倩、张浩等师友的中肯批评与宝贵建议，田野调查的内容曾于第一届北京大学人类学论坛汇报并从赵丙祥富有启发性的评论中获益，在此一并致以诚挚谢意，但文责自负。

代社会，公益往往发生在非直接关系激增的社会条件下，是个人通过公共领域并在公共领域里与通常是抽象的他人之间的想象的互动（Silber，2002：393）。国内相关领域的学者往往把公益视为塑造现代公民的重要途径。进入21世纪以来，围绕公益展开的诸多实践、辩论以及争议都在表明，现代公益正在成为参与乃至推动中国社会转型的一种重要力量。现代公益事业在中国如何发展、它的发展对中国社会转型的意义是什么等问题成为学者的关注焦点。在相关讨论中，国家与社会的关系（不论这种关系是对抗、合作抑或博弈）是一个常见框架，公益事业发展程度的高低被视为衡量现代公共性社会强健与否的重要指标之一，其中既反映出当代中国社会转型的轨迹，也体现着学者对于特定转型的期待（参见高丙中、袁瑞军主编，2008；朱健刚主编，2012）。

　　不过，本文不打算介入国家与社会之关系的宏大话题，而是尝试从日常细微处入手，在关注公益与民情的关系的基础上，① 思考公益实施者与受益者的相互关系。实际上，对公共性社会的讨论离不开作为其内在属性的公民性（civility）。所谓公民性即公民个体之间在想象的共同体内相互善待的情感和心智（Shils，1997；高丙中，2012）。或者说，"公民性是个体公民在'公共领域'内并通过'公共领域'而自愿发生的相互联结与彼此互动，它不但照顾个体私人的、特定的利益，亦关心他人的乃至整体的利益"（Silber，2002：391 – 392）。讨论公益双方的相互关系涉及的正是公民性在特定文化脉络中的养成过程，从而有可能为国家—社会框架内的相关讨论提供一种关注内在属性的补充视角。此外，公益之所以被视为塑造现代公民的重要途径，主要原因在于公益要求参与其中的成员超越既有社会关系网络及简单互惠原则的限制，自愿、主动地关心陌生人以及整体社会的利益。就此而言，公益在当代中国是重塑个人与他人、个人与社会关系的一种重要途径。而重塑过程必然涉及人们日常生活中道德、情感、心态、习惯等内容的延续或改变。或者说，公益既发生在特定的民情氛围之中，又涉及与民情的互补和互动。从而，现代公益要成为推动中国社会转

---

① 这里指托克维尔意义上的民情。"它不仅指通常所说的心理习惯方面的东西，而且包括人们拥有的各种见解和社会上流行的不同观点，以及人们的生活习惯所遵循的全部思想。因此，我把这个词理解为一个民族的整个道德和精神面貌"（托克维尔，2004：332）。在托克维尔那里，民情是比法制、自然环境更重要的塑造美国民主的因素。

型的有机力量，就不能忽视作为其文化环境的民情。并且，分析民情存续与变动的轨迹恰恰是把握中国社会变迁的一个关键环节（肖瑛，2014）。于是，讨论公益与民情的关系也是一个难以回避且兼具学术与现实意义的问题。

为了讨论公益与民情以及公益施受双方的相互关系，就有必要在关注公益实施者的参与方式、动机及意图等内容之外，将受益者如何看待公益以及这种态度背后的道德观念纳入分析。具体而言，本文将以公益组织"乡村阅读"在云南某乡村小学开展的建设图书室的暑期志愿项目为切入点展开思考。文章主要分两个步骤展开讨论：首先，文章将以乡土社会的道义经济及互惠原则为镜，反观现代公益可能面临的相互性模糊的问题。接下来，文章将讨论变迁时期中国社会多重的道德图景，并借鉴莫斯礼物研究中关于"混融"以及公民的"礼"与"义"的论述，进一步展开相互性问题的讨论。

（二）相关概念回顾

1. 农民的道义经济与互惠原则

在斯科特关于东南亚农民道义经济的研究中可以看到，农民的生产与生活都以村庄内的互惠义务为准则，农民对于某一行为公正与否的判断就看这种行为是否遵循互惠准则。并且，互惠准则不仅适用于地位相同的主体之间，也适用于地位不同的主体之间。村庄内精英阶层的道德地位便取决于其行为是否符合社区共同体及他人对其自身的道德期待。可以说，互惠是牢固地蕴含在农民社会生活中的道德原则。此外，斯科特亦将农民的道义经济视为一种前现代的规范秩序，农民的反抗便源自该道德秩序遭受了外部力量的入侵与破坏（斯科特，2013）。如今来看，村庄内部不一定如斯科特描述的那样充满同质性，道德也未必能够完整解释农民行为的所有动机；但是，道德无疑是促使农民采取特定行为的重要因素之一。而且，斯科特关于互惠作为农民生活中非正式社会保障的判断，以及个人的道德权利与道德义务由其所置身的地方关系网络来确定的观点在相当程度上依然有效。

"报"是互惠原则的中国式表达，杨联陞将其视为中国社会关系的重要基础，并做了一番精到阐述。"施惠无念，受恩莫忘"，前者主要是君子之德，后者则是不论君子抑或大众都须遵守的普遍道德（杨联陞，2009）。更为具体丰富的讨论来自人类学研究，例如欧爱玲对中国乡村有关"饮水思源"的道德期待与日常实践的研究（欧爱玲，2013）。影响更广的则是阎云翔对农村礼物交换的讨论（阎云翔，2000）。他将互惠与本土概念"人情"相联系，以此来揭示农村互惠的文化规则与运作逻辑。由于礼物传达的是不可让渡的人情，人情债又非还不可，故而人情最重要的原则便是互惠。需要注意的是，在农村社区里，人情不仅是可交换的资源，更包含了三富的道德与情感要素，是村民们借以判断一个人为人处事是否得体的标准。村民们通过在日常生活里交换礼物来培养长期、稳定的人际关系，并在此过程中完成自我的文化建构。另外需要注意的是，阎云翔的研究主要是在地方道德世界中展开。礼物交换在那里构成了一种道义经济体系，或者说，道德原则往往比经济考虑更被强调。为此，阎云翔亦将农村的关系与人情称为关系与人情的基本形式，以此区别于城市场景中的关系与人情的扩展形式（阎云翔，2000：220）。

杨美惠关于"关系学"的研究关注的正是阎云翔所说的关系与人情的扩展形式。在此，"关系学"是传统互惠逻辑的某种复苏。换言之，是在社会主义国家掌握了一切公共资源并主宰了整个社会秩序的历史情景下的新实践。相较于前述地方道德世界中的人际关系，城市里的关系学虽然也蕴含着道德及人情要素，但又重建了人情话语，更加偏重物质上的得失考虑。由于关系学同时容纳了彼此不无矛盾的功利动机与人情伦理，人们在面对它时往往持有一种既爱又恨的两难态度。不过，这种两难境地并非杨美惠的关注焦点，她更感兴趣的是关系学与国家权力的关系。在她看来，作为特定社会主义制度下的产物，关系学"可以松动国家对社会各方面的滴水不漏的控制"。从而，如果说莫斯意义上的礼物以维系社会团结为归宿的话，杨美惠则乐观地探讨了礼物交换的另一面，即关系学对行政权力的微观技术所产生的颠覆性作用（杨美惠，2009：58，165）。

尽管农村与城市在互惠原则的具体实践上存在差异，但不论是地方道德世界中对道德与情感的重视，还是城市情景中对手段与目的的强调，我们都能够看到某种类似的"为人之道"。换言之，个人的自我与认同在相当程度上是在互欠人情的特定社会关系网络中建构的。

2. 礼物交换：古式道德与一般道德

上述研究中关于接受与回报的论述可以追溯至莫斯的礼物研究。在梳理了来自波利尼西亚、美拉尼西亚和西北美洲等地的大量文献材料后，莫斯发现了古式社会所遵循的给予、接受与回报礼物的三重义务，对于"礼物中究竟有什么力量使得受赠者必须回礼"的追问推动了其研究的展开（莫斯，2005：5）。既然接受礼物必须回馈几乎同等价值的礼物，那给予礼物的意义又何在呢？莫斯的解释表明，恰恰是在给予、接受和回报的过程中造就了古式社会里人与人之间的友谊与同盟。换言之，礼物交换关乎社会得以实现的方式。

莫斯的研究随后成为社会科学领域内讨论"礼物"时难以回避的重要作品。对于本文的讨论来说，需要厘清的问题是，礼物关注的究竟是建构与维系古式社会的问题，还是建构与维系现代社会的问题？或者说，这二者之间是如何关联的？

的确，莫斯的分析材料来自古式社会。并且，在莫斯那里，进行交换的是以氏族、部落或家庭为代表的道德的人，物的交换伴随着群体的交叠，社会生活中道德、经济、法律、宗教、审美等方方面面皆杂糅融合在一起，所有这些特征都要求我们不能不加说明便将莫斯的礼物研究直接挪用来解释业已实现高度分化与理性化的现代社会。

实际上，莫斯的目标并不限于对前商品经济社会中互惠交换现象的考古学讨论。"发现建构我们社会的一方人性基石"（莫斯，2005：6）亦是莫斯的兴趣所在。或者说，莫斯意在从对古式社会的具体研究中引出具有一般意义的社会学结论和道德结论，也即关于公民的"礼"（civilité）与"义"（civisme）的结论（莫斯，2005：183）。① 另外，恰如经济人类学家指出的那样，莫斯式的礼物同时呈现出进行理性交换、建立政治及社会关系，以及表达道德观念与文化意义等多维面向。从而，考察礼物给予成为探讨多维人性的有效方式，随后的经济人类学在讨论人类的经济行为如何与人性相连时也始终绕不开上述三个维度（Wilk & Cliggett，2007：155）。"人性如何可能"亦关乎"社会如何可能"。汲喆认为，莫斯对礼物交换逻辑的分析恰恰表明，社会存在的自我更新主要依靠的不是欢腾的集体生活，而是主体间可持续的日常交流。实际上，当莫斯将研究焦点从寻找社会事

---

① 本文对于礼物的理解依据上海世纪出版集团汲喆的译文，以及 Routledge 出版社英文版，引用时采用中文版译文。此处，英文版将 civilité 和 civisme 分别译为 civility 与 civics，即公民性与公民学。

实之道德权威的根源转向解释社会事实得以实现的方式时，就已缓解了涂尔干社会理论中神圣—社会与凡俗—个体的二元对立造成的紧张，并进一步回答了人性/社会如何可能的问题（汲喆，2009）。质言之，莫斯的研究本身蕴含着从特殊到一般的意味，仍能为我们理解现代社会的建构与维系提供一种可能的途径。

礼无不答！在礼物交换的过程中，回报的义务最为核心。在回报缺席的情况下，礼物非但不能拉近给予者与接受者的距离，反而会造成双方的疏离。换言之，交换体系能否持存有赖于回报义务是否履行。莫斯也正是在此意义上不断告诫人们，要回报，也要接受回报。当然，莫斯看重的并非功利主义意义上的等价交换，而是蕴含于礼物交换中的人格、情感、尊严以及对彼此相互关系的期待与实践。道格拉斯则在《礼物》英文版序言中直接就把标题写作"天下没有免费的礼物"（no free gifts），并扼要有力地提出，循环的礼物体系就是社会，于团结无益的礼物不成其为礼物（Douglas，1990）。

在此，结合前述有关地方道德世界中互惠原则的研究，便出现了讨论公益与民情以及公益双方相互关系时必须面对的问题：现代公益作为一种面向陌生人的善意给予，其与乡土社会相遇的具体情形究竟如何？莫斯意义上的礼物如何帮助我们理解公益施受双方的相互关系？我们在什么意义上可以说公益是一种礼物？

（三）田野过程及资料来源

2014 年初，经由"乡村阅读"一位理事（组织创始人之一）的介绍，我认识了该组织在北京的众多成员及友人，并获准以志愿者和研究者的双重身份参与该组织于当年 5 月下旬至 6 月下旬在云南某乡村小学开展的暑期志愿项目。项目期间，我同其他几位志愿者一道在项目点工作和生活了一个月，同时有机会对学校师生、当地人对外来公益的态度以及当地的公共生活进行参与观察。暑期志愿项目结束后，我继续对该组织在北京的各类活动进行参与观察，并通过电子邮件、网络电话等方式与该组织的海外理事进行交流，亦作为主讲人参与了该组织 2015 年度的志愿者网络培训。本文叙述的内容便来自上述时间段内的参与观察，"同情地理解"公益施受双方是我进行参与观察时努力秉持的态度。文章按惯例对相关地名、人名及组织名进行了匿名处理。

二　公益双方的相遇

（一）"乡村阅读"暑期志愿项目简介

"乡村阅读"是由留美的中国学生与学者于 2004 年在美国北卡罗来纳州正式注册成立的公益组织。其宗旨在于通过在中国乡村地区建设图书室及提供优质读物，来激发少年儿童自发学习的兴趣和热情，进而改善贫困地区儿童的学习与发展环境，同时推动海内外青年通过参与而成长为更具社会责任感与行动力的公民。[①] 2004 年暑期，该组织的首批志愿者团队考察了湖南、云南的多所乡村小学，发现学校多有名义上的图书室，但从不向学生开放。有感于国内外普通人可获取图书资源的巨大差距，加之几位创始人深切体会到阅读对于个人成长的意义，同时考虑到推广阅读比短期支教更为可行，"乡村阅读"走上了以建设乡村图书室来推进教育公平的道路。具体讲，通过乡村小学申请、以往合作学校或地方教育部门推荐等方式，"乡村阅读"与当地学校建立起联系，在为期 3 年的合作过程中，捐赠适合少年儿童阅读的书籍并于每年暑期派遣志愿者前往该校开展为期一个月的图书室建设与阅读推广活动。10 年来，该组织已在全国 14 个省市推动建设 50 余个图书室，近 400 名海内外青年先后参加了暑期志愿者项目。

作为一个由留美学生、学者成立的关注国内教育公平的公益组织，"乡村阅读"多从海外留学生中招募志愿者然后派往国内乡村开展项目。2014 年初，"乡村阅读"通过其官方网站、分会宣传等多种途径发布信息，拟在全球招募 40 名志愿者，并于培训后将志愿者分组派往位于中国云南、贵州、甘肃、安徽等省的八个乡村项目点。2 月下旬，招募顺利完成。由于志愿项目开展时中国内地高校尚未放假，故多数参与者是来自美国、加拿大、新加坡等海外高校的中国留学生，另有少数几位已经工作的内地人士。

在前往项目点进行图书室建设之前，志愿者须接受四次网络培训及三

[①] 在相当程度上，"乡村阅读"是一个比较松散的志愿组织，除执行主席为全职外，执行团队其他人员均是志愿参与。此外，该组织在北美高校还设有十多个分会。分会多由北美高校参与过"乡村阅读"暑期项目的积极分子成立，其主要工作包括宣传、筹款及招募志愿者等内容。在本文的写作过程中得知，"乡村阅读"正寻求在欧洲拓展工作，目前已在荷兰建立项目策划点。限于篇幅及本文主题，对分会活动的讨论在此暂不展开。

天的北京集训。北京集训的对象除志愿者外还有项目点校长或主管图书室的老师，让后者参与的目的是使学校成为推动阅读的主力军。培训及集训教员由前志愿者、组织创始人、教育工作者等人士组成。培训期间，为了让志愿者对中国乡村教育现状以及志愿者究竟要做什么有更多了解，组织者会提供相关文献供志愿者阅读并要求完成作业。某次培训课上，组织方邀请了一位曾经参加过"乡村阅读"暑期项目，彼时正作为另外一个海外公益组织的成员在中国山村支教的留学生作为教员，分享她的志愿经历。为了提醒志愿者从实际出发推广阅读，这位教员举了一个生动的例子：农村小孩没见过汉堡包，学习了英语单词 Hamburg 后将其中文对应词语写为"汉宝宝"，而村子里本来就种植 Banana，因此能够准确地写出"香蕉"二字。随后，这位前志愿者还以本次项目某位志愿者的作业为例（该志愿者提出乡村教师素质不高，需要培训），质疑他是否真正了解地方教师以及他们的工作与生活环境。几次培训后，志愿者开始问"为什么不去帮助最贫困的儿童""我们能带来什么改变""怎么避免优越感"等问题，组织者或教员的回答往往是扶贫并非"乡村阅读"的宗旨、参与本身有助于结构性不平等的改善、在参与的过程中志愿者将学会如何避免优越感等。

总之，网络培训和北京集训期间，组织者力图完成以下内容：其一，从儿童教育的视角出发，传授开展阅读活动的经验；其二，传递中国乡村教育现状的相关信息并强调城乡教育差距的结构性原因；其三，提醒志愿者不可用自身价值观评判项目当地的教育及社会文化，并强调当地的"人情世故"以及志愿者设身处地思考的必要性。可以说，这些内容既涉及知识及技能培训，也关乎道德晓谕。同时，培训还是对志愿者的情感动员，或者说是对志愿者同情心指向的扩展。[①] 经过培训，远方的陌生人得到了

---

① 在斯密看来，同情有助于抑制自私，形成乐善好施的感情，构成尽善尽美的人性；同时，同情的强度与个体之间熟识程度密切相关，朋友之间的同情显然甚于陌生人之间的同情（斯密，2010）。需要区分的是，同情作为一种设身处地的想象，具有感同身受之意，它不等于怜悯。怜悯是推动慈善的情感动机，它意味着发生在被怜悯对象身上的事情永远不会发生在怜悯者身上（Margalit，1996）。尽管我们无法肯定培训在所有的志愿者内心唤起的都是同情，但不可否认的是：首先，组织者的意图在于提供能够让志愿者设身处地地想象乡村教育及生活的生动例子，并在培训中不断提及结构性原因造成的乡村教育现状；其次，培训本身也在促使志愿者反思自身的优越感，例如，志愿者提出"怎么避免优越感"的问题便是例子。当然，虽然现代社会需要同情心在想象的共同体内扩展，但我们也可以公益为例，思考同情如何从易变的感情变为深思熟虑的公民道德。

比招募宣传时更多、更具体的关注。[①]

（二）G 村项目的开展及"对等"问题的出现

G 村位于云南省大理白族自治州 C 县，从昆明乘火车约 8 个小时至 C 县后换乘摩的 10 多分钟后既可到达。G 村由三个自然村组成，下辖 10 个村民小组。根据村委会 2013 年的统计，全村总户数 880 户，总人数 3044 人；其中 748 户为农业户，农民人均收入 4200 元。种桑养蚕是务农人家的主要经济来源，此外就是外出务工或经商。G 村小学现有学生 230 人，教师 12 人。该校虽然已有图书室，但藏书少且陈旧，图书室使用率极低，加之校长认同"乡村阅读"的公益理念，这些使得该校成为暑期项目的理想选择。

另一方面，G 村小学项目的启动也与乡土社会讲究的桑梓情谊密切相关。"乡村阅读"理事会成员 L 女士曾经作为志愿者参与暑期项目，进入理事会后一直在为该组织的筹款出谋划策。某天她在微信朋友圈转发了该组织一位创始人所写的一份年终致辞。这篇致辞恰巧讲述了 L 女士曾经参加过的位于四川山区某项目点的缘起。该项目点就在这位创始人的老家。从半个多世纪前其父在当地县城读初中时曾与同学"一起进图书馆"看书，到这位创始人在同一所学校读高中时遭遇大门紧闭的学校图书室，再到"乡村阅读"2011 年在当地建设图书室以及该创始人从读者借阅名单中看到自己侄孙女的名字，这篇讲述了一家四代的轶事并号召读者以愚公移山的精神参与公益的致辞激发了 L 女士的使命感，同时也感动了其朋友圈的诸多友人。随后，L 女士有了在其父亲的故乡 C 县建设乡村图书室的想法。L 女士的父亲是 C 县人，20 世纪 60 年代曾是当地高考状元，此后远赴北京求学，毕业后一直留在省外工作，而他的父母兄弟都还生活在 C 县。L 女士的设想得到其家人与友人的支持，并很快募集到六万余元专项资金。[②] L 女士亲戚担任教师的 G 村小学成为该项目在 C 县的首个合作学校。

---

① 对于海外留学生来说，他们即将服务的对象既是远方的陌生人，又是有着相同文化认同的中国人。

② "乡村阅读"筹集的用于图书室建设的经费可分为定向资助与非定向资助两类，定向资助的捐赠人可以指定服务对象，G 村项目即是如此。

为了迎接志愿者的到来，校方曾设想把志愿者安排到村卫生所住宿，那里是老村委会所在地，有几间空房，就在学校斜对面。后来，学校和村委会商量之后决定把位于校园内条件相对更好的教师宿舍腾出几间来给志愿者住，另外又准备了崭新的床单和被套。此外，学校还安排了炊事员为志愿者准备一日三餐。就这样，志愿者在学校住了下来。在随后的一个月里，几位志愿者清扫、整理、装饰了学校原有图书室，购置书架并将"乡村阅读"捐赠的约八百本书籍分类、上架，接着又培训学生掌握图书借阅系统、熟知图书借阅规则。同时，志愿者在与校方商量之后，在下午第三节课开设阅读课，带领学生阅读书籍。可以说，志愿者的到来带动了学校的阅读气氛，图书室亦成为最受学生欢迎的场所之一。

在志愿者与 G 村小学师生交往的过程中，有两个细节值得注意。一是到达 G 村小学第二天，一位老师问志愿者："你们来这儿有报酬吧？"当志愿者回答说不但没有报酬，还要自己承担参与项目涉及的所有费用时，提问的老师就不再说话了。其二是某天中午，老师们和志愿者坐在食堂门口吃饭，一位老师说起队里有人去世，他周末要去做"八仙"帮忙抬人（详见后文）。我很想了解老师们怎么看志愿者，问了一个在他们看来很不得体的问题："你去帮忙是不是和我们来做志愿者一样？"这位老师脱口而出："不一样，这怎么一样？我必须去，去不了就请朋友代替或出钱请人去，你不去以后你家里有事也没人来。我们这儿是必须的，是对等的。"

恰恰是老师们的沉默与"我们这儿是必须的，是对等的"这句话，在公益项目的现场非常直接地提醒了我，现代公益若要成为推动社会转型的力量，就不仅要考虑国家与社会的关系，亦要考虑公益与民情以及公益双方的关系。在此，老师所说的"必须"与"对等"既是对乡村共同体内你来我往式互惠关系的描述，也是对公益事业中对等性模糊的提醒。实际上，这样的提醒甚至质疑对于公益而言并不陌生。那么，我们究竟应该如何理解公益双方的相互关系？现代公益面对的民情如何？我们不妨从 G 村的相关习俗与互惠道德说起。

三 乡土社会的传统道德与互惠原则

如前所述，互惠是乡土社会基本的道德规范。就在 C 县进行的人类学研究而言，亦有学者对当地白族人的"帮辈"组织及"帮辈"成员间严格遵循的互助互惠的道德规范进行了细致考察（马腾岳，2015）。此外，在G村的公共生活中，还可以发现支持前辈学人关于互惠原则判断的一些其他习俗与规范，例如"八仙"习俗及"公德榜"的张贴。

丧葬是G村人最重视的事情之一，与丧葬分不开的是"八仙"习俗。"八仙"指的是出殡时，负责将灵柩抬至山上坟茔处下葬的街坊成年男子。按照G村习俗（C县各村皆有此习俗，细节不一，原则一致），村中凡18岁以上、45岁以下的成年男子都要参加各队的"八仙"，每队"八仙"有"八仙头"，负责发讣告召集众"八仙"以及收缴未履行职责的"八仙"的罚款等事项。

> 不管任何人，即便外出工作，都必须参加"八仙"。抬人是天经地义！你不参加以后也没人帮你。这是民间习俗。你无法参加时要主动出钱请人替你参加，你既不出钱请人替代又不交罚款，以后就要付出巨大代价。即使你本人不出，也会有亲戚替你出，不然整个家族就受牵连。村里也有过没出钱的例子，后来这人就要出来道歉，说明情况，请求原谅。（G村老者，退休教师）

在此，履行了"八仙"职责的社区成员充分相信自己的家庭在有需要的时候会得到类似的回报性服务。对于不能参加帮忙抬灵柩的成年男子，各队都有罚款规定，具体数目不一。例如某队的罚款金额是300元；倘若出殡前一天人还在家，出殡当天却不在家了，这种情况就要罚款600元；倘若对加重罚款有怨言，那就要罚900元；倘若再有怨言，那就直接取消"八仙"资格，因为这明显是推脱责任。又如另外一队的起罚金额是150元，加重罚款的金额也各不相等。由于外出工作等各种原因，不少人无法亲自参加，因此，各队"八仙"手头都有些罚款，有的队有5、6万之多。不过，虽说是罚款，绝大多数人并不会等到出殡后"八仙头"来家里来收罚款，而是提前就把罚款交了，甚至所交金额高于处罚份额。①

---

① "八仙"罚款往往用于村里的公共事务。举个例子：据村主任说，村里一户早年以兰花生意发家，后来在昆明做生意的人家打算回报村里，目前正筹划着在村里购置一块地用来修建公共娱乐设施。在资金上，村里打算各家捐点儿，另外从"八仙"罚款中出一些，剩下的则由这户人家想办法。

　　我哥不在 C 县，但他也是"八仙"，到不了场就交钱。我老家就在邻村，不管怎么说，村里有事，我们都要回去。村里有的人一大家子全走了，儿子姑娘到城市了，但父母户口还在，还是要遵守村规民约。遇到村里红白事还要托人挂礼，回来的时候，按照高于"罚款"的数额交，我们说有点"捐赠"的意思。我能够回来一次，我也觉得愧疚，多出点钱也是应该。这就是我们说的"住乡村，习人礼"。（G 村小学老师）

　　在村里，白事是最大的事，绝大多数人不敢不交罚款，倘若不交，后果不只是要出更多的钱来办白事，还是一辈子、几辈子被村里人说。（G 村干部）

　　有人就是没人来帮，到城里花几千块请人来，这样在村里面子上挂不住。（G 村小学老师）

　　我曾听村里一位干部说起村中某户人家的故事。这家人有兄弟五人，兄弟之间关系很不好，其中一人在外工作。村里有人家出殡，外出的那人没有回来承担"八仙"任务，另外几个兄弟也没替他交罚款。后来遇到这五兄弟的父亲去世，"八仙"去抬人，按照五个兄弟各需承担一段路程的习俗，"八仙"抬了几百米后轮到这位未交罚款的兄弟应承担的路程时，就把灵柩放下不愿再抬。这位当事人这时才想起拿出钱来交罚款，但众"八仙"答之曰"农村不缺钱"。最后是当事人买了五千多块钱的烟，又是给众"八仙"下跪，又是设宴赔礼，总共花了三万多元才把亡父妥善安葬。由此可见应当出钱出力时逃避责任的后果之严重。因此，就算是村里人眼中的吝啬人家，在"八仙"的事上也不敢含糊。

　　倘若家人去世不由"八仙"帮忙抬柩下葬，而是出钱雇人来做的话，这往往就意味着这户人家与村中其他人家往来关系的某种断裂。G 村小学有位老师，年少时一家人住在农村，成年后，弟兄姐妹陆续在县城安家。由于工作忙，村里的事务参与不多，遇到村中有人去世需要"八仙"帮忙时，都是交罚款了事。几年前，这位老师的母亲去世，家里人商量之后决定就在县城请人抬柩下葬。此后，村里遇到有人家办白事，也不再通知他们去帮忙或是交罚款。

村里人将遇到丧葬时用于抬灵柩上山安葬的工具放置在文昌宫。[①] 由于文昌宫原有的大门偏窄，存放其中的安葬工具不好进出，村里人决定重修，并由"老斋妈"们出面成功地筹集到款项完成了修建工程。捐款被村里人称为"公德"，明细就贴在进出村子都要路过的小卖部的外墙上。红纸上写着"公德榜"三字，其下注明各家各户的捐赠情况。除去两户儿子在外做生意的富裕人家分别捐了3000元和2000元外（名字排在最前以示赞许之意），绝大多数人家都捐了36元。[②] 除了小卖部，文昌宫内用作饭厅的偏殿里也张贴着一模一样的"公德榜"，由于未受风吹雨淋，字迹依旧鲜亮清晰。笔者与村中多人交谈得知，基本上家家都捐了钱。"家家都捐，你要是不捐，说得不好听，你是老板，钱多就多捐些，少就少捐些，都要捐"。当我问到此"公德"与寺庙所捐"功德"之区别时，一位老妈妈答道，"你在庙里捐千些（钱）、百些（钱）么，对的是你和你自己家，文昌宫的公德么，对的是全村。"

实际上，"靠着良心做事"的"斋妈会"也是村里组织各种公共活动时的有力助手。据村里一位老者讲：

> 村委会在行政上不承认"斋妈会"，但村里有什么事需要钱就得利用她们，让她们来号召一下。她们一号召老百姓就出钱，有钱的几百，没钱的几十，比行政命令还有用。村委会说老百姓就不愿意，老斋妈一说就愿意。文昌宫修大门，家家出钱。以前村里水泥路没有修起，有的路段不好走，"斋妈会"也号召众人捐款修路。（G村退休教师）

的确，"住乡村，习人礼"！在此，所谓人礼正是"八仙""公德榜"

---

① C县白族村子大多建有本村的文昌宫。每月初一、十五，儿女皆已成家的老妈妈们遵循不茹荤、忌杀生的戒律，并拼钱、拼柴、拼米，在此念经做会。村里人将这些老妈妈称为"老斋妈"，将其活动称为"斋妈会"。据当地县志记载，"斋妈会"是新中国成立之前就已流传的习俗。

② 恰如斯科特笔下的东南亚农民的互惠原则，社区怀有对富裕人家做出慷慨行为的道德期待，富裕人家往往也积极回应这样的期待。

所表明的社区成员必须遵守并实践的某种道义经济与互惠原则,上文那位老师强调的"对等"也正是对互惠基础上你来我往关系的描述。不难发现,G村人在相当程度上仍然生活在地方道德世界之中,并时刻感受着蕴涵其中的道德期待与道德评价。对于G村人而言,实践互惠原则既是购置应对生活危机(如丧葬)的社会保险,又是塑造个人在社区内的身份、地位与角色的重要途径。不遵守互惠原则不但得独自面对生活危机,还会面临遭受社会谴责的风险。当然,在当地人的心中,互惠不只是道德规范,同时它还包含着人心与情感的维度,体现出对人格平等与尊严的强调。恰恰是在你来我往的互惠关系之中,不论给予者还是接受者均坦坦荡荡无愧于心。

在此,你来我往的互惠原则之所以如此明显,一个重要原因在于G村在很大程度上仍是一个建立在血缘、地缘基础上的传统共同体。虽说村里人以打工、做生意、求学等各种形式向外流动的事实无可否认,但留在村里的人们依然居所相近、彼此相识,何况多数外出者一到年底便纷纷返回。通过实践互惠原则,G村人仍在维系彼此之间长久稳定的社会关系。相应地,村庄内外道德边界明确。村里人在和我聊公德时,往往会说"农村公德不往外捐,就是做村里的事"。"村里公德一般情况下都会捐,心中都有压力,外面来的筹款就不一定会捐"。G村小学校长也说:

> 村子里的公德就是自己出钱自己受益,有区域性。一般来说,甲村公德不会捐给乙村,乙村公德也不会捐给甲村。"乡村阅读"不一样,人员来自不同的地方、不同省份,甚至还有跨国界的。我不认为"乡村阅读"有责任来我们这里,对陌生人不需要承担这种责任。

可以说,陌生人既不受G村互惠原则的约束,也不属于其惠及范围。就此而言,互惠与现代公共性社会所需的公民道德存在一定距离。然而,以互惠原则为基本要素的乡土道德又是现代公益希望融入社会整体并推动社会转型时不得不面对的民情。而且,乡土互惠对人心尊严的强调还要求现代公益对实施者与受益者的相互关系做出解释。

四 互惠原则模糊的现代公益

（一）志愿者的参与动因

从个体化的角度来看，公益组织及志愿行动为当代中国个体提供了重新嵌入到一种不同以往的新型人际关系与社会网络中的机会。当然，"个体会赋予志愿活动不同的意义，并且这些意义究竟为何取决于他们的人生观以及意欲为自己编制怎样的生命轨迹"（Rolandsen，2010：135）。

W 是云南项目点的志愿者。对于这位自高中起便开始在海外念书的大学生而言，做志愿者既是习惯，也是体验差异的途径：

> 加拿大中学要求至少完成 90 小时的义工才能毕业。我最初做义工是为了完成学校要求，后来慢慢找到自己喜欢的事，在与人的交往中找到了满足感。高中经历对于我参加这次暑期项目有很大影响。另外，我认为只有尝试了不同的东西才知道自己想要什么，我感受到中西方教育的差异，参加这次项目能具体了解国内乡村小学究竟是什么样。

Z 也是云南项目点的志愿者，本科开始到美国留学，对于他来说，志愿项目是一个自我改变、自我完善的过程：

> 没来这儿之前，我就知道条件不会好，我无所谓。现在我发现能在付出中收获到以前不曾收获的东西，这也是双赢的状态。他们问我看一场 NBA 球赛花了多少钱，我说两千元。后来我知道了校长一个月的工资也就两千元。听了之后我也会反思，我没想到他收入这么低。到这儿之后一对比，就发现在我看来是日常的事对于他们则是不可思议的。我可能给予他们帮助，他们可能改变我的人生观、价值观。有人也许会说我们是付出，我觉得是错误的，这几天我也觉得我有改变。

在北京一家外企工作的 X 是安徽项目点的志愿者。2014 年，他向公司提出请年假和事假参加"乡村阅读"的暑期项目。由于 X 平时就爱参与公益，老板和同事都了解他的为人，加之他答应假期结束后多干些活，故顺利地拿到了假期。对于 X 来说，信仰是推动他参与公益的主要因素：

> 我以前也愿意帮助人，有点儿爱多管闲事吧。信佛后渐渐开始读佛经，读得多了之后就更愿意帮助人，更相信人要行善积德。善有善报、恶有恶报只是最基本的想法，更主要的是知道人要具备慈悲心。做公益吧，说是兴趣也好，说是责任也好，平时有做好事的机会我就做，类似习惯的养成吧。

H 是贵州项目点的志愿者，她在参加"乡村阅读"的志愿项目前辞去了在北京一家印刷厂的工作，参加完项目后开始全职在另外一个她长期做志愿者的公益组织 MXL 工作。在墙上挂着一幅写有"四海一家"的书法作品的 MXL 办公室里，她这样说自己参与公益的动因：

> 现在不少人提起公益好像带着讽刺的语气，要不就是觉得你有钱，要不就是觉得你很高尚，不是普通人。离婚后，我自己带大孩子。一个人带孩子的这些年里得到了别人的帮助，他们也没在做公益，就是帮助了我。孩子长大后，我认识了同心学校的一位工作人员。我和她说，觉得自己有些空虚，也想做些类似的事情帮助别人。她就介绍我到 MXL 做志愿者。我就是从 MXL 志愿者转发的邮件里看到"乡村阅读"的招募信息，觉得这个项目很适合我，就下定决心离开单位到 MXL 全职，入职前这段时间就参加"乡村阅读"。今年（2015）我又转发了"乡村阅读"的招募信息，MXL 有位志愿者看了觉得很有意义，也报名参加了。

Y 是 H 说的 MXL 志愿者，我和 H 聊天时她也在场，过后我也联系了她，请她谈谈参与公益的感受。Y 在 MXL 做志愿者有大半年了，很快又要开始参加"乡村阅读"2015 年的暑期项目。Y 家的经济条件用她的话说是"已经在北京买了一套不大的房子，所求不多，也够了"。Y 说自己参与公益时不曾期待从公益对象那里获得经济上或是精神上的任何回报，但她也认为自己做志愿者的这段时间里内心成长很多。当我问她内心成长指什么时，她的回答是对公益的认识本身就是一种成长：

就是对志愿者和公益有了更多认识吧。公益或者志愿者做的事情是有意义的，但并不意味着志愿者很伟大或者比别人高尚。我们不能以救世主的态度做，而是要尊重和平等地对待他人。这个过程中一些问题的处理也都是对自己的考验，做一名合格的志愿者是非常不容易的。

在此，尽管志愿者怀着各不相同的想法参与其中，但在各自"同情"范围都超出了家族、社区等传统社会范畴这一点上又是相似的。诚然，在参与"乡村阅读"或公益何为的问题上，我们不难发现组织创始人与一般志愿者之间的差异。"乡村阅读"的前身是由留美中国学生与学者组成的名为 3S（Society, Science and Self-awareness）的兴趣性组织。用其中一位创始人的话说，3S 的参与者们在一种"忧心忡忡，高谈阔论"的状态下对与中国社会相关的课题进行了一些清谈性的讨论。而"乡村阅读"随后的成立以及将组织宗旨确定为促进中国乡村地区教育资源不平等问题的解决，也都是以这些讨论为基础的。可以说，对于创始人而言，"乡村阅读"更多是"参与中国社会变迁的一种方式"。实际上，"乡村阅读"成立之初，"公益"在中国社会还没有像今天这样成为一种公共议题。而对于一般志愿者来说，自我呈现与自我改变，以及将自身融入"志愿者""公益人"这个为现代价值观所称许的群体等因素更受重视。

（二）学校的回应及模糊的互惠

没有项目点的参与，"乡村阅读"的志愿项目难以开展，志愿者亦无法完成自我实现、自我完善的过程。以 2014 年云南项目点的个案为例，在志愿者到达学校之前，老师们关于是否与"乡村阅读"合作也有不同意见。有的老师就认为没有必要招揽这桩麻烦事，省得安排食宿以及与政府有关部门打交道。① 校长思量一番之后同大家商量，最后才决定将项目开

---

① 根据《云南省规范境外非政府组织活动的暂行规定》，境外非政府组织进入本省，须向省民政厅申请备案；本省相关合作组织则须向省外事办申请备案。"乡村阅读"启动 G 村小学项目时尚未备案。因此，C 县公安局曾不同意"乡村阅读"到当地开展项目。最后，在 G 村小学校长等人的多方努力下，当地公安局有条件地同意开展项目。在项目开展的整个过程中，学校一直都须面对与备案相关的各种情况。

展下去。随后在项目执行期间，学校克服各种不便，尽可能地为志愿者提供"做好事"的空间。项目过了大半之后，我去找校长聊天，了解他对"乡村阅读"的看法。如前所述，校长并不认为"乡村阅读"需要承担到 G 村开展项目的责任，但与此同时校长也说：

> 据我了解，有的国家要求做慈善，慈善可以抵税。大学要求学生做志愿者，作为学业的一部分。这是国家政府促进你更早融入社会实践，成就自己的同时也帮助了别人。如果他们出于责任来做的话，是为自己负责，然后是成就自己帮助别人，这个是双赢或多赢。我们国家的体制没有提供这种条件。

显然，正是学校和 G 村的接受才成全了志愿者与整个暑期项目。不过，公益双方的相互关系并不全然是道义经济内互惠原则的体现。诚然，双方交往中带有一定的互惠成分在内。例如学校接受并热情招待远道而来的志愿者，这本身就是他们遵循既有道德逻辑积极回应外界善意的一种表现。志愿者离开后，校方依然投入精力维护、管理图书室，这既是出于为学生提供良好阅读环境的考虑，也是由于接受了"乡村阅读"的图书室与志愿者便意味着承担了它的期待。但是，这里的互惠是相当模糊或者说非典型的。

在农民的道义经济体系内，共同体内的成员嵌入在一个互欠人情的网络之中。提供帮助的家庭明白，它可以期待日后得到类似的回报性服务。有时候，尽管家庭之间交换的并不必然是相同的服务或物资，但"互惠所要求的是类似价值的交换"（斯科特，2013：217）是无疑的。此外，在道义经济体系内，施受双方通过不断的礼物交换来完成自我的再生产，"通过无止境的礼物馈赠过程，交换网络再生产着村民们的自我"（阎云翔，2000：71）。并且，这里的自我与个人在传统社区内的地位和角色紧密相连，或者说自我深嵌于特殊主义的道德观中。而在公益实践中，志愿者参与公益的动因既非偿还人情债，亦非购置生活保险。尽管志愿者从公益行动中有所收获是确定无疑的，但双方交换的并非类似价值或物品；或者说，这种交换相对于道义经济中的交换显得不是那么明显可见。此外，志愿者确实也通过实践公益来叙说自我并对自我进行再生产，而且对自我的关注在这里还非常突出。但是，这里的自我要比道义经济中通过互惠实践而实现再生产的自我更为抽象。也可以说，自我认同在这里的指向更为多元，它可能与个人的宗教信仰有关，也可能与个人独特的人生经历相关，又或者与精英的社会责任感有关。所有这些因素使得道义经济内的互惠原则无法完全解释公益双方的相互关系，而这也是前述 G 村小学老师脱口而出"我们这儿是对等的"的根本原因。

五　结语与讨论

（一）变迁时期的多重道德图景

社会变迁往往意味着道德规范、道德话语以及道德实践的变迁。以中国农村私人生活领域为对象的相关研究揭示出，传统的地方道德世界对于个体的道德期待与道德评价开始失效，而自我本位的文化在此过程中不断上升（阎云翔，2006）。但将视线转向更为广阔的社会时又会发现，社会变迁过程中道德亦呈现出多向度、多层次的变迁过程（阎云翔，2010）。从前文的叙述不难发现，当以志愿行动为代表的新道德出现时，互惠原则仍然在相当程度上作为乡土社会重要的道德要素渗透在村民的日常生活之中。尽管 G 村人将社区内的给予或互惠称为"公德"，但由于互惠原则基本上仅在特定的社会关系内有效，故它并非现代公民道德意义上的公德。问题在于，这种带有特殊主义取向的道德原则却是带有普遍主义取向的现代公益融入社会整体时不得不面对的一种民情，而且二者之间还存在着相当张力以及连接的某种可能。一方面，前者要求后者对于其所蕴含的相互性与对等性做出解释，而后者则要求参与其中的个人超越熟人社会的边界与简单互惠的逻辑来理解个人与他人、个人与社会的关系。另一方面，民情所讲求的礼尚往来、桑梓情谊等道德规范也有可能成为推动个人参与公益的道德因素。显然，我们很难说在特殊主义的道德观与普遍主义的道德观之间存在着非此即彼的对立关系或线性发展过程。

其实，人类学研究早已揭示出，社会的完整有赖于其所包含的士绅阶层与农民阶层，或者说大传统与小传统之间的互补与互动。二者如何关联是一个不能掉以轻心的问题，而二者在道德领域内的互动尤其值得探讨

（芮德菲尔德，2013：90、96、169）。诚然，将带有特殊主义取向的互惠原则视为小传统，将带有普遍主义取向的公益道德视为大传统的做法过于简单，但大小传统互动的思路在我们思考中国现实时依然值得借鉴。实际上，当下的中国经验就在不断提醒我们去思考，作为特殊主义道德观之主要载体的传统乡村共同体在当代的命运究竟应该如何展开？或者说，乡村共同体能否作为现代公共性社会的组成部分？有学者指出，共同体仍然是现代社会存在的一种形式，问题的关键在于如何在保持村落共同体团结纽带的原则与途径的同时，形成共同体之间以及共同体与更大社会之间的链合（毛丹，2010）。的确，传统共同体与更大社会之间存在着多重连接方式，本文的叙述则隐约显示出现代公益有可能作为其中一种可能的具体途径。而且，恰如礼物揭示了权力与利益皆无法解释亦无法构成的人与人、人与社会相遇、相融的方式（Godbout & Caillé，1998）那样，公益亦有可能提供一种在国家与市场之外链接传统共同体与更大社会的途径。不过，在乐观地展望这种前景之前，至少还需要进一步解释公益双方的相互性问题，并回答我们在什么意义上说现代公益是礼物。

（二）礼无不答的原则及现代公益期待的相互性

莫斯的礼物研究一再强调，接受礼物总要以某种方式回报。拒绝回报的礼物则不但带有伤害性，还会阻碍相互关系的形成乃至社会团结的维系。莫斯之后，人类学家关注的多是能建立并维系持久社会关系的礼物。无论如何，回礼总是被期待的，至于在什么场合、以什么方式回馈礼物或表达感激则与给予者和接受者的社会角色及等级关系密切相关（Appadurai，1985）。尽管礼无不答的普遍性也会受到挑战，例如中国社会就存在受礼者在忽略回报义务的同时还能保持其声望、权力的优越性的现象，但其原因在于"社会关系的既定结构取消了互惠的义务"（阎云翔，2000：158），或者说这种现象表明的乃是社会公平与正义的缺席（Yan，2002）。此外，关注免费礼物——如印度檀施（dān）的人类学家也同意，檀施要求抹除给予者与接受者的关系，令彼此之间既无利益也无义务（Bornstein，2012）；因此，免费礼物不能带来朋友（Laidlaw，2000）。

正是基于对于团结无益的礼物不成其为礼物的认识，有研究者指出，慈善捐赠与结构性不平等的生产以及再生产相关，施善者的慷慨给予往往会造成受惠者的去权化与边缘化，因而慈善捐赠并不符合人类学的礼物概念（Rice，2007）。另外，哲学家马格利特也提出了与此相关的"慈善的悖论"：当施惠者毫无私心地行善，即给予不要求回报时，受惠者却因其从施惠者的慷慨中获益而有义务感恩，但回报无力的现实却会使他们处于劣势。当施惠者带着私心行善，即关心他人怎么看待自己时，受惠者仅需表达感谢之意而无须感恩，因为他们愿意接受礼物本身就帮助施惠者实现了自我满足。从而，站在受惠者的立场看，带有私心的慈善要比无私的慈善更加可取（Margalit，1996：244 - 245）。"慈善的悖论"所表明的依然是免费礼物不可取。此外，有关志愿行为的经验研究指出，在国家采取话语、政策等各种手段将无偿的志愿精神塑造为好公民的核心要素的过程中，充满同情心的自我或曰道德公民被生产出来，但这种新道德也给被排除在这种自我或公民之外的社会其他群体带来了伤害，并生产了新的不平等（Muehlebach，2012）。

显然，"免费礼物"的修辞或想象会造成社会成员间的隔阂。但是，公益实践中的互惠原则又是相当模糊的。那么，我们如何理解公益双方的相互关系？公益能够成为礼物吗？

实际上，礼无不答的根本归宿在于"混融"，公益蕴含的相互性最终也要由"混融"来揭示。

> 归根结底便是混融。人们将灵魂融于事物，亦将事物融于灵魂。人们的生活彼此相融，在此期间本来已经被混同的人和物又走出各自的圈子再相互混融。（莫斯，2005：41）

"混融"的意义在于，"通过以礼物交换为原型建构起来的彼此混融的相互主体性，社会才能成其为社会，个体也才能基于与他人相的承认和感激而形成真正的自我"（汲喆，2009）。可以说，"混融"揭示的乃是自我的有限，而它寓示的则是任何社会都可能出现，也应该出现的自我与他人、个人与社会、自由与义务、自利与利他、精神与物质、道德与利益、当下与未来等彼此不可化约的杂糅状态。正是在"混融"所表明的人与人在根本上的彼此关联与相互成就的意义上，礼物超越了小共同体内你来我往的简单互惠。事实上，公民理应遵循的最基本的"礼"与"义"就是在认识到上述原则的基础上主动走出自我，参与到他人的生活中去。在此过程中，正如汲喆所言，莫斯的 réciprocité 更确切的意思是"相互性"而非有可能让人产生功利主义印象的"互惠性"（汲喆，2009）。或者说，互惠性是礼物蕴涵的更为广阔深邃的相互性的一种表现。由互惠性建立的联系是有限的，而由相互性建立的联系则能超越具体情境及具体经验的束缚与限制。

归根结底，公民的"礼"与"义"是对简单互惠的超越。相应地，对于公益双方关系的理解必须立足于个人与个人、个人与社会之间超越具体情境、具体经验而相互联系的根本性质之上。换言之，现代公益是建立个人与社会的现代关系的重要途径，相对于具有特殊主义取向的互惠性，其所期待和追求的更多是具有普遍主义取向的相互性。如此理解，则照顾每位成员的人格与尊严必然是现代公益的应有之义；参与公益的动机亦有望从易变且可能受私人关系限制的同情转化为深思熟虑的公民道德。最终，本文正是因为现代公益期待的人与人、人与社会的关系是礼物寓示的相互关系，才从礼物的视角来理解现代公益，并将其视为呈现礼物道德的一种具体方式。①

显然，多次礼物关系的完成才能真正实现礼物所追求的平等、相互与混融。而且，本文从礼物视角来理解公益是就二者暗示的人与人、人与社会的关系相契而言，这既不表示实践中的公益都是莫斯意义上的礼物，更不表示公益已然启动社会及其制度的总体。从而，本文以礼物来理解现代公益仅是观念上的尝试，其作为礼物最终是否成立还有赖于相关制度与框架的建立，其能否链合传统共同体与现代公共性社会亦有待经验检验。最后，如何在本土文化的逻辑上孕育现代社会所需的公共精神尚待更为深入的经验研究。②

---

① 混融及其揭示的相互性既是对社会生活何以可能的抽象表达，也是关于社会生活应该如何的道德箴言。在对公益的讨论中，并不因为我们提出混融就能解决与社会公平相关的结构性问题，也不可能因此而消除不同阶层在经济资本、政治资本、社会资本等方面的差异。不过，对于混融的认识至少是我们致力于解决结构性问题必需的观念前提。

② 如评审专家所言，本文未在文明形态的意义上，比较原始文化的礼物交换和乡民社会互惠原则的逻辑。笔者的主要考虑是，本文作为阶段性研究成果，更倾向于讨论公益在超越具体情境与具体经验的层面上体现出的人与人、人与社会的相互关系，故而强调了"混融"，并取其揭示了自我之有限，以及自我与他人、个人与社会、自利与利他不存在非此即彼关系的意义。必须承认，这样的理解并不能涵盖礼物以及"混融"的所有意义，笔者对礼物的深入理解还需继续努力。

参考文献

高丙中，2012，《"公民社会"概念与中国现实》，《思想战线》第 1 期。

高丙中、袁瑞军主编，2008，《中国公民社会发展蓝皮书》，北京：北京大学出版社。

汲喆，2009，《礼物交换作为宗教生活的基本形式》，《社会学研究》第 3 期。

马腾岳，2015，《鹤庆白族年龄组织"帮辈"文化的人类学初探》，《西南边疆民族研究》第 16 辑。

毛丹，2010，《村落共同体的当代命运：四个观察维度》，《社会学研究》第 1 期。

莫斯，马塞尔，2005，《礼物：古式社会中交换的形式与理由》，汲喆译，上海：上海世纪出版集团。

欧爱玲，2013，《饮水思源——一个中国乡村的道德话语》，钟晋兰、曹嘉涵译，北京：社会科学文献出版社。

芮德菲尔德，罗伯特，2013，《农民社会与文化》，王莹译，北京：中国社会科学出版社。

斯科特，詹姆斯·C．，2013，《农民的道义经济学——东南亚的反叛与生存》，程立显、刘建等译，南京：译林出版社。

斯密，亚当，2010，《道德情操论》，蒋自强、钦北愚、朱钟棣、沈凯璋译，北京：商务印书馆。

托克维尔，2004，《论美国的民主》（上下），董果良译，北京：商务印书馆。

肖瑛，2014，《从"国家与社会"到"制度与生活"：中国社会变迁研究的视角转换》，《中国社会科学》第 9 期。

阎云翔，2000《礼物的流动》，李放春、刘瑜译，上海：上海人民出版社。

阎云翔，2006，《私人生活的变革：一个中国村庄里的爱情、家庭与亲密关系》，龚小夏译，上海：上海书店出版社。

阎云翔，2010，《社会转型期助人被讹现象的人类学分析》，徐大慰译，《民族学刊》第 2 期。

杨联陞，2009，《报——中国社会关系的一个基础》，段昌国译，载于杨联陞著，《中国文化中"报"、"保"、"包"之意义》，贵阳：贵州人民出版社。

杨美惠，2009，《礼物、关系学与国家——中国人际关系与主体性建构》，赵旭东、孙岷译，南京：江苏人民出版社。

朱健刚主编，2012，《公益蓝皮书》，北京：社会科学文献出版社。

Appadurai, Arjun 1985, "Gratitude as a Social Mode in South India." *Ethos* 13（3）.

Bornstein, Erica 2012, *Disquieting Gifts: Humanitarianism in New Delhi*. Stanford: Stanford U-niversity Press.

Douglas, Mary 1990, "Foreword: No Free Gifts. " In Marcel Mauss, *The Gift: The Form and Reason for Exchange in Archaic Societies*, trans. by W. D. Halls, Foreword by Mary Douglas. New York: Routledge,

Godbout, Jacques & Alain Caillé 1998, *The World of the Gift*, trans. by Donald Winkler Montreal & Kingston: McGill-Queen's University Press.

Laidlaw, James 2000, "A Free Gifts Makes No Friends. " *The Journal of the Royal Anthropological Institute* 6 (4).

Margalit, Avishai 1996, *The Decent Society*, trans. by Naomi Goldblum. Cambridge: Harvard University Press.

Mauss, Marcel 1990, *The Gift: The Form and Reason for Exchange in Archaic Societies*, trans. by W. D. Halls, Foreword by Mary Douglas. New York: Routledge,

Muehlebach, Andrea 2012, *The Moral Neoliberal: Welfare and Citizenship in Italy*. Chicago: The University of Chicago Press.

Rice, James G. 2007, "Icelandic Charity Donations: Reciprocity Reconsidered. " *Ethnology*, 46 (1).

Rolandsen, Unn Malfrid H. 2010, "A Collective of Their Own: Young Volunteers at the Fringes of the Party Realm. " In Hansen M. H. & Svarverud R. (eds.), *China: The Rise of the Individual in Modern Chinese Society*. Copenhagen: NIAS Press.

Shils, Edward 1997, *The Virtue of Civility: Selected Essays on Liberalism, Tradition, and Civil Society*, Steven Grosby (ed.), Indianapolis: Liberty Fund.

Silber, Ilana F. 2002, "The Gift-relationship in An Era of 'Loose' Solidarities. " In Eliezer Ben-Rafael & Yitzhak Sternberg (eds.), *Identity, Culture and Globalization*, Leiden: Brill.

Wilk, Richard & Lisa Cliggett 2007, *Economies and Cultures: Foundations of Economic Anthropology*. Boulder: Westview Press.

Yan, Yunxiang 2002, "Unbalanced Reciprocity: A Symmetrical Gift Giving and Social Hierarchy in Rural China. " In Mark Osteen (ed.), *The Question of the Gift*. New York: Routledge.

当代中国影像民族志：问题导向、科学表述与伦理关怀[*]

罗红光

摘　要： 本文以当代中国影像民族志的历史发展为例，就影像民族志的若干理论问题进行了深入讨论。影像民族志的思想性（问题导向）、科学性（科学表述）和人民性（伦理关怀）相辅相成，共同搭建了镜头两端主体的公共平台，为影像民族志在认识论中实现统一提供了一种重要的可能性。对知识的公共性追求是影像民族志的重要使命。

关键词： 影像民族志　当代中国影像民族志　问题导向　科学表述　伦理关怀

20 世纪 50 年代到 60 年代，中国的影像民族志工作者生产了大量以少数民族历史、社会制度、经济模式、生活习俗等为题材的影像作品，奠定了具有鲜明时代特征的当代中国影像民族志的底色，为中国影像民族志的未来发展打下了不可撼动的基础。在这个领域做出贡献的众多优秀导演中，中国社会科学院民族学与人类学研究所的杨光海研究员，作为老一代影像学者的代表脱颖而出，在 2015 年中国民族博物馆首届民族电影展中获得"终身成就奖"。此项奖励，一方面是对那一时代的影像学者及其成就的肯定，同时也是对新一代影像民族志工作者的鞭策。

继往开来，自蔡华教授导演的《达巴》^① 和庄孔韶教授导演的《虎

---

* 原文发表于《民族研究》2015 年第 4 期。本文系中国社会科学院创新工程"当代中国社会变迁与文化认同研究"课题的阶段性研究成果。中国社会科学院民族学与人类学研究所庞涛副研究员、云南大学陈学礼教授、贵州民族大学潘怿晗副教授及匿名评审专家对本文提出了很多宝贵意见，在此一并致谢。

① 1999 年入围"巴黎国际民族志电影节"。

日》① 起，中国影像民族志开始出现一些新的发展动向：关注文化的多样性，注重文化的主体性，主动走出国门，与国外同行作品开展平等的学术对话。2009 年夏天，由我国举办的世界人类学大会上，庄孔韶、鲍江分别独立主持了视觉人类学专题的分会场，向世界发出了中国影像民族志新的"信号"。之后，文化部推出了"节日志""非遗"、西南边疆的"生态博物馆"等大型文化记忆工程和影视制作活动，云南大学影视人类学实验室组织推广了"乡村影像"工程，视觉人类学和影视民族志的参与者越来越多，作品质量也在不断提高。2013～2015 年，在北京、贵州、南宁等地相继举办了视觉人类学影展。其中，中央民族大学举办了第一、二届视觉人类学与当代中国文化论坛，影展分理论、一般作品和专题影展等几个单元，影展作品包括近百部影片；中国社会科学院民族学与人类学研究所在贵州师范大学举办了第七届中国影视人类学年会，展出了国内外 50 余部作品；广西民族博物馆主办了"广西国际民族志影展"，② 分主场、新锐、生态博物馆三部分，共百余部作品；中国民族博物馆举办了"2015 首届中国民族题材纪录片回顾展"，影展分鄂伦春百年影像、经典民族志电影回顾1957～2014 和家园·遗产主题单元入围作品展三个单元，共 42 部作品。笔者分别参加了五次视觉人类学影展活动，有机会观看了百余部来自不同领域的影视作品。这些影视作品，无论从规模、数量还是质量来看，较以往都有了大幅度提升。

与此同时，也应该看到，历届视觉人类学的作品和影评出现了纷繁复杂的局面，跨专业、跨学科、不同年代的导演和作品及影评越来越多。首先，导演来自视觉人类学、传媒学、电影、新闻、非政府组织（NGO）、地方博物馆等不同专业和行业，可谓跨文化、跨专业、跨区域的"大巴扎"；影评专家也是如此，有唯美主义的专题片制作人、电视台资深导演，也有影像民族志者、民间非专业制片人等。各方观点见仁见智，出现了不少争论，在某种意义上讲，影响了跨学科合作的深入展开。

---

① 2002 年获"第 16 届国际公共卫生大会暨电影节"特别提名奖。

② "广西国际民族志影展"自 2014 年 11 月 29 日至 12 月 3 日举办，为期 5 天。参会者来自不同领域，包括国内外专家、学者、纪录片制作人和在校大学生等。影展共征集到来自 5个国家，涵盖中国 15 个民族的原创影片 150 余部，其内容涉及手工艺、戏曲、节庆、信仰、饮食、生计等题材。与前几次影展相比，有着更大的代表性。

一 影像民族志生产过程中争论产生的方法论根源

涉足影视界的很多人有一种误解，认为只要拍摄文化就是视觉人类学，拍摄民族的作品就是影像民族志。事实上，影像民族志并非技术和内容的简单相加。从以视觉人类学为专题的五次影展的状况来看，各类影片的自由发展氛围可以促进艺术发展，甚至能够拓展元素材的获得范围，但不同专业领域的人"各持己见""我行我素"，缺乏基本的公共平台及相关的建设性意见。现以近年出现的大型专题文化纪录片为例进一步加以说明。其一，《舌尖上的中国》① 第一季以唯美主义的视角反映了"民以食为天"的文化现象。影像用光、画面质感堪称完美，艺术性、观赏性强，但博物馆学式的"文化拾贝"的表达方式切断了与文化拥有者的脉络，因而成为以娱乐为导向的"文化大餐"。第二季开始注意饮食文化与社会脉络之间的密切关系，体现了相对完整性和客观性。其二，如笔者导演的《学者对谈》，② 具备明确的学术问题导向和知识脉络，因而具备科学性，但表现手法过于严肃且单调，因此缺乏美感和观赏性。其三，《乡愁》③ 属于社会问题导向的新闻专题片。影片在表达流动人口的亲情方面有着较强的故事性，体现了替农民工伸张正义这一思想。该作品的思想能够产生公共性，但导演的立场单一，导致客观性较弱。文化部民族民间文艺发展中心主持拍摄的大型系列片《中国节日影像志》（由李松、刘湘晨等导演）在系统性及人民性方面做了大量尝试，其科学价值初见端倪。围绕理解、表述和评价，这些影视作品反映出关于影像文化的三种纠结：其一，影像民族志究竟是艺术还是科学？其二，影像表达是文字的附属工具吗？其三，纪录片为谁服务？

作为影像民族志重要学科基础的人类学究竟是人文学还是科学这一论争由来已久。埃文斯－普里查德（Evans-Pritchard）认为人类学首先是人文学的一种，也是历史学的一个组成部分。怀特（L. White）则主张人类

---

① 参见任长箴等总导演《舌尖上的中国》第一、二季，中国国际电视总公司出版发行，2014 年。

② 参见罗红光导演《学者对谈》（1～5 回），社会科学文献出版社，2013～2014 年。

③ 参见韩君倩导演《乡愁》，《月是故乡明》（1～8 集），中央新影集团出品，2014 年。

学是"文化的科学"，并发展出了文化学（culturology）。韦伯（Max Weber）和哈贝马斯（Jurgen Habermas）都将人类学与历史学画等号，这是因为在方法论上人类学仍然以采集素材为前提，并且针对其素材进行归纳或比较。列维－斯特劳斯（Claude Levi-Strauss）则认为，在研究取向上历史学和人类学虽然有所不同，但这两种方法是不可分割的。这些争论也深入到影像民族志当中，对其产生了重要影响。

（一）线性思维特征的经典民族志与影像民族志

经典民族志主要以文字来表述，有时会辅以图像。文字表述的特点在于合乎叙事的情节线索，符合事物发展的逻辑，无论采用归纳法还是演绎法，它的落脚点为一种线性的抽象类型。例如，功能主义强调"多元一体""和而不同"的角色（要素）之间在力量上的协同关系，表达了社会物理学意义的社会各关系实体之间的"表层结构"。它讲究社会组织内部的整体性和规则性，如"机械团结""复杂社会"所示，它表现为一种"马后炮"式的描述和归纳的理解模型。而结构主义则表现为分析所收集的素材并建立可演绎分析的理解模型。上述两种理解模型都属于理性思维的结具。相比之下，结构主义更注重在不同文化现象中寻找隐藏在诸多社会关系背后的共同"结构"——"表层结构"背后的无意识结构——"深层结构"（deep structure）。① 它在素材的基础上需要进行演绎推理，甚至可以得出结构的运转模式，因此它不能完全属于在时间问题上不可逆的历史学。功能主义和结构主义的两种民族志在分析层面均以"人间规则"为研究对象，这种分析是建立在因果关系基础之上的理性分析，因而它们均呈现为点对点的链条式线性思维。如果要表现整体或社会结构，它还必须通过更多的、更为复杂的线性逻辑分析方有可能。例如，功能主义所讲的"有机团结"就是通过代表社会分工的角色及其职业伦理得以呈现（参见涂尔干，2000；2001）；而结构主义则关注女性交换规则，挖掘这种规则运行的逻辑，即"乱伦禁忌"。

同样，中国20世纪50年代的影像民族志服务于社会主义大家庭的民

---

① "深层结构"是20世纪60年代由美国语言学家诺姆·乔姆斯基（Noam Chomsky）提出的。他发现语言具有"转换生成"的语法，揭示了表意结构（表层结构）背后存在的抽象结构（深层结构）。这对法国结构主义的出现产生了革命性的影响。

族识别，影片针对各少数民族的社会生活与社会结构进行了大量描述，其科学性表现在拍摄与制作的全过程，35 毫米的黑白片堪称完美，构成了那个年代的"史料证据"。但是，在社会进化论思想的指导下，大部分片子由导演摆拍；并且，为了表现科学理性的某种"客观性"，文化主体的话语系统被科学话语的旁白取代，[①] 处于"失语"状态。这一时期的影像民族志以"史料"为本，以"佐证"的形式辅佐文字表述所需要的线性思维模式，而文化主体的认知和自身的历史系统被社会进化论思想过滤掉了。这在当今是违反人类学伦理的。因此，只能将这类影像民族志视为记录学术思想史的"史料"，此类影像民族志者只能作"马后炮"式的事实归纳，并整理出线性的发展"规律"。另外，值得指出的是，那个时代的影像民族志，有不少是以论文为主、以影像为辅的方式呈现的，更为明显地体现了影像民族志作为"史料证据"的特征。

（二）非线性思维特征的影像民族志

人类学是一门跨学科、跨文化的学问，这已是不争的事实。影像民族志是科学还是艺术的讨论也来自它自身的特点。其中，它的科学性来自自己的学术传统，艺术性来自以下两方面。

第一，作者的形象思维方式是影像民族志艺术性来源的基本前提。作为影像民族志作者，受制于人类自身的左、右半脑分工。[②] 人的左半脑支配右半身的神经系统和器官功能，它具有条理化、逻辑性思维的能力，即表现为与认知语言、分析、逻辑、代数的思考与行为相关的理性思维；右半脑支配左半身的神经系统和器官功能，处理支配可视的、综合的、几何的、音乐的、图像的思考和行为，它表现为人的直觉观察、纵览全局的形象思维。上述理性思维和形象思维在具体的创作过程中同时发生在作为影像民族志工作者的一个人身上。

第二，来自研究对象的非科学理性的思维方式和生活习惯。众所周知，作为人类学的通则，它在研究方法上具备两个基本要素：要有自己独特的研究对象，还要有对于这个对象的研究（张江华等，2000：5）。研究

---

① 这是一种去主体化操作。
② 美国的斯佩里（Roger Wolcott Sperry）教授通过割裂脑实验，证实了大脑不对称性的"左右脑分工理论"，并因此荣获 1981 年诺贝尔医学生理学奖。

的目标群体并非按照某种科学理性安排各自的生活，他们的审美、信仰、道德判断都不能简单地等同于只为科研服务的科学家的理性思维。

大部分影像民族志遵循描述性理解模式，要求作者首先要忠实地贴近研究对象的生活实践，并以研究对象的传统、信仰为依据，用研究对象的话语体系来表达被他们建构起来的生活秩序。这是一种不以科学理性为前提的文化理性，其追求的"客观性"受到对象主体的事实逻辑的约束。因此，影像民族志者在素材处理上要以实事求是为原则，在拍摄与制作过程中必须面对那些不属于科学理性的道德、审美、信仰等非理性思维。正因为摄像机的两端有摄制者和被摄制者的这种关系，摄制者和被摄制者的独立人格会蕴含在镜头两端的客观性之中，它包括主体双方的表达及表达方式所具备的伦理。由此可以说，将研究者的客观性等同于研究对象的客观性是一个严重的误导。

解释学派的代表格尔茨（Clifford Geertz）通过"厚描"（thick description）的写作方式试图克服以往科学理性所造成的客观性问题和道德障碍。他倡导针对文化"意义系统"的解释学方法，运用"地方性知识""语境"等视角来理解和分析文化的意义系统。在这一点上，现代影像民族志满足了解释学派的风格。

朱靖江以构成影像民族志的视觉语言为例，揭示了影像民族志的基本表现手法。"景深镜头"与"长镜头"可以表现纵深的空间关系以及主体行为在同一时空中的连贯性，呈现一种写实主义的影像面貌；而"蒙太奇"（短镜头剪辑）则打破了时空的统一性，不同的影像被拼接在一起，通过观看者的联想产生新的意义。这两种影像构成方法都是通过视觉思维，在人的头脑中形成观念、产生知识（朱靖江，2014：25）。从镜头表现手法上来看，由于有独特的时间和空间的修辞学，加之讲究艺术性、唯美主义等缘故，影像民族志也可被归入纪录片范畴。它不同于点对点的文字表述，更多地表达了文化的空间感，即表达"面"和"体"的关系。上述的两种镜头用人类学方法学中的术语表述的话，"景深镜头"和"长镜头"叙事讲究时空的连贯性，属于历时性（diachronic）表述，而"蒙太奇"式的短镜头剪辑则属于共时性（synchronic）表述。"景深镜头"和"长镜头"的"厚描"通过历时性表述而达到呈现连贯的意义系统的厚重感；"蒙太奇"式的短镜头剪辑可呈现不同现象之间围绕象征展开的分析和表述，其抽象程度较高。两者均要求影像民族志者在特定语境下实现针对文化意义系统的深度描述和象征阐释。因此，一部成功的影像民族志作品最接近解释人类学的理论与分析视角。

这种接近解释人类学理论与分析视角的影像民族志，在意义的理解与表述方面能够忠实地尊重文化拥有者的文化语境，同时也采用了如当地人表征图腾信仰一样的阐释性、象征性表述手法。因此，这种影像民族志会带有一定程度的个体性，甚至有时会带有一些神秘主义色彩，由此，影像民族志与解释人类学一样，同样可能陷入"科学与艺术"的纠结之中，而媒体纪录片作者对影视的技术性修辞及美学偏执，无疑会加重这一局面。

（三） 两种民族志的客观性问题

围绕是科学还是艺术问题，争论的焦点直指影像民族志的客观性。作品的"客观性"始终是衡量科研成果的重要标准。客观性同时涵盖针对真理、真实和事实的讨论。研究方法的客观性（即用同样的方法在不同环境下进行实验和检验的可能性）是研究的必要保障。以文字为主的经典民族志和以视频为主的影像民族志之间除了表现手法上的差异之外，线性思维的经典民族志所展现的"客观性"体现在对"史料"的归纳、演绎分析方面，而非线性思维的影像民族志的"客观性"表现在形象思维本身所拥有的客观性上，仅一个镜头就可以忠实地呈现复杂的空间关系，因此它具有文字所不能替代的表现力，具备了影像民族志特有的"独立人格"。若将影像民族志是艺术还是科学的争议落实到具体的文化场景中再观察，笔者不能完全认同用"点""面""体"来区分影像民族志与其他民族志的表现力。这种区分在于，文字表现为点对点的线性关系，图像表现为平面关系的视觉效果，影像则体现出三维的立体视觉效果。由此得出影像更加贴近真实、客观、全面的结论也是站不住脚的。过度夸大影像的写真性会产生误导。

案例1。在镜头面前我们可以看到一个人在眨眼，但是我们却不能单从镜头中判断眨眼的这个人是因为痉挛还是传送某种特定的含义（格尔兹，1999：628）。在这里，与"眼见为实"的镜头表达相比较，高度抽象的文化语境是很难被"看"到的。

案例2。笔者在陕北做田野工作时，发现那里的人们依山筑窑，无院门、院墙的情况十分普遍。一旦村里有人家举办丧事，家家在沟边的树上系块红布来辟邪。于是笔者认识到，他们的心中仍然内外有别，有一道心理上的界限。

在案例 1 中，影像客观地呈现了眨眼这一视觉上的事实，但不能表现高度抽象的语境的内涵；在案例 2 中，影响虽然，真实地呈现了无院墙的事实，但却对客观性造成误导。这些都直接影响到了影像所表达的客观性、真实性和完整性。可见，"客观性""真实性""完整性"，甚至"鲜活性"并不等同于影像。就"客观性"而言，经典民族志与影像民族志各司其职，不可替代。文字也并非没有表达"面"和"体"的能力，尤其在表达抽象意义上。例如，"社会结构"就是点线结合的面，"无意识结构"和"意义系统"的象征都是文化实体与精神的结合。

总之，民族志在忠实地贴近研究对象日常生活的实践与文化语境这一点上，其"发现"远远大于"创造"，因此，在某种意义上讲，它更接近历史学；在表达文化空间等形象思维及研究对象的"野性思维"这一方面，如对图腾、仪式等的描述，它的真实性更具备艺术的表现力。这里的艺术性既包含了地方性知识里的想象和创造性，又包含了影像民族志作者对审美、道德的理解力与表现力。文字所能表达的理性分析，针对用朴素唯物论眼光看不到的"高度抽象的语境""无意识""象征"等，均由人类学家在各自的研究中创造出来的描述性或分析性概念得以呈现。在这一点上，民族志的"线性"分析或"非线性"描述在人类知识生产中的"发现"与"创造"，符合科学研究的基本诉求。张江华等学者认为，科学和艺术是人类学把握客观世界的两种不同途径和方式。从原则上讲，这两种方式互不相容，人类学属于科学范畴，影视属于艺术范畴，各有自己必须遵循的规范，有自己认识和干预客观世界的方法。而影视人类学却跨于这两者之间，把本来属于艺术范畴的影视手段用到了人类学研究的科学领域里（张江华等，2000：4）。

作为人类学成果形式之一的影像民族志，在表现手法方面具有历史学的特点，例如，记录发展的轨迹、仪式的过程、人与人的关系等。它被经验素材的线性关系所界定，在表现形式上同时又被文化的非理性思维方式所支持。它要求作者尊重与遵循研究对象世界的审美，理解研究对象的价值判断。两种民族志间的争议来自民族志者各自刻意执着的研究手段。影像民族志具备"科学"与"艺术"两种基本功能，它不能完全等同于被素材"控制"的历史学，因为它必须面对只有在研究对象的生活实践中才产生意义的那种想象、历史观、审美和道德判断。

二 影像民族志在认识论中实现统一的可能性

如上所述，影像民族志知识生产中同时承载着具有科学理性特点的线性思维与具有艺术特点的非线性思维，既使用了历史学研究的方法，也采纳了艺术性的思考方式。非此即彼的争论既不符合影像民族志的特点，也不符合作为表达对象的当地文化的特征。因为文化既可以是具体的、形象的意义系统，也可以表达高度抽象的象征思维。过度夸大镜头的写实性，或者过分强调文字的表现力，都是引发缺乏建设意义的论争的根源所在。那么，如何在影像民族志知识生产中建设一个可互动、且互惠的公共平台？

影像民族志不是影像技术与文化的简单相加，也不是影像和民族的大杂烩，不能在学科知识分工层面寻找统一性。庞涛主张放弃这些缺乏建设意义的论争，用"学者电影"[①] 来搭建经验与逻辑之间的桥梁，以寻求新的统一性。本文则从"问题导向""科学表述"和"伦理关怀"的角度来阐释影像民族志在认识论中实现统一的可能性。

（一） 问题导向

影片的思想性主要表现在影像民族志作者的问题意识里，即明确的学术问题导向和有据可依的知识脉络。这一点与其他科研活动一致。一般而言，在正式拍摄之前，影像民族志者需要像经典人类学家一样做基本的田野功课，即通过阅读，以前人的研究为前期铺垫，对所要拍摄的田野或群体有一个以问题意识为导向的思考和设计。现代的影视作品即便不需要写论文，也要在影片中有一条主线，影片的思想性也蕴含在其中。

---

① "学者电影"具有四个方面的特点：第一，反映被观察者的内心世界，形成关于"人观"的民族志；第二，包含多种声音的对话模式，而非单向的表达；第三，影像民族志写作方式的多样化，突破非虚构的纪录片限制，写实剧，甚至剧情式虚构等均可用于构建表达；第四，在影片中体现人类学的文化批评，参见庞涛，2015。

　　围绕问题导向，庄孔韶导演的《虎日》给我们提出了这样一个问题，即科学技术与文化是否可以互惠？《虎日》意在揭示在艾滋病干预领域，对于自然科学尚无有效医疗手段进行治疗的情况，文化可以起到一定的干预作用。在这部影像民族志中，使用了写实与象征相结合的手法，完整、生动地表现了凉山彝族的家支及其家规，以及传统与现代之间的密切关系，呈现了彝族家支在戒毒方面发挥的重要作用。《虎日》折射出的思想在于，在环境、卫生、福利、教育、安全等公共服务领域中出现的问题，仅仅依靠某个专业学科知识和技术的力量往往难以奏效，需要运用跨专业、跨行业的技术和智慧来共同面对和解决。在这个意义上，《虎日》给观众以举一反三的想象空间，引起"他山之石"的共鸣。在吸毒（艾滋病传播途径之一）问题上，文化与医疗技术共同干预、并行不悖的思路为观众揭示了"问题的公共性"。

　　顾桃导演的《羿达罕》①（2014 年）花费了 8 年时间拍摄，作者通过身临其境的跟拍，讲述了主人公以打猎（鹿）、驯鹿、画鹿为生的生命历程。观众从中能够感受到一段消失的历史，即一条因发展政策导致的文化凋零、族群认同被瓦解的清晰轨迹。该作品通过厚描主人公从打猎（鹿）、伐木到禁伐、禁猎、画鹿为生的生活，以及一个面临消失的族群文化，将作品的思想性定位在发展与文化的冲突这一世界性话题上。② 影片引起一定的共鸣也是其在世界频频获奖的原因所在。2015 年该片又在中国民族博物馆首届民族电影展上获得金奖。可见，影片不仅呈现了驯鹿人的生命历程，而且折射出导演对发展问题的反思。导演将传统与现代同时呈现在镜头中，实现了时间跨度的比较，因而具备一定的学术价值。

　　鲍江导演的《去县城做白内障手术》③（2008 年）表现了云南山民赴县城为自己的两个患白内障的孙女看病的艰辛过程。从跋山涉水到进县城入住、看病的整个过程具有人类学意义的"文化冲击"（cultural shock）、文化调试等故事情节。作者使用了大量的长镜头加少量的短镜头和特写镜头，表现了巫术与医学之间的张力。这两套话语系统之间的张力揭示了人

---

① 该片在第 43 届鹿特丹国际电影节展演，获得第 38 届香港国际电影节评委会大奖。

② 在挪威的驯鹿人、新西兰的毛利人、日本的阿伊努人及美国的夏威夷人等所展示的文化危机中，同样可以看到，发展与文化的关系已经成为普遍关注的世界性问题。

③ 2014 年第一届视觉人类学与当代中国文化论坛主场展演。

类学的一个基本命题，即文化在"他者"所处的关系中的定位。如果没有进城治病这样一个事件，人类学意义上的"他者观"将无法呈现。影片表达了这样一种思想，即文化自觉并非一厢情愿，而是在"他者"关系的意境中得以呈现。导演将巫术与医学的不同文化同时呈现在镜头中，实现了跨空间的文化比较，其思想性就是在这种"他者观"中得以呈现。

在上述 3 部片子中，导演把影片定格在充分挖掘研究对象的信任与认同上，影片主角通过强烈的情感方式抒发了各自的价值观。与此同时，跨文化比较贯穿于影像修辞之中。如果用传统、现代这样一种线性历史观思考问题的话，人们应当相信当代医学，憧憬发展的美好未来，但这 3 部影片却给观众呈现了不同于社会进化论思想的可进行跨历史、跨文化比较的新思路。

（二）科学表述

科学研究有两种成果形式：一类是"发现"，一类是"发明"。重复性劳动在科学实践中会被认为没有意义，而被加以排斥。"发现"属于挖掘性工作，它需要有经验的慧眼和知识积累；"发明"属于创造性工作，它动用的是科学家的灵感、顿悟、想象等非理性思维。[①] 与人类学其他分支一样，在影像民族志作品中"发现"远远多于"创造"，即发现已存在的或被遗忘的事实。它要求人类学家必须遵守职业道德，不生造、不改造所观察到的现象。在这个意义上，人类学与历史学殊途同归。如果说人类学在研究中有所创造，那也只是针对经验资料的分析和表现手段而言，它创造有利于进一步观察和思考的概念、理论或方法，如"社会结构""无意识结构""象征"等就是在大量素材基础上加以提炼得出的。在影像民族志中，则使用长镜头和反复重现来呈现高度抽象的语境和象征性。在没有问题导向的情况下自由地使用这两种镜头很容易导致白描、散漫的视觉效果。称得上影像民族志意义上的"发现"或"发明"，必须满足可信度较高的客观依据和具有人类一般意义的智慧性产出这两个条件，其中包括对影像行为主体本身的研究。

---

① 钱学森称非理性中包含"形象思维"和"灵感思维"。参见钱学森《给本书作者的一封信》，选引自夏军，1998，第 2 页。

科学研究中的发现与发明都离不开科学的思维方式，即归纳、演绎和想象。归纳是在翔实的资料基础上建立理解模型，目的在于发现事实真相。对资料的描述性强，具有历时性是归纳的特点。演绎是在有意义的假设前提下建立推理模型，进而推演出对其他未知项（他者）的推理性理解。分析性强，具有共时性是它的特点。想象不同于前两种思维模式，它游离于逻辑的事实（科学性）和事实的逻辑（实践性）之间，[①] 在更宽的范围内进行概念或范式的转换，因而它具有跳跃性强，描述性差的特点，往往是发明、创造的一种心智活动。例如，"社会结构"就是在研究人与人之间关系实体的基础上提炼，并发明创造出来的一种抽象概念；发明"图腾"就是人与自然的关系在认识论上的一次飞跃。任何一个抽象概念的发明与创造均源于人类这一物种特有的非理性思维—想象，它如同命名，可能来自艺术，也可能是宗教的、科学的或者政治的。想象是镜头两端的主体共同拥有的思维方式，远大于其他两种思维方式的覆盖范围。

从影像民族志的方法论角度来看，人们追求内容发展的逻辑关联性和手段上的客观性。自从解释学派出现以来，反思主义流派开始反思以往唯科学主义的简约式表述模式（用最为简练的语言或算式表达复杂现象），并转用"厚描"，甚至以文学的表现手法完整地表达文化的意义系统及其派生系统。这类学派的学者认为，人是悬挂在被自己编织的意义之网上的动物，文化就是这张网，分析文化不是一种探索法则的实验科学，而是一种探索意义的阐释性科学（格尔兹，1999：5），在语境中表述与理解文化才能获得具体文化真实的、可信的内涵，从而实现表述的客观性。另外，这些学者，如格尔茨（通过"地方性知识"）、马库斯（借助"作为文化批评的人类学"）等，还对西方中心主义、唯科学主义的话语霸权提出了批判。脱离现实生活并且迎合殖民主义趣味的影片，非但没有提升电影在人类学研究领域的地位，反而削弱了其作为视觉文化纪录手段的严肃性与客观性（朱靖江，2014：20）。

围绕文化主体的真实性和话语权问题，解释学派和反思主义对影像民族志的科学性提出了更高的要求，尤其对单向度叙事提出了批评。以下通

---

① "逻辑的事实"意指通过在因果律基础上的推理所得出的结论，科学家共同体内恪守这一思维方式；"事实的逻辑"源于生活世界中的合理性，因而也被称为实践理性。马克思曾用"事实的逻辑"和"逻辑的事实"来批判那些崇尚唯心主义但不符合实践的研究。

过三类片子分别加以分析。

鲍江在另一部作品《蜗皇宫志》(2013 年) 中，真实地再现了河北涉县一带信仰女娲的祭奠活动。多数影像民族志走到这一步就算拍摄结束，但是，导演经过精心设计，安排当地群众和精英观看他们自己的影片，并巧妙地继续跟拍，呈现了"自己看自己"的实验场面。这个带有后现代"实验"色彩的命题，在影视人类学的设计下得以检验。这类影片通过实验的方法检验了文化的主体性，可谓"实验影像民族志"。同样，云南大学影视人类学实验室开展的"乡村影像"工程也具备这一实验特征。具体而言，就是经过摄像技术培训后的村民拿起摄像机拍摄自己的社区文化。可以从当地人作品中的镜头采集、取舍等来分析当地人的审美、道德和价值判断。这一试验目前已经从云南扩展到了广西、贵州和四川的乡村。《蜗皇宫志》与"乡村影像"的影视活动从学理上证明了文化的自我认同。从这类影片中可以进一步研究草根社会里面围绕文化自觉的实践理性。

笔者导演的《一个村级养老院的院墙内外》是一部反映现实热点问题的作品。作品在中国 20 世纪 50 年代 35 毫米黑白胶片影像民族志范本的基础上，增加了文化主体的话语频道，[①] 因此在表现手法上呈现为"双声道"话语。声道 1 是来自学院派关于亲属制度的结构分析系统，即产生孤寡老人的文化习俗；声道 2 是以口述史的方式呈现养老院老人们作为文化主体的喜怒哀乐的情感表达。两套话语的结合规避了 20 世纪 50 年代影像民族志中主体性话语缺失的问题。从科研角度来看，该影片提出了这样一种问题，即文化是否可以作为一种健康指标？影片里出现了两类孤寡老人，生活在养老院的老人不但自己构成了社会，而且经常参与社区的各种仪式活动，保持了与社区的情感脉络；相反，居家养老的孤寡老人则过着相对孤独的生活，与社区的脉络被切断了。导演使用长短镜头、特写镜头相间的手法呈现了两类老人在神情气色和社会活动上的反差，证明了文化对健康的影响，文化可以作为一种健康指标。这部影片以科研为目的，在健康指标的科学话语基础上增加了文化判断的视角。

云南大学新锐导演张海博士的《妮玛的盛宴》，[②] 拍摄地在云南泸沽

---

① 在 20 世纪 50 年代大调查的影片中，只有代表研究者价值观的旁白，被拍摄对象如同演员被摆拍，没有文化主体的话语。

② 该片在 2014 年广西国际民族志影展展映。

湖，那里有母系社会传统，作为社会最小单位的家庭的运转不以婚姻为前提。《妮玛的盛宴》实际上展现的是妮玛的婚礼。妮玛婚礼的出现，意味着当地文化的改写。影片中的新娘系台湾汉人，新娘父母对男方社会的走婚习俗表示出极大的担忧，认为走婚会构成女儿婚后家庭生活的不安定因素。这种对稳定的婚姻制度的诉求对当地的"走婚制"而言具有挑战性。这也是对《达巴》的一次重要学术对话。影片中长镜头和短镜头交错使用，作为文化事实的婚礼仪式表现得完整，婚礼中的象征手法也使用恰当。导演以"第一人称视角"的身份，参与了婚礼前后的整个过程，因此有别于以第三人称拍摄来表达客观性的纪录片。导演以第一人称的机位预设，检验了影像民族志生产过程中拍摄者和被拍摄者相关的客观性，给我们证明了知识生产的公共性，并反思了摄影机单向度的表述风格。

与单纯呈现文化现象的影像民族志相比较，上述三类影像民族志的一个共性在于，以明确的科学研究的问题为导向，拥有人类学意义的预设和方法论层面的视角设置，均对以往传统的影像民族志有所反思。具体表现在以下三个方面：

第一，在客观性问题上，导演采用了换位思考的方式，建立了对话机制。通过对话呈现认识论上的客观性和实体的客观性。它不以单向度的表述为手段，尤其在尊重文化多样性的现代，表达了知识生产的公共性，进而达到思想上的共鸣。

第二，在分析和用镜头表达分析的层面，在镜头的客观性、主客位问题上，导演有意识地进行了不同程度的检验。导演以自洽的文化事实作为客观对象，鲜活、全面地呈现文化空间、行为方式的逻辑和意义系统。要求影像民族志者在时间和空间上拥有历时性分析和共时性分析（朱靖江，2014：220）的潜质。

第三，影像民族志所擅长的二维平面和三维空间的视觉、视听语言本身包含了线性思维和非线性思维，从影片的命名就可以发现它具有一定的文学和艺术气息，但并不鼓励"我行我素"、违背事实逻辑的艺术狂奔，而以事实的逻辑连接内部的各种关系。

总之，影像民族志的科学性要求影像民族志者具备拍摄者所承载的科学理性，拥有对被拍摄者所传承的文化理性的视角，拥有针对影像行为本身的研究。笔者将此归结为"逻辑的事实"和"事实的逻辑"的相关讨论。影像民族志的科学性表现为用理性思维来呈现"逻辑的事实",例如,基于事实发现与创造概念和表述方法;被拍摄者的日常生活方式、习俗、传统表现为地方性知识的实践理性,它们构成了"事实的逻辑";拍摄与被拍摄者在镜头中的合理性也就是影像民族志作者对自身实践的检验或反思。因此,它们不是简单相加,而是有机地统一在知识生产的过程之中。

(三) 伦理关怀

人类学在认识论上的一大原则是尊重研究对象的历史和价值体系。其中包含了这样一个道理,即研究对象与研究者一样,都拥有各自的审美、道德观与历史传承,因此要避免用一己之见涵盖全部的表述,提倡以参与观察、平等对话的方式进入田野工作。作为人类学的一种成果形式,影像民族志从采集到制作同样受其约束。这里的"伦理关怀"表达的是影像民族志认识论的基本立场,也是影像民族志在草根性和人民性上的体现。如果只重视科学性和思想性,往往容易导致一厢情愿、自圆其说的镜头权力,因而也常常被视为认识论上的缺陷而遭到批判。

近年来,作为科研活动的一种尝试,由云南大学影视人类学实验室组织推广的"乡村影像"工程等,注意反思镜头的权力,将文化的话语权还原给文化的拥有者。学者主动培训村民和社区工作人员学习掌握纪录片的摄影、剪辑和制作技术,定期举办纪录片影展,检验他们的工作,为他们提供相互交流和学习的平台。现在,已经拍摄出多部乡村与社区纪录片。这类影片是将摄像机交给当地村民,由当地人拍摄自己。其中卓玛团队的实践卓有成效。通过村民自己拍摄,提高了当地藏人的文化认同,提升了其文化自觉的效果。从 2011 年开始,云南大学李昕和陈学礼协助广西民族博物馆完成了村民影像技术的培训工作。学者们从观察文化记忆到参与文化记忆工程建设,客观上起到了参与保护文化的社会效果。同样,中央民族大学朱靖江和北京大学朱晓阳也在这一领域尝试从"观察式民族志"走向"参与式民族志"(朱靖江,2014a:165~171)纪录片制作。

民族志作者与被研究对象拥有了同一个跨文化对话的平台。后者创作的影像民族志作品同样能够解释某些人类学知识,阐释其文化特质,并与民族志作者的观察、描述和理论建构彼此求证(朱靖江,2014b:243)。建立同一个对话平台,首先学者应将话语的权力归还给被拍摄的对象。

庞涛导演的《祖先留下的规矩》①（2009年）通过呈现四川凉山彝人"死给"与"诫威"案例，表达了彝人的习惯法。迪尔凯姆在《自杀论》中将自杀界定为"利己型""利他型"和"失范型"三类。彝人以"死给对方"来取得道义上的制高点，进而取得终极胜利。彝人习俗中的"死给"显然不在迪尔凯姆总结的自杀类型之内。该作品的发现在于，导演对一位"德古"②进行了深度访谈，跟踪拍摄了"德古"用彝族习惯法解决案子的全过程，口述构成了该片的叙述方式。该片基于地方性知识的立场，探讨和呈现彝族古老习惯法在解决纠纷、维系地方社会和谐中所起的作用。与法院裁决的"对与错"的二元式刻板印象相比，当地习惯法侧重双方的和平调停，避免矛盾进一步激化，使和谐得以维系，表现了当地人们注重情理的伦理特征。相反，法庭的处理结果虽然客观，但往往会导致村民对败诉方整个人生的质疑，造成新的不和谐。影片站在草根社会的立场，体现了当地群众的传统价值观，在这一意义上，它具有草根社会的人民性。也因为这一点，当今法律体系出现了有一项关于陪审员制度的改革，即在庭审过程中特别在法庭上安排了这种懂得当地习俗的精英作为人民陪审员。影片从当地人的"理"的角度，展现了符合当地人习俗的伦理体系。

吴乔导演的《难产的社头》（2014年）描述了云南花腰傣人以传统方式选举社头的全过程。导演大量使用长镜头表现了村民用自制的秤来称大米和衣服，重者胜出，即获得了神灵认可。"神意"或"神判"这类案例在国内外民族志中不胜枚举。"神意"在传统社会中往往被认为是最为客观的裁决。称衣服和大米裁决取舍这一习俗表现了当地文化在公正性和权威性认同中所扮演的重要角色。选举规则给观众呈现了一个完整的文化事实。该作品的人民性表现在选举社头的传统模式及其背后的象征体系。什么样的人可以当选？影片清晰地告诉观众，那就是不自私、能为村民谋利益、做人正派、受人尊重的人。历史上被选中的人在社区拥有极大的荣耀。但是在当今，社头的荣耀与权威象征大大降低，以至于选举的规则虽仍是神意，但人们不再愿意被选中，其中不愿意当社头的人要么说自己的

---

① 该片2009年入选第16届人类学民族学世界大会人类学电影节，并获最高奖"优秀影片奖"。
② 当地知名的纠纷调解员。这种角色一般由当地认可的德才兼备的能人承担。

丈夫是被枪毙的人，要么就说因为历史原因在村里没有威信。该片的叙事方式在于大量使用长镜头，从正反两个方面反复印证，达到了呈现象征的目的。历史上，权威在农村社区往往表现为道德楷模，人人羡慕并向往。影片用口述史的方法，呈现了历史上社头的权威性和道德楷模的象征性。一个自私自利的人、有过不良记录（无论官方或非官方认定）的人不可能在社区成为这种道德楷模。从争先恐后地争当被大多数人信任的社头到不愿意当社头，这一文化上的变迁被本片视为文化认同的变化。这也是土地承包制度以后该社区从集体主义伦理向自我本位方向变化的一个真实写照。

与本文列举的所有影片不同的是新锐导演欧丑丑编导的《云上的太阳》。[①] 导演通过一个法国游客的眼光，将苗人的文化元素人为地放入影片中。该片在描述文化冲突和异文化理解这一点上可谓有思想性，在表现苗人助人为乐的文化特征这一点上也具备了人民性，因此这是一部不错的电影文学创作。但文学创作不能还原为真实生活，因而缺乏实体意义的客观性。但是，这种看似代表主观意志的"意境创作"，在以下两方面同样可以获得客观性：其一，问题导向中所蕴含的助人为乐的人文主义精神；其二，拍摄者（含后期制作）的经验通过制作转换成对他者文化的亲和力，并在与人为善的思想上产生了共鸣，因而也具备了本土文化的人民性。如果以猎奇为导向，把异文化当作战利品（如上世纪初殖民主义者所为），甚至看作产生矛盾的根源，那么这样的影像不仅没有起到理解他者文化的作用，相反会造成文化有优劣的镜头感，将他者文化置于不平等的境地，这样也就违背了人类学认识论的伦理。

以上本文用具体案例论述了影像民族志生产过程中争论弥合的原则。有以下几点值得进一步关注。其一，以社会进化论思想指导下的影像民族志，在作为生活者主体的客观性与作为研究客体的客观性时不完全对等。其二，如上述列举的影片所示，拍摄客体的主体性越高，拍摄方的技术性客观主义（罗红光，2014：443）成分就越低，主体性会表现得更加鲜活而真实。其三，从笔者参加的最近5次中国影像民族志影展及评论情况来看，为表达影片的"客观性"，目前公认的处理方式是最大限度地减少拍摄者（如人类学家）的话语，如不加旁白，让对象呈现自我，用镜头"说

---

① 该片在2011年第17届美国塞多纳国际电影节展演。

话"。但事实上其背后仍然有拍摄方的话语引导提问，只是在后期编辑时被删除（"去我化"处理）而已。在这个意义上，这种后期手法仍然摆脱不了"技术性客观主义"之嫌。它的误导在于，研究者将处理资料的"规则"转换成社会的"规则"了。虽然人们在影像后期制作过程中已经注意到表述主体性的伦理问题，但仍然不够彻底。

总之，本文认为，与问题导向、科学表述、伦理关怀相对应的思想性、科学性和人民性，是影像民族志知识生产过程中争论弥合的重要原则，它们体现了影像民族志在认识论中实现统一的一种重要可能性。

三 结语

一部经得起历史检验的影像民族志应当具备思想性、科学性和人民性。思想性代表学术方向，科学性代表学术规范，人民性代表学术伦理。在此前提下，还应当具备影片所特有的审美性。思想性、科学性、人民性和审美性的结合，体现了影像民族志特有的"跨界"公共性。

在影像民族志的生产过程中，科学、艺术、技术各司其职，不能混为一谈，它们尽善尽美地成就各自的独立性。这种独立性又统一在思想性上。这种思想上的统一及共鸣来自拍摄者、被拍摄者和受众的互动与互惠所产生的影像公共平台的搭建过程之中。因此，影像民族志事实上是由拍摄者与被拍摄者共同完成的，是共同生产出来的知识。在这个意义上讲，影像民族志者不仅要具备科学家的理性思维，同时也要对研究对象的"野性思维"具有一定的理解力和亲和力。这种理解力和亲和力营造了第一个"跨界"公共性。

就技术和唯美主义在影像民族志中的表现力而言，技术实践与美学实践都服务于思想性，充当了实践过程中的手段角色。在这里，手段不能替代思想性所表达的目的，因此影像手段不能作为影像民族志的本质特征。这同时也意味着整部影像民族志的核心仍然是人，是镜头两端的主体。由此塑造了第二个"跨界"公共性。

从归纳、演绎、想象等分析方法出发，可将影像民族志所呈现的理解模型分成两大类，即经验模型和抽象模型（参见表1和表2）。经验模型尊崇的是事实的逻辑，而抽象模型则属于逻辑的事实范畴。一般而言，事实的逻辑来自人们的日常生活，而逻辑的事实产生于人们的大脑活动。如果将视线转入研究对象的日常实践就会发现，如前文列举的很多影片所示的那样，作为被拍摄对象，他们并非是在影像民族志者的安排下来进行他们的日常生活。他们的行为习惯，基于他们的实践理性，即是说它们同样在使用归纳、推理、想象等思维方式。这也是人类大脑活动的基本特征。影像民族志通过表达镜头两端的主体性，人为地创造了这样一个公共空间，即便是不识字的当地人或不懂当地语言的外人也能够分享其中的含义。这一点形成了文字所不具备的"跨界"公共性。

表 1　影像民族志的理解模型分类之一：经验模型

经验模型	描述性	分析性	共时性	历时性
归纳	+	—	—	+
想象	—	—	+	+

表 2　影像民族志的理解模型分类之二：抽象模型

抽象模型	描述性	分析性	共时性	历时性
演绎	—	+	+	—
想象	—	—	+	+

注：表1和表2中，"＋"表示"有"，"－"表示"无"。

另外，影像民族志也是一种具有动态性的科学研究实践。动态意味着时间的介入，即从历史的角度看问题。基于这种特点，影像民族志可以实现形象的跨时空比较研究，这也就为时间和空间上的"跨界"提供了一个公共平台。

总之，"跨界"公共性是影像民族志的基本特征。影像民族志的思想性（问题导向）、科学性（科学表述）和人民性（伦理关怀）相辅相成，实现了"跨界"公共性，共同搭建了镜头两端主体的公共平台。因此，在某种意义上讲，持有镜头权力的影像民族志者有必要不断地追问自己：其一，我们的思想性来自多大程度的共鸣？这一定程度上体现了影像民族志能否实现由个案到一般的转变，即是否能够使影像民族志具有更广泛的代表性。其二，科学性何以建构客观性？这意味着逻辑的事实与事实的逻辑在多大程度上可以沟通、可以共鸣。其三，人民性如何超越自我中心主义的价值观？影像民族志者的这些自我追问，明确昭示了对知识的公共性追求应该是影像民族志的重要使命。

参考文献

鲍江、2013，《蜗皇宫志：探索一种人类学写文化体裁》，北京：社会科学文献出版社。

格尔茨，1999，《文化的解释》，纳日碧力戈等译，上海：上海人民出版社。

罗红光，2014，《人类学》，北京：中国社会科学出版社。

罗红光，2013，《一个村级养老院的院墙内外》，北京：社会科学文献出版社。

庞涛：2015，《学者电影的主张与逻辑》，《西南民族大学学报》第 1 期。

钱学森，1998，《给本书作者的一封信》，《非理性世界》，上海：上海三联书店。

涂尔干，2000，《社会分工论》，渠东译，北京：生活·读书·新知三联书店。

涂尔干，2001，《职业伦理与公民道德》，渠东等译，上海：上海人民出版社。

吴乔，2014，《难产的社头》，北京：社会科学文献出版社。

张江华等，2000，《影视人类学概论》，北京：社会科学文献出版社。

朱靖江，2014，《民族志纪录片创作》，北京：北京联合出版公司。

朱靖江，2014，《田野灵光》，北京：学苑出版社。

中国历史上的"均"与社会正义观[*]

何　蓉

摘　要：本文从基本意涵、多种应用及语境等方面入手，追溯了中国历史文献中的"均"字所体现出的制度设计、社会思想的历史演变及影响，例如，以"井地之均"所体现的土地制度与社会建设理想，以"均输"所体现出来的分担、摊派的做法，以"均贫富"所体现出来的财富平均分配要求，等等。基于此，本文认为，"均"体现着中国历史上的一种独特的社会正义观，其含义是多重的，与近代以来源自西方的平等思想在表面上有相似之处，但在实质内容、前提条件、实现途径等方面则截然不同，同时，其影响的长期性、深刻性和社会动员的潜力也是不容忽视的。

关键词：均　社会正义观　平等

本文是一项基于汉字"均"之多种语词应用而辨析其意涵的研究。从方法、材料、关注来看，此项工作不易纳入当前学科体系中的既有研究领域，但陈寅恪先生有关中国"一字一部文化史"之论断、德国古典学问"Philologie"之气象，为本文的定位提供了某种支撑与启发。进而，近年来新兴之德国概念史的研究进路，以社会历史中的关键概念为介质，昭示表象之下的思维与文化结构，在相当程度上与本文所致力的方向相契合（参见方维规，2009，2014）。

就汉语言本身而言，陈寅恪先生的论断，体现出他对汉文造字特色的洞见。对比其他语言的造字方式，诸如英文的新事新字、德文的以既有音节的连缀而形成新字，汉语往往倾向于以原有的文字承载新的含义，中国

---

*　原文发表于《社会学研究》2014年第5期。本文的写作起始于2008年"民国社会科学"读书小组的阅读与讨论，并持续得到师友渠敬东、赵立炜、应星、刘世定、凌鹏、陈家建、李霞、李英飞等的意见与帮助。感谢匿审老师的宝贵意见。作者文责自负。

之文字便因承载、沉积纷繁复杂的历史过程而显得格外厚重。对此，本研究试图将某一汉字中所层积的文化、历史等因素分而析之，以期能够在字的语词应用中探讨其多重观念因素。

"均"，《说文解字》解析为"平，徧也。从土，从均，匀亦声"。据《辞源》，"均"有六项基本含义，分别是"陶工使用的转轮"（钧）、"公平、均匀""调和、调节""古乐器的调律器""古代计量单位""同、皆"等，另外还与"耘""韵"相通。《远东汉语大字典》所给出的释义还强调了"遍、普遍""等、同""皆、都"几项含义。

此外，在实际应用中，"均"在不同时期成为某些政治经济制度名称的一部分，例如，均田、均输、均枭、均徭等。在这种情况下，"均"既包含着具体的政策执行的某种取向，又承载着社会历史的某些结构性、制度性特征，以及特定的社会思想、公共舆论的风潮。

因此，整体来看，从文字记载的早期开始，"均"就既是一个日常用字，有表示语气、名称的用法，有表示公平、相等、相当等含义的用法，又是构成某些重要的政治经济制度或术语的组成部分。其日常性质、其仅作为概念的组成部分或要素等事实，使它似乎不足以成为传统思想史的关注点；其多种组合与变化的轨迹，又往往超出了各专门史的畛域划分。这样，"均"在历史应用中的多种含义长期存在而未被加以集中梳理。鉴于这种情况，本研究打算以"均"为对象，在制度环境中挖掘其所隐含和表达的观念及其影响。本文将是对"均"的历史概念的钩稽、对"均"的意义嬗变的举例分析，并试图由此刻画中国传统思想中特定的观念及其语境。

在这个意义上，本文属于启发式而非穷尽式的研究。或者，揆之以概念史的进路，本研究乃以"均"为一关键字或关键概念，尝试着揭示其含义，从而厘清一些中国经验或本土思想资源，以期加深对传统中某些结构性要素的认识。

在写作上，本文将从三个层面对"均"字的意义发展加以梳理，第一层集中于先秦文献中"均"的用法及含义总结，即对"均"在中华文明早期所奠定的基本面貌的概览；第二层是对体现于营造，或称公共工程建设中的"均输"的讨论；第三层则是对"均"与唐宋之后社会运动中所体现的要求平等的大众思潮或观念之关系的探讨。在叙述上，这三个层次似乎呈现出一定程度的时间先后顺序，但是，本文并无意于对"均"字做语言文字发展史的追述。从分析的角度来讲，毋宁说，这三个层次更主要地体现为围绕着"均"这一基本字而形成的概念群，或者说，是从不同角度进行的概念的类型建构。

一 "均"在先秦经典中的用法及含义举例

除前文所引《说文》等字书的基本释义外，"均"的应用非常灵活多样，因此，语义丰富且有不同的层次。

例如，在《周易》中，"均"为坤卦之一相，源于大地生万物、万物各有其份额的含义。《周易·说卦》："坤为地，为母，为布，为釜，为吝啬，为均，为子母牛，为大舆，为文，为众，为柄，其于地也为黑"（周振甫译注，1991）。

从"均"的观念基础来看，其背后是一个生万物的自然之天，同时又能通过风调雨顺、年谷常丰来表示对人间君主的政事的好评，反之则恶，从而成为人间的道德评判与政治合法性的来源。例如，《国语·周语上》中写道，"神飨而民听，民神无怨，故明神降之，观其政德而均布福焉"（邬国义等译注，1997）。[①]

在此自然的和神意的基础上，"均"带有秩序的含义。例如，一般意义上的"均"有轻重均衡、比例和谐、功能完善之意。《文子·上德》说，"地平则水不流，轻重均则衡不倾。物之生化也，有感以然"（王利器撰，2000）。《庄子·天地》开篇即是"天地之大，其化均也"的论断，后文更有对跖"失性均"的具体说明："跖与曾、史，行义有间矣，然其失性均也。且夫失性有五：一曰五色乱目，使目不明；二曰五声乱耳，使耳不聪；三曰五臭薰鼻，困惾中颡；四曰五味浊口，使口厉爽；五曰趣舍滑心，使性飞扬"（《庄子·天地》，见王弼注，郭象注，陆德明音义，章行标校，1995）。

在更高一个层次上，"均"代表某种根本的宇宙秩序。例如，《庄子·杂篇·徐无鬼》中的"大均"和《庄子·寓言》中的"天均"或"天

---

① 类似用法还见于其他文献，请参见文后附录2。

倪",表示某种极致之均衡,体现着万物之本质、表现和运行。[①]

相应地,在认识到这种秩序因素的情况下,人的行动就体现为某种顺势而为。《墨子》和《列子》中都举了以头发丝悬物的例子,能够让头发悬物而不断的秘诀就是要达到"均",即重力的均衡,或顺应轻重之势而加以平衡。[②]

"均"在政治领域有更多样的应用。《周礼·地官司徒》中有"均人"一职,负责土地、税收、赋役等的调配:"掌均地政,均地守,均地职,均人民、牛马、车辇之力政。凡均力政,以岁上下:丰年则公旬用三日焉,中年则公旬用二日焉,无年则公旬用一日焉。凶札则无力政,无财赋,不收地守、地职,不均地政。三年大比,则大均"(徐正英、常佩雨译注,2014)。另外,司市、贾师、遂人、旅师、稻人、司稼等官职中也有以"均"来表示的调配、协调市场价格、物品供应、作物等职能。

进而,作为现实政治要达到的目标或境界,"均"含有政治之修明、职责之合理分配,君主之恩惠能够普遍传达而且不偏不倚、奖励与惩罚各得其所等意。[③]

体现在政治支配关系中,"均"代表的是上对下的施惠、分职。政事若达到了"均",则表示恩惠能够普遍地惠及所有人。

例如,《国语·周语上》指出"忠分则均""分均无怨",而《诗经·北山》中便出现了"大夫不均,我从事独贤"的怨言(周振甫译注,2002)。《国语·周语中》中体现了均分的具体情况:"昔我先王之有天下也,规方千里以为甸服,以供上帝山川百神之祀,以备百姓兆民之用,以待不庭不虞之患。其余以均分公侯伯子男,使各有宁宇,以顺及天地,无逢其灾害,先王岂有赖焉"(邬国义等译注,1997)。其中,"均"即按等

---

① 《庄子·杂篇·徐无鬼》:"故足之于地也践,虽践,恃其所不蹍,而后善博也;人之知也少,虽少,恃其所不知,而后知天之所谓也。知大一,知大阴,知大目,知大均,知大方,知大信,知大定,至矣。大一通之,大阴解之,大目视之,大均缘之,大方体之,大信稽之,大定持之。"《庄子·寓言》:"万物皆种也,以不同形相禅,始卒若环,莫得其伦,是谓天均。天均者,天倪也"(王弼注,郭象注,陆德明音义,章行标校,1995)。

② 《墨子·卷十·经下》:"均之绝不,说在所均。"同书《经说下》的解释是:"均,发均,县轻重;而发绝,不均也。均,其绝也莫绝"(辛志凤、蒋玉斌等译注,2003)。《列子·汤问》:"均,天下之至理也,连于形物亦然。均发均悬,轻重而发绝,发不均也。均也,其绝也,莫绝。人以为不然,自有知其然者也"(杨伯峻撰,1979)。

③ 类似用法还见于其他文献,参见文后附录3。

级给贵族分封领土，并由其承担相应的守土护民的责任。再如《礼记·乐记》所载，"刑禁暴，爵举贤，则政均矣"（王云五主编，王梦鸥注译，2011）。此处提的是，施恩与责罚，各有针对，行使得当，就是为政之均的体现。[①]

可以看出，在政治上，"均"的基础是一个明确的等级秩序，贵贱高低不同，所得惠利、所负义务都相应有所不同。在《礼记·祭统》中有参与者依其贵贱各得其惠即体现出"均"的说法："凡为俎者，以骨为主。骨有贵贱：殷人贵髀，周人贵肩，凡前贵于后。俎者，所以明祭之必有惠也。是故，贵者取贵骨，贱者取贱骨。贵者不重，贱者不虚，示均也。惠均则政行，政行则事成，事成则功立。功之所以立者，不可不知也。俎者，所以明惠之必均也。善为政者如此，故曰：见政事之均焉。"在《礼记·月令》中妇女采桑纳税之谓"均"，亦通过无论贵贱长幼，都交十一之税来体现："是月也，聚畜百药。靡草死，麦秋至。断薄刑，决小罪，出轻系。蚕事毕，后妃献茧。乃收茧税，以桑为均，贵贱长幼如一，以给郊庙之服"（王云五主编，王梦鸥注译，2011）。

二 孔孟思想中的"均"及其政治理想

由以上可见，在中华文化规模初具的先秦时代，"均"已经在社会政治实践中体现出丰富的含义。在孔孟思想中，"均"亦有其位置，由于其千古垂范的深远影响，下文分别加以专门陈述。

在《论语·季氏》中，孔子曾说，"有国有家者，不患寡而患不均，不患贫而患不安。盖均无贫，和无寡，安无倾"（杨伯峻译注，1980）。

以今天的话来说，孔子要指出的是，物质的缺乏并不可怕，可怕的是人际间的不均；民力薄弱亦不可怕，可怕的是心有不安。因为，只要实现了均，就不会困于贫；实现了和，就不会困于寡；人心若安，家、国就不会有倾厦之虞。

在此可以看到，"均""安"是与"寡""贫"相对的概念。所谓"均"，指的是在既定的物质水平上，为了不让人们彼此争夺或怀有不满之

---

① 类似用法还见于其他文献，参见文后附录4。

心，要在国、家的范围内实现这样一种状态，即物质分配达到了某种均匀的程度，满足了人们对某种公正的认知，并且，不会激起人过度的、不符合身份地位的欲求。在这里，孔子的取向不是如何在客观层面达致物质的增长，而是在分配的层次达成社会的和谐，这样，"均"便具有很强的主观认知的特性。

"均"同样是孟子思想中的一环，它是从整体的和秩序的角度着眼的政治理想，而田制便是其现实依托。滕文公向孟子问为国之道，孟子径以"民事"对之，认为"民之为道也，有恒产者有恒心，无恒产者无恒心"，田制既是民生经济的具体安排，又是官制的经济基础，更是教化人心的根本。他对前来问井田之制的毕战说："夫仁政，必自经界始。经界不正，井地不钧，谷禄不平，是故暴君污吏必慢其经界。经界既正，分田制禄可坐而定也"（《孟子·滕文公章句上》，杨伯峻译注，1960）。此即是说，仁政的根基在于正经界，此经或界是分田于民的依据，田界"正"，井地才会"钧"（通均），取用（禄或谷禄）才有制，才能使得官有世禄，民有生计。在这里，"正"、"均"、"平"是以田制的形式体现出来的理念。

不过，孟子倡井田，是在各诸侯国纷纷进行允许土地买卖的私有化性质的改革之后，由此产生的一个问题是，为什么他要在各国废井田、开阡陌之后，又提倡某种井田之制？他是反潮流的英雄，还是复古的腐儒？在此，需要先从孟子的论述出发，尝试了解他的"井地之钧"究竟是何用意。

孟子曾经对于贡、助这两种古已有之的田制和赋税制度进行比较并加以取舍。[①]

他采前贤的看法，认为贡法不足取，因为其征取方法是以田地数年收成的中间数量为常数，每年定量收取。而这便意味着，相对于田地产出而言，丰年反而取得少，从而把粮食保管的责任和损失的风险加之于民，逢凶年，农民收入本来已不足用，被取走的反而多。

他认为，助法可以称得上是善法，因为在贡、助、彻三法中，惟助法有公田的设置，即借民力以耕公田的安排。

在其治国建议中，孟子提出了他所设想的井田制的具体实施方法，即"请野九一而助，国中什一使自赋"，国人交纳什一之税，并服兵役。野人

_____

① 孟子对"彻"法存而不论，本文亦从之。

服力役纳税，具体的设计是，"方里而井，井九百亩，其中为公田。八家皆私百亩，同养公田"（《孟子·滕文公章句上》，杨伯峻译注，1960）。

孟子认为，助法的好处是，"公事毕，然后敢治私事，所以别野人也"；而且，乡民"死徙无出乡，乡田同井，出入相友，守望相助，疾病相扶持，则百姓亲睦"（《孟子·滕文公章句上》，杨伯峻译注，1960）。由此可见，孟子之所以取助法，原因在于其有两方面之善，一是使百姓亲睦，二是养成公私有序的人民。这一立场超出了一般经济史话语中的所谓实物地租、劳役地租、货币地租的演变与争论，因为孟子所关照的，毋宁说是不同经济措施背后的民情或社会制度的因素，以助成社会团结、伦理教化为念。

在这个背景下再来看孟子的所谓"均"，其并非人人等量意义上的绝对平均，而是在既定等级秩序下的整体上的合理、有度。一是合于所谓天道，治人者与治于人者都听从天意，即在上者取公田之收入，听民自取于私田，假使遇凶年，公私皆不收，则上下同受其苦，丰年亦同受其益；二是符合各个等级的人民的地位，国人与野人有别，而对居于野的民众而言，彼此经济地位平等且关联密切，互助、友爱；三是知道先公后私，则虽居于野，亦不再是教化之外、秩序之外的野人了。

如果采信杜正胜的说法，即春秋战国之际，随着周代封建和城邦制度逐步走向崩溃和赋税制度的改革，国人、野人的差别亦被泯除（杜正胜，1981/1979：138~150），那么，孟子恰是要在教化的基础上，将失去与政特权的国人与承担兵役等负担的野人纳入一个新的统治秩序之下，从而使得春秋以降朝"私"的方向发展的社会在新的意义上团结起来。

在这里，"均"所包含的等级秩序体现出恪守本分、彼此体谅的关系，在上者对在下者有体恤，不越界，在下者谨遵上意，彼此则互助友爱。其中，"公"并非公共之意，而是居于私之上的力量。[①]

因此，井田制作为一种政治理想，其重点在于使民有恒产、有恒心，

---

① "公"本身又有非常重要而丰富的内容。例如，瞿同祖在《中国封建社会》一书中，指出公的含义较广，一方面是爵位的称谓，另一方面，诸侯入葬时加谥称公，意为"君"。瞿先生以此反驳了郭沫若认为公乃国君的通称，亦反对傅斯年以公为一切有土者的泛称（瞿同祖，2003：46~48）。杜正胜指出，以西周封建制度之下国人的隶属关系来看，属于公侯者为"公"的，采邑中的卿大夫的领民则为"私"的（杜正胜，1981/1979：16）。

从而建立一个等级分明、行止有度、友爱互助的秩序社会，此或即孟子所谓"定于一"的"天下"（《孟子·梁惠王章句上》，杨伯峻译注，1960）的实质内容。

在这个意义上，孟子提出井田制，并非简单的厚古薄今或逆时代潮流的反动，而是应对战国以来社会变革的一个政治理想。孟子之"均"的理想系于田制，而这一田制并不仅仅是一经济制度，其考量标准也不仅仅是经济的绩效，而是一整套的社会等级、秩序及教化的安排。

对于孟子的井田制之说，历来论者纷纭，形成了后世儒家的一个重要的论题。近代西风东渐以来，在中西比较的视角之下，中国的封建制度、井田制与西方的封建制度、采邑或庄园制又形成了某种对比。

在林林总总的著述之中，齐思和先生的《孟子井田说辨》有两处可贵的尝试：一是以孟子的原文为根本，试图追溯孟子所构思的、融会前代做法的田制理想的本来面目，析离了后世儒者附会之说；二是引入了世界历史的视角，认为井田制与西欧庄园制相埒，同为中西封建制之基本田制，认为"其农田有公田、私田之分，以及其农民庄园主间之关系，与中国古代之所谓'助法'，根本相同"（齐思和，2003：347）。

基于齐先生的比较，并通过以上分析，我们不妨提出，井田制和庄园制分别体现了两种不同的政治理想或治理结构，在观念上则分别是中国的等级制之下的"均"的理想，和西方的以私有权为基础的公、私域的比较明确的划分。这里，"均"所包含的是天理、人伦秩序之下的合乎尺度、利害分担的含义，是整体的秩序原则。

不过，二者诚然在助法，即藉民力以耕这一点上有相似之处，但是，经济制度背后的社会结构、秩序及观念因素却大相径庭。例如，在庄园的经济制度中，有宗教力量的在场，即什一税之抽取，表现在庄园格局上，有教堂、教士等设置。而井田制，至少从孟子的设计来看，是没有宗教方面的考虑的，最多是"雨我公田，遂及我私"背后的那位自然之天。基于此，双方在政治、法律上的正当性来源不尽相同，庄园制既有世俗的封建制度，又有教会所贯彻的神圣性质；井田制强调的是使现实的等级秩序及伦理深入人心。

另外，值得注意的是，在齐思和先生的比较中，将井田制中的公田解释为地主之田，从而等同于庄园制中最大份额的田地（demesne），即地主

（lord）之田。这种比较的依据是，这两种田地耕作方式相似，即藉野人或佃农（villeinage）之力耕作。

但是，从各自的内部格局来看，两者又并不等同：一方面，井田制之公的部分，数额并不大，至少在每一井中是这样，而庄园中属于地主的公田部分应占最大比例。另一方面，这一部分田地的收益权的归属亦不同，在庄园制下，归庄园地主私有，在井田制下，是以俸禄的形式归治人之君子所有。

通盘来看，井田制之公田，对于力耕之农夫而言，其收益是被拿走，归于在上的治者的；对于获得收益权（谷禄）的君子来说，他没有对于公田的明确的所有权；而且，如果真正以井田方式划分田地的话，公田的部分又未免太细碎了，几无可能加以有效管理。这样，所谓公田，既非共同享有，又非特定私有，反而无明确的所有权或管理体制可言。

此外，在庄园中尚有牧场、林地、森林等，是由地主与农民公共享有的。[①] 在马克斯·韦伯的研究中，这样一个公共领域成为组织得以存在的依据。他认为，在私有产权能够控制的范围之外，还存在"一定数量的自主性"，即产权之外的经济资源，由此产生了对于公共领域实施规范性调节的经济组织（Weber，1968：74 - 75）。

这一部分土地的收益，在孟子的井田制方案中没有明确的安排，但是，瞿同祖先生引用了《晏子春秋》的资料，表明实际的情况是，山林薮泽及海的产物，皆有专官守之，禁止百姓取用（瞿同祖，2003：92～93）。胡寄窗引用芮良夫的话，同样表明，在中国的封建时代，王侯贵族垄断了山川林泽的产出（胡寄窗，1998：28～29）。

这种比较表明，公田之"公"，是在上者、治人者的含义，与庄园制的主人之田相比，这位治人者既非土地的明确的私有者，又非井田所构成的共同体的在场的因素；比较现代的"公共"概念，在庄园制中有山川林泽等体现，在井田制下则无。

基于以上比较，可以看到，与西方基于私有权的公私之分和组织机制

---

① 庄园制下公共地的性质及其重要性可以用中世纪晚期农民起义的例子加以说明。当时，经济的发展、土地和木材等价值的升高使得庄园主利用权势改变了公共地的共享性质，加以侵夺和买卖，引起农民阶级的反抗。在中世纪末德意志农民革命中，有所谓十二条款的怨情陈述，对此表达得很清楚（见布瑞克，2008）。

不同，在孟子这里，私田之私确有其合法性，但是，他恰恰是要强调，私田亦是依附于政治力量和社会团结的。这种独树一帜的见识，足见其缔建良善社会的雄心。是以在井田制的理想中，并未如庄园制那样，形成近代以来以财产所有权为基础的公私之分，反而是要在私有化发展的背景之下，强调重建社会秩序与团结。田制之"均"，便是这样一个整体的社会秩序观的体现。

三 "营造"或帝制 中国公共工程中的 "均"及其经济原则

在中国经济史上，有一系列以"均"为名的经济制度，如"均输""均田""均税""均役""均徭"，等等。

其中，均田制在经济史上占有显著地位。均田制始自公元485年北魏孝文帝颁布均田法，终于公元780年唐德宗改行两税法。均田制的实施是为了解决北方长期战乱造成的大量无主荒田、大批离土游民、寻求大族士族庇护的荫附人口等问题，企图达到耕地与人口的合理匹配（赵冈、陈钟毅，2006：26~29），可见，"均"的基本含义是一种土地与人口、自然禀赋与生产手段的合理、相称的格局。

不过，均田制之授田，并不意味着土地在人与人之间的平均分配，社会中的各色人等，依其不同等级、身份而得田数量皆有差别。换言之，均田制并非平均分配，其经济结果当然也不均平（万国鼎，2011：194~195）。

另外，均田制的一个前提就是土地的国有化。计口授田，实际是国家积极干预土地制度的表现（方行，2004：289~291）。由此可见，在土地问题上，是国家而非市场成为决定性的主导力量，土地的国有前提限制了私有制、市场交易的范围与程度，土地的自然属性与耕作人口的社会分布之间的匹配或合理状态成为政策追逐的目标。

尽管均田制的实施不足300年，史家对其效力、范围等亦多有质疑，但其基本精神与实施原则等依然长期存在，那就是由国家主导的"平等化"。因此，均田制当中的办法、原则，仍然在其他经济活动领域甚至公共事务中得以体现。比如，均输，即物资运输的"平等化"，具体表现为分担、摊派或分摊的制度。

杨联陞先生曾以营造或公共工程为线索，讨论均输的运行体系，涉及政府治理、经济制度、社会生活等诸多方面。本节将以杨联陞先生的相关著作为基础加以讨论。

杨先生在《从经济角度看帝制中国的公共工程》中指出，"均"的意义即是"平等化"，[①] 因此，在历史上，均输即运输之平均化，均田即由官方授田给人民，而均税、均役、均徭等，则是赋税、劳动、杂役等类的"平等化"的分担或安排。

杨先生以帝制中国的公共工程建设为例，指出"均"有"两三种衍生的原则"，即"按照预期的利益、方便的程度或者负担的能力来分担工程费用的原则"。按预期收益的例子是，"那些土地得到灌溉的人来分担灌溉工程费用"，以及"两个县份分担跨境桥梁的建筑费用"；按照负担能力的例子是，在公共工程上有所谓"业食佃力"的成语，即地主提供食物，佃农提供劳力；而方便的原则，指的是空车或空船载运公共建设用的石块之政策（杨联陞，2005：182～183）。

这样，以"均"的原则组织起来的是一个举国参与的庞大体系，皇帝之需所及，木材、石料、人力之使用等都成为产地和运输沿线百姓的沉重负担。

那么，为什么要建立这样的庞大体系呢？特别是，这个体系的经济效率还非常低下。杨先生的文章表明，公共工程所征召的，很大一部分都不是自由劳动力。例如，既有所谓"卒"，即征自服兵役或力役的平民，又有所谓"徒"，即被判处5年以内徒刑的罪犯，而且，还有大量的军人，如魏晋南北朝的"兵户"、明代的"军户"，或宋代的"役兵"，以及技术性的"军匠"，等等。这种安排在经济上是不合算的。《唐六典》规定，在计算劳动量时，三个成年男奴的劳力只相当于两个自由人；宋朝的资料表明，工程的人力计算要比照"军功"（军人的劳动）而定。然而，同样的工程量，使用雇佣劳动力的话，要比军人的预算减少1/3，即凡是需要三

---

① 杨先生使用了英文的"平等"来表示"均"。但正如本文试图表明的，"均"在某种程度上与平等概念有相通但又不尽相同。另外，在当前的学术语言中，平等主要是一个源于西方的政治哲学概念；而"均"在本土思想中的多重含义未得重视。限于篇幅与学力，本文未在西学的方向上着力。感谢赵立炜对此问题的提示。

个单位的军人劳动，改用雇佣劳动力的时候就只需要两个单位了。

另外，在这一体系之下，工程中的腐败、贪污也是习以为常的现象。例如，元代的资料表明，仅从河防所需的材料来看，清官可以节省 1/3 的费用，贪官则可能会使造价加倍。明清的贪污现象更为惊人，工程为官场相关人员提供了分赃机会，用到工程中的资金甚至不超过总价的 40%。

但是，经济上的低效率有其政治上的用意。杨先生指出，这些经济举措的意义在于政府在经济领域中的调节和干预作用。因此，"平等化"变成了一种政治控制手段，即"当政府放弃对土地私有制加以直接的控制或者主动的干涉，而将它的控制主要集中于对某些社会阶级或（作为一种法人的）机构——如寺院或祠堂——所拥有的土地之租税豁免权的限制以后，这种维护平等的办法就愈发重要了"（杨联陞，2005：173）。

结合前文的论述，这也就是说，尽管土地私有权的概念在战国时期的一系列土地和赋役改革之后已经在一定程度上确立了下来，但是，在后世的发展中，这种私有权受制于人们关于"均"的某种共识。尤其显著的是，政府迎合了这种期待，成为某种调节者。这样，当富有者聚敛土地到一定程度时，使贫富相齐的"平等化"就成为一种重要的调控机制了。

更进一步地，从本文的论述脉络来看，帝制中国的公共工程中的"均"带有明确的分担费用的意义，即按照预期收益、负担能力和方便等原则，让相关的民众承担公共工程的费用。其要点不在于财富的积累或经济的指标，而在于责任和费用的分担。这种分担方式一方面经济效率非常低，不具备促成生产性活动和自由市场交易的条件；但另一方面，形成了一个强有力的动员体制，其运行具有实物贡赋的特点。其特征是，以经济的非理性来实现政治的运作，并在实质上实施了对私人所有权的某种剥夺。

总体而言，以"均"为思想原则的举国体系，提供了带有公共物品性质的服务，其主持者是帝国各级官员，其责任的分担带有古之助法借民之力的特征。在这样的体制之下，政府的支出财政不仅没有促成经济的发展，反而构成了一个贿赂公行、以职位谋私利的社会，造成的是基于身份、地位的奉献性质的经济活动，而不是市场经济条件下基于成本收益原则的理性经济行动。

在这个意义上，这一财政运转的体系类似于韦伯所说的赋役制（liturgical）财政，即与财产、特权相伴随的贡纳义务。韦伯指出，这种赋役制广泛存在于人类历史之中，例如希腊化时代的西方世界、埃及和罗马帝国、印度和中国等。赋役制往往以实物的形式出现，而且通常带有以职业身份来编排组织的意味，韦伯认为，这两方面的特征都不利于理性的经济经营和自由劳动力市场的形成，因此有碍于资本主义的形成（韦伯，2004a：178～182）。

经由这样的对比，可以看到，帝制中国的经济发展与韦伯所揭示出来的西方近代理性资本主义的特征是截然相反的，后者所具备的几个要件，例如，合理的资本计算、自由的市场、自由劳动力、经济生活的商业化等（韦伯，2004b：152～154），在帝制中国都付之阙如。在这种情况下，可以断定，即使是在帝制中国的经济繁荣时期，也难以产生韦伯式的理性经济生产所具有的经济伦理、心态、组织形态和制度环境。

四 "均"与唐中期以后的平等思想

自唐朝中后期开始，"均"在社会思想和社会运动中变得显著起来，具体体现在农民运动的口号与纲领之中，出现了均分财富与土地的要求。较早的例子是唐末的起义军领袖王仙芝，自称"天补平均大将军"，较晚近的例子是明末李自成提出的"均田"口号，19世纪的太平天国运动也以"无人不饱暖，无处不均匀"为奋斗目标。20世纪50年代以来，大量有关中国农民战争史的研究对农民起义军的口号所体现出来的纲领意义进行了梳理，郭沫若、侯外庐、漆侠等人均有多种专门论述。

侯外庐指出，以唐中叶为界，中国封建社会的阶级斗争有着不同的发展阶段。以其口号所包容的思想而言，唐中叶之前主要是一种狂暴的财产共有的教义，唐中叶之后是一种更现实的财产平均的要求（侯外庐，1959）。类似地，以唐宋之交为界限，郭沫若将农民起义分为封建制度上行阶段和下行阶段两部分，前一个阶段的农民起义者是不否定封建秩序的"取而代之"主义者，后一阶段则提出了均分财富、田地等要求，体现了农民的平均主义思想（郭沫若，1959）。

那么，为什么要求平等、平均的口号会集中出现在宋代？对此，漆侠先生曾撰专文论述。他首先指出，宋代农民起义提出的口号是前所未有的。先是王小波、李顺起义提出了"吾疾贫富不均，今为汝均之"，接着方腊揭出"平等"口号，继而锺相、杨么提出"等贵贱，均贫富"作为起义的号召。其次，从土地占有的分化、主户客户依附关系的变化、小农经济的发展等方面，可以认为，均平是封建经济发展到一定阶段的产物（漆侠，1982）。

整体上，农战史研究基本上以阶级分析为解释框架，以经济因素作为首要动力因素。在这种情况下，均贫富、均田等口号被定位为农民阶级的平均主义倾向，以表达农民对封建奴役的反抗和对土地的要求（陈明光，1999）。

那么，同样是农民起义军，早期如秦末的陈胜吴广只是质疑"王侯将相，宁有种乎"，汉代的黄巾军起而推动社会变革的基础来自天命流转的观念，即现有政权的合法性不存在了，于是"苍天已死，黄天当立"。那么，唐以后明确的、对平等的要求何以出现？引发其变化的关键点在什么地方呢？早期有天命观作为思想基础，后期的要求是否亦有其思想来源？

杨宽用宗教的影响来讨论农民战争，指出历代农民战争曾多次利用宗教观念和组织形式来动员农民群众、发动农民战争。不过，他认为，农民战争所宣传的教义，实质上是披着宗教外衣的农民革命思想，其"平等""平均"等社会政治思想，也往往凭借宗教语言加以发挥（杨宽，1960）。其中，宗教的作用被置于一种外在的、工具性的层次上。后来的学者对农民运动与宗教的关系的研究，虽然试图从思想来源的角度加以分析，但集中于上古如《礼记》等文献和晚近如太平天国的情况，忽视了中古这一阶段（岑大利、刘悦斌，2004），而均平的要求，恰恰是在这一阶段首先出现的。

基于此，本文作者认为，另一个可能的解释路线是将农民起义看作社会运动的一种形式，其动员因素不仅在于现实的经济要求，还有观念因素，例如上文所涉及的天命观。而之所以在宋代出现了起义军口号与纲领的变化，是与佛教从汉朝进入中土后逐渐传播、其平等观念深入人心的历史分不开的。

佛教进入中原之后，带给中土以超出人伦秩序的平等观念，此一观念的普及塑造了后世社会思潮和社会运动的新的精神要素。

中国传统的两大信仰系统，即上古以降的天命观和魏晋之后的崇

"道"，都以对现世的等级秩序的肯定为基础，宗教所营造的精神世界复制了现世的伦理纲常与特权等级，也就是说，当下的特权阶层在死后仍将享有恩宠（刘屹，2005）。因此，当佛教在汉代进入中国时，面对的是一个政治成绩胜于宗教、以宗法人伦为社会纽带的成熟的文明形态。在这种背景之下，佛教所提倡的思想，即众生平等，无论贵贱，诸行无常，人伦秩序亦概莫能外，等等，对于等级分明的中国传统宗法社会而言，是骇人听闻、前所未有的观念，大大地影响了人与人关系的格局及其正当性。

具体来看，以"一阐提亦有佛性"的讨论为典型、以"众生悉有佛性"的平等理论为主流的佛性论的传播为体现（汤用彤，1991；赖永海，1988），中古时期经历了佛教平等思想的深入影响过程，从而在唐宋之际，由大众对于平等的共识，造成了对于现实中人的等级与差异的道德敏感性，在建立太平盛世理想的刺激之下，引发了揭竿而起的冲动，力图在现世实现"等贵贱，均贫富"（何蓉，2006）。

除了这种内证的、以佛教教义入手的思路之外，从佛教史的资料中梳理大众信仰的形式变化，也可以追踪到佛教平等思想传入后社会心态的变化。

例如，严耀中先生在敦煌文书资料中发现了有关"平等大王"的信仰，指出此称呼不见于唐以前的史籍文献，是佛经中国化之后的产物和变形，显示出平等作为一种社会理想已经传播并具体化了。特别是在唐中期以后，平等观念、生死面前不分贫富贵贱的思想，以佛经、俗讲等形式广泛传布，形成唐宋间重要的社会思想，在唐宋之际的平民百姓中产生了一种前所未有的平等意识与追求（严耀中，2007）。

不过，实际上，在佛教思想中，除了这种普遍平等的前提之外，还针对现实之中普遍存在的生老病死、人与人之间贵贱贫富等差异，将信徒导引至修来世，以离妄灭执、达到涅槃境界为最终目的。因此，在众生皆可成佛的基本共识之下，形成了社会成员共同的对于平等的预期，即在一定的修行方式或外力的帮助之下，人人均可获得最高的宗教救赎。

但是，在佛教中国化的过程中，平等思想向大众传播、指向现世的一个预料之外的结果是对于现实等级制度潜在的破坏性。简言之，平等的预期形成了，离妄灭执的涅槃境界的目标却被搁置，拯救要在此世实现（何蓉，2006）。此种观念的行动力和破坏力在多次社会动荡与变革中得以体现。

例如，弥勒佛信仰就曾成为后世农民起义或社会运动的号召。魏晋南北朝之时，弥勒佛信仰风行一时，对于大众而言，弥勒净土之所以有强大的吸引力，在于它的救世思想和兜率天的无比美好，与苦难动荡的社会现实形成鲜明对照。而对弥勒在未来世下生成佛、普度众生的期待也被利用起来，民间起义之士往往自称弥勒下凡。隋、唐时期弥勒教活动频繁。后来，弥勒教与摩尼教、天师道等民间宗教混杂，形成元明时期的白莲教，屡屡成为农民起义的旗帜。期待现世救星和建立人心均平、福寿绵长的太平盛世成为民众共同的企盼，弥勒信仰在一定意义上成为后世众多农民起义的精神原型（唐长孺，1983；李四龙，1997）。

因此，就本文所关心的问题而言，佛教之进入中国及其中国化过程，产生了两方面的深远影响。

一方面，从普遍的意义上看，儒、道两大信仰系统在其思想与实践中认可现世的等级制度，相比较而言，佛教以其平等观念造成了社会上突破等级藩篱的流动倾向，促成了唐宋以后中国社会的平等思想。

另一方面，这种缺乏权利意识的平等的一个意料之外的后果表现为追求财富均平分配的理想。也就是说，接受了众生平等的观念，却疏远了涅槃解脱的解决方案，在社会上形成了对于等级、差异的道德义愤、对于等级制度的浪漫主义的破坏冲动。

因此，在现实和理想的撞击之下，从追求避世解脱的佛教文化之树上结出了社会变革的果实：以平均财富、打破贵贱等级的诉求为号召，以入世拯救的救星为核心的社会革命，屡屡改变了中国社会政治的版图（何蓉，2006）。

实际上，不仅大众思潮如此，诸如大儒朱熹等思想精英亦为时代风潮之一部分。例如，尽管与孟子一样在论说"正经界"，但是，朱熹在《四书集注》中，解释《孟子·滕文公章句上》中论及"正经界"的必要性时，矛头已直指兼并土地的"豪强"。而且，他所引用的张载有意实践井田的议论已变成"仁政必自经界始。贫富不均，教养无法；虽欲言治，皆苟而已"（朱熹撰，郭齐勇导读，曾军整理，2008）。也就是说，朱文的侧重，已从井田，即土地制度之均（钧），转变为贫富，即收入分配之结果的均。这也佐证了前文的观点，即对于宋以来的要求平等的思潮来说，阶级论的解释并不充分。

近代以来，以"均"为名的思想或纲领仍然不少，例如，太平天国"无人不饱暖，无处不均匀"的口号，孙中山三民主义倡节制资本、平均地权，使耕者有其田，土地增殖部分归国有等理想，等等，不过，其思想来源更多样了。简单地说，基督教影响之下的平等思想、近代西方民主制度、近代数学的系统传入和平均数等概念的流行，都使得"均"的含义更加丰富，而且，后出的概念意涵往往覆盖了早先的思想倾向，共同构成了现时代中国社会思想中有关平等的不同层面的观念，并成为近代以来种种土地改革措施、经济发展策略等背后的动力因素。也因此，本文通过"均"字的不同应用，来揭示思想观念的层积与变革的工作，具有非常现实和直接的意义。

五 "均"的多重含义的总结

如上所述，在以"均"为名的诸多政治史、经济史的制度安排中，体现着多样的含义。传统上，"均"包含着基于天理的人伦秩序和治术，是一个恪守本分、彼此体谅的整体关系设计，表现为在上者对在下者有体恤、不越界，在下者谨遵上意，彼此各有职分、互助友爱。随着历史的发展，中央集权的政治体系建立，地方性的中间阶层力量渐失光泽，"均"又构成了某种动员机制、举国体制的观念特色。特别是，在社会思想领域，受到汉以后传入的佛教观念的影响，"均"在一定程度上，与其原先所包含的等级、秩序等因素相脱离了。

作为总结，"均"在本文所引文献中体现出了如下几种含义。

1. 人与人之间物质分配的理想状态。在经济利益既定的前提之下，这种理想状态符合人们对于彼此相对地位和境况的主观认知，包括地位之高低、关系之结构等社会分层的因素。

2. 合乎天理、人伦等秩序、尺度的制度安排。最基本的方面是田制，或土地分配制度。土地一方面关乎民生之根本，另一方面又是政治理想之根本。

3. 不同阶层对于成员资格、身份伦理的认同。这一方面体现为传统的教化人心，例如，在上者的仁，在下者的义，如果认同这些，那么，即使所谓化外之民也会被纳入统治秩序之内；另一方面体现为职务、功能的分化，礼仪、秩序的维持，以及恩惠刑罚的得当。

4. 社会动员、费用分担与利益分享。在帝制中国的多种政治经济制度中，以共同分担费用、分享利益等方面的措施，形成一个强大的动员体系。从劳动力的组织形式、成本核算的经济非理性特色、私有权被侵占等方面，这种体制都与工业化生产以来的近代经济组织形式和经济理性观念等形成鲜明的对比。

5. 社会财富的平均分配状态。其背后是一种普遍的人际间平等的意识，这与传统儒家人伦等级已截然不同。这一社会共识，在中央集权的体制之下，在不直接触及私有权的情况下，亦可成为打击地方豪强或强大的中间阶层的一种思想武器。

即今而论，以上诸种含义往往以不同形式表现为某种思想或行为方式。但是，内在地看，这些含义本身又有一个历史的演化过程和历史背景。

基本上，原初的"均"的思想，以古典的天命信仰为底，以儒家人伦秩序为准，以民众的上敬下爱、互助共存为鹄的。而在历史的演变中，出现了两种值得关注的力量，一是执均平化之调度权力的国家政权，一是大乘佛教的传入与发展。前者主导了土地、财税等一系列经济举措，后者普及了某种彻底平等主义的思想。

在这一过程中，国家政权，尤其是中央集权力量的出现，是需要进一步加以解释的作用因素。从孟子的论述来看，其井田制的政治理想的特殊之处，与其说是期待一个强大的"天子"，毋宁说是一种对民众自组织的倡导，在一定程度上，甚至与后世皇帝制度之中央集权的逻辑相抵触。[①] 因此，皇帝制度或中央集权制度的发展，可能在某种程度上作为一种外在条件，在社会结构上，抽离了中间阶层（例如诸侯、士绅等），在社会心理和思想方面，有助于"均"的意涵转变为某种绝对的平均主义。当然，其间的因果机制仍需要更细致和专门的考察才有可能确立。

基于以上所胪列之"均"的多重含义，遂产生了几个相关问题。首

---

① 关于皇帝制度，可参见雷海宗，1934。另据甘怀真（2005），西嶋定生、高明士、金子修一、邢义田等的研究讨论了皇帝制度的定义、制度要素等内容。另外，汉代儒家的神学化是另一个重要的因素，参见王健文，2005。

先，"均"的多重含义之间有何种差异？其中是否会产生某种与现代平等观念相当的思想，其特征如何？

在"均"的几种含义中，隐含着某种观念上的差异或对立，因而有内在的张力，并随历史的变迁而有变化。例如，前文提到的"均贫富"，在宋代农民运动中体现为劫富济贫的实践，然而，在《晏子春秋·内篇·问上》有"其取财也，权有无，均贫富，不以养嗜欲"之句，此处的均贫富表示的是作为经济手段和治理手段的税收，由此可见，"均"字确实承载了中国长期以来的文化史的变迁。

具体来看，"均"之含义中，关注人伦秩序、社会团结的部分，与强调分配结果的平均主义的部分，在社会的背景因素、所设想的理想状态等方面是鲜明对立的。前者体现着以家庭、家族聚居形式承载的地方共同体在社会体系中的枢纽作用，后者则体现着在上者的皇天与在下者的大众之间的一种直接面对。相应地，由于其正当性前提的多样性与单一性的区别，前者的政治权力架构原则有分权的倾向，而后者则为集权倾向；前者社会分层的多样与多重性质，使得其社会结构有可能比后者更具弹性。

由"均"的几重含义来看，它与平等思想有密切关联，但差异更为显著，表现为一种特有的稳定的社会心态结构。

例如，在近世中国社会思想中表现显著的，是以绝对平均为念、以多数人意志为指向、以大众参与的社会运动为表现、破坏性胜于建设性的直接而绝对的平均主义。种种实现平等的尝试，在意象上，往往表现为某种夷平差异的倾向，表现为社会成员在彼此地位认知、身份和结果上的整齐划一。就其对结果的关注而言，容易忽视对于程序、途径等的考虑；就其缺少实质内容而变得抽象而言，缺少立足点，特别是，对于个体的基本权利等方面不加考虑，尊重个体自主性、包纳差异性等问题，自然更会被漠视。

本文倾向于认为，"均"所包含的社会心智或精神气质因素已经深深地植根于中国的文化与大众心态之中，表现出某种稳定性。例如，早期的平等思想源自汉以后佛教的影响，为"均"注入了新的思想倾向，但是，佛家平等观里的佛性论基础、个体修习、出世涅槃的解决之途却被搁置了。由此形成的社会思潮影响持久而深入。因此，当近代西方文明进入中国时，平等一词被灌注新意加以应用，而西方平等思想中的自然法基础、人的基本权利等内容却被遮蔽了。其结果是，当全然西化的平等语言被广泛应用时，内里发挥持久影响的，却仍是基于"均"的传统社会正义观。

金观涛、刘青峰的著作通过近代报刊等数据库的建立和统计，清晰而直观地勾画出了平等观念在清末和民国时期的使用和传播情况（金观涛、刘青峰，2009：附录二第87条）。他们发现了一个现象，即经历了新文化运动之后，共和主义式微，"民主"兴起，最终取代了"共和"（金观涛、刘青峰，2009：275）。而且，与民主相关的价值变成了"反精英主义和反父权制度"等"更为激进的追求平等的元素"。这样的民主，其"核心价值是政治和经济上的平等主义"，"强调大众参与人民统治，忽视宪政的建立，'人民统治'的理念因此就意味着多数人统治"，意味着"平民主义和社会主义"（金观涛、刘青峰，2009：282～283）。

金著对此趋势的归因，一者归于《新青年》之鼓吹之力，二者是语言的演变存在着某种循环式的怪圈，回到了民主一词在汉语中的原初含义上去。

不过，若由本文的研究成果出发，则近代的这种民主取代共和、平等主义成为民主核心价值的现象，有可能是源自"均"的某种深层而持久的均等追求。《新青年》等进步书刊之所以得人心，莫若说是契合了这一文化的深层脉动，而平等在西方语境下的种种前提、要求等链条则被简化掉了。

所以，对中国近代社会思潮的分析进一步地表明，"均"的多重意义中有关社会公正与平等的大众心态，已成为文化的深层结构性要素，影响了直至当下的中国人有关现实利益分配、社会结构分化等方面的认知，未来仍有可能成为社会运动的某种动员力量。

进一步的问题是，"均"的几重含义是如何并存、怎样发挥作用的？由于社会系统的复杂性质，任何试图透视其作用的因果机制的尝试都难免失之简单。不过，可以首先从其几种含义的类型本身入手，看看是否存在某些内在的作用方式。

从"均"的基本含义中我们可以看到，这种社会正义观带有主观的、相对的色彩。也就是说，作为一种政治理想，由成员的主观感知来确定，作为一个群体，成员间以相互关系界定其个体存在，且其成员资格天然地构成了政治资格，要求实现惠利在结果上的普遍、无漏。

在相当程度上，这种格局的特色就成了注重主观感知、注重人际间比较、在关系中实现、以结果来体现的公平，缺乏确定的、个体的立足点，从而既是抽象的，又产生了有"共"而无"公共"的趋势。

这样的社会正义观，具有相当高的道德水准和教化功能，是重要的社会化渠道，如果建立在一个有明确的个体意识、清晰的产权界定、私有财产受到保护等环境下，是可以经由市场机制之外的力量体现的。例如，注重社会分配、成员整体惠利的现代福利国家，或者形式多样、功能分化的各种社会组织，等等。

但是，由上文可知，维系帝制中国的是一种政治经济学意义上的举国体制，其中通行的并非经济的理性考量，而是基于某种意识形态的齐平的、共同分担的预设，地方士绅等典型的社会中间力量受到打击，使得个体与整体之间缺乏中介力量或秩序，而成一种直接的面对。这种直接的面对，由于缺少分化、吸收社会矛盾冲突的机制，在多种因素的共同作用下，容易造成治世—乱世的剧烈变革和朝代更迭。

所以，一个可能出现的现象就是共兴同衰的相互牵制，即要求全体社会成员分享经济繁荣果实的盛世理想和均贫富分田地的乱世期待。最终形成的，是社会正义和等级制度这两方面相互牵制又相互损害的局面：一方面，"均"的抽象、无秩序和缺少媒介的社会正义要求，实施时可能反而成为既有的贫富不均的放大器；另一方面，无处不在的等级差异受制于"均"的想象，缺少政治正当性的支撑，在一定程度上成为脆弱的"阿喀琉斯之踵"，酝酿着社会骚乱或社会运动的种子。

本研究的意义也由此得以体现，即借由这种概念史的析离过程，揭示出包含在传统社会文化中的本土思想资源，这将有助于从实质的层面理解中国文化中的关键概念。在此基础上，或可致力于相关的社会政治的制度设计，以合理、有序而平稳的方式，实现其社会正义观所昭示的理想。

六 余论：研究方法的思考

长期以来，中国的文字与历史相互嵌入，相互影响。本文试图揭示汉字中所蕴含的某些文化的历史演变与结构性因素，从而将某些关键字呈现为立体的、多重的。可以说,是尝试着理解一个字中所包含着的文化史上的意义变化及其影响。

本文在研究的关注点和方法上,与 20 世纪后半叶以来兴起于德国的概念史研究有契合之处,又有独特的侧重点。

概念史研究的代表人物之一科塞雷克明确地将概念史与传统的词语史、思想史和事物史等区分开来,即从语言分析入手,梳理语言的历史性、其在历史变迁中的作用,以及为历史变迁所做出的贡献。与传统的思想史等做法不同,"概念史的着眼点,是具有关键意义的、浓缩的固定词语,并以此为依托去解读其在特定语境中的概念化过程",也就是说,"在语言和概念介质中挖掘历史"(方维规,2014)。

基本上,概念史是"历史语义学"(historische semantik)的一种研究模式。与之并立的,还有英美史学界尤其是剑桥学派的"观念史"(history of ideas)模式,和法国的"话语分析"(analyse du discourse)或"概念社会史"(socio-histoire des concepts)(方维规,2009;李里峰,2012)。

在科塞雷克看来,词语的含义可以被定义,"而概念只能被阐释",历史基本概念"不仅呈现历史上的概念界定,而且竭力重构与之相关的经验场域"。他认为,概念具有"多义性",是"(不同)历史现实之多种含义之聚合,并融入词语"。这样的概念,"不属于语言学范围,而是思想范畴和分析范畴,是阐释历史现实的方法"(方维规,2011)。

综观以上篇什,可以看出,与传统的思想史等相比较,具有概念史特征的研究进路有几个方面的特点:第一,概念史研究的对象是在社会历史中具有关键地位的范畴;第二,就其研究位于表象之下的深层结构而言,概念史是结构史;第三,就其关注政治与社会事实与语言之间的复杂关系和多重意涵而言,概念史研究可以揭示思潮之鼓荡、社会之运动的动力机制;第四,就其关注西方现代过程中的语言变化而言,概念史又是关于现代性的学问。

自社会学理论的角度观之,概念史的研究进路,一方面与福柯、卢曼等对语言的分析相似,关注沉潜的、生成表层的结构;另一方面具有知识社会学的关怀,认为特定语境下的概念在意识形态化、政治化的过程中又成为新的社会动员的促发力量、新的社会元素的生成力量。

就本文所论之"均"字而言,它在很大程度上属于造词的要素,应用灵活。笔者认为，可以将其视为中国历史上的一个关键字，它在不同的历史背景之下，具有多重的意义。这些意义本身，可以说在不同程度上已经构成了中国文化的基调，从而会或隐或显地发挥着影响。近代以来，"均"原本附丽的社会秩序、制度与组织机制尽皆崩坏；同时，受新的文明及其语言表达体系的影响，汉语言自身发生极大的丰富与改变，但这并不意味着外来词的西方语境就自然被带入了。"平等"一词借着新的社会变革的力量成为先锋，但历史的走向表明，"均"所造成的某些深层的思想要素潜在地发挥了作用。

由此或可认为，本文对历史上"均"的意义的辨析，既是对传统的认知与反思，同时，因为关注了表层之下的结构性因素，又具有充分的现实意义，特别是在社会转型的重大关头，将有助于把握中国社会的精神气质的某种底色。此种以历史为介质的探究，其意义是直指当下的。

附　录:

1. 本文通过"中国哲学书电子化计划"（http://ctext.org/zh）检索了古典文献中有"均"字的段落，以作为研究基础。检索范围为先秦文献，具体为诸子百家中的儒、墨、道、法各家著作、史籍与经典文献等三部分。其中，"均"在先秦儒家著作中的出现次数分别为：《论语》1段2处；《礼记》11段14处；《荀子》15段17处。"均"在战国墨家著作《墨子》中出现次数为10段16处。道家著作中，《庄子》计9段13处；《道德经》1段1处；《列子》3段8处；《鹖冠子》2段3处；《文子》4段4处；《文始真经》1段1处。法家著作中，《韩非子》计5段6处；《商君书》2段2处；《申不害》1段2处；《慎子》3段3处；《管子》20段20处。在史籍之中，《春秋左传》计2段2处；《逸周书》12段27处；《国语》13段17处；《晏子》1段1处。在经典文献之中，《诗经》4段4处；《楚辞》3段3处；《尚书》2段2处；《周易》1段1处；《周礼》30段48处。另外，"均"亦通"钧"，以上文献范围内出现意为"均"的"钧"字的段落数目分别为：《孟子》2段3处；《礼记》1段2处；《荀子》2段2处；《墨子》7段7处；《庄子》7段8处；《韩非子》1段1处；《管子》1段2处；《春秋左传》9段12处；《逸周书》1段1处；《国语》7段8处；《尚书》2段2处；《仪礼》4段6处。

2.《逸周书·太子晋解》:"王子应之曰:'穆穆虞舜,明明赫赫,立义治律,万物皆作,分均天财,万物熙熙,非舜而谁?'"(黄怀信等撰,李学勤审定,1995)《庄子·天地》:"天地虽大,其化均也;万物虽多,其治一也。"《庄子·天道》:"夫明白于天地之德者,此之谓大本大宗,与天和者也。所以均调天下,与人和者也。与人和者,谓之人乐;与天和者,谓之天乐"(王弼注,郭象注,陆德明音义,章行标校,1995)。《列子·黄帝》:"阴阳常调,日月常明,四时常若,风雨常均,字育常时,年谷常丰;而土无札伤,人无夭恶,物无疵厉,鬼无灵响焉"(杨伯峻撰,1979)。《鹖冠子·度万》:"所谓天者,言其然物而无胜者也,所谓地者,言其均物而不可乱者也"(黄怀信撰,2004)。《荀子·赋》:"皇天隆物,以示施下民,或厚或薄,常不齐均"(王先谦撰,沈啸宸、王星贤点校,1988)。

3.《诗经·北山》:"大夫不均,我从事独贤"(周振甫译注,2002)。《国语·鲁语上》:"若布德于民而平均其政事,君子务治而小人务力。"《国语·齐语》:"陆阜陵墐,井田畴均,则民不憾。"《国语·吴语》:"王命大夫曰:'食土不均,地之不修,内有辱于国,是子也;军士不死,外有辱,是我也'"邹国义等译注,1997)。《墨子·卷四·兼爱下》:"古者文武为正均分,赏贤罚暴。"《墨子·卷八·明鬼下》:"何已?告分之均也。"《墨子·卷九·非命下》:"今也王公大人之所以早朝晏退,听狱治政,终朝均分,而不敢息怠倦者,何也?"《墨子·卷十五·杂守》:"使人各得其所长,天下事当;均其分职,天下事得;皆其所喜,天下事备;强弱有数,天下事具矣"(辛志凤、蒋玉斌等译注,2003)。

4.《礼记·乐记》:"子夏对曰:'今夫古乐,进旅退旅,和正以广。弦匏笙簧,会守拊鼓,始奏以文,复乱以武,治乱以相,讯疾以雅。君子于是语,于是道古,修身及家,平均天下。此古乐之发也'"(王云五主编,王梦鸥注译,2011)。《荀子·君道》:"请问为人君?曰:以礼分施,均遍而不偏……其待上也,忠顺而不懈;其使下也,均遍而不偏。"《荀子·成相》:"请成相,道圣王,尧舜尚贤身辞让,许由、善卷,重义轻利行显明。尧让贤,以为民,泛利兼爱德施均。辨治上下,贵贱有等明君臣。"《荀子·王制》:"分均则不偏,执齐则不壹,众齐则不使。"《荀子·王霸》："出若入若，天下莫不平均，莫不治辨，是百王之所同也而礼法之大分也"（王先谦撰，沈啸宸、王星贤点校，1988）。

参考文献

布瑞克，彼得，2008，《1525 年德国农民战争：对德国农民战争的新透视》，陈海珠、钱金飞、杨晋、朱孝远译，桂林：广西师范大学出版社。

岑大利、刘悦斌，2004，《中国农民战争史论辩》，李文海、龚书铎主编《20 世纪中国学术论辩书系·历史卷》，南昌：百花洲文艺出版社。

陈明光，1999，《"调均贫富"与"斟酌贫富"》，《历史研究》第 2 期。

杜正胜，1981/1979，《周代城邦》，台北：联经出版公司。

方维规，2009，《概念史研究方法要旨——兼谈中国相关研究中存在的问题》，《新史学》（第三卷），北京：中华书局。

——，2011，《"鞍型期"概念与概念史——兼论东亚转型期概念研究》，《东亚观念史集刊》第一期，台湾：政大出版社。

——，2014，《概念史八论——一门显学的理论与实践及其争议与影响》，《东亚观念史集刊》（第四期），台湾：政大出版社。

方行，2004，《中国封建经济论稿》，北京：商务印书馆。

甘怀真，2005，《"旧君"的经典诠释——汉唐间的丧服礼与政治秩序》，"台湾学者中国史研究论丛"之《政治与权力》，北京：中国大百科全书出版社。

郭沫若，1959，《中国农民起义的历史发展过程——序〈蔡文姬〉》，《人民日报》5 月 16 日。

何蓉，2006，《宗教理念与社会结构的演变》，《社会理论学报》（香港）秋季卷。

侯外庐，1959，《中国封建社会前后期的农民战争及其纲领口号的发展》，《历史研究》第 4 期。

胡寄窗，1998，《中国经济思想史》（上），上海：上海财经大学出版社。

黄怀信撰，2004，《鹖冠子汇校集注·附通检》，北京：中华书局。

黄怀信、张懋镕、田旭东撰，李学勤审定，1995，《逸周书汇校集注》，上海：上海古籍出版社。

金观涛、刘青峰，2009，《观念史研究——中国现代重要政治术语的形成》，北京：法律出版社。

瞿同祖，2003，《中国封建社会》，上海：上海人民出版社。

赖永海，1988，《中国佛性论》，上海：上海人民出版社。

雷海宗，1934，《皇帝制度之成立》，《清华学报》第 4 期。

李里峰，2012，《概念史研究在中国：回顾与展望》，《福建论坛（人文社会科学版）》第 5 期。

李四龙，1997，《中国佛教与民间社会》，郑州：大象出版社。

刘屹，2005，《敬天与崇道——中古经教道教形成的思想史背景》，北京：中华书局。

漆侠，1982，《论"等贵贱、均贫富"》，《中国史研究》第 1 期。

齐思和，2003，《孟子井田说辨》，齐思和《中国史探研》，石家庄：河北教育出版社。

汤用彤，1991，《汉魏两晋南北朝佛教史》，上海：上海书店。

唐长孺，1983，《北朝的弥勒信仰及其衰落》，唐长孺《魏晋南北朝史论拾遗》，北京：中华书局。

万国鼎，2011，《中国田制史》，北京：商务印书馆。

王弼注，郭象注，陆德明音义，章行标校，1995，《老子　庄子》，上海：上海古籍出版社。

王健文，2005，《学术与政治之间》，"台湾学者中国史研究论丛"之《政治与权力》，北京：中国大百科全书出版社。

王利器撰，2000，《文子疏义》，北京：中华书局。

王先谦撰，沈啸宸、王星贤点校，1988，《荀子集解》，北京：中华书局。

王云五主编，王梦鸥注译，2011，《礼记今注今译》，北京：新世界出版社。

韦伯，马克斯，2004a，《经济行动与社会团体》，康乐、简惠美译，桂林：广西师范大学出版社。

——，2004b，《经济与历史》，康乐、吴乃德、简惠美、张炎宪、胡昌智译，桂林：广西师范大学出版社。

邬国义等译注，1997，《国语译注》，上海：上海古籍出版社。

辛志凤、蒋玉斌等译注，2003，《墨子译注》，哈尔滨：黑龙江人民出版社。

徐正英、常佩雨译注，2014，《周礼》，北京：中华书局。

严耀中，2007，《敦煌文书中的"平等大王"和唐宋间的均平思想》，严耀中《佛教与三至十三世纪中国史》，北京：宗教文化出版社。

杨伯峻译注，1960，《孟子译注》，北京：中华书局。

——，1980，《论语译注》，北京：中华书局。

杨伯峻撰，1979，《列子集释》，北京：中华书局。

杨宽，1960，《论中国农民战争中革命思想的作用及其与宗教的关系》，《学术月刊》第 7 期。

杨联陞，2005，《国史探微》，北京：新星出版社。

赵冈、陈钟毅，2006，《中国土地制度史》，北京：新星出版社。

周振甫译注，1991，《周易译注》，北京：中华书局。

——，2002，《诗经译注》，北京：中华书局。

朱熹撰，郭齐勇导读，曾军整理，2008，《四书章句集注》，长沙：岳麓书社。

Weber, Max 1968, *Economy and Society*. Trans. and eds. by Roth, Guenter & Claus Wittich. N. r. : Bedminster.

政治与社会

——基于对《论法的精神》的诠释[*]

陈 涛

摘 要：本文以对孟德斯鸠思想的社会学诠释为出发点，重返《论法的精神》，借此澄清从现代政治科学到社会学的学科转换。一方面，孟德斯鸠借助对"法"的重新定义，将政治科学的视野拓宽到政府之下的社会，从而推动了从政治科学到社会学的过渡；另一方面，通过澄清政府的原则与民族的一般精神、风俗和礼仪的关系指出，在孟德斯鸠那里，政治并不是社会的一个子系统或附属领域，而是从政治视角出发来看的整个社会，甚至还超出了社会。借此，我们希望突破当前社会学重视社会，轻视政治的学科思维。

关键词：法 政府的原则 风俗 立法者 社会

> 奥古斯特·孔德设想的、涂尔干加以实践的这种社会学是以社会而不是以政治为中心的，甚至把政治放到从属于社会的地位。这会导致贬低政治制度而重视社会基本现实这样的结果。
>
> ——阿隆《社会学主要思潮》

一 导言：社会学学科史视域下的孟德斯鸠

我们更愿意用学科史，而不是思想史、观念史、社会理论、知识社会学、科学史和社会学史等概念来界定本文的研究。与思想史或观念史偏重于一般或普遍问题不同，学科史首先是立足于本学科当下所面对的那些问

---

[*] 原文发表于《社会》2015 年第 6 期。

题来研究前人的思想。举例来说，思想史或许会关心由古至今不同的思想家是如何处理政体问题的，但社会学学科史更关心当前的社会学研究只关注"权力的非正式运作"而忽略、低估或回避那些与当下社会生活息息相关的政治制度或政体问题，这是否是社会学学科本身固有的局限呢？与社会理论侧重于通过研读经典或汲取当代哲学思潮来构建新的综合理论相比，社会学学科史更偏重于诠释那些影响或形塑社会学学科基本思维的经典理论。就此来说，霍布斯、孟德斯鸠、涂尔干、韦伯和帕森斯等人的社会学思想较之于现当代的哲学和社会思潮更具有优先性。同样，与知识社会学偏重于从外部历史和社会因素来解释社会理论相比，以及与科学史偏重于从知识积累或断裂的角度来择取经典理论相比，社会学学科史更强调文本研读，把讲清楚某个思想家说了什么作为一项最为基本的阅读德行。最后，与社会学史把自己局限于社会学这一门学科来讲述从孔德开始的故事，或者把柏拉图、亚里士多德、奥古斯丁的"社会"思想与涂尔干、韦伯、帕森斯的"社会"思想择取、编纂在一起相比，社会学学科史更注重考察从不同的思想或学科到社会学的学科转换过程，并希望借此来把握社会学这门学科的基本预设和基本问题。就像必须借助一个取景框来定位并诠释某个景物一样，对任何一个经典社会理论的诠释都要求我们将其置于某个思想或学科脉络之中，还原它最初试图回应的问题。这就要求研究者超出经典社会学理论，不仅熟谙经典的三大家，还必须充分研读契约论、政治经济学和法哲学，甚至是古典政治哲学。综上所述，社会学学科史力图通过研读经典理论，澄清社会学学科的基本问题、基本预设和基本思维方式，并基于对当下社会学处境的反思，探索超越这些基本思维方式的可能性。

如果我们把学科史置于更为广阔的人类历史之中，就不会不看到这种学科转换只是人们整体思维结构和社会结构转换的一个缩影。因此，有关社会学学科史的研究不仅关心当下的学科建设，也同样希望以此为切入点关照我们当下的历史处境。毕竟最初促使我们返回经典理论，反思当下学科思维局限的动机是当下社会学无法切中现时代的历史处境这一事实。因此，通过研读经典，在厘清社会学这门学科的思维界限的同时，我们也能够对当下的历史处境有更进一步的认识。同样，超越当下学科思维界限的努力，也不仅仅是一种学科内部的实践。

学科史研究者必须具备一种福柯（1997）所说的"界限态度"（limi-tattiude），即分析和批判这门学科强加给我们的界限，同时又可以指出逾越界限的可能性。正如海德格尔（2010：69）所说，"一种知识，如果没有有意识地立足于其基础之上或没有理解其界限，那它就不是知识而仅仅是意见。"社会学也不例外，理解社会学学科的由来、基本思维及其界限是每一位社会学研究者不可回避的问题。

这也正是我们选择通过诠释孟德斯鸠的《论法的精神》来把握社会学这门学科的基本思维和界限的原因。除了作为提出"权力分立"学说的政治科学家，孟德斯鸠也以实证主义社会学的先驱而闻名。他之所以具有这种模糊的双重身份，恰恰是因为《论法的精神》处于从政治科学向社会学的学科转换中。他的同时代人对此看得非常清楚。在卢梭看来，孟德斯鸠只限于论述各国现实当中的实证权利或法是什么样的，从而与此前以格劳秀斯和霍布斯为代表的政治科学传统区别开来，后者以论述应然意义上的政治学原理为内容。

> 能够创造这样一门既宏伟而又毫无用处的科学的唯一一位现代人，就是著名的孟德斯鸠。不过，他小心地不去谈政治权利的各种原理，而只满足于论述既存政府的实定权利；在这个世界上，再没有什么东西比这两种研究更不相同的了。（Rousseau，1979：458）

于是，孟德斯鸠成为17世纪和18世纪以自然法和契约论为代表的政治科学传统中一个无法被归类的另类，直到孔德和涂尔干等人将其诠释为实证主义社会学的先驱。孟德斯鸠处于从政治科学到社会学学科转换的界限之上的这种身份，为我们通过研读《论法的精神》来把握社会学这门学科的基础和界限提供了途径。而对于界限在哪里的明确意识也同时指向逾越界限的可能性。

二　"法"的概念

在谈到孟德斯鸠时，孔德一改他对此前，尤其是17世纪和18世纪的政治科学家的贬斥，盛赞孟德斯鸠是第一个"把政治作为事实的科学"

（孔德，2010：194）来研究的人。此前那些所谓的政治科学家只是基于一些想象出来的抽象概念或"形而上学假定"，如自然权利和社会契约，来批判现实政治，因此，仍停留在人类精神发展的形而上学阶段。只有《论法的精神》的作者把理解各个政治事实之间的法则作为基本目的，率先迈入科学阶段。半个多世纪以后，涂尔干（Durkheim，1997：71）再次重申这一点："孟德斯鸠第一次建立了政治科学的基本原则"。因为他明确规定这门科学的对象是政治事务，即法律、道德和宗教。要不是"政治科学"这个词被滥用已久，涂尔干更愿意使用这个词而不是"社会学"来称呼自己所从事的工作。更为关键的是，孟德斯鸠还为政治科学或社会学确立了两个必不可少的基本概念：属的概念（notiogeneris）和"法"的概念（notiolegis）。尤其是后者，在涂尔干看来，构成了社会学得以可能的基本前提。

> 要获得关于社会事实的研究，并且仅仅着眼于认识它们是什么，我们就必须理解到它们具有明确的样式，舍此无他。也就是说，它们拥有恒常的存在方式，从它们的本性中生发出必然的关系。换句话说，我们必须达至法的概念。它是这样一种感觉（sentiment）：存在法，后者是科学思想的规定性因素。我们知道，自然法概念的形成，以及逐步扩展到自然的不同领域的进程是多么缓慢。（Durkheim，1973：5）

涂尔干在这里几乎重述了孟德斯鸠在《论法的精神》的开篇对法的普遍定义："法是源自事物本性的必然关系"（孟德斯鸠，1997：1；Montesquieu，1989：3）。① 从这里的简要介绍来看，无论是孔德还是涂尔干，都强调了孟德斯鸠的研究与传统政治科学的断裂，并且这个断裂首先就集中在他对"法"的界定上。因此，澄清"法"的实质含义对我们把握社会学与传统政治科学的区别至关重要。

在传统上，"法"属于伦理、政治和宗教等领域，被界定为立法者针

---

① 为了表述的精确和在术语上的统一，本文在引用孟德斯鸠著作的中译文时，根据英译文或法文原文做了一定修改，并标出参照文本的页码。

对某个目的所发布的命令。在现代自然法理论家竭力摆脱传统神学语境并仅仅基于人的自然本性或自然权利来重新界定自然法，从而提供一套独立于神学的自然法理论的过程中，法的这个含义尽管变得模糊，但并未被根本动摇。例如，霍布斯（Hobbes，1996：80）在论述自然法时就明确指出："这些理性的命令，人们使用法的名字来称呼不合适，因为它们只是关于什么有助于保存和保卫自己的结论或定理（theoremes）而法严格地是指有权力命令别人的那个人的话。但是如果我们把这些定理视为有权力命令万物的上帝的话，那么它们就严格地被称为法。"自然法只是人们从自我保存的本能或权利中推导出来的逻辑结果，即一些有助于自我保存的手段，有没有上帝并不影响自然法的内容或约束力（自然的约束力只能借助国家来保障）。或许，把它们称为派生的自然权利，从而区别于基本的自我保存权利要更为恰当。不过，与自然权利不同，自然法可以经由主权者的重新表述成为严格意义上的市民法。市民法就是主权者的命令。例如，为了人们的自我保存，主权者命令臣民的行为不得危及他人的生命。简单来说，现代自然法理论或契约理论的基本思路就是要借助人为缔约或建立国家的方式，以暴力为后盾，将缺乏上级和约束力的自然法转化成严格意义上的市民法。因此，孟德斯鸠之前的现代政治科学在很大程度上仍然固守着传统的法律概念。

这只是故事的一面。故事的另一面是，自 17 世纪以降，现代自然哲学开始借用传统道德哲学的自然法概念来界定人们凭借理性所发现的运动着的物体之间的因果必然关系，如运动法则、重力法则、自由落体法则等等。"法"这个概念由此开始超出道德哲学和神学领域，延伸到自然哲学领域，涵盖了一切存在者（陈涛，2014；DastonandStolleis，2008：10；Steinle，2008：227 - 228）。用孟德斯鸠的话来说，"一切存在物都有它们的法。上帝有他的法；物质世界有它的法；高于人类的理智存在者有他们的法；兽类有它们的法；人类有他们的法"。不过，此前的思想家尽管同时在两个领域使用法这个概念，但他们并没有像孟德斯鸠这样，以物理法则为标准，根据自然必然性来界定一个统一的有关法的定义，而是更习惯将人类世界的"法"与自然世界的"法"区分开来。简言之，孟德斯鸠是第一个以物理法则意义上的"法"来统摄"法"的概念，并将其应用到人类社会的人。孟德斯鸠的仰慕者查尔斯·博耐特曾写信称赞他说，"牛顿发现了物质世界的法则，而先生您则发现了理智世界的法则"（转引自夏克尔顿，1991：331）。本节开篇引用的涂尔干那段话说的正是这个过程，即，把新的自然科学或物理学中"自然必然性"意义上的"自然法"概念中扩展到社会领域，把社会世界看成与自然世界一样，都被某种自然必然性所支配，因而也属于自然的另一部分。

在孟德斯鸠之前，在谈到人类世界的"法"时，人们指的仍然是作为命令的"法"。对于"法"这两个含义的并存，斯宾诺莎说得非常清楚：

> 法这个词，其绝对的含义，指的是一个个体（不管是作为一个种的所有，还是作为同一类的所有），据以根据同一个固定和规定的方式而行为的那个东西。这种方式或者依赖于自然必然性，或者依赖于人的意志。依赖于自然必然性的法是那些从事物本性，即定义中必然而来的法。另一种法则依赖于人的意志，更正确地说，被叫作法令，是人为了获得更安全或更便利或其他类似的理由而为他们自己或其他人立下的。……把法这个词应用到自然事物上看起来只是借助类比，因为法通常被用来指人们能够服从，或不服从的命令……因此，看起来这样更适合，即把法狭义地定义为由人为自己或为了某一目的其他人规定的一个生活准则。（Spinoza，2002：426－427）

在这里，我们暂不讨论斯宾诺莎如何处理这两种"法"的统一性，也暂且撇开现代政治科学的自然法理论如何促进了这种统一性的问题，[①] 仅就这里有关人法和自然法的区分来说，它大致反映了早期现代政治科学的世界图景。仍以霍布斯为例，作为一个自然哲学家，他与伽利略、笛卡儿和牛顿等人一样，认为自然世界中的各种现象之间存在一种因果必然关系，"法"就是对这种自然必然性的定义。但是，涉及人类世界，这仍然是一个被人们的各种激情、意见、无知和迷信主宰的黑暗王国。即使他试图借助自然法和契约理论等赋予这个世界一种秩序，但在契约社会中，每个人仍然受制于他所处的那个社会中主权者为了所有人的和平和安全所颁布的市民法。市民法作为主权者的命令，并不完全等同于自然法。它最多

---

① 有关这一点的简要讨论，请参见笔者对霍布斯自然法理论的讨论（陈涛，2014）。

可以说是主权者参照自然法，根据特定政治社会的历史、时间和地点等所发布的命令。例如，自然法既未规定人们的宗教信仰，也未规定人们具体的宗教仪式，这些都来自主权者自己的命令。因此，政治世界免于机械论意义上的因果必然关系，仍然是一个被人为目的和各种偶然性所占据的世界。在机械论的理性世界图景之中，仍然保留着一个由人类所占据的还不够理性的孤岛。一方面，人们可以按照自然法，以及由此所推演出来的国家，包括主权者和臣民的权利和义务，来理性化、条理化这个无序的世界，使其慢慢成为由我们所制造的，并因而可以被我们所认识的理性世界。[①] 另一方面，在人造秩序和现实政治世界之间始终存在一个不能凭借自然法和主权者的意志所取消掉的，被偶然性、幻想、无知、迷信等等所充斥的距离。

大致来说，早期现代政治科学默许自然法与实定法之间所存在的这种距离，并承认它属于立法者可以根据时间、地点、人民的性格、环境等等，并凭借自己的意志和明智权宜处理的实践事务。换句话说，实定法所表现出来的各种差异和多样性被归因为实践中的偶然性，而不隶属于科学论证和解释的范围。格劳秀斯就指出："自然法总是一样的，能够轻易被带到技艺的准则之下，但是那些其起源是由于人类的建设，根据地点而不同，并且在同一地点也经常变化的东西，并不适合系统地处理，更不要说那些关于个别事物的观念了"（转引自 Courtney，2001：45）。他的注释者巴贝亚克将这一点阐释得更为清楚："涉及本身无关紧要的事物，或那些并不基于我们本性的构造，因此能够根据时间、地点或其他环境而以不同的方式来规制的事物，所有这些，就它们是被一个上级（superior）判断为合适的，而这个上级的意志是这一类法律的唯一基础，因此，这种法律被称为任意的"（转引自 Courtney，2001：45）。总之，早期现代政治科学并不把自然法与实定法之间的这个距离作为一个问题。在他们看来，单凭基于人的自然本性所推演出来的自然权利和自然法，以及由此进一步推演出来的主权者和臣民的权利和义务，就足以理解和构造一个确定而又安稳的社会。

但在孟德斯鸠看来，仅仅凭借人性和自然法等架构来理解，乃至改造

---

① 有关这一点的富有启发性的分析，可参见施特劳斯（2006：173 – 180）。

人类社会太不充分。首先，"人是可塑的存在，他在社会中同别人的思想和印象相适应"（孟德斯鸠，1997：著者原序；Montesquieu，1989：xliv）。姑且不论我们能否借助一个"自然状态"把这些社会影响剥离掉，并发现一个足够稳固的人性，即便我们能够找到它，也解释不了人因为这种可塑性在各个社会中建立起来的"无限多样的法律和风俗"。自然法理论家只能把它们归结为无法处理的"任意"或"幻想"。以自然法理论以及契约社会来裁量现实政治社会，太多的法律和风俗都将被归结为无法理解的、非理性的东西。尤其是在孟德斯鸠这里，自然法连理性法都算不上，而只是基于人们最为基本的情感，即自我保存、食欲、性欲和社会欲之上的"法"（孟德斯鸠，1997：4~5；Strauss，2014a：33－36、40，2014b：14－18），因此，试图凭借自然法来理解古今类型各异的政治社会就更不可能。

其次，面对自然法理论在理解人类社会上的匮乏，我们也并不需要走到另一个极端，像斯宾诺莎主义者①认为的那样，"我们所看见的世界上的一切东西都是一种盲目的命运所产生出来的"。相反，"是有一个根本理性存在着的。法就是这个根本理性和各种存在者之间的关系，同时也是存在者之间的关系"（孟德斯鸠，1997：1）。具体到各个民族的法律和风俗的多样性，它们并不产生于人们的"幻想"（孟德斯鸠，1997：著者原序），而是可以理解的。因为"一般地说，法，在它支配着地球上所有人民的场合，就是人类的理性；每个民族的政治法和社会法只是把这种人类理性应用于特殊的情况"（孟德斯鸠，1997：6；Montesquieu，1989：8）。但这种"应用"并不是基于某种普遍的自然法或理想国家来理解各个特殊的政治社会，而是探究特定民族的法律与其政体的本性、原则，该民族所处的气候、土壤，居民的宗教、性格、人口、贸易、风俗和礼仪的关系，以及内在于这种关系中的理性。这种理性并不是霍布斯等政治科学家所说的个人凭借理性能力作因果推理或计算意义上的理性，而是一种内在于历史和社会之中的"人类理性"。以孟德斯鸠对君主制政府本性的论述为例：君主凭借贵族、僧侣和法律监护机构来行使权力，区别于专制政府中仅凭一个人按照自己的意志和反复无常对权力的行使，从而使君主统治成为一种合

---

① 有关《论法的精神》此处针对的对象以及相关背景的解读，可参见施特劳斯（Strauss，2014a：16－18）的讨论。

法而又理性化的统治（孟德斯鸠，1997：15～17）。不过，单纯考虑君主制中的任何一个等级，他们都不够理性：贵族是"自然的无知、怠惰和轻视民众"（孟德斯鸠，1997：17），僧侣则依靠特权来对抗君主，而担当法律监护机构的政治团体则是为了自己的利益或荣誉。然而，他们与君主一起构成了一个理性的政治架构。孟德斯鸠力图把握的就是这种内在于事物之中的理性。涂尔干（Durkheim，2006：54）后来在澄清社会学试图发现的理性时，同样强调它是一种"内在于实在之中的客观理性，由事物本身所给予的理性"。对孟德斯鸠以及此后的社会学家来说，理性和"法"表达的是同一个含义。事物有其自身的必然法则，也就意味着事物的内在拥有某种理性秩序。为了区别于人们通常所说的作为立法者的命令的实定法，孟德斯鸠把他所要研究的这种支配政治社会的、由各种因素的关系所构成的理性法称为"法的精神"（孟德斯鸠，1997：7；Montesquieu，1989：9）。

现在可以简短总结一下为什么社会学对孟德斯鸠界定的"法"赋予如此高的地位。首先，较之于此前的政治科学仍然把人类社会看成一个受制于立法者或统治者的意志和各种偶然性所左右的世界，孟德斯鸠在这些自由意志和偶然性背后看到了某种"事物的自然秩序"（孟德斯鸠，1997：7；Montesquieu，1989：9），或事物之间的必然关系。尽管人作为"理智存在物"，"不能免于无知与错误"（孟德斯鸠，1997：3），但这仍然不能否定人类的社会和历史仍然具有某种法则，能够被理性所认识。借助对法的重新定义，孟德斯鸠指出，人类世界像自然世界一样也受制于某种理性的必然法则。其次，要理解现实中的政治社会以及内在于它们之中的理性秩序，我们既不需要诉诸超历史的秩序，也不需要诉诸命运，更不需要像契约论那样诉诸人性以及基于人性的自然法。政治社会本身的各种因素之间就存在某种理性关系，一种"人类理性"。涂尔干（Durkheim，1997：28）特别肯定了孟德斯鸠这一贡献："他没有从人的自然本性中，而是从政治体的自然本性（naturacorperispolitici）中推演法律，并认为社会的自然本性并不比人的自然本性更缺乏稳固性和不变性。"综上所述，孟德斯鸠发现了一个新的领域，一个由政府、气候、土壤、民族性格、风俗、礼仪、宗教、贸易和人口等等合在一起构成的领域。这个领域不同于此前政治科学考察的城邦、政体或国家，也不能被还原为人性或人性的法则——或者说心理事实（Durkheim，1997：26）来理解，而是有其自身的、有待发现的理性秩序。在社会学家看来，这就是作为总体的社会。社会是自成一类的事实，像物理事实一样有其内在的必然法则——"集体生活的法则"（communis vitae leges）（Durkheim，1997：12）。因此，通过将"社会"纳入科学研究的范畴，孟德斯鸠就告别了政治科学，宣告了社会科学，或"社会物理学"的诞生。

政治科学和社会科学或社会学的区别，不仅仅是在研究对象上的差别，还体现在更深层次的分歧上。社会的登场，意味着政治原本占据的优先地位降至其次。要理解政治，我们不能再仅仅局限于城邦、国家、政体以及主权者和臣民的权利和义务，而是必须依据社会的法则来理解政治。对孔德来说，我们必须从社会或文明进步的法则来理解政治，因为"对每个时代来说，最好的政治制度都是最适合于当时的文明状态的制度。从来没有而且今后也不会有绝对优于其他一切政治制度的政治制度，而只能有一个比一个更加完善的文明状态"（孔德，2010：188）。借用涂尔干评论卢梭公意理论的话来说，我们不能再只盯着立法者的意志，而是"必须向下看，看那些没有被意识到的地方，并考察民族的习惯、倾向、习俗。'习俗是真正的国家构造'"（涂尔干，2013：99）。针对孟德斯鸠的"法"的概念，他评论说，"承认政治生活中有确定的秩序必然降低了立法者的作用。政治制度，如果来自事物的本性，那么就不依赖于某一个公民或许多公民的意志"（Durkheim，1997：47）。有关经济基础和上层建筑的区分，有关政治子系统隶属于社会系统的讲法，以及有关权力的非正式运作的关注等等，都被涂尔干这句话所预示。

在我们看来，今天的社会学走得太远了，远到背离了孟德斯鸠以及此前政治理论的一个基本洞察力：政治生活在社会生活中具有优先性。这种优先性不仅仅是价值上的优先，还指政治制度、政治权力等等的安排对于社会生活具有主导作用。或者说，社会生活的建立必须以政治制度和政治权力的安排为核心。对社会学后来发展上的这一偏颇，阿隆（2000：186、260）很早便有反思："奥古斯特·孔德设想的、涂尔干加以实践的这种社会学是以社会而不是以政治为中心的，甚至把政治放到从属于社会的地位。这会导致贬低政治制度而重视社会基本现实这样的结果。"针对晚近布尔迪厄的社会理论，他更是刻薄地批评说："如果有人认为莫斯科的国家意识和巴黎的'象征性暴力'仅仅在程度上有所区别，那么他就会让唯社会学论弄瞎了眼睛而看不到我们这个世纪的关键所在。"（阿隆，1992：950）政治制度或政体上的差异较之于社会生活的其他方面，仍然具有根本地位。

这给我们提出了一个问题：处于政治科学向社会学转换的临界点上的孟德斯鸠，究竟如何理解政治与社会的关系？他是否为我们提供了某种纠正晚近社会学，特别是社会理论的视角？

三　政治与社会

（一）　政府类型还是社会类型

无论是孟德斯鸠的同时代人，还是后来的读者，都有一个最为基本的阅读感受：较之于 17 世纪和 18 世纪的主流政治理论，《论法的精神》显得非常另类。人们很难把它归入某个既有的政治科学传统。较之于《契约论》通过构建一个缺乏政治社会的自然状态作为思考政治现象的出发点，自然状态在孟德斯鸠那里被一带而过，他几乎总是就历史和当下存在着的政治社会讨论政治社会，如历史上曾经存在的希腊和罗马的共和政府，以及他那个时代正在盛行的君主政府；较之于《契约论》把人性以及由此推导出来的自然权利和自然法作为思考政治的规范基础，他似乎只把描述和解释每个民族"自己的准则所以建立的理由"（孟德斯鸠，1997：著者原序）作为自己的目标，而在解释它们时，他似乎也从未借用人性理论，而是诉诸气候、土壤、民族的一般精神、风俗、礼仪、贸易、货币、人口和宗教等非法律性的因素来探讨其对特定社会的实定法的影响。让研究者最感到困惑的是，这些因素之间的统一性是什么？孟德斯鸠是否只是罗列了各种原因，而它们最终无法构成一个整体？实际上，这不仅仅是孟德斯鸠思想的困难，也是今天仍在困扰社会学的难题。孔德和涂尔干等人使用的"社会有机体"概念，马克思使用的"经济基础与上层建筑"的框架，帕森斯、卢曼和哈贝马斯等人使用的"社会系统"概念以及与之相应的"功能"分析，晚近社会理论偏爱的"权力分析"，都是试图把握社会整体性的工具。不过，这些都不是《论法的精神》的思路。该书从内容上可以大致分为以下几个部分：政府理论（政府的形式、原则和对象）、自然环境

（气候、土壤）、精神环境（风俗、贸易、货币、人口和宗教）、法律史和
立法者的目的。其中，政府理论与精神环境两部分合起来占整本书的三分
之二。前者是传统政治科学关注的焦点，后者是此后社会学研究的对象。
因此，问题的关键在于回答这两部分是什么关系，这也直接关涉我们如何
理解在孟德斯鸠这里政治现象与社会的关系。

至今对这个问题最有说服力也最为主流的诠释仍然是从社会学的学科
视角出发对《论法的精神》的诠释。总的来说，把孟德斯鸠视为社会学先
驱的研究者倾向于认为，他在讨论政体类型的地方实质上是在讨论社会类
型或社会结构（Althusser，1972：67 - 72；阿隆，2000：23）。在这方面，
尤以涂尔干对孟德斯鸠的解读最具代表性。

在涂尔干看来，孟德斯鸠将政府分为共和制（包括民主制和贵族制）、
君主制和专制三种类型只是表面上沿用了亚里士多德政治学的术语，但二
者实际存在根本差别，孟德斯鸠自己"创建了一套具有原创性的体系"
（Durkheim，1997：44）。首先，孟德斯鸠区分的三类政府实际上"是三个
完全截然不同的社会种（societatum species）"（Durkheim，1997：33）。因
为他在划分政府类型时，并不像亚里士多德那样仅仅考虑统治者的数量
（一人、少数和多数）、政治体制（civitatisregimen）或管理公共事务上的
差别，而是顾及"整个自然"（Durkheim，1997：32），也即，社会的各个
方面。此外，亚里士多德在划分政体时，根据的是先验的有关国家的抽象
观念（abstracta civitatis notione），而孟德斯鸠却是从历史研究和各种游记
中推演出这三个社会类型，它们都有历史事实的依据。共和制指的并不只
是所有公民或部分贵族统治的政府，而是专指以雅典、斯巴达和罗马为代
表的古代城邦。同样，君主制指的并不只是一人按照基本法来统治的政
府，而是以英、法为代表的现代欧洲大型民族国家。正如孟德斯鸠
（1997：106 - 107）明确指出的那样，古代人并不知道什么是君主制，因
为他们并不了解建立在等级制和代议制之上的政府。至于专制，尽管其他
政府的腐败也可以落入专制，但它主要是以波斯、土耳其和亚洲民族为原
型。总之，这是建立在历史事实之上的三种截然不同的社会类型，而不单
单是政府统治形式上的差别。

其次，在论述政府类型时，孟德斯鸠考虑到社会团结纽带上的差别，
或者说，他是根据社会团结来讨论政治统治的。每一种政府的统治都基于

一个预先存在的社会秩序，而不是像契约论那样从缺乏社会的自然状态中直接创造出政治社会。共和制或古代城邦是这样一种社会纽带，它们依靠热爱公共事务、热爱祖国这种利他主义的"集体精神"（Durkheim，1997：34），在彼此同质的个体之间建立了一种社会团结。公民对政治的集体参与正是以这样一种社会纽带为前提。在君主制或现代国家中，社会结构则大不相同。在共和体制下，每个人都是平等和相似的，每个人都参与政治，分工还没有发育，而在君主政府中，各个社会阶级（civium classes）的私人生活与公共生活划分明确，每个人都谋求自己的私人利益，发展自己的事业。不过，君主制恰恰依靠这种功能差异和多样性，在彼此各异的个体之间建立了一种新的社会团结，并保证每个人的自由。这就是为什么在孟德斯鸠那里，政治自由只能出现在君主制中。涂尔干对孟德斯鸠最具个人色彩的诠释是君主权力借以运转的等级结构，在本质上乃是一个社会劳动分工结构。

> 君主制包含了既存秩序的存在对君主权力的制约……如果没有任何东西能够抵制君主的权威，就不存在任何法律能限制他的意志，因为法律本身将只依赖于君主的意志。君主制与其他国家的差别就在于劳动分工，它并不存在于共和制中，但在君主制中却朝向它最完备的发展。（Durkheim，1997：36-37）

显然，涂尔干将自己在《社会分工论》中阐发的核心观点注入孟德斯鸠的"政府类型说"。共和政府与君主政府的差别是集体意识和劳动分工的差别，是机械团结为主的社会与有机团结为主的社会类型的差别，而不是权力安排或法律安排上的差别。他甚至认为，孟德斯鸠著名的权力分立学说正是社会分工原则的一个特殊形式（Durkheim，1997：37）。涂尔干的整体解释思路非常明晰，他有意忽略孟德斯鸠对立法者的作为、法律和权力安排等所做的大量讨论，着力凸现一切政府权力的安排和行使都依赖一个在先的社会秩序，并进而强调只有依据这种社会秩序才能对政治现象做出真正的理解。这突出体现在他基于社会学立场对传统政体理论所做的批评上。涂尔干承认，孟德斯鸠本人还没有充分意识到其方法的独创性，因此还拘泥于传统政体分类的术语，按照统治的形式来划分他实质上在研究的社会。对此,他强调,"政府的形式并不能决定社会的本性"(Durkheim,1997:40)。传统政体分类没有看到,"两个人民可能是不同的属(generum),尽管它们以同样的方式被统治"(Durkheim,1997:16),或者,"同一人民,城邦的体制可以完全改变,但他们本身并没有被转化为另一个种"(Durkheim,1997:17)。基于此,涂尔干批评道,传统政体分类不仅没有抓住社会的本性,反而将大量的社会事实排除在科学研究之外。究其根本,传统政治科学始终盯着公开进行和众所周知的立法者的意志和行动,并希望由他来创造一个理想的政治体制。但无论是"法"的概念,还是社会类型的概念,都排斥立法者的意志能够介入政治或社会事件。

> 社会属(genera)不可能存在,除非原因在不同的时间和地点,总是产生同样的结果。此外,如果立法者任意地(arbitrio)建立和指导城邦生活,我们到哪里去为科学寻找题材呢?科学的题材只包含在那些事物中,它们拥有稳定的本性,并能抵制人类意志的力量。如果它们是无限可控制的,那么就不存在任何东西推动我们去观察它们。……但是,如果它们有其固有的特性,那么就没有人能自由地形塑它们。政治科学若要存在,我们就必须假定城邦(civitates)具有某种本性,这种本性来源于它的各个要素的本性和持久的安排(dispositione),并且它们同时也是政治事实的产生者。(Dukheim,1997:20)

涂尔干基于社会学学科视角对孟德斯鸠所做的诠释尽管把握到了后者的政府类型学与传统政体理论的差别,但却过分贬低了政府的权力安排和立法者的工作对理解政治现象,乃至整个社会的重要意义。他说"立法者的作用只是清楚地表达了在其他人意识中隐藏着和模糊的东西"(Durkheim,1997:51),既无法解释孟德斯鸠屡屡使用的"立法应该如何"的显然针对立法者提供建议的表述,也无法解释他对梭伦、莱喀古士、罗穆路斯和努马等伟大立法者的仰慕。更为关键的是,仅仅把政府类型还原为社会类型,恰恰回避或抹消了在孟德斯鸠那里政治与社会之间究竟是怎样一种关系的问题。这从涂尔干竭力抹消而孟德斯鸠却力图建立的法律与风俗的区分可见一斑。在涂尔干看来,法律并不出于立法者的目的,而仅仅发自风俗,只是比后者更为明确而已。但是,孟德斯鸠强调法律是立法者制定的特殊制度，而风俗和礼仪则主要由民族的一般精神所"激发"（inspirées）（孟德斯鸠，1997：309、311；Montesquieu，1989：314、316），因此也是一般性的。其次，法律规定的是公民的行为，而风俗则更宽泛，它规定的是人的行为，并且还延伸到人的内心。并且，他特别强调，风俗、礼仪和道德都属于"在本性上无关紧要的东西"，不属于"法律的范围"（孟德斯鸠，1997：311；Montesquieu，1989：316）。虽然他强调不能用特殊更正一般，用人为制定的东西更正被激发出来的东西，因为那会凸现出立法者的人为权力在意见上的横暴，令人敏感和愤怒，但孟德斯鸠并没有否定立法者在这里的重要作用，即他可以使用"自然的方法"（孟德斯鸠，1997：310~311；Montesquieu，1989：315–316），换句话说，用他人的风俗和礼仪改变既有的风俗和礼仪。再者，从孟德斯鸠的立场来看，抹消法律和风俗之间的差别是极为危险的，它要么走向斯巴达式的严峻的法制，对公民的德行有很高的要求，要么就走向专制政府下仅仅依靠一成不变的风俗和礼仪来使臣民驯顺，对于权力执行却缺乏固定的法律给予约束。英国作为孟德斯鸠眼中的理想政府，之所以能够实现政治自由，正是归因于它借助法律建立的权力分立和制衡为这个民族在风俗和礼仪之中灌注了一种自由的风气。这种自由的风俗转而成为英国政治的根基。它一方面使每个民众对于行政权力的行使保持着一种敏感，乃至不安，另一方面，又使民众愿意信任立法权力来制约行政权力（孟德斯鸠，1997：320~210）。

对立法者以及政治领域在孟德斯鸠那里的重要性的上述澄清，旨在立足于政治科学到社会学的学科转换这个临界点，抓住社会学这门学科的思维方式及其界限。而突破这种界限的可能性也就在于澄清孟德斯鸠如何把握政治与社会之间的关系，从而唤起社会学对从政治现象入手理解社会之重要性的意识，敦促社会学对它本身的"社会中心论"加以反思。

（二）政府原则与民族精神

实际上，孟德斯鸠本人是给出了理解二者关系的线索的。在列举了将要研究的各种因素，并界定了什么是"法的精神"之后，孟德斯鸠接着指出：

我将首先研究法律同每一种政府的本性和原则的关系。因为政府的原则对法律有最大的影响，所以我将尽力很好地去认识它。当我一旦论证了原则，人们便将看到法律从原则引申出来，如同水从泉源流出一样。然后，我便将进而讨论其他看来比较个别的关系。（孟德斯鸠，1997：7）

这段话值得注意的有以下三点：第一，孟德斯鸠在前文曾交代过，他在研究中将遵循各个要素的关系和事物的自然秩序。这里则进一步指出，处于这个自然秩序第一位的是政府的原则。政府原则在《论法的精神》中占用了专门的六章，它也频繁出现在讨论其他因素的部分，孟德斯鸠给它的比重是最多的。政府的原则和政府的本性一起，构成他处理政体问题的基本框架："政府的本性是使政府是其所是的东西；而政府的原则是使政府行动的东西。一个是政府本身的特殊结构，一个是使政府运动的人类激情。"（孟德斯鸠，1997：19；Montesquieu，1989：21）或许只有古代政治科学赋予德行和伦理学的优先地位能够与孟德斯鸠对政体原则的重视相匹配。不过，无论是亚里士多德的伦理德行，还是理智德行，都强调理性对激情的约束。相比之下，孟德斯鸠对人的看法则更为现实，他并不寄希望于大众的理性能够在政府运转中发挥实际的作用。在民主制下，"人民的性格是依激情而行动"（孟德斯鸠，1997：12）；在君主制下，各个层级的人则为个人野心与"每个人和每个阶层的成见"，即"虚假的荣誉"（孟德斯鸠，1997：24~25）所驱动；在专制政府统治下，无论是君主还是臣民，都被一种从自我保存的本能中直接生发出来的恐惧撼住。孟德斯鸠论述的三种政府原则——德行、荣誉和恐怖，都是没有达至理性意识层面的大众情感。至于现代政治科学，霍布斯、洛克等契约论理论家除了在前国家的自然状态中讨论人性，特别是人的激情之外，在国家理论层面，他们论述的重心在于国家的权力安排，以及与此相关的主权者和臣民的权利和义务，这些大致对应于孟德斯鸠所讨论的政府本性。换句话说，孟德斯鸠之前的现代政治科学很少赋予人类激情在国家理论中如此重要的地位。但在孟德斯鸠看来，政府以及法律并不是纯粹的权力安排，而是包括被各种具体权力安排所抟聚起来的、生活于其中的人们的激情。借用17世纪和18世纪现代机械论对生命体的表述，可以说，政府的本性或权力结构构成政府的身体构造，但正是生活于特定政府之中的人们的激情赋予这个身体生命，使其能够运动起来。孟德斯鸠（1997：19）有关二者关系的论述是："政府的原则自然地源于政府的本性"。正如阿尔都塞（Althusser，1972：45）提醒我们的，不能把这里的"源于"理解为结果从原因中产生出来那种因果关系，而是要把它理解为特定政府的本性需要以特定的原则为"前提条件"。在民主制中，全体人民掌握着最高权力，负责执行法律，要求每一个公民具备爱祖国、爱法律的政治德行来遏制其野心和贪欲；在君主制中，君主借助中间的、附属的贵族、僧侣和法律监护机构来行使权力，就要求维护等级以及各个等级的偏见，将每个人追求优遇和出众的野心和荣誉心导向公共利益；在专制中，权力是任意和专横的，要使人民安于奴役却又不进行革命，就只有依靠恐怖去压制每个人的勇气和野心。

第二，上面的引文暗示我们，与其他"个别的关系"相比，政府原则与法律，或者说与"法"的精神的关系更具有某种一般性或统摄性。因为政府的原则构成了一个中介和一个"泉源"，其他一切社会因素都要经过这个泉源影响政府中的各项具体的法律。这一点理解起来并不难，因为气候、土壤、风俗、礼仪、贸易等最终都必须通过作用于人的激情，并经由人的激情，对政府发挥影响。"原则的力量带动一切"（孟德斯鸠，1997：119）。因此，正是借助政府原则，孟德斯鸠将传统政治科学所处理的政体问题或国家理论与更为广阔的社会领域联系起来，使得有关政体或政府的讨论经由政府原则，被引导至有关特定政府之下的社会生活的分析。

最后，在《论法的精神》中，另一个具有一般性且具有统摄性的东西就是第 19 章专门讨论的"民族的一般精神"。这一章介于讨论自然环境的章节和讨论精神环境的章节之间，统领这两部分。人类受多种事物的支配，就是：气候、宗教、法律、施政的准则、先例、风俗、礼仪（manières）。结果就在这里形成了一种"一般的精神"（孟德斯鸠，1997：205）。现在，出现了两个具有主导性、统摄性的要素："政府的原则"和"民族的一般精神"。困难源于《论法的精神》本身同时主张两个要素。它们恰好分别指向政治科学和社会理论各自关心的政治和社会。在论述政府类型的部分中，"政府原则"构成政府结构得以维持和运转的前提条件。一切其他因素都必须经由"政府原则"对政府发生影响。在论述影响法律的自然和精神因素时，"民族的一般精神"，尤其是风俗和礼仪构成了主导性的因素。第 19 章的焦点就在于探讨立法者如何既"在不违反政体的原则的限度内",又能"遵从民族的精神"(孟德斯鸠,1997:205)来制定法律。
"这样说更好,即当政府的特殊安排和政府为之建立的那个民族的秉性处于最佳的关联中时,政府最合乎自然"(孟德斯鸠,1997:6;Montesquieu,1989:8)。问题在于,"政府的原则"与"民族的一般精神"之间究竟是怎样一种"关联"?①

对此,最具有启发性的诠释来自阿尔都塞。他指出,在孟德斯鸠这里,"原则实际上是对具体的人类行为,即他们的礼仪、风俗和精神的一种政治表达"或"政治抽象"(Althusser,1972:56-58;阿隆,2000:29~30)。不过,阿尔都塞(Althusser,1972:59)坦诚这个表述多少回避了问题,因为"很难看到从礼仪和风俗向原则,从政府形式的现实条件到政治需要的转换,如何聚焦于各种原则"。但阿尔都塞的诠释毕竟还是抓住了要害。究竟是把孟德斯鸠诠释为政治科学家还是社会学家,取决于面对政府原则与民族精神这二者时,我们在解释时偏向于那一边。强调政府原则,就将导向对政府本性和政府原则的强调,导向政治科学关心的主题。强调民族精神、风俗和礼仪,则将偏向社会学对社会整体的法则的分析。又或者,我们能否抓住孟德斯鸠在这二者之间据以保持平衡的那个支点?

(三) 立法者与原则的更新

这个支点正是被涂尔干明确排斥在社会学研究之外的立法者。《论法的精神》本身就是针对立法者来写作的。这从孟德斯鸠惯用的各种表达中可以看得非常清楚:"立法应与政体的原则适应""应如何注意不变更一个民族的一般的精神""法律应该怎样和风俗、礼仪发生关系"等问题的关键在于如何公允地评价立法者在整个社会生活中的作用,而不是将其排斥在外。

"政府的原则"这个表述来自孟德斯鸠(1997:78)所仰慕的"伟人",同时也是现代政治科学的奠基人——马基雅维利。②与《君主论》对

---

① 在国内有关孟德斯鸠的研究中,杨璐(2015:223、232-233)的分析也敏锐地抓住了在孟德斯鸠那里政府原则与风俗之间的关系。不过,遗憾的是,囿于涂尔干对孟德斯鸠的诠释,她未能充分阐释出这二者在他那里关联的方式及其内在张力。

② 参见夏克尔顿(Shackleton,1964:1-13)从文献学角度就马基雅维利对孟德斯鸠的影响所做的详细考证。

"新君主"通过立法创建新国家的讨论不同，在《论李维》中，马基雅维利更为关心既有国家的保存问题。在他看来，国家犹如一个有机体，既会发展，也会面临腐败和衰亡。

> 组织得较好而且存活得较长久的是这样一些国家和教派，它们的体制使它们能够定期更新或者由于某个体制之外的偶因也能够自我更新。……更新它们的方法……就是使它们回复到原则（principii）。因为，所有教派、共和国和王国的原则都必然地有内在的某种善（bonta），它们通过这种善重新获得原初的声望和原初的发展能力（augumento）。因为那种善随着时间的推移而腐化，如果不发生什么事情使它回到它原来的状态，这种腐化就必然杀死那个机体。（马基雅维利，2013：419）

马基雅维利并未对他所说的这些原则给出明确定义，它主要指国家最初的制度安排、相应的风俗，以及民众对整个安排的情感。更新原则的时机要么来自外因，要么来自内部。具体到内部，要么凭借一个好人的榜样效果，要么凭借重新遵守创建之初的法律。而对原则的更新，要求立法者把握时机，重塑人民的习惯和风俗，使其更接近国家初创之时的风俗和制度。更新原则的主题不仅出现在孟德斯鸠这里，而且也回响在卢梭的《社会契约论》中。卢梭援引孟德斯鸠（1995）《罗马盛衰原因论》中的一段话——"社会诞生时是共和国的首领在创设制度，此后便是由制度来塑造共和国的首领了"——强调立法工作的艰巨：立法者必须能够洞悉人的情感，改变人性，并为特定的民族建立一个最好的制度。不过，一个民族一旦从青年迈向成熟，风俗确立，偏见扎根，立法者就很难再去塑造他们，为其立法，除非诉诸极为罕见的革命，恢复到最初，使这个民族"重新获得青春的活力"（卢梭，2005：57）。思想温和的孟德斯鸠回避了卢梭那样的激进表述，但同样认为立法者必须以更新政府原则作为职责："当一个共和国腐化了的时候，除了铲除腐化，恢复已经失掉了的原则之外，是没有其他办法可以补救所滋生的任何弊害的。一切其他纠正方法不但无用，而且有可能成为一个新的弊害。"（孟德斯鸠，1997：121）

当我们从这一主题重返孟德斯鸠在第 19 章中就"民族的一般精神"所具有的影响力对立法者所提出的建议时，立法者在政府原则与民族一般精神、风俗和礼仪之间所扮演的角色就更为明晰了。孟德斯鸠并未幻想能够借助知识去改造人民。人民依据激情行动，并且"因为自己学识平庸所以对已经确立了的东西便更加强烈地依恋"（孟德斯鸠，1997：41）。他也未曾像卢梭那样寄希望于通过革命和立法来重塑人性和政府，因为"一个国家的革命和新政府的建立，只有通过无数的困苦和艰难，才能成功，而很少是悠闲的、风俗腐化的人民所能做到的"，并且这还需要颁布一套新的良好的法律。相比之下，"使人们记起古时的箴规训则，这通常就是把他们重新引回德行的道路上"（孟德斯鸠，1997：48）。这正是立法者的工作。立法者必须熟悉一个民族的精神、风俗和礼仪，利用它们来培育或塑造特定政府的运转所需要的公民激情。因此，正是立法者不断将人民那些纯良的精神、风俗和礼仪表述为政府的原则，或者进一步将其上升到法律明文的层面。也正是立法者借助风俗等去形塑特定政体所需要的民族性格或激情，使特定民族守持在一定的政府原则之内。罗马和英国的典范意义也正在于此。在相当长的一段时间内，罗马能够借助保民官、监察官等法律手段，通过诉诸"施政的准则"、"古代的风俗"和"宗教"（孟德斯鸠，1997：48～49、122～123、305）而不断更新自身，保持一种活力。英国作为一个经过革命重新确立起来的共和制，正处于政治上的青春期。其他国家的立法者只能尽量使法律随从风俗，但在英国，风俗却要随从法律。正在英国上演的是一个新制度的创制时期，立法者能够凭借法律塑造民族的风俗、礼仪和性格。相反，只有专制政体，只有腐化堕落、丧失了政府原则的政府，才完全无法凭借立法者主动工作，而只能依靠被动的风俗和礼仪来维持政治。

至此，我们可以对《论法的精神》中政治与社会之间的关系作一简要总结。特定政府的原则，也就是说，生活在该政府形式之下的某个民族的情感状态是该民族的风俗、礼仪和精神在政治领域中的特殊化或具体化。特定民族的精神和性格正是经由那些关乎该民族生死存亡的重大政治选择和政治行动而得到放大，并被人们明确感知到。要不是经历各种政治事件，令人们感受到政府原则的腐败，人们恐怕很难意识到他们的风俗和礼仪已经腐化到何种程度。在民主制中，当选票可以买卖的时候，人们才会深切感受到每个公民已经丧失了对公共利益的关注，而陷入私人利益的算计；在君主制中，当君主事必躬亲、象征荣誉的品爵不再令人感到荣耀时，人们才会深切感受到原本的等级秩序以及与此相关的一套价值体系已然坍塌。反过来说,在政府中上演的一切政治选择和政治行动都是基于社会这个舞台。通过考察特定政府的原则,即生活在某个政府之下的人民的激情,孟德斯鸠第一次拨开了政府之下的社会基础或社会条件:特定民族的一般精神、风俗和礼仪。政治科学研究的视域从主权者、政府、法律等进一步被拓宽到由气候、土壤、风俗、礼仪、宗教和贸易等所交织而成的社会世界。

尽管如此,孟德斯鸠仍然强调政治相对于社会领域的首要地位。"一个社会如果没有一个政府是不能存在的"(孟德斯鸠,1997:6;Montesquieu,1989:8)。他的世界仍然是由以国家或政府为核心的各个社会集团所构成的。也不是民族精神或风俗的任何具体化都能构成政府的原则,只有那些为政府良好运转提供支撑的风俗和精神才能真正进入政治领域之中,成为公民激情的一部分,发挥作用。而伫立在政治与社会的临界点上,一只眼瞄着政府的运转,另一只眼盯着民族的风俗和精神的变化的正是立法者。他要么使法律顺从风俗,要么借助法律或风俗来形塑风俗,形塑特定政府能够运转的前提,即"政府的原则"。因此,政治之于社会的首要性并不仅仅是价值层面上的,即各种政治选择和行动在人类社会生活中的举足轻重性,而且也是因果关系意义上的,即较之于人们在风俗、礼仪和民族精神上的被动,政治是人们能够主动参与,乃至借此来干预风俗的入口。在特定民族的风俗、礼仪和精神的形塑过程中,政治,特别是立法活动乃是首要的原因。

四 社会理论及其界限

在上文中,为了澄清孟德斯鸠对"法"的定义,我们有意强调他与此前政治科学家借助自然法和契约论来思考政治社会的差别。实际上,尽管存在这种差别,他仍然延续了现代政治科学的基本努力方向:把对人类世界的理性认识上升为一门具有确定性的、独立的科学,并以此来指导政治实践。古代政治哲学或政治科学从未想要成为一门完全独立的和具有确定性的科学。追求独立性和确定性是现代早期政治思想家对政治科学提出的独特要求,其初衷是为了摆脱神学争论和各种怀疑主义思潮来构建国家理论。建立在机械论宇宙观之上的现代几何学和物理学以其独立性和确定性成为政治科学的榜样。霍布斯在《利维坦》第一部分从机械论角度对人性展开的研究，其基本动机就是为自然权利和自然法提供一个堪比自然科学的确定性基础，然后再在这个基础之上搭建一个同样确定的国家理论。孟德斯鸠之前的政治科学借助自然法和契约理论，只将这种机械论的因果必然关系扩展到适用于一切社会的主权者和臣民的权利和义务。至于历史和现实社会超出自然法和普适的契约社会而在法律和风俗上表现出来的差异性和多样性，仍然构成一个不能为理性之光所穿透的暗箱。它们似乎只是由历史的偶然、人类的无知和立法者的任意杂交而成的一个非理性的东西。正是孟德斯鸠（1997：著者原序）从自然必然性的角度对法所做的重新定义将"无限多样的法律和风俗"，以及"各国的历史"纳入理性认识或科学的范围。现代政治科学寻求独立性和确定性的努力在这里达到一个高潮。"法的精神"的实质就在于，不仅要将关涉到人类世界的各种要素纳入理性认识，而且还要借助"法"的概念和某种理性必然关系，对其加以体系化。在马基雅维利那里，政治还只是一门驯化命运女神的技艺，但到了孟德斯鸠这里，政治科学已经可以从理性法则的角度来容纳原本对人封闭的命运。对比他和孔德、涂尔干有关社会类型的研究，可以清楚地看到这种体系化指向什么。在孟德斯鸠那里，共和政府和君主政府尽管一个基于古代城邦，一个基于现代国家，但他并没有想借助某种历史进步法则在二者之间搭建一种关系。政府的原则或开端的优先性和支配性，以及对更新政府原则的要求甚至还抵制这种历史化。相比之下，通过将古代社会和现代社会纳入一个历史的线性法则来理解现代社会却几乎是所有早期社会学家的工作重心。如孔德所阐发的人类精神和社会进步的三阶段法则，涂尔干（2000：4）借助社会劳动分工的"自然法则"在机械团结和有机团结、古代和现代之间建立关联，以及德国社会学关注现代西方资本主义的起源问题等等。因此，早期政治科学的体系化最终走向了以某种进步史观为基础的社会理论或历史哲学。处于历史之中的社会闭合为一个独立自主的领域，甚至"神与社会只不过是一回事"，社会是比神还要原初的东西（涂尔干，1999：276），供人"观看"（$\theta\varepsilon\omega\rho\varepsilon\tilde{\iota}\alpha$）。社会学就是社会"理论"（$\theta\varepsilon\omega\rho\acute{\iota}\alpha$）。无论孟德斯鸠还是涂尔干，都强调社会或历史现实本身就具有某种理性，有待科学去认识和理解。因此，我们不再需要抱持古人的"理论"观，超出社会和历史，通过观看永恒和必然的秩序

（"理念"或"上帝之城"）来获得某种有关整合的智慧，对社会本身的理解就已然足够自足和完备。

但是，社会学成为一门有关社会的理论，并没有使人安享去做一个"旁观者"（θεωρός），过上一种幸福的理论生活。将科学知识应用于对实践的改造本身就构成现代政治科学和社会学发展的内在动力。不过，孟德斯鸠、孔德和涂尔干等对内在于历史和社会事实之中的法则或必然关系的强调，往往使人们误以为他们只专注于描述和理解事实，而避免价值判断，或对政治现实的干预。恰恰相反，他们只是坚持，我们必须基于社会学对社会法则的认识来改造当下和"设计未来"（孔德，2010：190、208），而且社会法则的自然必然性不仅丝毫无损于每个人的自由，反而是个人自由的根据。

> 对人类来说，自主意味着理解他不得不承受的必然性，并基于对各种事实的充分认识去接受它们。我们不可能违背事物的自然本性去制定事物的法则，不过，我们却可以通过思考它们，而把我们从它们那里解放出来，也就是说，通过思考把它们做成我们自己的东西。（涂尔干，2006a：73~74）
>
> 这就是我们所拥有的唯一的自主性，也是唯一对我们有价值的自主性。它不是我们从自然中预先构建的自主性，也不是我们在我们与生俱来的构造性质中所发现的自主性。相反，正因为我们获得了事物的更完备的知识，所以我们自己塑造了自主性。（涂尔干，2006b：88）

因此，我们越是能够在科学研究中纳入更多的因素或变量，越是能够把握内在于社会事实的必然关系或社会法则，越是能够按照这些法则来塑造自己，我们就越是自由。

上述简短考察旨在澄清孟德斯鸠在何种程度上隶属于现代政治科学的传统，又在何种意义上推进了现代政治科学向社会学的转换。针对第三部分中的分析，这里的分析会招致一种质疑：立法者实质上只是将他或社会学家有关社会法则的知识应用到政治领域，应用到对人的改造上。立法者的活动，甚至政治，在孟德斯鸠这里，只是一门借助科学理论来改造实践的技艺，它并没有给大多数人的政治实践留出空间。因此，政治在根本上仍然只是从属于社会和有关社会的研究。这一点的确可以从涂尔干（Durkheim，1973：4－5；1997：13－16）有关科学和技艺的区分中得到印证。从莫斯（Mauss，2005：75）对法国社会学后来的反思中看到："政治并不是社会学的一部分"，它只是一门实践技艺，或者说，属于对社会学的应用。我们更可以从海德格尔、马尔库塞、阿伦特、伽达默尔等人对现代科学和技术的批判那里，从哈贝马斯和哈耶克等人对实证科学的反思中看到有关这个主题的详尽讨论。在此，我们并不想提供另一套学科史或思想史叙事来否定这个判断。我们并不否认，在孟德斯鸠有关政府原则的论述与有关民族的一般精神、风俗和礼仪的论述之间存在张力，同样，在他有关立法者作用的阐发，以及他有关"法"的概念的界定之间存在张力。这些的确都是事实，不过并不是事实的全部。要超越现代政治科学或社会学传统，并不需要全盘否定它，回到某个前现代或古代的传统，而只能由此出发。在此，我们只想就上文的考察进一步澄清孟德斯鸠有关政治与社会的理解。在这种理解之中，就蕴含着逾越当下社会学学科界限的某种可能性。

在孟德斯鸠那里，不可否认地一点是，政治具有根本的优先性。上文从立法者对原则的更新解释了这种优先性。此处，我们想就政治视域的优先性进一步阐发这一点。在孟德斯鸠那里，政府或国家并不是社会的一个次级领域、组成部分或子系统，而是一个缩微化了的社会世界，或者说，是一个从政治事件和政治行动出发来看的社会世界。特定政治选择和政治行动的发生并不是偶然的，而是受到气候、土壤、风俗、礼仪、民族精神和贸易等等的综合作用。因为社会世界中的各种要素，最后都要通过作用于人们的激情而映射在政治世界，并经由各种政治事件凸现出来。

> 支配着世界的并不是命运，这一点从罗马人身上可以看出来：当罗马根据某个计划来治理的时候，他们在一连串的事情上取得了持续的繁荣，可是当罗马人根据另一种计划来行动的时候，他们就遭到了一连串的失败。有一些一般的原因，它们或者是道德方面的，或者是物理方面的。这些原因在每一个君主国里都发生作用，它们使这个王国兴起，保持住它，或者是使它覆灭。一切偶发事件都是受制于这些原因的；如果偶然一次战役，这就是说一次特殊的原因，毁了一个国

家，那就必然还有一个一般的原因，使得这个国家会在一次战斗中灭亡。总之，一个主要的趋向带动所有的特殊事件。（孟德斯鸠，1995：102；Montesquieu，1876：273）

政治领域中的一个特殊事件通向的是社会领域中道德或物理上的一般原因。另一方面，尽管政治世界构成了通达社会世界的通道，但这并不要求我们离开政治进入社会，而是要求我们穿梭或折返于两者之间，并最终将重心放在对那些事关特定民族生死存亡的政治选择和政治行动的认识上。因此，强调政治之于社会的优先性，并不要求社会学在政治与社会之间做出非此即彼的选择。圈定一块社会领域作为社会学的研究对象，圈定另一块政治领域作为政治学的研究对象，不仅背离了《论法的精神》的主旨，而且还背离了孔德和涂尔干等社会学奠基者的本意。无论是"法的精神"，还是"总体性社会事实"的讲法，都希望能够从某种整合性的视野出发把握人类生活内在的法则。当我们基于当前社会学和社会理论的局限，透过《论法的精神》来重新审视社会学这门学科的界限，敦促它去关注政治生活时，并不要求社会学放弃自己的研究对象，而只是要求它转换一下视角。当社会学能够从政治事件和政治行动入手来把握整个社会事实时，它并未丢掉其原有的优势，而只会看得更为深入。因为，通常来说，政治事件和政治行动较之于其他领域中人类的行动和事件来说，更牵动整个社会的局势，甚至还超出了特定社会的局势本身。[①] 简言之，政治，优先于一切，为我们提供了通向整合的道路。正像孟德斯鸠（1997：著者原序）所说的那样："我们观察局部，不过是为了作整体的判断"。

参考文献

阿隆，雷蒙，1992，《雷蒙·阿隆回忆录》，刘燕清等译，北京：生活·读书·新知三联书店。

[①] 参见笔者就涂尔干的社会学从另一个角度对这个问题所做的分析（陈涛，2015：88—93）。

——，2000，《社会学主要思潮》，葛智强等译，北京：华夏出版社。

陈涛，2014，《法则与任意——从社会契约论到实证主义社会学》，《政治与法律评论（第四辑）》，北京：法律出版社。

——，2015，《道德的起源与变迁》，《社会学研究》第 3 期。

福柯，1997，《什么是启蒙》，李康译，《国外社会学》第 6 期。

海德格尔，2010，《物的追问：康德关于先验原理的学说》，赵卫国译，上海：上海译文出版社。

孔德，2010，《实证政治体系》，《圣西门选集（第二卷）》，董果良译，北京：商务印书馆。

卢梭，2005，《社会契约论》，何兆武译，北京：商务印书馆。

马基雅维利，2013，《君主论·李维史论》，潘汉典、薛军译，长春：吉林出版集团。

孟德斯鸠，1995，《罗马盛衰原因论》，婉玲译，北京：商务印书馆。

——，1997，《论法的精神》，张雁深译，北京：商务印书馆。

施特劳斯，列奥，2006，《自然权利与历史》，彭刚译，北京：生活·读书·新知三联书店。

涂尔干，1999，《宗教生活的基本形式》，渠东等译，上海：上海人民出版社。

——，2000，《社会分工论》，渠东译，北京：生活·读书·新知三联书店。

——，2003，《孟德斯鸠与卢梭》，李鲁宁等译，上海：上海人民出版社。

——，2006a，《职业伦理与公民道德》，渠东等译，上海：上海人民出版社。

——，2006b，《道德教育》，陈光金等译，上海：上海人民出版社。

夏克尔顿，罗伯特，1991，《孟德斯鸠评传》，刘明臣等译，北京：中国社会科学出版社。

杨璐，2015，《孟德斯鸠的"社会"：不同于现代自然法传统的努力》，《社会学研究》第 2 期。

Althusser, Louis 1972, *Montesquieu, Rousseau, Hegel and Marx*, translated by Ben Brewster. NLB.

Courtney, C. P. 2001, "Montesquieu and Natural Law." In David W. Carrithers, Michael A. Mosher & Paul A. Rahe. Lanham（ed.）, *Montesquieu's Science of Politics：Essays on the Spirit of Laws*. Rowman & Littlefield Publishers.

Daston, Lorraine & Michael Stolleis 2008, "Introduction：Nature, Law and Natural Lawin Early Modern Europe." In Lorraine Daston & Michael Stolleis（ed.）, *Natural Law and Laws of Natural Law in Early Modern Europe*. Burlington：Ashgate.

Durkheim, Emile 1973, "Sociology in France in the Nineteenth Century." In R. N. Bellah（ed.）, *Emile Durkheim on Morality and Society*. Chicago and London：The University of

Chicago Press.

——1997, *Montesquieu: Quid Secundatus Politicae Scientiae Instituendae Contulerit*, translated by W. Watts Miller &E. Griffith. Oxford: Durkheim Press.

——2006, *Durkheim: Essays on Morals and Eduction*, translated by H. L. Sutcliffe. London and Boston: Routledge &Kegan Paul.

Hobbes, Thomas 1996, *Leviathan*, edited by Richard Tuck. Cambridge: Cambridge University Press.

Mauss, Marcel 2005, *The Nature of Sociology*, translated by William Jeffrey. New York & Oxford: Berghahn Books.

Montesquieu 1876, *Oeuvres complètes de Montesquieu*, translated by Deuxème, Édouard Laboulaye (ed.), Paris: Garnier frères.

——1989, *The Spirit of the Laws*, M. Cohler, Basia C. Miller & Harold S. Stone (ed.), Cambridge: Cambridge University Press.

Rousseau, Jean-Jacques 1979, *Emile or on Education*, translated by Allan Bloom. New York: Basic Books.

Shackleton, Robert 1964, "Montesquieu and Machiavelli: A Reappraisal." *ComparativeLiterature Studies* 1 (1).

Spinoza, B. 2002, *Spinoza: Complete Works*, translated by Samuel Shirley. Indianapolis: Hackett Publishing Company.

Steinle, F. 2008, "From Principles to Regularities: Tracing Laws of Nature in Early Modern France and England." In Lorraine Daston and Michael Stolleis (ed.), *Natural Law and Laws of Natural Law in Early Modern Europe*. Burlington: Ashgate.

Strauss, L. 2014a, *Montesquieu: A Course Offered in the Autumn Quarter of 1965*, Thomas L (ed.), Pangle. http://leostrausscenter. uchicago. edu/courses

——2014b, "Seminar on Montesquieu: A Course Offered in Winter Quarter, 1966." http:// leostrausscenter. uchicago. edu/courses.

世纪末忧郁与美国精神气质

——帕森斯与古典社会理论的现代转变[*]

赵立玮

摘 要： 帕森斯的《社会行动的结构》体现了一种独特的探究，历史的、经验的和理论的研究在其中融为一体。在学科史的意义上，《结构》标志着"古典"社会理论的"现代"转变。不过，帕森斯是以一种典型的"美国式"方式完成这种转变的。囿于 20 世纪 20、30 年代，尤其是"新政"时期的语境，他给予处于世纪之交的一些重要的社会理论一种全新的阐述，把它们从其生身处境的"世纪末"中剥离出来，并暗中赋予其一种积极、乐观的"美国精神气质"，在很大程度上消解了这些理论和经验探讨中原本具有的同"世纪末"的社会、文化背景及其时代问题的复杂关联。悖谬的是，这种"美国化"的阐述在某种意义上恰恰体现了帕森斯试图建构社会（科）学一般理论的宏图，蕴含着某种普遍历史的取向。

关键词： 塔尔科特·帕森斯《社会行动的结构》古典社会理论 世纪末 忧郁 美国精神气质

20 世纪 40 年代后期，帕森斯与默顿之间进行了某种或明或暗的"对话"[①]，默顿在这个时期撰写的一些颇具影响的"理论社会学"文章（Merton，［1949］1968），可以说或多或少都与帕森斯的理论探索有关。例如默顿后来收入其《社会理论与社会结构》中的首篇文章"论社会学理论的历

---

[*] 原文发表于《社会》2015 年第 6 期。

[①] 实际上，两者的"对话"并不限于这个时期，例如帕森斯（Parsons，1975）在一篇为庆祝默顿 65 岁生日而撰写的文章中还论及两人之间在理论研究取向上的差异。需要指出的是，帕森斯与默顿之间的研究取向差异实质上体现的是两种不同的社会学理论化进路，其中涉及诸多实际上影响着"二战"后一直到今天的社会学发展的重要问题。

史与体系"，实际上就是在其评论帕森斯的一篇文章（Parsons，1948）的基础上扩展而成的。① 默顿的这篇文章比较典型地体现了他关于社会学理论与社会学史的基本观点，而这种看法与帕森斯的相关立场存在明显差异。如该文标题所示，默顿论证的核心要点是：必须把社会学理论的"历史"与"体系"区分开来，② 两者不能混为一谈。他反对的"历史"是"将社会学理论的历史视为一种对过去的诸学说的批判性总结、并佐以主要理论家小传的大杂烩"（Merton，1968：2）；他倡导的"历史"是"一种社会学意义上的社会学理论史"（a sociological history of sociological theory）（Merton，1968：2），这种"历史"的意义在于能够促进"社会学知识的积累"。如何进行和评价这种积累？默顿引为典范的是自然科学的积累模式，这在他引述普赖斯（Derek Price）的一段话中体现得十分明显："（自然）科学的积累结构是充满了短距离联结（short-range connexions）的组织（texture），就像编织物（knnitting）一样；而人文主义取向的学术领域的组织更像是一个随意的网络（random network），其中的任何一点与另一点都有同样的联结可能"（Merton，1968：28）。因此，默顿认为在真正积累性的社会学研究中，重要概念、观念和理论都应该像自然科学中的情形那样，可以明确地溯及和勾勒出其历史发展进程，从而形成一个个知识链条，再渐渐地连接成更大范围的知识领域。在这个意义上，默顿对于他在该文标题下援引怀特海的一句话是深以为然的："还在犹疑要不要忘掉其创立者的科学是迷茫的"（Whitehead，1974：115）。

在默顿的这种研究取向中存在着诸多值得进一步探究和批评的问题，比如其中蕴含着十分明显的实证主义和经验主义的方法论立场（亚历山

---

① 帕森斯在 1947 年美国社会学学会的年会上提交的文章"社会学理论的状况"（Parsons，1948）和默顿（他是该文当时的两名评论者之一）对该文的"讨论"（Meron，1948），后来一同在《美国社会学评论》（1948 年第 2 期）上刊出。对照默顿的这两个文本，可以看到他在后来修改、扩充的长文中已大大消除了针对帕森斯文章的诸多评论的痕迹，其论述也呈现出更为一般化的特征；当然，这同时也掩盖了该文最初有更为直接的对话和批评的"语境"，这实际上并不有利于人们看清两者所代表的社会学理论化进路的差异乃至对立。

② 默顿此处使用的是 sysemaics 而非 sysem，前者不仅有体系、系统之意，更基本的含义是指分类学、分类法或分类系统，譬如植物学；默顿使用此法透露出其方法论立场的实证主义和经验主义意涵，而这恰恰是帕森斯（system 则是他很喜欢使用的概念）始终明确反对的方法论立场。

大，2006），[①] 他对社会学理论史的研究进路带有鲜明的 "辉格党历史"（Whiggish history）或 "当前论"（presentism）的取向（田耕，2006）。[②] 换言之，这种历史研究取向本身在一些根本问题上是颇为值得质疑的，而这些问题在默顿的理论思考框架中又是无法得到令人满意的修正和解决的。帕森斯虽然赞同社会学是一门能够进行知识积累和发展的经验科学，并且在默顿发表此文的十余年前就很深入地探讨和阐述过这个问题（Parsons，［1937］1968），但他奉行的是另外一种很独特的研究进路，这种研究路向在认识论—方法论、社会学史研究、社会学的理论化方式、社会学知识的积累和发展等诸多方面，都与默顿倡导的研究路向有着实质性的区别。为了更细致地讨论这个问题，我们最好还是先回到帕森斯的《社会行动的结构》（以下简称《结构》），因为，现代社会学，或一般所谓的 "二战" 以来的社会学的很多基础性问题，都必须回到这部 "现代社会学" 的奠基之作才能得以理解。不过，考虑到《结构》涉及的问题极为庞杂，[③] 本文只限于就其中涉及的几个与社会理论史研究相关的问题稍做展开。

一　通过社会思想史研究社会理论

《结构》虽然在出版后的前十年里因战争等因素的影响而受到忽视，

---

① 亚历山大（2006）对默顿相关论述中的实证主义和经验主义问题提出了批评，并基于其所谓的 "后实证主义" 的认识论和方法论立场，坚持认为 "经典" 在社会科学研究中具有 "核心地位"（这方面更详细的论述可参见 Alexander，1982）；但他也认为帕森斯的理论化进路在方法论上体现的是一种 "新实证主义"（具体分析可参见 Alexander，1984，chap. 6）。

② 自 20 世纪 60、70 年代以来，人文—社会科学领域的思想史和学科史研究出现了 "当前论" 和 "历史主义"（historicism）的诸多争论，以及随后出现的试图综合二者的 "后实证主义"（post-positivism）或 "后经验主义"（post-empiricism）和源自解释学传统的 "对话论" 等，围绕文本、作者、语境、语言、意义、研究者的旨趣、诠释和理解方式等问题展开了深入的讨论，极大地推进了相关研究领域的进展。在社会学和社会理论史研究方面，例如可参见塞德曼（Seidman，1983a）、亚历山大（2006）等人的简要评述。

③ 卡米克（Camic，1989）为《结构》出版 50 周年撰写了一篇长文，对该著涉及的诸多方面进行了比较全面的考察，古尔德（Gould，1991）随后就此文涉及的几个主要问题予以批评，声称前者的评述基本上是基于对帕森斯的理论和《结构》的误解。有意思的是，这两位可称得上帕森斯研究专家（其中一位还是帕森斯的学生）的研究者，一个宣称《结构》是社会学的 "一部宪章"（虽然已经过时了），一个则断言，《结构》"至少领先其时代 60 年"。本文第三部分将讨论对《结构》的另一种研究进路。

但该书在 1949 年推出第二版后却影响力剧增，并很快确立了其"经典"地位（格哈特，2009：3~4）。但在如何理解其研究主旨、如何为其研究定位的问题上，长期以来可谓歧见纷纭。因此，我们首先需要澄清的问题是：《结构》究竟是一部什么样的著作？就该书的主旨而言，帕森斯有过肯定和否定两种说法：一方面，它并非一项社会思想史或社会理论史研究；另一方面，它既是一项经验性的专题研究，又是一部理论著作。我们先来看帕森斯的相关论述，然后提供一种解释。

（一）关于社会理论本身的研究

从内容上看，《结构》的大部分篇幅都用于分析作者所选的几位"欧洲著作家"（European writers）的著作和思想，因而似乎是一项社会思想史或社会学史领域的研究。不过，作者虽然在"序言"（Parsons，1968：v）中开宗明义地指出，该书"在某种意义上"可以被认为是一种"二手研究"，但并非通常意义上对过去的诸多理论、学说的概括或依据当下知识对相关理论命题的验证，而是一种"不太为人所知"的"真正的二手研究"。帕森斯本人似乎对这个问题极为重视，他在该书的"序言"、"导论"以及某些章节和后来的"二版序言"（1949）、"平装本导言"（1968）中反复强调该书的真正研究意图，试图引导读者去理解该书所致力于探讨的那种"真正的二手研究"的意义。

实际上，通常被忽视的《结构》副标题——特别依据一组晚近欧洲著作家的一项社会理论研究①——已经比较清楚地指出了这种研究的一些关键要点。概括而言：首先，上述标题指明它是"一项社会理论研究"，"序言"里对此有一个更加明确的宣称：这是"一项关于社会理论（theory）、而非诸理论（theories）的研究"（Parsons，1968：xxi；着重号为原文所加）；换言之，该研究真正关注的是社会理论本身，而非相关论者的诸学说，这应当是帕森斯所谓的"真正的二手研究"的一个基本

---

① 这个标题在表达上也颇具意味：在强调这是一项"社会理论"研究的同时，帕森斯使用 writers 而非（social）theorists 来指称他选择的论主们；但在 1951 年出版的《社会系统》（Parsons，1951）的"献词"中却自称"不可救药的理论家"。

意涵。① 其次，这种"社会理论"有一个历史产生过程，主要通过帕森斯选择的"晚近欧洲著作家"的著述体现出来；这几位著作家虽然出身不同、秉性和研究取向各异、传承的智识传统也有很大差别，② 但细究之下，他们的思想发展在 19 世纪末和 20 世纪初的几十年里却呈现出某种"会通性"（convergence）："《结构》分析的是理论发展的一种会通过程，这种发展构成了关于社会现象的科学分析中的一场主要革命"（Parsons，1968：xvi；着重号为引者所加）；在《结构》出版 30 年后推出的平装本"导言"中，帕森斯再次强调："本书的主要论题是：马歇尔、帕累托、涂尔干和韦伯的著作——以复杂的方式与其他许多人的著作相关联——代表的不是简单的关于人类社会的四组特殊的观察资料和理论，而是理论思维结构中的一场主要运动"（Parsons，1968：viii；着重号为引者所加）。③ 所以，第三，对这种单数的"社会理论"的揭示和描述需要借助对几位"欧洲著作家"的著作的细致和系统的分析，因为在他们的著作中呈现出了"某种系统的理论推理的单一体"（Parsons，1968：xxi）；"导论"对此说得更加明白："本研究的核心旨趣在于一种特殊的连贯理论体系的发展"（Parsons，1968：12）。

　　另外，还需指出的是：在经验或实质理论的意义上，帕森斯称这种单一的理论体系为"行动理论"（社会行动理论、人的行动理论），或者用

---

① 要理解帕森斯此处所谓的单数"社会理论"或社会理论自身，必须联系他在《结构》中对"（科学）理论"的性质及其发展的论述，而"社会"理论不过是科学理论"在社会领域的发展"或"科学自身的'内在'发展的一般过程的一个例证"（Parsons，1968：11，12）。有意思的是，默顿虽然被称为"科学社会学"的主要开创者之一，但他对科学，尤其是自然科学的认识反而不及帕森斯，像库恩（2003）等人在 20 世纪 60 年代在科学史和科学哲学领域展开的具有革命性的研究，实际上与帕森斯而非默顿的科学观更具亲和性。

② 他们在个人性格和（智识）背景方面"对比之强烈，几乎难以想象"：马歇尔是一个具有"强烈的道德主义取向的英国中产阶级"的一员；帕累托是一个"冷淡的、老于世故的意大利贵族"；涂尔干是一个"（出生于）阿尔萨斯的犹太人，激进的、反教权的法国教授"；韦伯是"具有高度文化修养的德国中上阶层的后代，其成长深受德国观念论的影响，并接受了法学和经济学历史学派的训练"（Parsons，1968：13）。

③ 帕森斯在论及这种"会通"的理论发展过程时，甚至赋予其某种神秘色彩，例如他指出，这四位几乎可算是同时代人——马歇尔与帕累托虽然出生于 20 世纪 40 年代，但他们的主要著作是在 1890 年之后出版的——却又互不影响（帕森斯认为马歇尔对帕累托的有限影响对于该书论及的那些重要方面是无关紧要的）的欧洲著作家，却发展出"一套共同的观念"，此即他所谓的"理论体系之逻辑的内在发展"（Parsons，1968：14；着重号为引者所加）。帕森斯提出的"会通命题"或"会通论证"是《结构》全书论证成败的关键，也是他在后《结构》时期推进其理论化的一种主要策略。对此观念的一种有益的理解和解释，可参见 Wearne，1989：76ff；2013。

《结构》中特别强调的一种表达："意志论的行动理论"（voluntaristic theory of action）；这是全书力图论证的那种从欧洲的行动理论传统中发展出来的"社会理论"，对这种理论体系的产生过程的考察因此成为该书的一个主要目的；另一方面，帕森斯想要通过对相关著述的细致分析，呈现出社会行动的"结构性方面"，或行动理论体系（"行动参照框架"）的基本要素及相互关系，因此之故，该书以"社会行动的结构"为其标题（Parsons，1968：39）。

基于此，我们再来看帕森斯对该书定位问题的肯定和否定的说法。一是否定该书是通常意义上的"二手研究"或史论著作，例如"导论"在强调"这项研究应当是关于近期社会思想史中的一个特殊问题的专题研究，是对已被称之为'意志论的行动理论'的理论体系的兴起的研究"（Parsons，1968：14）的主旨后，帕森斯又不惜笔墨地做了三点澄清：首先，"它不是关于晚近一代的欧洲社会学理论史（的研究）"，因此它不会对相关的问题和人进行包罗万象的研究，而仅仅考察那个时期的欧洲社会学理论的一个要素；其次，"它不是对所要讨论的著作家的某一部或所有著作的通常意义上的二手解释"，其目的既不在于二手阐释本身，也不想对这些著作进行批判性的评价；最后，其研究也因此不会去"试图讨论这些人的著作的所有方面或关于它们的所有二手文献"（Parsons，1968：14-15；着重号为引者所加）。

在肯定的意义上，帕森斯将《结构》定性为一部经验—理论研究之作。例如在全书的总结性篇章里，他重申"本研究始终力图成为一项经验性的专题研究。它一直关注的是事实以及对事实的理解"（Parsons，1968：697）。① 可能是为了更好地澄清该书何以被称为经验研究，帕森斯在该书平装本"导言"里提出了更加清晰的说明："《结构》是一部双重意义上的经验性著作。首先，它非常关注西方社会的宏观发展问题，尤其是通过本书所讨论的四位论主的眼光来看待这些问题；其次，它是社会思想分析领域的一项经验研究"，书中分析的那些以往的著作，在帕森斯看来和历史上的"文献档案"并无实质性区别（Parsons，1968：vii）。但这还只是

---

① 注意帕森斯在该书中借鉴的是亨德森（L. J. Hendenson）对"事实"的界定：一个事实被理解为"借助某种概念图示（conceptual scheme）对现象所做的经验上可证实的陈述"（Parsons，1968：41）。

该书研究主旨的一个方面，因为"《结构》实质上是，而且也一直意欲成为一部理论著作"，也就是说，它关注的"不仅仅是那些作为经验现象的理论，而且还独立进行了某种明确的理论化工作"（Parsons，1968：697）。对经验事实的考察和研究需要理论的解释，依据该书"导论"中在方法论层次上对"理论与经验事实"（Parsons，1968：6ff）的一般论述，两者之间存在着相互依赖的动态关系。

总而言之，依据帕森斯的说法，《结构》应当是一项基于对相关论述（文本）的经验研究的理论化探索；但我们也应看到，这种研究是通过思想史的方式展开的。另外需要指出的是，虽然对理论与经验研究的内在关系的这种强调贯穿于帕森斯学术生涯的始终，但悖谬的是，人们对其理论化探讨的主要指责之一恰恰在于其脱离经验现实的抽象性。

（二）一种黑格尔式的解释

帕森斯在《结构》一书中展开的独特研究，可归于思想史或学科史范畴吗？帕森斯虽然对此予以明确否定，但如果从伽达默尔（2004：387ff）所谓的"效果历史"（Wirkungsgeschichte，effective history）的视角来看，无论是《结构》中的具体研究内容和方式，还是该著对"二战"后的社会学的影响及其接受史，这部"经典"都可以视为社会理论或社会学史领域的一项研究。[1] 如果对帕森斯本人的说法稍加修正，可以说它虽然不是通常意义上、但却是一种"真正的二手研究"意义上的思想史或理论史研究，尽管我们在后来的社会学或社会理论发展中几乎见不到此类研究。[2]

曾有论者将帕森斯比作美国社会学界的黑格尔，如果撇开那种认为两者在各自领域都构建了全面而庞大的理论体系这种表面上的相似性，我们发现至少就本文涉及的论题而言，帕森斯与黑格尔之间确实存在着一些颇

---

[1]　例如，亚历山大（2003：121）就指出过："在《结构》出版之后的几十年里，它逐渐被看作最为详尽的社会学史"。

[2]　在"二战"后的社会理论论著中，哈贝马斯的《沟通行动理论》（Habermas，1984，1987）可能与《结构》最为类似——哈贝马斯（Habermas，1981：173）本人曾经对帕森斯在《结构》中的探究给予高度评价。当然，两者的区别也是十分明显的，其中关键的一点是：哈贝马斯此论著虽然汇聚了诸多社会理论传统，但其主要目的在于"综合"诸论而提出其"沟通行动理论"，而帕森斯宣称的则是对"社会理论本身"的研究。实际上，包括哈贝马斯在内的"后帕森斯时代"的社会理论家——卢曼也许是例外——并没有人真正接续帕森斯在《结构》中开辟的这种研究进路。

具实质性的相通之处。众所周知，黑格尔（1959："导言"）曾经对哲学史和哲学自身的关系给予了比较详尽的讨论，认为"我们的哲学，只有在本质上与此前的哲学有了联系，才能够有其存在，而且必然地从前此的哲学产生出来。因此，哲学史的过程并不昭示给我们外在于我们的事物的生成，而乃是昭示我们自身的生成和我们的知识或科学的生成"（黑格尔，1959：9）；他进而主张"通过哲学史的研究以便引导我们了解哲学的本身"，并提出了"在哲学史里我们研究的就是哲学本身""哲学史的研究就是哲学本身的研究"（黑格尔，1959：24、34）的著名论断。在黑格尔那里，正如许多研究者指出的，《哲学史讲演录》与《精神现象学》《逻辑学》是完全一致的。

回到帕森斯在《结构》中的研究，如果借用黑格尔的说法，我们似乎可以将其研究取向概括为"通过社会理论史的研究以便于我们了解社会理论本身"；或者用帕森斯本人的说法，"通过对社会理论史上的诸理论（复数理论）的研究来了解社会理论本身（单数理论）"。帕森斯本人可能不太赞同这种黑格尔式的理解，就其著作（例如，Parsons，［1928］1991：6ff；1968：478ff）中对黑格尔的不多论述而言，他对黑格尔的理解显然过于简单化，也未涉及后者论述哲学与哲学史之关系的要义。[①] 虽然如此，黑格尔式的哲学史观对于重新理解《结构》开辟的社会理论研究进路还是颇具启迪意义的，我们不妨对此稍做分析。

帕森斯虽然不像黑格尔——例如在《精神现象学》（黑格尔，1979）中——那样去呈现西方人的"精神"发展史，其主要关注点是"社会理论"——即他所谓的"意志论的行动理论"——在19、20世纪之交的理论产生过程及其内在结构问题，但对这些问题的探讨显然是通过相关的历史研究来实现的。我们看到，《结构》虽然聚焦于某个时期的某种理论发展，但帕森斯却是在一个相当长的思想史脉络中来把握其产生和发展的。具体而言，帕森斯认为，在《结构》主要探讨的那个时期之前的欧洲的社会思想传统，主要是通过实证主义—功利主义和观念论（idealism）两大思

---

① 相对而言，帕森斯对康德哲学思想更为重视，受其影响也更大、更深，从其博士论文（Parsons，［1928］1991）到最后的压卷之论（Parsons，1978b），我们都可以清楚地看到这种影响；明希（Munch，1987）甚至认为在帕森斯的社会理论中有一个"康德主义内核"（Kantian core）。

想脉络体现出来的；相对而言，前者因其源远流长和影响深远而成为欧洲社会行动理论研究的最主要传统（《结构》在这个方面着墨最多），《结构》因此追溯到 16、17 世纪的欧洲现代早期，尤其是霍布斯以降的社会思想，而对德国的观念论传统则仅仅溯及康德。按照帕森斯（Parsons，1968：470）的说法，代表欧洲近现代社会思想主流的拉丁语国家与盎格鲁—撒克逊国家的实证主义（含功利主义）和德国的观念论，是 19 世纪晚期兴起的一种新的"思想运动"或"社会理论"的"语境"，帕森斯在其中展开的复杂而精微的理论与逻辑分析——例如围绕"秩序问题"而展开的从霍布斯到达尔文主义、行为主义的著名考察，以及对几位"欧洲著作家"的著作的细致和系统分析，很难说不是一种思想史范畴内的研究。

但另一方面，确实如帕森斯所言，《结构》中的这种"史论"又不同于通常意义上的思想史研究，这种研究归根到底还是要为他所谓的"经验—理论研究"服务的。帕森斯后来在平装本"导言"（Parsons，1968：ix）中明确了该项研究的"双重关注"：一是"作为一种分析图式的经济学理论的地位"问题，二是"对现代工业社会的解释带来了富有成果的共同意涵，即每一种作为分析图式的理论必定是一种更大的和更加一般化的理论工具（theoretical organon）的组成部分。"也就是说，帕森斯在《结构》中进行的研究，最主要的意图在于通过对涂尔干、韦伯等人关于西方现代社会问题的经验研究的再考查，探究社会科学——《结构》中称之为"行动科学"（sciences of action）——的一般概念图式，进而确定"社会学的（学科）地位"（这也是全书最后一节的标题，落脚点）。

因此，这种研究与真正意义上的黑格尔式的思想史研究还是有着很大区别的。在《结构》的研究中，对于从霍布斯以降的功利主义—实证主义和康德以降的观念论传统的研究，虽然贯穿着一个具有核心地位的实质性问题，即秩序问题，并围绕此问题展开一系列精深的历史与逻辑分析，呈现出历史与逻辑演进的次序；但正如前文多次强调，帕森斯的意图不在于展开一项"秩序问题"或"秩序观念"的"现象学"研究，他始终关注的是分析意义上的"社会理论"或"行动理论"自身的发展（当然是在与现实经验问题研究的相互作用过程中推进的）。正是这个旨趣——帕森斯终身保持着的理论旨趣——将霍布斯、洛克、康德以及涂尔干、韦伯等人纳入其"思想史研究"中，这也许是帕森斯所谓的"真正的二手研究"

的意义所在。就此而言，我们可以说，帕森斯在《结构》中实际上将历史研究、经验研究和理论研究融为一体。

二 社会理论与"世纪末"

帕森斯关于《结构》不是通常意义上的社会思想史或社会理论史研究的声称，固然可以"化解"一些批评，[①] 但他在《结构》中着力论证的"会通命题"的有效性问题则是无法回避的，而这个问题又直接关涉《结构》这项研究的主题论证的成败；尤其是，当他将这种"会通"过程描述为一场"科学革命"或"理论运动"时，这个问题又涉及思想史研究中的一个根本问题：理论与其时代的关系。关于这个问题，我们可以从两个方面来考察：一是《结构》中的主要分析对象，即帕森斯选择的那些"晚近欧洲的著作家们"所处的时代及其问题，二是帕森斯写作《结构》时所处的时代及其问题。本节先讨论前者，后者留待下节再述。我们还是先了解帕森斯的相关论述，然后再稍做展开。

（一）社会理论及其时代性

黑格尔的哲学史观对"哲学的时代性"问题也颇为重视，他（黑格尔，1959：48）认为"每一哲学属于它的时代，受它的时代的局限性限制，即因为它是某一特殊的发展阶段的表现"，因此，"每一哲学都是它的时代的哲学"。同时，黑格尔（1959：56）还进一步强调了哲学与其"时代精神"的内在关联："时代精神是一个贯穿着所有各个文化部门的特定本质或性格……哲学是对时代精神的实质的思维，并将此实质作为它的对象。"

---

① 实际上，后来的诸多研究者并无耐心去仔细理解我们在前文引述的帕森斯的相关说法，而是直接将其视为一部通常意义上的思想史研究著作，并就此展开批评；这方面的文献颇为繁杂，仅举几例以供参考：例如卡米克（Camic，1979）对《结构》中着力讨论的一个问题——功利主义——的长篇批评；20世纪70年代一些年轻的研究者因质疑帕森斯对古典社会理论家，尤其是韦伯和涂尔干的解释，掀起了一场不大不小的所谓"去帕森斯化"（de-Parsionizing）运动［相关文献不再列举，其中关于"韦伯的去帕森斯化"（de-Parsonizing Weber）的相关争论的细致描述，可参见赵立玮，2011］。关于《结构》引发的"解释性争论"的一个概述，可参见亚历山大（2006）。

　　《结构》中主要探讨的是社会理论发展过程中的一个极其重要的阶段：19 世纪末 20 世纪初，而这个阶段标志着社会理论所依托的主要智识学科——社会学——的正式确立及被予以制度化的时期，也是社会理论的主要研究范式和传统的确立时期，这大概也是帕森斯选择这个时期的社会理论为其研究对象的主要原因之一。[①] 因此，对这个时代及其时代精神的考察，是我们深入理解和评价《结构》这项研究之价值的一个重要维度。如果确如古尔德纳（Gouldner，1970）等人所批评的那样，帕森斯的社会理论只是与其时代问题了不相干的抽象理论，[②] 那么这种理论探讨本身的价值自然也就大打折扣。

　　不过，事实并非如此。《结构》"导论"的开篇第一节讨论的就是（时代）"问题"。该书以一个思想史的"判例"开篇：以斯宾塞为其"典型代表人物"的"实证主义—功利主义传统"已经"被淘汰"，尽管这种"关于人与社会的思想体系"在 19 世纪曾经轰动一时（Parsons，1968：3）。至于说它是被其推崇的作为"上帝"的"进化"（evolution）所淘汰，还是被后来者（如帕森斯选择的那些"著作家"）所超越，则无关紧要；不过，从《结构》的论证来看，帕森斯强调的是社会理论的"内在"（immanent）发展（Parsons，1968：5）。因此，这是一个新旧交替的时代，是一个"危机"与"变革"交织的时期。帕森斯对此有很明确的描述：

　　　　在对某些最重要的社会问题的经验解释领域，一场根本性的变革正在进行中。线性进化论已被遗忘，各种循环论则崭露头角；各式各样的个人主义正受到越来越猛烈的抨击，取而代之的是形形色色的社

---

①　帕森斯（Parsons，1954：349）后来在其就任美国社会学学会主席的"演讲词"中指出：涂尔干和韦伯这一代（大约在 1890—1920 年）的学者才真正为作为一门现代智识学科的社会学奠定了基础，而此前所有理论上的努力都只能算是"初始社会学"（Proto-sociology）；他自己算是"第二代"，是在已经确立的基础上建设的一代。

②　古尔德纳（Gouldner，1970）对帕森斯社会理论的批评，比较典型地体现了激进—冲突社会学的批评风格。以他对《结构》为代表的"早期帕森斯"的批评为例：一方面是先入为主地宣称：在美国人提出的社会理论中，帕森斯的理论"似乎是最不关切其时代问题的"，具有"高度的抽象性"，"仅仅是出于社会理论内部的纯然专业的考虑而产生出来的"（Gouldner，1970：169）；另一方面，通过一定的文本分析，又自相矛盾地指出："帕森斯的早期著作是对其时代危机的一种反应"，当然还得加上一点，即这是"一种对社会危机的保守反应"（Gouldner，1970：195 - 196）。

会主义、集体主义和有机论。作为一种行动要素的理性的作用和科学
知识的地位不断地受到攻击；我们再次被不同种类的关于人性和人类
行为的反智主义的（anti-intellectualistic）理论浪潮所淹没。除非追溯
到 16 世纪，否则，很难在一代人这么短暂的期间里发现关于人类社会
的那些盛行的经验性解释发生了一场如此重大的革命。（Parsons，
1968：5）

在这一段话里，我们看到西方近现代以来，尤其是启蒙运动以来确立
的那些基本的价值取向（理性、科学、进步、进化、个人主义等）受到质
疑和抨击，西方社会陷入"非理性主义"或"反智主义"的思潮之中。出
生于 20 世纪初的帕森斯虽然在远离欧洲的"新世界"长大，但（尤其是
在游学英、德之后）对欧洲在世纪之交的诸思潮显然并不陌生。问题是，
在这样的"背景"中兴起的社会学和社会理论，又当具有什么样的特征、
如何反映其"时代状况"和体现其"时代精神"呢？显然，这些都是十分
复杂、需要细致和系统的研究方可解答的问题。帕森斯通过在《结构》中
的研究对此做出了自己的解答。帕森斯曾在"序言"中强调：重要的不是
这些著作家提出了什么问题和如何解答问题，而是他们提出和解答这些问
题的"语境"（context）（Parsons，1968：xxi）。不过，在阅读帕森斯的这
份"答卷"时，读者十有八九会失望，因为在这部洋洋洒洒 800 余页的
"巨著"中，我们看到的要么是认识论—方法论层次的抽象论述，要么是
对那些欧洲"著作家"的著作的逻辑与理论分析，开篇部分提及的那些时
代问题似乎消失了，"时代精神"也无从谈起。如果不熟悉这些著作家的
生活时代，我们在《结构》中的那些精彩、严密的逻辑分析中甚至看不出
这是什么时代的著作和思想。有论者（Brick，1993：387）因此提出这样
的问题："在一个更深刻的层次上，如何在抽象的理论论证和那些曾经在
激发帕森斯的反思时起过某种作用的具体、实际问题之间，可以推断出什
么样的关联呢？"这确实是阅读《结构》的一个挑战。不过，对此问题的
进一步分析，我们留待下节；接下来，我们不妨先看看其他研究者是如何
论述这个时期的社会学和社会理论的。

（二）身处"世纪末"的社会理论

如前文所述，帕森斯虽然反复强调《结构》不是一项思想史研究，但多

少有些悖谬的是：恰恰是《结构》开启了社会学或社会理论对自身历史的真正研究，① 这虽然是帕森斯没想到的一个“非预期的后果”，但也从某个方面进一步证明和强化了《结构》作为现代社会学的奠基之作的地位。“二战”后在相关领域出现了一些比较有意义的研究和论著，下面本文将通过其中的一些研究来进一步认识被后人建构为“古典时期”的社会学和社会理论的特征。

修斯（Hughes，1958）在《结构》出版二十年后推出了他对这个时代（1890~1930）的社会思想的一个相对全面的历史论著：② 《意识与社会：重新定位 1890~1930 年的欧洲社会思想》。这部史论虽然深受《结构》的影响，③ 但呈现的却是另一幅思想画卷。他虽然也认为在 19 世纪末的欧洲发生了“比较广泛的思想革命”（Hughes，1958：427），但对这场“革命”的看法却与帕森斯有很大的不同，该书副标题中的“重新定位”也许意有所指。作为一部思想史（intellectual history）专论，《意识与社会》特别注重时代背景，明确将其论述的主角们——他所谓的“1890 一代”（genera-

---

① 这并不是说，在《结构》之前没有社会学史方面的论著，除了古典社会学家（如涂尔干）对社会学自身的历史的某些零星、片段式的研究和思考，比较系统的社会学史研究也已出现，例如，大约在《结构》出版的 10 年前，帕森斯的同事索罗金（Sorokin，1928）的《当代社会学理论》就已面世；《结构》中对该著多有引用和批评，可以说是《结构》的一个潜在的“对话者”，但是帕森斯显然不赞同索罗金在该书中那种“流派纷呈”的研究方式——索罗金强调的是“分”（divergence），这与帕森斯本人强调“会通”的“合”的研究取向正相对立。从“二战”后的社会学史研究来看，真正为其学科史研究奠定基础的是《结构》而非《当代社会学理论》。在“二战”后社会学确立和构建自身历史和传统的过程中，《结构》常常“卷入”各种对话、争论、批评和修正之中。另外，正如前文开头提及的，如果说帕森斯与默顿代表着战后社会学理论化的两条主要进路，那么可以说帕森斯和索罗金在另一种意义上也体现了社会学研究的两种取向。梅斯特洛维奇（Mesrovic，1991：38-9）基于他自己对于现代性和后现代主义的理解，认为“帕森斯是至上的后现代的抽象主义者，而索罗金一直强调的是非理性力量的权能”；“从知识社会学的视角看，帕森斯代表的是现代性的恶性抽象主义对索罗金（著作中）典型的世纪末风格及内容的胜利”。不过，对相关论者，尤其是帕森斯社会理论的流俗性曲解，在某种意义上极大地削弱了这种比较的意义。
② 不过，该研究的“地域范围”仅限于他所谓的“比较狭义上的欧洲”，即“西方社会‘最初的’中心地带：法国、德国（含奥地利）和意大利，而同时期的英、美思想家则不在主要考察之列（Hughes，1958：12）。
③ 同样毕业于阿默斯特学院的修斯明确指出，《结构》是他自己写作《意识与社会》一书时“十分倚重”和援引的“三部非凡的综合性著作之一”（Hughes，1958：433）。

tion of the 1890's）——放到"世纪末"（*fin de siècle*）的语境中，① 认为他们共享"一种广泛的心理不安或隐忧（malaise）的体验"，这是一种关于"一个旧社会衰亡的感觉，并与一种关于新社会的形式将会是怎样的那令人苦恼的不确定性耦合在一起"（Hughes，1958：14）。因此，修斯所谓的"思想革命"更注重的是"一种深刻的心理层次上的变迁"（Hughes，1958：34）；而"1890 一代的著作可以视为对一个'关于现实的新构想'的'第一次尝试'"：

> 就其最一般的意义而言，从大约 19 世纪 90 年代到 20 世纪 20 年代早期的 30 年间所标明的是这样一个时期：其中比较富有想象力的思想家得出的结论是，"以前那些关于一个理性的现实（rational reality）的构想"是不充分的，而且，人类思想将不得不与一个可能不再被设想为一种有序的系统的现实相"妥协"。在这种妥协与调适的过程中，"人类意识的活动"第一次变得具有至为重要的意义。因为意识似乎提供了人与社会世界及历史之间仅有的连接纽带。（Hughes，1958：428。着重号为引者所加）

这段话也道出了该著以"意识与社会"为题的缘由。和帕森斯在《结构》中强调的"会通性"论题不同，修斯着重论述的是这个时期具有代表性的思想家们②对于下述问题的探究，即意识问题及"无意识"（the unconscious）的作用；时间和绵延（duration）在心理学、哲学、文学和历史研究中的意义；"精神科学"（sciences of mind）中知识的性质及可能性；政治背后的深层动机问题等的探究（Hughes，1958：63 – 65）。基于此，修斯重点论述了这个时期的"反实证主义"——和帕森斯在《结构》中的

---

① 修斯（Hughes，1958：34）认为，"世纪末"是"一个过度成熟的、倒错的和矫揉造作的、颓废的时期，是一个时代的终结"。

② 与帕森斯在《结构》中选择的那些"晚近欧洲著作家"有所不同，在修斯的"剧中人物表"中，弗洛伊德、马克斯·韦伯和克罗齐（Benedetto Croce）位居前列，而涂尔干、帕累托则只能退居次席；同时，对柏格森（Henri Bergson）、索雷尔（Gttoeorges Sorel）等在社会学史上讨论不多的人物，则颇费笔墨；另外，该书还广泛论及同时期文学艺术领域的一些代表性人物——在一个还不是很专业化的时代，这些文学艺术作品就是更好地反映了其"时代精神"的"社会理论"的重要组成部分。

理解和论述有很大不同——以及对马克思主义的批评等时代思潮，强调了"世纪末"的主观主义、反智主义或非理性主义等思想倾向在这个时期的各种著作中的不同体现或对它们的反应。

修斯这部社会思想史论著虽然也存在着明显不足，例如在一项号称"社会思想史"领域的研究中，修斯甚至没有给涂尔干一个独立论述的小章节，对齐美尔这样最典型地反映了该时代特征的人物的思想竟然只字不提；但相比于帕森斯的《结构》，《意识与社会》的论述似乎更能反映那个时代的人的所思所想，或者说，"时代精神"。此后数十年间虽然出版了诸多相关史论著作，其中也不乏一些视角独特的研究，但像《意识与社会》这样专注于那个时代的精神与心理状态并将其置于"世纪末"的生身处境的研究，反而极为少见。更为常见的是对社会学或社会理论历史的更长时间的研究。① 这些研究的更为重要的意义也许在于，社会学和社会理论形成和发展过程中的不同维度被逐渐揭示出来，从而有助于对社会学和社会理论自身予以更加丰富和完整的理解。譬如，在探讨社会学和社会理论于

---

① 例如尼斯比特（Nisbet，1966）的《社会学传统》，至少在两个方面促进了对社会学自身的理解：一是运用洛夫乔伊（[1936] 2015）提出的"单元—观念"（unit-ideas）来分析社会学中的基本观念（共同体、权威、地位、神圣性以及异化）。通过对托克维尔、马克思、滕尼斯、韦伯、涂尔干和齐美尔这些主要社会学家著作的细致分析，尼斯比特对社会学史上的"伟大形成时期（1890～1930）"提供了一种独特的观念史研究。二是强调社会学研究具有浓厚的保守主义取向，或者用他的说法，体现为一种"社会学悖论"："尽管社会学的目标、其主要人物的政治与科学价值观属于现代主义的主流，但一般而言，它的实质概念及其隐含的视角则使之更为接近哲学保守主义"（Nisbet，1966：17）。蔡特林（Zeitlin，[1968] 1987）探讨了从启蒙运动到曼海姆的社会学发展史；启蒙运动、大革命、反启蒙的浪漫主义—保守主义等要素都在讨论之列。但他的意识形态化和简单化的特征很明显。霍索恩（Hawthorn，[1976] 1987）在20世纪70年代的一项研究则另辟蹊径：他认为社会理论家们的"意图"在于回答"如何奠定伦理论证的基础问题"（Hawthorn，1987：256），因此，社会理论"根本不是任何有吸引力的、有重要意义的'科学'，而是历史哲学"；不是科学意义上的"分析性方案"，而是一种"伦理方案"（project of ethics）（Hawthorn，1987：255；264）。在他看来，不论是启蒙思想家们想要"在政治中奠定一种伦理学说的尝试"，还是19世纪的理论家们想要"在'社会'中奠定伦理学说的尝试"（Hawthorn，1987：261），都以失败而告终。因此，这部论著与其说是"一项社会理论史研究"（该书副标题），不如说是一部社会理论的"失败史"（Hawthorn，1987：7）研究；或者说，是一部"社会理论的解构史"。到20世纪80年代，像塞德曼（Seidman，1983b）的社会理论史论著，较之以往的研究变得更加简明。无论是对历史脉络的概述，还是对主要代表人物（往往集中于马克思、涂尔干和韦伯等少数人）的思想分析，都变得越来越程式化并因此丧失了对社会学和社会理论更为丰富和复杂的历史性理解。

19 世纪之兴起问题时，大多数的论者往往注重的是与启蒙、大革命的关联，或者侧重从自由主义和理性主义脉络讨论对时代变迁问题的反映，但也有一些史论强调的是与反启蒙、反革命的关联，以及保守主义（例如Nisbet，1966）、浪漫主义（例如Mead，1936；Gouldner，1973）等智识传统与社会学和社会理论的内在关联。如果说社会学和社会理论主要讨论的是现代性问题，其论域也应同时包括卡林内斯库（2002）所谓的"两种现代性"，① 在 19 世纪末 20 世纪初的社会学和社会理论的"真正确立时期"，美学或文化现代性的影响可能更为内在和深刻。或者说，早期的社会学和社会理论与贡巴尼翁（［2009］2015）所谓的"反现代的现代性"的基本观念更具亲和性，② 因为这些观念更能体现那个时代的人们的内在精神状态。因此，正如梅斯特洛维奇（Mestrowic，1991：37）指出的，人们一旦熟悉了这个智识脉络的文献，再来看那些流行的社会学史时就会有一种"奇特的"、甚至"令人惊异的"感觉：因为"在大多数流行的教科书、二手文献以及专论中，社会学家们通常设定了一种类似直线的发展，从渗透在社会学的那些启蒙运动时期的先驱者的著作中的乐观的、理性主义的哲学……到当代社会学"；他认为社会学家们完全未认识到还存在"一种从乐观主义的启蒙运动到我们的犬儒时代（cynical age）的漫长的智识上的弯道（intellectual detour）"，这个智识传统体现的是埃伦贝格尔（Ellenberger，1970）所谓的"世纪末精神"（*fin de siècle spirit*），深受叔本华、尼采等人的影响。

梅斯特洛维奇的相关研究（Mestrovic，1991；1993）虽然聚焦于涂尔干和后现代主义，但却是少有地意识到所谓的"古典社会理论"与其产生的生身处境，即"世纪末"的内在关联的研究。他强调的"世纪末精神"指涉的是处于新旧世纪（或世界）更替之处境中人们的内在状态和心理特征：悲观主义、犬儒主义（cynicism）、非理性主义、厌倦（ennui）、无聊

---

① 卡林内斯库（2002：47ff）将"现代性"区分为"作为西方文明史一个阶段的现代性"（或"资产阶级的现代性""市侩现代性"）和"作为美学概念的现代性"（或"审美现代性""文化现代性"）。

② 贡巴尼翁（［2009］2015）对所谓的"反现代派"（主要限于法国思想传统）给予了综合性的细致研究，并概括了"反现代派的现代性"的六大主题：反革命、反启蒙、悲观主义、原罪、崇高和抨击，分别体现了其历史或政治、哲学、伦理或存在、宗教或神学、美学以及腔调和风格诸维度或"修辞格式"（贡巴尼翁，［2009］2015：15ff）。

（boredom）、不抱幻想（disenchantment）、隐忧（malaise）、忧郁（melan-cholia）以及颓废（decadence）等等（Mestrovic，1991：2，8）。总体而言，这是一个"颓废的时代"人们普遍认为西方文化或文明处于衰落时期；所以，正如勒佩尼斯（2011）关于西方知识分子的精彩研究指出的，这个时期的欧洲知识分子（当然包括社会学家和社会理论家在内）或多或少都患上了"抑郁症"。"忧郁"成为这个时期人们最典型的精神和心理状态。就此而言，"世纪末忧郁（症）"构成了所谓的"世纪末精神"的核心内涵。①

梅斯特洛维奇（Mestrovic，1991：37ff）认为这是一个"感情/感觉崇拜"（cult of feeling）的时代，以区别于启蒙时代的"理性崇拜"（cult of reason），或者用卡林内斯库（2002）的说法，这个时代反映了美学或文化的现代性对资产阶级或市侩的现代性的反叛和拒斥。② 梅氏（Mestrovic，1991：54ff）认为，涂尔干和齐美尔"作为首要的现代性的社会学家"，是"世纪末"的社会理论家的典型代表。限于篇幅，关于梅氏将涂尔干的著作和思想置于"世纪末"的语境中而展开的一些颇具新意的分析，③ 本文就不再展开讨论。

梅氏的这种研究取向实际上也反映了最近数十年来西方学界关于社会理论和社会学传统研究的一种状况：一方面，学科史和思想史领域的相关论著越来越乏善可陈、教条干瘪而缺乏活力；另一方面，对其历史上的一些主要代表人物的具体、个别或有限的比较研究则越来越丰富和深入，其中的一个突出特征就是将研究对象置于其时代的"语境"之中、结合文本分析展开细致研究。譬如，马克思和尼采对韦伯社会理论的至关重要的影响（例如，Turner，1996），生命哲学对齐美尔社会理论所具有的根本意义（例如，Leck，2000）等等，都需要放到"世纪末"这个历史脉络中才能

---

① 福尼内（Fournier，2005：55f）在一篇讨论"涂尔干的生平与语境"的文章中，特别强调了这种"世纪末忧郁"（他比较详细地分析了其内涵）与涂尔干的社会学研究的密切关联；这种关联在他几年后撰写的大部头的著作《涂尔干传》（Fournier，201）中再次体现出来。

② 卡林内斯库（2002）关于"现代性"的博学而精彩的论述，在某种意义上就是分析这种"世纪末精神"，例如，关于"颓废"和"媚俗艺术"（kitsch）的精彩分析。

③ 梅斯特洛维奇关于涂尔干的论述，虽然还有值得商榷之处，但总体上看有助于推进"涂尔干研究"，如他特别强调叔本华对涂尔干的社会学研究的深远影响（还可参见 Mestrovic，1993）；他联系"世纪末精神"对涂尔干主要著作的文本分析，对我们深入理解后者关于自杀问题、宗教问题等研究也是颇具启发意义的。

得到更好的理解。①

三 从欧洲到美国：古典社会理论的现代转变

《结构》不是《意识与社会》那样的思想史论著，帕森斯虽然意识到世纪之交的智识氛围，但无意也不愿去展现那种"世纪末"的精神状态；帕森斯也不像黑格尔那样将哲学史与哲学本身的研究融为一体，在展现世界精神发展过程的同时也使各个时代的哲学思想各安其位，他关注的是比较晚近出现的社会学和社会理论，他在世纪之交的欧洲社会思想中"发现"了一种深刻的变革，他想从这种变革中引申出未来社会理论发展的"基础"。不过，如前所述，问题在于他是以思想史研究的方式来进行其理论论证的，这导致《结构》在"二战"后的社会学中主要被视为一种社会学史的研究；同时，正如亚历山大（2003：116）指出的那样，因为《结构》"处于古典阶段终结与'二战'后之间的空白点上，它既是一个分水岭，又是一座沟通的桥梁"，所以在某种意义上说，帕森斯通过《结构》而实现了"古典"社会理论的"现代"转变。这种转变不仅仅意味着时代和文化场域的变化，而且蕴含着"时代精神"的转化。下面将从两个方面来揭示这种"转变"的实质意涵。

（一）20 世纪 30 年代 vs. "世纪末"

卡米克（例如 Camic，1987；1989）在 20 世纪 80 年代后期对"早期帕森斯"，尤其是《结构》的研究虽然促进和深化了对帕森斯社会理论的研究，但他那具有明显的功利主义取向的阐释也引起了诸多争论和批评（例如亚历山大，2003）。比如他对《结构》产生的"社会历史背景"的解释，虽然在某种意义上有助于对早期帕森斯和《结构》的理解，② 但其

---

① 关于那个时代的主要社会理论家的思想与"世纪末"的复杂关联问题，实际上已经有了很多研究，细致的梳理与文本分析——尽管这是最需要、最能澄清此问题的方式——需另文专论，非本文所能及。

② 卡米克（Camic，1989）虽然强调了此前研究所忽略的帕森斯撰写《结构》时的一个"社会历史背景"，即美国社会学在 20 世纪 20 年代和 20 世纪 30 年代的处境及争论，但仅仅把《结构》确定为"一部社会学宪章"的立论，无疑限制了他对《结构》的更为完整、丰富的理解，尽管他这篇长文是迄今对《结构》的最详尽的论述。

局限性也很明显。在这方面，布里克（Brick，1993）和格哈特（Gehardt，1993，1999，2002）等人在 20 世纪 90 年代以来的研究显得更为重要，因为这种研究不仅将《结构》放到它"诞生"的 20 世纪 30 年代的历史脉络中来理解，而且从某个方面揭示了帕森斯在《结构》中实现的上述"转变"的实质意涵。

布里克的长篇研究论文主要探讨的是帕森斯的早期著作，尤其是《结构》中的"改革主义维度"，当然，这里的"改革主义"（reformism）是在"大萧条"之后美国"新政"的背景中来讨论的。为此，布里克首先探讨了帕森斯的早期成长和教育，认为"在家庭和教育的意义上，帕森斯都是进步主义（progressivism）的一个产物"（Brick，1993：367）；而《结构》中力图解决的"观念论与实证主义的冲突"，实际上体现了其早期接受的教育中蕴含的"道德理想主义与工具合理性""宗教与科学、虔诚与理智"之间的"张力"（Brick，1993：368）。帕森斯（Parsons，[1928] 1991）后来关于德国思想传统中，尤其是韦伯关于"资本主义问题"的研究，实质上是他寻求"以一种进步主义的眼光来解读韦伯和以一种韦伯主义的视角来架构进步主义的改革"的途径（Brick，1993：372）。帕森斯的早期教育、思考和研究逐渐形成了一个基于进步主义的改革方案，而《结构》可以理解为这种"改革主义方案的副产品和顶峰"（Brick，1993：373）。基于文本、历史脉络、时代问题等多重分析，布里克提出了他对于《结构》的理解：

> 既不应解读为一部关于社会学推理前提的全然抽象论著，也不可视为一种对于新政风格的政府的保守力量的反思；而应该将其理解为某个时代的集体化的经济实践（collectivizing economic practices）之可能性辩护而进行的一致性论证，（因为）在这个时代，现代社会中的私有产权的某些方面正受到质疑。换言之，帕森斯的早期著作中存在一种改革主义的维度，它具有超越新政改革所达到的界限的抱负。因此，《结构》可以被认为是一种具有实践目标的具体理论呈现，这种目标是以自由主义风格来概括的，本文称之为"社会改革"。（Brick，1993：361）

格哈特（Gehardt, 1993）最初关注的是帕森斯关于德国，尤其是德国法西斯主义（"国家社会主义"）的论述，这也构成了他对《结构》的阐释的一个基本参照点。虽然同样是把《结构》放到 20 世纪 30 年代的背景中，但格哈特更为强调的是美国与欧洲，尤其是德国的一种"比较的境况"。具体而言，格哈特从多个层面来论述这种比较的状况：一是在"政治"层面上，《结构》阐述了一种"支持民主的、反纳粹主义的政治学"（Gehardt, 1999：91）。二是在智识层次上对诸多思潮、理论的分析和论述，譬如对构成《结构》之理论核心的"意志论"的阐述（Gehardt, 1999：94ff）对实证主义和观念论及其变种——如"（社会）达尔文主义"（主要在英、美）、"种族主义"（尤其在德国）以及"文化悲观主义"① 等思潮——的批判（Gehardt, 1999：110ff；2002：12ff）。三是在"事实"层次上指出，《结构》具有明确的现实指涉，即当时西方面临的两种现实、两种社会境况乃至两种社会的未来。正是在这个层次上，格哈特提出了一个著名的类型学论题，即帕森斯在《结构》中的经验—理论研究蕴含着一种"双翼的（two-pronged）社会行动结构"观念；位于这个结构两端的是"失范的共同体/社会"与"整合的共同体/社会"的对立类型，构成前者的基本主题是"强力与欺诈、失范，以及仪式和卡里斯马"，构成后者的则是"合法性、安全以及合理性"；这种对立的社会类型在现实层次上的指涉是 20 世纪 30 年代的"双重现实"："纳粹德国的极权主义元首国家（totalitarian Fuhrerstaat）"和"美国新政下的民主福利国家"（Gehardt, 1999：136ff；2002：41ff）。②

---

① 格哈特此处论述的"文化悲观主义"（cultural pessimism），主要指斯宾格勒（Oswald Spengler）在《西方的没落》（1918）和索罗金在《社会与文化动力学》（1932～1937）中表达的文化/文明论，和 19 世纪末 20 世纪初主要盛行于德国学界（比如韦伯思想中）的那种悲观主义还是有很大不同的。

② 如果联系本文第一部分的相关论述，即帕森斯将《结构》定位为一种经验—理论研究，我们发现格哈特的论述有助于我们对这个问题的更为具体的理解。格哈特（Gehardt, 1999：137－9）根据档案文献对帕森斯的这种"经验—理论"研究提出了一个更加具体的解释，即帕森斯最初从事这项研究的"原初动机"在于他一直对（欧洲著作家们研究的）经验问题的兴趣，但在研究过程中，尤其是对于"会通论题"的"发现"，其研究旨趣已渐渐从经验问题转变为"理论体系"。她进而指出，如果说帕森斯"最初的兴趣在于理解当时的经验社会"，那么，她提出的 20 世纪 30 年代的"双重现实"自然就是帕森斯的经验关切中的题中之义了。

如果说布里克的研究取向是将《结构》置于美国"新政"① 脉络里进行细致分析，那么，格哈特的研究则是将《结构》置于当时欧美（主要是德—美）的不同社会境况之中展开更为宏大的比较研究。显然，这种研究有助于我们进一步澄清前文提及的主要问题，如《结构》呈现的是一种什么样的研究？它是如何应对其时代问题的？另外，布里克和格哈特等人的研究比较充分地论证了《结构》并非抽象的理论研究，而是充满着现实关切、具有浓厚危机意识的一部济世之论。帕森斯本人在后来的一篇回顾其理论发展的文章（Parsons，［1970］1978a：28 - 29）中强调：

> 《结构》标志着我职业生涯的一个转折点。它的主要成就在于证明了所论及的四位作者之间存在着会通性，同时也伴随着对我自己关于西方社会现状的一些问题的思考的澄清和发展，而这些问题也是几位欧洲作者所关切的。欧洲社会的状况也许可以标示为（经济方面的）资本主义或自由企业，以及政治方面的民主制，但它当时显然处于某种危机状态。俄国革命和共产党控制的第一个社会主义国家的兴起，是我大学时代以来一直思考的重大问题。法西斯主义运动影响了（我）在德国的交谊。本书出版不到两年，"二战"就爆发了；最后是蔓延到全世界的大萧条。

如此看来，《结构》体现的似乎是处于一个危机时代的研究者借助对另一个危机时代的一些思想家的研究、试图为其时代问题寻求解救之道的一种智识努力。如果接受帕森斯本人的说法，即《结构》并非通常意义上的社会思想或社会理论史研究，那么，格哈特等人的研究应该说是很有启迪意义的，有助于对《结构》中探讨的时代问题的深入理解。但从"效果历史"的角度看，由于《结构》在"二战"后的社会学中基本上被视为一部社会学史论著，或者即使我们接受帕森斯所谓的"真正的二手研究"

---

① 实际上，在美国"新政"（New Deal）这个名称之下包含着诸多内容，其中许多还是在不断变动和相互冲突的（参见该文开始部分所做的辨析）。因此，布里克的这项细致研究的价值在于：力图澄清帕森斯早期社会理论，尤其是《结构》究竟与"新政"的哪些因素有关，而非笼统地宣称《结构》反映了"新政"的价值取向或政治意识形态。

的说法，它也应该面对历史研究必须回应的问题：作为一项关于 19 世纪末 20 世纪初的社会理论的研究，《结构》在何种意义上反映了那个时代的问题和时代精神？从布里克和格哈特的研究来看，决定帕森斯在《结构》中对世纪之交的社会理论的论述的，是 20 世纪 30 年代的时代背景和问题意识，两人也都未将"1890 一代"的思想与"世纪末"联系起来。在这个意义上，可以说帕森斯在《结构》中是基于 20 世纪 30 年代的问题意识来阐述"世纪末"的社会理论的。①

（二）美国 vs. 欧洲

另一方面，《结构》中实现的这种转变不仅关联两个时代，而且涉及两种文化区域，即欧洲与美国在文化上的关系。卡米克（Camic，2005）在探讨帕森斯早期的"文化"概念时发现：从大学时代到负笈海德堡，帕森斯对文化概念的看法发生了明显改变；他认为这种变化主要是受到当时德国关于文化与文明之研究的影响所致。但令他难以理解的是，帕森斯形成的这种整体性的文化概念与当时德国学界对文化概念的看法并不一致，即使是在对韦伯的解释中，也消除了后者著作中极为明显的文化危机意识和悲观主义倾向。无奈之下，他只能求诸外来者对当地文化和自身文化的比较解释这种毫无说服力的假说（Camic，2005：255）。作为思想史家，卡米克的这项探讨和他之前对帕森斯的那些研究一样，虽然总会带来一些新的见解和启迪，但终究因未能把握帕森斯理论探究的真正意涵而难以令人满意。实际上，卡米克的这种困惑，和许多研究者阅读《结构》中对欧洲社会思想的解释的感受一样，反映的是同样的问题，即帕森斯是用一种源自美国文化的视角来看待这些欧洲思想的。

帕森斯很早就对美国与欧洲在文化上的关系问题有过明确的思考。例如他在海德堡求学期间就对美国与德国的大学体制有过简单比较（Parsons，［1927］2005：257－59），指出美国大学生享有的密切的"共同体生活""通识教育"（general education）以及注重"户外活动"等特质，美国大学中所强调的这种"对于'我们文化中的共享（communal）要素'的

---

① 数十年来，卡米克在帕森斯，尤其是早期帕森斯研究方面著述颇丰，且多长篇大论，隐隐有自成一脉之象；作为史论家，其考察、论证颇为细致，但其对帕森斯的解释往往得不到学界认可并招致诸多批评。

培养",和德国大学中强调个体主义、脱离生活的专业化教育等特征形成鲜明对比。不过,他也强调美国学生中最缺乏的是"哲学兴趣",缺乏对生命、科学、世界观等问题的深刻思考,而且"只有通过与哲学问题的深刻争论,才有可能建立一种新文化——(这是)美国最紧迫的问题"(Parsons,2005:259)。

在几年后的一次演讲中,帕森斯对这种文化关系有一个更为明确的说法:

> 似乎存在这样一种可能性,即美国相对于欧洲有点像罗马相对于希腊……和罗马人一样,我们在文化上不是创造性的,我们的天赋在"实践"方面;罗马人在政治和法律方面占据优势,而我们的优势主要表现在经济领域。和罗马人一样,我们很容易接受艺术、品味和观念,尽管我们没有创造它们。似乎存在着某种相当的可能性,即我们可以帮助创造出一种社会架构,欧洲文化在其中能够拥有一种相当长的生命,享受和平和愉悦;但不是发展,而是一个显著的享乐主义时代。类似的情形似乎也适用于科学领域。美国在创新方面一直是多产的,但是几乎没有古希腊或欧洲意义上的那些基本的科学观念。与其说我们文化的统一性是那种似乎总会涉及某种创造性文化的基本"共识"类型,不如说是诸经济—法律制度;尽管最辉煌的文化常常出现在对这样一种"共识"的突破时期。(转引自 Wearne,1989:45)

帕森斯的上述说法在某种意义上有助于我们理解他在《结构》中的智识努力。他不仅要"以一种更加凝练和系统的形式"将欧洲相关的思想文化观念引介到美国,而且需要"创造出一种理论框架"("建立一种新文化"),"将它们投射到它们与社会思想的一般发展的关系这个背景上去"(Parsons,1991:4)。这显然已不是一般意义上的思想史研究。不过,最为重要的是,帕森斯在进行这种探究时是受到一种强烈的使命意识和精神力量引导的,或者说,他的研究视角浸润着美国精神,这使得他的相关阐释带有深刻的美国文化烙印,同样这自然也会使他招致大量的批评。

如果说在帕森斯的研究中融入了一种"美国精神"的话,那么,其实质意涵是什么？帕森斯本人就表达过一些类似的说法，例如他在《社会系统》（Parsons，1951：77）中提出了一个被普遍忽视的概念："美国精神气质"（America ethos）。[①] 帕森斯用此概念来表征美国社会中具有支配性的价值取向："普遍主义取向的成就模式"（universalistic achievement pattern）。格哈特（Gehardt，2011：122－3）指出，这种"美国精神气质"意指"思想自由、机会平等以及道德责任之间的一种结合。'美国精神气质'调和了那些支配社会关系中的互惠结构的原则：情感上的尊重、安全和适当（adequacy）"。在格哈特看来，"美国精神气质"是《社会系统》中的一个核心概念，它反映的是"美国民主的精神气质"（Gehardt，2011：93）。

格哈特的这种解释和她对《结构》的阐释一脉相承。比如她找出了不为人知的《结构》初版的"广告文案"，因为上面引述的是熊彼特曾经对该书的一个评论："它不仅促进了一门科学的社会学，也增进了最高层次上的'公民学'（civics）"（Gehardt，2002：6）。这种"公民学"与她认为《结构》所蕴含的那种"支持民主的政治学"是一致的；同时，她在帕森斯阐述的社会行动的结构中看到了民主的意象："对帕森斯来说，民主从来就不仅仅是一种政治组织类型。毋宁说，民主是一种社会行动的结构，意味着公民对其所属共同体的自愿承诺。他在行动者的态度中看到民主的反映"（Gehardt，2011：279）。总而言之，格哈特认为帕森斯的学术生涯是"为了民主的学术生涯"（Gehardt，2011：276）。

实际上，在更深刻和更原初的意义上，帕森斯所谓的"美国精神气质"体现的是美国的基本价值观："（世俗）工具能动主义"（［worldly］instrumental activism）（Parsons，1991：52；2007：145）。在根源上，这种价值观是新教伦理"入世禁欲主义"（worldly asceticism）的世俗化版本，

---

① 在《社会系统》（Parsons，1951：72ff）中，帕森斯运用"模式变项"之间的组合，构成了四种"价值取向类型"；这些类型在社会层次上对应着四种"社会结构类型"（"一个社会有其支配性的价值取向"）（ibid；127）；这些"价值取向"和"社会结构类型"的每一种都可在现实世界找到其所指涉的经验对象。其中的"普遍主义取向的成就模式"的经验指涉对象是美国社会，而"美国精神气质"即为其"最佳例证"。帕森斯指出，"实用主义哲学是这种取向的典范"。格哈特注意到这个概念的重要性，并把它放到其关于帕森斯社会思想的新著（Gehardt，2011）的副标题中。

或与美国世俗社会相对应的核心价值观（Parsons，1991：49）。"美国精神气质"中的两个构成要素，即普遍主义与成就，与"工具能动主义"的精神实质完全相契合：因为这两个要素正是新教伦理的核心要素；换言之，所谓的"美国精神气质"不过是用"模式变项"术语表达的美国基本价值观而已。较之"民主精神"，这种价值观或精神在《结构》中的体现更加显著和重要：《结构》全书论证的最终成果，即"意志论的行动理论"实际上就体现着这种价值观。① 就本文论题而言，这种"精神"特别重要：因为"意志论的行动理论"是"综合"欧洲两大社会行动理论传统——实证主义—功利主义和观念论——的"产物"，如果说后者体现的是欧洲精神，那么《结构》就隐含着以"美国精神气质"来综合"欧洲精神"的意图。

因此，不论是《结构》与20世纪30年代的时代背景和时代问题（尤其是"新政"）的关联，还是它在阐述和论述中或明或暗地体现出来的"美国精神气质"，都说明这是一部浸润着美国文化精神的论著，虽然它论述的是"欧洲著作家"的思想，但这些身处"世纪末"的理论家们在《结构》中显然被"美国化"了。或者用沃纳（Wearne，1989）的说法："帕森斯是用一种典型的美国方式来论述欧洲社会理论的"。这也导致后来诸多研究者提出古典社会理论研究中的"去美国化""去帕森斯化"等口号，尽管他们可能并未真正理解帕森斯在《结构》中展开的那种研究的主旨。

四　结语

《结构》集中反映了"早期帕森斯"的思想。虽然20世纪80年代后期以来，在西方帕森斯研究中有关其早期的思想这一领域里出现了一些比较有意义的、甚至可以说是突破性的成果，帕森斯的"早期文集"（Parsons，1991）也得以结集出版，但诸多关键问题仍有待澄清。长期以来，《结构》之所以得不到与其学科史地位相称的研究，与此不无关系。实际

---

① 关于帕森斯著作中的"意志论"问题，也是长期争论不休的一个论题，但能够真正把握其实质意涵的研究者并不多见，可参见普洛克特（Procter，1978）的阐述。

上,《结构》本身有一个值得引人注目、但却很少受人关注的现象或问题:一个有志于社会科学研究的美国人,为何要耗费巨大心血,以这样一部皇皇巨制来精心阐释晚近欧洲的社会思想,却置其本土早已兴起的社会科学研究于不顾?对这个问题的解答显然有助于理解这部经典,本文对此虽有涉及,但却无法提供详尽解释。这里需要强调的是,首先要了解作者,尤其是了解这个典型的"英裔白人新教徒"(WASP)在展开这项研究时的"心灵架构"(frame of mind)——借用他始终奉为"导师"的韦伯(Weber,2002)在探讨新教伦理时极为倚重、但在他的译本中又过于忽视的一个概念。

前文提及的卡米克(Camic,2005:241ff)在探讨帕森斯早期的文化概念时,多少触及这个问题,比如他批评了关于帕森斯思想形成问题的两种"还原论的解释":"本土培育说"(made in nurture)和"德国制造论"(made in German),前者强调帕森斯自幼接受的新教文化的熏陶,后者强调帕森斯游学海德堡时意外"遭遇"韦伯的思想而对其学术研究产生的关键性影响。卡米克的批评虽然不无道理,但显然也未能理解这个问题的重要性;反倒是前文提及的、卡米克的批评也波及的布里克(Brick,1993)在联系"新政"对《结构》予以解读时,先对帕森斯接受的新教教育、大学教育直至在海德堡的"博士论文"研究进行了一个简要的概述,虽然简单,但已大致勾勒出帕森斯在撰写《结构》前其"心灵架构"是如何一步步地形成的过程以及其中的一些关键点。

这种探讨之所以重要,是因为帕森斯在致力于《结构》研究时,其"心灵架构"已大致确立,而《结构》的撰写过程最终明确和巩固了这个架构。由于篇幅所限,不能就此细致展开。但是,有一点显而易见:即帕森斯的这个"心灵架构"完全是美国式的,是在美国文化的浸润中成型的。这种特质,不论是在其最早的大学"学期论文"还是此后半个世纪里撰写的大量论著中,都是很明确的。当然,还有一个关键要点:帕森斯和黑格尔、韦伯等人一样,是具有"普遍历史"抱负的思想家。帕森斯著作中的这两个因素——也表现为布里克指出的"虔诚与智识""宗教与科学"之间的张力——纠结在一起;把握住这一点,本文讨论的论题就相对容易理解了。但是,对我们而言,重要的不是去批评或抨击他们著作中这样那样的"中心主义",有意义的也许是需要反躬自问:是永远做他人撰写的普遍历史中的"他者"或干脆"缺席",还是建构基于自身文化的普遍历史?

参考文献

格哈特,乌塔,2009,《帕森斯思想评传》,李康译,北京:北京大学出版社。

贡巴尼翁,安托瓦纳,2009,《反现代派——从约瑟夫·德·迈斯特到罗兰·巴特》,郭宏安译,北京:生活·读书·新知三联书店。

黑格尔,1959,《哲学史演讲录(第一卷)》,贺麟、王太庆译,北京:商务印书馆。

——,1979,《精神现象学(上、下卷)》,贺麟、王玖兴译,北京:商务印书馆。

加达默尔,汉斯—格奥尔格,2003,《真理与方法(上卷)》,洪汉鼎译,上海:上海译文出版社。

卡琳内斯库,马泰,2002,《现代性的五副面孔》,顾爱彬、李瑞华译,北京:商务印书馆。

库恩,托马斯,2003,《科学革命的结构》,金吾伦、胡新和译,北京:北京大学出版社。

勒佩尼斯,沃尔夫,2011,《何谓欧洲知识分子:欧洲历史中的知识分子和精神政治》,李焰明译,广西:广西师范大学出版社。

洛夫乔伊,阿瑟·O,2015,《存在巨链——对一个观念的历史研究》,张传友、高秉江译,北京:商务印书馆。

田耕,2006,《为什么写作社会学理论史——读默顿〈论理论社会学〉》,《社会学研究》第 1 期。

亚历山大,杰弗里·C,2003,《新功能主义及其后》,彭牧等译,南京:译林出版社。

——,2006,《经典文本的核心地位》,赵立玮译,《社会理论》第 2 期。

赵立玮,2012,《"韦伯的帕森斯化"与"韦伯派帕森斯"——基于韦伯—帕森斯思想关联性的考察》,应星、李猛编,《社会理论:现代性与本土化》,北京:生活·读书·新知三联书店。

Alexander, Jeffrey Charles 1982, *Positivism, Presuppositions, and Current Controversies*. London: Routledge &Kegan Paul.

——1984, *The Modern Reconstruction of Classical Thought: Talcot Parsons*. London: Routledge &Kegan Paul.

——2001, "Parsons as a Republican Critic of Industrial Society: A New Understanding of the Early Writings. " In Gabriele Pollini & Giuseppe Sciortino (ed.), *Parsons' The Struc-*

ture of Social Action and Contemporary Debates. Milano: Franco Angeli: 9 – 23.

Brick, Howard 1993, "The Reformist Dimension of Talcot Parsons's Early Social Theory." In Thomas L. Haskell & Richard F. Teichgraeber III (ed.), *The Culture of the Market: Historical Esays.* Cambridge: Cambridge University Press.

Camic, Charles 1979, "The Utilitarian Revisited." *American Journal of Sociology* 85.

——1989, "*Structure* after 50 Years: The Anatomy of a Charter." *American Journal of Sociology* 95 (1).

Ellenberger, Henri F. 1970, *The Discovery of the Unconscious.* New York: Basic Books.

Gerhardt, Uta. 1993, "Introduction: Talcott Parsons's Sociology of National Socialism." In Uta Gehardt (ed.), *Talcott Parsons on National Socialism.* New York: Aldine de Gruyter.

——1999, "National Socialism and the Politics of The Structure of Social Action." In Bernard Barber & Uta Gehardt (ed.), *Agenda for Sociology: Classic Sources and Current Use of Talcott Parsons's Work.* Baden: Nomos Verlagsgesellschaft.

——2002, *Talcott Parsons: An Intellectual Biography.* Cambridge: Cambridge University Press.

——2011, *The Social Thought of Talcott Parsons: Methodology and American Ethos.* Burlington: Ashgate.

Gould, Mark 1991, "The Structure of Social Action: At Least Sixty Years Ahead of its Time." In Roland Robertson & Bryan S. Turner (ed.), *Talcott Parsons: Theorist of Modernity.* London: SAGE Publications.

Gouldner, Alvin W. 1970, *The Coming Crisis of Western Sociology.* New York: Basic Books, Inc.

Gouldner, Alvin W. 1973, "Romanticism and Classicism: Deep Structures in Social Science." In *For Sociology: Renewal and Critique in Sociology Today.* New York: Basic Books, Inc.

Habermas, Jurgen 1981, "Talcot Parsons: Problems of Theory Construction." *Sociological Inquiry* 51.

——1984, *The Theory of Communicative Action,* 2vols., translated by Thomas McCaythy. Boston: Beacon Press.

Hawthorn, Geoffrey 1987, *Enlightenment and Despair: A History of Social Theory.* Cambridge: Cambridge University Press.

Hughes, H. Stuart 1958, *Consciousness and Society: The Reorientation of European Social Thought, 1890—1930.* New York: Alfred A. Knopf, Inc.

Leck, Ralph M. 2000, *Georg Simmel and Avant-Garde Sociology: the Birth of Modernity, 1880—1920.* Amherst, New York: Humanity Books.

Merton, Rober K. 1948, "Discussion." *American Sociological Review* 13 (2).

——1968, *Social Theory and Social Structure*. New York: The Free Press.

Mestrovic, Stjepan G. 1991, *The Coming fin de siècle: An Application of Durkheim's Sociology to Modernity and Postmodernism*. London: Routledge.

Munch, Richard 1987, *Theory of Action: Towards a New Synthesis Going Beyond Parsons*. London: Routledge &Kegan Paul.

Nisbet, Robert A. 1966, *The Sociological Tradition*. New Brunswick: Transaction Publishers.

Parsons, Talcott 1937, *The Structure of Social Action: A Study in Social Theory with Special Reference to a Group of Recent European Writers*. New York: McGraw-Hill Book Company.

——1948, "The Position of Sociological Theory." *American Sociological Review* 13 (2).

Parsons, Talcott 1951, *The Social System*, New York: Free Press.

——1954, "The Prospects of Sociological Theory." In *Essays in Sociological Theory*. New York: The Free Press.

——1970, "On Building Social System Theory: A Personal History." In *Social Systems and the Evolution of Action Theory*. New York: The Free Press.

Parsons, Talcott 1975, "The Present Status of 'Structural-Functional' Theory." In Lewis A. Coser (ed.), *The Idea of Social Structure: Papers in Honor of Robert K. Merton*. New York: Harcourt Brace Jovanovich.

Parsons, Talcott 1978, "A Paradigm of the Human Condition." In *Action Theory and the Human Condition*. New York: Free Press.

——1991, "Capitalism in Recent German Literature: Sombart and Weber." In Charles Camic (ed.), *Talcott Parsons: The Early Essays*. Chicago: The University of Chicago Press.

——1991, "A Tentative Outline of American Values." In Roland Robertson & Bryan S. Turner (ed.), *Talcott Parsons: Theorist of Modernity*. London: Sage Publications.

——2007, *American Society: A Theory of the Societal Community*. Boulder: Paradigm Publishers.

Procter, Ia 1978, "Parsons's Early Voluntarism." *Sociological Inquiry* 48 (1).

Seidman, Steven 1983a, "Beyond Presentism and Historicism: Understanding the History of Social Science." *Sociological Inquiry* 53 (1).

——1983b, *Liberalism and the Origins of European Social Theory*. Berkeley and Los Angeles: University of California Press.

Sorokin, Pitirim A. 1928, *Contemporary Sociological Theories*. New York: Harper & Brothers.

Turner, Bryan S. 1996, *For Weber: Essays on the Sociology of Fate*. London: Sage Publications.

Wearne, Bruce C. 1989, *The Theory and Scholarship of Talcott Parsons to 1951: A Critical*

Commentary. Cambridge: Cambridge University Press.

Wearne, Bruce C. 2013, "Exegetical Explorations: Parsons' Convergence Concept." *American Sociologist* 44.

Whitehead, A. N. 1974, *The Organization of Thought.* Westport: Greenwood Press.

Zeitlin, Irving M 1987, *Ideology and the Development of Sociological Theory.* Englewood Cliffs, New Jersey: Prentice-Hall, Inc.

中国大学生中的三道互联网鸿沟[*]

——基于全国 12 所高校调查数据的分析

赵联飞

摘　要：中国大学生内部存在着三道互联网鸿沟。第一道鸿沟受到上大学以前的生活地点、家庭经济收入水平和父母文化水平的影响；第二道鸿沟受到网龄和校园环境等因素的直接影响；第三道鸿沟受到学生所在校园环境和日常上网时长的影响。三道鸿沟存在内在联系；第一道鸿沟对第二道和第三道鸿沟有间接影响。重点本科院校学生将互联网作为工具性应用的倾向性更强，而高职院校学生应用互联网进行自我互动的倾向更强。

关键词：互联网鸿沟　不平等　大学生

互联网鸿沟[①]是指不同国家或社会群体之间在接触和应用互联网方面存在的差距。关于互联网鸿沟的研究肇始于 20 世纪 90 年代，当时提出这个概念主要是为了讨论发达国家和发展中国家在互联网基础设施发展水平上的差异。但研究者很快就意识到，在同一个国家内部的不同群体之间也存在着互联网鸿沟（Norrirs；2001；Wessels，2013）；并且互联网鸿沟也不仅仅局限于互联网基础设施发展水平的高低。研究者认为，互联网鸿沟至少具有三方面意涵：分别是接入、技能和应用。其中，接入是指人们是否能够接入互联网，包括是否拥有电脑或其他上网设备，是否能够拥有或使

---

* 原文发表于《社会学研究》2015 年第 6 期。感谢匿名评阅者的宝贵意见，文责自负。

① 互联网鸿沟有时也被称作数字鸿沟（digital divide），严格来说，数字鸿沟是指人们在接近、使用各类基于电子信息技术发展起来的设备和服务中存在的差距，这一概念既涵盖互联网设备和服务，也包括不联网的设备和服务，比如说，电子阅读器、音/视频播放器（Mp3/Mp4/Mp5）等设备。既有研究已对这一区分进行了明确的阐述（参见 Sarj，2008）。尽管存在着所有电子设备将来都会接入互联网的趋势，但为了明晰起见，本文仍使用互联网鸿沟这一术语来进行讨论，但引述他人文献时则尊重原作者的使用习惯。

用接入互联网的端口，等等；技能是指人们是否掌握各种操作电脑和网络应用的技能，比如说掌握电脑的基本应用技能，如使用各种办公软件、使用网络浏览器、收发邮件，等等；而应用则是指人们如何利用互联网来有效地提升自己的工作和生活质量，比如说通过网络找工作、扩大交往乃至参与社会公共事务（Attewell，2001；Servon，2002；Cooper & Weaver，2003；Kuttan & Peters，2003）。还有的学者从互联网鸿沟所带来的社会影响和后果出发进行分析，认为互联网将带来民主鸿沟（Norris，2001）。近来有关研究指出，互联网鸿沟是理解当代社会不平等的重要维度。互联网鸿沟产生的社会不平等和既存的社会不平等格局之间存在着复杂的关系，一方面，它能够强化既有的社会不平等机制，但另一方面也有促进社会公正的作用（Servon，2002）。

最新统计数据表明，中国目前有网民 6.32 亿，其中手机网民 5.27 亿（中国互联网络信息中心，2014）。在互联网出现的早期，具有大专以上学历群体是中国网民的主体，最高比例曾经达到 93.1%（中国互联网络信息中心，1998），尽管这一比例从 1999 年以来逐年下降，但直到 2014 年，仍超过 20%（中国互联网络信息中心，2014）。在互联网接入大幅普及和教育硬件设施不断提升的背景下，高职（高专）层次以上的在校学生基本上是"全民触网"。尽管这一群体目前仅占全部网民的 4% 左右，但这部分年轻而具有较高教育程度的网民是不可忽视的网络参与群体。

一般来说，相对于同龄人乃至整个社会来说，大学生拥有较高的文化素养和良好的教育条件，从而更容易成为互联网应用的领先人群，不过，在当代中国社会改革变迁的历史背景下，中国大学生内部存在着不容忽视的异质性（施芸卿，2012）。这一异质性既来自大学生进入大学之前的成长环境和个体生活历程，同时也源于中国的大学教育体制、就业体制等社会机制。那么，大学生内部的这种异质性在互联网的接入和应用方面是否有所体现呢？换句话说，大学生群体内部是否存在着互联网鸿沟呢？本文将利用中国社会科学院社会学研究所在近年进行的有关调查资料对此进行分析和讨论。

一 文献回顾及评述

2000 年以来，中国有不少讨论互联网鸿沟（数字鸿沟）的文献，不过，这些文献大多是基于西方学者提出的全球数字鸿沟概念展开讨论，其重心在于分析中国和发达国家之间在互联网普及程度上的差异并提出相关对策建议（王战华，2003；姚芝，2003；俞立平，2006；陈建龙等，2009；薛伟贤、刘骏，2011），不少学者还致力于编制中国的数字鸿沟测量量表（薛伟贤、张飞燕，2009；刘骏、薛伟贤，2012）。另外一些学者则关注国内地区之间的数字鸿沟现状，比如说，徐盈之、赵玥（2006）从宏观经济社会发展水平和数字鸿沟之间的关系入手，运用各个省市的面板数据来分析地区之间的第一道数字鸿沟。黄少华、韩瑞霞（2004）从全球化视角出发，基于中国互联网络信息中心的调查资料中的带宽、站点、域名等方面的汇总信息，分析了中国东部地区和西部地区之间的数字鸿沟问题。这两篇文章所关注的都是国外学界提出的第一道数字鸿沟问题，也即接入问题。

近年来，一些作者开始对西方互联网鸿沟理论进行系统梳理，并对西方学者关于第二道和第三道互联网鸿沟的研究进行了介绍（闫慧、孙立立，2012；韦路、张明新，2006）。但关于第二道和第三道数字鸿沟的实证研究相对来说则较为少见，这里值得一提的是黄佩等（2008）和曾凡斌（2011）的两篇文章。

黄佩等（2008）以北京大学 2006 届本科毕业生为研究对象，分析了家庭因素对学生拥有上网设备以及上网活动偏好的影响，指出家庭经济状况和父亲教育程度对学生的上网行为有影响，并讨论了来自城市和乡村的学生在网络接入方面的差异。但该文在分析学生的社会结构属性时，主要是将学生纳入父母所属的经济分层中进行考虑，并没有将学生自身之间的多种差异纳入分析。另外，当研究者分析学生的网络行为时，主要是针对学生浏览网页的内容来进行分析，重心局限在信息获取方面，而对其他的网络应用（比如说社会交往、公共参与等）未能涉猎，从而限制了全面观测和分析大学生网络行为的可能性。

曾凡斌（2011）以暨南大学的学生为样本，探讨了第二道数字鸿沟问题。① 该研究发现"出生地对大学生上网时间有正面的显著影响"，即城市的大学生上网时间比非城市的大学生要多。学历虽然对大学生有显著影

---

① 曾文提及的第二道数字鸿沟在其他文献中通常被称为第三道数字鸿沟，也即如何应用互联网方面的鸿沟。

响，但却是负面的，即"学历越低的大学生上网时间越长"，且"互联网使用中的情感因素（对互联网的态度、网络自我效能感）对大学生互联网使用水平（包括上网时间和与学习、工作相关的互联网使用指数）都能产生正面的显著性影响"。与黄佩等（2008）主要从社会结构要素角度解释数字鸿沟不同，曾文主要从个体心理角度出发来分析第三道数字鸿沟问题。尽管曾文在分析中也纳入了大学生的家庭背景，但在最终的解释过程中却并没有考虑这一社会结构性的因素。同时，曾文的分析重点在学生的上网时长分配，如作者自己所指出的那样，"是将使用质量直接等同于使用目的，最终归结于与学习、工作相关的互联网使用指数，虽然在数据分析中体现了比较好的结论，但是还是存在片面之嫌"。此外，曾文的研究局限"还在于所使用的便利抽样方法，这制约了研究结论的可概化性"（曾凡斌，2011）。

上述两篇文章的局限性有其现实原因。从数据来看，国内关于互联网使用的大规模抽样调查仅有中国互联网络信息中心实施的半年一次的网络调查，但该调查侧重于网络资源发展状况和网民的使用行为，很难满足在学理层面展开社会科学研究的需要。从国外既有的研究来看，基于个体信息对互联网鸿沟形成机制展开研究通常会涉及家庭的经济社会地位、父母文化程度、个体工作或学习状况等因素，而这些因素在中国互联网络信息中心的调查中均没有涉及。与此形成对照的是，中国社会科学院社会学研究所、北京大学中国社会科学调查中心、中国人民大学中国调查与数据中心等机构所主持的几项全国大型调查有着比较规范的社会科学研究设计，其中也涉及了少量的网络使用问题，但由于缺乏针对互联网鸿沟的研究设计，因此也难以应用于互联网鸿沟的学理分析。[①] 至于专门针对大学生的全国范围的互联网鸿沟调查，到目前为止基本上付诸阙如。因此，从公开发表的文献很难看到这一主题的大样本实证研究也就不足为奇了。

然而，大学生内部的互联网鸿沟问题的确值得探究。之所以这样说，是因为目前人们对互联网鸿沟的关注已经从最初的接入问题转向到应用问

---

① 这些研究包括中国社会科学院社会学所组织的中国社会综合状况调查（Nationwide Survey on the Social Stability Status of China）、中国人民大学和香港科技大学合作开展的中国综合社会调查（China General Social Survey，简称 CGSS），以及北京大学主持的中国家庭追踪调查（Chinese Family Panel Study，简称 CFPS）。

题。随着互联网渗透率的提高和上网设备的普及，第一道互联网鸿沟将随着时代的发展而逐渐消弭，当前一些西方发达国家互联网渗透率达到85%甚至更高已经暗示了这一点。而从使用技能上来说，移动互联网的发展和用户友好软件的丰富，以及以智能手机为代表的上网终端日益流行，都在很大程度上弱化了那种基于电脑操作技能差异而形成的第二道互联网鸿沟。与此同时，互联网应用日益丰富，人们对互联网的使用方式差别开始凸显，互联网给个体带来的影响开始成为新的关注点。换句话说，互联网鸿沟问题的关注点正在从"有没有机会使用"和"会不会使用"转向"如何使用"以及"使用后果如何"这样的问题。从这一点来说，对大学生的互联网鸿沟研究暗合了这一研究重心的转移趋势。大学生具有良好的网络接入条件和信息技术素养，如果他们内部之间存在互联网鸿沟，那么很可能发生在第三道鸿沟而不是前两道鸿沟。因此，研究大学生内部的互联网鸿沟就有可能为今后研究更广泛的社会群体之间的互联网鸿沟提供经验。

这里，我认为有必要对大学生互联网鸿沟问题的学理和分析范式进行梳理。首先，大学生互联网鸿沟研究和那种针对国家或地区间互联网鸿沟的研究有所不同，后者的关注对象主要是第一道鸿沟，而前者则同时包括所有的三道鸿沟；这种差异意味着我们不仅要分别对这三道鸿沟进行讨论，同时还要关注它们之间的关联。其次，迪马齐奥等人曾经指出，是互联网所在的社会环境而不是互联网本身决定了互联网现在这个样子（DiMaggioetal.，2001），也就是说，互联网使用行为嵌入在社会背景和社会结构之中，分析互联网鸿沟除了需要将个体层面诸多要素纳入考虑，社会结构层面的要素也必须纳入分析视野。就大学生群体来说，分析校园环境以及与之紧密相关的就业、升学等社会制度就成为理解其内部数字鸿沟的重要内容。另外，前文曾经指出，当前缺乏合适的数据导致了大学生群体互联网鸿沟研究在实证层面上较为缺乏，实际上，这一缺乏也间接地导致了学理层面分析的不足。从国外的研究文献看，晚近的基于个体调查数据的互联网鸿沟研究不再像早期那样局限于描述不同社会群体的互联网使用状况以及群体间鸿沟的现状，而是更多地沿着社会不平等重构和再生产这一条主线展开分析，2013 出版的《数字鸿沟：国际视角下的互联网和社会不平等》（*The Digital Divide：The Internet and Social*

Inequality in International Perspective) 一书就充分体现了这一发展趋势（Ragnedda & Muschert，2013）。在这一趋势下，基于互联网鸿沟产生的不平等问题就和传统的社会不平等研究一样，将更多地和经济资本、文化资本、不平等再生产等问题联结起来；而要开展这样的研究，往往需要在个体层面收集多方面的信息。在国内已有的研究中，李升（2006）曾经从互联网鸿沟与社会阶层的关联角度进行过讨论，但该讨论主要在理论辨析层面。

二 研究假设的提出

（一）大学生的第一道互联网鸿沟

第一道互联网鸿沟指的是人们接入互联网水平的差异。我重点分析大学生初次接触网络时间和拥有上网设备的问题。

从深度访谈和焦点小组的结果看，来自城市地区的学生普遍比农村地区的学生触网更早。对此，笔者的分析是学生上学前所在的区域对学生触网有明显影响。当前的在校大学生年龄多在 18～28 岁之间，由于大部分学生初次触网是在小学和初中，倒推回去，也就意味着大部分学生是在 2000～2010 年期间第一次触网。而从宏观层面看，我国 2012 年的互联网渗透率为 42.1%，2002 年则为 4.6%。[①] 由此可以看出，过去 10 余年间，中国网络基础设施建设处于一个快速发展时期。而根据技术扩散理论，技术和新应用总是从发达地区逐步向不发达地区扩散，受中国城乡二元社会的格局和区域发展不平衡的基本国情影响，发达地区的网络基础设施发展显然优于不发达地区，中国互联网络信息中心关于各地网络资源的历年统计数据清楚地表明了这一点。另外，国家统计局的统计数据表明，中国城镇家庭电脑拥有比例在 2013 年达到了 87%；而农村家庭的这一比例在 2013 年只有 21.4%。[②] 从这一数据可以清楚地看到，城乡家庭在电脑拥有率上存在着巨大差异。

---

① 2002 年为可查的最早统计数据，有关统计内容可参见 http：//www.stats.gov.cn/Tjsj/（2015 年 10 月 19 日最后访问）。

② 有关统计内容可参见 http：//www.stats.gov.cn/Tjsj/（2015 年 10 月 19 日最后访问）。

从微观层面看，无论电脑的拥有还是网络的接入，都和家庭的收入水平有着密切的关系，在 2000 年前后，一台普通家用电脑的价格在人民币 8000 元左右，网络的包月接入费用也在每月 100 元以上，在当时这对工薪家庭是一笔不小的开支。同时，在互联网应用的早期，通过互联网获取信息（网络新闻）、进行通讯（收发电子邮件）、参与讨论（BBS 或聊天室）是网上冲浪活动的主要内容，这些活动都对参与者的受教育水平具有相应的要求，这一点和今天移动互联网大行其道、会操作手机就会上网的情形大为不同。因此，那些具备较高文化水平的家长更有可能在家中购置电脑和接入网络。基于上述分析，本文做出关于大学生中第一道互联网鸿沟的第一个假设。

假设 1a：大学生初次触网时间受到上大学以前的生活地点、家庭经济收入水平和父母文化水平的影响。

大学生拥有上网设备的情况是我们关注的第二个问题。尽管当下大学生勤工俭学已经十分常见，但对大部分学生来说，读大学期间的主要资金来源还是家庭支持。这意味着家庭的经济收入水平可能是影响上网行为的一个原因。另外，校园环境也对学生如何使用电脑和互联网有潜在的影响。我们在调查中发现，不少高职学生都是快要到大二结束的时候才买电脑，而本科院校的学生则较早地拥有了个人电脑。笔者认为这主要是受学制的影响。目前典型的高职学校学制为三年，其中前两年一般是在校学习课程，第三年则是到各类企事业单位实习。并且，从专业上看，高职院校设置的专业多为实践应用型，比如说汽车修理、电气技术，这些专业较为强调学生的动手和实践能力，而对学生的文字和写作能力并不刻意训练。这种学制安排使得高职学生并不急于购置电脑，他们需要使用电脑时就到学校公共机房，而平时上网则使用手机。基于上述讨论，我们做出有关第一道鸿沟的第二个假设。

假设 1b：大学生是否拥有上网设备受到家庭经济状况、家庭教育水平和高校环境的影响。

（二）关于第二道互联网鸿沟

第二道互联网鸿沟指的是人们使用互联网技能方面的鸿沟。在互联网诞生后的相当长一段时间内，使用互联网不仅要求人们了解各种网络应用工具，还要求人们掌握基本的电脑使用技能，而这些技能要求使用者具备较高的文化素养。国外已有研究表明，受教育程度是影响人们互联网技能的重要因素（Van Deursen & Van Dijk，2009；2011）。不过，对于大学生来说，这一问题有所不同，原因在于大学生完成了高中阶段的教育后，均具有较高文化素养；同时，随着近年来信息化的扩散，全国各地在中学阶段均开设了信息应用课程；经过这样的培训以后，大学生在互联网应用基本技能方面的差别较小。因此，本文对大学生中第二道互联网鸿沟的讨论重点并不在于描述其现状，而是致力于探讨其形成机制。简单来说，笔者认为互联网使用技能的掌握是一个"习得"过程。受教育程度对这种习得过程具有门槛的作用，只有具备一定的教育程度才能掌握有关技能；但对于跨过这道门槛的使用者来说，他们之间的第二道鸿沟则更多地取决于他们在互联网使用方面的实践经历。从这一角度分析，使用者接触互联网时间的长短以及周边环境对这种习得过程有重要影响。为了验证这一看法，本文选择了互联网技能中一个较为特殊但又常见的方面——"翻墙"来进行分析。

"翻墙"是一个网络术语，它指的是网络使用者绕过政府的互联网管制，去访问那些被政府禁止访问的网站。我认为，对"翻墙"的了解是网络使用者在使用互联网过程中不断学习获得知识的结果。因此，本文首先假设，触网时间越长，对"翻墙"的了解就应该越多，且发生"翻墙"行为的可能性就越大。第二，"翻墙"行为作为一种互联网技能，和学生个体的知识结构息息相关，接触计算机应用较多的理工科学生有可能比其他专业的学生更容易了解和掌握"翻墙"技术。第三，"翻墙"的目的是浏览境外网站，而大部分境外网站所使用的语言是外国语言，从这一点来说，外语水平较高学生更有可能去了解并实施"翻墙"。第四，"翻墙"行为反映的不仅仅是个体使用信息技术的内在能力，同时也反映了一种互联网文化的影响；从这一点来说，"翻墙"的了解和实施还受到高校环境的影响。第五，"翻墙"作为大学校园中流行的上网技能，跟学生在校园里的生活时间或者说处于这种文化之下的"暴露期"长短有密切关系，从逻辑上分析，高年级学生有更多机会了解并实施"翻墙"。最后；由于"翻墙"行为在当前的互联网管制政策下是一件具有政治意涵的事情，因此我们猜想学生的政治身份可能会对学生的"翻墙"行为有影响。基于上述分

析,我们做出如下两个假设:

假设2a:大学生对"翻墙"的了解受到网龄、每天触网时间长短、专业类别、外语水平、学校环境和自身政治身份的影响。

假设2b:大学生的"翻墙"行为受到网龄、每天触网时间长短、专业类别、外语水平、学校环境和自身政治身份的影响。

(三)关于第三道互联网鸿沟

第三道互联网鸿沟指的是人们在应用互联网来改变自己工作、学习和生活方面的差别。本文将大学生互联网应用分为七个方面,即信息获取、社会交往、公共参与、自我互动、休闲娱乐、在线学习以及生活助手。这里,我提出一个"工具性—情感性"分类框架来对这七种应用进行类型学划分。按照每种应用在"工具性"和"情感性"两个维度的占位高低,可以将上述七类应用大致分为四种类型,即"高工具性—低情感性""高工具性—高情感性""低工具性—高情感性"以及"低工具性—低情感性"。这里的工具性指网络使用者主要基于成本、效率、便利、有效性等目的而应用某项互联网应用,而情感性是指网络应用者基于情感表达和放松休闲目的应用某项互联网应用。

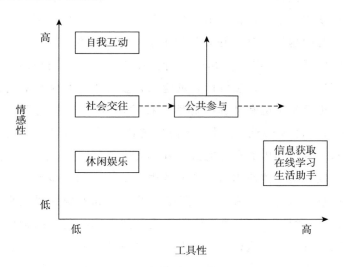

图1 七类互联网应用的类型学分析

七种网络应用分类如图1所示。其中,信息获取、在线学习和生活助手是典型的"高工具性—低情感性"应用，其主要作用在于帮助使用者利用网络资源来获取信息和知识、便利生活并促进自身发展。而自我互动则是典型的"低工具性—高情感性"应用，其主要作用是满足人们的内在情感需求。社会交往具有"低工具性—中（高）度情感性"的特征，这一应用满足了个体在网络时代保持与他人交往的需求，但在一些情况下也具有转向工具性的倾向（例如，以经营人脉为主的职业发展社交网站WWW. linkedin. com 早在 2002 年就开始出现）。休闲娱乐具有"低工具性—低情感性"的特点，这一应用满足了个体休闲娱乐需要，但并不把追求回报作为目标，同时个体投入情感的程度较低。公共参与是"中度工具性—中度情感性"的应用，但这一应用在一定条件下可以走向两极，比如说偏向工具性时可以成为网络社会运动的推手，偏向情感性时可以成为泄愤渠道或者集体欢腾的舞台。

在质性阶段调查时，我们发现高职生使用 QQ 空间的行为更多，但主动获取信息的行为较少。如何理解这一现象？笔者认为，一个可能的解释是在互联网环境下，处于社会弱势的群体在日常生活中将互联网作为寻求自我满足空间的倾向更强，而具有社会优势的群体将互联网作为进取工具的倾向更强。为了验证这一猜想，这里选择获取信息和自我互动进行分析，它们分别代表了"高工具性—低情感性"和"低工具性—高情感性"应用。由此形成了假设 3a 和 3b。

假设 3a：相对于重点院校本科学生，高职学生利用互联网获取信息的倾向较弱。

假设 3b：相对于重点院校本科学生，高职学生应用互联网进行自我互动的倾向更强。

（四）对假设的总结

根据上述关于三道互联网鸿沟的分析，图 2 列出了影响大学生互联网鸿沟的因素，为了简明起见，未纳入人口背景变量。从左至右的三个虚框分别代表大学生中的三道互联网鸿沟。可以看到，大学生上大学前的生活环境、家庭教育水平和家庭经济收入水平对其网龄、是否拥有上网设备、外语水平以及所进大学的层级有影响。并且，家庭收入水平还对学生上大学后是否拥有上网设备有影响，而所进大学的层级（环境）和网龄也影响大学生是否拥有上网设备，由此导致大学生之间出现第一道互联网鸿沟。网龄、是否拥有上网设备以及所处的环境影响使用技能的掌握，从而影响第二道数字鸿沟的形成。第三道数字鸿沟则进一步受到网络应用技能和大学生所在环境影响。①

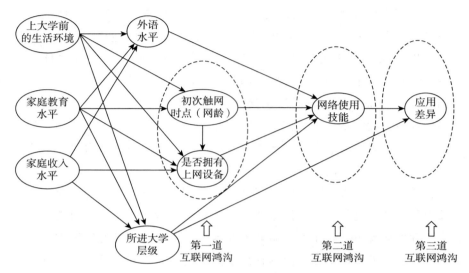

图 2   大学生中三道互联网鸿沟的关系

三   数据、变量和方法

本文采用的资料和数据来自中国社会科学院社会学研究所开展的"中国大学生就业、生活与价值观研究"。该调查为一项追踪研究，旨在分析大学生在校学习、生活、毕业求职以及价值观变迁历程。调查的质性研究阶段主要以深度访谈和焦点小组研究为主，对北京、重庆、南宁、安庆等地的大学生开展了有关研究；量化阶段则在全国范围内选取了 12 所高校，基于校方协助提供的"院（系）—专业—班级—学生"四级样本框，采用多阶段抽样在各高校抽选部分在校生进行调查。2013 年调查为基期调查，

---

①   从分析角度而言，有必要对图 2 中的所有内生变量进行与外生变量关系的检验。但一则因文章篇幅所限，二则因大量研究已经表明，大学生外语水平和就读学校层级受到其就读大学前区域发展水平以及家庭经济和文化背景的影响，故此处略去了相关检验。

采取"线下抽样，线上填答问卷"的方式收集数据，实施于 6 ~ 10 月期间。约有15%的学生因上网不便和外出实习等原因使用了纸质问卷进行填答。经过数据清理，最终获得的样本量为7875，样本应答率为73.9%。考虑到研究生的年龄、学习生活方式和本科生（高职生）有较大差异，同时考虑到高专（高职）类学校没有研究生，在本文的分析中将研究生排除在外。最终，进入分析的大学生样本量为6450。[①] 表 1 列出了本文分析中用到的变量。

表 1　置化分析中用到的主要变量

变量分类	变量	释义	分布概况
社会人口背景	性别	调查对象性别	男性 = 48.06%，女性 = 51.94%
	年龄	调查对象的实岁	均值 = 20.87，标准差 = 1.49
	政治面貌	是否为中国共产党党员（含预备）	是 = 17.69%，否 = 82.31%
	上大学前生活地点	高考前的生活地点	农村 = 42.79%，乡镇 = 10.91%，县城 = 14.22%，县级以上城市 = 32.06%
校园环境	所在学校类别	所在学校的类别	重点高校 = 36.31%，一般本科 = 38.78%，高职（高专）= 24.91%
	年级	填答问卷时所在年级	大一 = 21.38%，大二 = 32.02%，大三 = 30.02%，大四 = 15.78%，大五 = 0.81%
家庭经济背景	家庭收入状况	父母的月收入（千元）	均值 = 4.55，标准差 = 4.27
家庭文化背景	家长受教育水平	父亲或母亲的最高文凭	小学及以下 = 11.68%，初中 = 32.38%，高中 = 23.39%，技校/职高/中专 = 4.95%，高职/大学专科 = 10.85%，本科 = 13.84%，研究生以上 = 2.81%
接入情况	初次触网年龄	第一次接触互联网的年龄，根据触网时的时期转换而来	均值 = 11.22，标准差 = 3.09
	网龄	接触网络的年数（年）	均值 = 9.65，标准差 = 3.17
	拥有上网设备情况	是否拥有上网设备	有 = 96.92%，没有 = 3.08%
	每天上网时长	每天上网小时数	均值 = 5.08，标准差 = 3.89

---

① 在分析中，由于部分变量有应答缺失现象，因此报告的样本量有时低于6450。

续表

变量分类	变量	释义	分布概况
使用技能	"翻墙"认知	是否听说过"翻墙"	听说过 = 58.01%，未听说过 = 41.99%
	"翻墙"行为	听说过"翻墙"的学生是否有"翻墙"行为	有 = 30.69%，没有 = 69.31%
网络应用	信息获取	通过网络浏览新闻，了解社会动态、获得资讯	从不 = 5.11%，偶尔 = 23.28%，有时 = 23.42%，经常 = 48.09%
	自我互动	把网络当成一个日记本，记录自己的心情	从不 = 23.32%，偶尔 = 42.20%，有时 = 22.00%，经常 = 12.48%

在量化分析中所用的分析技术主要包括 OLS 线性回归和 logistic 回归；分析所用软件为 Stata12.1。

四　检验结果

（一）假设 1a 的验证

本文使用线性回归来验证这一假设。其中，研究变量为初次触网年龄，解释变量为家庭收入水平、家庭文化水平（取父母学历中的最高值）、高考时所在地区的城乡类别，同时，将年龄和性别作为控制变量纳入分析。结果见表 2。

表 2　大学生初次触网时间影响因素的 OLS 回归分析　　N = 5321

初次触网年龄	回归系数	标准误	t 检验值	P > t	95% 置信区间	
上大学前生活地点（参照类：农村）						
乡镇	− 1.094***	0.126	− 8.70	0.000	− 1.340	− 0.847
县城	− 1.640***	0.123	− 13.33	0.000	− 1.881	− 1.400
县级以上城市	− 2.004***	0.110	− 18.29	0.000	− 2.248	− 1.789
家庭文化水平（参照类：小学及以下）						
初中	− 0.302*	0.125	− 2.41	0.016	− 0.547	− 0.057
高中	− 0.566***	0.135	− 4.20	0.000	− 0.831	− 0.302
技校/职高/中专	− 0.799***	0.203	− 3.93	0.000	− 1.198	− 0.401

初次触网年龄	回归系数	标准误	t 检验值	P > t	95% 置信区间	
大专	− 0.999 ***	0.170	− 5.89	0.000	− 1.331	− 0.666
本科	− 1.138 ***	0.169 *	− 6.72	0.000	− 1.470	− 0.806
研究生及以上	− 1.425 ***	0.276	− 5.17	0.000	− 1.966	− 0.885
父母的月收入（千元）	− 0.115 ***	0.010	− 11.23	0.000	− 0.135	− 0.095
年龄（岁）	0.249 ***	0.025	10.07	0.000	0.201	0.298
性别（参照类：女性）	− 0.630 ***	0.073	− 8.57	0.000	− 0.774	− 0.486
常数项	8.470 ***	0.536	15.81	0.000	7.420	9.520

注：（1）$^* p < 0.05$，$^{**} p < 0.01$，$^{***} p < 0.001$。（2）F 检验值 = 157.54，Prob > F = 0.000，调整复相关平方和 = 0.261。

从回归方程拟合结果看，假设 la 的内容得到全部验证。不仅模型整体上显著（$\alpha = 0.001$），而且各个解释变量几乎都在 $\alpha = 0.001$ 的水平下显著。相对于农村地区来说，来自乡镇、县城和县级以上城市的学生的初次触网年龄分别早了 1.094、1.640 和 2.004 年。相对于父母文化程度最高仅为小学及以下的学生来说，父母最高学历为初中的触网早 0.302 年，高中的早 0.566 年，技校/职高/中专的早 0.799 年，大专、大学、研究生及以上的分别早 0.999 年、1.138 年和 1.425 年。父母月收入每增长 1000 元，子女初次触网年龄提前 0.115 年。

〔二〕假设 lb 的验证

本文使用 logistic 回归来进行验证，研究变量为学生是否拥有上网设备，这里的上网设备包括笔记本、台式机、平板电脑或者智能手机。解释变量则为家庭经济水平和学校环境。同时，将学生在校年级、性别、年龄以及父母最高教育水平作为控制变量纳入。结果见表 3。

表 3　大学生拥有上网设备的影响因素的 logistic 回归分析　　N = 5160

是否拥有上网设备	发生比	标准误	z 检验值	P > z	95% 置信区间	
家庭文化水平 （参照类：小学及以下）						
初中	1.506	0.317	1.94	0.052	0.997	2.274
高中	1.227	0.300	0.83	0.404	0.759	1.982

续表

是否拥有上网设备	发生比	标准误	z检验值	P > z	95%置信区间	
技校/职高/中专	1.148	0.529	0.30	0.765	0.465	2.835
大专	0.943	0.393	- 0.14	0.888	0.416	2.134
本科	1.059	0.538	0.11	0.911	0.391	2.868
研究生及以上	1.000	-				
学校类别 （参照类：重点本科）						
普通本科	0.181	0.074	- 4.17	0.000	0.081	0.404
高职	0.071	0.029	- 6.52	0.000	0.032	0.158
在校年级（参照类：大一）						
大二	1.665*	0.341	2.48	0.013	1.114	2.488
大三	2.060**	0.478	3.12	0.002	1.307	3.245
大四	2.861*	1.189	2.53	0.011	1.267	6.461
大五	1.000	-				
父母的月收入（千元）	1.297***	0.072	4.67	0.000	1.163	1.446
网龄（年）	1.217***	0.037	6.34	0.000	1.145	1.293
年龄（岁）	0.757***	0.048	- 4.39	0.000	0.668	0.857
性别（参照类：女性）	1.085	0.187	0.47	0.637	0.774	1.520
常数项	3071.193***	4026.258	6.13	0.000	235.181	40106.180

注：（1）* $p < 0.05$，** $p < 0.01$，*** $p < 0.001$。（2）卡方检验统计量 = 280.89，Prob > F = 0.000，伪复相关平方和 = 0.192。

表3中的模型表明，家庭经济收入水平和学校环境对大学生是否拥有上网设备有显著的影响。家庭收入每增加1000元，大学生拥有上网设备的可能性增加30%左右；相对于重点大学的本科生来说，普通院校本科生和高职学生拥有设备的可能性要分别低82%（ = 1 - 0.181）和93%（ = 1 - 0.071）。由此，除了家庭文化水平外，假设1b关于大学生是否拥有上网设备的影响因素假设得到验证。

（三）假设2a的检验

本文使用logistic回归来验证假设2a。其中，研究变量是大学生是否知晓"翻墙"，解释变量为学校类别、在校年龄、网龄、专业、政治面貌、每天上网时长，性别和年龄是人口控制变量。拟合结果见表4。

表4　大学生知晓"翻墙"的 logistic 回归分析　　　N = 5157

知晓"翻墙"	发生比	标准误	z 检验值	P > z	95% 置信区间	
学校类别 （参照类：重点本科）						
普通本科	0.621 ***	0.049	- 6.1	0.000	0.533	0.724
高职	0.360 ***	0.033	- 11.12	0.000	0.301	0.431
在校年级（参照类：大一）						
大二	1.182	0.102	1.95	0.051	0.999	1.399
大三	1.763 ***	0.173	5.80	0.000	1.455	2.136
大四	2.695 ***	0.360	7.41	0.000	2.074	3.503
大五	5.202 ***	2.261	3.79	0.000	2.220	12.193
专业类别 （参照类：文史哲）						
社会科学和管理类	0.874	0.089	- 1.32	0.186	0.716	1.067
理工医农类	0.702 **	0.072	- 3.46	0.001	0.575	0.858
外语水平（参照类：很好）						
较好	0.467 ***	0.088	- 4.06	0.000	0.324	0.675
一般	0.305 ***	0.057	- 6.35	0.000	0.211	0.440
不太好	0.271 ***	0.055	- 6.48	0.000	0.183	0.403
很不好	0.319 ***	0.076	- 4.80	0.000	0.200	0.509
网龄（年）	1.133 ***	0.012	11.74	0.000	1.109	1.156
每天上网时长（小时）	1.011	0.008	1.35	0.176	0.995	1.027
政治面貌 （参照类：中共党员）	1.067	0.009	0.77	0.440	0.905	1.258
性别（参照类：女性）	1.822 ***	0.124	8.82	0.000	1.595	2.082
年龄（岁）	0.869 ***	0.024	- 5.06	0.000	0.823	0.917
常数项	19.330 ***	10.828	5.29	0.000	6.448	57.947

注：（1）* $p < 0.05$，** $p < 0.01$，*** $p < 0.001$。（2）卡方检验统计量 = 881.54，Prob > F = 0.000，伪复相关平方和 = 0.128。

表4中的拟合结果表明，对大学生知晓"翻墙"情况的 logistic 回归模型整体上统计显著（$\alpha = 0.001$），且绝大部分解释变量在 $\alpha = 0.001$ 水平显著。相比于重点院校本科生，普通院校本科生和高职院校的学生对"翻墙"的知晓程度要低一些，高职院校学生知道"翻墙"的比例仅为重点院

校学生的 36% 左右。外语水平越低，知晓"翻墙"的可能性也越低，例如外语水平为"较好"的学生知道"翻墙"的比例仅为外语水平为"很好"的 47% 左右。而在校时间越长，知晓"翻墙"的比例越高，大四年级学生知晓"翻墙"的比例约为大一年级学生的 2.7 倍。网龄对知晓"翻墙"的作用显著，网龄每增加 1 年，知晓"翻墙"的比例上升约 13%。不过，模型拟合的结果拒绝了理工科专业学生知晓"翻墙"的比例更高的假设，相反，模型结果表明理工科专业学生知晓"翻墙"比例仅为文史哲学生的 70% 左右，而社科和管理类学生知晓"翻墙"的比例也低于文史哲类学生，但这两类学生之间的差异在统计上不显著。① 同时，政治身份对是否知晓"翻墙"的影响并不显著，中共党员和非党员对"翻墙"的知晓程度较为接近。由此，除了专业和政治面貌这两个因素，假设 2a 中的大部分内容得到了验证。

（四）假设 2b 的检验

表 5 列出了对知晓"翻墙"的大学生实际"翻墙"情况的分析。其中，研究变量为大学生"翻墙"行为，解释变量为学校类别、在校年龄、网龄、专业、政治面貌、每天上网时长，同时将性别和年龄作为人口控制变量。模型拟合情况如表 5 所示。

表 5 大学生"翻墙"行为影响因素的 logistic 回归分析　　N = 2873

是否有过"翻墙"行为	发生比	标准误	z 检验值	P > z	95% 置信区间	
学校类别 （参照类：重点本科）						
普通本科	1.360**	0.137	3.05	0.002	1.116	1.657
高职	0.971	0.155	-0.18	0.854	0.710	1.328
在校年级（参照类：大一）						
大二	1.130	0.151	0.91	0.363	0.869	1.468

---

① 这一点和人们关于不同专业学生对技术使用能力的印象不一致。笔者认为主要原因是这里用来分析第二道互联网鸿沟的测量指标是"翻墙"。"翻墙"从根本上来说不需要太多技术技能，这和设计网页、搭建个人站点等典型的互联网操作技能有较大差别。考虑到校园文化影响第二道互联网鸿沟的形成，本文选取了"翻墙"这一指标。但与此相关的结论并不能解释第二道鸿沟的所有方面。

是否有过"翻墙"行为	发生比	标准误	z检验值	P > z	95% 置信区间	
大三	1.260	0.180	1.61	0.106	0.952	1.668
大四	1.791**	0.312	3.35	0.001	1.273	2.519
大五	4.106***	1.511	3.84	0.000	1.996	8.446
专业类别 (参照类：文史哲)						
社会科学和管理类	0.929	0.134	-0.51	0.608	0.700	1.232
理工医农类	0.861	0.120	-1.07	0.283	0.654	1.132
外语水平（参照类：很好）						
较好	0.533***	0.080	-4.18	0.000	0.397	0.716
一般	0.395***	0.062	-5.89	0.000	0.290	0.538
不太好	0.488***	0.097	-3.61	0.000	0.331	0.721
很不好	0.438**	0.122	-2.97	0.003	0.254	0.756
网龄（年）	1.111***	0.017	6.74	0.000	1.078	1.146
每天上网时长（小时）	1.025*	0.011	2.35	0.019	1.004	1.046
政治面貌 (参照类：中共党员)	0.992	0.105	-0.07	0.941	0.8055	1.222
性别（参照类：女性）	2.194***	0.210	8.19	0.000	1.8180	2.648
年龄（岁）	0.865***	0.034	-3.67	0.000	0.7999	0.934
常数项	2.557	1.938	1.24	0.216	0.5788	11.298

注：（1）$^*p < 0.05$，$^{**}p < 0.01$，$^{***}p < 0.001$。（2）卡方检验统计量 = 217.25；Prob > F = 0.000，伪复相关平方和 = 0.063。

表5中的拟合结果表明，对大学生"翻墙"行为的logistic回归模型整体上统计显著（$\alpha = 0.001$），且部分解释变量在$\alpha = 0.001$的水平显著。从拟合结果看，普通本科院校学生发生"翻墙"的比例高过重点本科院校学生36%，而高职院校学生则和重点本科院校学生在实施"翻墙"行为上差异不显著，这一点和知晓"翻墙"的情况有所差异。其次，对于知晓"翻墙"的学生来说，网龄每增加1年，会使发生"翻墙"行为的概率增加11%左右；每天上网时间增加1个小时，会使发生"翻墙"行为的概率增加3%左右；大二、大三学生和大一学生相比，有"翻墙"行为的比例差异不显著，而大四、大五的学生和大一学生相比，"翻墙"的可能性分别增加了79%和311%。此外，上述模型还显示，政治面貌对是否发生"翻

墙"行为影响不显著，不同专业类别的学生在实施"翻墙"行为上也没有统计上的差异。由此，假设 2b 中除了政治面貌和专业类别的影响作用外，其余部分得到验证。

（五）假设 3a 的验证

这里采用 logistic 回归进行分析。其中，研究变量获取信息表示大学生是否经常利用互联网获取信息，解释变量则为大学生所在学校的类别；另将年级、网龄、每天上网时长、年龄和性别纳入作为控制变量。结果如表 6 所示。

表 6　大学生利用互联网获取信息行为的 logistic 回归分析　　　N = 6143

利用互联网获取信息	发生比	标准误	z 检验值	P > z	95% 置信区间	
学校类别 （参照类：重点本科）						
普通本科	1.003	0.060	0.04	0.965	0.891	1.128
高职	0.672 ***	0.048	− 5.56	0.000	0.584	0.773
在校年级（参照类：大一）						
大二	1.125	0.083	1.59	0.113	0.973	1.300
大三	1.287 **	0.105	3.1	0.002	1.097	1.509
大四	1.282 **	0.134	2.38	0.017	1.045	1.573
大五	1.901	0.589	2.07	0.038	1.036	3.489
每天上网时长（小时）	1.011	0.007	1.63	0.103	0.998	1.024
网龄（年）	1.035 ***	0.009	3.93	0.000	1.017	1.053
年龄（岁）	0.989	0.022	− 0.51	0.613	0.947	1.033
性别（参照类：女性）	1.448 ***	0.076	7.06	0.000	1.306	1.605
常数项	0.630	0.269	− 1.08	0.280	0.272	1.456

注：（1）$^* p < 0.05$，$^{**} p < 0.01$，$^{***} p < 0.001$。（2）卡方检验统计量 = 170.30，Prob > F = 0.000，伪复相关平方和 = 0.020。

表 6 中的模型拟合结果表明，模型在 $\alpha = 0.001$ 水平整体显著。学校类别对学生是否经常利用互联网获取信息有显著影响，高职院校学生经常利用互联网获取信息的比例仅为重点院校本科生的 67% 左右。假设 3a 获得验证。

（六）假设 3b 的验证

和验证假设 3a 类似，这里采用 logistic 回归进行分析。其中，研究变量为自我互动，表示大学生是否经常利用互联网进行自我互动，解释变量则为大学生所在学校的类别，另外将年级、网龄、每天上网时长、年龄和性别纳入作为控制变量。结果见表 7。

表 7 大学生应用互联网进行自我互动行为的 logistic 回归分析 N = 6139

自我互动	发生比	标准误	z 检验值	P > z	95% 置信区间	
学校类别 （参照类：重点本科）						
普通本科	1.095	0.104	0.95	0.343	0.908	1.319
高职	1.699***	0.176	5.12	0.000	1.387	2.080
在校年级（参照类：大一）						
大二	0.909	0.098	−0.88	0.377	0.737	1.123
大三	0.948	0.114	−0.45	0.655	0.749	1.199
大四	1.048	0.166	0.29	0.770	0.768	1.430
大五	1.071	0.489	0.15	0.880	0.438	2.621
每天上网时长（小时）	1.046***	0.010	4.79	0.000	1.027	1.065
网龄（年）	1.014	0.014	1.06	0.289	0.988	1.041
年龄（岁）	0.945	0.032	−1.67	0.095	0.885	1.010
性别（参照类：女性）	0.883	0.070	−1.58	0.115	0.756	1.031
常数项	0.290	0.189	−1.90	0.057	0.081	1.038

注：（1）$^* p < 0.05$，$^{**} p < 0.01$，$^{***} p < 0.001$。（2）卡方检验统计量 = 62.53，Prob > F = 0.000，伪复相关平方和 = 0.014。

表 7 中的结果表明，高职学生比起重点院校本科生来说，进行网络自我互动的可能性高出 70%，这一差异在 $\alpha = 0.001$ 水平显著；普通院校本科生在这方面只高出重点院校学生 10%，这一差异在统计上不显著。同时，每天上网时间的长短和学生的自我互动有较强的关联，不过二者孰因孰果不易定论。这一模型整体的解释能力较低，笔者认为这是因为影响这一行为的因素众多，甚至不乏心理因素这样的变量。但从本项研究所设计测量的变量来看，学生所属的学校类别对自我互动有着明确的影响。由

此，假设 3b 得到验证。

五　结论和讨论

（一）　研究结论

本文回顾了国内外学界关于三道互联网鸿沟的相关研究，利用"中国大学生就业、生活与价值观研究"追踪调查的基期数据对大学生中的三道互联网鸿沟现状进行了描述和分析。研究发现，当代大学生的互联网使用在三个层面上存在鸿沟。

就接触和接入层面来说，来自城市化程度较高地区的大学生初次触网的年龄更低，家庭经济状况较好的大学生初次触网更早，父母文化水平较高的大学生初次触网的时间更早。与此同时，大学生是否拥有上网设备则受到家庭经济收入水平、网龄以及所处大学环境的影响。

就互联网技能层面来说，大学生网龄越长、在校时间越久、外语水平越高，知晓"翻墙"的可能性越高，同时，重点院校和普通院校的本科生比起高职院校的学生更有可能知晓"翻墙"。就"翻墙"行为的实施来说，普通院校本科生发生"翻墙"的比例高过重点院校本科生，而高职生则和重点院校本科生在实施"翻墙"行为上差异不显著；每天上网时间越长，在校时间越久，发生"翻墙"行为的可能性越高。值得注意的是，政治面貌对知晓或实施"翻墙"都没有显著影响。

就应用层面来说，大学生在利用互联网进行信息获取，不过，重点院校和普通院校本科生使用工具性应用的倾向更强，而高职学生应用互联网进行自我互动的倾向更强。

（二）　讨论：大学生互联网鸿沟与社会不平等的关系

大学生中的互联网鸿沟与社会不平等之间的关系包括两个方面：一是既有的不平等格局如何影响了大学生三道互联网鸿沟的形成；二是大学生中的互联网鸿沟是延续还是冲击了既有的不平等格局？

近年关于教育不平等的研究已经揭示了城乡差异、家庭经济资本、文化资本和政治资本都对高等教育不平等有着结构性的影响作用（刘精明，

2006；李煜，2006；李春玲，2014）。而本文的分析结果表明，大学生中的三道数字鸿沟之间存在关联，并且这三道互联网鸿沟都直接或间接地受到大学生家庭背景和上大学前成长环境的影响。从这一点来说，大学生互联网鸿沟和教育不平等同样受到既定社会不平等格局的影响。这里尤其值得注意的是第三道互联网鸿沟。由于不同类别高校在社会上的声誉不同，其身份所代表的意涵不言而喻。具体来说，现实中的就业制度和劳动力市场分割在很大程度上形塑了不同类别大学生的职业生涯（比如，一些机构要求应聘者为 985 和 211 高校毕业生），预示了不同类别大学毕业的学生在未来的就业地点、收入、婚姻乃至生活方式方面大相径庭。对于重点院校本科生来说，如果没有继续求学，政府部门、事业单位、外企、大型国企等工作稳定且收入和福利相对较高的机构是其主要的就业选择；而对于高职院校学生来说，大部分学生毕业后基本上定位在高级蓝领或低级白领阶层。从我们深入访谈的材料看，高职学生对初职的最高期望往往是找到一家规模较大的民营企业就业，他们对工作五年以后的月薪期望多在 5000 元以下。这表明，在中国当前的社会背景下，不同类别的大学生在就业后的薪酬、社会保障、职业发展前景乃至社会声望方面都差异巨大。尽管不是每一个重点院校本科生的就业都比高职学生好，但这种在群体身份层面对未来职业生涯的清晰预期反馈到当下生活中时，就使得处于大学生群体顶端的重点院校本科生具有不言而喻的优势社会地位。这其实反映了现行教育体制和就业体制环境下，不同层级高校学生之间的不平等格局。这一不平等格局在互联网应用中折射到了不同应用偏好上，其表现就是高职学生利用互联网进行自我情感互动的倾向更明显。这一点正如有的研究指出的那样，社会地位较低的网民往往更喜欢装饰自己的网络空间，或是从在线游戏中寻找现实中得不到的满足（赵联飞，2012）。

那么，大学生中的互联网鸿沟反过来对既有大学生内部的不平等格局又有什么影响？如前所述，大学生内部的不平等格局既包括由大学生家庭社会经济地位方面的差异和过去生活历程所造成的不平等，也包括那些由现行教育管理制度、就业制度乃至社会观念所形塑的不平等。基于本文的发现，笔者认为大学生互联网鸿沟更多的是强化或延续了既有的不平等格局。在处于优势社会地位的重点院校本科生更重视工具性互联网应用而处于相对劣势地位的高职学生更倾向于利用互联网进行自我互动的情况下，两类学生所得到的回馈是不同的。尽管笔者承认，通过互联网进行自我互动在现代社会中有缓释个体心理压力、建立良好心理调适机制的作用，不过更值得关注的是，从互联网作为一种先进技术的角度来说，工具性的应用——不论是获取信息、在线学习、作为生活助手还是作为扩大社交网络的手段——更有利于重点院校大学生成为所谓的"信息丰富者"（the information rich），从而强化其优势地位。当然，在其他方面，比如说是否能够通过互联网来促进公共参与、削弱既定的不平等格局，或者说是否由于互联网参与使得大学生在高年级时的不平等格局较入学时有所改善，这些都是值得探讨的问题。不过，对于这些问题，如果想得到令人信服的答案，研究者需要更多的数据支持，尤其是追踪数据的支持，这也正是本文作者将互联网鸿沟问题纳入"中国大学生就业、生活与价值观研究"这一课题的原因。

参考文献

陈建龙、胡磊、潘晓丽，2009，《国内外数字鸿沟测度基本指标计算方法比较研究》，《情报杂志》第 9 期。

黄佩、杨伯溆、仝海威，2008，《数字鸿沟中社会结构因素的作用探讨——以学生家庭背景与互联网使用行为的关系为例》，《青年研究》第 7 期。

黄少华、韩瑞霞，2004，《全球化背景下：中国东西部的数字鸿沟》，《兰州大学学报（社会学科版）》第 2 期。

李升，2006，《"数字鸿沟"：当代社会阶层分析的新视角》，《社会》第 6 期。

李春玲，2014，《教育不平等的年代变化趋势（1940～2010）——对城乡教育机会不平等的再考察》，《社会学研究》第 2 期。

李煜，2006，《制度变迁与教育不平等的产生机制——中国城市子女的教育获得》，《中国社会科学》第 4 期。

刘精明，2006，《高等教育扩展与入学机会差异》，《社会》第 3 期。

刘骏、薛伟贤，2012，《中国城乡数字鸿沟测算指标体系构建及应用》，《科技信息管理》第 9 期。

施芸卿，2012，《80 后知识精英：多元分割与动态流变》，《江苏社会科学》第 3 期。

王战华，2003，《面对和突破"数字鸿沟"——从上海信息化谈起》，《社会》第 3 期。

韦路、张明新，2006，《第三道数字鸿沟：互联网上的知识沟》，《新闻与传播研究》

第 4 期。

徐盈之、赵玥，2006，《中国区域数字鸿沟的经验分析——基于非平稳面板数据模型》，《情报杂志》第 6 期。

薛伟贤、刘骏，2011，《基于技术扩散模型的区域"数字鸿沟"演变阶段划分》，《系统工程》第 1 期。

薛伟贤、张飞燕，2009，《数字鸿沟的成因、测度、影响及弥合方法》，《软科学》第 1 期。

闫慧、孙立立，2012，《1989 年以来国内外数字鸿沟研究回顾：内涵、表现维度及影响因素综述》，《中国图书馆学报》第 5 期。

姚芝，2003，《中西部跨越数字鸿沟的战略思考》，《企业信息化》第 4 期。

俞立平，2006，《我国互联网数字鸿沟分析》，《情报科学》第 1 期。

曾凡斌，2011，《大学生第二道数字鸿沟的影响因素研究——基于对大学生实证分析》，《江淮论坛》第 1 期。

赵联飞，2012，《现代性与虚拟社区》，北京：社会科学文献出版社。

中国互联网络信息中心，1998，《中国互联网络发展状况统计报告 (1998/7)》（http://www. cnnie. net. on/hlwfzyj/hlwxzbg/200905/P020120709345373784718. pdf）。

——，2014，《中国互联网络发展状况统计报告 (2014 年 7 月)》（http：www. cnnic. net. cn/hlwfzyj/hlwxzbg/hlwtjbg/201407/P020140721507223212132. pdf）。

Attewell, P. 2001, "The First and Second Digital Divides." *Sociology of Education* 74 (3).

Cooper, J. & K. D. Weaver 2003, *Gender and Computers: Understanding the Digital Didde.* Mahwah: Lawrence Erlbanm Associates.

DiMaggio, P. , E. Hargittai, W. R. Neuman & J. P. Robinson 2001, "Social Implications of the Internet." *Annual Review of Sociology* 27.

Kuttan, A. & L. Peters 2003, *From Digital Divide to Digital Opportunity.* Lanham, MD. : Scarecrow Press.

Norris, P. 2001, *Digital Divide.* Cambridge, UK: Cambridge University Press.

Ragnedda, M. & G. W. Mnschert (ed.), 2013, *The Digital Divide: The lntemet and Social Inequality in lnternational Perspective.* Abington, Oxon: Routledge.

Serven, L J. 2002, *Bridging the Digital Divide: Technology, Community and Public Policy.* Malden: Blackwell Publishing.

Sorj, B. 2008, *Information Societies and Digital Divides? An Introduction.* Milano: Polimetrica.

Van Deursen, A. J. A. M. & J. A. G. M. Van Dijk 2009, " Using the Internet: Skill Related Problems in Users' Online Behavior." *Interacting with Computers* 21 (5, 6).

——2011，"Intemet Skills and the Digital Divide." *New Media and Society* 13 （6）.

Wessels，B. 2013，"The Reproduction and Reconfiguration of Inequality: Differentiation and Class，Status and Power in the Dynamics of Digital Divides." In M. Ragnedda & G. W. Muschert （ed. ），*The Digital Divide: The Internet and Social Inequality in International Perspective*. Abingdon，Oxon: Routledge.